...TERARIO

DELLA

LINGUA ITALIANA

GIOVANNI MONGELLI

RIMARIO LETTERARIO
DELLA
LINGUA ITALIANA

QUARTA EDIZIONE

EDITORE ULRICO HOEPLI MILANO

via Hoepli 5, 20121 Milano (Italy)
tel. +39 02 864871 - fax +39 02 8052886
e-mail hoepli@hoepli.it

www.hoepli.it

Ristampa 2017

ISBN 978-88-203-1302-9

Stampato da LegoDigit s.r.l., Lavis (Trento)

Printed in Italy

PREFAZIONE
ALLA PRIMA EDIZIONE

Un Rimario della lingua italiana nella seconda metà del secolo XX, mentre chi scrive in verso tanto facilmente si abbandona allo sciolto, all'Ode barbara, alla canzone libera, potrebbe sembrare a prima vista un vero e proprio anacronismo.

Ma questo timore svanisce appena le nostre considerazioni si fermano un po' sull'importanza che in tutti i tempi della gloriosa storia della poesia italiana ha avuto la rima per la bellezza e la sonorità del verso. Tentativi di riforma metrica sono stati frequenti in Italia nel corso di questi sette secoli e mezzo della nostra letteratura, e, se è vero che « Le Odi barbare (del Carducci) ... rappresentano sempre la maggior riforma metrica che, dal Chiabrera in qua abbia visto l'Italia » [G. Papini, Grandezze del Carducci (Firenze 1935), pag. 132 s.], rimane pur vero che dal tentativo carducciano « di concedere stabile cittadinanza ai metri antichi » ne è risultato solo « qualche nuovo accordo alla partitura della poesia italiana troppo fedele alle forme chiuse rimate » (l. c.).

Non staremo qui a decantare le lodi della rima come elemento decorativo del verso o come linfa che lo pervade rendendolo in mille circostanze più accessibile al nostro orecchio, più caro alla nostra memoria, e così più atto a penetrare e a rimanere nel nostro cuore per suscitarne quei sentimenti e quegli affetti che son tanta parte di noi stessi.

Una cosa sola ci preme far notare, e cioè: mentre per le lingue francese, inglese e tedesca abbiamo dei buoni rimari recenti, per la lingua italiana in tutto il secolo XX non è apparsa nessun'opera a riguardo. L'ultimo lavoro è quello di Platania d'Antoni del 1892. Frequenti sono invece i rimari particolari che accompagnano le opere dei nostri maggiori poeti (1); ma di questi non ci occupiamo nel presente lavoro.

Eppure noi in Italia avevamo anche in questo campo una tradizione non spregevole di opere. I primi lavori sono del cinquecento. Accanto a Le cadentie di Dante e Petrarca (Venezia 1528) del mantovano Fulvio Pellegrino, e a Le concordanze del Petrarca (Venezia 1531) di Giammaria Lanfranco di Parma, venne presto a porsi il primo tentativo di un rimario più vasto compilato dal napoletano Benedetto di Falco (Napoli

(1) Fra questi Rimari particolari merita una speciale menzione il *Rimario perfezionato della Divina Commedia* compilato dal Prof. Luigi Polacco, che fin dal 1896 accompagna l'edizione del poema dantesco col commento di G. A. Scartazzini (ora Scartazzini-Vandelli), ma che si trova anche stampato a parte. Questo Rimario, edito dalla Casa Editrice U. Hoepli, eccelle sugli altri consimili per un razionale e felice ordinamento che rende sommamente agevoli le ricerche.

1535), tenendo sott'occhio le opere di molti poeti. Nello stesso secolo un piccolo rimario ci diede anche Girolamo Ruscelli, in seguito accresciuto e migliorato da Tommaso Stigliani e Pompeo Colonna.

In questo stesso secolo XVI uscì il Rimario di Onofrio Bonozio di Verona (Cremona 1556).

Altri rimari uscirono nel secolo XVII, ma nessuno di questi estese il lavoro a tutta la lingua italiana. Fino al secolo XIX i rimari che man mano vedono la luce possono essere considerati piuttosto come raccolte aggiornate delle rime più comuni e più frequenti usate dai poeti.

Il primo che tentò un lavoro più vasto fu il Rosasco, al quale perciò va tributata, sotto questo aspetto, degna lode. Ma egli difetta di chiaro ordinamento delle rime e, specialmente, pecca di viziosa prolissità. Avendo infatti disposto le parole per valore grammaticale (sostantivi, aggettivi, verbo, ecc.), troppo spesso accade che le parole che hanno diverse funzioni, ritornano, ripetute, sotto le singole categorie.

Ancora meno soddisfacente è l'ordine introdotto da Francesco Antolini nel suo Rimario (Milano 1839): divisione delle parole per numero delle sillabe. Anche qui le ripetizioni sono frequenti e inutili.

Non ci indugiamo sull'analisi di altri rimari, come quello di Udeno Nisiely (Venezia 1644), che ci porterebbero troppo lontano. Di gran lunga superiore a tutti i precedenti è Platania d'Antoni, più sopra menzionato, nel suo Rimario universale *(Acireale 1892). L'ordinamento è qui più razionale, così che si può evitare con facilità la ripetizione di parole. Ma oggi, dopo più di mezzo secolo, l'opera non corrisponde più allo stadio di evoluzione della lingua italiana. In questo periodo di circa sessant'anni la lingua italiana ha subito tante vicende. Il suo patrimonio di vocaboli si è grandemente arricchito. Tutta una nuova massa di parole si è aggiunta al già ricco tesoro, molte altre parole, invece, vive nel secolo scorso, oggi sono invecchiate o scomparse dall'uso vivo dei ben parlanti.*

La lingua italiana è una lingua viva; *ora ogni vita ha con sé un elemento essenziale, il movimento: e qui è il movimento delle parole che sorgono, delle altre che tramontano e non si usano più. In questo secolo XX, più che nei secoli scorsi, appare di una evidenza chiarissima la mutabilità delle lingue: alla rivoluzione sempre in atto operata nel campo delle scienze, corrisponde, come eco fedele, il movimento di vita e di morte negli elementi e nella struttura della lingua. E oggi, dopo la seconda guerra mondiale, la corsa al rinnovamento è divenuta addirittura spasmodica. Si è iniziata l'epoca della televisione e dell'atomica, mentre alla mente turbata dell'umanità si prospetta un avvenire luminoso e pauroso insieme.*

E la lingua, opera di civiltà più che di natura, vede il suo patrimonio rifuso e identificato col patrimonio della cultura e con la vita nazionale e sociale.

Al nostro Rimario *abbiamo aggiunta la specificazione di* letterario. *Con questa parola abbiamo voluto far intendere fin da principio che il Rimario intendeva limitarsi a quella che è la lingua viva e letteraria, escludendo di proposito le voci strettamente enciclopediche (mitologiche, storiche, geografiche, ecc.).*

Particolare difficoltà ha offerto la scelta delle voci riguardanti le scienze mediche, fisiche e chimiche. Abbiamo creduto opportuno elencare solo quelle d'uso comune o letterario. Certo nessuno potrebbe pretendere di trovare nel nostro Rimario il mezzo milione di nomi di piante e di animali registrati dalla Botanica e Zoologia e che solo i dizionari speciali di Storia Naturale riferiscono al completo.

Noi non c'indugeremo a magnificare l'utilità di un rimario. Siamo però convinti che anche in pieno secolo XX un rimario della lingua italiana, oltre ad essere una vera novità in materia, potrà tornare di utilità agli studiosi. Anche oggi il poeta in tante circostanze potrà aver bisogno di un aiuto che lo faccia uscire decorosamente da spinose situazioni in cui può venirsi a trovare a causa di una rima obbligata in qualche sua composizione poetica. Non è certo unico il caso del Manzoni che è costretto a usare un brutto francesismo nell'Ode il 5 Maggio («l'assalse il sovvenir*»), perchè, come si espresse lui stesso, non gli «sovvenne di meglio».*

Col Platania d'Antoni possiamo fare queste osservazioni: chi ha fatto un verso e cerca le rime pei susseguenti, non solo, aprendo il Rimario, trarrà vantaggio materiale di avere sott'occhio le parole della medesima desinenza, ma, ciò che più importa, si vede richiamate alla mente nuove idee, a volte anche ricordanze storiche, mitologiche, scientifiche, ecc. Il Rimario, in altri termini, se in alcuni casi suggerisce solo la parola necessaria per la rima, più di frequente servirà a portare il pensiero dello studioso a concetti che prima non aveva.

Il Rimario ha ancora un altro vantaggio: quello di far notare la ricchezza di desinenze di una lingua, e con ciò la grande varietà di suoni del suo patrimonio. Sono infatti le sillabe che si contano dall'accento tonico in poi quelle che in una parola risuonano e persistono maggiormente nel nostro orecchio, a causa dell'impulso e direi dell'illustrazione che hanno ricevuto dall'accento tonico, che ci pare abbia come l'ufficio di sottolineare quello che sta per seguire nella parola che si pronunzia.

Con questo lavoro che presentiamo al pubblico non abbiamo la pretesa di aver raggiunto la perfezione, anche perchè non sempre si può fare quello che si vuole. Confidiamo però che gli studiosi vorranno ugualmente accoglierlo con quella benevolenza che incoraggia a perfezionare un'opera comunque cominciata. Saremo perciò sempre grati a quanti con opportuni suggerimenti ci aiuteranno a correggere le involontarie mende che saranno potute cadere in questa nostra compilazione, o a rimediare alle eventuali omissioni tanto facili in questi lavori.

Sia questo Rimario come un piccolo attestato del grande amore per la più bella, la più armoniosa, la più cara delle lingue del mondo.

G. MONGELLI

S. Maria della Scala - Noci (Bari)
15 settembre 1951.

PREFAZIONE ALLA TERZA EDIZIONE

Il favore con cui nel lontano 1952 questo nostro lavoro è stato accolto dalla stampa nazionale, espressa in giornali e riviste, ci ha fatto vedere chiaramente che un Rimario letterario della lingua italiana, *anche nel nostro tempo, non era davvero superfluo e ingombrante.*

Un particolare riconoscimento è stato tributato all'abbondanza delle voci registrate e alla lingua viva *che in esso veniva rispecchiata.*

Siccome in qualche suggerimento della stampa, non si sono sempre tenute sufficientemente presenti le norme da noi indicate nell'Introduzione, specialmente per quel che riguarda le voci dei verbi, non possiamo non invitare i lettori a prestare la dovuta attenzione a quelle norme che debbono tenersi ben fisse alla mente.

In questa terza edizione del nostro Rimario *ci teniamo a sottolineare che la scelta è stata fatta secondo criteri strettamente* letterari, *eliminando quelle parole composte e quei derivati composti di facile intuizione. Ugualmente non abbiamo creduto bene di inserire lo stragrande numero di neologismi ora in voga, perché si richiede la decantazione del tempo e dell'uso perché essi (in tutto o in parte) possano inserirsi nel patrimonio acquisito della nostra lingua.*

La cura posta nel nostro lavoro ci fa nutrire la fiduciosa speranza che esso continui ad essere accolto dal pubblico con quella benevolenza di cui è stato così largo finora.

Il nostro Rimario *vuole esprimere, a modo suo, un tenue omaggio deposto nel cammino glorioso di questa lingua, che costituisce — secondo il pensiero di Gioberti — la bandiera della patria nostra.*

G. MONGELLI

Montevergine, gennaio 1975

PREFAZIONE

ALLA QUARTA EDIZIONE

Continua il favore prestato dagli studiosi al nostro Rimario letterario, *e di questo dobbiamo dirci altamente soddisfatti.*

D'altra parte non potevamo non continuare a curare il volume in modo che avesse conservato le caratteristiche che gli abbiamo dato fin dall'inizio e, nello stesso tempo, avesse potuto trovare qualche opportuno perfezionamento.

In questa quarta edizione, oltre a correggere qualche menda tipografica, che era incorsa nelle edizioni precedenti, abbiamo aggiunto nell'Introduzione due nuovi paragrafi. Nel primo, riguardante le enclitiche, facciamo vedere come le voci, registrate nel Rimario, *si possono agevolmente moltiplicare tenendo presenti le compilazioni a cui danno luogo queste particelle atone, che, unite alle altre parole, specialmente a certe forme verbali, danno la possibilità di variare ulteriormente le rime in un componimento poetico.*

In un altro paragrafo abbiamo redatto alcune « Nozioni elementari di metrica italiana ». In questo siamo venuti incontro a quegli studiosi, che espressamente ce ne avevano fatto richiesta. Anzi, un gentile signore, nel 1979, sottoponendoci l'opportunità di siffatta integrazione, ci scriveva: « Per una prossima edizione, mi permetto sottoporre al Suo esame l'opportunità di aggiungere, se crederà, alcune indicazione di metrica italiana: disciplina della quale — come è certo e avrà notato — si è perso da anni qualsiasi segno ».

Accogliendo volentieri questo desiderio, ma limitando al massimo la nostra esposizione, abbiamo trattato della natura del verso tradizionale italiano nelle sue due componenti formali, che sono il numero delle sillabe e gli accenti ritmici, passando in rassegna i singoli versi sia semplici che composti. Quindi siamo passati ad alcune nozioni sulle strofe, e anche qui, partendo dal distico per giungere all'ottava.

Di qui si vede che da parte nostra non è mancata la buona volontà per rendere questo Rimario *uno strumento sempre più idoneo per quanti l'adopreranno.*

Siamo sicuri che gli studiosi continueranno a seguirci con quel favore, mostratoci da un trentennio, che è prezioso incoraggiamento nel nostro cammino.

G. MONGELLI

Montevergine, gennaio 1983.

INTRODUZIONE

1. — Il Rimario è disposto secondo un ordinamento strettamente razionale: ordine alfabetico delle rime. Sotto ogni rima, poi, le parole sono disposte secondo un rigoroso ordine alfabetico, in modo che riesce molto agevole trovare le parole, come pure accorgersi delle omissioni.

2. — Quando una parola ammette due ortografie, ambedue dell'uso, si trova ripetuta nelle due forme. Es. Abate, Abbate.

3. — Dei verbi *irregolari* abbiamo dato tutte le voci in cui si allontanano dalle coniugazioni dei verbi modello. Invece per i verbi *regolari* abbiamo seguito questo criterio: per quelli vivi nell'uso abbiamo riportato ordinariamente l'infinito presente e la prima persona dell'Indicativo presente; abbiamo riportato anche il participio passato quando particolari ragioni ce lo suggerivano, specialmente quando nell'uso quel participio acquista valore anche di aggettivo o di sostantivo. Per i verbi antiquati, invece, ordinariamente abbiamo riferito solo la voce dell'Infinito presente.

4. — Crediamo utile presentare qui il prospetto delle *rime* nei tempi semplici (presente, imperfetto, passato remoto, futuro semplice) delle coniugazioni dei verbi regolari.

PROSPETTO DELLE RIME

NEI TEMPI SEMPLICI DELLE CONIUGAZIONI DEI VERBI REGOLARI

1) (amare)	2) (temere)	3) (vestire) (ubbidire)

MODO INDICATIVO

Presente

—o	—o	—o (isco)
—i	—i	—i (ìsci)
—a	—e	—e (ìsce)
àmo	àmo	àmo
àte	éte	ìte
—ano	—ono	—ono (ìscono)

Imperfetto

àvo (àva)	évo (éva)	ìvo (ìva)
àvi	évi	ìvi
àva	éva	ìva
àmo	àmo	àmo
àte	àte	àte
àvano	évano	ìvano

Passato remoto

ài	éi (étti)	ìi
àsti	ésti	ìsti
ò	é (étte)	ì
àmmo	émmo	ìmmo
àste	este	ìste
àrono	érono (éttero)	ìrono

Futuro semplice

ò	ò	ò
ài	ài	ài
à	à	à
émo	émo	émo
éte	éte	éte
ànno	ànno	ànno

MODO CONGIUNTIVO

Presente

—i	—a	—a (ìsca)
—i	—a	—a (ìsca)
—i	—a	—a (ìsca)
àmo	àmo	àmo
àte	àte	àte
—ino	—ano	—ano (ìscano)

Imperfetto

àssi	éssi	ìssi
àssi	éssi	ìssi
àsse	ésse	ìsse
àssimo	éssimo	ìssimo
àste	éste	ìste
àssero	éssero	ìssero

MODO CONDIZIONALE

Presente

èi	èi	èi
ésti	ésti	ésti
ébbe	ébbe	ébbe
émmo	émmo	émmo
éste	éste	éste
ébbero	ébbero	ébbero

MODO IMPERATIVO

Presente

—a	—i	—i (isci)
—i	—a	—a (isca)
àmo	àmo	àmo
àte	éte	ìte
—ino	—ano	—ano (ìscano)

Futuro

ài	ài	ài
à	à	à
émo	émo	émo
éte	éte	éte
ànno	ànno	ànno

PARTICIPIO

Presente

ànte	ènte	ènte

Passato

àto	ùto	ìto

GERUNDIO

Presente

àndo	èndo	èndo

INFINITO PRESENTE

àre	ére (—ere)	ìre

5. — Da questo prospetto risultano per i verbi regolari delle tre coniugazioni le seguenti *rime fisse:*

à (ind. fut. e imp. fut.)
ai (ind. fut., imp. fut., pass. rem. 1ª)
ammo (pass. rem. 1ª)
amo (ind. pr., ind. impf., cong. pr., imp. pr.)
ando (Ger. pr. 1ª)
anno (ind. fut., imp. fut.)
ante (ppr. 1ª)
arono (pass. rem. 1ª)
asse (cong. impf. 1ª)
assero (cong. impf. 1ª)
assi (cong. impf. 1ª)
assimo (cong. impf. 1ª)
aste (pass. rem. 1ª, cong. impf. 1ª)
asti (pass. rem. 1ª)
ate (ind. pr. 1ª, ind. impf., cong. pr., imp. pr. 1ª, 3ª)
ava (ind. impf. 1ª)
avano (ind. impf. 1ª)
avi (ind. impf. 1ª)
avo (ind. impf. 1ª)

è (pass. rem. 2ª)
ebbe (cond. pr.)
ebbero (cond. pr.)
ei (cond. pr., pass. rem. 2ª)
emmo (cond. pr., pass. rem. 2ª)
emo (ind. fut. imp., fut.)
endo (ger. pr. 2ª, 3ª)
ente (ppr. 2ª, 3ª)
erono (pass. rem. 2ª)
esse (cong. impf. 2ª)
essero (cong. impf. 2ª)
essi (cong. impf. 2ª).
essimo (cong. impf. 2ª)
este (cond. pr. pass. rem. 2ª, cong. imp. 2ª)
esti (cond. pr., pass. rem. 2ª)
ete (ind. fut., ind. pr. 2ª, imp. fut.)
ette (pass. rem. 2ª)
ettero (pass. rem. 2ª)
etti (pass. rem. 2ª)
eva (ind. impf. 2ª)
evano (ind. impf. 2ª)
evi (ind. impf. 2ª)
evo (ind. impf. 2ª)

ì (pass. rem. 3ª)
ii (pass. rem. 3ª)
immo (pass. rem. 3ª)
irono (pass. rem. 3ª)
isca (cong. pr. 3ª, imp. pr. 3ª)
iscano (cong. pr. 3ª, imp. pr. 3ª)
isce (ind. pr. 3)
isci (ind. pr. 3ª, imp. pr. 3ª)
isco (ind. pr. 3ª)
iscono (ind. pr. 3ª)
isse (cong. impf. 3ª)
issero (cong. impf. 3ª)
issi (cong. impf. 3ª)
issimo (cong. impf. 3ª)
iste (pass. rem. 3ª, cong. impf. 3ª)
isti (pass. rem. 3ª)
ite (ind. pr. 3ª, imp. pr. 3ª).
ito (pps. 3ª)
iva (ind. impf. 3ª)
ivano (ind. impf. 3ª)
ivi (ind. impf. 3ª)
ivo (ind. impf. 3ª)

ò (ind. fut., pass. rem. 1ª)

uto (pps. 2ª)

Non si possono invece segnare le rime delle tre persone del singolare e della terza persona plurale del presente Indicativo, Congiuntivo e Imperativo dei verbi della 1ª e 2ª Coniugazione, e per quei verbi della terza che non sono incoativi, perché l'accento tonico cade non sulla desinenza ma sulla radicale. Dei verbi non incoativi della 3ª Coniugazione, essendo pochi di numero, abbiamo riportato tutte le voci in cui si scostano, nella flessione, dai verbi incoativi.

6. — Richiamiamo alla mente le seguenti osservazioni particolari sui verbi della 1ª Coniugazione.

a) I verbi in *care* e *gare*, per conservare il suono duro del *c* e del *g*, nella flessione prendono un *h* dinanzi alle desinenze che cominciano con *e* o *i*. Per es. recare: reco, rechi, rechiamo, ecc.; vangare: vango, vanghi, ecc.

b) I verbi in *ciare* e *giare* perdono l'*i* davanti alle desinenze che cominciano con *e* o *i*. Es. cominciare: comincio, cominci; mangiare: mangio, mangi, ecc.

c) Quanto agli altri verbi in *iare*: se hanno l'*i* atono nella 1ª persona dell'Indicativo presente, nella flessione perdono questo *i* davanti alle desinenze che cominciano con *i*. Per es. soffiare: tu soffi (non *soffii*), noi soffiamo (non *soffiiamo*), ecc. Se invece l'*i* è accentato, lo perdono solo davanti alle desinenze *iamo* e *iate*. Per es. espiare: espiamo (non *espiiamo*), espiate (non *espiiate*); ma si dirà *espii* (e non *espi*), espiino (e non *espino*).

7. — Per i verbi *transitivi riflessivi* (e sotto questo nome intendiamo sia i verbi *riflessivi* in senso stretto, come *vestirsi*, *lavarsi*, ecc., sia i verbi *reciproci*, come per es. *odiarsi*, sia i verbi *riflessivi apparenti*, come *lavarsi le mani*), siccome la loro coniugazione è uguale a quella del verbo attivo (fuorché nei tempi composti, in cui prendono l'ausiliare *essere* in luogo di *avere*), le voci e le rime si troveranno nel verbo attivo. Basterà spogliare il verbo riflessivo delle particelle pronominali *mi*, *ti*, *si*, *ci*, *vi*. Allo stesso modo si procederà per trovare le rime dei verbi *intransitivi pronominali*, come *pentirsi*, *avvedersi*, *accorgersi*.

8. — Quanto ai nomi e agli aggettivi, nel Rimario, come è naturale, è posto ordinariamente il singolare maschile. Il *femminile* e il *plurale* è stato aggiunto solo per i nomi e gli aggettivi che si allontanano dalle regole generali della flessione.

Ecco le principali regole da tener sempre presente:

a) I nomi femminili in *a* fanno il plurale in *e* (es. rosa, rose), mentre i nomi maschili in *a* fanno il plurale in *i* (es. problema, problemi).

b) I nomi in *ca* e *ga* fanno il plurale in *che* e *ghe*, se femminili (es. barca, barche; ruga, rughe); in *chi* e *ghi*, se maschili (es. patriarca, patriarchi).

c) I nomi in *cia* e *gia* fanno il plurale in *ce* e *ge*, se hanno l'*i* atono (es. bisaccia, bisacce); in *cie* e *gie*, se l'*i* è accentato (es. bugìa, bugìe).

d) I nomi in *io:* se l'*i* è atono, fanno il plurale perdendo l'*o* (es. operaio, operai); se invece l'*i* è accentato, fanno il plurale in *ii* (es. es. leggìo, leggìi).

e) Dei nomi in *co*, i bisillabi fanno il plurale in *chi* (es. fico, fichi; parco, parchi); i polisillabi invece lo fanno ora in *ci* (es. medico, medici) ora in *chi* (es. bifolco, bifolchi).

f) I nomi in *go* escono al plurale in *ghi* (es. mago, maghi).

g) I nomi in *e* fanno il plurale in *i* (es. carne, carni).

I nomi che fanno eccezione a queste regole, come pure quei nomi che fanno il plurale in *a*, o che sono difettivi di singolare, o sovrabbondanti, sono tutti riportati nel Rimario.

9. — *Nomi alterati.* I nomi (e gli aggettivi), oltre alla variazione dei generi e dei numeri, ammettono altre variazioni che ne mutano notevolmente il significato. Queste variazioni si ottengono con particolari suffissi, che danno luogo agli *accrescitivi*, *diminutivi*, *vezzeggiativi*, *dispregiativi*.

I principali di questi suffissi sono: per gli *accrescitivi: one*, *ona;* per i *diminutivi* e *vezzeggiativi: atto*, *etto*, *ello*, *icello*, *ino;* per i *dispregiativi: accio*, *atro*, *onzolo*, *aglia*.

10 — Il *troncamento* è il cadere della vocale finale, e talvolta anche della consonante che la precede, nelle parole polisillabe di numero singolare, per evitare cacofonia. Si verifica quando la vocale finale è preceduta da una di queste consonanti: *l*, *m*, *n*, *r*. Es. *nobil*, *diciam*, *narran*, *fior*. Nel nostro Rimario bisogna cercare la parola intera corrispondente.

11. — Per l'accento, importantissimo nel nostro lavoro, abbiamo seguito l'uso vivo della lingua e le norme dei migliori dizionari moderni. Quando la parola ammette due accenti, oppure non si è d'accordo sul suo vero accento, si è ripetuta secondo i due accenti.

12. — Le voci uguali, ma con significato diverso, sono poste una sola volta. Fra parentesi è indicato il loro valore di verbo, di sostantivo, ecc. In genere non abbiamo tenuto conto del suono largo o chiuso delle vocali *e* ed *o*, perché il poeta non ne tien conto nelle sue rime.

13. — Le parole antiquate sono contrassegnate da una croce (+). Se la croce (+) non precede la parola, ma solo una particolare indicazione della parentesi che segue la parola, allora significa che è arcaica solo una particolare accezione di quel vocabolo.

14. — Per i nomi propri di persona abbiamo riportato solo quei pochissimi che ricorrono in particolari locuzioni. Es. *Biagio*, per la locuzione: *Adagio, Biagio.*

15. — Quanto alle voci *straniere* e *latine*, ci siamo limitati a riportare solo quelle di uso più comune.

16. — Altre rime, non segnate nel nostro *Rimario*, sono quelle che derivano dalle enclitiche, e cioè dalle particelle (pronominali e avverbiali) atone *mi, ti, si, ci, vi, lo, la, li, le, gli, ne*. A questo proposito osserviamo che oggi si sogliono unire soltanto all'avverbio *ecco* (*éccoci, éccogli, éccola, éccole, éccoli, éccolo, éccomi, éccone, éccoti, éccovi*) e alle seguenti forme verbali: imperativo (es. *parlami, leggimi, servimi*), infinito (es. *parlárgli, léggergli, servírgli*), gerundio (*parlándogli, leggéndogli, servêndogli*), e participio passato (es. *parlátogli, léttogli, servitogli*). Anticamente le enclitiche si univano anche a diverse altre forme verbali (es. *sembràvami, fànnomi, conòbbemi, saràgli*, ecc., e, più frequentemente: *dìcesi, dìconsi*).

Le enclitiche, quando si uniscono a parola tronca (come la seconda persona dell'imperativo di *andare, fare, dare, dire, stare*), raddoppiano la consonante iniziale dell'enclitica (eccetto *gli*) (es. *fàcci, dàmmi*).

Le enclitiche possono essere anche accoppiate: es. *dáglielo, andándosene.*

Siccome le enclitiche non fanno spostare l'accento della parola alla quale si appoggiano, di conseguenza, specialmente quando sono più di una, fanno trovare tale accento eccezionalmente arretrato. Es. *fàbbricati, fàbbricamelo, fàbbricamicelo.*

Di qui si vede la varietà e molteplicità delle rime che derivano da queste enclitiche, specialmente per le loro varie combinazioni con particolare molteplicità nell'imperativo dei verbi.

Non si perdano di vista i troncamenti che talvolta vi si verificano, come ad es.: *nol* (= non lo), *sen* (se ne), ecc.

17. — *Nozioni elementari di metrica italiana.* Quanto segue ha il semplice scopo di apprestare un sussidio immediato alla comprensione della tecnica della versificazione italiana, eseguita secondo la tradizione, iniziata verso la fine del secolo XII e proseguita fino ai nostri giorni, anche se, negli ultimi tempi, il poeta, insofferente di ogni legge e legame esterno, segue ordinariamente il ritmo spontaneo dell'estro del momento.

La metrica è pertanto la disciplina che studia, fra l'altro, le leggi che regolano la composizione dei versi e i loro raggruppamenti in strofe. Qui noi fermeremo la nostra attenzione precisamente sui *versi* e le *strofe*, mentre non crediamo necessario occuparci delle varie specie di composizioni nei molteplici generi, epico, eroico, cavalleresco, didascalico, lirico, e drammatico. Data poi la schematicità delle nozioni che qui presentiamo, sono evitati di proposito tutti i riferimenti sia alla letteratura classica (latina e greca) sia a quella comparata delle altre letterature straniere.

1) *Il verso.* — Il verso è una serie ritmica di parole, e cioè un susseguirsi di parole ordinate secondo speciali cadenze e modulazioni, che producono una particolare armonia e musicalità, dovuta a due componenti: il numero delle sillabe e il succedersi armonico di sillabe atone e accentate. Ecco perché la nostra si chiama versificazione accentuativa.

a) *Numero delle sillabe.* — Per contare il numero delle sillabe di un verso, oltre alle comuni regole grammaticali della divisione delle sillabe nella parola (es.: *me-tri-ca, gram-ma-ti-ca, li-bro, pa-sto-re*), si debbono tener ben presenti i dittonghi, i quali talvolta offrono particolari difficoltà per la numerazione delle sillabe nei versi.

In genere il dittongo (o trittongo) è costituito dall'unione di due (o più) vocali pronunziate con una sola emissione di fiato. Si tenga presente che forma sempre dittongo l'unione di una vocale dura o forte (*a, e, o*) con una debole o molle (*i, u*) quando tutte e due sono atone (*poi-ché*) o quando l'accento cade sulla vocale dura (*suò-ra*). Invece non forma dittongo quando l'accento cade sulla vocale molle (*ab-ba-ì-no, pa-ù-ra*).

Ma qui bisogna notare che proprio la mancanza di una sola emissione di fiato fa perdere alle vocali la natura di dittongo quando sono in fine di verso. Così, in questo verso della *Divina Commedia* (e da questa prenderemo altri esempi, citando cantica, canto e verso), la divisione in sillabe è la seguente: *S'io/ pos/so/ pren/der tan/ta/ gra/zia,/ ch'i/o* (3.22.59). Qui si vede chiaro che mentre il primo « io » forma dittongo, l'ultimo invece non lo forma. Ugualmente da una o due emissioni di fiato distinguiamo subito che, nei seguenti versi, « traviò » è trisillabo, mentre forma dittongo in « cominciò »: *Ti tra-vi-ò sì fuor di Campaldino* (2.5.92), *Ei co-min-ciò: Qual for-tu-na o de-sti-no* (1.15.46).

Importante è pure notare che, se in prosa l'unione di due vocali molli forma una duplice sillaba, quando l'accento cade sulla prima vocale (es. *fu-i*; *flu-i-do*) invece in poesia, anche in questo caso si considera una sola sillaba. Es. *Sic-co-me quei cui l'i-ra den-tro fiac-ca* (2.7.75); *Lui che di po-co star m'a-vea am-mo-ni-to* (1.17.77); *Quan-do fui so-prag-giun-to ad O-ri-a-go* (2.5.80).

Del resto, anche quando due vocali non dovrebbero formar dittongo, il poeta, adoperando la sinéresi, può considerarle una sola sillaba. Viceversa, per dieresi, si possono separare, in due sillabe, vocali che dovrebbero formar dittongo, come in questo esempio duplice del Petrarca: *Ar-bor vit-to-ri-o-sa tri-on-fa-le.* Una volta, ad indicar la dieresi si soleva sempre apporre il segno dei due puntini (..) sulla prima vocale; oggi questo segno il più delle volte viene omesso, e si lascia al lettore la debita comprensione.

Altro elemento importante nella enumerazione delle sillabe di un verso è l'elisione o fusione di due o tre vocali di seguito: *E man-gia e be-ve e dor-mo e ve-ste pan-ni* (1.33.141).

Stabilito il modo di enumerare le sillabe di un verso, dobbiamo ancora aggiungere che il verso si dice *piano, tronco* o *sdruciolo,* secondo che l'ultima parola ha l'accento sulla penultima, sull'ultima o sulla terzultima sillaba. Così, è *piano* questo verso: *Nel mezzo del cammin di nostra vita* (1.1.1); è tronco il seguente: *Ed io a lui: Forese, da quel dì* (2.23.76); invece è sdrucciolo: *A parole formar disconvenevolo* (1.24.66). Contando l'effettivo numero delle sillabe, il verso tronco ne ha una di meno, e il verso sdrucciolo una in più. Il numero delle sillabe di un verso si computa secondo i versi *piani.*

Ciò premesso, secondo il numero delle sillabe e i corrispondenti accenti ritmici, abbiamo i seguenti versi nella poesia italiana:

b) *Nomi dei versi.*

— *Bisillabo*: verso di due sillabe, molto raro da solo, con l'accento ovviamente sulla prima sillaba: es. *Dietro / qualche / vetro / qualche / viso / bianco / qualche / riso / stanco* (Cesareo).

— *Trisillabo* o *ternario*: verso di tre sillabe, con accento ritmico sulla seconda sillaba: es. *E giù nel / cortile / la povera / fontana / malata. / Che spasimo / sentirla / tossire!* (Palazzeschi).

— *Quadrisillabo* o *quaternario*: verso di quattro sillabe con accento ritmico sulla terza sillaba: es. *L'arpa d'oro / pende ai sàlici: / il oandro / vento l'agita* (Pascoli).

Spesso è combinato con l'ottonario.

— *Quinario*: verso di cinque sillabe, con un accento primario fisso sulla quarta sillaba e un altro, secondario, sulla prima o seconda sillaba. Es. *Piangendo ancòra / rinascer suole / la bella aurora: / nunzia del sole; / e pur conduce: / sereno il dì* (Metastasio).

— *Senario*: verso di sei sillabe con accenti ritmici o sulla 2ª e 5ª sillaba (es. *Se cerca, se dice / L'amico dov'è? / L'amico infelice, / rispondi, morì* (Metastasio), o talvolta sulla 1ª e la 5ª oppure sulla 3ª e la 5ª (es. *Stacca il venticello / da quel ramo debile / il lieve fuscello, / che s'abbatte al suol*).

— *Settenario*: verso di 7 sillabe. Oltre l'accento fisso sulla 6ª sillaba, ha un altro accento su una delle prime quattro sillabe. Di qui la varia armonia del verso (es. *Torna a fiorir la rosa / che pur dianzi languia / e molle si riposa* ... (Parini)).

— *Ottonario*: verso di 8 sillabe, con accenti ritmici o sulla 3ª e

7ª (es. *Sul castello di Verona* (Carducci)) o sulla quarta e 7ª (es. *E dalla terra fiorita* (Pascoli)).

— *Novenario o enneasillabo*: verso di 9 sillabe. Ha di solito gli accenti ritmici sulla 2ª, 5ª e 8ª (es. *Ma quando dolcezza mi giunge* (Pascoli)); ma vi troviamo anche altri accenti: sulla 2ª, 6ª e 8ª e 1ª, 4ª, 8ª (es. *L'ora de l'aquile sonò* (V.E. Bravetta)).

— *Decasillabo*: verso di dieci sillabe. Ha per lo più gli accenti ritmici fissi sulla 3ª, 6ª e 9ª sillaba. Es. *S'ode a destra uno squillo di tromba* (Manzoni); più raramente questi accenti cadono sulla 3ª, 7ª e 9ª (es. *Mentre il cielo si tingeva d'oro*) e sulla 3ª, 5ª e 9ª (es. *E l'aràtro solca sino in fondo*).

— *Endecasillabo*: verso composto di 11 sillabe. È il verso più adoperato nella letteratura italiana, e presenta una grande varietà di accenti ritmici. Oltre l'accento fisso sulla decima, gli altri accenti possono trovarsi: sulla 6ª; sulla 4ª e 8ª; sulla 4ª e 7ª; e si danno ancora altre possibilità (es. *Donna, se' tanto grande e tanto vali* (3.33.13); *Tal cadde a terra la fiera crudele* (1.7.15)).

Endecasillabi particolari sono, fra gli altri, i seguenti: l'endecasillabo *saffico*, che si può considerare formato di un quinario e di un senario (es. *Oh Miramare, a te le bianche torri* (Carducci)); l'endecasillabo *catulliano*, che si risolve in un quinario sdrucciolo e uno piano (es. *Questo poetico piccol volume*).

L'endecasillabo *crescente* è un vero e proprio ipermetro, in cui, alla fine del primo emistichio, si trova una vocale atona (es. *Quest'anima gentile che si diparte* (Petrarca)). Ma potrebbe anche trattarsi di errore dei copisti che hanno trascritto la parola « gentile » senza l'eventuale troncamento originale « gentil ».

— *Dodecasillabo*: verso di dodici sillabe, detto pure *senario doppio* (es. *Dagli altri muscosi — dai fori cadenti* (Manzoni)).

— *Martelliano o alessandrino*: è dato dall'accoppiamento di due settenari (es. *Passan le glorie come — fiamme di cimiteri* (Carducci)).

— *Decasillabo catulliano o doppio quinario* (es. *Questo la inconscia — zagaglia barbara* (Carducci)).

— *Doppio ottonario* (es. *Benedice la corona — del figliuol di San Luigi* (Carducci)).

2) *Strofe.* — La strofa è l'unione di più versi che formano un periodo ritmico compiuto. Come i versi sono denominati dal numero delle sillabe, così le strofe sono specificate dal numero dei versi che le compongono.

— *Distico*: è la strofa composta di due soli versi, prescindendo (in questa, come nelle altre strofe che seguiranno) dalla specie dei versi che la compongono. Più ordinariamente si tratta di due endecasillabi (es. *Al lume della luna ogni ranocchia / gracidò: Quanta spocchia! quanta spocchia!* (Pascoli)).

— *Terzina* o *Terza rima* o *Ternario.* — È una strofa di tre versi. Si dicono *Terzine dantesche* quelle adoperate da Dante Alighieri nella Divina Commedia, formate con endecasillabi a rima concatenata (ABA, BCB, CDC ...) (es. *Nel mezzo del cammin di nostra vita / mi ritrovai per una selva oscura, / che la diritta via era smarrita* (1.1.1-3)).

— *Quartina.* — Strofa di quattro versi. Si possono costituire quartine sia con versi omogenei che eterogenei.

— *Strofe di cinque versi.* — Sono rare.

— *Sestina* o *Sesta rima.* — Strofa di sei versi. Nella forma più comune, la sestina è formata di versi endecasillabi, a rima alternata i primi quattro, a rima baciata gli ultimi due. Può essere composta anche di altri versi, oltre l'endecasillabo. La *sestina lirica* o *canzone-sestina* è un particolare componimento di complessa artificiosità, in quanto le parole finali della prima strofa devono ricomparire tutte nelle cinque strofe seguenti secondo un rigido schema, e poi tutte e sei nell'ultima strofa di tre versi, detta Commiato, dove le sei parole compariranno tre a metà dei versi e tre alla fine dei medesimi.

— *Strofe di sette versi.* — Sono più rare e s'incontrano specialmente nelle canzoni.

— *Ottava.* — Strofa di 8 versi. Nella sua forma tipica toscana, è composta di endecasillabi, aventi i primi sei a rima alternata e gli ultimi due a rima baciata (ABABABCC).

ABBREVIAZIONI

a.	aggettivo
art.	articolo, articolato
avv.	avverbio
cond.	condizionale
cf.	confronta
cong.	congiunzione
cong.	congiuntivo
escl.	esclamazione
f.	sostantivo femminile
fut.	futuro semplice
ger.	gerundio
i.	verbo intransitivo
imp.	imperativo
impf.	imperfetto
ind.	indicativo
inter.	interiezione
lat.	latinismo
m.	sostantivo maschile
num.	numerale
pass. rem.	passato remoto
ppr.	participio presente
pps.	participio passato
pr.	presente
prep.	preposizione
pron.	pronome
r.	verbo riflessivo
t.	verbo transitivo
+	voce antiquata
1ª	verbo di prima coniugazione (*are*)
2ª	verbo di seconda coniugazione (*ere*)
3ª	verbo di terza coniugazione (*ire*)

à

a (prep.)
à (tr.)
abilità (f.)
abissità (f.)
accessibilità (f.)
accettabilità (f.)
accidentalità (f.)
accusabilità (f.)
acerbità (f.)
acetosità (f.)
acidità (f.)
acquosità (f.)
acuità (f.)
adattabilità (f.)
addà (i. r.)
adiposità (f.)
adorabilità (f.)
affabilità (f.)
affettibilità (f.)
affettività (f.)
affettuosità (f.)
affezionabilità (f.)
affinità (f.)
agilità (f.)
alacrità (f.)
alalà (escl.)
alcalinità (f.)
algidità (f.)
alienabilità (f.)
allodialità (f.)
alterabilità (f.)
amabilità (f.)
ambiguità (f.)
amenità (f.)
amistà (f.)
ammissibilità (f.)
amovibilità (f.)
ampollosità (f.)
va (i.)
va' (i.)
anfrattuosità (f.)
angolarità (f.)
animalità (f.)
animosità (f.)
annualità (f.)
anomalità (f.)
ansietà (f.)
anteriorità (f.)
antialonicità (f.)
antichità (f.)
anzianità (f.)
apoliticità (f.)
appellabilità (f.)
appetibilità (f.)
applicabilità (f.)
arcaicità (f.)
arenosità (f.)
aridità (f.)
+arsanà (m.)
arzanà (m.)
artificiosità (f.)
artifiziosità (f.)
asinità (f.)
asperità (f.)
assiduità (f.)
associabilità (f.)
assurdità (f.)
astiosità (f.)
astrusità (f.)
atrocità (f.)
attiguità (f.)
attinicità (f.)
attività (f.)
attrattività (f.)
attualità (f.)
austerità (f.)
autenticità (f.)
autorità (f.)
avidità (f.)
avrà (t.)
avversità (f.)
azzurrità (f.)
babà (m.)
baccalà (m.)
baccarà (m.)
banalità (f.)
bassà (m.)
beltà (f.)
benignità (f.)
bestialità (f.)
bevacità (f.)
bilateralità (f.)
bonarietà (f.)
bontà (f.)
boriosità (f.)
bramosità (f.)
brevità (f.)
briosità (f.)
brutalità (f.)
buttalà (m.)
ca' (f.)
caducità (f.)
calamità (f.)
calcinosità (f.)
calidità (f.)
callidità (f.)
callosità (f.)
calorosità (f.)
+cammuccà (m.)
canità (f.)
canonicità (f.)
capacità (f.)
caparbietà (f.)
capillarità (f.)
carità (f.)
carnalità (f.)
carnosità (f.)
castità (f.)
casualità (f.)
cattività (f.)
cattolicità (f.)
causalità (f.)
causticità (f.)
cavernosità (f.)
cavillosità (f.)
cavità (f.)
cecità (f.)
cekà (f.)
celebrità (f.)
celerità (f.)
centralità (f.)

chiarità (f.)
chissà (escl., avv.)
cispositià (f.)
città (f.)
civiltà (f.)
colà (avv.)
collegialità (f.)
collettività (f.)
collosità (f.)
colpabilità (f.)
coltivabilità (f.)
combattività (f.)
combinabilità (f.)
combustibilità (f.)
comicità (f.)
commensurabilità (f.)
commerciabilità (f.)
comodità (f.)
comparabilità (f.)
compatibilità (f.)
compendiosità (f.)
compenetrabilità (f.)
compensabilità (f.)
complessità (f.)
complicità (f.)
comprensibilità (f.)
compressibilità (f.)
comproprietà (f.)
comunicabilità (f.)
comunità (f.)
concavità (f.)
concinnità (f.)
condensabilità (f.)
conducibilità (f.)
conduttività (f.)
conformità (f.)
congruità (f.)
conicità (f.)
consanguineità (f.)
consentaneità (f.)
consustanzialità (f.)
contabilità (f.)
contemporaneità (f.)
contiguità (f.)
continuità (f.)
contrarietà (f.)
contrattilità (f.)
controversibilità (f.)
convertibilità (f.)
convessità (f.)
cordialità (f.)
correità (f.)
correspettività (f.)
corresponsabilità (f.)
corrività (f.)
corruttibilità (f.)
cosà (avv.)
coscienziosità (f.)
cospicuità (f.)
costà (avv.)
credibilità (f.)
credulità (f.)
criminalità (f.)
cristianità (f.)
cronicità (f.)
crudeltà (f.)
cupidità (f.)
curabilità (f.)
curialità (f.)
curiosità (f.)
curvità (f.)
da (prep.)
dà (t., r.)
da' (t., r., prep. art.)
dabbudà (m.)
debilità (f.)
declività (f.)
decomponibilità (f.)
deformità (f.)
+degnità (f.)
+deità (f.)
denatalità (f.)
densità (f.)
desterità (f.)
devessità (f.)
diafaneità (f.)
diafanità (f.)
diatermaneità (f.)
dicacità (f.)
difficoltà (f.)
difformità (f.)
diffusibilità (f.)
digeribilità (f.)
dignità (f.)
dilatabilità (f.)
dimostrabilità (f.)
discontinuità (f.)
disformità (f.)
disonestà (f.)
disparità (f.)
disponibilità (f.)
disputabilità (f.)
dissolubilità (f.)
disugualità (f.)
disutilità (f.)
diurnità (f.)
diversità (f.)
divinità (f.)
divisibilità (f.)
docilità (f.)
dualità (f.)
dubbiosità (f.)
duplicità (f.)
durabilità (f.)
duttilità (f.)
eccentricità (f.)
eccessività (f.)
eccitabilità (f.)
ecumenicità (f.)
edilità (f.)
effettività (f.)
effettuabilità (f.)
effettualità (f.)
+egestà (f.)
egualità (f.)
elasticità (f.)
eleggibilità (f.)
elettricità (f.)
emotività (f.)
empietà (f.)
enormità (f.)
entità (f.)
equabilità (f.)
equanimità (f.)
equità (f.)
eredità (f.)
ereditarietà (f.)
erroneità (f.)
esclusività (f.)
esecrabilità (f.)
esecutorietà (f.)
eseguibilità (f.)
esemplarità (f.)
esigibilità (f.)
esiguità (f.)
esilità (f.)
esoticità (f.)
espansività (f.)
essenzialità (f.)
està (f.)
esteriorità (f.)
estraterritorialità (f.)
estremità (f.)

età (f.)
eternità (f.)
eterogeneità (f.)
euroanalinità (f.)
eventualità (f.)
extraterritorialità (f.)
fa (m., t., i., r.)
facilità (f.)
facoltà (f.)
falbalà (m.)
fallibilità (f.)
falpalà (m.)
falsità (f.)
familiarità (f.)
fangosità (f.)
fastosità (f.)
fatalità (f.)
fatuità (f.)
fecondità (f.)
fedeltà (f.)
felicità (f.)
femminilità (f.)
feracità (f.)
ferità (f.)
fertilità (f.)
festività (f.)
festosità (f.)
feudalità (f.)
fibrosità (f.)
+fidelità (f.)
finalità (f.)
fiorentinità (f.)
fiscalità (f.)
fissità (f.)
flessibilità (f.)
flessuosità (f.)
fluidità (f.)
formalità (f.)
formidabilità (f.)
formosità (f.)
fotoelettricità (f.)
fra (prep.)
fra' (m.)
fragilità (f.)
frangibilità (f.)
fraternità (f.)
friabilità (f.)
frigidità (f.)
frondosità (f.)
frugalità (f.)
frustaneità (f.)
fugacità (f.)
fulgidità (f.)
fumosità (f.)
fungosità (f.)
fusibilità (f.)
futilità (f.)
gagà (m.)
galleggiabilità (f.)
garrulità (f.)
gemmiparità (f.)
generalità (f.)
genericità (f.)
generosità (f.)
genialità (f.)
gentilità (f.)
genuinità (f.)
già (avv.)
gibbosità (f.)
giocondità (f.)
giocosità (f.)
giovialità (f.)
giuridicità (f.)
globosità (f.)
glutinosità (f.)
golosità (f.)
gommosità (f.)
gracilità (f.)
graduabilità (f.)
gradualità (f.)
grandiosità (f.)
granellosità (f.)
gratuità (f.)
gravità (f.)
gravosità (f.)
graziosità (f.)
grecità (f.)
grinzosità (f.)
grossolanità (f.)
guà (escl.)
gustosità (f.)
ha (t.)
hurrà (escl.)
idealità (f.)
identicità (f.)
identità (f.)
idoneità (f.)
ignobiltà (f.)
igroscopicità (f.)
ilarità (f.)
illegalità (f.)
illegittimità (f.)
illiberalità (f.)
imbecillità (f.)
immanità (f.)
immaterialità (f.)
immaturità (f.)
immobilità (f.)
immoralità (f.)
immortalità (f.)
immunità (f.)
immutabilità (f.)
impalpabilità (f.)
imparzialità (f.)
impassibilità (f.)
impeccabilità (f.)
impenetrabilità (f.)
impercettibilità (f.)
imperiosità (f.)
impermeabilità (f.)
imperscrutabilità (f.)
imperturbabilità (f.)
impetuosità (f.)
implacabilità (f.)
imponderabilità (f.)
impossibilità (f.)
impopolarità (f.)
importunità (f.)
impossibilità (f.)
impraticabilità (f.)
impressionabilità (f.)
improbabilità (f.)
improbità (f.)
impropriotà (f.)
impulsività (f.)
impunità (f.)
impurità (f.)
imputabilità (f.)
inabilità (f.)
inabitabilità (f.)
inaccessibilità (f.)
inalienabilità (f.)
inalterabilità (f.)
inamabilità (f.)
inammissibilità (f.)
inamovibilità (f.)
inanità (f.)
inappellabilità (f.)
inapplicabilità (f.)
inattendibilità (f.)
inattività (f.)
incapacità (f.)
inciviltà (f.)

inconciliabilità (f.)
incolpabilità (f.)
incolumità (f.)
incombustibilità (f.)
incommensurabilità (f.)
incommutabilità (f.)
incomodità (f.)
incompatibilità (f.)
incompenetrabilità (f.)
incomportabilità (f.)
incomprensibilità (f.)
incompressibilità (f.)
incomunicabilità (f.)
inconcupibilità (f.)
inconciliabilità (f.)
incongruità (f.)
incontentabilità (f.)
incontestabilità (f.)
inconvertibilità (f.)
incorporeità (f.)
incorreggibilità (f.)
incorruttibilità (f.)
incostituzionalità (f.)
incredibilità (f.)
indefinibilità (f.)
indegnità (f.)
indennità (f.)
indigeribilità (f.)
indimostrabilità (f.)
indispensabilità (f.)
indissolubilità (f.)
indistruttibilità (f.)
individualità (f.)
indivisibilità (f.)
indocilità (f.)
ineffabilità (f.)
inegualità (f.)
ineleggibilità (f.)
inesigibilità (f.)
inesorabilità (f.)
inespugnabilità (f.)
inafallibilità (f.)
infamità (f.)
infecondità (f.)
infedeltà (f.)
infelicità (f.)
inferiorità (f.)
infermità (f.)
infiammabilità (f.)
infinità (f.)
inflessibilità (f.)
informità (f.)
infruttuosità (f.)
infusibilità (f.)
ingegnosità (f.)
ingenerosità (f.)
ingenuità (f.)
inidoneità (f.)
inintelligibilità (f.)
iniquità (f.)
innocuità (f.)
innumerabilità (f.)
inofficiosità (f.)
inonestà (f.)
inoperosità (f.)
inopportunità (f.)
inospitalità (f.)
insalubrità (f.)
insanabilità (f.)
insaziabilità (f.)
inscrutabilità (f.)
insensibilità (f.)
inseparabilità (f.)
insequestrabilità (f.)
insincerità (f.)
insindacabilità (f.)
insipidità (f.)
insociabilità (f.)
insoffribilità (f.)
insolubilità (f.)
insolvibilità (f.)
instabilità (f.)
instancabilità (f.)
insulsità (f.)
insuperabilità (f.)
intangibilità (f.)
integrabilità (f.)
integrità (f.)
intellettualità (f.)
intelligibilità (f.)
intempestività (f.)
intensità (f.)
interiorità (f.)
internazionalità (f.)
intimità (f.)
intrattabilità (f.)
inumanità (f.)
inurbanità (f.)
inutilità (f.)
invalidità (f.)
invariabilità (f.)
invertibilità (f.)
invincibilità (f.)
inviolabilità (f.)
invisibilità (f.)
invulnerabilità (f.)
ipersensibilità (f.)
irascibilità (f.)
irrazionalità (f.)
irrealtà (f.)
irreconciliabilità (f.)
irrefragabilità (f.)
irregolarità (f.)
irreligiosità (f.)
irremovibilità (f.)
irreparabilità (f.)
irreperibilità (f.)
irreprensibilità (f.)
irrepugnabilità (f.)
irrespirabilità (f.)
irresponsabilità (f.)
irretroattività (f.)
irreversibilità (f.)
irrevocabilità (f.)
irricevibilità (f.)
irriducibilità (f.)
irrimediabilità (f.)
irritabilità (f.)
isbà (f.)
istantaneità (f.)
italianità (f.)
la (m., pron., art. f.)
là (avv.)
labilità (f.)
laboriosità (f.)
laconicità (f.)
laicità (f.)
laidità (f.)
lanosità (f.)
+laschità (f.)
latinità (f.)
lealtà (f.)
legalità (f.)
leggibilità (f.)
legittimità (f.)
legnosità (f.)
lenità (f.)
levità (f.)
liberalità (f.)
libertà (f.)
licenziosità (f.)
lievità (f.)
limosità (f.)

limpidità (f.)
liquidità (f.)
liricità (f.)
località (f.)
longanimità (f.)
longevità (f.)
loquacità (f.)
lubricità (f.)
lucerà (i.)
lucidità (f.)
luminosità (f.)
ma (cong., m.)
maestà (f.)
maestosità (f.)
maggiorità (f.)
magistralità (f.)
magnanimità (f.)
malignità (f.)
malleabilità (f.)
malvagità (f.)
+malvestà (f.)
mammà (f.)
maragià (f.)
mascolinità (f.)
materialità (f.)
maternità (f.)
maturità (f.)
medianità (f.)
mediocrità (f.)
mellifluità (f.)
mendicità (f.)
mensilità (f.)
mensualità (f.)
mentalità (f.)
meschinità (f.)
metà (f.)
meticolosità (f.)
mezzanità (f.)
minorità (f.)
minuziosità (f.)
miserabilità (f.)
+misertà (f.)
misteriosità (f.)
misticità (f.)
mistrà (m.)
misurabilità (f.)
mobilità (f.)
modalità (f.)
modernità (f.)
modicità (f.)
moltiplicabilità (f.)
moltiplicità (f.)
mondanità (f.)
montuosità (f.)
moralità (f.)
morbosità (f.)
mordacità (f.)
mortalità (f.)
mostruosità (f.)
mucosità (f.)
muffosità (f.)
municipalità (f)
muscolosità (f.)
mutabilità (f.)
mutualità (f.)
natalità (f.)
natività (f.)
naturalità (f.)
navigabilità (f.)
nazionalità (f.)
nebulosità (f.)
necessità (f.)
nefandità (f.)
negabilità (f.)
negoziabilità (f.)
+nemistà (f.)
nervosità (f.)
neutralità (f.)
nitrosità (f.)
nobiltà (f.)
nodosità (f.)
noiosità (f.)
nominatività (f.)
normalità (f.)
notabilità (f.)
notorietà (f.)
novità (f.)
nudità (f.)
nullità (f.)
numerabilità (f.)
nuvolosità (f.)
obbligatorietà (f.)
obesità (f.)
obiettività (f.)
obliquità (f.)
odiosità (f.)
officiosità (f.)
oggettività (f.)
olà (escl.)
oleosità (f.)
ombrosità (f.)
omertà (f.)
omogeneità (f.)
omosessualità (f.)
ondosità (f.)
onestà (f.)
onorabilità (f.)
opacità (f.)
operabilità (f.)
operosità (f.)
opportunità (f.)
oralità (f.)
orbità (f.)
originalità (f.)
orribilità (f.)
orridità (f.)
oscenità (f.)
oscurità (f.)
ospitalità (f.)
ossequiosità (f.)
ossidabilità (f.)
ostilità (f.)
ottusità (f.)
oziosità (f.)
padiscià (m.)
pallidità (f.)
palpabilità (f.)
papà (m.)
parcità (f.)
parità (f.)
parrocchialità (f.)
particolarità (f.)
parvità (f.)
parzialità (f.)
pascià (m.)
passibilità (f.)
passionalità (f.)
passività (f.)
pastosità (f.)
paternità (f.)
peccabilità (f.)
peculiarità (f.)
pelosità (f.)
penalità (f.)
penetrabilità (f.)
percettibilità (f.)
peregrinità (f.)
perennità (f.)
perfettibilità (f.)
periodicità (f.)
permeabilità (f.)
permutabilità (f.)
perniciosità (f.)

perpendicolarità (f.)
perpetuità (f.)
perplessità (f.)
personalità (f.)
perspicuità (f.)
perversità (f.)
pescosità (f.)
piccolità (f.)
pietà (f.)
piezoelettricità (f.)
piroelettricità (f.)
piumosità (f.)
placabilità (f.)
placidità (f.)
plasticità (f.)
plausibilità (f.)
plurabilità (f.)
pneumaticità (f.)
podesta (m.)
polarità (f.)
pomposità (f.)
ponderabilità (f.)
ponderosità (f.)
popolarità (f.)
porosità (f.)
positività (f.)
possibilità (f.)
posteriorità (f.)
posterità (f.)
potabilità (f.)
potenzialità (f.)
potestà (f.)
povertà (f.)
poziorità (f.)
praticabilità (f.)
praticità (f.)
pravità (f.)
precarietà (f.)
precipitabilità (f.)
preclarità (f.)
precocità (f.)
pregiabilità (f.)
prendibilità (f.)
prescrittibilità (f.)
presentabilità (f.)
pressibilità (f.)
presumibilità (f.)
presuntuosità (f.)
preterintenzionalità (f.)
preziosità (f.)
principalità (f.)
priorità (f.)
probabilità (f.)
probità (f.)
prodigabilità (f.)
prodigiosità (f.)
produttività (f.)
profanità (f.)
profondità (f.)
prolificità (f.)
prolissità (f.)
prolungabilità (f.)
promiscuità (f.)
+pronità (f.)
+propinquità (f.)
proponibilità (f.)
proporzionalità (f.)
proprietà (f.)
prorogabilità (f.)
prosasticità (f.)
+prosontuosità (f.)
prosperità (f.)
prossimità (f.)
protonicità (f.)
provabilità (f.)
provvisorietà (f.)
pubblicità (f.)
pubertà (f.)
puerilità (f.)
punibilità (f.)
puntualità (f.)
purità (f.)
pusillanimità (f.)
pusillità (f.)
putridità (f.)
qua (avv.)
quadruplicità (f.)
qualità (f.)
quantità (f.)
quiddità (f.)
radioattività (f.)
radiosità (f.)
raià (m.)
ramosità (f.)
rancidità (f.)
rapacità (f.)
rapidità (f.)
rarità (f.)
ratafià (m.)
razionabilità (f.)
razionalità (f.)
realità (f.)
realtà (f.)
recettibilità (f.)
recettività (f.)
recidività (f.)
reciprocità (f.)
redimibilità (f.)
regalità (f.)
regolarità (f.)
reità (f.)
relatività (f.)
religiosità (f.)
remissività (f.)
renosità (f.)
reperibilità (f.)
respirabilità (f.)
responsabilità (f.)
retrattilità (f.)
retroattività (f.)
reversibilità (f.)
recettività (f.)
riandrà (i.)
ricusabilità (f.)
rieleggibilità (f.)
riflessibilità (f.)
rifrangibilità (f.)
rigidità (f.)
rigorosità (f.)
rimutabilità (f.)
riparabilità (f.)
riproduttività (f.)
risibilità (f.)
risolvibilità (f.)
rispettabilità (f.)
ritrosità (f.)
riuscibilità (f.)
rivà (i.)
rivalità (f.)
riversibilità (f.)
romanità (f.)
rotondità (f.)
rugginosità (f.)
rugosità (f.)
rusticità (f.)
ruvidità (f.)
sa (t., i.)
sagacità (f.)
salacità (f.)
salubrità (f.)
sanabilità (f.)
+sanguinità (f.)
sanità (f.)

santità (f.)
sapidità (f.)
saporosità (f.)
saturabilità (f.)
saturità (f.)
saziabilità (f.)
sazietà (f.)
scabrosità (f.)
scarsità (f.)
schifiltà (f.)
schifosità (f.)
schistosità (f.)
scià (m.)
scissiparità (f.)
scolasticità (f.)
scomodità (f.)
scontrosità (f.)
scrupolosità (f.)
scurità (f.)
scurrilità (f.)
sdegnosità (f.)
securità (f.)
securtà (f.)
selettività (f.)
seminfermità (f.)
semplicità (f.)
senilità (f.)
sensibilità (f.)
sensitività (f.)
sensività (f.)
sensualità (f.)
sentimentalità (f.)
separabilità (f.)
sequestrabilità (f.)
serenità (f.)
serietà (f.)
servilità (f.)
sessualità (f.)
severità (f.)
sfarzosità (f.)
sfericità (f.)
siccità (f.)
sicurtà (f.)
sierosità (f.)
signorilità (f.)
simultaneità (f.)
sincerità (f.)
singolarità (f.)
sinuosità (f.)
slealtà (f.)
soavità (f.)
sobrietà (f.)
sociabilità (f.)
socialità (f.)
società (f.)
sofà (m.)
solennità (f.)
solidarietà (f.)
solidità (f.)
solubilità (f.)
solvibilità (f.)
sommità (f.)
sonorità (f.)
sordità (f.)
sospettabilità (f.)
sostanzialità (f.)
sostenibilità (f.)
sostituibilità (f.)
sottilità (f.)
sovranità (f.)
sovreccitabilità (f.)
spaziosità (f.)
specialità (f.)
speciosità (f.)
spedalità (f.)
spettabilità (f.)
spiritosità (f.)
spiritualità (f.)
spongiosità (f.)
spontaneità (f.)
sproporzionalità (f.)
spugnosità (f.)
spumosità (f.)
sta (agg. dimostr., i.)
sta' (i.)
stabilità (f.)
stenoalinità (f.)
sterilità (f.)
stolidità (f.)
storicità (f.)
straordinarietà (f.)
strenuità (f.)
stupidità (f.)
subitaneità (f.)
sublimità (f.)
successibilità (f.)
suggestionabilità (f.)
sugosità (f.)
suntuosità (f.)
superficialità (f.)
superfluità (f.)
superiorità (f.)
suscettibilità (f.)
suscettività (f.)
taciturnità (f.)
taffettà (m.)
+tambascià (f.)
tangibilità (f.)
tardità (f.)
tattilità (f.)
teatralità (f.)
tediosità (f.)
temerarietà (f.)
temerità (f.)
temporalità (f.)
temporaneità (f.)
tenacità (f.)
tendenziosità (f.)
tenebrosità (f.)
tenuità (f.)
tepidità (f.)
terminabilità (f.)
termoelettricità (f.)
+terrestreità (f.)
terrestrità (f.)
terribilità (f.)
territorialità (f.)
timidità (f.)
tonalità (f.)
tonicità (f.)
torbidità (f.)
torpidità (f.)
tortuosità (f.)
toscanità (f.)
tossicità (f.)
totalità (f.)
tra (prep.)
tranquilità (f.)
transitabilità (f.)
transitorietà (f.)
trasformabilità (f.)
traslùcidità (f.)
trasmissibilità (f.)
trattabilità (f.)
trepidità (f.)
triangolarità (f.)
trinità (f.)
triplicità (f.)
trivialità (f.)
tuberosità (f.)
tumidità (f.)
+tumorosità (f.)
turgidità (f.)

ubertà (f.)
ubertosità (f.)
ubiquità (f.)
ufficialità (f.)
ufficiosità (f.)
uggiosità (f.)
ugualità (f.)
umanità (f.)
umidità (f.)
umiltà (f.)
+umorosità (f.)
unanimità (f.)
unibilità (f.)
unicità (f.)
uniformità (f.)
unità (f.)
universalità (f.)
università (f.)
untuosità (f.)
urbanità (f.)
urrà (escl., m.)
usualità (f.)
utilità (f.)
va (i.)
va' (escl., i)
vacuità (f.)
validità (f.)
+valorosità (f.)
vanità (f.)
vaporosità (f.)
variabilità (f.)
varietà (f.)
vastità (f.)
vegetabilità (f.)
velenosità (f.)
velleità (f.)
velocità (f.)
venalità (f.)
venerabilità (f.)
venialità (f.)
ventosità (f.)
venustà (f.)
veracità (f.)
verbosità (f.)
verginità (f.)
veridicità (f.)
verità (f.)
versatilità (f.)
vetustà (f.)
viabilità (f.)
vicepodestà (m.)
vigorosità (f.)
villosità (f.)
viltà (f.)
virilità (f.)
virtualità (f.)
virtuosità (f.)
viscidità (f.)
viscosità (f.)
visibilità (f.)
vistosità (f.)
vitalità (f.)
vivacità (f.)
viziosità (f.)
vogliosità (f.)
volà (m.)
volatilità (f.)
volgarità (f.)
volontà (f.)
volubilità (f.)
voluminosità (f.)
voluttà (f.)
voracità (f.)
za (escl.)
cfr. *ind. fut.* e *imp. fut.*
ab
baobab (m.)
aba
baba (m.)
ciaba (m.)
fiaba (f.)
glaba (f.)
abaco
abaco (m.)
abada
+abada (m.)
abala
cabala (f.)
abalo
cabalo (i.)
abasi
anabasi (f.)
catabasi (f.)
parabasi (f.)
abato
abato (m.)
sabato (m.)
abavo
+abavo (m.)
abba
barabba (m.)
sabba (m.)
abbala
cabbala (f.)
abbe
abbiabbe (f.)
abbi
abbi (t.)
rabbi (m.)
abbia
abbia (t.)
gabbia (f.)
+labbia (f.)
rabbia (f.)
sabbia (f.)
scabbia (f.)
abbiano
abbiano (t.)
abbico
antirabbico (a.)
abbio
arrabbio (i., r.)
ingabbio (t., r.)
insabbio (t., r.)
ringabbio (t.)
sabbio (t.)
sgabbio (t.)
stabbio (i., m.)
abbo
babbo (m.)
gabbo (t., m.)
nababbo (m.)
abbra
labbra (f. pl.)
abbrica
capofabbrica (m.)
fabbrica (f.)
abbrico
rifabbrico (t.)
abbro
fabbro (m.)
gabbro (m.)
labbro (m.)
slabbro (t., i.)
abdico
abdico (i.)
abe
labe (f.)
tabe (f.)
abea
trabea (f.)
abere
+labere (i.)

abica
sciabica (f.)
abico
arabico (a.)
monosillabico (a.)
sillabico (a.)
strabico (a., m.)
trisillabico (a.)
unisillabico (a.)
abido
rapido (a.)
abile
abbordabile (a.)
abbruciabile (a.)
abile (a.)
abominabile (a.)
accettabile (a.)
accomodabile (a.)
accompagnabile (a.)
accomunabile (a.)
acconciabile (a.)
accoppiabile (a.)
accorciabile (a.)
accordabile (a.)
accostabile (a.)
accostumabile (a.)
accreditabile (a.)
accumulabile (a.)
accusabile (a.)
acquietabile (a.)
acquistabile (a.)
adagiabile (a.)
adattabile (a.)
addestrabile (a.)
addirizzabile (a.)
addimesticabile (a.)
adeguabile (a.)
adescabile (a.)
adombrabile (a.)
adoperabile (a.)
adorabile (a.)
adornabile (a.)
adottabile (a.)
adulterabile (a.)
adunabile (a.)
affabile (a.)
affermabile (a.)
affezionabile (a.)
affittabile (a.)
affrancabile (a.)
affrontabile (a.)
aggiogabile (a.)
aggiustabile (a.)
aggregabile (a.)
agguagliabile (a.)
agitabile (a.)
alienabile (a.)
allegabile (a.)
allungabile (a.)
alterabile (a.)
amabile (a.)
ammaccabile (a.)
ammaestrabile (a.)
ammendabile (a.)
ammirabile (a.)
animabile (a.)
appagabile (a.)
appellabile (a.)
appianabile (a.)
applicabile (a.)
apprezzabile (a.)
appropriabile (a.)
approvabile (a.)
appuntabile (a.)
arabile (a.)
arrotabile (a.)
asportabile (a.)
assegnabile (a.)
assicurabile (a)
assimilabile (a.)
associabile (a.)
assoggettabile (a.)
attaccabile (a.)
attuabile (a.)
aumentabile (a.)
auspicabile (a.)
ballabile (a.)
bancabile (a.)
beatificabile (a.)
beccabile (a.)
biasimabile (a.)
bramabile (a.)
calcabile (a.)
calcinabile (a.)
calcolabile (a.)
calessabile (a.)
cambiabile (a.)
camionabile (a.)
cancellabile (a.)
cangiabile (a.)
cantabile (a.)
carreggiabile (a.)
carrozzabile (a.)
castigabile (a.)
catastabile (a.)
cavalcabile (a.)
celebrabile (a.)
censurabile (a.)
circondabile (a.)
citabile (a.)
classificabile (a.)
coagulabile (a.)
colarabile (a.)
+colpabile (a.)
coltivabile (a.)
combinabile (a.)
commemorabile (a.)
commendabile (a.)
commensurabile (a.)
commerciabile (a.)
commutabile (a.)
comparabile (a.)
compenetrabile (a.)
compensabile (a.)
comportabile (a.)
comprovabile (a.)
computabile (a.)
comunicabile (a.)
conciliabile (a.)
concordabile (a.)
condannabile (a.)
condensabile (a.)
condonabile (a.)
conestabile (m.)
conformabile (a.)
confortabile (a.)
confutabile (a.)
coniugabile (a.)
conquistabile (a.)
consacrabile (a.)
conservabile (a.)
considerabile (a.)
consociabile (a.)
consolabile (a.)
consumabile (a.)
contabile (a.)
contemplabile (a.)
contentabile (a.)
contestabile (a.)
continuabile (a.)
contrastabile (a.)
contrattabile (a.)
+corabile (a.)

corresponsabile (a., m.)
creabile (a.)
cristallizzabile (a.)
criticabile (a.)
cucinabile (a.)
curabile (a.)
curvabile (a.)
decifrabile (a.)
declinabile (a.)
deplorabile (a.)
deprecabile (a.)
derivabile (a.)
derogabile (a.)
desiderabile (a.)
designabile (a.)
determinabile (a.)
detestabile (a.)
dilatabile (a.)
dimostrabile (a.)
disamabile (a.)
disciplinabile (a.)
disgregabile (a.)
dispensabile (a.)
disprezzabile (a.)
disputabile (a.)
dissociabile (a.)
domabile (a.)
dominabile (a.)
dubitabile (a.)
durabile (a.)
eccettuabile (a.)
eccitabile (a.)
+effabile (a.)
effettuabile (a.)
emendabile (a.)
emulsionabile (a.)
encomiabile (a.)
equabile (a.)
equiparabile (a.)
erogabile (a.)
esalabile (a.)
esaminabile (a.)
escogitabile (a.)
esecrabile (a.)
esercitabile (a.)
esitabile (a.)
+esorabile (a.)
esplicabile (a.)
esplorabile (a.)
espugnabile (a.)
evaporabile (a.)
evitabile (a.)
fabbricabile (a.)
fecondabile (a.)
fermentabile (a.)
fiaccabile (a.)
filabile (a.)
fischiabile (a.)
fittabile (a.)
formabile (a.)
formidabile (a.)
fortificabile (a.)
francabile (a.)
frenabile (a.)
frequentabile (a.)
friabile (a.)
frodabile (a.)
generabile (a.)
germogliabile (a.)
girabile (a.)
giudicabile (a.)
giustificabile (a.)
governabile (a.)
graduabile (a.)
gravabile (a.)
graziabile (a.)
guadabile (a.)
guadagnabile (a.)
guidabile (a.)
gustabile (a.)
ideabile (a.)
ignorabile (a.)
illacrimabile (a.)
illaudabile (a.)
imitabile (a.)
immaginabile (a.)
immancabile (a.)
immedicabile (a.)
immemorabile (a.)
immensurabile (a.)
immisurabile (a.)
immutabile (a.)
impagabile (a.)
impalpabile (a.)
imparagonabile (a.)
impareggiabile (a.)
impeccabile (a.)
impenetrabile (a.)
impensabile (a.)
imperdonabile (a.)
impermeabile (a.)
impermutabile (a.)
imperscrutabile (a.)
imperturbabile (a.)
impenetrabile (a.)
impiegabile (a.)
implacabile (a.)
imponderabile (a., m.)
importabile (a.)
impraticabile (a.)
impregiudicabile (a.)
impressionabile (a.)
improbabile (a.)
improrogabile (a.)
impugnabile (a.)
imputabile (a.)
inabile (a.)
inabitabile (a.)
inaccettabile (a.)
inaccusabile (a.)
inadattabile (a.)
inadombrabile (a.)
inadoprabile (a.)
inalienabile (a.)
inalterabile (a.)
inamabile (a.)
inammendabile (a.)
inappagabile (a.)
inappellabile (a.)
inapplicabile (a.)
inapprezzabile (a.)
inappuntabile (a.)
inappurabile (a.)
inarrivabile (a.)
inattaccabile (a.)
inattuabile (a.)
incalcolabile (a.)
incancellabile (a.)
incensurabile (a.)
incessabile (a.)
incolpabile (a.)
incommensurabile (a.)
incommerciabile (a.)
incommutabile (a.)
incomparabile (a.)
incompenetrabile (a.)
incompensabile (a.)
incomportabile (a.)
incomputabile (a.)
incomunicabile (a.)
inconciliabile (a.)
inconfessabile (a.)
inconfutabile (a.)

inconsiderabile (a.)
inconsolabile (a.)
inconsumabile (a.)
incontaminabile (a.)
incontentabile (a.)
incontestabile (a.)
incontrastabile (a.)
incorporabile (a.)
incriminabile (a.)
incriticabile (a.)
incrollabile (a.)
incurabile (a., m.)
incurvabile (a.)
indecifrabile (a.)
indeclinabile (a.)
indefaticabile (a.)
indeprecabile (a.)
indeterminabile (a.)
indimenticabile (a.)
indimostrabile (a.)
indisciplinabile (a.)
indispensabile (a.)
indisputabile (a.)
indomabile (a.)
indovinabile (a.)
indubitabile (a.)
ineducabile (a.)
ineffabile (a.)
ineffettuabile (a.)
ineluttabile (a.)
inemendabile (a.)
inenarrabile (a.)
inequabile (a.)
inescogitabile (a.)
inescusabile (a.)
inesercitabile (a.)
inesorabile (a.)
inespiabile (a.)
inesplicabile (a.)
inesplorabile (a.)
inespugnabile (a.)
inessiccabile (a.)
inestimabile (a.)
inestirpabile (a.)
inestricabile (a.)
inevitabile (a.)
infaticabile (a.)
infiammabile (a.)
infrenabile (a.)
ingannabile (a.)
ingenerabile (a.)
ingiustificabile (a.)
ingovernabile (a.)
inguadabile (a.)
inimitabile (a.)
inimmaginabile (a.)
iniziabile (a.)
innavigabile (a.)
innegabile (a.)
innominabile (a.)
innumerabile (a.)
inoccultabile (a.)
inopinabile (a.)
inoppugnabile (a.)
inosservabile (a.)
inqualificabile (a.)
insaldabile (a.)
insanabile (a.)
insatollabile (a.)
insaturabile (a.)
insaziabile (a.)
inscrutabile (a.)
inscusabile (a.)
inseparabile (a.)
insequestrabile (a.)
insignificabile (a.)
insindacabile (a.)
insinuabile (a.)
insociabile (a.)
insopportabile (a.)
insormontabile (a.)
insospettabile (a.)
insperabile (a.)
instabile (a.)
instancabile (a.)
insuperabile (a.)
intaccabile (a.)
integrabile (a.)
intentabile (a.)
interminabile (a.)
intollerabile (a.)
intonabile (a.)
intrattabile (a.)
introvabile (a.)
invalidabile (a.)
invariabile (a.)
investigabile (a.)
invidiabile (a.)
invocabile (a.)
invulnerabile (a.)
ipotecabile (a.)
irrappresentabile (a.)
irreconciliabile (a.)
irrecuperabile (a.)
irrecusabile (a.)
irrefragabile (a.)
irrefrenabile (a.)
irrefutabile (a.)
irremeabile (a.)
irremunerabile (a.)
irreparabile (a.)
irrepugnabile (a.)
irrespirabile (a.)
irresponsabile (a.)
irrevocabile (a.)
irrigabile (a.)
irrimediabile (a.)
irritabile (a.)
irritrattabile (a.)
irrivelabile (a.)
labile (a.)
lacerabile (a.)
lacrimabile (a.)
lanciabile (a.)
laudabile (a.)
lavabile (a.)
limitabile (a.)
lodabile (a.)
lucrabile (a.)
macellabile (a.)
macerabile (a.)
macinabile (a.)
malleabile (a.)
maneggiabile (a.)
mangiabile (a.)
manovrabile (a.)
maritabile (a.)
masticabile (a.)
medicabile (a.)
meditabile (a.)
memorabile (a.)
mescolabile (a.)
ministeriabile (a.)
mirabile (a.)
miserabile (a.)
misurabile (a.)
mitigabile (a.)
moderabile (a.)
modificabile (a.)
moltiplicabile (a.)
moralizzabile (a.)
mostrabile (a.)
musicabile (a.)

mutabile (a.)
narrabile (a.)
navigabile (a.)
negabile (a.)
negoziabile (a.)
nominabile (a.)
notabile (a., m.)
numerabile (a.)
occultabile (a.)
odiabile (a.).
oltraggiabile (a.)
onorabile (a.)
operabile (a.)
opinabile (a.)
oppugnabile (a.)
ordinabile (a.)
orecchiabile (a.)
oscurabile (a.)
osservabile (a.)
ossidabile (a.)
pacificabile (a.)
pagabile (a.)
palpabile (a.)
papabile (a.)
paragonabile (a.)
pareggiabile (a.)
parlabile (a.)
partecipabile (a.)
passabile (a.)
pasteggiabile (a.)
patteggiabile (a.)
peccabile (a.)
penetrabile (a.)
pensabile (a.)
perdonabile (a.)
perfezionabile (a.)
perforabile (a.)
permeabile (a.)
permutabile (a.)
perpetuabile (a.)
perscrutabile (a.)
pesabile (a.)
piegabile (a.)
placabile (a.)
plasmabile (a.)
poetabile (a.)
polverizzabile (a.)
ponderabile (a.)
portabile (a.)
potabile (a.)
praticabile (a., m.)
precipitabile (a.)
predicabile (a., m.)
pregiabile (a.)
premiabile (a.)
presentabile (a.)
prezzabile (a.)
probabile (a., m.)
processabile (a.)
procreabile (a.)
+profittabile (a.)
prolungabile (a.)
pronunziabile (a.)
propagabile (a.)
porporzionabile (a.)
prorogabile (a.)
provabile (a.)
provocabile (a.)
pubblicabile (a.)
purgabile (a.)
quadrabile (a.)
qualificabile (a.)
questionabile (a.)
raccomandabile (a.)
raccontabile (a.)
radunabile (a.)
raffigurabile (a.)
raffrenabile (a.)
ragguagliabile (a.)
rammemorabile (a.)
rappresentabile (a.)
rarefabile (a.)
raschiabile (a.)
ravvisabile (a.)
razionabile (a.)
recitabile (a.)
regalabile (a.)
registrabile (a.)
reiterabile (a.)
remeabile (a.)
replicabile (a.)
respirabile (a.)
responsabile (a.)
restaurabile (a.)
revocabile (a.)
riacquistabile (a.)
ricalcabile (a.)
richiamabile (a.)
ricompensabile (a.)
ricomprabile (a.)
riconciliabile (a.)
riconfermabile (a.)
ricordabile (a.)
ricuperabile (a.)
ricusabile (a.)
riedificabile (a.)
rifabbricabile (a.)
rifiutabile (a.)
riformabile (a.)
rigettabile (a.)
rimborsabile (a.)
rimediabile (a.)
rimeritabile (a.)
rimproverabile (a.)
rimutabile (a.)
ringraziabile (a.)
rinnovabile (a.)
rintracciabile (a.)
riparabile (a.)
riportabile (a.)
ripubblicabile (a.)
ripudiabile (a.)
risanabile (a.)
riscattabile (a.)
riscontrabile (a.)
rispettabile (a.)
risponsabile (a.)
ristorabile (a.)
risultabile (a.)
ritardabile (a.)
ritrattabile (a.)
ritrovabile (a.)
rivelabile (a.)
rotabile (a.)
salificabile (a.)
sanabile (a.)
saturabile (a.)
saziabile (a.)
scagliabile (a.)
scemabile (a.)
schivabile (a.)
scomputabile (a.)
sconficcabile (a.)
scontabile (a.)
scoppiabile (a.)
scritturabile (a.)
scrutabile (a.)
scusabile (a.)
sdaziabile (a.)
seccabile (a.)
segabile (a.)
seguitabile (a.)
sementabile (a.)

seminabile (a.)
semipermeabile (a.)
separabile (a.)
sequestrabile (a.)
sfaldabile (a.)
sfarinabile (a.)
sgranabile (a.)
sindacabile (a.)
sociabile (a.)
soggettabile (a.)
solcabile (a.)
sollevabile (a.)
someggiabile (a.)
sonabile (a.)
sondabile (a.)
sopportabile (a.)
sorteggiabile (a.)
sospettabile (a.)
sostentabile (a.)
sovreccitabile (a.)
spacciabile (a.)
sperabile (a.)
spettabile (a.)
spezzabile (a.)
spiegabile (a.)
spirabile (a.)
stabile (a., m.)
staccabile (a.)
stampabile (a.)
stimabile (a.)
stiracchiabile (a.)
stracciabile (a.)
strappabile (a.)
studiabile (a.)
suggestionabile (a.)
superabile (a.)
supplicabile (a.)
suppurabile (a.)
surrogabile (a.)
tacciabile (a.)
tagliabile (a.)
tascabile (a.)
tassabile (a.)
teatrabile (a.)
tentabile (a.)
terminabile (a.)
testabile (a.)
toccabile (a.)
tollerabile (a.)
trafficabile (a.)
tragediabile (a.)
tramezzabile (a.)
transitabile (a.)
trapassabile (a.)
trascurabile (a.)
trasformabile (a.)
trasmutabile (a.)
trasportabile (a.)
trattabile (a.)
tritabile (a.)
troncabile (a.)
trottabile (a.)
trovabile (a.)
turbabile (a.)
uccellabile (a.)
umettabile (a.)
unificabile (a.)
usabile (a.)
utilizzabile (a.)
vaccinabile (a.)
valutabile (a.)
varcabile (a.)
variabile (a.)
vegetabile (a.)
velabile (a.)
vendemmiabile (a.)
verseggiabile (a.)
vetrificabile (a.)
vietabile (a.)
violabile (a.)
vituperabile (a.)
voltabile (a.)
vulnerabile (a.)

abio
astrolabio (m.)
cosmolabio (m.)

abito
abito (i., m.)
coabito (i.)
disabito (t.)
soprabito (m.)

abnego
abnego (t.)

abo
analabo (m.)
ciabo (i.)
lavabo (m.)

abola
parabola (f.)
sciabola (f.)
semiparabola (t.)

abolo
acetabolo (m.)
conciliabolo (m.)
diabolo (m.)
incunabolo (m.)
sciabolo (t.)
tintinnabolo (m.)
vocabolo (m.)

aboro
collaboro (i.)
elaboro (t.)

abra
abracadabra (m.)

abro
abro (m.)
cabro (i.)
candelabro (m.)
cinabro (m.)
glabro (a.)
scabro (a.)
ventilabro (m.)
voluttabro (m.)

abrogo
abrogo (t.)

abside
abside (f.)

abula
rabula (f.)
tabula (f.)

abulo
confabulo (i.)
incunabulo (m.)
+ pabulo (m.)

ac
cognàc (m.)
colbàc (m.)
crac (m.)
patatràc (m.)
tictàc (m.)
trictràc (m.)

aca
abaca (f.)
alpaca (m.)
amaca (f.)
braca (f.)
cloaca (f.)
falsabraca (f.)
imbraca (f.)
lumaca (f.)
pastinaca (f.)
raca (f.)

reggibraca (m.)
regginbraca (m.)
triaca (f.)

acabro
macabro (a.)

acaro
acaro (m.)

acca
acca (f.)
alpacca (m.)
bacca (f.)
baracca (f.)
biacca (f.)
cacca (f.)
caracca (f.)
casacca (f.)
ceralacca (f.)
fiacca (f.)
fusciacca (f.)
giacca (f.)
guarnacca (f.)
iridacca (f.)
lacca (f.)
macca (f.)
mezzatacca (f.)
+orbacca (f.)
pacca (f.)
patacca (f.)
placca (f.)
polacca (f.)
risacca (f.)
sacca (f., pl.)
salacca (f.)
sandracca (f.)
scilacca (f.)
stacca (f.)
stracca (f.)
tacca (f.)
trabacca (f.)
vacca (f.)
+zambracca (f.)

accaro
zaccaro (m.)

acchera
donnacchera (f.)
mazzacchera (f.)
nacchera (f.)
pillacchera (f.)
suzzacchera (f.)
zacchera (f.)

acchere
fiacchere (m.)

acchero
impillacchero (t.)
inzacchero (t., r.)
quacquero (m.)
rinzacchero (t., r.)
spillacchero (t., r.)

acchi
mustacchi (m. pl.)
portapacchi (m.)
squassapennacchi (m.)

acchia
cornacchia (f.)
+gracchia (f.)
macchia (f.)
mezzamacchia (f.)
mordacchia (f.)
mulacchia (f.)
pacchia (f.)

acchico
antibacchico (a.)
bacchico (a.)

acchie
cavamacchie (m.)

acchiera
chiacchiera (f.)

acchiero
chiacchiero (i.)

acchina
macchina (f.)

acchino
macchino (t.)

acchio
abbacchio (t.)
abbozzacchio (t.)
abbruciacchio (t.)
acquacchio (r.)
+ammacchio (i., r.)
antibacchio (m.)
bacchio (m., t.)
biracchio (m.)
birracchio (m.)
bruciacchio (t.)
bucacchio (t.)
dimacchio (t.)
foracchio (t.)
frugacchio (t., i.)
fumacchio (m.)
giacchio (i., m.)
giuracchio (t.)
gracchio (i., m.)
gridacchio (i.)
immacchio (r.)
imparacchio (t.)
impennacchio (t.)
lavoracchio (i.)
macchio (t., r.)
mandracchio (m.)
mormoracchio (i.)
muracchio (i.)
mustacchio (m.)
odoracchio (i.)
pacchio (i.)
pateracchio (m.)
pennacchio (m.)
pistacchio (m.)
+poltracchio (m.)
potacchio (m.)
puzzacchio (i.)
racchio (m.)
ragionacchio (i.)
ridacchio (i.)
rigracchio (i.)
rubacchio (t.)
sbacchio (t., r.)
sbatacchio (t., i., r.)
sbevacchio (i.)
scacchio (t.)
scaracchio (i., m.)
sciupacchio (t.)
scorbacchio (t.)
scornacchio (t.)
scribacchio (t., i.)
scrivacchio (t., i.)
sforacchio (t.)
smacchio (t.)
sonnacchio (i.)
+sornacchio (i., m.)
spacchio (i., r.)
spauracchio (m.)
spaventacchio (m.)
spelacchio (t., r.)
spennacchio (t., r., m.)
sputacchio (i., t., m.)
sterpacchio (m.)
stiracchio (t.)
strappacchio (t.)
studiacchio (t.)
sudacchio (i.)
svolacchio (i)
urtacchio (t.)

verdacchio (a.)
vivacchio (i.)
acci
velacci (m. pl.)
accia
abbronzataccia (f.)
accia (f.)
arcaccia (f.)
ariaccia (f.)
barcaccia (f.)
beccaccia (f.)
bisaccia (f.)
boccaccia (f.)
bonaccia (f.)
borraccia (f.)
braccia (f. pl.)
caccia (f.)
cagnaccia (f.)
+capaccia (f.)
cappellaccia (f.)
cartaccia (f.)
cartastraccia (f.)
cassettaccia (f.)
coprifaccia (m.)
faccia (f., t., i., r.)
ferraccia (f.)
filaccia (f.)
focaccia (f.)
+ghiaccia (f.)
giaccia (i.)
guardacaccia (m.)
levataccia (f.)
limaccia (f.)
linguaccia (f.)
minaccia (f.)
occhiattaccia (f.)
pagaccia (f.)
partaccia (f.)
pellaccia (f.)
piaccia (i.)
praticaccia (f.)
procaccia (m., +f.)
ramaccia (f.)
rondaccia (f.)
scaccia (m.)
schiaccia (f.)
sfilaccia (f.)
stiaccia (f.)
taccia (f., i., t.)
traccia (f.)
vernaccia (f.)
vinaccia (f.)
volpaccia (f.)
voltafaccia (m.)
acciano
giacciano (i.)
tacciano (i., t.)
accica
filaccica (f.)
accico
rimpiaccico (t.)
sfilaccico (t., r.)
spiaccico (t., r.)
accido
flaccido (a.)
accio
abbonaccio (t., r.)
abborraccio (t.)
abbraccio (t., m.)
abitucciaccio (m.)
abusaccio (m.)
accovaccio (r.)
addiaccio (m.)
affaccio (t., r.)
affaraccio (m.)
agghiaccio (t., i., r., m.)
allaccio (t.)
animalaccio (m.)
antibraccio (m.)
arramaccio (t.)
artefaccio (t.)
assuefaccio (t., r.)
+avaccio (avv., m., a., t.)
avambraccio (m.)
babbaccio (a.)
barlaccio (a.)
berlingaccio (m.)
bonaccio (a.)
bottaccio (m.)
braccio (m.)
bravaccio (m.)
buaccio (m.)
caccio (i., t., r.)
cagnaccio (m.)
calcinaccio (m.)
campanaccio (m.)
canavaccio (m.)
canevaccio (m.)
canovaccio (m.)
capaccio (m.)
cappellaccio (m.)
casaccio (m.)
castagnaccio (m.)
catenaccio (m.)
ceneraccio (m.)
chiavaccio (m.)
colombaccio (m.)
coltellaccio (m.)
compiaccio (i.)
confaccio (r.)
contraffaccio (t.)
controvelaccio (m.)
corbaccio (m.)
crepaccio (m.)
culaccio (m.)
diaccio (i., m., a.)
diavolaccio (m.)
dighiaccio (i.)
disassuefaccio (t.)
discaccio (t.)
disfaccio (t., r.)
disimpaccio (t.)
dislaccio (t.)
dispaccio (t., m.)
dispiaccio (i.)
faccio (t.)
farinaccio (m.)
fegataccio (m.)
ferraccio (m.)
fontanaccio (m.)
forcaccio (m.)
fregaccio (m.)
gallinaccio (m.)
ghiaccio (i., r., m., a.)
giaccio (m., i.)
gustaccio (m.)
imbisaccio (t.)
imbraccio (t.)
impaccio (t., m.)
impiallaccio (t.)
incatenaccio (t.)
ingegnaccio (m.)
laccio (m.)
legaccio (m.)
limaccio (m.)
liquefaccio (t., r.)
malaccio (m.)
malfaccio (i.)
mansuefaccio (t.)
martinaccio (m.)
maschiaccio (m.)
materialaccio (m.)

matraccio (m.)
mattaccio (m., a.)
michelaccio (m.)
migliaccio (m.)
minaccio (t.)
mostaccio (m.)
motaccio (m.)
omaccio (m.)
pagliaccio (m.)
pancaccio (m.)
paniaccio (m.)
piaccio (i.)
piallaccio (m.)
piumaccio (m.)
polpaccio (m.)
polveraccio (m.)
popolaccio (m.)
porcaccio (m.)
poveraccio (a., m.)
+primaccio (m.)
procaccio (t., r., +m.)
puntaccio (m.)
putrefaccio (i., r.)
rabbonaccio (i., r.)
raffaccio (t., m.)
ramaccio (m.)
ramolaccio (m.)
rapaccio (m.)
rarefaccio (t., r.)
renaccio (m.)
riabbraccio (t.)
riaffaccio (t., r.)
riallaccio (t.)
ricaccio (t., r.)
rimbraccio (t.)
rimpiallaccio (t.)
rincaccio (t.)
rinfaccio (t., m.)
rintraccio (t.)
rispaccio (t.)
rompighiaccio (m.)
rondaccio (m.)
rosolaccio (m.)
rovinaccio (m.)
sanguinaccio (m.)
sberlingaccio (i.)
sbraccio (t., r., m.)
scaccio (t.)
scartafaccio (m.)
scatenaccio (t., i.)
schiaccio (t., r.)
schiavaccio (t., i.)
scollaccio (r.)
scompiaccio (t.)
scovaccio (t.)
sculaccio (t.)
sdiaccio (t., i.)
setaccio (m.)
sfaccio (t., r.)
sfilaccio (t., i., r., m.)
sfregaccio (t.)
sghiaccio (t., i.)
slaccio (t., r.)
smanaccio (i., r.)
smostaccio (t.)
soddisfaccio (t., i., r.)
sodisfaccio (t., i., r.)
soggiaccio (i.)
sopraffaccio (t.)
sottaccio (t.)
spaccio (t., r., m.)
spallaccio (m.)
spiaccio (i.)
spiegaccio (t.)
spiumaccio (t.)
sporcaccio (t.)
sprimaccio (t.)
staccio (t., m.)
stiaccio (t.)
stoppaccio (m.)
stozzaccio (m.)
straccio (t., r., m.)
strafaccio (i.)
strapiaccio (i.)
strebbiaccio (m.)
strofinaccio (m.)
stupefaccio (t.)
+sugnaccio (m.)
taccio (t., i.)
talentaccio (m.)
tavolaccio (m.)
torrefaccio (t.)
traccio (t.)
tumefaccio (t., r.)
ventaccio (m.)
cfr. *dispregiativi*

acciola

amaracciola (f.)

accioli

cavaturaccioli (m.)

acciolo

accovacciolo (r.)
turaccciolo (m.)

acciono

giacciono (i.)
piacciono (i.)
tacciono (i., t.)

acco

acciacco (t., m.)
aggiacco (t.)
almanacco (m.)
appacco (t.)
attacco (t., r., i., m.)
attrabacco (i., r.)
attracco (t.)
bacco (m.)
biacco (m.)
bislacco (a.)
bivacco (m.)
bracco (m.)
calpacco (m.)
+ciacco (m.)
colbacco (m.)
contrattacco (m.)
cosacco (m.)
distacco (t., r., m.)
fiacco (t., a.)
fracco (a.)
fusciacco (m.)
giurabacco (escl.)
imbiacco (t.)
impacco (t., m.)
impatacco (t.)
inceralacco (t., r.)
insacco (t., r., i.)
intabacco (t., r.)
intacco (t., i.)
lacco (t.)
+macco (m.)
pacco (m.)
placco (t.)
polacco (a., m.)
rattracco (t.)
riattacco (t., r.)
rinsacco (t., i., r.)
sacco (m.)
salvatacco (m.)
sangiacco (m.)
saracco (m.)
scacco (m.)
seracco (m.)

smacco (t., m.)
sommacco (m.)
soprattacco (m.)
spacco (t., r., m.)
squarciasacco (m.)
stabacco (i.)
stacco (t., r., m.)
stracciasacco (m.)
stracco (t., a.)
tabacco (i., m.)
tacco (m.)
+talabalacco (m.)
vigliacco (a., m.)

accola

caccola (f.)
+cibaccola (f.)
fiaccola (f.)
taccola (f.)

accolo

saccolo (m.)
sfiaccolo (i.)
trabaccolo (m.)

acculo

sacculo (m.)

ace

antrace (m.)
audace (a.)
batrace (m.)
bevace (a.)
bibace (a.)
borace (m.)
brace (f.)
capace (a.)
carapace (m.)
contumace (a.)
ferace (a.)
+focace (a.)
fornace (f.)
fugace (a.)
+furace (a.)
giace (i.)
glossantrace (m.)
idrotorace (m.)
incapace (a.)
inefficace (a.)
irace (m.)
litantrace (m.)
loquace (a.)
+mace (f.)
mendace (a.)
+minace (a.)
mordace (a.)
nidace (a.)
nidiace (a.)
+nugace (a.)
orbace (m.)
pace (f.)
+penace (a.)
perspicace (a.)
pertinace (a.)
pervicace (a.)
piace (i.)
pinace (m.)
pneumatorace (m.)
pneumotorace (m.)
predace (a.)
procace (a.)
protorace (m.)
pugnace (a.)
rapace (a.)
sagace (a.)
salace (a.)
seguace (a., m.)
spiccace (a.)
tace (i., t.)
tenace (a.)
tirabrace (m.)
torace (m.)
trace (a., m.)
verace (a.)
vivace (a.)
vorace (a.)

acea

asparagacea (f.)
cariofillacea (f.)
papillionacea (f.)

acee

drupacee (f. pl.)
euforbiacee (f. pl.)
gnetacee (f. pl.)
gramignacee (f. pl.)
mirtacee (f. pl.)
musacee (f. pl.)
piperacee (f. pl.)
primulacee (f. pl.)
ranuncolacee (f. pl.)
rosacee (f. pl.)
rubiacee (f. pl.)
rutacee (f. pl.)
salicacee (f. pl.)
solanacee (f. pl.)
tigliacee (f. pl.)
ulmacee (f. pl.)
ulvacee (f. pl.)
urticacee (f. pl.)
violacee (f. pl.)
vitacee (f. pl.)

aceo

agliaceo (a.)
amentaceo (a.)
arenaceo (a.)
argillaceo (a.)
cartaceo (a.)
cetaceo (a., m.)
coriaceo (a.)
cretaceo (a.)
crostaceo (a., m.)
cucurbitaceo (a.)
drupaceo (a.)
ederaceo (a.)
erbaceo (a.)
farinaceo (a.)
fogliaceo (a.)
frumentaceo (a.)
gallinaceo (a.)
gigliaceo (a.)
giuncaceo (a.)
gramignaceo (a.)
legnaceo (a.)
liliaceo (a.)
madreperlaceo (a.)
malvaceo (a.)
membranaceo (a.)
micaceo (a.)
morlaceo (a.)
nidiaceo (a.)
ocraceo (a.)
oleaceo (a.)
oppiaceo (a.)
ortiaceo (a.)
papiraceo (a.)
passeraceo (a.)
pergamenaceo (a.)
perlaceo (a.)
pomaceo (a.)
porraceo (a.)
pultaceo (a.)
resinaceo (a.)
roseaceo (a.)
saponaceo (a.)
sebaceo (a.)
setaceo (a.)
stercoraceo (a.)

testaceo (a., m.)
tufaceo (a.)
ulvaceo (a.)
uvaceo (a.)
violaceo (a.)
acero
acero (m.)
dilacero (t.)
lacero (t., r., a.)
macero (t., r., a., m.)
ache
brache (f. pl.)
achi
cachi (m.)
achide
arachide (f.)
rachide (f.)
achilon
diachilon (m.)
achio
eustachio (m.)
aci
giaci (i.)
pappataci (m.)
piaci (i.)
spinaci (m. pl.)
taci (i., t.)
tirabaci (m.)
acia
acacia (f.)
audacia (f.)
bracia (f.)
contumacia (f.)
efficacia (f.)
fallacia (f.)
grattacacia (f.)
inefficacia (f.)
perspicacia (f.)
pertinacia (f.)
pervicacia (f.)
procacia (f.)
pseudoacacia (f.)
sagacia (f.)
tenacia (f.)
acico
boracico (a.)
sebacico (a.)
toracico (a.)
acido
acido (a., m.)
antiacido (a.)
disacido (t.)
fracido (a.)
gracido (i.)
placido (a.)
subacido (a.)
acie
acacie (f. pl.)
audacie (f. pl.)
macie (f.)
acile
facile (a.)
gracile (a.)
acilo
gracilo (i.)
acina
macina (f.)
acine
diacine (escl.)
acino
acino (m.)
duracino (a.)
macino (t.)
acio
appacio (t.)
bacio (t.)
cacio (m.)
combacio (i.)
emacio (t., r.)
incacio (t.)
infornacio (t.)
mendacio (m.)
rappacio (t., r.)
riappacio (t., r.)
ribacio (t.)
rimpacio (t., r.)
sboracio (t.)
sbracio (t., i.)
scombacio (t.)
sfornacio (t.)
spinacio (m.)
tracio (a., m.)
acis
macis (f.)
acito
beneplacito (m.)
capacito (t.)
placito (m.)
tacito (t., a.)
aclide
aclide (m.)
aclito
Paraclito (m.)
acme
acme (f.)
acna
adracna (f.)
acne
acne (m.)
adracne (f.)
andracne (f.)
acnide
aracnide (m.)
aco
allumaco (t.)
baco (m.)
braco (m.)
briaco (a.)
caco (i., t.)
giaco (m.)
guaco (m.)
guaiaco (m.)
guanaco (m.)
+iaco (m.)
imbaco (t., i.)
imbraco (t.)
imbriaco (t., r.)
macaco (m.)
opaco (a.)
opoponaco (m.)
+orbaco (m.)
+orminiaco (m.)
paco (t.)
placo (t., r.)
sbraco (t., r.)
sconcaco (t.)
semiopaco (a.)
+sfondagiaco (m.)
slumaco (t.)
ubbriaco (a.)
ubriaco (t., r., a., m.)
vaco (i.)
acola
facola (f.)
acolo
abitacolo (m.)
bacolo (m.)
cenacolo (m.)
macolo (t.)
miracolo (m.)
oracolo (m.)
ostacolo (t., m.)

pentacolo (m.)
pimpinnacolo (m.)
pinnacolo (m.)
propugnacolo (m.)
+recettacolo (m.)
ricettacolo (m.)
segnacolo (m.)
smiracolo (i.)
spettacolo (m.)
+spiracolo (m.)
tabernacolo (m.)
tentacolo (m.)
vernacolo (a., m.)
acono
diacono (m.)
protodiacono (m.)
suddiacono (m.)
acore
acore (m.)
acoro
acoro (m.)
acqua
acqua (f.)
paracqua (m.)
portacqua (m.)
acque
giacque (i.)
nacque (i.)
piacque (i.)
spartiacque (m.)
tacque (i., t.)
acqueo
acqueo (a.)
subacqueo (a.)
acquera
+squacquera (f.)
acquero
giacquero (i.)
nacquero (i.)
piacquero (i.)
quacquero (m.)
+squacquero (i., t.)
tacquero (i., t.)
acqui
giacqui (i.)
nacqui (i.)
piacqui (i.)
tacqui (i., t.)
acquido
acquido (a.)

acquo
adacquo (t.)
annacquo (t.)
innacquo (t.)
risciacquo (t., r., m.)
sciacquo (t., r., m.)
scialacquo (t., m.)
acra
sacra (f.)
acre
acre (a.)
acrima
lacrima (f.)
acrimo
lacrimo (i.)
acrito
pracrito (m.)
acro
acro (m.)
ambulacro (m.)
consacro (t.)
dissacro (t.)
lavacro (m.)
+macro (a.)
massacro (t., m.)
riconsacro (t.)
sacro (t., r., a., m.)
sconsacro (t.)
simulacro (m.)
smacro (t.)
acto
cacto (m.)
acula
macula (f.)
aculo
maculo (t.)
acuo
evacuo (t., i.)
vacuo (a., m.)
ad
faràd (f.)
ada
aggrada (i.)
alidada (f.)
autostrada (f.)
bada (f.)
battistrada (m.)
biada (f.)
càscara sagrada (f.)
civada (f.)
contrada (f.)

giada (f.)
+grada (f.)
guada (f.)
+guastada (f.)
masnada (f.)
+peverada (f.)
piada (f.)
rada (f.)
rivada (i., t.)
rugiada (f.)
sciarada (f.)
+scuriada (f.)
spada (f.)
strada (f.)
vada (i.)
velada (f.)
adano
rivadano (i., t.)
vadano (i.)
adde
cadde (i.)
addero
caddero (i.)
addi
caddi (i.)
addolo
daddolo (m.)
ade
+dritade (f.)
frangibiade (m.)
pietade (f.)
+voluntade (f.)
adere
abradere (t.)
evadere (i.)
invadere (t.)
pervadere (t.)
radere (t., r.)
+tradere (i.)
adia
Arcadia (f.)
cassamadia (f.)
madia (f.)
radimadia (f.)
adica
radica (f.)
adice
spadice (m.)
adicio
fradicio (a.)
infradicio (t., r.)

adico
arcadico (a.)
brachicladico (a.)
diradico (t.)
disradico (t.)
faradico (a.)
radico (i., r.)
sporadico (a.)
sradico (t.)
adido
madido (a.)
adio
armadio (m.)
gladio (m.)
irradio (t., i., r.)
palladio (m.)
radio (i., t., m., f.)
stadio (m.)
vanadio (m.)
adipe
adipe (m.)
adipo
bradipo (m.)
adito
adito (m.)
adiuvo
adiuvo (t.)
coadiuvo (t.)
admio
cadmio (m.)
ado
abbado (i.)
abbiado (t.)
abrado (t.)
accado (i.)
agghiado (i., r., t.)
arcivescovado (m.)
arrugiado (t.)
bado (i., t., r.)
biado (t., m.)
brado (a.)
contado (m.)
dado (m.)
decado (i.)
degrado (t.)
digrado (i., t.)
dirado (t., i.)
disgrado (t., i., m.)
dissuado (t.)
eldorado (m.)
estrado (t.)
evado (i.)
filoclado (a.)
+fraccurrado (m.)
+ghiado (m.)
grado (t., m.)
guado (t., m.)
instrado (t.)
invado (t.)
istrado (t.)
+lado (a.)
malgrado (prep., avv.)
micado (m.)
parentado (m.)
persuado (t., r.)
pervado (t.)
pregado (m.)
rado (t., r., a., avv.)
riaccado (i.)
rivado (i.)
ribado (r.)
ricado (i.)
scado (i.)
strado (t., r.)
suado (t.)
vado (i., +m)
vescovado (m.)
viscontado (m.)
zendado (m.)
adoco
diadoco (m.)
adra
caposquadra (m.)
ladra (f.)
+quadra (f.)
squadra (f.)
adre
duramadre (f.)
madre (f.)
padre (m.)
vicemadre (f.)
vicepadre (m.)
adro
adro (a.)
bequadro (m.)
inquadro (t.)
ladro (m.)
leggiadro (a.)
mezzadro (m.)
quadro (t., i., a., m.)
rinquadro (t.)
riquadro (t., i., m.)
soqquadro (t., m.)
sottosquadro (m.)
squadro (t., m.)
adruplo
quadruplo (a., m.)
aduo
graduo (t.)
ae
trae (t., e.)
ael
tael (m.)
aere
aere (m.)
+astraere (t.)
protraere (t.)
+ritraere (t.)
+traere (t.)
af
paf (escl.)
zaf (escl.)
afa
afa (f.)
parafa (f.)
+scafa (f.)
afaca
afaca (f.)
afano
diafano (a.)
rafano (m.)
semidiafano (a.)
afe
rafe (m.)
affa
caraffa (f.)
gaffa (f.)
giraffa (f.)
graffa (f.)
raffa (f.)
ruffaraffa (m.)
sgraffa (f.)
staffa (f.)
affe
+gnaffe (escl.)
taffe (escl.)
zaffe (escl.)
affete
paffete (escl.)
taffete (escl.)
zaffete (escl.)
affia
maffia (f.)

affica
raffica (f.)
affice
raffice (m.)
affico
saffico (a.)
traffico (m., t.)
affio
aggraffio (t.)
annaffio (t.)
cataraffio (m.)
epitaffio (m.)
graffio (t., m.)
innaffio (t., m.)
+pataffio (m.)
pitaffio (m.)
raffio (m.)
rigraffio (t.)
sgraffio (t., m.)
affo
+accaffo (t.)
aggraffo (t., r.)
arraffo (t.)
baffo (m.)
caffo (m.)
+guaffo (a.)
rinzaffo (t., m.)
rizzaffo (t.)
schiaffo (m., t.)
staffo (i., r.)
stiaffo (t.)
zaffo (t., m.)
affrico
affrico (m., a.)
afia
mafia (f.)
rafia (f.)
afico
agiografico (a.)
autobiografico (a.)
autografico (a.)
bibliografico (a.)
biografico (a.)
calcografico (a.)
calligrafico (a.)
cartografico (a.)
cinematografico (a.)
coreografico (a.)
corografico (a.)
cosmografico (a.)
crittografico (a.)
cromolitografico (a.)
cronografico (a.)
dattilografico (a.)
demografico (a.)
epigrafico (a.)
etnografico (a.)
fonografico (a.)
fotografico (a.)
geografico (a.)
grafico (a., m.)
icnografico (a.)
iconografico (a.)
ideografico (a.)
idrografico (a.)
lessicografico (a.)
litografico (a.)
monografico (a.)
nosografico (a.)
oceanografico (a.)
oleografico (a.)
organografico (a.)
orografico (a.)
ortografico (a.)
paleografico (a.)
poligrafico (a.)
pornografico (a.)
postelegrafico (a.)
radiotelegrafico (a.)
rodocalcografico (a.)
scenografico (a.)
selenografico (a.)
serafico (a., m.)
silografico (a.)
stenografico (a.)
stereografico (a.)
stilografico (a.)
telegrafico (a.)
tipografico (a.)
topografico (a.)
uranografico (a.)
xilografico (a.)
zincografico (a.)
afidi
afidi (m. pl.)
afio
cenotafio (m.)
afisi
diafisi (f.)
afne
afne (f.)
afnio
afnio (m.)
afo
autoscafo (m.)
motoscafo (m.)
abafo (t., m.)
scafo (t., m.)
afono
adiafono (a.)
afono (a.)
dettafono (m.)
megafono (m.)
afora
afora (f.)
metafora (f.)
aforo
semaforo (m.)
afrasi
parafrasi (f.)
afraso
parafraso (t.)
afro
afro (a.)
afta
afta (f.)
nafta (f.)
ag
zigzàg (m.)
aga
alpaga (f.)
daga (f.)
draga (f.)
imbraga (f.)
madraga (f.)
maga (f.)
paga (f.)
piaga (f.)
plaga (f.)
saga (f.)
agade
ragade (f.)
agalo
astragalo (m.)
agami
agami (m.)
agape
agape (f.)
agara
zagara (f.)
agari
sagari (f.)

agas
plagas (lat.)
agata
agata (f.)
agate
gagate (f.)
agave
agave (f.)
age
ambage (f.)
+compage (f.)
strage (f.)
agero
esagero (t.)
agga
tragga (t., r.)
aggano
traggano (t., r.)
agge
tragge (t., r.)
aggere
aggere (m.)
+astraggere (t.)
+ritraggere (t.)
+traggere (t.)
aggi
impennaggi (m. pl.)
traggi (t., r.)
trinciaforaggi (m.)
aggia
baraggia (f.)
piaggia (f.)
spiaggia (f.)
staggia (f.)
aggine
abbagliaggine (f.)
accidiosaggine (f.)
+accorataggine (f.)
ambiziosaggine (f.)
asciuttaggine (f.)
asinaggine (f.)
assordaggine (f.)
astrattaggine (f.)
astrusaggine (f.)
avventataggine (f.)
balordaggine (f.)
bambinaggine (f.)
bietolaggine (f.)
birbantaggine (f.)
birbonaggine (f.)
bolsaggine (f.)
borraggine (f.)
bricconaggine (f.)
buaggine (f.)
buffonaggine (f.)
caparbiaggine (f.)
caponaggine (f.)
capraggine (f.)
cascaggine (f.)
castronaggine (f.)
cecaggine (f.)
cervellaggine (f.)
cervellinaggine (f.)
citrullaggine (f.)
ciucaggine (f.)
cocciutaggine (f.)
corbellaggine (f.)
cornaggine (f.)
dabbenaggine (f.)
dappocaggine (f.)
dimenticaggine (f.)
dottoraggine (f.)
ebetaggine (f.)
fanciullaggine (f.)
fastidiosaggine (f.)
fintaggine (f.)
furfantaggine (f.)
gaglioffaggine (f.)
goffaggine (f.)
golaggine (f.)
gonfiaggine (f.)
grammaticaggine (f.)
grossaggine (f.)
grullaggine (f.)
gufaggine (f.)
idiotaggine (f.)
ignorantaggine (f.)
imbecillaggine (f.)
infingardaggine (f.)
insensataggine (f.)
insulsaggine (f.)
leziosaggine (f.)
lombaggine (f.)
lordaggine (f.)
lungaggine (f.)
magnificaggine (f.)
melensaggine (f.)
mellonaggine (f.)
meticolosaggine (f.)
minchionaggine (f.)
minuziosaggine (f.)
mucillaggine (f.)
mulaggine (f.)
nullaggine (f.)
oziosaggine (f.)
pecoraggine (f.)
piantaggine (f.)
piccosaggine (f.)
piombaggine (f.)
poltronaggine (f.)
presuntuosaggine (f.)
propaggine (f.)
+ribaldaggine (f.)
ridicolaggine (f.)
ritrosaggine (f.)
rocaggine (f.)
rusticaggine (f.)
sbadataggine (f.)
sbalorditaggine (f.)
sboccataggine (f.)
scapataggine (f.)
scapestrataggine (f.)
scelleraggine (f.)
scellerataggine (f.)
scempiaggine (f.)
scempiataggine (f.)
schifosaggine (f.)
sciaguratagine (f.)
sciattaggine (f.)
scimunitaggine (f.)
scioperaggine (f.)
scioperataggine (f.)
scipitaggine (f.)
scontrosaggine (f.)
sdegnosaggine (f.)
seccaggine (f.)
sfacciataggine (f.)
sfrontataggine (f.)
sgangherataggine (f.)
sgarbataggine (f.)
sgraziataggine (f.)
sguaiataggine (f.)
smemoraggine (f.)
smemorataggine (f.)
somaraggine (f.)
sordaggine (f.)
spensierataggine (f.)
spiritosaggine (f.)
storditaggine (f.)
straccaggine (f.)
stupidaggine (f.)
svagataggine (f.)
svenevolaggine (f.)

sventataggine (f.)
sversataggine (f.)
svogliataggine (f.)
testardaggine (f.)
tetraggine (f.)
+tracutaggine (f.)
trascuraggine (f.)
trascurataggine (f.)
+trascutaggine (f.)
trullaggine (f.)
vagabondaggine (f.)
votaggine (f.)
zoppaggine (f.)
zoticaggine (f.)
zucconaggine (f.)

aggino

propaggino (t.)

aggio

abbordaggio (m.)
accattonaggio (m.)
aeraggio (m.)
affinaggio (m.)
aggio (m.)
aggiotaggio (m.)
aggiustaggio (m.)
alaggio (m.)
alberaggio (m.)
albinaggio (m.)
alesaggio (m.)
+amaggio (m.)
ammaraggio (m.)
ancoraggio (m.)
appannaggio (m.)
apprendissaggio (m.)
appropriaggio (m.)
arbitraggio (m.)
arrembaggio (m.)
assaggio (t., m.)
atterraggio (m.)
attraccaggio (m.)
avvantaggio (m.)
bagarinaggio (m.)
ballottaggio (m.)
bastingaggio (m.)
bendaggio (m.)
beveraggio (m.)
boicottaggio (m.)
brigantaggio (m.)
cabotaggio (m.)
+cofaggio (m.)
calendimaggio (m.)
canottaggio (m.)
carenaggio (m.)
+carnaggio (m.)
carriaggio (m.)
cartonaggio (m.)
+casaggio (m.)
casermaggio (m.)
+cattivaggio (m.)
chilometraggio (m.)
clivaggio (m.)
+companaggio (m.)
comparaggio (m.)
controspionaggio (m.)
coraggio (m.)
cortinaggio (m.)
+damaggio (m.)
+dannaggio (m.)
davvantaggio (avv.)
decatissaggio (m.)
decollaggio (m.)
disaggio (m.)
disavvantaggio (m., t., r.)
disvantaggio (m.)
dittaggio (m.)
+dommaggio (m.)
doppiaggio (m.)
dosaggio (m.)
dragaggio (m.)
drenaggio (m.)
equipaggio (m., t.)
erbaggio (m.)
eremitaggio (m.)
facchinaggio (m.)
faggio (m.)
fissaggio (m.)
foraggio (m., i.)
formaggio (m.)
fotomontaggio (m.)
+gaggio (m.)
giardinaggio (m.)
grippaggio (m.)
imballaggio (m.)
incappellaggio (m.)
incoraggio (t.)
ingaggio (t., m.)
ingranaggio (m.)
irraggio (t.)
lavaggio (m.)
legnaggio (m.)
libertinaggio (m.)
lignaggio (m.)
linciaggio (m.)
linguaggio (m.)
magazzinaggio (m.)
laggio (m.)
malandrinaggio (m.)
malannaggio (escl.)
mandrinaggio (m.)
+maritaggio (m.)
massaggio (m., t.)
messaggio (m.)
metraggio (m.)
miraggio (m.)
monetaggio (m.)
montaggio (m.)
oltraggio (m., t.)
omaggio (m.)
ortaggio (m.)
ostaggio (m.)
paesaggio (m.)
paggio (m.)
paraggio (m.)
passaggio (m.)
pattinaggio (m.)
pedaggio (m.)
pellegrinaggio (m.)
personaggio (m.)
pescaggio (m.)
piaggio (i., t.)
pilotaggio (m.)
piumaggio (m.)
pontaggio (m.)
raggio (i., t., m.)
+reditaggio (m.)
retaggio (m.)
riassaggio (t.)
+rivaggio (m.)
+romeaggio (m.)
romitaggio (m.)
rullaggio (m.)
sabotaggio (m.)
salvataggio (m.)
sbavaggio (m.)
scarafaggio (m.)
+scheraggio (m.)
scoraggio (t.)
selvaggio (a.)
semiselvaggio (a.)
servaggio (m.)
smontaggio (m.)
sondaggio (m.)

soprappassaggio (m.)
sottopassaggio (m.)
spionaggio (m.)
staggio (t., m.)
stallaggio (m.)
stampaggio (m.)
stivaggio (m.)
strafilaggio (m.)
strozzinaggio (m.)
svantaggio (m.)
tatuaggio (m.)
telaggio (m.)
tiraggio (m.)
tonnellaggio (m.)
trenaggio (m.)
trilingaggio (m.)
vagabondaggio (m.)
vantaggio (m.)
viaggio (i., m.)
villaggio (m.)
viraggio (m.)
virofissaggio (m.)
+visaggio (m.)
voltaggio (m.)

aggo

contraggo (t.)
detraggo (t.)
distraggo (t., r.)
estraggo (t.)
protraggo (t.)
retrotraggo (t.,)
ricontraggo (t.)
ritraggo (t., r.)
sottraggo (t.)
traggo (t., r.)

traggono (t., r.)

traggono (t., r.)

aghe

nuraghe (m.)
zighezaghe (m.)

aghero

+baghero (m.)

agi

comitagi (m.)
magi (m. pl.).

agia

bambagia (f.)
maragia (f.)
panagia (f.)
ragia (f.)
+saragia (f.)

agico

emorragico (a.)
magico (a.)
pelagico (a.)
tragico (a., m.)

agile

agile (a.)
fragile (a.)

agina

capopagina (m.)
pagina (f.)

agine

cartilagine (f.)
compagine (f.)
farragine (f.)
imagine (f.)
immagine (f.)
indagine (f.)
putrilagine (f.)
viragine (f.)
voragine (f.)

agino

compagino (t.)
farragino (i.)
immagino (t.)
impagino (t.)
ricompagino (t.)
rimpagino (t.)
scompagino (t., r.)
spagino (t.)

agio

abragio (t.)
adagio (avv., m., t., r.)
agio (m.)
+albagio (m.)
+bastagio (m.)
Biagio (m.)
contagio (t., m.)
disagio (t., r., m.)
+doagio (m.)
magio (m.)
malvagio (a., m.)
naufragio (m.)
nubifragio (m.)
+palagio (m.)
plagio (t., m.)
presagio (m.)
randagio (a.)
riadagio (t., r.)
sbandagio (i., r.)

suffragio (m.)
trisagio (m.)

agito

agito (t., r.)
esagito (t.)

agli

agli (prep. art.)
dagli (prep. art.)
portabagagli (m.)

aglia

accozzaglia (f.)
anticaglia (f.)
+assembraglia (f.)
avvisaglia (f.)
battaglia (f.)
birraglia (f.)
bordaglia (f.)
boscaglia (f.)
bottaglia (f.)
brodaglia (f.)
bruzzaglia (f.)
caglia (i.)
canaglia (f.)
cialtronaglia (f.)
cianfrusaglia (f.)
ciurmaglia (f.)
draglia (f.)
faglia (f.)
filosofaglia (f.)
+fraglia (f.)
frataglia (f.)
frattaglia (f.)
furfantaglia (f.)
gentaglia (f.)
+giovanaglia (f.)
gramaglia (f.)
granaglia (f.)
+inguinaglia (f.)
limaglia (f.)
maglia (f.)
maramaglia (f.)
marmaglia (f.)
medaglia (f.)
minutaglia (f.)
minuzzaglia (f.)
mitraglia (f.)
muraglia (f.)
nuvolaglia (f.)
ortaglia (f.)
paglia (f.)
passacaglia (f.)

+pedonaglia (f.)
plebaglia (f.)
popolaglia (f.)
poveraglia (f.)
+prataglia (f.)
pretaglia (f.)
+puntaglia (f.)
quaglia (f.)
ragazzaglia (f.)
ramaglia (f.)
rappresaglia (f.)
razzamaglia (f.)
razzumaglia (f.)
rezzaglia (f.)
ribaldaglia (f.)
rigaglia (f.)
sbirraglia (f.)
scaglia (f.)
schermaglia (f.)
scotipaglia (m.)
scrimaglia (f.)
+sembraglia (f.)
serraglia (f.)
siepaglia (f.)
sodaglia (f.)
soldataglia (f.)
+sponsaglia (f.)
spruzzaglia (f.)
sterpaglia (f.)
taglia (f.)
tanaglia (f.)
tenaglia (f.)
torraglia (f.)
tovaglia (f.)
traglia (f.)
trinciapaglia (m.)
vaglia (f., m.)
ventaglia (f.)
vestaglia (f.)
vettovaglia (f.)
+vittuaglia (f.)
zagaglia (f.)
cfr. *dispregiativi*

aglie
chincaglie (f.)
regaglie (f., pl.)
rigaglie (f., pl.)

aglifi
anaglifi (m.)

aglifo
anaglifo (m.)

aglio
abbaglio (t., m.)
abbarbaglio (t., r.)
accaglio (t., r.)
acquaglio (t.)
agguaglio (r., m.)
aglio (m.)
ammaglio (t.)
ammiraglio (m.)
asserraglio (t., r.)
attaglio (r.)
attanaglio (t.)
bagaglio (m.)
baglio (m.)
barbaglio (m.)
bardaglio (m.)
battaglio (i., m.)
bavaglio (m.)
beccalaglio (m.)
bersaglio (t., m.)
caglio (i., m.)
camaglio (m.)
caravanserraglio (m.)
conguaglio (t., m.)
contrammiraglio (m.)
controtaglio (m.)
deraglio (i.)
dettaglio (m., t.)
disagguaglio (t.)
disincaglio (t.)
dismaglio (t.)
disuguaglio (t.)
faglio ((i., m.)
fermaglio (m.)
frastaglio (t., m.)
granaglio (t.)
guinzaglio (t., m.)
imbavaglio (t.)
impaglio ((t.)
incaglio (i., t., m.)
incanaglio (r.)
intaglio (t., m.)
maglio (m.)
+miraglio (m.)
mitraglio (t.)
pallamaglio (m.)
pendaglio (m.)
quaglio (t., i., r.,)
ragguaglio (t., m.)
raglio (i., m.)
rammaglio (t.)
rappresaglio (t.)
repentaglio (m.)
rimpaglio (t.)
rincanaglio (r.)
ritaglio (t., m.)
sbaglio (t., m.)
sbaraglio (t., r., m.)
sbattaglio (i.)
sbavaglio (t.)
scaglio (t., r.)
scanaglio (i., r.)
scandaglio (t., m.)
serraglio (m.)
sfaglio (t., r., m.)
sguinzaglio (t.)
smaglio (t., i., r.)
sonaglio (i., m.)
spaglio (t., i., r., m.)
sparaglio (t., r., m.)
spiraglio (m.)
squaglio (t., r.)
staglio (t.)
straglio (m.)
strataglio (t., m.)
sventaglio (t., r.)
taglio (t., i., r., m.)
tanaglio (t.)
tartaglio (i., t.)
+terraglio (m.)
tramaglio (m.)
travaglio (t., m.)
uguaglio (t., r.)
vaglio (t., m.)
ventaglio (m.)
vettovaglio (t.)
viceammiraglio (m.)

agma
catagma (m.)
dragma (f.)
epitagma (m.)
magma (m.)
+malagma (m.)

agmo
nistagmo (m.)

agna
+aragna (f.)
bragagna (f.)
brettagna (f.)
cagna (f.)
calcagna (f. pl.)
campagna (f.)

capitagna (f.)
cappamagna (f.)
castagna (f.)
cavedagna (f.)
compagna (f.)
cuccagna (f.)
cuticagna (f.)
degagna (f.)
+entragna (f. pl.)
filagna (f.)
+lagna (f.)
lasagna (f.)
lavagna (f.)
magagna (f.)
montagna (f.)
pedagna (f.)
pistagna (f.)
ragna (f.)
sciampagna (m.)
seccagna (f.)
Spagna (f.)
spazzacampagna (m.)
stagna (f.)

agne

passamontagne (m.)
spaccamontagne (m.)
spazzacampagne (m.)

agnera

+gragnera (f.)

agno

accompagno (t., r., m.)
+agno (m.)
antibagno (m.)
bagno (m., t., r.)
calcagno (m.)
castagno (m.)
cavagno (m.)
compagno (a., m.)
diragno (t.)
discompagno (t.)
frustagno (m.)
fustagno (m.)
grifagno (a.)
guadagno (t., m.)
lagno (r., m.)
magagno (t.)
magno (a.)
musaragno (m.)
ragno (i., r., m.)
riaccompagno (t., r.)
ribagno (t., r.)
+rigagno (m.)
riguadagno (t., i.)
rincagno (r.)
ristagno (t., i., m.)
scagno (i.)
scastagno (i.)
scompagno (t., a., i.)
sdiragno (t.)
seccagno (a.)
sfagno (m.)
sparagno (t., m.)
stagno (i., t., m., a.)
svivagno (t.)
taccagno (a., m.)
terragno (a.)
toporagno (m.)
vivagno (m.)

agnola

lungagnola (f.)

agnolo

abbriccagnolo (m.)
agnolo (m.)
appiccagnolo (m.)
attaccagnolo (m.)
+fuseragnolo (m.)
gagnolo (i.)
pettinagnolo (m.)
pizzicagnolo (m.)
+ragnolo (m.)
rigagnolo (m.)
scilinguagnolo (m.)
terragnolo (a.)
testagnolo (m.)

agnosi

diagnosi (f.)

ago

abuzzago (m.)
ago (m.)
allago (t., r.)
antitrago (m.)
appago (t., r.)
areopago (m.)
brago (m.)
corago (m.)
dilago (i., r.)
divago (i., r., t.)
drago (t., m.)
imago (f.)
impiago (t., r.)
indago (t.)
lago (m.)
mago (t., m.)
pago (t., r., a., m.)
piago (t.)
presago (a.)
propago (t., r.)
rimpiago (t., r.)
ripago (t.)
sago (m.)
soprappago (t., i.)
spago (m.)
strapago (t.)
suffrago (t.)
svago (t., r., m.)
trago (m.)
vago (i., a., m.)
virago (f.)

agola

arzagola (f.)
fragola (f.)
mandragola (f.)
sagola (f.)

agole

lanciasagole (m.)

agolo

miagolo (i., t., m.)
spettagolo (t.)
svagolo (r.)
vagolo (i.)

agoma

sagoma (f.)

agomo

sagomo (t.)

agono

decagono (m.)
dodecagono (m.)
endecagono (m.)
ennagono (m.)
esagono (m., a.)
ettagono (m.)
ottagono (m.)
pentagono (m.)
tetragono (a.)

agora

agora (f.)
mandragora (f.)

agra

chiragra (f.)
glossagra (f.)
gonagra (f.)
magra (f.)
omagra (f.)

pellagra (f.)
podagra (f.)
sagra (f.)

agrafe
anagrafe (f.)

agrafo
paragrafo (t., m.)

agrico
chiragrico (a.)
podagrico (a.)

agrima
lagrima (f.)

agrimo
lagrimo (i.)

agro
agro (m.)
conflagro (i.)
consagro (t.)
dimagro (t., i., r.)
flagro (i.)
fragro (i.)
magro (a., m.)
onagro (m.)
sagro (i., + t., m.)
smagro (i.)

agulo
coagulo (t., m.)

ah
ah (escl.)
vah (escl.)

ai
addai (i., r.)
Adonai (m.)
ai (prep. art.)
anderai (i.)
andrai (i.)
assai (avv.)
avrai (t.)
+ crai (avv.)
dadai (m.)
dai (t., r., prep. art.)
dassai (a.)
fai (t., i., r.)
giammai (avv.)
guai (escl.)
hai (t.)
lai (m. pl.)
mai (avv.)
oggimai (avv.)
omai (avv.)
oramai (avv.)
ormai (avv.)
riandrai (i., t.)
rivai (i.)
sai (t., i.)
samurai (m.)
spai (m.)
stai (i.)
tunanai (m.)
tocai (m.)
toccai (m.)
trai (t., r.)
tramvai (m.)
tranvai (m.)
udirait (t.)
vai (i.)
viavai (m.) - cf. *ind. fut., imp. fut., pass. rem.* 1ª.

aia
aceraia (f.)
aia (f.)
alzaia (f.)
anatraia (f.)
anguillaia (f.)
anguinaia (f.)
appaia (i.)
asinaia (f.)
asparagiaia (f.)
baia (f.)
bambinaia (f.)
barbaia (f.)
bustaia (f.)
caciaia (f.)
caldaia (f.)
callaia (f.)
canapaia (f.)
cannellaia (f.)
capponaia (f.)
carciofaia (f.)
carraia (f.)
casciaia (f.)
cavolaia (f.)
cedraia (f.)
centinaia (f. pl.)
ceppaia (f.)
ceraia (a.)
cerchiaia (f.)
chiodaia (f.)
cipressaia (f.)
civaia (f.)
colombaia (f.)
compaia (i.)
concimaia (f.)
controrotaia (f.)
coppaia (f.)
crestaia (f.)
cucchiaia (f.)
diacciaia (f.)
draia (f.)
fangaia (f.)
ficaia (f.)
filandaia (f.)
fioraia (f.)
focaia (f.)
fragolaia (f.)
frasconaia (f.)
fungaia (f.)
+garzaia (f.)
gattaia (f.)
germinaia (f.)
gessaia (f.)
ghiacciaia (f.)
ghiaia (f.)
ghiandaia (f.)
ginocchiaia (f.)
giogaia (f.)
giuncaia (f.)
gozzaia (f.)
granocchiaia (f.)
grillaia (f.)
grondaia (f.)
lacciaia (f.)
ladronaia (f.)
lavandaia (f.)
legnaia (f.)
lupaia (f.)
mannaia (f.)
marciaia (f.)
massaia (f.)
mattonaia (f.)
merlettaia (f.)
migliaia (f. pl.)
moccolaia (f.)
naia (f.)
occhiaia (f.)
occhiellaia (f.)
olmaia (f.)
orciaia (f.)
ovaia (f.)
pagaia (f.)
paia (f. pl., i.)
palaia (f.)

papaia (f.)
pescaia (f.)
petraia (f.)
piantonaia (f.)
piattaia (f.)
piccionaia (f.)
pietraia (f.)
pioppaia (f.)
polveraia (f.)
poponaia (f.)
prunaia (f.)
ragnaia (f.)
raia (f.)
ranocchiaia (f.)
ricciaia (f.)
risaia (f.)
rotaia (f.)
saccaia (f.)
saia (f.)
salciaia (f.)
salmastraia (f.)
sassaia (f.)
scompaia (i.)
sdraia (f.)
siepaia (f.)
sigaraia (f.)
sparagiaia (f.)
steccaia (f.)
sterpaia (f.)
sugaia (f.)
tartufaia (f.)
tinaia (f.)
topaia (f.)
topinaia (f.)
trinaia (f.)
uccellaia (f.)
vecchiaia (f.)
ventraia (f.)
vincaia (f.)
volpaia (f.)
vomeraia (f.)
zuccaia (f.)

aiade

naiade (f.)

aiano

appaiano (i.)
compaiano (i.)
scompaiano (i.)

aibi

+naibi (f. pl.)

aica

balalaica (f.)
nagaica (f.)
saica(f.)

aico

alcaico (a.)
aramaico (a.)
arcaico (a.)
ebraico (a., m.)
farisaico (a.)
fotomosaico (m.)
giudaico (a.)
laico (a., m.)
mosaico (m., a.)
musaico (m., a.)
prosaico (a.)
romaico (m., a.)
spondaico (a., m.)
tolemaico (a.)
trocaico (a.)
voltaico (a.)

aida

faida (f.)

aide

manaide (f.)
menaide (f.)
Tebaide (f.)

aido

laido (a.)
sgaido (t.)

aimio

daimio (m.)

aina

daina (f.)
traina (f.)

aino

ammaino (t.)
daino (m.)
maino (t.)
traino (t., m.)
zaino (m.)

aio

abbaio (i., m.)
abburattaio (m.)
acciaio (m.)
acciugaio (m.)
acetaio (m.)
acquacedrataio (m.)
acquaio (m.)
acquavitaio (m.)
agghiaio (t.)
agliaio (m.)
agnellaio (m.)
agoraio (m.)
aio (m.)
alabastraio (m.)
ancoraio (m.)
apiaio (m.)
appaio (i.)
appollaio (r.)
aranciaio (m.)
arcolaio (m.)
arenaio (m.)
arniaio (m.)
articolaio (m.)
asinaio (m.)
astaio (m.)
astucciaio (m.)
bagagliaio (m.)
baio (a., m.)
balestraio (m.)
bambinaio (m.)
banderaio (m.)
barilaio (m.)
barocciaio (m.)
bastaio (m.)
beccaio (m.)
berrettaio (m.)
berrettinaio (m.)
bestiaio (m.)
bicchieraio (m.)
bigliettinaio (m.)
bilanciaio (m.)
biliardaio (m.)
birraio (m.)
boccolaio (m.)
+bombardaio (m.)
bongustaio (m.)
+borsaio (m.)
bottaio (m.)
bottegaio (m.)
bottonaio (m.)
brachieraio (m.)
brigidinaio (m.)
broccaio (m.)
bruciataio (m.)
brumaio (m.)
bucataio (m.)
bullettaio (m.)
buongustaio (m.)
burattaio (m.)
burattinaio (m.)

burraio (m.)
caciaio (m.)
+cafaggiaio (m.)
calamaio (m.)
calcinaio (m.)
caldaio (m.)
caldarrostaio (m.)
calderaio (m.)
calzettaio (m.)
calzolaio (m.)
camiciaio (m.)
campaio (m.)
canapaio (m.)
candelaio (m.)
canestraio (m.)
cannaio (m.)
canovaio (m.)
cappellaio (m.)
cappellinaio (m.)
capraio (m.)
caramellaio (m.)
carbonaio (m.)
carciofaio (m.)
carnaio (m.)
carotaio (m.)
carraio (m.)
carrettaio (m.)
carrozzaio (m.)
cartaio (m.)
cartolaio (m.)
cascinaio (m.)
casottaio (m.)
cassaio (m.)
castagnaio (m.)
caterattaio (m.)
catinaio (m.)
cavallaio (m.)
cavolaio (m.)
cenciaio (m.)
ceneraio (m.)
centinaio (m.)
cerchiaio (m.)
cerinaio (m.)
cestaio (m.)
chiavaio (m.)
chiocciolaio (m.)
cioldonaio (m.)
ciambellaio (m.)
cimiciaio (m.)
cinematografaio (m.)
cipollaio (m.)
cocciaio (m.)
cocomeraio (m.)
coiaio (m.)
coltellinaio (m.)
compaio (i.)
concaio (m.)
corallaio (m.)
cordaio (m.)
coronaio (m.)
cravattaio (m.)
cristallaio (m.)
cruscaio (m.)
cucchiaio (m.)
cuoiaio (m.)
curandaio (m.)
+denaio (m.)
diamantaio (m.)
dirimpettaio (m.)
disacciaio (t.)
dispaio (t.)
erbaio (m.)
fantocciaio (m.)
farinaio (m.)
farsettaio (m.)
fascinaio (m.)
febbraio (m.)
ferraio (m.)
fiaccheraio (m.)
fiascaio (m.)
fibbiaio (m.)
fienaio (a.)
figulinaio (m.)
figurinaio (m.)
fioraio (m.)
focolaio (m.)
forestieraio (m.)
formaggiaio (m.)
formaio (m.)
formicaio (m.)
formicolaio (m.)
fornaciaio (m.)
fornaio (m.)
fragolaio (m.)
frangiaio (m.)
frasaio (m.)
frataio (a., m.)
frimaio (m.)
frondaio (m.)
frustaio (m.)
fruttaio (m.)
funaio (m.)
fusaio (m.)
gabbiaio (m.)
gaio (a.)
+galigaio (m.)
gallinaio (m.)
gallonaio (m.)
gennaio (m.)
gessaio (m.)
ghiacciaio (m.)
ghirlandaio (m.)
giardinaio (m., a.)
ginepraio (m.)
giornalaio (m.)
granaio (m.)
granalaio (m.)
granchiaio (m.)
guaio (m.)
gualchieraio (m.)
guancialaio (m.)
guantaio (m.)
guerrafondaio (m.)
inacciaio (t.)
indanaio (t.)
inghiaio (t.)
insalataio (m.)
intelaio (t.)
invaio (i.)
lampionaio (m.)
lattaio (m.)
lavandaio (m.)
letamaio (m.)
libraio (m.)
licciaio (m.)
limonaio (m.)
linaio (m.)
liutaio (m.)
lombricaio (m.)
lucciolaio (m.)
lumaio (m.)
lupinaio (m.)
macellaio (m.)
+maio (m.)
marinaio (m.)
marrocchinaio (m.)
marrucaio (m.)
mascheraio (m.)
massaio (m.)
materassaio (m.)
mattonaio (m.)
medagliaio (m.)
medicaio (m.)

merciaio (m.)
merdaio (m.)
mestolaio (m.)
migliaio (m.)
mignattaio (m.)
minestraio (m.)
miracolaio (m.)
mondezzaio (m.)
mortaio (m.)
moscaio (m.)
mugnaio (m.)
nastraio (m.)
navicellaio (m.)
nebbiaio (m.)
nevaio (m.)
notaio (m.)
occhialaio (m.)
ombrellaio (m.)
operaio (m.)
orciaio (m.)
orciolaio (m.)
organaio (m.)
oriolaio (m.)
orologiaio (m.)
orticaio (m.)
ostricaio (m.)
ottonaio (m.)
ovaio (m.)
padellaio (m.)
pagliaio (m.)
paio (i., m.)
pellaio (m.)
pallonaio (m.)
panieraio (m.)
pantofolaio (m.)
paretaio (m.)
parolaio (m.)
passeraio (m.)
pastaio (m.)
patataio (m.)
pattonaio (m.)
pecoraio (m.)
pellaio (m.)
pellicciaio (m.)
pentolaio (m.)
perlaio (m.)
pettinaio (m.)
pianellaio (m.)
piattaio (m.)
pignataio (m.)
pillolaio (m.)

pinocchiaio (m.)
pisellaio (m.)
+pistrinaio (m.)
piumaio (m.)
polentaio (m.)
polipaio (m.)
pollaio (m.)
polveraio (m., a.)
pontaio (m.)
+pontonaio (m.)
poponaio (m.)
porcaio (m.)
porporaio (m.)
porraio (m.)
portinaio (m.)
+primaio (a.)
+prossimaio (m.)
prunaio (m.)
pulciaio (m.)
pulcinaio (m.)
quattrinaio (m.)
ramaio (m.)
ranocchiaio (m.)
rapaio (m.)
razzaio (a., m.)
remolaio (m.)
renaio (m.)
riabbaio (i.)
ricompaio (i.)
ricottaio (m.)
rimpettaio (m.)
rosaio (m.)
rovaio (m.)
saio (m.)
salaccaio (m.)
salinaio (m.)
salnitraio (m.)
salsicciaio (m.)
salumaio (m.)
salvadanaio (m.)
saponaio (m.)
scarpaio (m.)
scatolaio (m.)
scompaio (i.)
scucchiaio (t.)
sdraio (t., r., m.)
secciaio (m.)
seggiolaio (m.)
selciaio (m.)
sellaio (m.)
semaio (m.)

semellaio (m.)
semenzaio (m.)
serpaio (m.)
setolinaio (m.)
+sezzaio (a.)
siepaio (a.)
sigaraio (m.)
+sogliaio (m.)
solaio (m.)
spadaio (m.)
spaio (t.)
spazzaturaio (m.)
specchiaio (m.)
spinaio (m.)
spinettaio (m.)
spollaio (r.)
sprangaio (m.)
stacciaio (m.)
staderaio (m.)
stagnaio (m.)
staio (m.)
sterpaio (m.)
stipettaio (m.)
stivalaio (m.)
stovigliaio (m.)
stucchinaio (m.)
stufaio (m.)
succhiellinaio (m.)
tabaccaio (m.)
tamburaio (m.)
tartufaio (m.)
tavernaio (m.)
telaio (m.)
tomaio (m.)
tordaio (m.)
tornaio (m.)
tortaio (m.)
tortellaio (m.)
trabiccolaio (m.)
tramoggiaio (m.)
traspaio (i.)
trifogliaio (m.)
trippaio (m.)
trombaio (m.)
uccellaio (m.)
unguentaio (m.)
usuraio (m.)
vaccaio (m.)
+vaiaio (m.)
vaio (a., i.)
valigiaio (m.)

vasaio (m.)
velaio (m.)
vendemmiaio (m.)
ventagliaio (m.)
vepraio (m.)
vergaio (m.)
vermicaio (m.)
versisciolaio (m.)
vespaio (m.)
vetraio (m.)
vetriciaio (m.)
+vignaio (m.)
vinaio (m.)
violinaio (m.)
viperaio (m.)
vivaio (m.)
zanaio (m.)
zoccolaio (m.)

aiolo
guaiolo (i.)
sgattaiolo (i.)

aion
raion (m.)

aiono
appaiono (i.)
compaiono (i.)
paiono (i.)
scompaiono (i.)

aiora
staiora (f. pl.)

aioro
staioro (m.)

ais
caporais (m.)
mais (m.)
rais (m.)

aita
baita (f.)
+sguaita (f.)

aito
sbraito (i.)

aiuga
aiuga (f.)

aiulo
+baiulo (m.)

aive (m.)
copaive (f.)

al
al (prep. art.)
dal (prep. art.)
lanitàl (m.)
mascàl (m.)
mistràl (m.)
qual (= quale)
tal (a.)
veronàl (m.)

ala
ala (f.)
antisala (f.)
bengala (m.)
cala (f.)
caposcala (m.)
cicala (f.)
fiala (f.)
guardasala (m.)
marsala (m., f.)
martingala (f.)
pala (f.)
sala (f.)
scala (f.)
sottoscala (f.)

alacre
alacre (a.)

alaga
malaga (f., m.)

alamo
calamo (m.)
talamo (m.)

alaton
dralaton (m.)

alba
alba (f.)
vitalba (f.)

albaro
albaro (m.)

albatra
albatra (f.)

albatro
albatro (m.)

alberi
taralberi (m.)

albero
albero (m.)
contralbero (m.)
disalbero (t.)
inalbero (t., r.)

albico
albico (t.)

albo
albo (a., m.)
balbo (a.)
falbo (a.)
inalbo (i.)
prunalbo (m.)
scialbo (t., a., m.)

albis
albis (lat.)

album
album (m.)

alca
alca (f.)
calca (f.)

alcade
alcade (m.)

alcali
alcali (m. pl.)

alce
alce (m.)
calce (f.)
falce (f.)
+salce (m.)

alceo
+calceo (a.)

alche
qualche (a.)

alci
paracalci (m.)

alcio
accavalcio (t.)
calcio (m., i.)
falcio (t.)
intralcio (t., m.)
rattralcio (t.)
rifalcio (t.)
salcio (m.)
scalcio (i.)
sfalcio (m.)
sottocalcio (m.)
strafalcio (i.)
stralcio (t., m.)
tralcio (m.)

alcitro
calcitro (i.)
recalcitro (i.)
ricalcitro (i.)

alco
accalco (t., r.)
accavalco (t.)
balco (m.)
calco (t., m.)
catafalco (m.)
cavalco (t., i.)
crisocalco (m.)

defalco (t., m.)
diffalco (t., m.)
falco (t., m.)
gerfalco (m.)
girifalco (m.)
gualco (t.)
impalco (t.)
incalco (m.)
incavalco (t., r.)
maniscalco (m.)
oricalco (m.)
palco (m.)
ricalco (t.)
rotocalco (m.)
scalco (t., m.)
scavalco (i., t.)
sfalco (m.)
siniscalco (m.)
soppalco (m.)
spalco (t., m.)
talco (m.)
trifalco (m.)
+valco (m.)

alcola

calcola (f.)

alcole

alcole (m.)

alcoli

calcoli (m.)

alcolo

calcolo (t., m.)

alda

analda (f.)
calda (f.)
cialda (f.)
falda (f.)
+gialda (f.)
+ribalda (f.)
salda (f.)
sfalda (f.)

alde

parafalde (m.)

aldi

grimaldi (m.)

aldica

araldica (f.)

aldico

araldico (a.)

aldo

accaldo (r.)
affaldo (t., r.)
araldo (m.)
baldo (a.)
caldo (m., a.)
caposaldo (m.)
castaldo (m.)
disfaldo (t.)
dissaldo (t.)
+gualdo (m.)
insaldo (t.)
+manovaldo (m.)
maramaldo (m.)
moldualdo (m.)
ribaldo (m.)
rinsaldo (t.)
risaldo (t.)
riscaldo (t., i., r., m.)
saldo (t., r., a., m.)
scaldo (t., r., m.)
sfaldo (t., r.)
smeraldo (m.)
spaldo (m.)
spavaldo (a., m.)
surriscaldo (t.)

aldola

caccabaldola (f.)

ale

abissale (a.)
abituale (a.)
accentuale (a.)
+acciale (m.)
accidentale (a.)
addizionale (a.)
affittuale (m.)
agonale (a., m.)
allodiale (a.)
alluviale (a.)
alluvionale (a.)
altrettale (a., +avv.)
amenziale (a.)
amicale (a.)
ammoniacale (a.)
amorale (a.)
anale (a.)
ancestrale (a.)
anfiteatrale (a.)
angelicale (a.)
animale (m.)
annale (a., m.)
annuale (a.)
anormale (a., m.)
antemurale (m.)
antennale (a.)
anticatarrale (a.)
anticlericale (a., m.)
anticostituzionale (a.)
antiministeriale (a.)
antimoniale (a.)
antinazionale (a.)
antisociale (a.)
antistatale (a.)
aquimanale (a.)
arbitrale (a.)
arcale (m.)
archiepiscopale (a.)
arcibestiale (a.)
arcipretale (a.)
arcispedale (m.)
arginale (m., a.)
aromale (a.)
arsenale (m.)
arsenicale (a.)
arteriale (a.)
artificiale (a.)
ascendentale (a.)
ascensionale (a.)
asciale (m.)
assale (m., t.)
assistenziale (a.)
astrale (a.)
attuale (a.)
attuariale (a.)
augurale (a.)
augustale (a.)
aurorale (a.)
australe (a.)
autunnale (a.)
+avale (avv.)
avernale (a.)
avverbiale (a.)
aziendale (a.)
azimuttale (a.)
baccanale (m.)
badiale (a.)
banale (a.)
barbazzale (m.)
baritonale (a.)
baronale (a.)
basilicale (a.)
battesimale (a.)
battiale (m.)
beilicale (a.)
beneficiale (a.)

bestiale (a.)
bicuspidale (a.)
bidentale (a.)
biennale (a., f.)
bilaterale (a.)
bimestrale (a.)
busessuale (a.)
boccale (m.)
+bomberale (m.)
bordonale (m.)
boreale (a.)
bracciale (m.)
brachiale (a.)
brancale (m.)
branchiale (a.)
bronchiale (a.)
brumale (a.)
brutale (a.)
cale (i.)
cambiale (f.)
camionale (a., f.)
campale (a.)
canale (m.)
cannocchiale (m.)
canonicale (a.)
canterale (m.)
cantonale (a.)
capezzale (m.)
capitale (a., m.)
caporale (m.)
cardinale (a., m.)
carnale (a.)
+carnasciale (m.)
carnevale (m.)
carnovale (m.)
casale (m.)
casuale (a.)
catarrale (a.)
catastale (a.)
cattedrale (f.)
caudale (a.)
causale (a.)
cauzionale (a.)
cavezzale (m.)
caviale (m.)
celestiale (a.)
censuale (a.)
centennale (a.)
centesinale (a.)
centrale (a., f.)
centumvirale (a.)
ceppicale (m.)
cereale (a., m.)
cerebrale (a., m.)
cerebrospinale (a.)
cerimoniale (a., m.)
cervicale (a.)
cignale (m.)
cinegiornale (m.)
cinemagiornale (m.)
cinghiale (m.)
claustrale (a., m.)
clericale (a., m.)
coessenziale (a.)
collaterale (a.)
collegiale (a., m.)
colloidale (a.)
coloniale (a., m.)
colossale (a.)
comitale (a.)
comiziale (a.)
commensale (m.)
commerciale (a.)
complessionale (a.)
comprovinciale (a.)
comunale (a.)
concausale (a., f.)
concistoriale (a.)
conclusionale (a.)
concoidale (a.)
concrezionale (a.)
condizionale (a., m., f.)
confessionale (a., m.)
congetturale (a.)
coniugale (a.)
connaturale (a.)
connazionale (a., m.)
consorziale (a.)
consostanziale (a.)
consustanziale (a.)
conterminale (a.)
contestuale (a.)
continentale (a.)
contrattuale (a.)
contumaciale (a.)
conventuale (a., m.)
convenzionale (a., m.)
convivale (a.)
copale (f.)
coppale (f.)
corale (a., m.)
cordiale (a., m.)
coronale (a., m.)
corporale (a.)
corregionale (a.)
correzionale (a.)
+corsale (m.)
corticale (a.)
cosciale (a., m.)
costale (a.)
costituzionale (a.)
cotale (a., pron.)
cotidiale (a.)
credenziale (a.)
criminale (a., m.)
crinale (m.)
crociale (m.)
cruciale (a.)
cruppale (a.)
crurale (a.)
cubitale (a.)
culturale (a.)
curiale a., m.)
cuspidale (a.)
davanzale (m.)
decemvirale (a.)
decennale (a., m.)
decimale (a.)
decoramentale (a.)
decretale (a., f., m.)
defensionale (a.)
demaniale (a.)
dentale (a., m.)
diaconale (a.)
diagonale (a., f.)
diale (a.)
dialettale (a.)
diametrale (a.)
differenziale (a., m.)
digitale (a., f.)
digrumale (m.)
diluviale (a.)
dimissoriale (a., f.)
discrezionale (a.)
diseguale (a.)
disleale (a.)
distale (a.)
distrettuale (a.)
disuguale (a.)
ditale (m.)
+diurnale (a.)
divisionale (a.)
documentale (a.)

dogale (a.)
doganale (a.)
domenicale (a.)
dorsale (a., m.)
dossale (m.)
dotale (a.)
dottorale (a.)
dottrinale (a.)
dozzinale (a.)
duale (a.)
ducale (a.)
duennale (a.)
duodenale (a.)
duumvirale (a.)
eccezionale (a.)
editoriale (a., m.)
effettuale (a.)
eguale (a.)
elettorale (a.)
elicoidale (a.)
elissoidale (a.)
embrionale (a.)
emorroidale (a.)
episcopale (a.)
spiteliale (a.)
equatoriale (a., m.)
equinoziale (a.)
erariale (a.)
erbale (a.)
ereticale (a.)
esagonale (a.)
escrementale (a.)
esiziale (a.)
esperimentale (a.)
essenziale (a.)
estradotale (a.)
estragiudiziale (a.)
estralegale (a.)
eternale (a.)
eventuale (a.)
facciale (a.)
faciale (a.)
facimale (a.)
fanale (m.)
fatale (a.)
fecale (a.)
feciale (m.)
federale (a., m.)
femorale (a.)
fenomenale (a.)
ferale (a.)
feriale (a.)
feudale (a.)
fiale (f. pl., m.)
fienale (a.)
filiale (a.)
filosofale (a.)
finale (a., m., f.)
fiscale (a.)
fiumale (a.)
floreale (a.)
fluidale (a.)
fluviale (a.)
focale (a.)
fondale (m.)
forestale (a.)
formale (a.)
fortunale (m.)
frale (a., m.)
fraternale (a.)
frontale (a.)
frugale (a.)
funerale (a., m.)
funzionale (a.)
furiale (a.)
gambale (m.)
gaviale (m.)
geminale (a.)
generale (a., m.)
gengivale (a.)
geniale (a.)
genitale (a., m.)
germinale (a., m.)
ginnasiale (a.)
giornale (m.)
gioviale (a.)
giudiziale (a.)
giurisdizionale (a.)
glaciale (a.)
glenoidale (a.)
globale (a.)
+governale (a.)
graduale (a., m.)
grammaticale (a.)
granducale (a.)
granduﬃciale (m.)
grecale (a., m.)
+gregale (a.)
grembiale (m.)
grippiale (m.)
guanciale (m.)
gutturale (a., f.)
ideale (a., m.)
iemale (a.)
ileocecale (a.)
illegale (a.)
illiberale (a.)
immateriale (a.)
immorale (a.)
immortale (a.)
imparziale (a.)
imperiale (a., m.)
impersonale (a.)
inaugurale (a.)
incidentale (a.)
incorporale (a.)
incostituzionale (a.)
individuale (a.)
industriale (a., m.)
ineguale (a.)
infernale (a.)
infinitesimale (a.)
inguinale (a.)
iniziale (a.)
innaturale (a.)
inospitale (a.)
insurrezionale (a.)
integrale (a.)
integumentale (a.)
intellettuale (a., m.)
intenzionale (a.)
intercomunale (a.)
intercostale (a.)
interinale (a.)
internazionale (a.)
interprovinciale (a.)
interstiziale (a.)
intertropicale (a.)
intestinale (a.)
inuguale (a.)
invernale (a.)
irrazionale (a.)
irreale (a.)
isoclinale (a.)
istrumentale (a., m.)
labiale (a.)
lacrimale (a.)
lacuale (a.)
laicale (a.)
laterale (a.)
laziale (a.)
leale (a.)
legale (a., m.)

lessicale (a.)
letale (a.)
letterale (a.)
liberale (a., m.)
liceale (a.)
liliale (a.)
linguale (a.)
litorale (a., m.)
littorale (a., m.)
littoriale (a., m.)
locale (a., m.)
lombale (a.)
longitudinale (a.)
lupercale (a., m.)
lustrale (a.)
macchinale (a.)
madornale (a.)
madrigale (m.)
maestrale (m.)
magistrale (a.)
maiale (m.)
male (avv., m.)
manale (m.)
mandamentale (a.)
manicomiale (a.)
manovale (m.)
manuale (a., m.)
marchesale (a.)
marchionale (a.)
marginale (a.)
maritale (a.)
marsupiale (m.)
marziale (a.)
massinale (a., m.)
materiale (a., m.)
maternale (a.)
matrignale (a.)
matrimoniale (a.)
matronale (a.)
mattinale (a.)
medicale (a.)
medicinale (a., m.)
medievale (a.)
medioevale (a.)
memoriale (m.)
mensuale (a.)
mentale (a.)
mercuriale (a.)
meridionale (a., m.)
messale (m.)
mettimale (m.)
micidiale (a.)
minerale (m., a.)
ministeriale (a.)
+minuale (a.)
misleale (a.)
mitrale (a.)
modale (a.)
monacale (a.)
mondiale (a.)
monetale (a.)
monocuspidale (a.)
monumentale (a.)
morale (a., f.)
mortale (a., m.)
municipale (a.)
murale (a.)
musicale (a.)
nasale (a.)
natale (a., m.)
naturale (a.)
navale (a.)
nazionale (a.)
nervale (a.)
neutrale (a., m.)
ninfale (a., m.)
nivale (a.)
nominale (a.)
normale (a., m., f.)
nostrale (a.)
novale (f.)
novendiale (a., m.)
novennale (a.)
numerale (a., m.)
nuziale (a.)
occasionale (a.)
occhiale (a.)
occidentale (a.)
occipitale (a.)
officinale (a.)
ogivale (a.)
oltranaturale (a.)
ombelicale (a.)
ombrinale (m.)
omerale (a.)
omosessuale (m., f.)
onciale (a.)
opale (m.)
orale (a.)
orbitale (a.)
orchestrale (a.)
ordinale (a., m.)
orientale (a., m.)
originale (a., m.)
orinale (m.)
orizzontale (a.)
ornamentale (a., m.)
ortogonale (a.)
ospedale (m.)
ospitale (a.)
ossidionale (a.)
ottagonale (a.)
ovale (a.)
ovoidale (a.)
padronale (a.)
palatale (a.)
palpebrale (a.)
pancale (m.)
papale (a.)
paradossale (a.)
parafernale (a.)
paramezzale (m.)
parastatale (a., m.)
parietale (a.)
parrocchiale (a.)
participiale (m.)
parziale (a.)
pasquale (a.)
passionale (a., m.)
pastorale (a., m., f.)
pasturale (m.)
paternale (f.)
patriarcale (a.)
patrimoniale (a.)
patronale (a.)
pedale (m.)
pedonale (a.)
penale (a.)
penetrale (m.)
penitenziale (a.)
peritale (a.)
personale (a., m.)
pestilenziale (a.)
petecchiale (a.)
pettorale (a., m.)
pettrinale (m.)
pianale (m.)
piazzale (m.)
pievanale (a.)
pigionale (m., f.)
pineale (a.)
piramidale (f.)
pitale (m.)

piviale (a.)
plateale (a.)
plurale (a., m.)
plurinominale (a.)
pluviale (a.)
poderale (a.)
policuspidale (a.)
poligonale (a.)
pontificale (a., m.)
portale (m.)
+porticale (m.)
portuale (a., m.)
postale (a., m.)
postergale (m.)
potenziale (a.)
praticale (a.)
precordiale (a.)
prediale (a., f.)
preferenziale (a.)
pregiudiziale (a., f.)
prepositale (a.)
prepositurale (a.)
presbiterale (a.)
presenziale (a.)
presidenziale (a.)
presidiale (a.)
preterintenzionale (a.)
preternaturale (a.)
pretoriale (a.)
primaziale (a., f.)
primiceriale (a.)
primordiale (a.)
principale (a., m.)
priorale (a.)
procedurale (a.)
processuale (a.)
prodittatoriale (a.)
proemiale (a.)
professionale (a.)
professorale (a.)
pronominale (a.)
proporzionale (a., f.)
+propostale (a.)
prosinodale (a.)
protettorale (a.)
provenzale (a., m.)
proverbiale (a.)
provinciale (a., m.)
provvidenziale (a.)
provvisionale (a.)
prudenziale (a.)
puerperale (a.)
pugnale (m.)
puntale (m.)
puntuale (a.)
puteale (m.)
quadragesimale (a.)
quadriennale (a., f.)
quadrimestrale (a.)
quale (a., m.)
quaresimale (a., m.)
quartale (m.)
quindicennale (a.)
quindicinale (a., m.)
quinquennale (a.)
quintale (m.)
radiale (a., f.)
radicale (a., m.)
rateale (a.)
razionale (a., m.)
reale (a., avv., m.)
refettoriale (a.)
regale (a.)
regionale (a.)
renale (a.)
resedenziale (a.)
residuale (a.)
+responsale (a.)
responsoriale (m.)
retoricale (a.)
reversale (f.)
riconvenzionale (a., f.)
rionale (a.)
rituale (a., m.)
rivale (a., m.)
riverenziale (a.)
riversale (f.)
romboidale (a.)
rostrale (a.)
ruderale (a.)
rudimentale (a.)
ruminale (a.)
rurale (a., m.)
rusticale (a.)
sacerdotale (a.)
sacrale (a.)
sacramentale (a., m.)
sagginale (a., m.)
sagittale (a.)
sale (m., t., i.)
salivale (a.)
salnitrale (a.)
sanale (m.)
santimoniale (a.)
sapienziale (a.)
saturnale (a., m.)
scaffale (m.)
scheggiale (m.)
schienale (m.)
sciroccale (a.)
scriminale (a., m.)
scritturale (a., m.)
segmentale (a.)
segnale (m.)
segretariale (a.)
semestrale (a.)
seminale (a.)
semionciale (a.)
semiovale (a.)
semiufficiale (a.)
senale (m.)
senatoriale (a.)
sensale (m.)
sensazionale (a.)
sensuale (a.)
sentenziale (a.)
sentimentale (a., m.)
sepolcrale (a.)
sequenziale (a., m.)
serale (a.)
serviziale (m.)
sesquipedale (a.)
sessennale (a.)
sessuale (a.)
settennale (a.)
settentrionale (a.)
settimanale (a., m.)
sferoidale (a.)
siderale (a.)
+simoniale (a.)
sinclinale (a.)
sindacale (a.)
sinfoniale (a.)
sinodale (a., m.)
sinoviale (a.)
sleale (a.)
sociale (a.)
sodale (m.)
solidale (a.)
solstiziale (a.)
sopraccostale (a.)
soprammodale (f.)
soprannaturale (a., m.)

soprumerale (m.)
sororale (a.)
sostanziale (a., m.)
sottofluviale (a.)
sottogrondale (m.)
sottolinguale (a.)
sottufficiale (m.)
speciale (a.)
spedale (m.)
sperimentale (a.)
spettrale (a.)
speziale (m., +a.)
spinale (a.)
spirale (a., f.)
spiritale (a.)
spirituale (a.)
spirtale (a.)
sponsale (a., m.)
sproporzionale (a.)
staffale (m.)
staminale (m.)
stanziale (m.)
stivale (m.)
straccale (m.)
stradale (a., m.)
stradotale (a.)
stragiudiziale (a.)
strale (m.)
strumentale (a.)
sublinguale (a.)
succursale (a., f.)
superficiale (a.)
supernale (a.)
superumerale (m.)
+surale (a.)
surrenale (a.)
tale (a.)
tariffale (a.)
tarsale (a.)
teatrale (a.)
tegumentale (a.)
tempiale (m.)
temporale (a., m.)
tendale (m.)
teologale (a.)
tergale (m.)
termale (a.)
terminale (a.)
teritoriale (a., f.)
testimoniale (a., m.)
testuale (a.)
tetragonale (a.)
tibiale (a., m.)
tombale (a.)
tonale (a.)
torrenziale (a.)
totale (a., m.)
tracheale (a.)
tradizionale (a.)
trapezoidale (a.)
trascendentale (a.)
trasversale (a., f.)
traversale (a.)
tribunale (m.)
tricuspidale (a.)
triennale (a., f.)
trigonale (a.)
trilaterale (a.)
trimestrale (a.)
trinominale (a.)
trionfale (a.)
triunvirale (a.)
triviale (a.)
tropicale (a.)
ufficiale (a., m.)
uffiziale (a., m.)
uguale (a.)
ulivale (a.)
umbilicale (a.)
umerale (a., m.)
unciale (a.)
unilaterale (a.)
uninominale (a.)
unisessuale (a.)
universale (a., m.)
usciale (m.)
usuale (a.)
vale (m., i., r.)
vegetale (a., m.)
vegetominerale (a.)
venale (a.)
vendemmiale (a.)
veniale (a.)
ventennale (a., m.)
ventrale (a.)
verbale (a., m.)
+verdugale (m.)
verginale (a.)
+vernale (a.)
veronale (m.)
vertebrale (a.)
verticale (a.)
vesperale (a., m.)
vestale (f.)
vettoriale (a.)
viale (m.)
vicennale (a.)
vicereale (a.)
vicinale (a.)
virtuale (a.)
viscerale (a.)
visuale (a., f.)
vitale (a.)
vittoriale (a., m.)
vocale (a., f.)
vomerale (m.)
zendale (m.)
zenitale (a.)
zinale (m.)
zodiacale (a.)
zonale (a.)

alea
alea (f.)
galea (f.)

aleo
dedaleo (a.)

alera
falera (f.)

alfa
alfa (f.)

alga
alga (f.)
assalga (t.)
malga (f.)
slaga (t., i.)
valga (i., r.)

algama
amalgama (f.)

algamo
amalgamo (t.)

algano
assalgano (t.)

algebra
algebra (f.)

algico
cefalgico (a.)
gastralgico (a.)
mastalgico (a.)
nevralgico (a.)
nostalgico (a.)
odontalgico (a.)
otalgico (a.)
splenalgico (a.)

algido
algido (a.)
algo
assalgo (t.)
equivalgo (i.)
hidalgo (m.)
idalgo (m.)
invalgo (i.)
prevalgo (i., r.)
riassalgo (t.)
risalgo (t.)
rivalgo (r.)
salgo (t., i.)
valgo (i., r., a.)
algono
assalgono (t.)
salgono (t., i.)
valgono (i., r.)
ali
ali (f. pl.)
annali (m. pl.)
assali (t.)
bengali (m.)
cavastivali (m.)
occhiali (m. pl.)
ossisali (m. pl.)
pali (m.)
parentali (m. pl.)
rompistivali (m.)
sali (t., i.)
sponsali (m. pl.)
tirastivali (m.)
vali (i., r.)
alia
acidalia (f.)
alia (f.)
balia (f.)
dalia (f.)
alias
alias (lat.)
alibe
+calibe (m.)
alibi
alibi (lat.)
alibro
calibro (t., m.)
alica
didascalica (f.)
alice
calice (m.)
salice (m.)
alico
alcalico (a.)
cefalico (a.)
didascalico (a.)
encefalico (a.)
idrocefalico (a.)
italico (a.)
malico (a.)
ossalico (a.)
palico (a.)
rivalico (t.)
salico (a.)
travalico (t.)
valico (t., m.)
vandalico (a.)
alide
crisalide (f.)
piralide (f.)
alido
alido (a.)
convalido (t.)
incrisalido (i.)
invalido (t., a., m.)
riconvalido (t.)
valido (a.)
aliga
aliga (f.)
caliga (f.)
alio
alio (i.)
ammalio (t.)
balio (m.)
castalio (a.)
cloralio (m.)
magnalio (m.)
palio (m.)
salio (m.)
tantalio (m.)
alisi
analisi (f.)
catalisi (f.)
dialisi (f.)
paralisi (f.)
psicanalisi (f.)
alito
alito (i., m.)
alitro
decalitro (m.)
alla
alla (prep. art., +f.)
balla (f.)
dalla (prep. art.)
falla (f.)
farfalla (f.)
galla (f.)
marescialla (f.)
palla (f.)
pialla (f.)
ralla (f.)
spalla (f.)
stalla (f.)
talla (f.)
allage
diallage (f.)
enallage (f.)
ipallage (f.)
alle
alle (prep. art.)
battipalle (m.)
calle (m.)
convalle (f.)
dalle (prep. art.)
emerocalle (m., f.)
parapalle (m.)
percalle (m.)
+quinavalle (avv.)
scialle (m.)
turafalle (m.)
valle (f.)
allero
tallero (m.)
alli
paracalli (m.)
allica
gallica (f.)
allico
gallico (a.)
metallico (a.)
pirogallico (a.)
tallico (a.)
allide
anagallide (f.)
emerocallide (m., f.)
allido
callido (a.)
pallido (a., m.)
squallido (a.)
allio
gallio (m.)
pallio (t., m.)
tallio (m.)

allo
abballo (t.)
accavallo (t., r.)
aggallo (i.)
allo (prep. art.)
appallo (t., r.)
avallo (t., m.)
avvallo (i., r., t.)
ballo (i., t., m.)
caciocavallo (m.)
callo (m.)
cavallo (m.)
circonvallo (t.)
corallo (m.)
cristallo (m.)
dallo (prep. art.)
devallo (m.)
divallo (i.)
fallo (i., m.)
feldmaresciallo (m.)
gallo (i., t., m., a.)
giallo (a.)
imballo (t., r., m.)
impallo (t., r.)
ingallo (t.)
ingiallo (t.)
installo (t., r.)
intervallo (m.)
mallo (m.)
mazzacavallo (m.)
metallo (m.)
pappagallo (m.)
passagallo (m.)
piallo (t.)
piedestallo (m.)
piedistallo (m.)
portogallo (m.)
protallo (m.)
riavallo (t., m.)
riavvallo (i., r., m.)
rifallo (t.)
rimballo (t., i.)
rimpallo (i., m.)
rintallo (m.)
ripiallo (t.)
risigallo (m.)
sballo (t.)
scavallo (i.)
sciacallo (m.)
sciallo (m.)
sfarfallo (i.)
sgallo (t.)
smallo (t.)
sovvallo (m.)
spallo (t., r., m.)
spappagallo (i.)
stallo (m.)
strallo (m.)
tallo (m.)
tergicristallo (m.)
timballo (m.)
traballo (i.)
urogallo (m.)
vallo (m.)
vassallo (m.)

alloco
agalloco (m.)

alluce
alluce (m.)

alma
alma (f.)
calma (f.)
+gualma (f.)
fuardapalma (m.)
palma (f.)
salma (f.)

almico
oftalmico (a.)

almite
palmite (m.)

almo
almo (a)
calmo (t., r., a.)
cardiopalmo (m.).
esoftalmo (m.)
+gualmo (a.)
impalmo (t.)
lagoftalmo (m.)
palmo (m.)
portascalmo (m.)
rispalmo (t.)
salmo (m.)
scalmo (m.)
spalmo (t., r., m.)

almola
palmola (f.)

alno
alno (m.)

alo
accanalo (t.)
aeroscalo (m.)
+alo (m.)
ammalo (i., r.)
antiscalo (m.)
arvalo (m.)
battipalo (m.)
calo (t., r., i., m.)
cicalo (i.)
dissalo (t.)
esalo (t.)
idroscalo (m.)
immortalo (t.)
impalo (t., r.)
inalo (t.)
incanalo (t.)
ingambalo (t.)
insalo (t., i., r.)
intercalo (t.)
malo (a.)
narvalo (m.)
palo (t., m.)
pedalo (i.)
propalo (t.)
pugnalo (t.)
regalo (t., r., m.)
riammalo (i., r.)
ricalo (i.)
salo (t.)
saltimpalo (m.)
Sardanapalo (m.)
scaffalo (t.)
scalo (t., m.)
scanalo (t., i.)
scarnascialo (i.)
scarnovalo (i.)
scialo (i., t., m.)
segnalo (t., r.)
spalo (t.)
squalo (m.)
stivalo (t.)

aloe
aloe (m.)

alogo
analogo (a.)
catalogo (m.)
decalogo (m.)
dialogo (i., m.)
mineralogo (m.)

alopo
nictalopo (m.)

alpa
grillotalpa (f., m.)
talpa (f.)

alpe
oltralpe (avv.)
alpebra
palpebra (f.)
alpebro
palpebro (i.)
alpi
alpi (f. pl.)
prealpi (f. pl.)
alpito
palpito (i., m.)
ripalpito (i.)
scalpito (i.)
alpo
palpo (t., m.)
pedipalpo (m.)
ripalpo (t.)
salpo (i., t.)
alpro
+scalpro (m.)
alsa
falsa (f.)
rivalsa (f.)
salsa (f.)
alsamo
balsamo (m.)
imbalsamo (t.)
alse
assalse (t.)
calse (i.)
salse (i.)
valse (i., r.)
alsero
assalsero (t.)
salsero (t., i.)
valsero (i., r.)
alsi
assalsi (t.)
salsi (t., i.)
valsi (i., r.)
also
falso (t., a., m.)
invalso (pps., a.)
salso (a., m.)
sfalso (t.)
valso (pps.)
alta
balta (f.)
+difalta (f.)
+diffalta (f.)
+falta (f.)
malta (f.)
ribalta (f.)
alteo
balteo (m.)
altero
altero (t., r., a.)
altica
altica (f.)
altico
antiperistaltico (a.)
balsatico (a.)
peristaltico (a.)
alto
alto (a.)
ammalto (t.)
natispalto (m.)
appalto (t., r., m.)
asfalto (m.)
assalto (t., m.)
balsato (m.)
cobalto (m.)
contralto (m.)
contraspalto (m.)
contrassalto (m.)
dismalto (t.)
esalto (t., r.)
malto (m.)
pentalto (m.)
rialto (m.)
riappalto (t. m.)
riassalto (t.)
ribalto (i., t.)
risalto (t., i., m.)
salto (i., t., m.)
smalto (t., m.)
soprassalto (m.)
spalto (m.)
subappalto (t., m.)
trabalto (i.)
trasalto (i.)
altri
altri (pron.)
altro
altro (a.)
scaltro (a.)
alva
malva (f.)
salva (f.)
valva (f.)
alve
bivalve (a.)
salve (lat.)
univalve (a.)
alveo
alveo (m.)
disalveo (t.)
inalveo (t.)
alvia
salvia (f.)
alvo
alvo (m.)
calvo (a.)
salvo (t., r., a.)
alvola
valvola (f.)
alza
balza (f.)
calza (f.)
sopraccalza (f.)
sottocalza (f.)
alzer
valzer (m.)
alzo
alzo (t., r., m.)
balzo (i., t., m.)
calzo (t., r.)
inalzo (t., r.)
incalzo (t., m.)
innalzo (t., r.)
rialzo (t., r., m.)
ribalzo (i., m.)
ricalzo (t.)
rimbalzo (i., m.)
rincalzo (t., m.)
rinnalzo (t., r.)
sbalzo (t., i., m.)
scalzo (t., r., a.)
sobbalzo (i., m.)
strabalzo (i., m.)
trabalzo (t., m.)
am
macadàm (m.)
madalolàm (m.)
tantàm (m.)
tram (m.)
ama
brama (f.)
chiama (f.)
cosmorama (m.)
dalai-lama (m.)
dama (f.)
diorama (m.)

drama (m.)
fama (f.)
lama (f., m.)
madama (f.)
panorama (m.)
pigiama (m.)
politeama (m.)
proclama (m.)
rama (f.)
squama (f.)
trama (f.)
zama (m.)

amara

samara (f.)

amba

amba (f.)
gamba (f.)
lamba (t.)
sottogamba (avv.)
+stramba (f.)

ambano

lambano (t.)

ambe

ambe (pron. f. pl.)
centogambe (m.)
lambe (t.)

ambere

lambere (t.)

ambero

gambero (m.)

ambi

entrambi (pron.)
lambi (t.)

ambice

carambice (f.)

ambico

ditirambico (a.)
giambico (a.)

ambio

ambio (m.)
cambio (t., r., m.)
concambio (m.)
contraccambio (t., m.)
ricambio (t., m.)
scambio (t., m.)

ambito

ambito (m.)

ambla

rambla (f.)

ambo

ambo (a., pron., m.)
coriambo (m.)
ditirambo (m.)
galliambo (a., m.)
gallogiambo (a., m.)
gambo (m.)
giambo (m.)
lambo (t.)
ringambo (t., r., i.)
sgambo (t., i.)
strambo (a.)

ambola

bambola (f.)
carambola (f.)

ambolo

bambolo (m.)
carambolo (m.)
funambolo (m.)
imbambolo (i.)
preambolo (m.)

ambono

lambono (t.)

ambra

ambra (f.)
+zambra (f.)

ambro

ambro (t.)
sicambro (a., m.)

ambulo

deambulo (i.)
nottambulo (a., m.)
sonnambulo (m.)

ame

+arcame (m.)
bestiame (m.)
bordame (m.)
bottame (m.)
brecciame (m.)
brulicame (m.)
+bucherame (m.)
budellame (m.)
bulicame (m.)
bullettame (m.)
buzzame (m.)
capellame (m.)
carcame (m.)
carname (m.)
cascame (m.)
catrame (m.)
certame (m.)
chiodame (m.)
ciarpame (m.)
cittadiname (m.)
coiame (m.)
collettame (m.)
contadiname (m.)
corame (m.)
corbame (m.)
cordame (m.)
corniciame (m.)
correntame (m.)
cristallame (m.)
+dentame (m.)
dettame (m.)
dogame (m.)
dottorame (m.)
durame (m.)
esame (m.)
falegname (m.)
fame (m.)
fasciame (m.)
fasciname (m.)
ferrame (m.)
figliolame (m.)
fiorame (m.)
fogliame (m.)
forame (m.)
frascame (m.)
funame (m.)
gallettame (m.)
gentame (m.)
+giovame (m.)
gravame (m.)
infame (a., m.)
legame (m.)
legname (m.)
letame (m.)
levame (m.)
libame (m.)
liquame (m.)
marrame (m.)
minutame (m.)
minuzzame (m.)
ossame (m.)
ottoname (m.)
pacciame (m.)
pecorame (m.)
pelame (m.)
pellame (m.)
pellicciame (m.)
pezzame (m.)
pietrame (m.)
pollame (m.)

porchettame (m.)
presame (m.)
pruname (m.)
rabescame (m.)
ragazzame (m.)
rame (m.)
reame (m.)
rigame (m.)
rottame (m.)
saettame (m.)
salame (m.)
sartiame (m.)
sciame (m.)
serrame (m.)
servidorame (m.)
servitorame (m.)
stame (m.)
strame (m.)
+tastame (m.)
tegame (m.)
tendame (m.)
triname (m.)
tritame (m.)
uccellame (m.)
vasame (m.)
vasellame (m.)
velame (m.)
verderame (m.)
vetrame (m.)
vicereame (m.)
viciname (m.)
vitame (m.)

amea

framea (f.)

amen

amen (m.)
duramen (m.)

amera

anticamera (f.)
camera (f.)
retrocamera (f.)

amere

affittacamere (m.)

amero

concamero (t.)
incamero (t.)
scamero (t.)

ametro

decametro (m.)
diametro (m.)
differenziametro (m.)
esametro (m.)
idrodinametro (m.)
miriametro (m.)
pentametro (m.)
semidiametro (m.)
tassametro (m.)
voltametro (m.)

amia

infamia (f.)
lamia (f.)

amica

aerodinamica (f.)
astrodinamica (f.)
ceramica (f.)
dinamica (f.)
elettrodinamica (f.)
farmacodinamica (f.)
fotoceramica (f.)
geodinamica (f.)
idrodinamica (f.)
psicodinamica (f.)
termodinamica (f.)

amice

camice (m.)

amico

aerodinamico (a.)
balsamico (a.)
dinamico (a.)
geodinamico (a.)
panoramico (a.)
poligamico (a).
termodinamico (a.)

amide

clamide (f.)
piramide (f.)

amido

amido (m.)
inamido (t.)
piramido (t.)

amina

disamina (f.)
lamina (f.)
sudamina (f.)

amine

diamine (escl.)
flamine (m.)

amino

contamino (t.)
disamino (t.)
esamino (t.)
lamino (t.)
riesamino (t.)

amio

epitalamio (m.)

amite

tramite (m.)

amito

sciamito (m.)

amma

aerogramma (m.)
anagramma (m.)
belinogramma (m.)
cablogramma (m.)
camma (f.)
cardiogramma (m.)
centigramma (m.)
chilogramma (m.)
cinedramma (m.)
crittogramma (m.)
damma (f.)
decadramma (f.)
diaframma (m.)
diagramma (m.)
digamma (m.)
digramma (m.)
dramma (m., f.)
eliogramma (m.)
epiframma (m.)
epigramma (m.)
fiamma (f.)
fonogramma (m.)
fotogramma (m.)
gamma (f.)
gramma (m.)
mamma (f.)
marconigramma (m.)
melodramma (m.)
metaframma (m.)
microgramma (m.)
milligramma (m.)
miriagramma (m.)
monogramma (m.)
orifiamma (f.)
pentagramma (m.)
poligramma (m.)
programma (m.)
psicogramma (m.)
radiotelegramma (m.)
sciamma (m.)
sismogramma (m.)
squamma (f.)

tautogramma (m.)
telegramma (m.)
tetragramma (m.)
amme
bailamme (m.)
lanciafiamme (m.)
ammeo
fiammeo (a.)
flammeo (a.)
ammetro
chilogrammetro (m.)
ammo
centigrammo (m.)
chilogrammo (m.)
decagrammo (m.)
decigrammo (m.)
disinfiammo (t.)
ettogrammo (m.
fiammo (i.)
grammo (m.)
infiammo (t., r.)
milligrammo (m.)
miriagrammo (m.)
parallelogrammo (m.)
programmo (t.)
rinfiammo (t., r.)
sfiammo (i.)
smammo (r.). - cf. *Pass. rem.* 1ª.
ammola
mammola (f.)
ammolo
ammammolo (t.)
mammolo (a., m.)
smammolo (r.)
amnio
amnio (m.)
ammo
squammo (t.)
amno
ramno (m.)
amo
abbiamo (t.)
acclamo (i., t.)
Adamo (m.)
affamo (t., i.)
allamo (r.)
amo (t., m.)
andiamo (i.)
+camo (m.)
catramo (t.)
chiamo (t., i., r.)
conclamo (t.)
cuciamo (t.)
damo (t., m.)
declamo (t.)
diamo (t., r.)
diffamo (t.)
diramo (t., r.)
disamo (t., i.)
disbramo (t.)
disfamo (t.)
dobbiamo (i., t.)
esclamo (i.)
facciamo (t., i., r.)
gramo (a.)
incatramo (t.)
infamo (t.)
moriamo (i.)
possiamo (i.),
proclamo (t.)
ramo (t., m.)
reclamo (i., t., m.)
riamo (t.),
riandiamo (i.)
ricamo (t., m.)
richiamo (t., r., m.)
sciamo(i.)
sclamo (i.)
sdamo (i.)
sediamo (i.)
sfamo (t.)
siamo (i.)
slamo (t., i.)
squamo (t.)
stramo (t.)
tramo (t.)
udiamo (t.)
usciamo (i.). - cf. *Ind. pr.*, *Ind. impf.*, *Cong. pr.*, *Imp. pr.*
amocle
Damocle (m.)
amola
camola (f.)
gramola (f.)
amolo
gramolo (t.)
ampa
lampa (f.)
pampa (f.)
rampa (f.)
ristampa (f.)
stampa (f.)
vampa (f.)
zampa (f.)
ampada
lampada (f.)
ampade
+lampade (f.)
ampana
lampana (f.)
ampano
pampano (m.)
spampano (t., r.)
ampe
leccazampe (m.)
ampico
arrampico (r.)
ciampico (i.)
inciampico (i.)
rampico (i., r.)
ampino
pampino (m.)
ampio
ampio (a.)
+sciampio (m.)
amplio
amplio (t., r., a.)
ampo
accampo (t., i., r.)
+allampo (t., i.)
avvampo (i., r., t.)
campo (t., i., m.)
crampo (m.)
decampo (i.)
divampo (i.)
grisolampo (m.)
inciampo (i., m.)
ippocampo (m.)
lampo (m.)
rampo (i., t., m.)
rilampo (m.)
rinciampo (i., m.)
ristampo (t.)
scampo (t., i., m.)
stampo (t., r., m.)
svampo (i.)
vampo (m.)
zampo (i.)
ampoli
trampoli (m. pl.)

ampolo
scampolo (m.)
trampolo (i., m.)
amptica
fonocamptica (f.)
amptico
anacamptico (a.)
amputo
amputo (t.)
amquam
protoquamquam (m.)
+quamquam (m.)
amulo
+famulo (m.)
an
abbàn (m.)
astracàn (m.)
can (m.)
cancàn (m.)
clan (m.)
gran (a.)
harmattàn (m.
iodogarzàn (m.)
san (a.)
trantràn (m.)
ana
+accellana (f.)
albana (f.)
alfana (f.)
altana (f.)
alzana (f.)
amalfitana (f.)
americana (f.)
ana (f.)
andana (f.)
argentana (f.)
atellana (f.)
australiana (f.)
avana (m., a.)
avellana (f.)
baggiana (f.)
balzana (f.)
banana (f.)
battana (f.)
bazzana (f.)
befana (f.)
biancana (f.)
bonalana (f.)
borrana (f.)
buonalana (f.)
buriana (f.)
buscalfana (f.)
caldana (f.)
campana (f.)
campigiana (f.)
canossiana (f.)
capitana (f.)
caravana (f.)
carovana (f.)
cerbottana (f.)
+chiana (f.)
chiaranzana (f.)
chiarenzana (f.)
ciana (f.)
coana (f.)
collana (f.)
colombana (f.)
contromezzana (f.)
cortana (f.)
damigiana (f.)
diana (f.)
dirlindana (f.)
dogana (f.)
dolciana (f.)
dulciana (f.)
durlindana (f.)
filigrana (f.)
fiumana (f.)
fontana (f.)
frana (f.)
frullana (f.)
furlana (f.)
gabbana (f.)
gamberana (f.)
+gana (f.)
genziana (f.)
gibigiana (f.)
grana (f.)
gribana (f.)
+gualdana (f.)
indiana (f.)
ipecacuana (f.)
lana (f.)
Laurenziana (f.)
liana (f.)
lidiana (f.)
maggiorana (f.)
mammana (f.)
mantovana (f.)
marchesana (f.)
marciana (f., a.)
marigiana (f.)
marucelliana (f., a.)
mattana (f.)
melagrana (f.)
melanzana (f.)
membrana (f.)
meridiana (f.)
metropolitana (f.)
mezzalana (f.)
mezzana (f.)
mongana (a., f.)
morgana (f.)
napoletana (f.)
nicoziana (f.)
nirvana (m.)
ottomana (f.)
padovana (f.)
palandrana (f.)
panzana (f.)
partigiana (f.)
pavana (f.)
peana (m.)
pedana (f.)
persiana (f.)
piana (f.)
poiana (f.)
porcellana (f.)
pozzolana (f.)
prussiana (f.)
pseudomembrana (f.)
puttana (f.)
puzzolana (f.)
+quarentana (f.)
quartana (f.)
quintana (f.)
rana (f.)
sagrestana (f.)
sahariana (f.)
salangana (f.)
salesiana (f.)
sardana (f.)
savana (f.)
scalmana (f.)
+scana (f.)
settimana (f.)
siciliana (f.)
soprana (f.)
sottana (f.)
sultana (f.)
tana (f.)
tarlatana (f.)

tartana (f.)
terzana (f.)
tisana (f.)
toccasana (m.)
tramontana (f.)
transiberiana (f.)
trebelliana (f.)
veleriana (f.)
veneziana (f.)
volterrana (f.)
zana (f.)

anaca

anaca (f.)

anace

anace (m.)

anama

panama (m.)

anapa

canapa (f.)

anapo

canapo (m.)
guardacanapo (m.)

anatra

anatra (f.)

anca

anca (f.)
banca (f.)
bianca (f.)
branca (f.)
calanca (f.)
cassapanca (f.)
cianca (f.)
lanca (f.)
manca (f.)
palanca (f.)
panca (f.)
pollanca (f.)
ranca (f.)
sbianca (f.)
tanca (f.)
zanca (f.)

ancaro

+cancaro (m.)

ance

+lance (f.)

anche

anche (cong.)
benanche (cong.)
finanche (avv.)
malebranche (f.)
neanche (avv., cong.)
scaldapanche (m.)

anchero

canchero (m.)
incanchero (t., i.)

anchi

lamellibranchi (m. pl.)

anchia

branchia (f.)

anchio

aggranchio (t., r.)
granchio (m.)
raggranchio (t., i., r.)

ancia

ancia (f.)
arancia (f.)
bilancia (f.)
ciancia (f.)
grancia (f.)
guancia (f.)
lancia (f.)
mancia (f.)
melarancia (f.)
pancia (f.)
plancia (f.)
radancia (f.)
redancia (f.)
reggipancia (m.)
sguancia (f.)
sottopancia (f., m.)
trancia (f.)

ancico

brancico (t.)
ciancico (i.)
rancico (m.)

ancido

rancido (a. m.)

ancio

aggancio (t.)
arancio (m.)
bilancio (t., r., m.)
ciancio (i.)
fiorrancio (m.)
gancio (m.)
lancio (m., t., r.)
marrancio (m.)
+pomarancio (m.)
rancio (a., m.)
rilancio (t., m.)
romancio (a., m.)
sbilancio (t., i., r., m.)
scaldarancio (m.)
scancio (m.)
+schiancio (m.)
sgancio (t., r.)
sguancio (t., i.)
slancio (t., r., m.)
spancio (t., i., r.)

ancipo

emancipo (t., r.)

anco

abbanco (t.)
abbranco (t., r.)
affianco (t., r.)
affranco (t., r.)
almanco (avv.)
ammanco (m.)
anco (cong.)
arranco (i.)
banco (m.)
battifianco (m.)
bianco (a., m., +t.)
branco (m., +t.)
cantambanco (m.)
cantimbanco (m.)
corpofranco (m.)
disbranco (t., r.)
fianco (t., m.)
franco (t., a., m.)
imbianco (t., i.)
imbranco (t., r.)
impanco (r.)
manco (i., a., avv.)
nemmanco (cong.)
palanco (m.)
paranco (m.)
puntofranco (m.)
ranco (i., a.)
rifianco (t.)
rifranco (t., r.)
rimbianco (t., i.)
rinfianco (t., m.)
rinfranco (t., r., m.)
saltimbanco (m.)
sbanco (t.)
sbianco (i., r.)
sbranco (t., r.)
scianco (r., t.)
sfianco (t., r.)
spalanco (t., r.)
stanco (t., r., a.)
+unquanco (avv.)

ancola
biciancola (f.)
palancola (f.)
ancolo
brancolo (i.)
ancora
ancora (f.)
ancoro
ancoro (t., r.)
disancoro (t.)
ancreas
pancreas (m.)
ancro
cancro (m.)
ancton
plancton (m.)
anda
anda (f.)
banda (f.)
bevanda (f.)
branda (f.)
capobanda (m.)
controranda (f.)
danda (f.)
domanda (f.)
educanda (f.)
filanda (f.)
ghianda (f.)
ghirlanda (f.)
grillanda (f.)
landa (f.)
lavanda (f.)
locanda (f.)
monacanda (f.)
olanda (f.)
pellanda (f.)
piattabanda (f.)
propaganda (f.)
provianda (f.)
randa (f.)
reintegranda (f.)
sarabanda (f.)
scorribanda (f.)
serranda (f.)
uccellanda (f.)
veranda (f.)
vivanda (f.)
volanda (f.)
andali
mettiscandali (m.)
andalo
sandalo (m.)
scandalo (m.)
vandalo (a., m.)
ande
coprivivande (m.)
grande (a., m.)
montavivande (m.)
mutande (f. pl.)
portavivande (m.)
scaldavivande (m.)
stragrande (a.)
andere
espandere (t., r.)
+prandere (i.)
rispandere (t.)
scandere (t.)
spandere (t., r.)
andi
+candi (a.)
organdi (m.)
andia
achelandia (f.)
cinelandia (f.)
andido
candido (a.)
andine
grandine (f.)
andino
grandino (i., t.)
andio
+prandio (m.)
scandio (m.)
andita
accomandita (f.)
+dimandita (f.)
anito
andito (m.)
ando
abominando (a.)
accelerando (ger.)
addimando (t.)
addomando (t.)
allorquando (cong.)
ammirando (a.)
bando (m.)
battezzando (m.)
blando (a.)
brando (m.)
calandro (ger.)
comando (i., m.)
commando (m.)
commiserando (a.)
comunicando (m.)
cresimando (m., a.)
demando (t.)
dimando (i., t., r. +m.)
domando (t., r.)
esaminando (a., m.)
esecrando (a.)
espando (t., r.)
ghirlando (t.)
inghirlando (t.)
laureando (a., m.)
mando (t.)
memorando (a.)
miserando (a.)
moltiplicando (m.)
nefando (a.)
onorando (a.)
ordinando (m.)
Orlando (m.)
premiando (ger., a., m.)
propagando (t.)
quando (cong., m.)
raccomando (t., r.)
radiotelecomando (m.)
rallentando (m.)
riando (i., t.)
ricomando (t.)
ridomando (t.)
rimando (t., m.)
rispando (t.)
sbando (t., i., r., m.)
scando (t.)
scherzando (ger.)
smorzando (ger.)
spando (t., r.)
tagliando (m.)
telecomando (m.)
tramando (t.)
trasando (t., + i.)
venerando (a.)
vituperando (a). - cf. *Ger. pr.* 1ª.
andola
farandola (f.)
ghiandola (f.)
girandola (f.)
glandola (f.)
mandola (f.)

andolo
acconandolo (t.)
bandolo (m.)
comandolo (m.)
coriandolo (m.)
fruciandolo (m.)
girandolo (i.)
nidiandolo (m.)
oliandolo (m.)
+tesserandolo (m.)
andorlo
mandorlo (m.)
andra
+calamandra (f.)
calandra (f.)
cassandra (f.)
filandra (f.)
landra (f.)
mandra (f.)
palandra (f.)
salamandra (f.)
andria
mandria (f.)
andrio
ammandrio (t.)
andro
calandro (t.)
leandro (m.)
meandro (m.)
oleandro (m.)
palissandro (m.)
scafandro (m.)
andum
memorandum (m.)
ane
accattapane (m.)
ambracane (m.)
baracane (m.)
barbacane (m.)
bugrane (f.)
cane (m.)
cellofane (f.)
dimane (m., +f.)
grancane (m.)
immane (a.)
inane (a.)
+letane (f. pl.)
mane (f.)
mangiapane (m.)
marzapane (m.)
pane (m.)
pelacane (m.)
pescecane (m.)
pisciacane (m.)
rimane (i.)
saccapane (m.)
scalzacane (m.)
scannapane (m.)
sparapane (m.)
stamane (avv.)
tascapane (m.)
+vermocane (m.)
anea
istantanea (f.)
miscellanea (f.)
aneo
castaneo (a.)
coetaneo (a.)
consentaneo (a.)
contemporaneo (a., m.)
conterraneo (a., m.)
cutaneo (a.)
dissentaneo (a.)
estemporaneo (a.)
estraneo (a., m.)
foraneo (a.)
frustaneo (a.)
istantaneo (a.)
littoraneo (a.)
mediterraneo (a., m.)
miscellaneo (a.)
momentaneo (a.)
+presentaneo (a.)
simultaneo (a.)
soppedaneo (m.)
sotterraneo (a. m.)
sottocutaneo (a.)
spontaneo (a.)
subitaneo (a.)
subcedaneo (a., m.)
succutaneo (a.)
suffraganeo (a., m.)
supervacaneo (a.)
suppedaneo (m.)
temporaneo (a.)
anfa
acqualanfa (f.)
lanfa (f.)
+nanfa (f.)
anfano
arcifanfano (m.)
fanfano (m.)
panfano (m.)
anfia
granfia (f.)
ranfia (f.)
anfio
aggranfio (t.)
arranfio (t.)
granfio (t.)
anfo
tanfo (m.)
anfora
anfora (f.)
canfora (f.)
anfra
palanfra (f.)
anga
canga (f.)
fanga (f.)
ganga (f.)
losanga (f.)
mazzeranga (f.)
parasanga (f.)
rimanga (i.)
spranga (f.)
stanga (f.)
valanga (f.)
vanga (f.)
angamo
angamo (m.)
gangamo (m.)
angano
mangano (t., m.)
angar
hangar (m.)
ange
falange (f.)
angela
angela (f.)
angelo
angelo (m.)
arcangelo (m.)
angere
+affrangere (t.)
+angere (t.)
+clangere (i.)
compiangere (t.)
diffrangere (i.)
frangere (t., r.)
infrangere (t., r.)
piangere (i., t.)

rifrangere (t., r.,)
rimpiangere (t.)
rinfrangere (t., r.)
rimpiangere (i.)
tangere (t.)
anghe
portastanghe (m.)
anghera
pozzanghera (f.)
anghero
agganghero (t., r.)
ganghero (t., m.)
inganghero (t.)
sganghero (t.)
tanghero (m.)
angia
flangia (f.)
frangia (f.)
grangia (f.)
angio
arrangio (r.)
cangio (t., r., i.)
frangio (t.)
mangio (t.)
rimangio (t.)
sfrangio (t.)
smangio (t., m.)
sporangio (m.)
stramangio (i.)
angiolo
angiolo (m.)
anglico
anglico (a.)
aglio
ganglio (m.)
ango
affango (t., r., i.)
cavafango (m.)
compiango (t.)
diffrango (i.)
fandango (m.)
fango (m.)
frango (t., r.)
infango (t., r.)
infrango (t., r.)
mango (m.)
orango (m.)
orangutango (m.)
parafango (m.)
permango (i.)
piango (i., t.)
rango (m.)
refrango (t., r.)
rifrango (t., r.)
rimango (i.)
rimpiango (t.)
rinfango (t.)
rinfrango (t., r.)
rinvango (t.)
ripiango (i.)
risprango (t.)
rivango (t.)
sfango (i., r.)
sprango (t.)
stango (t.)
tango (t., m.)
urango (m.)
vango (t.)
angola
+ciangola (f.)
frangola (f.)
gangola (f.)
melangola (f.)
petrangola (f.)
rangola (f.)
zangola (f.)
angolo
acutangolo (a.)
angolo (m.)
arrangolo (r.)
cetrangolo (m.)
ciangolo (i.)
equiangolo (a.)
frangolo (a.)
melangolo (m.)
ottangolo (m.)
ottusangolo (a.)
quadrangolo (a., m.)
rettangolo (m.)
strangolo (t.)
triangolo (m.)
angono
rimangono (i.)
angora
angora (f.)
angua
langua (i.)
anguano
languano (i.)
angue
angue (m.)
esangue (a.)
langue (i.)
purosangue (m.)
sangue (m.)
angui
langui (i.)
anguido
languido (a.)
anguine
sanguine (m.)
anguino
insanguino (t., r.)
risanguino (t., r.)
risanguino (i.)
sanguino (i.)
anguo
dissanguo (t.)
languo (i.)
rinsanguo (t., r.)
anguono
languono (i.)
ani
accalappiacani (m.)
acchiappacani (m.)
castracani (m.)
chiappacani (m.)
domani (avv.)
eutichiani (m. pl.)
gabbacristiani (m.)
indomani (m.)
mangiacristiani (m.)
mani (m.)
posdomani (avv.)
rimani (i.)
scacciacani (m.)
scalzacani (m.)
stamani (avv.)
+zetani (m.)
ania
+brania (f.)
cristiania (m.)
emicrania (f.)
insania (f.)
pania (f.)
smania (f.)
zizzania (f.)
anica
botanica (f.)
manica (f.)
meccanica (f.)
soprammanica (f.)

anice
anice (m.)
anico
anorganico (a.)
bramanico (a.)
cardanico (a.)
cranico (a.)
disorganico (a.)
fotomeccanico (a.)
galvanico (a.)
germanico (a.)
grecanico (a.)
immanico (t.)
inorganico (a.)
iranico (a.)
ispanico (a.)
manganico (a.)
manico (m.)
meccanico (a., m.)
ledianico (a.)
messianico (a.)
occitanico (a.)
oceanico (a.)
organico (a., m.)
panico (m., a.)
permanganico (a.)
piscianico (m.)
porcellanico (a.)
pozzolanico (a.)
rinsanico (i., t.)
romanico (a.)
sanico (t.)
satanico (a.)
serramanico (m.)
smanico (t., r.)
tetanico (a.)
timpanico (a.)
titanico (a.)
toscanico (a.)
vulcanico (a.)
anie
sanie (f.)
anima
anima (f.)
anime
equanime (a.)
esanime (a.)
inanime (a.)
longanime (a.)
pusillanime (a., m.)
unanime (a.)
animo
animo (t., i., r., m.)
disanimo (t., r.)
esanimo (t.)
inanimo (t.)
magnanimo (a.)
malanimo (m.)
rianimo (t., r.)
anio
alcmanio (a.)
bucranio (m.)
cranio (m.)
demanio (m.)
dilanio (t.)
+estranio (a.)
geranio (m.)
germanio (m.)
impanio (t., r.)
indemanio (t.)
lantanio (m.)
pericranio (m.)
smanio (i.)
spanio (t., r.)
stranio (t., r., a.)
titanio (m., a.)
uranio (m.)
vulcanio (a.)
anitra
anitra (f.)
anna
alamanna (f.)
alcanna (f.)
alemanna (f.)
canna (f.)
capanna (f.)
ciscranna (f.)
condanna (f.)
manna (f.)
nanna (f.)
osanna (m.)
panna (f.)
salamanna (a., f.)
scranna (f.)
spanna (f.)
tiranna (f., a.)
zanna (f.)
anni
attacapanni (m.)
barbagianni (m.)
battipanni (m.)
zanni (m.)
annico
tannico (a.)
tirannico (a.)
annide
tirannide (f.)
anno
accianno (r.)
affanno (t., r., m.)
ammanno (t.)
anno (m.)
arimanno (m.)
avranno (t.)
azzanno (t.)
capanno (m.)
capodanno (m.)
compleanno (m.)
condanno (t.)
danno (t., r., m.)
disinganno (t., r., m.)
dragomanno (m.)
fanno (t., i., r.)
hanno (t.)
impanno (t.)
incanno (t.)
inganno (t., r., m.)
luceranno (i.)
malanno (m.)
+oricanno (m.)
osanno (i.)
panno (i., m.)
ranno (m.)
ricondanno (t.)
rivanno (i., r.)
saccomanno (t., m.)
salmanno (m.)
sanno (t., i.)
saranno (i.)
scanno (t., m.)
sciamanno (t., m.)
scompanno (t., r.)
sganno (t.)
soppanno (t., m.)
sopranno (a.)
spanno (t.)
stracanno (t.)
subsanno (i.)
talacimanno (m.)
tanno (m.)
tiranno (m.)
tracanno (t.)
turcimanno (m.)

+uguanno (m.)
+unguanno (m.)
vanno (m., i.)
zanno (t.). - cf. *Ind. fut., Imp. fut.*

annula

cannula (f.)

annuo

annuo (a.)

ano

abduano (a.)
accampano (t.)
addipano (t.)
aeroplano (m.)
affricano (a., m.)
agontano (m.)
agostano (a.)
agostiniano (a., m.)
alano (a., m.)
albano (m.)
alcorano (m.)
algonchiano (a.)
allampano (i.)
allontano (t., r.)
alpigiano (a.)
altano (m.)
altipiano (m.)
ambrosiano (a.)
americano (a., m.)
anfano (i.)
anglicano (a.)
ano (m.)
antelucano (a.)
antesignano (m.)
anticristiano (a.)
anziano (a., m.)
antidiluviano (a.)
antimeridiano (a.)
appano (t.)
appiano (t.)
appoggiamano (m.)
apuano (a., m.)
arcano (a., m.)
areoplano (m.)
ariano (a., m.)
arruffiano (t.)
artesiano (a.)
artigiano (m.)
asciugamano (m.)
asiano (a.)
atermano (a.)
avellano (m.)
babbano (a., m.)
baccano (m.)
baciamano (m.)
baggiano (a.)
balzano (a.)
banano (m.)
bano (m.)
baracano (m.)
bassopiano (m.)
battilano (m.)
battimano (m.)
biplano (m.)
bodoniano (a.)
bonamano (f.)
borghigiano (m.)
botticelliano (a., m.)
bramano (m.)
brano (m.)
butano (m.)
cabestano (m.)
cafestano (m.)
caffetano (m.)
caimano (m.)
caldano (m.)
calomelano (m.)
cambriano (a.)
campano (m.)
canterano (m.)
capitano (m.)
cappellano (m.)
cardano (m.)
carmelitano (m.)
cartesiano (m.)
casigliano (m.)
castano (a.)
castellano (m.)
catapano (m.)
catoniano (a.)
+cattano (m.)
cerretano (m.)
cesariano (a., m.)
ciano (t.)
ciambellano (m.)
ciamberlano (m.)
ciarlatano (m.)
ciceroniano (a.)
+ciciliano (a.)
ciclopano (m.)
cispadano (a.)
citromontano (a.)
colligiano (a., m.
colombano (m.)
compaesano (a., m.)
confuciano (a.)
conterrazzano (a., m.)
copernicano (a., m.)
corano (m.)
cordovano (m.)
cormorano (m.)
corrimano (m.)
cortigiano (m.)
cotidiano (a.)
cristiano (a., m.)
dannunziano (a., m.)
decano (m.)
decumano (a., m.)
democristiano (a.)
deretano (m., a.)
devoniano (a.)
diatermano (a.)
+diforano (a.)
diluviano (a.)
diocesano (a., m.)
dipano (t.)
disumano (t., r., a.)
divano (m.)
domenicano (a., m.)
draconiano (a.)
egiziano (a., m.)
elzeviriano (a.)
emano (i., t.)
eremitano (a.)
ergastolano (m.)
+estrano (a.)
fagiano (m.)
firmano (m.)
frano (i.)
francescano (a., m.)
frebeliano (a.)
friulano (a., m.)
frobeliano (a.)
frontignano (m.)
+frustano (m.)
gabbano (m.)
gabbiano (m.)
galano (m.)
galbano (m.)
gallicano (a., m.)
galvano (m.)
germano (m., a.)
gerolimiano (m., a.)

gerosolimitano (a., m.)
gianseniano (a.)
gitano (m.)
giuliano (a.)
gordiano (a.)
grano (m., i.)
gregoriano (a.)
grossolano (a.)
guano (m.)
guardamano (m.)
guardiano (m.)
havaiano (a.)
hegheliano (a., m.)
hertziano (a.)
idroaeroplano (m.)
idroplano (m.)
imano (m.)
impano (t.)
impantano (t., r.)
impastrano (r.)
indiano (a., m.)
ingrano (t., i., r.)
insano (a.)
intano (r.)
inumano (a.)
inurbano (a.)
invano (avv.)
ippocastano (m.)
isolano (m.)
ispano (a., m.)
italiano (a., m.)
kantiano (a.)
kepleriano (a.)
kircheriano (a.)
lapalissiano (a.)
laurenziano (a.)
lauretano (a.)
lavamano (m.)
libano (m.)
lillipuziano (a., m.)
lodigiano (m.)
lontano (t., r., a., avv.)
luculliano (a.)
luterano (a., m.)
magnano (m.)
malsano (a.)
mandriano (m.)
manfano (m.)
mano (f.)
mantovano (a., m.)
manzoniano (a., m.)
maomettano (a., m.)
marchiano (a.)
marchigiano (a., m.)
maremmano (a., m.)
mariano (a.)
marrano (m.)
martelliano (a.)
marziano (m.)
mauriziano (a.)
mazziniano (a., m.)
meccano (m.)
mediano (a.)
melagrano (m.)
melograno (m.)
meridiano (a.)
metano (m.)
metropolitano (a., m.)
mezzano (a., m.)
mezzosoprano (m.)
mirabolano (m.)
mondano (a.)
monoplano (m.)
montano (a.)
montepulciano (m.)
multiplano (a.)
mussulmano (a., m.)
musulmano (a., m.)
nano (a., m.)
napoletano (a., m.)
nestoriano (m., a.)
nettuniano (a.)
nostrano (a.)
olivetano (a., m.)
oltano (m.)
oltramontano (a.)
oltremondano (a.)
oltremontano (a.)
ontano (m.)
oratoriano (m.)
ortolano (m.)
orvietano (a., m.)
ottomano (a., m.)
pacchiano (a.)
paesano (a., m.)
pagano (a., m.)
pano (t.)
pannolano (m.)
pantano (m.)
parabolano (m.)
paramano (m.)
parmigiano (a., m.)
parrocchiano (m.)
partigiano (a., m.)
passamano (m.)
pastrano (m.)
pastricciano (m.)
pedano (m.)
pedemontano (a., m.)
pelagiano (a., m.)
pellicano (m.)
permiano (a.
persiano (a., m.)
petonciano (m.)
pianigiano (a., m.)
piano (t., a., m., avv.)
pievano (m.)
piovano (m., a.)
plano (i.)
plebano (a.)
pomeridiano (a.)
popolano (a. m.)
porcellano (t.)
porfiriano (a., m.)
portolano (m.)
posapiano (m.)
presbiteriano (a., m.)
pretoriano (a., m.)
pritano (m.)
profano (t., a., m.)
promano (t., i.)
propano (m.)
+prossimano (a.)
+provano (m.)
pubblicano (m.)
puritano (m.)
quadriduano (a.)
quattriduano (a.)
quotidiano (a., m.)
rabicano (m.)
rappiano (t.)
reggiano (a., m.)
renano (a.)
repubblicano (a.)
reucliniano (a.)
ridanciano (a.)
rimpano (t.)
rimpantano (r.)
ringrano (t., m.)
rintano (r., t.)
ripiano (t., m.)
risano (t., i.)
risanciano (a.)

rispiano (t.)
roano (a., m.)
romano (a., m.)
romitano (a., m.)
rosminiano (a., m.)
rossiniano (a.)
rovano (a.)
roveretano (a., m.)
rusticano (a.)
sabelliano (a., m.)
sacrestano (m.)
sagrestano (m.)
salesiano (a., m.)
samaritano (a., m.)
sano (t., a., m.)
sbaccano (i.)
sbrano (t., m.)
scaldamano (m.)
scalmano (r.)
scampano (i.)
scherano (m.)
sciugamano (m.)
scristiano (t., r.)
scrivano (m.)
sdipano (t.)
sdogano (t.)
semipagano (a.)
sesquiplano (a.)
sfontano (t.)
sgrano (t., r., m.)
sicano (a.)
siluriano (a., m.)
silvano (a., m.)
slontano (t.)
+soldano (m.)
+soppediano (m.)
soprammano (m.)
soprano (m., a.)
soriano (a.)
sottomano (m.)
sovrano (a., m.)
sovrumano (a.)
spano (t.)
spantano (t., r.)
spartano (a., m.)
spiano (t., m.)
+spontano (a.)
stano (t.)
stacano (r.)
strano (a.)
+subitano (a.)
suburbano (a.)
suddecano (m.)
sultano (m.)
svano (m.)
tacitiano (a.)
tafano (t., m.)
talismano (m.)
tanburlano (m.)
tarchiano (a.)
tarpano (a., m.)
termidoriano (a., m.)
terrazzano (m.)
tibetano (a., m.)
tibulliano (a.)
titano (m.)
toccamano (m.)
torrigiano (m.)
toscano (a., m.)
+tostano (a.)
tramontano (a., m.)
transiberiano (a.)
transpadano (a.)
transumano (i.)
traspadano (a.)
trasumano (i.)
trebbiano (m.)
triduano (a.)
triplano (m.)
tulipano (m.)
tzigano (a., m.)
ulano (m.)
ultramontano (a., m.)
umano (r., t., a.)
uragano (m.)
urbano (a.)
uroniano (a.)
valligiano (a.)
vano (a., m.)
vegetariano (a., m.)
veneziano (a., m.)
vespasiano (m.)
veterano (a., m.)
vicedecano (m.)
villano (a.)
volano (m.)
volteriano (a.)
vulcano (m.)
zafferano (m.)
+zetano (m.)
zigano (a., m.)

anodo
anodo (m.)

anone
canone (m.)

anova
canova (f.)

ansa
ansa (f.)
hansa (f.)
sansa (f.)

anse
franse (t., r.)
pianse (i., t.)

ansero
fransero (t., r.)
piansero (i., t.)

ansfuga
transfuga (m.)

anscrito
sanscrito (m.)

ansi
fransi (t., r.)
piansi (i., t.)

ansia
ansia (f.)

ansimo
ansimo (i.)

ansio
ansio (a.)

ansito
ansito (m.)

anso
ammanso (t., r.)
anso (i.)
canso (t.)
espanso (pps., a.)
manso (a., +m.)
+pranso (pps., a.)
scanso (t., r., s.)

ansola
ansola (f.)

anta
anta (f.)
cianta (f.)
cinquanta (num.)
infanta (f.)
millanta (a.)
novanta (num.)
ottanta (num.)
pianta (f.)
quaranta (num.)

sessanta (num.)
settanta (num.)

antaco

+mantaco (m.)

antalo

tantalo (m.)

antaro

cantaro (m.)

ante

abbagliante (ppr.)
abbondante (ppr., a)
aberrante (ppr.)
accettante (ppr., a.)
accomodante (ppr., a.)
adamante (m.)
adiuvante (a.)
adottante (ppr., m.)
adragante (a., m.)
aerimante (m.)
aeromante (m.)
aggiudicante (ppr., m.)
agglutinante (ppr.)
aggravante (ppr., a., f.)
agonizzante (ppr., m., f.)
aitante (ppr., a.)
aiutante (ppr., m.)
alberante (ppr., m.)
aliante (ppr., m.)
alicante (m.)
alienante (ppr., m.)
+alifante (m.)
allacciante (ppr., a.)
allarmante (ppr., a.)
almirante (m.)
altisonante (a.)
altitonante (a.)
altivolante (a.)
altoparlante (m.)
amante (ppr., a., m., f.)
amaricante (a., m.)
ambulante (a., m.)
amostante (m.)
andante (ppr., a., m.)
anelante (ppr., a.)
ansante (ppr., a.)
ante (prep., avv.)
appellante (ppr., a., m.)
appiccicante (ppr.)
aprilante (a.)
argante (m.)
arrogante (a.)
aspirante (ppr., a., m.)
assaettante (ppr.)
assediante (ppr., a., m.)
assonante (a.)
astante (a., m.)
atlante (m.)
attenuante (ppr., a., f.)
attonante (ppr., m.)
autovirante (a.)
avallante (ppr., m.)
baccante (f.)
badilante (m.)
bagnante (ppr., m.)
banchettante (ppr., m.)
bastante (ppr., a.)
belligerante (a., m.)
benestante (a., m.)
benparlante (m.)
benpensante (m.)
benportante (m.)
bettolante (m.)
birbante (m.)
bisante (m.)
bisecante (a.)
boccheggiante (ppr., a.)
bottegante (m.)
bracciante (m.)
brigante (m.)
brillante (a., ppr., m.)
briscolante (m.)
bruciante (ppr.)
bussolante (m.)
calante (ppr., a.)
calmante (ppr., m.)
calzante (ppr., a.)
campeggiante (m.)
cangiante (ppr., a., m.)
cantante (m., f.)
carburante (m.)
cartomante (m., f.)
cascante (m.)
casellante (m.)
cattedrante (m.)
cavalcante (ppr., m.)
cavallante (m.)
celebrante (ppr., a., m.)
cessante (ppr., a., m.)
chiomante (a.)
chiromante (m., f.)
circostante (a., m.)
citante (ppr., a., m.)
claudicante (a.)
colorante (a., ppr.)
comandante (ppr., m.)
commediante (m., f.)
commerciante (ppr., m.)
comodante (m.)
comunicante (ppr., m.)
conciliante (ppr., a.)
concomitante (a.)
confinante (ppr., a.)
confortante (ppr., a.)
consacrante (ppr., m.)
consolante (ppr., a.)
consonante (ppr., a., f.)
contante (ppr., a.)
coribante (m.)
corroborante (ppr., a., m.)
cosecante (f.)
costante (a., f.)
croccante (a., m.)
cruscante (m., a.)
culminante (ppr., a.)
curante (ppr., a.)
dante (m.)
danzante (ppr., a.)
debilitante (ppr., a., m.)
debuttante (m., f.)
declinante (ppr., a.)
decolorante (ppr., a.)
deformante (ppr., a.)
delegante (a., ppr., m.)
delirante (ppr., a.)
denaturante (ppr., a., m.)
denominante (ppr., a.)
deodorante (a.)
depolarizzante (a., m.)
depositante (ppr., a., m.)
desolante (ppr., a.)
determinante (ppr., a., f.)
detonante (ppr., a., m.)
dettagliante (m.)
diamante (m.)
difettante (ppr., a.)

dilettante (ppr., m.)
dimostrante (ppr., m.)
+dinante (avv.)
discrepante (ppr., a.)
discriminante
(ppr., a., f.)
disinfettante
(ppr., a., m.)
disobbligante (ppr., a.)
disonorante (ppr., a.)
disprezzante (ppr., a.)
disputante (ppr., a.)
dissecante (ppr., m.)
dissomigliante (ppr., a.)
dissonante (ppr., a.)
distante (a.)
dolcificante (ppr., a.)
dolorante (ppr., a.)
dominante (ppr., a., f.)
donante (ppr., a.)
dozzinante (m.)
dragante (m.)
dubitante (ppr., a.)
duellante (m.)
durante (ppr., a., prep.)
eccitante (a., ppr., m.)
edificante (ppr., a.)
elefante (m.)
elegante (a.)
emozionante (a.)
equidistante (ppr., a.)
errante (ppr., a.)
esaminante (ppr., m.)
esilarante (ppr., a.)
esitante (ppr., a.)
esorbitante (ppr., a.)
espettorante (ppr., m.)
estenuante (ppr., a.)
stravagante (a., f.)
esuberante (a.)
esultante (ppr., a.)
fabbricante (ppr., m.)
fante (m.)
faticante (ppr., a., m.)
febbricitante (a., m.)
fertilizzante (a., m.)
festante (a.)
festeggiante (a., ppr.)
fiammante (a.)
figurante (m., f.)
filosofante (ppr., a., m.)
flagellante (ppr., m.)
flagrante (a.)
fluttuante (ppr., a.)
fogliante (m.)
folgorante (ppr., a.)
fortificante
(ppr., a., m.)
fragrante (a.)
frascheggiante
(ppr., a.)
frescante (m.)
frizzante (ppr., a.)
fulminante
(ppr., a., m.)
furfante (m.)
galante (a., m.)
galleggiante
(ppr., a., m.)
galoppante (ppr., a.)
garante (m.)
gatteggiante (ppr., a.)
gazzettante (m.)
gemmante (a.)
geomante (m.)
gerofante (m.)
gestante (a., f.)
gialleggiante (ppr., a.)
gigante (m.)
giornante (f.)
giostrante (ppr., a., m.)
girante (ppr., m.)
giudicante (ppr., a.)
giustificante (ppr., a.)
gongolante (ppr., a.)
governante
(ppr., m., f.)
grecheggiante
(ppr., a.)
grondante (ppr., a.)
guardinfante (m.)
guerreggiante (ppr., a.)
guizzante (ppr., a.)
gustante (ppr., a.)
ibernante (a.)
idrante (m.)
idromante (m.)
idroscivolante (m.)
idrovolante (m.)
ierofante (m.)
ignorante (a., m.)
illuminante (ppr., a.)
imbarazzante (ppr., a.)
imperante (ppr., a.)
importante
(ppr., a., m.)
impugnante (a., ppr.)
incessante (a.)
incostante (a.)
incurante (a.)
inelegante (a.)
infamante (ppr., a.)
infante (m.)
ingombrante (ppr., a.)
inondante (ppr., a.)
inosservante (a.)
inquietante (a., ppr.)
insegnante
(ppr., a., m.)
insignificante (a.)
insinuante (ppr., a.)
instante (ppr., a., m.)
insultante (ppr., a.)
integrante (ppr., a.)
intersecante (ppr., a.)
intollerante (a., m.)
intrigante (a., m.)
irrilevante (a.)
irritante (ppr., a.)
isolante (ppr., a., m.)
istante (ppr., a., m.)
lampante (a.)
lancinante (a.)
latitante (ppr., a.)
latrante (ppr., a.)
lattante (a., m.)
lavorante (ppr., m.)
legittimante (ppr., m.)
+leofante (m.)
lestofante (m.)
letiziante (ppr., a.)
levante (m.)
+liofante (m.)
litigante (ppr., m.)
lubrificante (ppr., m.)
lunante (a.)
lungimirante (a.)
lussureggiante (ppr., a.)
malparlante (a.)
malpensante (a.)
mancante (ppr., a.)
mandante (ppr., m.)
martellante (ppr.)

masticante (ppr., a.)
mediante (prep.)
menante (m.)
mendicante
(ppr., a., m.)
+ mercadante (m.)
mercante (m.)
+ mercatante (m.)
mestierante (m.)
militante (ppr., a.)
minutante (ppr., m.)
mirabolante (a.)
molleggiante (ppr., a.)
montante (m.)
mostrante (ppr., a.)
musicante (ppr., m.)
mutuante (ppr., a., m.)
natante (a.)
naturante (ppr., a.)
nauseante (ppr., a.)
negoziante (ppr., m.)
negromante (m.)
nereggiante (ppr., a.)
noleggiante (ppr., m.)
noncurante (a.)
nonostante (ppr.)
nottante (m., f.)
obbligante (ppr.)
occupante (ppr., m.)
olifante (m.)
+ oltracotante (a.)
ombreggiante (ppr., a.)
ondeggiante (ppr., a.)
opalizzante (ppr., a.)
operante (ppr., a.)
opinante (ppr., a.)
ordinante (ppr., a., m.)
orecchiante
(ppr., a., m.)
orripilante (a.)
osservante (ppr., a.)
ottante (m.)
pagante (ppr., a., m.)
palpitante (ppr., a.)
parlante (ppr., a., m.)
partecipante
(ppr., a., m.)
parteggiante
(ppr., a., m.)
partitante (a.)
passante (ppr., m.)
passavolante (m.)
passivante (a.)
patrocinante
(ppr., m., a.)
pedante (m.)
pedante (m.)
pellegrinante (ppr., a.)
penetrante (ppr., a.)
pensante (ppr., a., m.)
pensionante (ppr., m.)
pericolante (ppr., a.)
perseverante (ppr., a.)
pesante (ppr., a.)
petulante (a.)
pianeggiante (ppr., a.)
piccante (a.)
pigionante (m., f.)
pignorante
(ppr., a., m.)
piromante (m.)
poderante (a., m.)
poetante (ppr., a., m.)
politicante (a., m.)
poppante (ppr., a.)
portante
(ppr., a., m., f.)
postulante
(ppr., a., m.)
praticante (ppr., a.)
precettante (ppr., m.)
precipitante (ppr., m.)
predicante (ppr., a.)
predominante (ppr., a.)
prefigurante (ppr., a.)
pregiudicante
(ppr., a., m.)
pregnante (a.)
pregustante (ppr., a.)
premiante (ppr., a.)
propinante (m.)
preponderante
(a., ppr.)
pressante (ppr., a.)
prestante (a.)
primeggiante (ppr., a.)
principiante (ppr., m.)
probante (a.)
procacciante
(ppr., a., m.)
professante (ppr., a.)
propiziante (ppr., m.)
protestante
(ppr., a., m.)
protuberante (a.)
provante (ppr., a.)
provenzaleggiante
(ppr., a.)
provocante (ppr., a.)
pugnante (ppr., a., m.)
pullulante (ppr., a.)
pulsante (ppr., a., m.)
purgante (ppr., a., m.)
pustolante (a., m.)
quadrante (m.)
querelante (ppr., m.)
questuante
(ppr., a., m.)
rabdomante (m.)
raccapricciante
(ppr., a.)
raccomandante
(ppr., a., m.)
radiante (ppr., a.)
raggiante (ppr., a.)
rampante (ppr., a.)
rampicante
(ppr., a., m.)
rappresentante
(ppr., a., m.)
rassicurante (ppr., a.)
rassomigliante
(ppr., a.)
rattristante (ppr., a.)
ravvivante (ppr., a.)
raziocinante (ppr., a.)
reboante (a.)
recante (ppr., a.)
reclamante
(ppr., a., m.)
refrigerante
(ppr., a., m.)
registrante
(ppr., a., m.)
regnante (ppr., a., m.)
remante (ppr., a., m.)
remigante (ppr., a., m.)
restante (ppr., a., m.)
retrodatante (ppr., a.)
retrostante (a.)
riandante (ppr.)
ribellante (ppr., a., m.)
riboccante (ppr., a.)

richiamante
(ppr., a., m.)
ridondante (ppr., a.)
rientrante (ppr., a., m.)
riguardante
(ppr., a., m.)
rigurgitante (ppr., a.)
rilevante (ppr., a.)
riluttante (ppr., a.)
rimante (ppr., a., m.)
rimbombante (ppr., a.)
rimeggiante (ppr., a.)
rimostrante
(ppr., a., m.)
rinfrescante
(ppr., a., m.)
rinunziante
(ppr., a., m.)
riposante (ppr., a., m.)
ripugnante (ppr., a.)
risonante (ppr., a.)
rissante (ppr., m.)
ristorante (ppr., a., m.)
risultante (ppr., a., f.)
ritornante (ppr., a.)
rivoltante (ppr., a.)
roboante (a.)
rogante (ppr., a., m.)
ronzinante (m.)
rosicante (ppr., a.)
rosseggiante (ppr., a.)
rotolante (ppr., a.)
rotondeggiante
(ppr., a.)
rubicante (a.)
rugghiante (ppr., a.)
rullante (ppr., a.)
ruminante
(ppr., a., m.)
russante (ppr., a.)
rutilante (ppr., a.)
sacripante (m.)
saettante (ppr., a., m.)
salmeggiante (ppr., a.)
salmodiante (ppr., a.)
saltellante (ppr., a.)
salutante (ppr., a., m.)
sanguinante (ppr., a.)
santificante (ppr., a.)
sboccante (ppr., a.)
sbonzolante (ppr., a.)
sbuffante (ppr., a.)
scalpitante (ppr., a.)
scappante (ppr., a.)
scherzante (ppr., a.)
schiacciante (ppr., a.)
schizzante (ppr., a., m.)
scherzante (ppr., a.)
schiacciante (ppr., a.)
schizzante (ppr., a.)
scintillante (ppr., a.)
scioperante
(ppr., a., m.)
scoccante (ppr., a.)
sconfortante (ppr., a.)
sonsolante (ppr., a.)
scontante (ppr., a., m.)
scoppiettante (ppr., a.)
scoraggiante (ppr., a.)
scottante (ppr., a.)
scriminante (ppr., a., f.)
scrosciante (ppr., a.)
sdegnante (ppr., a.)
secante (ppr., a.)
seccante (ppr., a., m.)
sedante (ppr., a.)
sembiante (m.)
sequestrante
(ppr., a., m.)
seratante (a., m.)
serpante (m.)
serpeggiante (ppr., a.)
sestante (m.)
sfavillante (ppr., a.)
sfidante (ppr., a., m.)
sfidante (ppr., a., m.)
sfolgorante (ppr., a.)
sforzante (ppr., a.)
sfumante (ppr., a.)
sgargiante (ppr., a.)
sibilante (ppr., a.)
sicofante (m.)
significante (ppr., a.)
signoreggiante
(ppr., a.)
silurante (ppr., f.)
smagliante (ppr., a.)
smaniante (ppr., a.)
snervante (ppr., a.)
soffocante (ppr., a.)
sognante (ppr., a.)
sollazzante (ppr., a.)
sollecitante
(ppr., a., m.)
solleticante (ppr., a.)
somigliante (ppr., a.)
sonante (ppr., a.)
sonettante (a., m.)
soprabbondante
(ppr., a.)
sopraddominante (f.)
sorvegliante
(ppr., a., m.)
sospirante
(ppr., a., m.)
sottodominante (f., a.)
sottostante (ppr., a.)
sovreccitante (ppr., a.)
spasimante (ppr., a.)
spettante (ppr., a.)
spiccante (ppr., a.)
spossante (ppr., a.)
sprezzante (ppr., a.)
spumante (ppr., a.)
squillante (ppr., a.)
stagnante (ppr., a.)
stampante (ppr., a.)
stante (ppr., a., cong.)
stellante (ppr., a.)
stillante (ppr., a.)
stimolante
(ppr., a., m.)
stipulante (ppr.)
stomacante (ppr., a.)
strabiliante (ppr., a.)
stravagante (a., m.)
straziante (ppr., a.)
strisciante (ppr., a.)
stuzzicante (ppr., a.)
subentrante (ppr., a.)
sugante (ppr., a.)
supplicante
(ppr., a., m.)
svolazzante (ppr., a.)
tambureggiante
(ppr., a.)
tavoleggiante (m.)
teatrante (m.)
tedescante (a.)
temperante
(ppr., a., m.)
temporeggiante
(ppr., a.)

tentante (ppr., a.)
teologante (ppr., a., m.)
terebrante (a.)
terminante (ppr., a.)
terraticante (m.)
terrificante (ppr., a.)
terzigliante (a., m.)
tesaurizzante
(ppr., a., m.)
testante (ppr., a., m.)
tirante (ppr., m.)
tirocinante (a.)
titubante (ppr., a.)
toccante (ppr., a.)
tollerante (ppr., a.)
tonante (ppr., a.)
tondeggiante (ppr., a.)
tonitruante (a.)
tornante (ppr., a.)
toscaneggiante
(ppr., a., m.)
traballante (ppr., a.)
+trabante (m.)
traboccante (ppr., a.)
tracotante (a.)
trafficante (ppr., m.)
tragediante (m.)
tramontante (ppr., a.)
tranquillante (ppr., a.)
tremante (ppr., a.)
tremolante (ppr., a.)
trepidante (ppr., a.)
trillante (ppr., a.)
trinciante (ppr., m.)
tionfante (ppr., a.)
tumultuante
(ppr., a., m.)
turbante (m.)
ululante (ppr., a.)
umiliante (ppr., a.)
urlante (ppr., a.)
urtante (ppr., a., m.)
urticante (a.)
usante (ppr.)
vacante (ppr., a.)
vagante (ppr., a.)
vagolante (ppr., a.)
vaporante (ppr., a.)
variante (ppr., a., f.)
vaticinante (ppr., a.)
veleggiante (ppr., a.)
vendemmiante
(ppr., a., m.)
verdeggiante (ppr., a.)
verosimigliante (a.)
versante (m.)
verzicante (ppr., a.)
vescicante (m.)
viaggiante (ppr., a.)
viandante (m.)
vibrante (ppr., a.)
vicinante (m., f.)
vietante (ppr., a.)
vigilante (ppr., a.)
vigoreggiante (ppr., a.)
villeggiante
(ppr., a., m.)
vociferante (ppr., a.)
vogante (ppr., a., m.)
volante (ppr., a., m.)
votante (ppr., a., m.)
zampillante (ppr., a.)
zelante (a.)
zoccolante (a., m.)
zoppicante (ppr., a.).
cf. *ppr.* 1ª.

anteon
panteon (m.)

antero
cantero (m.)

anti
avanti (avv.)
chianti (m.)
davanti (prep., avv.)
+dinanti (avv.)
gabbasanti (m.)
ognissanti (m.)
passavanti (m.)
vogavanti (m.)

antica
antica (f.)
cantica (f.)
mantica (f.)
semantica (f.)

antico
atlantico (a.)
cantico (m.)
geomantico (a.)
negromantico (a.)
rabdomantico (a.)
romantico (a., m.)
transatlantico (a., m.)

antide
mantide (f.)

anto
acanto (f.)
accanto (prep., avv.)
acchianto (i.)
achiranto (m.)
adianto (m.)
affranto (pps., a.)
agguanto (t.)
ailanto (m.)
alquanto (a., pron.)
altrettanto (a.)
amaranto (m.)
amianto (m.)
ammanto (t., r.)
biscanto (m.)
brillanto (t.)
calicanto (m.)
camposanto (m.)
canto (i., t., m.)
compianto
(pps., a., m.)
cotanto (a., avv.)
daccanto (prep., avv.)
decanto (t.)
dianto (m.)
disincanto (t., m.)
dismanto (t., r.)
elianto (m.)
esperanto (m.)
franto (pps.)
frattanto (avv.)
guanto (m.)
impianto (t., m.)
incanto (m., t., r.)
incompianto (a.)
indiadamanto (t.)
infranto (ppr., a.)
inguanto (r.)
intanto (avv.)
manto (m., +a.)
millanto (t., r.)
nonpertanto (cong.)
paraguanto (m.)
pertanto (cong.)
pesanto (t.)
pianto (t., r., pps., m.)
quanto
(a., pron., m., avv.)
riagguanto (t.)

ricanto (t., i.)
rifranto (pps., a.)
rimpianto (m., pps., a.)
rinfranto (pps., m.)
ripianto (t.)
sacrosanto (a.)
santo (a., m.)
schianto (t., r., m.)
scianto (m.)
smanto (t., r.)
soltanto (avv.)
soppianto (t.)
spanto (pps., a.)
spianto (t., r., m.)
stianto (t., r.)
strapianto (t.)
strofanto (m.)
+tamanto (a.)
tanto (a., m.)
trapianto (t.)
vanto (t., r., m.)

antola

santola (f.)
tarantola (f.)

antolo

rantolo (i., m.)
santolo (m.)

antra

cantra (f.)
tantra (m.)

antro

antro (m.)

antropo

filantropo (m.)
misantropo (m.)
pitecantropo (m.)

anula

campanula (f.)
ranula (f.)

anulo

granulo (t., m.)

anvera

vanvera (f.)

anza

+abbaglianza (f.)
abbastanza (f.)
abbondanza (f.)
+accordanza (f.)
+accostumanza (f.)
adunanza (f.)
affidanza (f.)
affittanza (f.)
alleanza (f.)
+amanza (f.)
ambulanza (f.)
+ardidanza (f.)
arroganza (f.)
aspettanza (f.)
asseveranza (f.)
assonanza (f.)
baldanza (f.)
bastanza (f.)
belligeranza (f.)
+benenanza (f.)
+benignanza (f.)
+bombanza (f.)
burbanza (f.)
+cattivanza (f.)
circostanza (f.)
cittadinanza (f.)
colleganza (f.)
complicanza (f.)
comunanza (f.)
concittadinanza (f.)
concomitanza (f.)
concordanza (f.)
condoglianza (f.)
confidanza (f.)
consonanza (f.)
contraddanza (f.)
costanza (f.)
costumanza (f.)
creanza (f.)
cuginanza (f.)
danza (f.)
+desianza (f.)
dimenticanza (f.)
discordanza (f.)
discrepanza (f.)
+disianza (f.)
dissimiglianza (f.)
dissomiglianza (f.)
dissonanza (f.)
distanza (f.)
disuguaglianza (f.)
disusanza (f.)
doglianza (f.)
doloranza (f.)
eleganza (f.)
esitanza (f.)
esorbitanza (f.)
esuberanza (f.)
esultanza (f.)
+fallanza (f.)
fidanza (f.)
figliolanza (f.)
finanza (f.)
flagranza (f.)
formanza (f.)
fragranza (f.)
fratellanza (f.)
ganza (f.)
gravidanza (f.)
iattanza (f.)
ignoranza (f.)
importanza (f.)
incostanza (f.)
induttanza (f.)
ineguaglianza (f.)
ineleganza (f.)
inosservanza (f.)
intemperanza (f.)
interpellanza (f.)
intolleranza (f.)
inverosimiglianza (f.)
istanza (f.)
lagnanza (f.)
lamentanza (f.)
latitanza (f.)
lontananza (f.)
maestranza (f.)
maggioranza (f.)
malacreanza (f.)
mancanza (f.)
matanza (f.)
mattanza (f.)
+menomanza (f.)
+mescianza (f.)
mescolanza (f.)
minoranza (f.)
nominanza (f.)
noncuranza (f.)
+oltracotanza (f.)
oltranza (f.)
onoranza (f.)
ordinanza (f.)
+orranza (f.)
+oscitanza (f.)
osservanza (f.)
patronanza (f.)
panza (f.)
paranza (f.)

+perdonanza (f.)
peritanza (f.)
perseveranza (f.)
petulanza (f.)
pietanza (f.)
poliambulanza (f.)
portanza (f.)
possanza (f.)
predominanza (f.)
preponderanza (f.)
prestanza (f.)
protuberanza (f.)
quietanza (f.)
quitanza (f.)
radunanza (f.)
+ragguaglianza (f.)
rappresentanza (f.)
rassomiglianza (f.)
reattanza (f.)
reciprocanza (f.)
restanza (f.)
retrostanza (f.)
ricordanza (f.)
ridondanza (f.)
+rifiutanza (f.)
riluttanza (f.)
rimembranza (f.)
rimescolanza (f.)
rimostranza (f.)
+rinnovanza (f.)
rinomanza (f.)
+rinominanza (f.)
+ripudianza (f.)
ripugnanza (f.)
risonanza (f.)
risultanza (f.)
romanza (f.)
+scelleranza (f.)
+schianza (f.)
+schifanza (f.)
sconcordanza (f.)
+sconsolanza (f.)
sembianza (f.)
+sicuranza (f.)
+significanza (f.)
+smenticanza (f.)
+smisuranza (f.)
somiglianza (f.)
soprabbondanza (f.)
sorveglianza (f.)
sostanza (f.)
speranza (f.)
spettanza (f.)
stanza (f.)
stravaganza (f.)
sudditanza (f.)
tardanza (f.)
temperanza (f.)
testimonianza (f.)
titubanza (f.)
tolleranza (f.)
tracotanza (f.)
transumanza (f.)
trascuranza (f.)
+trascutanza (f.)
+trasmutanza (f.)
trepidanza (f.)
+turbanza (f.)
uguaglianza (f.)
unisonanza (f.)
usanza (f.)
vacanza (f.)
varianza (f.)
vedovanza (f.)
verosimiglianza (f.)
vicinanza (f.)
vigilanza (f.)

anzero

zanzero (i., +m.)

anzi

anzi (cong., prep.)
calapranzi (m.)
dianzi (avv.)
dinanzi (avv., prep.)
innanzi (prep., avv.)
portapranzi (m.)
tirapranzi (m.)

anzia

infanzia (f.)
+sustanzia (f.)

anzica

svanzica (f.)

anzio

circostanzio (t.)
distanzio (t.)
finanzio (t.)
perianzio (m.)
stanzio (t., i.)
transustanzio (t., r.)

anzo

+accivanzo (t.)
avanzo (t., i., r., m.)
cineromanzo (m.)
civanzo (m.)
danzo (i.)
davanzo (avv.)
disavanzo (m.)
fidanzo (t., r.)
ganzo (m.)
lanzo (m.)
manzo (m.)
pranzo (i., m.)
quietanzo (t.)
quitanzo (t.)
ripranzo (i.)
romanzo (t., a., m.)
sopravanzo (t., i., m.)

ao

abdollao (m.)
bao (m.)
birignao (m.)
cacao (m.)
ciao (inter.)
gnao (m.)
macao (m.)
miao (m.)
pilao (m.)

aolo

paolo (m.)

aos

caos (m.)

apa

antipapa (m.)
papà (m.)
protopapa (m.)
rapa (f.)
sapa (f.)

apano

strapano (t.)
trapano (t., m.)

apason

diapason (m.)

ape

ape (f.)
cape (i.)
+dape (f.)

apero

impapero (r.)
papero (m.)

apia

prosapia (f.)

apice

apice (m.)

apico
chinesiterapico (a.)
idroterapico (a.)
radioterapico (a.)
sieroterapico (a.)
rapida
rapida (f.)
apide
lapide (f.)
apido
dilapido (t.)
extrarapido (a.)
lapido (t.)
rapido (a., m.)
sapido (a.)
sciapido (a.)
ultrarapido (a.)
apio
apio (m.)
apito
capito (i.)
decapito (t.)
discapito (i., m.)
recapito (t., i., m.)
ricapito (t., i.)
scapito (i., m.)
apo
appoggiacapo (m.)
capo (m.)
copricapo (m.)
daccapo (avv.)
frangicapo (m.)
grattacapo (m.)
imoscapo (m.)
incapo (r.)
poggiacapo (m.)
rapo (t., r.)
rompicapo (m.)
scapo (t., r., m.)
sommoscapo (m.)
sopraccapo (m.)
sottocapo (m.)
apodi
decapodi (m. pl.)
miriapodi (m. pl.)
apodo
apodo (m.)
apola
scapola (f.)
apoli
tetrapoli (f.)
apolo
scapolo (i., t., a., m.)
apono
capono (i.)
appa
cappa (f.)
chiappa (f.)
facanappa (m.)
frappa (f.)
gialappa (f.)
grappa (f.)
gualdrappa (f.)
lappa (f.)
mappa (f.)
nappa (f.)
pappa (f.)
rappa (f.)
schiappa (f.)
scialappa (f.)
+sciarappa (f.)
tappa (f.)
trappa (f.)
vappa (f.)
zappa (f.)
appe
lappe (f. pl.)
portacappe (m.)
appero
cappero (m.)
appi
cavatappi (m.)
infilacappi (m.)
sappi (t., i.)
appia
sappia (t., i.)
scappia (f.)
appio
accalappio (t., r.)
accappio (t.)
appio (m.)
calappio (m.)
cappio (m.)
incappio (t.)
melappio (m.)
riaccappio (t.)
scalappio (t., i.)
scappio (t., r., i.)
applico
applico (t., r.)
disapplico (t., r.)
riapplico (t.)
appo
acchiappo (t., r.)
aggrappo (t., r., m.)
allappo (t.)
+anappo (m.)
andicappo (t.)
+appo (prep.)
arrappo (t., r.)
chiappo (t.)
drappo (t., m.)
frappo (t.)
grappo (t., r., m.)
incappo (i., r.)
ingualdrappo (t.)
lappo (i.)
nappo (m.)
pappo (t., m.)
rincappo (i.)
riscappo (i.)
scappo (i., r.)
schiappo (t.)
sparadrappo (m.)
stappo (t., r.)
strappo (t., r., m.)
tappo (t., r., m.)
tappo (t., r., m.)
zappo (t.)
appola
+chiappola (f.)
ciappola (f.)
lappola (f.)
trappola (f.)
appolo
aggrappolo (r.)
allappolo (t.)
+chiappolo (t., m.)
grappolo (m.)
intrappolo (t.)
spappolo (t., r.)
trappolo (t., r.)
apra
apra (t., r., i.)
capra (f.)
aprano
aprano (t., r., i.)
apre
apre (t., r., i.)
succiacapre (m.)
apri
apri (t., r., i.)

aprica
paprica (f.)
apro
apro (t., r., i.)
capro (m.)
riapro (t., r.)
semicapro (m.)
aprono
aprono (t., r., i.)
apsula
capsula (f.)
aptero
aptero (a., m.)
apto
capto (t.)
aptus
raptus (m. lat.)
apula
crapula (f.)
papula (f.)
apulo
apulo (a.)
canapulo (m.)
crapulo (i.)
dicanapulo (t.)
acqueo
terracqueo (a.)
aquila
aquila (f.)
ar
bar (m.)
bazàr (m.)
+bedeguàr (m.)
belzuàr (m.)
candjàr (m.)
czar (m.)
millibàr (m.)
nenufàr (m.)
par (i.)
relgàr (m.)
zar (m.)
ara
agonara (f.)
allacciara (f.)
ara (f.)
avatara (f.)
bambara (f.)
bara (f.)
+biribara (f.)
bogara (f.)
cagnara (f.)
calcara (f.)
+capigliara (f.)
centiara (f.)
chiara (f.)
cucchiara (f.)
dulcamara (m.)
falconara (f.)
fanfara (f.)
fara (f.)
fiumara (f.)
focara (f.)
gara (f.)
gattinara (f.)
ghiara (f.)
giara (f.)
+inguistara (f.)
lamapara (f.)
marinara (f.)
mosciara (f.)
musciara (f.)
mussolara (f.)
palamitara (f.)
para (f.)
polpara (f.)
reciara (f.)
scolara (f.)
solfara (f.)
solfatara (f.)
squadrara (f.)
tara (f.)
taratantara (m.)
perramara (f.)
tiara (f.)
tonnara (f.)
zanzara (f.)
zara (f.)
zolfara (f.)
zolfatara (f.)
arabo
arabo (a., m.)
carabo (a., m.)
araco
amaraco (m.)
aragio
asparagio (m.)
sparagio (m.)
arago
asparago (m.)
aratro
baratro (m.)
arba
barba (f.)
arbara
santabarbara (f.)
arbaro
barbaro (a.)
rabarbaro (m.)
reobarbaro (m.)
semibarbaro (a.)
arbero
barbero (m.)
arbico
abbarbico (i., r.)
barbico (i., r.)
ribarbico (i.)
sbarbico (t.)
arbio
barbio (m.)
caparbio (a.)
arbitro
arbitro (i., r., t., m.)
soprarbitro (m.)
arbo
aggarbo (t., i.)
+arbo (a.)
barbo (m.)
disgarbo (i.)
garbo (i., m., a.)
malgarbo (m.)
ribarbo (i.)
sbarbo (t., r.)
sgarbo (m.)
arbore
arbore (m.)
arca
anasarca (m.)
arca (f.)
barca (f.)
capobarca (m.)
cenobiarca (m.)
chiliarca (m.)
contromarca (f.)
egoarca (m.)
eresiarca (m.)
esarca (m.)
genearca (m.)
gerarca (m.)
ginnasiarca (m.)
marca (f.)
monarca (m.)
navarca (m.)

oligarca (m.)
parca (f.)
patriarca (m.)
pentarca (m.)
simposiarca (m.)
tetrarca (m.)
trierarca (m.)
arcade
arcade (m.)
arce
arce (f.)
arcere
carcere (m.)
arcero
carcero (t.)
incarcero (t.)
scarcero (t.)
archia
tarchia (f.)
archico
anarchico (a.)
antimonarchico (a.)
autarchico (a.)
gerarchico (a.)
monarchico (a., m.)
oligarchico (a.)
poliarchico (a.)
archio
marchio (t., m.)
sarchio (t., m.)
arcia
contromarcia (f.)
marcia (f.)
arcico
polisarcico (a., m.)
arcido
marcido (a.)
arcina
sarcina (f.)
arcio
marcio (i., + t., a., m.)
squarcio (t., m.)
arco
abbarco (t.)
arco (m.)
aristarco (m.)
carco (t., a., pps., m.)
demarco (t.)
eparco (m.)
imbarco (t., r.)
inarco (t.)
+incarco (m.)
marco (t., m.)
navarco (m.)
parco (t., m., a.)
polemarco (m.)
+rammarco (m.)
rimarco (t., m.)
rimbarco (t., i., r., m.)
rivarco (t.)
sbarco (t., m.)
sobbarco (r., t.)
soprarco (m.)
sottarco (m.)
varco (t., m.)
arcora
+arcora (f. pl.)
arda
alabarda (f.)
barda (f.)
bastarda (f.)
bombarda (f.)
carda (f.)
chiavarda (f.)
coccarda (f.)
czarda (f.)
farda (f.)
gagliarda (f.)
ghimbarda (f.)
+giarda (f.)
labarda (f.)
leccarda (f.)
maliarda (f.)
mansarda (f.)
mostarda (f.)
nizzarda (f.)
otarda (f.)
ottarda (f.)
sarda (f.)
scaparda (f.)
spingarda (f.)
ardere
ardere (t., i.)
riardere (t., i.)
ardi
tardi (avv.)
ardia
avanguardia (f.)
capoguardia (m.)
contragguardia (f.)
granguardia (f.)
guardia (f.)
retroguardia (f.)
salvaguardia (f.)
sguardia (f.)
ardias
cardias (m.)
ardico
goliardico (a.)
ardine
cardine (m.)
ardino
incardino (t., r.)
scardino (t.)
ardio
anticardio (m.)
endocardio (m.)
spicardio (m.)
miocardio (m.)
pericardio (m.)
ardo
allardo (t.)
anacardo (m.)
attardo (r.)
azzardo (t., i., r., m.)
baluardo (m.)
bardo (t., m.)
bastardo (a., m.)
beffardo (a.)
+begolardo (m.)
bigliardo (m.)
biliardo (m.)
boiardo (m.)
bombardo (t.)
broccardo (m.)
bugiardo (a., m.)
+camelopardo (m.)
cardo (t., m.)
codardo (a., m.)
camunardo (m.)
dardo (m.)
dinamitardo (a., m.)
+fardo (m., i.)
gagliardo (a.)
gattopardo (m.)
ghepardo (m.)
+godendardo (m.)
goliardo (m.)
guardo (t., m.)
imbardo (t., r., i.)
inchiavardo (t.)
infardo (t., r.)
infingardo (a., m.)

inzafardo (t.)
lardo (m.)
leardo (a.)
+leccardo (a.)
leopardo (m.)
lombardo (a., m.)
maliardo (m.)
miliardo (m.)
moinardo (a.)
montaguardo (m.)
nardo (m.)
nizzardo (a., m.)
+pagliardo (a., m.)
pardo (m.)
patriottardo (m.)
petardo (m.)
portastendardo (m.)
riardo (t., i.)
riguardo (t., r., m.)
risguardo (t., m.)
ritardo (t., i., m.)
+saccardo (m.)
salvaguardo (t.)
sardo (a., m.)
savoiardo (m.)
sbastardo (t.)
sbiliardo (i., m.)
sbugiardo (t.)
scardo (t.)
sgagiardo (t., r.)
sguardo (m., + t., i.)
sogguardo (t.)
+spiganardo (m.)
spigonardo (m.)
stendardo (m.)
+sugliardo (a.)
tardo (i., t., a.)
testardo (a.)
traguardo (t., m.)
vecchiardo (m.)
vegliardo (m.)
zafardo (t.)

ardova

scardova (f.)

arduo

arduo (a.)

are

abbacare (i.)
abbacchiare (t.)
abbacinare (t.)
abbadare (i.)
abbagliare (t.)
abbaiare (i.)
abballare (t.)
abballinare (t.)
abballottare (t.)
abbaluginare (r.)
abbambinare (t.)
+abbancare (t.)
abbandonare (t.)
abbarbagliare (t., r.)
+abbarbare (t., r.)
abbarbicare (i., r.)
abbarcare (t.)
abbarrare (t.)
abbaruffare (t., r.)
abbassare (t., r.)
abbatuffolare (t., r.)
+abbellare (t.)
+abbendare (t.)
abbeverare (t., r.)
abbindare (t.)
abbicare (t., r.)
abbigliare (t., r.)
abbinare (t.)
abbindolare (t.)
abbiosciare (t., r.)
abbisciare (t.)
abbisognare (t.)
abbittare (t.)
abboccare (t., r.)
abbocconare (t.)
abbonacciare (t., r.)
abbonare (t., r.)
abbondare (i.)
abbordare (t.)
abborracciare (t.)
abbottare (t., r.)
+abbottinare (t.)
abbottonare (t., r.)
abbozzacchiare (t.)
abbozzicchiare (t.)
abbozzare (t.)
abbozzolare (r.)
abbracciare (t.)
abbracciucchiare (t.)
abbrancare (t., r.)
abbreviare (t.)
abbrezzare (i.)
abbriccare (r., t.)
abbrivare (t., i.)
abbronzare (t., i.)
abbruciacchiare (t.)
abbruciare (t., r.)
abbrumare (i.)
abbrunare (t., r.)
abbrustiare (t.)
abbrusticare (t.)
abbrustolare (t.)
abbuiare (t., r.)
abbuiare (t., r.)
abburattare (t., i., r.)
abdicare (i., t.)
aberrare (i.)
+abiettare (t., r.)
abilitare (t., r.)
abitare (i., t.)
abituare (t., r.)
abiurare (t.)
abnegare (t.)
abominare (t.)
abragiare (t.)
+abrencare (r.)
+abripare (r.)
abrogare (t.)
abusare (i., r.)
+accaffare (t.)
accagionare (t.)
accagliare (t., r.)
accalappiare (t., r.)
accalcare (t., r.)
accaldare (r.)
accallare (t.)
accalorare (t., r.)
accampanare (t.)
accampare (t., i., r.)
accampionare (t.)
accanalare (t.)
accanare (t., r.)
accaneggiare (t.)
accannellare (t.)
accantonare (t.)
accapacciare (i., r.)
accaparrare (t.)
+accapellare (r.)
accapezzare (t.)
accapigliare (r.)
accapitellare (t.)
+accapitolare (t.)
accappare (t.)
accappiare (t.)
accappiettare (t.)
accapponare (t., r.)

accappucciare (t., r.)
accaprettare (t.)
accapricciare (i., r.)
+accareggiare (t.)
accarezzare (t.)
+accarnare (t.)
accarpionare (t.)
accartocciare (t.)
accasare (t., r.)
+accascare (i.)
accasciare (t., r.)
accasermare (t.)
accastellare (t.)
accastellinare (t.)
accaterrare (i., r.)
accatastare (t.)
accatricchiare (r.)
accattare (t.)
accavalcare (t.)
accavalciare (t.)
accavallare (t., r.)
accavigliare (t.)
accecare (t., r., i.)
acceffare (t.)
accelerare (t.)
accennare (i., t.)
accentare (t.)
accentrare (t.)
accentuare (t.)
acceppare (t.)
accerchiare (t.)
accercinare (t.)
accertare (t., r.)
accettare (t.)
acchetare (t., r.)
+acchiantare (i.)
acchiappare (t., r.)
acchiocciare (r.)
acchiocciolare (t., r.)
acchitare (t., r.)
acciabattare (t.)
acciaccare (t.)
acciaccinare (r.)
acciaiare (t.)
acciambellare (t., i., r.)
acciannare (r.)
acciapinare (r.)
acciarpare (t.)
accigliare (r.)
acciglionare (t.)
accileccare (t.)
accincignare (t.)
accintolare (t.)
acciottolare (t.)
accipigliare (t., r.)
+accismare (t.)
acciuffare (t.)
+accivanzare (t.)
accivettare (t.)
acclamare (i., t.)
acclimare (t., r.)
acclimatare (t., r.)
accoccare (t.)
accoccolare (r.)
accordare (t., r.)
accollare (t., r., i.)
accoltellare (t., r.)
accomandare (t., +r.)
accomandolare (t.)
accomiatare (t., r.)
+accomignolare (t.)
+accommezzare (t.)
accommiatare (t., r.)
accomodare (t., r.)
accompagnare (t., r.)
accomunare (t., r.)
acconciare (t., r.)
+acconfare (r.)
acconigliare (t.)
accontare (r., t.)
accontentare (t., r.)
accoppare (t.)
accoppiare (t., r.)
accorare (t., r.)
accorciare (t., r.)
accordare (t., r.)
accordellare (t.)
accordonare (t.)
+accortare (t.)
+accortigianare (r.)
accortinare (t.)
accosciare (r.)
accostare (t., r., i.)
accostolare (t.)
accostumare (t., r.)
accotonare (t.)
accottimare (t.)
accovacciare (r.)
accovacciolare (r.)
accovonare (t.)
accozzare (t., r.)
accreditare (t., r.)
accrespare (t.)
accroccare (t.)
accrostellare (r.)
accucciare (r.)
accucciolare (r.)
acculare (t., r.)
acculattare (t.)
accumulare (t., r.)
accupare (r.)
accusare (t., r.)
acetare (t.)
acicolare (a.)
acidificare (t.)
acidulare (t.)
acquacchiare (r., t.)
+acquagliare (t.)
acquamare (f.)
acquare (t., i.)
acquartierare (t., r.)
acquattare (t., r.)
acquarellare (t.)
acquetare (t., r.)
acquietare (t., r.)
acquistare (t.)
acuminare (t.)
acutizzare (t., r.)
adacquare (t.)
adagiare (t., r.)
+adasperare (t.)
+adastare (t., r.)
+adastiare (t., r.)
adattare (t., r.)
addare (i., r.)
addaziare (t.)
addebitare (t.)
+addecimare (t.)
addensare (t., r.)
addentare (t.)
addentellare (t.)
addentrare (t., r.)
addestrare (t.)
addiacciare (t., r.)
addiare (i., r.)
addimandare (t.)
addimesticare (t.)
addimostrare (t.)
addipanare (t.)
addirizzare (t., r.)
addisciplinare (t.)
additare (t.)
addizionare (t.)

addobbare (t.)
addocciare (t.)
addogare (t.)
+addolcare (t., i.)
addolorare (t., r.)
+addolzare (t.)
addomandare (t.)
addomesticare (t.)
addoppiare (t.)
addormentare (t., r.)
addossare (t., r.)
addottorare (t., r.)
addottrinare (t., r.)
addrizzare (t.)
addugliare (t.)
adeguare (t., r.)
adequare (t.)
+aderbare (t.)
adescare (t.)
adimare (t.)
adirare (r.)
adocchiare (t.)
adombrare (t., r.)
adonestare (t.)
adontare (t., r., i.)
adoperare (t., r.)
adoprare (t.)
adorare (t.)
+adorezzare (i.)
adornare (t., r.)
adottare (t.)
aduggiare (t.)
adugnare (t.)
adulare (t.)
adulterare (t., +i.)
adunare (t.)
adunghiare (t.)
adusare (t., r.)
aerare (t.)
affaccendare (r.)
affaldare (t., r.)
affaldellare (t.)
affamare (t., i.)
affangare (t., r., i.)
affannare (t., r.)
affantocciare (t.)
affardellare (t.)
affare (m., r.)
affascinare (t.)
affastellare (t.)
+affatare (t.)
affaticare (t., r.)
affattucchiare (t.)
affatturare (t.)
affazzonare (t.)
affermare (t., +r.)
afferrare (t., r.)
affettare (t., r.)
affezionare (t., r.)
affiancare (t., r.)
affiatare (t., r.)
affibbiare (t.)
affidare (t., r.)
affienare (t.)
affigliare (t.)
+affigurare (t.)
affilare (t., r.)
affilettare (t.)
affiliare (t., r.)
affinare (t., r.)
affiocare (t., r.)
affiorare (t., i.)
affisare (t.)
affittare (t.)
afflosciare (i., r.)
affocalistiare (t.)
affocare (t., +r.)
affogare (t., i., r.)
+affogliare (t.)
affollare (t., r.)
affoltare (t., r.)
affondare (t., r., i.)
affondare (t., r., i.)
afforcare (t., r.)
afforzare (t., r.)
affoscare (t.)
affossare (t., r.)
+affralare (t.)
affrancare (t., r.)
affratellare (t., r.)
+affrecciare (t.)
+affreddare (t., r., i.)
affrenare (t.)
affrenellare (t.)
affrescare (t.)
affrettare (t., r.)
affrittellare (t.)
affrontare (t., r.)
affumare (t., r.)
affumicare (t.)
affusare (t.)
affusellare (t.)
affusolare (t.)
+affutare (t.)
ageminare (t.)
agevolare (t.)
aggallare (i.)
agganciare (t.)
aggangherare (t., r.)
aggarbare (t., i.)
aggattigliare (r.)
aggattonare (t.)
aggavignare (t.)
aggeggiare (t.)
aggelare (t.)
aggettare (i.)
aggettivare (t.)
+agghermigliare (t.)
agghiacciare (t., r., i.)
+agghiadare (i., r., t.)
agghiaiare (t.)
agghindare (t., r.)
aggiaccare (t.)
aggiardinare (t.)
aggiogare (t.)
aggiornare (t., r., i.)
aggirare (t., i.)
aggironare (t.)
aggiudicare (t.)
aggiuntare (t.)
aggiustare (t., r.)
agglobare (t., r.)
agglomerare (t., r.)
agglutinare (t., r.)
aggobbiare (t.)
+aggolpacchiare (t.)
aggomitolare (t., r.)
aggottare (t.)
aggradare (i.)
aggraffare (t., r.)
aggraffiare (t.)
aggraffignare (t.)
aggramchiare (t., r.)
aggranfiare (t.)
aggrappare (t., r.)
aggrappolare (r.)
aggrappare (t., r.)
aggraticciare (t., r.)
aggravare (t., r.)
aggraziare (t., r.)
aggregare (t., r.)
aggreggiare (t., r.)
aggrevare (t.)

+aggricchiare (t.)
aggricciare (t., r.)
aggrinzare (t., r.)
aggrommare (i.)
aggrondare (t.)
aggroppare (t.)
aggrottare (t.)
aggrovigliare (t., r.)
aggrovigliolare (t.)
aggrumare (i., t.
aggrumolare (t.)
aggruppare (t., r.)
aggruzzolare (t.)
agguagliare (t.)
agguantare (t.)
+agguatare (i.)
agguattare (t., r.)
+aggueffare (t., r.)
agguindolare (t., r.)
aghettare (t.)
agitare (t., r.)
agognare (t.)
agonizzare (i.)
agucchiare (i.)
+agugnare (t.)
aguzzare (t.)
aitare (t.)
aiutare (t., r.)
aizzare (t.)
alare (m.)
albeggiare (i.)
alberare (t.)
albergare (t., i.)
albicare (i.)
+alborottare (r.)
albuminare (t.)
alcalizzare (t.)
alchimiare (t.)
alchimizzare (i., t.)
alcoolizzare (t.)
aleggiare (i.)
alenare (i.)
alesare (t.)
aliare (i.)
alienare (t., r.)
alimentare (t., r., a.)
alitare (i.)
allacciare (t.)
allagare (t., r.)
+allamare (r.)
allampanare (i.)
+allampare (t.)
allappare (t.)
allappolare (t.)
allardare (t.)
allargare (t., r., i.)
allarmare (t., r.)
allascare (t.)
allattare (t., +i.)
alleare (r.)
allegare (t., i.)
alleggiare (t.)
allegorizzare (t.)
allegrare (t.)
allenare (t.)
+allenare (i., r.)
allentare (t., r., i.)
allessare (t.)
allettare (t.)
+alletterare (t.)
allevare (t.)
alleviare (t.)
+allezzare (i.)
allibare (t.)
allibrare (t.)
allicciare (t.)
allietare (t., r.)
allignare (i.)
allindare (t., r.)
allineare (t., r.)
alliscare (t.)
+allitare (t.)
allivellare (t.)
+allocare (t.)
allogare (t., r.)
alloggiare (t., i.)
allontanare (t., r.)
alloppiare (t., r.)
allottare (t.)
allucchettare (t.)
alluciare (t.)
allucidare (t.)
allucignolare (t.)
allucinare (t.)
allumacare (t.)
allumare (t.)
alluminare (t.)
allungare (t., r.)
allupare (i.)
+alluviare (t.)
almanaccare (t., i.)
altalenare (i., r.)
altare (m.)
alterare (t., r.)
altercare (i.)
alternare (t., r.)
altomare (m.)
alveare (m., t.)
alveolare (a.)
alzare (t., r.)
amalgamare (t.)
amare (t.)
amareggiare (t., r.)
amarrare (t.)
+amattare (i.)
+ambasciare (t.)
ambientare (t., r.)
ambrare (t.)
ambulare (i.)
+amentare (i.)
amicare (t., r.)
ammaccare (t.)
+ammacchiare (i., r.)
ammaestrare (t.)
ammagliare (t.)
ammainare (t.)
ammalare (i., r.)
ammalazzare (i., r.)
ammaliare (t.)
ammaliziare (t.)
ammaltare (t.)
ammammolare (r.)
ammandriare (t.)
ammanierare (t.)
ammanigliare (t.)
ammannare (t.)
ammannellare (t.)
ammansare (t., r.)
ammantare (t., r.)
ammantellare (t.)
ammarare (i.)
ammarezzare (t.)
ammarinare (t.)
+ammascare (t.)
ammassare (t., r.)
ammassellare (t.)
ammassicciare (t.)
ammatassare (t.)
ammattare (t.)
ammattonare (t.)
ammazzare (t., r.)
ammazzolare (t.)
ammalmenare (i., r.)

ammenare (t.)
ammendare (t., r.)
ammennicolare (t.)
ammestare (t.)
ammetare (t.)
ammezzare (t.)
ammiccare (i.)
amministrare (t.)
+amminutare (t.)
ammirare (t., i.)
+ammiserare (t., r.)
ammobiliare (t.)
+ammodare (t.)
ammoderare (t.)
ammodernare (t.)
ammogliare (t., r.)
ammollare (t., r.)
+ammonestare (t.)
ammontare (t., r., i.)
ammonticchiare (t., r.)
+ammontonare (t.)
ammorbare (t.)
ammorbidare (t.)
ammorsare (t.)
ammortizzare (t.)
ammorzare (t.)
ammosciare (i.)
ammostare (t.)
+ammottare (i.)
ammucchiare (t., r.)
ammuffare (i.)
ammulinare (i., t.)
ammusare (i., r., t.)
+ammutare (t.)
ammutinare (t.)
amnistiare (t.)
amoreggiare (i.)
ampliare (t., r.)
amplificare (t.)
amputare (t.)
anagrammatizzare (t.)
analizzare (t.)
+anare (f.)
anatematizzare (t.)
anatemizzare (t.)
anatomizzare (t.)
anatrare (i.)
ancare (i.)
ancillare (a.)
ancorare (t., r.)
andare (i., m.)
andicappare (t.)
anelare (i., t.)
anestetizzare (t.)
anfanare (i.)
anfaneggiare (i.)
angariare (t.)
angarieggiare (t.)
angolare (a.)
angosciare (t., r.)
anguillare (a.)
angustiare (t., r.)
animare (t., r.)
annacquare (t.)
annaffiare (t.)
annasare (t., r.)
annaspare (t., i.)
annaspicare (i.)
annebbiare (t., r.)
annegare (t., r., i.)
annerare (t., i.)
annerare (t., i.)
+annericare (i.)
annestare (t.)
annichilare (t., r.)
annidare (t., r.)
annientare (t., r.)
annoccare (t., r.)
annodare (t., r.)
annoiare (t., r.)
+annomare (t.)
annotare (t.)
annotariare (t., r.)
annottare (i.)
annottolare (t.)
annoverare (t.)
+annubilare (t.)
annugolare (t.)
annullare (t., r.)
annoverare (t.)
+annubilare (t.)
annugolare (t.)
annullare (t., r.)
annumerare (t.)
annunciare (t.)
annunziare (t.)
annusare (t., r.)
annuvolare (t., i., r.)
ansare (i.)
ansimare (i.)
antelunare (a.)
anticheggiare (i.)
anticipare (t., i.)
anulare (a., m.)
aocchiare (t.)
aombrare (t., i., r.)
+aontare (i.)
+aorare (t.)
+aorcare (t.)
+aormare (t.)
apocopare (t.)
apologizzare (i.)
apostatare (i.)
apostrofare (t.)
appaccare (t.)
appacchettare (t.)
appacciare (t., r.)
aappacificare (t., r.)
appadiglionare (t., r.)
appagare (t., r.)
appaiare (t.)
appalesare (t.)
appallare (t., r.)
appallottare (t.)
appallottolare (t., r.)
appaltare (t., r.)
appanare (t.)
appanciollare (r.)
appanettare (t.)
appanicare (t.)
appannare (t., r.)
+apparare (t., r.)
appare (i.)
apparecchiare (t., r.)
apparentare (r., i.)
apparigliare (t.)
appartare (t., r.)
appassionare (t., r.)
appastare (r.)
appellare (t., i., r.)
appenare (t., r.)
appendicolare (a.)
appennecchiare (t.)
appennellare (t.)
+appensare (t.)
appestare (t.)
appettare (i., t.)
appezzare (t.)
appianare (t.)
appiastrare (t., r.)
appiastricciare (t.)
appiattare (t., r.)
appiccare (t., r.)

appicciare (t., r.)
appiccicare (t., i., r.)
appiedare (t.)
appieghettare (t.)
+appigherare (i.)
appigionare (t.)
appigliare (r.)
appinzare (t.)
appioppare (t.)
appisolare (r.)
+applanare (i.)
applicare (t., r.)
appoderare (t., r.)
appoggiare (t., r.)
appollaiare (r.)
appomiciare (t.)
apporcare (t.)
apportare (t.)
appostare (t., r.)
appozzare (t., r.)
+appresellare (t.)
+appresentare (t.)
appressare (t., r.)
apprestare (t., r.)
apprettare (t.)
apprezzare (t.)
+approcciare (t.)
approdare (i., t.)
approfittare (i., t.)
approfondare (t.)
approntare (t.)
+appropinquare (i., r.)
appropriaggiare (t.)
appropriare (t., r.)
approssimare (t., r.)
approvare (t.)
+approvecciare (i.)
approvigionare (t.)
approvisionare (t.)
+appulcrare (t.)
appuntare (t.)
appuntellare (t.)
appuntonare (t.)
appurare (t.)
appuzzare (t.)
+apricare (i.)
aquilonare (a.)
arabescare (t.)
+aragnare (r.)
+aramatizzare (t.)
arare (t.)
arbitrare (i., r., t.)
+arcare (t.)
archeggiare (i., t.)
archipenzolare (t.)
architettare (t.)
archiviare (t.)
arcuare (t.)
arenare (i., r.)
argentare (t.)
arginare (t.)
argomentare (t., r.)
arieggiare (t., i.)
armare (t., r.)
armeggiare (i.)
armillare (a.)
armonizzare (t.)
aromatizzare (t.)
arpeggiare (i.)
arrabattare (r.)
arrabbiare (i., r.)
arraffare (t.)
arramacciare (t.)
arrampicare (r.)
arrancare (i.)
arrandellare (t.)
arranfiare (t.)
arrangiare (r.)
arrangolare (r.)
arrapinare (r.)
arrappare (t., r.)
arrecare (t.)
arredare (t.)
arrembare (t., i., r.)
arrenare (i.)
arrestare (t., r.)
arretare (t.)
arretrare (t., r., i.)
arricciare (t., r.)
arricciolare (t., r.)
arridare (t.)
arriffare (t.)
arringare (i., t.)
arripare (i., r.)
arrischiare (t., r.)
arrisicare (t., r.)
arrivare (i.)
arroccare (t., r.)
arrocchiare (t., i.)
arrocciare (r.)
+arrogantare (t., i.)
arrogare (t., r.)
arrolare (t.)
arroncare (t.)
arroncigliare (t., r.)
arronzare (r.)
arronzinare (r.)
arrosare (t.)
arrossare (t., i., r.)
arrostare (t., r.)
arrotare (t., r.)
arrotolare (t.)
arrotondare (t.)
arrovellare (i., r.)
arroventare (t.)
arrovesciare (t.)
arrubinare (t.)
arruffare (t., r.)
arruffianare (t.)
arrugiadare (t.)
arsicciare (t.)
+artare (t.)
artefare (t.)
articolare (t., r., a.)
artifiziare (t.)
artigliare (t.)
aruspicare (i.)
arzigogolare (i.)
ascellare (a.)
asciare (t.)
asciugare (t., r., i.)
asciuttare (t.)
ascoltare (t., i.)
asfissiare (t., r., i.)
asolare (i., r.)
aspettare (t.)
aspirare (t.)
asportare (t.)
+asprare (i.)
aspreggiare (t.)
assaettare (i., r.)
assaggiare (t.)
assaltare (t.)
assaporare (t.)
assassinare (t.)
+asseccare (t.)
assecondare (t.)
assediare (t.)
+asseggiare (t.)
assegnare (t.)
+assembiare (t., r.)
+assemblare (t., r.)

assembrare (t., r.)
+assennare (t.)
assentare (r., +t)
asserpolare (r.)
asserragliare (t., r.)
+asserrare (t.)
+asservare (t., r.)
assestare (t.)
assetare (t.)
assettare (t., r.)
asseverare (t.)
assicurare (t., r.)
assiderare (i., r., t.)
assiepare (t., r.)
assillare (i., t.)
assimilare (t., r.)
+assitare (i., r.)
associare (t.)
associare (t., r.)
assodare (t., r.)
assoggettare (t., r.)
assolare (t., r.)
assolcare (t.)
assoldare (t., r.)
+assomare (t.)
assomigliare (t., r., i.)
assommare (t., i.)
assonare (i.)
assonnare (t., i., r.)
assordare (t.)
assottigliare (t., r.)
assuccare (t.)
assuefare (t., r.)
+astare (t.)
asteggiare (i.)
astiare (t.)
astrologare (i., t.)
+astutare (t.)
+atare (t.)
atrabiliare (a.)
atrofizzare (t., r.)
attaccare (t., r., i.)
attacconare (t.)
attagliare (r.)
attalentare (t.)
attanagliare (t.)
attapinare (t., r.)
attardare (r.)
attare (t., r.)
attastare (t.)
attediare (t., r.)
atteggiare (t., r.)
+attelare (t., r.)
attempare (i., r., t.)
attendare (r.)
attentare (i., r.)
attenuare (t.)
attergare (t., r.)
atterrare (t.)
+atterzare (t., i.)
attestare (t., r.)
atticizzare (i.)
attillare (r.)
attirare (t.)
attivare (t.)
attizzare (t.)
attonare (t.)
attondare (t.)
attorcigliare (t., r.)
attorniare (t., r.)
attorrare (t.)
attortigliare (t., r.)
+attoscare (t.)
attossicare (t.)
attrabaccare (i., r.)
attraccare (t.)
+attrappare (t.)
attraversare (t., +i.)
attrazzare (t.)
attrezzare (t.)
attristare (t.)
attrozzare (t.)
attruppare (r.)
attuare (t., r.)
attuffare (t., r.)
+attutare (t., r.)
auggiare (t.)
augnare (t.)
+augumentare (t.)
augurare (i., r., t.)
aumentare (t., r., i.)
+aumiliare (t.)
+auncinare (t., r.)
aunghiare (t.)
+auntare (t.)
auricolare (a.)
+ausare (t., r.)
auscultare (t., i.)
ausiliare (a., m.)
auspicare (t.)
autenticare (t.)
autorizzare (t.)
auzzare (t.)
+avacciare (t.)
avallare (t.)
avanzare (t., i., r.)
avareggiare (i.)
avariare (t.)
avocare (t.)
+avocolare (t.)
+avolterare (t.)
avallare (i., r., t.)
avvalorare (t., t.)
avvampare (i., r., t.)
avvantaggiare (t., r.)
avvelenare (t., r.)
avventare (t., r., i.)
avventrinare (i., r.)
avventurare (t., r.)
avverare (t., r.)
avversare (t.)
avvezzare (t., r.)
avviare (t., r.)
avvicendare (t., r.)
avvicinare (t., r.)
avvignare (t.)
avviluppare (t., r.)
avvinare (t.)
avvinazzare (t., r.)
avvincigliare (t.)
avvinghiare (t., r.)
avvisare (t., r., i.)
avvistare (t.)
avvitare (t.)
avviticchiare (t., r.)
avviticciare (t.)
avvivare (t.)
avviziare (t.)
avvocatare (t., r.)
avvoltare (t.)
avvolticchiare (t., r.)
azionare (t.)
azzannare (t.)
azzardare (t., i., r.)
azzeccare (t.)
azzimare (t., r.)
azzittare (t., r.)
azzoppare (t., i.)
azzuffare (r.)
azzurreggiare (i.)
bacalare (m.)
bacare (i.)
baccalare (m.)

+baccare (i.)
bacchettare (t.)
bacchiare (t.)
baciare (t., r.)
bacillare (a.)
baciucchiare (t., r.)
+badaluccare (i.)
badare (i., t., r.)
bagnare (t., r.)
bagordare (i.)
balbettare (i., t.)
baldanzeggiare (i.)
balenare (i., t.)
balestrare (t., i.)
ballare (i., t.)
ballettare (i.)
ballonzare (i.)
ballonzolare (i.)
ballottare (t.)
balneare (a.)
baloccare (t., r.)
baluginare (i.)
balzare (i., t.)
balzellare (i., t.)
bambineggiare (i.)
bamboleggiare (i.)
banchettare (i.)
barare (i.)
barattare (t.)
barbare (i., t.)
barbareggiare (i.)
barbicare (i., r.)
barbificare (i.)
barbugliare (i.)
barcamenare (t.)
barcheggiare (i., r.)
barcollare (i.)
bardare (t.)
barellare (t., i.)
barricare (t., r.)
barzellettare (i.)
basare (t.)
basilare (a.)
bastare (i.)
bastionare (t., r.)
bastonare (t., r.)
batacchiare (t.)
+batassare (t.)
battagliare (i.)
battezzare (t., r.)
battimare (m.)

bazzicare (i., t.)
beare (t., r.)
beatificare (t.)
beccare (t., r.)
beccheggiare (i.)
beccolare (t.)
beccucchiare (t.)
beffare (t.)
beffeggiare (t.)
belare (i.)
+bellare (t.)
bendare (t., r.)
beneficare (t.)
beneficiare (t., i.)
benestare (m.)
benfare (m.)
+benignare (r.)
berciare (i.)
+bergolare (i.)
+berlingare (i.)
berneggiare (i.)
bersagliare (t.)
berteggiare (t.)
bestemmiare (i., t.)
beverare (t.)
bevicchiare (i.)
bezzicare (t.)
biadare (t.)
+biancare (t.)
biancheggiare (i.)
+biancicare (i.)
biasciare (t.)
biascicare (t.)
biasimare (t.)
bicciare (i.)
biffare (t.)
biforcare (r.)
bighellare (i.)
+bigordare (i.)
bilanciare (t., r.)
biliare (a.)
bilicare (t., r.)
bimare (a.)
+binare (t.)
bindolare (t.)
binoculare (a.)
biondeggiare (i.)
bipolare (a.)
birbanteggiare (i.)
birboneggiare (i.)
bisbigliare (i.)

biscazzare (i.)
+bischizzare (i.)
biscottare (t.)
bisecare (t.)
bisestare (i.)
bisognare (i.)
bissare (t.)
bisticciare (i.)
+bistondare (t.)
bistrattare (t.)
bivaccare (i.)
bizantineggiare (i.)
+blasfemare (i.)
blaterare (i.)
blindare (t.)
bloccare (t.)
boccheggiare (i.)
bocciare (t.)
boccolare (m.)
boicottare (t.)
bolare (a.)
bollare (t.)
bollerare (t.)
bolzonare (t.)
bombardare (t.)
+bombare (i.)
bombettare (i.)
bonificare (t.)
borbogliare (i.)
borbottare (i.)
bordare (t.)
bordeggiare (i.)
boriare (r.)
borseggiare (t.)
+botare (t.)
bracare (i.)
braccare (t.)
braccheggiare (t.)
bracciare (t.)
bramare (t.)
brancicare (t.)
brancolare (i.)
brandeggiare (t.)
bravare (t.)
braveggiare (i.)
brevettare (i.)
brezzare (i.)
brezzeggiare (i.)
briccicare (i.)
+briccolare (t.)
bricconeggiare (i.)

brigare (t.)
brillantare (t.)
brillare (i., t.)
brinare (i.)
brindare (i.)
+brindisare (i.)
brogliare (i.)
brontolare (i.)
bronzare (t.)
brucare (t.)
bruciacchiare (t.)
bruciare (t., r., i.)
brulicare (i.)
bruneggiare (i.)
bruscinare (i.)
brustolare (t.)
bruttare (t.)
bubbolare (i., t.)
bucare (t., r.)
buccinare (t., i.)
bucherare (t.)
bucherellare (t.)
bucinare (t., r.)
bufare (i.)
buffare (t., i.)
buffoneggiare (i.)
bulbare (a.)
bulicare (i.)
bulinare (t.)
burare (t.)
burattare (t.)
burlare (t., r.)
+busbaccare (i.)
buscare (t.)
buscherare (t.)
bussare (t., i.)
buttare (t., r., i.)
butterare (t.)
cabalare (i.)
cabrare (i.)
cacare (i.)
cacciare (i., t., r.)
cadenzare (t.)
cagionare (t.)
cagliare (i.)
calafatare (t.)
calamitare (t.)
calandrare (t.)
calare (t., r., i.)
+calcagnare (i.)
calcare (t., m.)
calciare (i.)
calcinare (t.)
calcitrare (i.)
calcolare (t., i.)
caldeggiare (t.)
+caleffare (t.)
calettare (t., i.)
calibeare (t.)
calibrare (t.)
+caligare (i.)
calmare (t., r.)
calpestare (t.)
calumare (t., r.)
calunniare (t.)
calzare (t., r., i., m.)
+camangiare (m.)
cambiare (t., r.)
camminare (i.)
camosciare (t.)
campare (t., i.)
campeggiare (i.)
campicchiare (i.)
campionare (t.)
camuffare (t., r.)
canalizzare (t.)
cancaneggiare (i.)
cancellare (t.)
cancrenare (i., r.)
cangiare (t., i.)
canicolare (a.)
canneggiare (i.)
cannoneggiare (t., i.)
canonizzare (t.)
cansare (t.)
cantare (t., i., m.)
cantarellare (t., i.)
canterellare (t., i.)
canticchiare (t., i.)
cantilenare (t., i.)
cantucchiare (t., i.)
canzonare (t., i.)
capacitare (t., r.)
caparrare (t.)
capillare (a.)
capitalizzare (i., t.)
capitanare (t.)
capitaneggiare (t.)
capitare (i.)
capitolare (i., t., a., m.)
capitombolare (i.)
capitozzare (t.)
caponare (t.)
capotare (i.)
capovoltare (t.)
+cappare (t.)
cappeggiare (i.)
capponare (t.)
capriolare (i.)
caprugginare (t.)
captare (t.)
caracollare (i.)
carambolare (i.)
caramellare (t.)
+carapignare (r.)
caratare (t.)
caratterizzare (t.)
carbonizzare (t., r.)
carburare (t.)
carcare (t.)
carcerare (t.)
cardare (t.)
cardeggiare (t.)
cardiovascolare (a.)
careggiare (t.)
carenare (t.)
carezzare (t.)
cariare (t., r.)
caricare (t., r.)
+carminare (t.)
carolare (i.)
+carpare (i.)
carpionare (t.)
carreggiare (t., i.)
carrucolare (t.)
carteggiare (i.)
+cartellare (i., t.)
+cartolare (t., m.)
casamattare (t.)
cascare (i.)
casolare (m.)
cassare (t.)
castigare (t.)
castrare (t.)
catalogare (t.)
catapultare (t.)
catastare (t.)
catechizzare (t.)
catenare (t.)
catoneggiare (i.)
catramare (t.)
+cattare (t.)
catturare (t.)

causare (t.)
cautelare (t., r.)
cauterizzare (t.)
cavalcare (t., i.)
cavare (t.)
cavillare (i.)
carrare (t.)
cazzottare (t., r.)
cecare (t.)
cedrare (t.)
+ceffare (t.)
ceffonare (t.)
celare (t., r.)
celebrare (t.)
celiare (i.)
cellulare (a., m.)
+cembalare (i.)
cementare (t.)
cempennare (i.)
cenare (i.)
+cennare (t.)
censuare (t.)
censurare (t.)
centellare (t.)
centellinare (t., i.)
centinare (t.)
centralizzare (t.)
centrare (i.)
centrifugare (t.)
centuplicare (t.)
cerare (t.)
cercare (t.)
cerchiare (t.)
cerchiettare (t.)
cerebellare (a.)
+certare (i.)
certificare (t.)
cerzionare (t.)
cesellare (t.)
+cespicare (t.)
cessare (i.)
cestinare (t.)
+ceterare (i.)
chetare (t.)
chiacchierare (i.)
chiamare (t.)
chianare (t.)
chiappare (t.)
+chiappolare (t.)
chiarificare (t.)
chiaroscurare (t.)
chiazzare (t.)
chicchiriare (i.)
chilificare (i.)
chimificare (t.)
chinare (t.)
chioccare (i.)
chiocciare (i.)
chioccolare (i.)
chiodare (t.)
chiosare (t.)
+chiovare (t.)
+chitare (t.)
chiurlare (i.)
ciabare (i.)
ciabattare (i.)
ciampicare (i.)
cianchettare (i.)
cianciare (i.)
ciancicare (i.)
ciangolare (i.)
ciangottare (i.)
+ciaramellare (i.)
ciarlare (i.)
cibare (t.)
cicalare (i.)
cicatrizzare (t.)
ciccare (i.)
cicisbeare (i.)
cifrare (t.)
cigolare (i.)
cilindrare (t.)
cimare (t.)
cimentare (t.)
cincinnare (t., r.)
cincischiare (t.)
cinematografare (t.)
cinghiare (t.)
cinguettare (i.)
cioncare (t.)
ciondolare (i.)
circolare (i., a., f.)
circondare (t.)
circonvallare (t.)
circostanziare (t.)
circumpolare (a.)
citare (t.)
citareggiare (i.)
cinciare (i.)
ciuffare (t.)
ciurlare (i.)
ciurmare (t.)
civettare (i.)
civilizzare (t.)
+clamare (i.)
classificare (t.)
claudicare (i.)
clericaleggiare (i.)
cloroformizzare (t.)
coabitare (i.)
coacervare (t.)
coadiuvare (t.)
coagulare (t.)
coalizzare (t.)
coartare (t.)
+cocchiumare (t.)
coccolare (t.)
+coccoveggiare (i.)
+codiare (t.)
codificare (t.)
+cogitare (i.)
cognominare (t., i.)
cointeressare (t.)
colare (t.)
+colcare (t., i.)
collaborare (i.)
collare (m. +t.)
collaudare (t.)
collazionare (t.)
collegare (t.)
+colleppolare (t.)
collettare (t.)
collimare (i.)
+colliquare (t.)
collocare (t.)
colluttare (i.)
colmare (t.)
colmeggiare (i.)
colonizzare (t.)
colorare (t.)
colpeggiare (i.)
+coltare (t.)
coltivare (t.)
comandare (i.)
comare (f.)
combaciare (i.)
combinare (t.)
cominciare (t.)
+comissare (i.)
+commediare (t.)
commemorare (t.)
commendare (t.)
commensurare (t.)

commentare (t.)
commerciare (i.)
comminare (t.)
commiserare (t.)
commissionare (t.)
commisurare (t.)
commutare (t.)
+comodare (t.)
compaginare (t.)
comparare (t.)
compare (m., i.)
compartecipare (i.)
compassare (t.)
compassionare (t.)
compendiare (t.)
compenetrare (t.)
compensare (t.)
comperare (t.)
compicciare (t.)
compiegare (t.)
compilare (t.)
compitare (t.)
complementare (a.)
completare (t.)
complicare (t.)
complimentare (t.)
complottare (t., i.)
comportare (t.)
compare (t.)
comprovare (t.)
compulsare (t.)
computare (t.)
comunicare (t.)
concamerare (t.)
concatenare (t.)
concentrare (t.)
concertare (t.)
concettare (i.)
conciare (t.)
conciliare (t., a.)
concimare (t.)
concinnare (t.)
concionare (i.)
concitare (t.)
conclamare (t.)
concordare (t.)
concreare (t.)
concretare (t.)
concretizzare (t.)
conculcare (t.)
condannare (t.)
condensare (t.)
condizionare (t.)
condonare (t.)
confabulare (i.)
confare (r.)
confederare (r.)
confermare (t.)
confessare (t., r.)
confettare (t.)
confezionare (t.)
conficcare (t.)
confidare (t.)
configurare (t.)
confinare (t.)
confiscare (t.)
conflagrare (i.)
+conflare (t.)
conformare (t.)
confortare (t.)
confricare (t.)
confrontare (t.)
confutare (t.)
congedare (t.)
congegnare (t.)
congelare (t.)
congestionare (t.)
congetturare (t.)
+conghietturare (t.)
congiurare (i.)
conglobare (t.)
conglomerare (t.)
conglutinare (t.)
congratulare (r.)
congregare (t.)
conguagliare (t.)
coniare (t.)
coniugare (t., r.)
connaturare (t.)
connumerare (t.)
conquassare (t.)
conquistare (t.)
consacrare (t.)
consagrare (t.)
consegnare (t.)
conseguitare (i.)
consertare (t.)
conservare (t.)
considerare (t.)
consigliare (t.)
consiliare (a.)
consociare (t.)
consolare (t., a.)
consolidare (t.)
consonare (i.)
constare (i.)
constatare (t.)
consultare (t.)
consumare (t.)
contagiare (t.)
contaminare (t.)
contare (t.)
conteggiare (t.)
contemperare (t.)
contemplare (t.)
contentare (t.)
contestare (t.)
contingentare (t.)
continuare (t.)
contornare (t.)
contraccambiare (t.)
contraffare (t.)
contraffilare (t.)
contraltare (m.)
contrappesare (t.)
contrariare (t.)
contrassegnare (t.)
contrastare (t.)
contrattare (t., i.)
contrindicare (t.)
contristare (t.)
controbilanciare (t.)
controindicare (t.)
controllare (t.)
controminare (t.)
controirdinare (t.)
conturbare (t.)
convalidare (t.)
+conventare (t.)
conversare (i.)
convitare (t.)
+convivare (i.)
+conviziare (i.)
convocare (t.)
convogliare (t.)
convolare (i.)
coobare (t.)
coonestare (t.)
cooperare (i.)
coordinare (t.)
+coperchiare (t.)
copiare (t.)
coppellare (t.)

corazzare (t.)
corbellare (t.)
+corcare (t., r.)
coricare (t.)
cornare (i.)
corniciare (t.)
coronare (t.)
corpuscolare (a.)
corredare (t.)
corroborare (t.)
corrucciare (r.)
corrugare (t.)
corruscare (i.)
corseggiare (i.)
corteggiare (t.)
corvettare (i.)
cosare (t.)
cospirare (i.)
costare (i.)
costatare (t.)
costeggiare (t.)
costellare (t.)
costernare (t.)
costipare (t.)
costumare (i.)
covare (t., i.)
+covidare (t.)
cozzare (t., i.)
crapulare (i.)
creare (t.)
cremare (t.)
crepare (i.)
crepitare (i.)
crepuscolare (a., m.)
cresimare (t.)
crettare (i.)
cribrare (t.)
cricchiare (i.)
cristallizzare (t.)
cristianeggiare (i.)
criticare (t.)
crivellare (t.)
crocchiare (i.)
crociare (t.)
crocidare (i.)
crogiolare (t.)
crollare (t.)
cromare (t.)
cronometrare (t.)
crosciare (i.)
+crostare (t.)
crucciare (t.)
cruciare (t.)
cruscheggiare (i.)
cubare (t.)
cuccare (t.)
cucicchiare (t.)
cucinare (t.)
cuculiare (t.)
cullare (t.)
culminare (i.)
cumulare (t.)
cuneare (t.)
curare (t.)
curiosare (i.)
curioseggiare (i.)
curvare (t.)
cuticolare (a.)
dadeggiare (i.)
damare (t.)
damaschinare (t.)
dameggiare (i.)
dannare (t.)
danneggiare (t.)
dannunzieggiare (i.)
danteggiare (i.)
danzare (i.)
dardeggiare (t.)
dare (t., m.)
datare (t.)
dattilografare (t.)
daziare (t.)
deambulare (i.)
debbiare (t.)
debellare (t.)
debilitare (t.)
debuttare (i.)
decampare (i.)
decantare (t.)
decapitare (t.)
decarburare (t.)
decalizzare (t.)
decentrare (t.)
decifrare (t.)
decimare (t.)
declamare (t.)
+declarare (t.)
declassare (t.)
declinare (t.)
decollare (t., i.)
decolorare (t.)
decorare (t.)
decrepitare (i.)
decretare (t.)
decuplicare (t.)
decurtare (t.)
+decussare (t.)
dedicare (t.)
defalcare (t.)
defatigare (t.)
defecare (t.)
defenestrare (t.)
defezionare (i.)
deflagrare (i.)
deflemmare (t.)
deflorare (t.)
deformare (t.)
defraudare (t.)
degenerare (i.)
degnare (i., r.)
degradare (t.)
degustare (t.)
deificare (t.)
delegare (t.)
delettare (t., r.)
delibare (t.)
deliberare (t.)
delineare (t.)
delimitare (t.)
delineare (t.)
delirare (i.)
deliziare (t.)
delucidare (t.)
demandare (t.)
demarcare (t.)
+dementare (t.)
demeritare (t.)
democratizzare (t.)
demoralizzare (t.)
demorfinizzare (t.)
denaturare (t.)
denegare (t.)
denicotinizzare (t.)
denigrare (t.)
denominare (t., r.)
denotare (t.)
+dentare (i.)
dentellare (t.)
denudare (t.)
denunciare (t.)
denunziare (t.)
depauperare (t.)
depennare (t.)

depilare (t.)
deplorare (t.)
deportare (t.)
depositare (t.)
depravare (t.)
deprecare (t.)
depredare (t.)
deprezzare (t.)
depurare (t.)
deputare (t.)
deragliare (i.)
derattizzare (t.)
derivare (i.)
derogare (i.)
derubare (t.)
desiare (t.)
desiderare (t.)
designare (t.)
desinare (i., m.)
desolare (t.)
+desperare (t.)
destare (t.)
destinare (t.)
destreggiare (i., r.)
deteriorare (t.)
determinare (t.)
detestare (t.)
detonare (i.)
detronizzare (t.)
dettagliare (t.)
dettare (t.)
deturpare (t.)
devastare (t.)
deviare (t., i.)
diacciare (i.)
+diafanare (i.)
diagnosticare (t.)
dialogare (i.)
dialogizzare (t., i.)
+dibarbare (t.)
dibassare (t.)
diboscare (t.)
dibruciare (t.)
dibruscare (t.)
dibucciare (t.)
dicanapulare (t.)
dicentare (t.)
dicervellare (t.)
dichiarare (t.)
+dichinare (t.)
dicimare (t.)
dicioccare (t.)
difettare (i.)
diffalcare (t.)
diffamare (t.)
differenziare (t., r.)
difficoltare (t.)
diffidare (i., t.)
difilare (i., r.)
digelare (t.)
dighiacciare (i.)
digiogare (t.)
digitare (t.)
digiunare (i.)
digradare (i., t.)
digrassare (t.)
digrignare (t.)
digrossare (t.)
digrumare (t.)
diguazzare (t., i.)
+dilaccare (t.)
+dilacciare (t.)
dilacerare (t.)
dilagare (i., r.)
dilaniare (t.)
dilapidare (t.)
dilatare (t., r.)
dilavare (t.)
dilazionare (t.)
dileggiare (t.)
dileguare (t.)
dilettare (t., r.)
diliscare (t.)
diloggiare (i.)
dilollare (t.)
dilombare (r.)
dilucidare (t.)
dilungare (t., r.)
diluviare (i.)
dimacchiare (t.)
dimgrare (t., i., r.)
dimandare (i., t., r.)
dimembrare (t.)
dimenare (t., r.)
+dimentare (t.)
dimenticare (t., r., i.)
+dimergolare (i.)
dimesticare (t.)
dimezzare (t.)
dimoiare (i., t.)
dimorare (i.)
dimostrare (t., r., i.)
dimozzare (t.)
+dinanzare (t.)
dinegare (t.)
dinervare (t.)
dinoccolare (t.)
dinotare (t.)
+dintornare (t.)
dipanare (t.)
dipelare (t.)
dipennare (t.)
diportare (r.)
diradare (t., r.)
diradicare (t.)
diragnare (t.)
diramare (t., r.)
dirazzare (i.)
+diredare (t.)
direnare (t.)
diricciare (t.)
dirizzare (t.)
diroccare (t., i.)
+dirocciare (i., r.)
dirozzare (t., r.)
dirugginare (t.)
dirupare (i., r.)
disabbigliare (t., r.)
disabitare (t.)
disabituare (t., r.)
disaccentare (t.)
disacciaiare (t.)
disaccordare (t., r.)
disacerbare (t., r.)
disacidare (t.)
disadornare (t.)
disaffezionare (t., r.)
+disaggradare (i.)
disaggregare (t.)
disagguagliare (t.)
disagiare (t., r.)
disalberare (t.)
disalcalizzare (t.)
+disalmare (t.)
disalveare (t.)
disamare (t., i.)
disaminare (t.)
disamorare (t., r.)
disancorare (t.)
disanellare (t.)
disaminare (t., r.)
+disapparare (t., r.)
disapplicare (t., r.)

disapprovare (t.)
disargentare (t.)
disarginare (t.)
disarmare (t., i.)
disarticolare (t., i.)
disassociare (t.)
disassuefare (t.)
disattivare (t.)
disautorare (t.)
disautorizzare (t.)
disavvantaggiare (t.,r.)
disavvezzare (t., r.)
disazotare (t.)
disbarazzare (t.)
disboscare (t.)
disbramare (t.)
disbrancare (t., r.)
disbrigare (t., r.)
discacciare (t.)
discapitare (i.)
discaricare (t.)
discentrare (t., r.)
discervellare (t., r.)
+discettare (i.)
disceverare (t.)
+dischiavare (t.)
dischiodare (t.)
disciplinare (t., r., a.)
discoleggiare (i.)
discolorare (t.)
discolpare (t., r.)
discompagnare (t.)
disconciare (t.)
disconfessare (t.)
discontinuare (t.)
discordare (i.)
discostare (t.)
discreditare (t., r.)
discrepare (i.)
discriminare (t.)
disdegnare (t.)
disebbriare (i.)
+diseccare (t.)
diseducare (t.)
disegnare (t.)
disellare (t.)
disembriciare (t.)
disenfiare (t.)
diseparare (t.)
disquilibrare (t.)
diseredare (t.)
disertare (t., i.)
disfaldare (t.)
disfamare (t.)
disfare (t., r.)
disfavillare (i.)
disfidare (t.)
disfigurare (t.)
disfiorare (t.)
disfogare (t.)
disfogliare (t.)
disformare (t.)
disfrenare (t.)
disfrondare (t.)
disgarbare (i.)
disgelare (t., i., r.)
disgradare (t., i.)
disgregare (t., r.)
+disgroppare (t.)
disgrossare (t.)
disgustare (t., r.)
disiare (t., i.)
disidratare (t.)
disimpacciare (t.)
disimparare (t.)
disimpegnare (t., r.)
disimpiegare (t.)
disincagliare (t.)
disincantare (t.)
disincarnare (t.)
disinfettare (t.)
disinfiammare (t.)
disingannare (t., r.)
disinnamorare (t., r.)
disinnestare (t.)
disintegrare (t.)
disinteressare (t., r.)
disinvitare (t.)
disistimare (t.)
dislacciare (t.)
dislegare (t.)
dslocare (t.)
dislogare (t.)
disloggiare (t.)
+dismagare (t.)
dismagliare (t.)
+dismalare (t.)
dismaltare (t.)
dismantare (t., r.)
dismembrare (t.)
+dismentare (t., r.)
+dismenticare (t., r.)
dismontare (t.)
disnaturare (t.)
disnotare (t.)
disnudare (t.)
disobbligare (t., r.)
disoccupare (t.)
+disonestare (t., r.)
disonorare (t., r.)
disoppilare (t.)
disordinare (t., i., r.)
disorganizzare (t., r.)
disorientare (t., r.)
disorlare (t.)
disormeggiare (t.)
+disorrare (t.)
disossare (t.)
disossidare (t.)
dispacciare (t.)
dispaiare (t.)
dispensare (t., r.)
disperare (i., r.)
+dispettare (t.)
+dispianare (t., r.)
dispiccare (t.)
dispiegare (t.)
dispodestare (t.)
dispogliare (t.)
dispolpare (t.)
disposare (t.)
dispregiare (t.)
disprezzare (t.)
disputare (i., t.)
disradicare (t.)
dissacrare (t.)
dissalare (t.)
dissaldare (t.)
dissanguare (t.)
dissecare (t.)
disseccare (t.)
disselciare (t.)
dissellare (t.)
disseminare (t.)
dissennare (t.)
disseparare (t.)
disserrare (t., r.)
dissertare (i.)
dissestare (t.)
dissetare (t.)
dissigillare (t., r.)
dissimilare (a.)
dissimulare (t., r.)

dissipare (t.)
dissociare (t.)
dissodare (t.)
dissomigliare (i.)
dissonare (i.)
dissonnare (t., r.)
dissetterrare (t.)
+dissugare (t.)
dissuggellare (t.)
distaccare (t., r.)
distanziare (t.)
distare (i.)
distasare (t.)
distemperare (t.)
distenebrare (t.)
distillare (t., i.)
districare (t.)
distrigare (t.)
disturbare (t., r.)
disuguagliare (t.)
disumanare (t., r.)
disumare (t.)
disusare (t.)
disvelare (t.)
disviare (t.)
+dittare (t.)
dittongare (t.)
divagare (i., t., r.)
divallare (i.)
divampare (i.)
+divariare (t., i.)
divaricare (t.)
diventare (i.)
diversificare (i., t.)
divezzare (t.)
divinare (t.)
divincolare (t., r.)
divinizzare (t.)
divisare (t.)
divorare (t., r.)
divorziare (i.)
divulgare (t., r.)
docciare (t.)
documentare (t.)
dogare (t.)
+dolare (t.)
dolcificare (t.)
dolicchiare (i.)
dolicciare (i.)
dolorare (i., t., r.)
domandare (t., r.)
domare (t.)
domesticare (t.)
domiciliare (r., a.)
dominare (t.)
+domitare (t.)
dommatizzare (i.)
donare (t.)
dondolare (i., r., t.)
+donneare (i.)
+donzellare (i.)
doppiare (t.)
dorare (t.)
doricizzare (i.)
dormicchiare (i.)
dosare (t.)
dotare (t.)
+dottare (i., r.)
dottorare (t., r.)
dottoreggiare (i.)
dottrinare (t.)
dottrineggiare (i.)
dragare (t.)
drammatizzare (t.)
drappare (t.)
drappellare (i.)
drappellonare (t.)
dribblare (i.)
+dringolare (i.)
drizzare (t., r.)
drogare (t.)
drusciare (t.)
+dubbiare (i.)
dubitare (i.)
duellare (i.)
duplicare (t.)
durare (i.)
ebraizzare (t., i.)
eccettuare (t.)
eccitare (t., r.)
ecclissare (t., r.)
echeggiare (i.)
eclissare (t., r.)
economizzare (i.)
edificare (t., r.)
educare (t., r.)
edulconare (t.)
effeminare (t., r.)
effettuare (t.)
effigiare (t.)
egualizzare (t.)
+eiulare (i.)
elaborare (t.)
elementare (a.)
elemosinare (i., r.)
elencare (t.)
elettrificare (t.)
elettrizzare (t.)
elevare (t., r.)
eliminare (t.)
elogiare (t.)
elucubrare (t.)
emaciare (t., r.)
emanare (i., t.)
emancipare (t., r.)
emarginare (t.)
emendare (t., r.)
emigrare (i.)
emulare (t.)
emulsionare (t.)
+enarrare (t.)
encomiare (t.)
enfiare (t., r.)
enimmatizzare (i.)
entrare (i.)
entusiasmare (t., r.)
enumerare (t.)
enunciare (t.)
enunziare (t.)
epigrammatizzare (i.)
epilogare (t.)
epistolare (a.)
epitetare (i.)
epitomare (t.)
epurare (t.)
+equare (t.)
equidistare (i.)
equilibrare (t., r.)
equipaggiare (t.)
equiparare (t.)
+equitare (i.)
equivocare (i.)
erbeggiare (i.)
erborare (i.)
erborizzare (i.)
ereditare (t.)
+eresiare (i.)
erogare (t.)
ervicizzare (t.)
erpicare (t.)
errare (i., t.)
eruttare (t., i.)
esacerbare (t.)

esagerare (t.)
esagitare (t.)
esalare (t.)
esaltare (t., r.)
esaminare (t.)
esanimare (t.)
esasperare (t.)
esautorare (t.)
esborsare (t.)
escavare (t.)
+escettare (t.)
esclamare (i.)
escogitare (t.)
escomiare (t.)
escoriare (t.)
scussionare (t.)
esecrare (t.)
esemplare (a., +t.)
esemplificare (t.)
esentare (t.)
esercitare (t., r.)
esilarare (t.)
esiliare (t., r.)
esitare (i., t.),
esondare (t.)
esonerare (t.)
esorbitare (i.)
esorcizzare (t.)
esordiare (i.)
esortare (t.)
espatriare (i.)
esperimentare (t.)
espettorare (t.)
espiare (t.)
espirare (i.)
espletare (t.)
esplicare (t.)
esplorare (t.)
esportare (t.)
espropriare (t.)
espugnare (t.)
espurgare (t.)
essiccare (t.)
estasiare (t., r.)
estenuare (t., r.)
esserminare (t.)
esternare (t.)
estimare (t.)
estirpare (t.)
estradare (t.)
estraparlamentare (a.)
estrinsecare (t.)
+estuare (i.)
+esturbare (t.)
esulare (i.)
esulcerare (t.)
esultare (i.)
esumare (t.)
eterificare (t.)
eterizzare (t.)
eternare (t., r.)
etimologizzare (i.)
europeizzare (t.)
evacuare (t., i.)
evangelizzare (t.)
evaporare (i., r.)
evaporizzare (i.)
evitare (t.)
evocare (t.)
fabbricare (t.)
faccettare (t.)
facilitare (t.)
fagliare (i.)
falcare (t.)
falciare (t.)
falcidiare (t.)
falconare (i.)
fallare (i.)
fallimentare (a.)
falsare (t.)
+falseggiare (i.)
falsificare (t.)
familiare (a.)
familirizzare (r.)
fanatizzare (t., i.)
fantasticare (i., t.)
+fardare (i.)
fardellare (t.)
fare (t., m.)
farfugliare (i.)
farneticare (i.)
farraginare (i.)
fasciare (t.)
fascinare (t., i.)
fatare (t.)
faticare (i.)
fatturare (t.)
favellare (t.)
favoleggiare (i.)
favoreggiare (t.)
fecondare (t.)
+fedare (t.)
felicitare (t., r.)
feltrare (t.)
fermare (t., r.)
fermentare (i., r.)
ferrare (t.)
+ferruminare (t.)
fertilizzare (t.)
festeggiare (t.)
+festinare (i.)
fiaccare (t.)
+fiare (m.)
fiammare (i.)
fiammeggiare (i.)
fiancare (t.)
fiancheggiare (t.)
fiascheggiare (i.)
fiatare (i.)
ficcare (t., r.)
fidanzare (t., r.)
fidare (t., r., i.)
figliare (i.)
figurare (t.)
filare (t., m.)
fileggiare (t.)
filettare (t.)
filosofare (i.)
filosofeggiare (i.)
filtrare (t., i.)
finanziare (t.)
fioccare (i.)
fiocchettare (t.)
fiocinare (t.)
fiorare (i.)
fioreggiare (i.)
fiorentineggiare (i.)
fiorettare (t.)
fiottare (i.)
firmare (t.)
fiscaleggiare (t., i.)
fischiare (i., t.)
fischierellare (t., i.)
fischiettare (t., i.)
fissare (t., i.)
fiutare (t.)
flagellare (t., r.)
flagrare (i.)
flirtare (i.)
fluttuare (i.)
focolare (m.)
foderare (t.)
foggiare (t., r.)

fogliare (i.)
fognare (t.)
folgorare (i.)
folgoreggiare (i.)
follare (t.)
folleggiare (i.)
follicolare (a.)
fomentare (t.)
fondamentare (t.)
fondare (t., r.)
foracchiare (t.)
foraggiare (i.)
forare (t.)
+forbottare (t.)
+forfare (i.)
forgiare (t.)
formalizzare (t., r.)
formare (t., r.)
formicare (i.)
formicolare (i.)
formulare (t.)
fornicare (i.)
fortificare (t., r.)
forviare (i., t.)
forzare (t.)
forzare (t.)
fosforeggiare (i.)
fossilizzare (t., r.)
fotografare (t.)
fracassare (t.)
fragrare (i.)
framezzare (t.)
frammescolare (t.)
frammezzare (t.)
frammischiare (t.)
franare (i.)
francare (t.)
franceseggiare (i.)
francheggiare (t.)
frangiare (t.)
frantumare (t.)
frappare (t.)
frappeggiare (t.)
frascheggiare (i.)
fraseggiare (i.)
frastagliare (t.)
frastornare (t.)
fraternare (i.)
fraternizzare (i.)
fratturare (t.)
frecciare (t.)
freddare (t.)
fregare (t.)
fregiare (t.)
frenare (t.)
frequentare (t., i.)
fresare (t.)
frescheggiare (i.)
frettare (t.)
frignare (i.)
frisare (t.)
frivoleggiare (i.)
frizzare (i.)
frodare (t.)
frollare (t., i.)
frombolare (t.)
frondeggiare (i.)
fronteggiare (t.)
frucare (t., i.)
frugacchiare (t., i.)
frugare (t., i.)
frugnolare (i.)
frugolare (i.)
frullare (i., t.)
frusciare (i.)
frustare (t.)
frustrare (t.)
fruttare (t., i.)
fruttificare (i.)
fucilare (t.)
fucinare (t.)
fugare (t.)
fulminare (t., r.)
fumare (i., t.)
fumeggiare (i.)
fumicare (i.)
fumigare (i.)
funestare (t.)
funicolare (f.)
funzionare (i.)
fuorviare (i., t.)
+furare (t.)
+furfantare (i.)
funfanteggiare (i.)
furiare (i.)
furoreggiare (i.)
fustigare (t.)
gabbare (t.)
gabellare (t.)
gaffinare (t.)
gagnolare (i.)
galanteggiare (i.)
+galeare (t.)
+galefare (t.)
+galigare (i.)
gallare (i., t.)
galleggiare (i.)
gallicizzare (i.)
gallonare (t.)
galloriare (i.)
galoppare (i.)
galvanizzare (t.)
gambettare (i.)
gangherare (t.)
ganglionare (a.)
+garabullare (i.)
garbare (i.)
gareggiare (i.)
gargarizzare (t.)
garofanare (t.)
garzare (t.)
gastigare (t.)
gastrovascolare (a.)
gatteggiare (i.)
gattigliare (i.)
gavazzare (i.)
+gaveggiare (t.)
+gavignare (t.)
gelare (i., t.)
gemicare (i.)
geminare (t.)
gemmare (i., r.)
gemucchiare (i.)
generalizzare (t.)
generare (t., r.)
germanizzare (t.)
germinare (i., t.)
germogliare (i.)
geroglificare (t.)
gessare (t.)
gesteggiare (i.)
gesticolare (i.)
gettare (t., r.)
ghiacciare (i., r.)
ghigliottinare (t.)
ghignare (i.)
ghindare (t.)
ghiribizzare (i.)
ghirlandare (t.)
giacchiare (i.)
gialleggiare (i.)
+giambare (t.)
giganteggiare (i.)

gingillare (i., r.)
giocare (i., r.)
giocherellare (i.)
giocolare (i., +m.)
giocondare (t., r.)
giocucchiare (i.)
gioiellare (t.)
giostrare (i.)
giovaneggiare (i.)
giovare (i., t., r.)
girandolare (i.)
girare (t.)
giravoltolare (i.)
girellare (i.)
girondolare (i.)
gironzare (i.)
gironzolare (i.)
girovagare (i.)
gittare (t., r.)
giubbilare (t.)
giubilare (i.)
giudaizzare (i.)
giudicare (t.)
giugulare (a., f., t.)
giulebbare (t.)
giullare (m.)
giuncare (t.)
giuntare (t.)
giuracchiare (t.)
giurare (i., t.)
giustificare (t., r.)
giustiziare (t.)
glandulare (a.)
glassare (t.)
globulare (a.)
gloglottare (i.)
gloriare (r.)
glorificare (t.)
glossare (t.)
glutinare (t.)
gnaulare (i.)
gocciare (t.)
gocciolare (t., i.)
goffeggiare (i.)
golfare (m.)
gonfiare (t., r.)
gongolare (i.)
gorgheggiare (i., t.)
gorgogliare (i.)
governare (t., r.)
gozzovigliare (i.)
gracchiare (i.)
gracidare (i.)
gracilare (i.)
gradare (t.)
gradinare (t.)
graduare (t.)
graffiare (t.)
gragnolare (i.)
+gramare (t.)
gramignare (t.)
gramolare (t.)
granagliare (t.)
granare (i.)
grancollare (m.)
grandeggiare (i.)
grandinare (i., t.)
granfiare (i.)
granulare (t., a.)
grappare (t., r.)
graticciare (t.)
graticolare (t.)
gratificare (t., r.)
grattapugiare (t.)
grattare (t., r.)
grattugiare (t.)
gravare (i., t.)
graveggiare (i.)
gravitare (i.)
graziare (t.)
grecheggiare (i.)
grecizzare (i., t.)
gridacchiare (i.)
gridare (i.)
+grifare (t., r.)
+griffare (i.)
grillare (i.)
grillettare (i.)
grippare (r.)
grondare (i., t.)
grucciare (t.)
grufolare (i.)
grugare (i.)
+grullare (i.)
guadagnare (t.)
guadagnucchiare (t.)
guadare (t.)
guaiolare (i.)
+guaitare (t.)
gualcare (t.)
guardare (t.)
guastare (t., r.)
guatare (t.)
guazzabugliare (i.)
guazzare (i., t.)
guelfeggiare (i.)
+guenciare (i.)
guerreggiare (i., t.)
gufare (i.)
guidare (t., r.)
guiderdonare (t.)
guinzagliare (t.)
guizzare (i.)
gurgugliare (i.)
gustare (t.)
herveizzare (t.)
idealizzare (t.)
ideare (t.)
identificare (t., r.)
idiotizzare (i.)
idolatrare (t.)
idoleggiare (t.)
idratare (t.)
idrogenare (t.)
iettare (t.)
ignobilitare (t.)
ignorare (t.)
ignudare (t., r.)
+illaqueare (t.)
illuminare (t.)
illustrare (t.)
imbacare (t., i.)
imbacuccare (t., r.)
imballare (t., r.)
imbalsamare (t.)
imbambolare (i.)
imbandierare (t.)
imbarazzare (t., r.)
imbarbottare (t.)
imbarcare (t., r.)
imbardare (t., i., r.)
imbarilare (t.)
imbaulare (t.)
imbavagliare (t.)
imbavare (t., r.)
imbeccare (t.)
imbecherare (t.)
imbellettare (t.)
imberciare (t.)
imberrettare (t., r.)
imbertescare (t.)
imbestiare (i., r.)
imbiaccare (t.)

imbiancare (t., i.)
imbiettare (t., r.)
imbigottare (t.)
imbisacciare (t.)
imbitumare (t.)
imbintare (t.)
imboccare (t.)
imbocciare (i.)
+imbolare (t.)
imborsare (t.)
imboscare (t., i., r.)
imbottare (t.)
imbottigliare (t.)
imbozzare (t., r.)
imbozzimare (t., r.)
imbracare (t.)
imbracciare (t.)
imbrachettare (t.)
imbrancare (t., r.)
imbrattare (t., r.)
imbrecciare (t.)
imbriacare (t., r.)
imbrigliare (t., r.)
imbroccare (t.)
imbrodare (t., r.)
imbrodolare (t., r.)
imbrogliare (t., r.)
imbronciare (i.)
imbrunare (i.)
imbubbolare (t., r.)
imbucare (t., r.)
imbucatare (t.)
imbudellare (t.)
imbullettare (t.)
imburrare (t.)
imbuscherare (r.)
imbusecchiare (t.)
imbussolare (t.)
imbuzzare (t.)
imitare (t.)
immacchiare (r.)
immagazzinare (t.)
immaginare (t.)
immanicare (t.)
immascherare (t., r.)
immasticare (t.)
immatricolare (t.)
immedesimare (t., r.)
immelmare (t.)
immigrare (i.)
immillare (r.)
immischiare (t., r.)
immobiliare (a.)
immobilitare (t., r.)
immobilizzare (t.)
immolare (t., r.)
immollare (t., r.)
immorsare (t.)
immortalare (t.)
immutare (t.)
impaccare (t.)
impacchettare (t.)
impacciare (t.)
impaginare (t.)
impagliare (t.)
impalare (t., r.)
impalcare (t.)
impallare (t., r.)
impallinare (t.)
impalmare (t.)
impaludare (t., r.)
impanare (t.)
impancare (r.)
impaniare (t., r.)
impannare (t.)
impantanare (t., r.)
impaperare (r.)
impappinare (r.)
imparacchiare (t.)
imparadisare (t.)
imparare (t.)
imparentare (t., r.)
imparruccare (t.)
impastare (t.)
impasticciare (t.)
impastocchiare (t.)
impastoiare (t., r.)
impastranare (r.)
impataccare (t.)
impattare (t.)
impazientare (i., r.)
impazzare (i.)
impecettare (t.)
impeciare (t., r.)
impegnare (t.)
impegolare (t., r.)
impelagare (r.)
impelare (t., r.)
impellicciare (t.)
impennacchiare (t.)
impennare (t., r.)
impepare (t.)
imperare (i.)
+imperiare (i.)
imperlare (t., r.)
imperniare (t.)
impersonare (t.)
imperversare (i.)
impestare (t.)
impetrare (t., i.)
impiagare (t., r.)
impiallacciare (t.)
impiantare (t.)
impiastrare (t.)
impiastricciare (t.)
impiccare (t., r.)
impicciare (t., r.)
impiegare (t., r.)
impietrare (t.)
impigliare (t., r.)
impiallaccherare (t.)
impinguare (t., r.)
impinzare (t.)
impiombare (t.)
impipare (r.)
impiumare (t.)
implicare (t.)
implorare (t.)
impollinare (t.)
impolpare (t., i., r.)
impolverare (t., r.)
impomatare (t., r.)
impomiciare (t.)
impopolare (a.)
impoppare (t., i., r.)
imporporare (t., r.)
imporrare (i.)
importare (t.)
importunare (t.)
impossessare (r.)
impossibilitare (t.)
impostare (t., r.)
imposturare (t.)
imprecare (i.)
impegnare (t.)
+imprentare (t., r.)
impressionare (t., r.)
imprestare (t.)
imprigionare (t.)
improntare (t., r.)
improvvisare (t., r.)
imprunare (t.)
impugnare (t.)

impuntare (i., r.)
impuntigliare (r.)
imputare (t.)
impuzzare (i.)
inabilitare (t., r.)
inabissare (t., r.)
inacciaiare (t.)
inalare (t.)
inalbare (i.)
inalberare (t., r.)
inalveare (t.)
inalzare (t., r.)
+inamare (t., i.)
inamidare (t.)
inanellare (t.)
inanimare (t.)
inarcare (t.)
inargentare (t.)
inastare (t.)
inaugurare (t., i.)
inaurare (t., r.)
inazzurrare (t., r.)
incaciare (t.)
incagliare (i., t.)
incalcinare (t., r.)
incalzare (t.)
incamerare (t.)
incamiciare (t., r.)
incamminare (t., r.)
incanagliare (r.)
incanalare (t.)
incancherare (t., i.)
incannare (t.)
incannucciare (t.)
incantare (t., r.)
incantucciare (r., t.)
incapare (r.)
incapestrare (t., r.)
incappare (i., r.)
incappellare (t., r.)
incappiare (t.)
incappottare (t., r.)
incappucciare (t., r.)
incapricciare (r.)
incarcerare (t.)
incardinare (t., r.)
incaricare (t., r.)
incarnare (t., r.)
incarrucolare (t., r.)
incartare (t.)
incartocciare (t.)
incartonare (t.)
incasellare (t.)
incassare (t., i.)
incastellare (t.)
incastonare (t.)
incastrare (t., r.)
incatarrare (i., r.)
incatenacciare (t.)
incatenare (t., r.)
incatramare (t.)
incatricchiare (r.)
incavalcare (t., r.)
incavare (t.)
incavernare (r.)
incavicchiare (t.)
incavigliare (t.)
incelare (t.)
incendiare (t.)
incenerare (t.)
incensare (t.)
inceppare (t.)
inceralaccare (t., r.)
incerare (t., r.)
incerchiare (t., r.)
incespicare (i.)
incestare (t.)
incettare (t.)
inchiavardare (t.)
inchiavare (t.)
inchinare (t., r.)
inchiodare (t., r.)
inchiostrare (t., r.)
inciampare (i.)
inciampicare (i.)
incielare (t.)
incignare (t.)
incincignare (t.)
incipriare (t.)
incitare (t.)
+inciuscherare (t.)
inclinare (t.)
incoare (t.)
incoccare (t., r.)
incocciare (i., t., r.)
incoiare (i., r.)
incollare (t.)
incolonnare (t., r.)
incolpare (t., r.)
incombenzare (t.)
incominciare (t., i.)
incomodare (t.)
inconcare (t.)
inconocchiare (t.)
incontrare (t., r.)
incoraggiare (t.)
incorare (t.)
incordare (t., r.)
incornare (t.)
incorniciare (t.)
incoronare (t., r.)
incorporare (t., r.)
incorrentare (i.)
incortinare (t.)
incrementare (t.)
increspare (t., r.)
incriminare (t.)
incrinare (t., r.)
incrisalidare (i.)
incrociare (t., i., r.)
incrocicchiare (t.)
incrodare (r.)
incrostare (t.)
incrunare (t.)
incruscare (t., r.)
inculcare (t.)
incuneare (t., r.)
incuoiare (i., r.)
incurvare (t., r.)
indagare (t.)
indanaiare (t.)
indebitare (t., r.)
indemaniare (t.)
indemoniare (r.)
indennizzare (t.)
indentare (t., i., r.)
indentrare (r.)
indettare (t., r.)
indiademare (t.)
indiamantare (t.)
indiare (t.)
indiavolare (i., r.)
indicare (t.)
indietreggiare (i.)
indignare (t., r.)
indirizzare (t.)
individualizzare (t.)
individuare (t.)
indiziare (t.)
indonnare (r.)
indorare (t., r.)
indossare (t.)
indotare (t.)

indovinare (t.)
+indracare (i., t.)
+indragare (i., t.)
indrapellare (t.)
indugiare (i., r., t.)
indurare (t.)
industriare (r.)
inebriare (t., r.)
inerbare (t.)
inerpicare (i., r.)
inescare (t.)
inescare (t.)
infagottare (t., r.)
infamare (t.)
infangare (t., r.)
+infantare (t.)
infardare (t., r.)
infarinare (t., r.)
infasciare (t.)
infatuare (t., r.)
infederare (t.)
infermare (t., r.)
inferraiolare (r.)
inferrare (r.)
infervorare (t., r.)
infestare (t.)
infettare (t., r.)
infeudare (t., r.)
infiammare (t., r.)
infiascare (t.)
inficiare (t.)
infilare (t., r.)
infiltrare (r.)
infilzare (t., r.)
infinestrare (t.)
infinocchiare (t.)
infioccare (t.)
infiorare (t.)
infirmare (t.)
infischiare (r.)
influenzare (t.)
infocare (t., r.)
infoderare (t.)
infognare (r.)
inforcare (t.)
inforestierare (t., r.)
informare (t., r.)
infornaciare (t.)
infornare (t.)
+inforzare (t.)
infoscare (t., i., r.)
infossare (t., r.)
infradiciare (t., r.)
infrancesare (t.)
infranciosare (t.)
infrascare (t., r.)
infrasconare (t.)
infreddare (t., i., r.)
infronzolare (t., r.)
infunare (t.)
infuriare (i., r.)
infuturare (t., r.)
ingabbiare (t., r.)
ingaggiare (t.)
ingaglioffare (t., r.)
ingallare (t.)
ingambalare (t.)
ingangherare (t.)
ingannare (t., r.)
ingarbugliare (t.)
ingavonare (r.)
ingegnare (r., t.)
ingemmare (t.)
ingenerare (t.)
ingessare (t.)
inghebbiare (t.)
inghiaiare (t.)
inghirlandare (t.)
ingiallare (t.)
ingigliare (t., r.)
inginocchiare (t., r.)
ingioiare (t.)
ingioiellare (t.)
ingiuncare (t.)
ingiuriare (t.)
ingoiare (t.)
ingolfare (r.)
ingollare (t.)
ingombrare (t.)
ingommare (t.)
ingorgare (r.)
ingozzare (t.)
ingranare (t., i., r.)
ingrassare (t., i., r.)
ingrassucchiare (i.)
ingraticciare (t.)
ingraticolare (t.)
ingraziare (r.)
ingrommare (t., i.)
ingrossare (t., i., r.)
ingrottare (t.)
ingrugnare (i.)
inguainare (t.)
ingualdrappare (t.)
inguantare (r.)
ingurgitare (t.)
iniettare (t.)
inimicare (t., r.)
iniziare (t.)
innacquare (t.)
inaffiare (t.)
innalzare (t.)
innamorare (t., r.)
inneggiare (t., i.)
innervare (i.)
innescare (t.)
innestare (t.)
innovare (t., r.)
innovellare (t.)
inocchiare (t.)
inoculare (t.)
inoliare (t.)
inoltrare (r.)
inombrare (t.)
inondare (t.)
inorare (t.)
inorpellare (t., r.)
inossare (i.)
+inostrare (t., r.)
inquadrare (t.)
inquartare (t.)
inquietare (t., r.)
inquinare (t., r.)
insabbiare (t., r.)
insaccare (t., r., i.)
insalare (t., i., r.)
insaldare (t.)
insalivare (t.)
insanguinare (t., r.)
insaponare (t.)
insaporare (t., i., r.)
inscenare (t.)
insediare (t., r.)
insegare (t.)
insegnare (t.)
insellare (t., r.)
inselvare (r.)
insertare (t., i.)
insidiare (t., r.)
insilare (t.)
insinuare (t., r.)
insolcare (t.)
insozzare (t.)

inspirare (t.)
installare (t., r.)
instare (i.)
instaurare (t.)
instillare (t.)
instradare (t.)
insudiciare (t.)
insufflare (t.)
insulare (a.)
insultare (t., i.)
intabaccare (t., r.)
intabarrare (t., r.)
intaccare (t., i.)
intagliare (t.)
intanare (r.)
intarlare (i.)
intarmare (i.)
intarmolare (t.)
intarsiare (t.)
intasare (t., i., r.)
intascare (t.)
intavolare (t.)
intedescare (t., r.)
integrare (t.)
intelaiare (t.)
intelucciare (t.)
intenebrare (t., i.)
intensificare (t.)
intentare (t.)
intercalare (t., a., m.)
intercettare (t.)
interessare (t.)
interfogliare (t.)
interlineare (a., t.)
internare (t., r.)
interpellare (t.)
interpetrare (t.)
interpretare (t.)
interpolare (t.)
interrare (t., r.)
interrogare (t.)
intersecare (t.)
intervistare (t.)
interzare (t.)
intestare (t., r.)
intignare (i., r.)
intimare (t.)
intitolare (t.)
intombare (t.)
intonacare (t.)
intonare (t.)
intoppare (t., i.)
intorbare (t., i.)
intorbidare (t., i.)
intorniare (t.)
intortigliare (t.)
intossicare (t.)
intozzare (i., r.)
intralasciare (t.)
intralciare (t.)
intramezzare (t.)
intrappolare (t.)
intraversare (t.)
intrecciare (t., r.)
intricare (t.)
intrigare (t., i., r.)
intrinsecare (t., i., r.)
intrinsicare (t., i., r.)
introgolare (t., r.)
introitare (t.)
intronare (t.)
intronfiare (i.)
intronizzare (t.)
intrufolare (r.)
intrugliare (t., r.)
intruppare (r.)
inumare (t.)
+inurbare (r.)
invaiare (i.)
invaiolare (i.)
invalidare (t.)
invaligiare (t.)
invasare (t.)
invecchiare (t., r.)
inventare (t.)
intentariare (t.)
invergare (t.)
invermigliare (t.)
inverniciare (t., r.)
+invertudiare (r.)
invescare (t., r.)
investigare (t.)
invetriare (t.)
inviare (t.)
inviare (t.)
invidiare (t.)
invigilare (i.)
inviluppare (t., r.)
invischiare (t., r.)
invitare (t., r.)
inviziare (t.)
invocare (t.)
invogliare (t., r.)
involare (t., r.)
involtare (t.)
inzaccherare (t.)
inzafardare (t.)
inzavorrare (t.)
inzeppare (t.)
inzolfare (t.)
inzuccare (t., r., i.)
inzuccherare (t.)
inzufolare (t.)
inzuppare (t.)
iperboleggiare (i.)
ipnotizzare (t.)
ipotecare (t.)
iridare (t.)
ironeggiare (i.)
irradiare (t., i., r.)
irraggiare (t.)
irreggimentare (t.)
irregolare (a., m.)
irrigare (t.)
irritare (t.)
irrogare (t.)
irrorare (t.)
isolare (t.)
ispezionare (t.)
ispirare (t., r.)
issare (t.)
istigare (t.)
istillare (t.)
istoriare (t.)
istradare (t.)
istrumentare (t.)
italianizzare (t., r.)
iterare (t.)
iugulare (a., t.)
labbreggiare (t.)
laccare (t.)
lacerare (t., r.)
laconizzare (i.)
lacrimare (i.)
lacunare (m.)
ladroneggiare (i.)
lagnare (r.)
lagrimare (i.)
lagunare (a.)
laicizzare (t.)
+laldare (t.)
lambiccare (t., r.)
lamentare (t., i., r.)

lamicare (i.)
lamillare (a.)
laminare (a., t.)
lampeggiare (i.)
lanciare (t., r.)
languegglare (i.)
+laniare (t.)
lapazzare (t.)
lapidare (t.)
lapidificare (t.)
lappare (i.)
lappeggiare (i.)
lardellare (t.)
lare (m.)
largare (t., r.)
largheggiare (i.)
larvare (t.)
lascare (t.)
lasciapassare (m.)
lasciare (t., r.)
+lassare (t.)
lastricare (t.)
latineggiare (i.)
latinizzare (t., i.)
+latitare (i.)
latrare (i.)
+laudare (t., r.)
laureare (t., r.)
lavare (t., r.)
lavoracchiare (i.)
lavorare (i., t., r.)
lavoricchiare (i.)
lavorucchiare (i.)
lazzare (i.)
lazzeggiare (i.)
leccare (t., r.)
legalizzare (t.)
legare (t., r.)
leggicchiare (t.)
leggiucchiare (t.)
legittimare (t.)
legnare (t.)
lentare (t.)
lenteggiare (i.)
lenticolare (a.)
lesinare (i., t.)
lesionare (t.)
lessare (t.)
leticare (i.)
letificare (t.)
letiziare (t., r.)
levare (t., r.)
levigare (t.)
levitare (i.)
libare (t.)
liberare (t., r.)
licitare (t.)
lievitare (i.)
+ligiare (t.)
lillare (t.)
limare (t.)
limitare (m., t.)
linciare (t.)
lineare (a., t.)
lingueggiare (i.)
linguettare (i.)
liquefare (t., r.)
liquidare (t.)
lisciare (t., r.)
lisciviare (t.)
listare (t.)
liticare (i., t., r.)
litigare (i., t., r.)
litografare (t.)
livellare (t., i.)
localizzare (t.)
+locare (t.)
locupletare (t.)
lodare (t., r.)
logorare (t., r.)
lombare (a.)
+longare (t.)
+longiare (t.)
lontanare (t., r.)
lordare (t.)
lottare (i.)
lubricare (t.)
lubrificare (t.)
luccicare (i.)
lucciolare (i.)
lucidare (t.)
lucrare (t.)
lumeggiare (t.)
luminare (m., t., i.)
lunare (a.)
lusingare (t., r.)
lussare (t., r.)
lussureggiare (i.)
lustrare (t., i.)
lustreggiare (i.)
macadamizzare (t.)
macchiare (t., r.)
macchiettare (t.)
macchinare (t.)
macchinificare (t.)
macellare (t.)
macerare (t., r.)
macinare (t.)
maciullare (t.)
macolare (t.)
maculare (t.)
madreggiare (i.)
madrigaleggiare (i.)
magagnare (t.)
magare (t.)
maggesare (t.)
maggiorare (t.)
magnetizzare (t.)
magnificare (t.)
mainare (t.)
malaffare (m.)
malandare (i.)
malfare (i., m.)
malignare (i.)
malleolare (a.)
+mallevare (i.)
malmenare (t.)
maltrattare (t.)
mammillare (a.)
mancare (i.)
mandare (t.)
+manducare (t.)
maneggiare (t., r.)
manganare (t.)
manganellare (t.)
mangiare (t.)
mangiucchiare (t., i.)
+manicare (t.)
manifestare (t., r.)
manipolare (t.)
manovrare (t.)
mansuefare (t.)
mantecare (t.)
mantellare (t.)
mantrugiare (t.)
maravigliare (r., i., t.)
marcare (t.)
marchiare (t.)
marciare (i.)
mare (m.)
mareggiare (i.)
marezzare (t.)
marginare (t.)

margottare (t.)
marinare (t.)
maritare (t., r.)
marmoreggiare (t.)
marmorizzare (t.)
marnare (t.)
marreggiare (t.)
marrocchinare (t.)
martellare (t., i.)
martirizzare (t.)
martotiare (t.)
marzeggiare (i.)
mascellare (a.)
mascherare (t., r.)
maschiettare (t.)
massacrare (t.)
massaggiare (t.)
massellare (t.)
massicciare (t.)
massillare (a.)
masticare (t.)
mastiettare (t.)
masturbare (t., r.)
materializzare (t.)
matricolare (t., r.)
matrizzare (i.)
+mattare (t.)
matteggiare (i.)
mattonare (t.)
maturare (t., i.)
mazzapicchiare (t.)
+mazzerare (t.)
+mazzicare (t.)
mazzolare (t.)
medicare (t.)
meditare (t.)
melare (t.)
mellificare (i.)
+membrare (t., i., r.)
menare (t.)
mendicare (t.)
memorare (t.)
+menovare (t.)
mentovare (t.)
menzionare (t.)
mercanteggiare (i., t.)
mercare (t., i.)
+mercatare (i.)
merendare (i.)
meriggiare (i.)
meritare (t.)
merlare (t.)
merlettare (t.)
mertare (t.)
+meschiare (t.)
mescolare (t., r.)
mestare (t.)
mesticare (t., r.)
mesticciare (t.)
metafisicare (i.)
metaforeggiare (i.)
metaforizzare (i.)
metallizzare (t.)
miagolare (i., t.)
midollare (a.)
migliorare (t.)
mignolare (i.)
migrare (i.)
miliare (a., f.)
militare (i., a., m.)
militarizzare (t.)
millantare (t., r.)
minacciare (t.)
minare (t.)
minchionare (t.)
mineralizzare (r.)
minestrare (i.)
miniare (t., r.)
ministrare (i.)
minorare (t.)
minutare (t.)
+minuzzare (t.)
mirare (t., r.)
+mirrare (t.)
miscelare (t.)
mischiare (t.)
+misfare (i.)
+misticare (t.)
mistificare (t.)
mismare (t., r.)
mitigare (t., r.)
mitragliare (t.)
mitrare (t.)
mitriare (t.)
mobiliare (t., a.)
mobilitare (t.)
mobilizzare (t.)
moccicare (i.)
modellare (t., r.)
moderare (t.)
modernizzare (t.)
modificare (t.)
modulare (t.)
molare (a., t.)
molecolare (a.)
molestare (t.)
mollare (t.)
molleggiare (i.)
mollificare (t.)
moltiplicare (t., r.)
monacare (t., r.)
mondare (t.)
monetare (t.)
monopolizzare (t.)
montare (i., t.)
moraleggiare (t., i.)
moralizzare (t., i.)
mormoracchiare (i.)
mormorare (i., t.)
mormoreggiare (i.)
morsicare (t.)
morsicchiare (t.)
mortificare (t.)
moschettare (t.)
mostrare (t., r.)
motivare (t.)
motorizzare (t.)
motteggiare (t.)
movimentare (t.)
mozzare (t.)
mozzicare (t.)
mucciare (t., r.)
muffare (i.)
mugghiare (i.)
mugliare (i.)
mugolare (i.)
mulinare (t.)
multare (t.)
mummificare (t., r.)
municipalizzare (t.)
muracchiare (i.)
murare (t.)
musare (i.)
muscolare (a.)
muscoleggiare (i.)
musicare (t.)
mussare (i.)
mutare (t., r.)
mutilare (t.)
mutuare (t.)
narcotizzare (t.)
nare (f.)
narrare (t.)

naseggiare (i.)
naturalizzare (t.)
naturare (t., i.)
naufragare (i.)
nauseare (t.)
navigare (i., t.)
nazionalizzare (t.)
nebulare (a.)
necessitare (t.)
necrotizzare (t.)
negare (t., r.)
negoziare (t., i.)
nemicare (t.)
nerbare (t.)
nereggiare (i.)
nericare (i.)
nettare (t.)
neutralizzare (t.)
nevicare (i., t.)
nicchiare (i.)
nichelare (t.)
nichellare (t.)
nidificare (i.)
niellare (t., i.)
ninnare (t.)
ninnolare (i., r., t.)
nobiliare (a.)
nobilitare (t., r.)
noiare (t.)
noleggiare (t.)
nomare (i.)
nominare (t.)
normalizzare (t.)
notare (t.)
notificare (t.)
+novare (t.)
novellare (i.)
noverare (i.)
nudare (t.)
numerare (t.)
+nunziare (t.)
nuotare (i.)
+nutare (i.)
nutricare (t.)
obbligare (t., r.)
obiettare (t.)
obliare (t.)
obliterare (t.)
obrogare (t.)
+occare (t.)
occasionare (t.)
occhiare (t.)
occhieggiare (i.)
occultare (t.)
occupare (t., r.)
oculare (a., m.)
odiare (t.)
odoracchiare (i.)
odorare (t., i.)
officiare (i.)
offuscare (t.)
oggettivare (t.)
olezzare (i.)
oltraggiare (t.)
oltremare (m., avv.)
oltrepassare (t.)
ombrare (t., r.)
ombreggiare (t.)
omologare (t.)
ondare (i.)
ondeggiare (i.)
ondoleggiare (i.)
ondulare (i., t.)
onerare (t.)
onestare (t.)
onorare (t., r.)
+ontare (t.)
opalizzare (i.)
operare (i., t.)
opinare (i.)
oppiare (t.)
+oppignorare (t.)
oppilare (t.)
+oppressare (t.)
oppugnare (t.)
optare (i.)
oracoleggiare (i.)
orare (t.)
orbare (t.)
orbicolare (a., m.)
orchestrare (t.)
ordinare (t., r.)
orecchiare (i.)
+oreggiare (i.)
+orezzare (i.)
organare (t.)
organizzare (t.)
oricellare (a.)
orientare (t., r.)
originare (t., i.)
origliare (i.)
orinare (i.)
orizzontare (t., r.)
orlare (t.)
ormare (t.)
ormeggiare (t.)
ornamentare (t.)
ornare (t.)
orpellare (t.)
+ortare (t.)
orzare (i.)
osannare (i.)
osare (t., i.)
oscillare (i.)
oscurare (t., r.)
ospitare (t.)
ossequiare (t.)
osservare (t.)
ossidare (t., r.)
ossificare (t., r.)
ossigenare (t.)
ostacolare (t.)
ostare (i.)
osteggiare (t.)
ostentare (t.)
ostinare (r.)
otricolare (a.)
ottangolare (a.)
+ottare (t.)
ottemperare (i.)
ottenebrare (i.)
ottonare (t.)
ottuplicare (t.)
otturare (t., r.)
ovattare (t.)
ovviare (i.)
oziare (i.)
ozieggiare (i.)
pacare (t.)
pacchiare (i.)
pacificare (t.)
padreggiare (i.)
padroneggiare (t., r.)
paganeggiare (i.)
paganizzare (t.)
pagare (t., r.)
palafittare (t.)
palare (t.)
paleggiare (t.)
palesare (t., r.)
palettare (t.)
palificare (t.)
palleggiare (i., t., r.)

palliare (t.)
palmare (a., m.)
palpare (t.)
palpebrare (i.)
palpeggiare (t.)
palpitare (i.)
panare (t.)
panificare (t., i.)
pannare (i.)
panneggiare (i.)
papillare (a.)
pappare (t.)
paradossare (i.)
parafare (t.)
parafrasare (t.)
paragonare (t.)
paragrafare (t.)
paralizzare (t.)
paralogizzare (i.)
parare (t., i.)
parcare (t.)
pare (i.)
pareggiare (t.)
pargoleggiare (i.)
parificare (t.)
parlamentare
(a., m., i.)
parlare (i.)
parlottare (i.)
parodiare (t.)
partecipare (i., t.)
parteggiare (i.)
particolare (a., m.)
particolareggiare (i.)
parzialeggiare (i.)
pascolare (i., r.)
passare (i., t.)
passavogare (i.)
passeggiare (i., t.)
pasteggiare (i.)
pastorizzare (t.)
pasturare (t.)
patibolare (a.)
patinare (t.)
patrizzare (i.)
patrocinare (t.)
pattare (i.)
patteggiare (i., t.)
pattinare (i.)
pattugliare (i.)
patullare (r., t.)

paupulare (i.)
pausare (i.)
paventare (i., t.)
pavesare (t.)
pavimentare (t.)
pavoneggiare (r.)
pazientare (i.)
pazzeggiare (i.)
peccare (i.)
peculiare (a.)
pedalare (i.)
pedaleggiare (i.)
pedanteggiare (i.)
pedicellare (a.)
pedicolare (a.)
pedinare (t.)
peduncolare (a.)
peggiorare (t., i.)
pelare (t., r.)
pellegrinare (i.)
pellicciare (t.)
penare (i.)
pencolare (i.)
penetrare (i., t.)
penzolare (i.)
perdonare (t., i., r.)
perdurare (i.)
peregrinare (i.)
perennare (t.)
perequare (t.)
perfezionare (t., r.)
perfidiare (i.)
perforare (t.)
+periclitare (i.)
pericolare (i.)
perifrasare (t.)
periodare (i., m.)
peritare (r.)
periziare (t.)
perlustrare (t.)
permeare (t.)
permutare (t.)
pernottare (i.)
perorare (t.)
perpendicolare (a., f.)
perpetrare (t.)
perpetuare (t., r.)
perscrutare (t.)
perseguitare (t.)
perseverare (i.)
personeggiare (t.)

personificare (t.)
perticare (t.)
pertugiare (t.)
perturbare (t.)
pesantare (t.)
pesare (i., t., r.)
pescare (t., i.)
pestare (t.)
petrarcheggiare (i.)
petrificare (t., r.)
pettegolare (i.)
pettegoleggiare (i.)
pettinare (t., r.)
+piacentare (i.)
piacevoleggiare (i.)
piagare (t.)
+piagentare (i.)
piaggiare (i., t.)
piagnucolare (i.)
piallare (t.)
pianare (t.)
pianeggiare (i.)
piangiucchiare (i.)
piantare (t., r.)
piantonare (t.)
piare (i.)
piattonare (t.)
piazzare (t., r.)
piccare (r., i.)
picchettare (t.)
picchiare (i., t., r.)
picchierellare (t., i.)
picchiettare (t.)
picchiolare (t.)
picconare (t.)
piegare (t., r.)
piegheggiare (i.)
pieghettare (t.)
pietrificare (t., r.)
pietrificare (t., r.)
pifferare (i.)
pigiare (t., i., r.)
pigliare (t.)
pignorare (t.)
pigolare (i.)
pillare (t.)
pillolare (a.)
pillottare (t.)
pilotare (t.)
piluccare (t.)
pinzare (t.)

piombare (i., t.)
piombinare (t.)
piotare (t.)
piovigginare (i.)
pioviscolare (i.)
pipare (i.)
pipiare (i.)
pipiliare (i.)
piramidare (t.)
pirateggiare (i.)
piroettare (i.)
pisciare (i., t.)
pisolare (i.)
pispigliare (i.)
pispolare (i.)
pitagoreggiare (i.)
pitoccare (i.)
pittare (t.)
pitturare (t., r.)
pizzicare (t., i.)
pizzicottare (t.)
placare (t., r.)
placcare (t.)
plagiare (t.)
planare (i.)
plantare (a.)
plasmare (t.)
platinare (t.)
plebeizzare (i.)
pleniluniare (a.)
plorare (i.)
pluralizzare (t.)
pluricellulare (a.)
pluriloculare (a.)
poetare (i.)
poeteggiare (i.)
poetizzare (i., t.)
poffare (escl.)
poggiare (i., t.)
polare (a.)
polarizzare (t., r.)
polemizzare (i.)
poligrafare (t.)
polmonare (a.)
poltroneggiare (i.)
polverizzare (t., r.)
pomiciare (t.)
pompare (t.)
pompeggiare (i.)
ponderare (t.)
pontare (t., i.)
pontificare (i.)
ponzare (i.)
popolare (t., r., a.)
popolarizzare (t., r.)
poppare (t., r., i.)
porcellanare (t.)
porcheggiare (i.)
porfirizzare (t.)
porporeggiare (i.)
portare (t., r.)
posare (t., i., r.)
postare (t., r.)
posteggiare (t., i.)
postergare (t.)
+posticciare (t.)
posticipare (t.)
postillare (t.)
postmilitare (a.)
postulare (t.)
potare (t.)
potenziare (t.)
pranzare (i.)
praticare (t., i.)
preaccennare (t.)
preaccusare (t.)
+preambolare (i.)
preannunziare (t.)
preavvisare (t.)
precettare (t.)
precipitare (t., i.)
precisare (t.)
preconizzare (t.)
predare (t.)
predestinare (t.)
predeterminare (t.)
predicare (i., t.)
predominare (i., t.)
prefigurare (t.)
preformare (t.)
pregare (t.)
pregiare (t., r.)
pregiudicare (t., r.)
pregustare (t.)
preintonare (t.)
prelevare (t.)
prelibare (t.)
preliminare (a., m.)
preludiare (i.)
premeditare (t.)
premiare (t.)
premilitare (a., m.)
premolare (a., m.)
prenarrare (t.)
prenotare (t., r.)
prenunziare (t.)
preoccupare (t., r.)
preordinare (t.)
preparare (t., r.)
preparucchiare (t.)
preponderare (i.)
presentare (t., r.)
presenziare (i., t.)
preservare (t.)
presidiare (t.)
pressare (t.)
+prestanziare (t.)
prestare (t., r.)
+prestigiare (t.)
pretestare (i.)
prevaricare (i.)
preventivare (t.)
prezzare (t., r.)
prezzolare (t.)
prillare (t., i.)
primeggiare (i.)
+principare (t., i.)
principiare (t.)
privare (t., r.)
privilegiare (t.)
procacciare (t., r.)
processare (t.)
processionare (i.)
proclamare (t.)
proconsolare (a.)
procrastinare (t., i.)
procreare (t.)
procurare (t., r.)
prodeggiare (i.)
prodigalizzare (t., i.)
prodigare (t., r.)
proemiare (i.)
profanare (t.)
professare (t., r.)
profetare (t.)
profetizzare (t.)
profilare (t., r.)
profittare (i.)
+profligare (t.)
profondare (i., r., t.)
profumare (t., r.)
progenerare (t.)
progettare (t.)

prognosticare (t.)
programmare (t.)
proiettare (t., r., i.)
prolificare (i.)
prolungare (t.)
promanare (t., i.)
promulgare (t.)
+pronominare (t.)
pronosticare (t.)
+prontare (t., r., i.)
pronunciare (t.)
pronunziare (t.)
propagandare (t.)
propagare (t., r.)
propagginare (t.)
propalare (t.)
+propensare (t., i., r.)
propinare (i.)
propiziare (t., r.)
proporzionare (t.)
propugnare (t.)
propulsare (t.)
prorogare (t.)
prosciugare (t.)
proseggiare (i.)
prosperare (i., t.)
prospettare (t.)
prosternare (t., r.)
prostrare (t., r.)
protestare (i., t., r.)
protocollare (t., a.)
provare (t., i., r.)
+provecciare (i.)
provenzaleggiare (i.)
proverbiare (t.)
provocare (t.)
provvisionare (t.)
prueggiare (i.)
pubblicare (t.)
puddellare (f.)
pugnalare (t.)
pugnare (i.)
+pugnolare (t.)
pulimentare (t.)
pullulare (i.)
pulsare (i., t.)
pulvinare (m.)
pungolare (t.)
puntare (i., t., r.)
punteggiare (t.)
puntellare (t., r.)
punticolare (a.)
puntigliare (r.)
punzecchiare (t.)
punzonare (t.)
pupazzeggiare (t.)
pupillare (a.)
purgare (t., r.)
purificare (t., r.)
pusignare (i.)
+putare (t.)
putrefare (i., r.)
puzzacchiare (i.)
puzzare (i.)
puzzecchiare (i.)
puzzicchiare (i.)
quadrangolare (a.)
quadrare (t., i.)
quadrettare (t.)
quadruplicare (t.)
quagliare (t., r., i.)
qualificare (t.)
+quare (cong.)
querulare (t., r.)
questionare (i.)
questuare (i.)
quietanzare (t.)
quietare (t., r.)
quintuplicare (t.)
quitanzare (t.)
quotare (t.)
rabballinare (t.)
rabbaruffare (i., t.)
rabbatuffolare (t.)
rabberciare (t.)
rabboccare (t.)
rabbonacciare (i., r.)
rabbreviare (t., r.)
rabbriccicare (t.)
rabbrunare (t., r.)
rabbruscare (i.)
rabbruscolare (t.)
+rabbruzzare (i., r.)
rabbruzzolare (i., r.)
rabbuffare (t., r.)
rabbuiare (i., r.)
rabescare (t.)
raccapezzare (t., r.)
raccapigliare (r.)
raccapricciare (i., r., t.)
raccartocciare (t., r.)
raccattare (t.)
racceffare (t.)
raccenciare (t., r.)
raccentrare (t.)
raccerchiare (t.)
raccertare (t., r.)
raccettare (t.)
racchetare (t., r.)
racchiocciolare (r.)
racciabbattare (t.)
racciarpare (t.)
raccoccare (t.)
raccomandare (t., r.)
raccomodare (t., r.)
raccomunare (t., r.)
+raccomunicare (t.)
racconciare (t., r.)
racconsolare (t., r.)
raccontare (t.)
raccorciare (t.)
raccordare (t., i., r.)
raccosciare (r.)
raccostare (t.)
raccotonare (t.)
raccozzare (t., r.)
raccrespare (t., r.)
racimolare (i., t.)
racquetare (t., r.)
racquietare (t., r.)
radazzare (t.)
raddensare (t., r.)
raddrizzare (t., r.)
raddobbare (t.)
raddolcare (i., t.)
+raddolciare (t.)
+raddomandare (t.)
raddoppiare (t., i., r.)
raddormentare (t., r.)
raddossare (t.)
raddrizzare (t., r.)
raddurare (i., r.)
radiare (i., t.)
radicaleggiare (i.)
radicare (i., r.)
radunare (t., r.)
raffacciare (t.)
raffagottare (t.)
+raffare (t., i.)
raffazzonare (t.)
raffermare (t., r.)
raffibbiare (t.)
raffigurare (t., r.)

raffilare (t.)
raffinare (t., i., r.)
rafforzare (t., r.)
raffratellare (t., r.)
raffreddare (t., r., i.)
raffrenare (t., r.)
raffrescare (i., r.)
raffrettare (t.)
raffriggolare (i.)
raffignare (t.)
raffrontare (t., i., r.)
raffusolare (t., i., r.)
raggelare (i., r.)
+ragghiare (i.)
raggiare (i., t.)
raggiornare (i.)
raggiurare (t., r.)
raggiuntare (t.)
raggiustare (t., r.)
ragglutinare (t.)
raggomitolare (t., r.)
raggranchiare (t., i., r.)
raggranellare (t.)
raggricchiare (r.)
raggrinchiare (r.)
raggrinzare (t., r., i.)
raggroppare (t., r.)
raggrottare (t.)
raggrovigliare (t., r.)
raggrovigliolare (t., r.)
raggrumare (t., i., r.)
raggrumolare (t., r.)
raggruppare (t., r.)
+raggruzzare (r.)
raggruzzolare (t.)
ragguagliare (t.)
ragionacchiare (i.)
ragionare (i., t., r.)
ragliare (i.)
ragnare (i., r.)
ragunare (t.)
ralingare (t.)
rallargare (t., r.)
rallegrare (t., r.)
rallentare (t., r.)
rallevare (t.)
rallignare (i.)
+rallumare (t.)
ralluminare (t., i., r.)
rallungare (t.)
ramare (t.)
ramatare (t.)
ramazzare (t.)
rameggiare (t., i.)
ramicciare (t.)
ramificare (i., r.)
ramingare (i.)
rammagliare (t.)
rammarginare (t., i., r.)
rammaricare (t., r.)
rammassare (t.)
rammattonare (t.)
rammemorare (t., r.)
rammendare (t.)
rammentare (t., r.)
rammodernare (t.)
rammortare (t.)
rammulinare (t., i.)
rampare (i., t.)
rampicare (i., r.)
rampinare (i.)
rampognare (t., r.)
rampollare (i.)
rancare (i.)
rancheggiare (i.)
ranchettare (i.)
+rancurare (i., r.)
randeggiare (i.)
randellare (t.)
ranfignare (t.)
+rangolare (i.)
rannerare (i., r.)
rannestare (t.)
rannicchiare (r., t.)
rannidare (t., r.)
rannuvolare (i., r.)
rantolare (i.)
rapare (t., r.)
rapinare (t., i.)
rappaciare (t., r.)
rappacificare (t., r.)
rappallottolare (t.)
rappattumare (t., r.)
rappezzare (t.)
rappianare (t.)
rappiccare (t.)
rappiccicare (t., r.)
rappiccicottare (t.)
rappigliare (i., r.)
rappisolare (r.)
rapportare (t., r.)
rappozzare (i.)
rappresagliare (t.)
rappresentare (t.)
rapprossimare (t., r.)
ranfare (t., r.)
rarificare (t.)
rasare (t.)
raschiare (t., i.)
rasciugare (t., r.)
rasentare (t.)
rasierare (t.)
raspare (t.)
raspollare (t., i.)
rassegare (i., r.)
rassegnare (t., r.)
rassembrare (i., t., r.)
+rassemprare (t.)
rasserenare (t., i., r.)
rassestare (t.)
rassettare (t., r.)
rassicurare (t., r.)
rassodare (t., i., r.)
rassomigliare (i., r.,
rassottigliare (t., r.
+rastiare (t.)
rastrellare (t.)
rastremare (t.)
ratrare (t.)
ratificare (t.)
ratizzare (t.)
rattaccare (t.)
rattacconare (t.)
rattemperare (t., r.)
rattinare (t.)
rattizzare (t.)
rattoppare (t.)
rattralciare (t.)
rattristare (t., r.)
raumiliare (t., r.)
+raunare (t.)
+raugunare (t.)
ravvalorare (t.)
ravvelenare (t., r.)
ravvenare (i.)
ravversare (t., r.)
ravviare (t., r.)
ravvicinare (t., r.)
ravviluppare (t., r.)
ravvisare (t.)
ravvivare (t., r.)
ravvoltare (t.)
ravvoltolare (t., r.)

raziocinare (i.)
razionare (t.)
razzare (t., i., r.)
razziare (t.)
razzolare (i.)
realizzare (t., r.)
rebbiare (t.)
recalcitrare (i.)
recapitare (t., i.)
recapitolare (t.)
recare (t., r.)
recidivare (i.)
reciprocare (t.)
recitare (t.)
reclamare (i., t.)
reclinare (t., i.)
reclutare (t.)
reconciliare (t., r.)
recriminare (i.)
recuperare (t.)
+redare (t.)
+redintegrare (t.)
reduplicare (t.)
refertare (i.)
+reficiare (t., r.)
refiziare (t., r.)
refocillare (t., r.)
refrigerare (t.)
refusare (t.)
+refutare (t.)
regalare (t., r.)
regatare (i.)
registrare (t.)
regnare (i., t.)
regolamentare (a.)
regolare (t., r., a.)
regolarizzare (t.)
reinfettare (t.)
reintegrare (t.)
reiterare (t.)
relegare (t.)
reluttare (i.)
remare (i.)
remeggiare (i.)
remigare (i.)
+remolare (i.)
+remorchiare (t.)
remunerare (t.)
renare (t.)
+reparare (t.)
replicare (t.)
+reprobare (t.)
repudiare (t.)
repugnare (i.)
reputare (t., r.)
resecare (t.)
residuare (t., i.)
resinificare (t., r.)
respirare (i., t.)
restare (i.)
restaurare (t.)
restremare (t.)
resultare (i.)
retare (t., i.)
reticolare (t., a.)
retoricare (i.)
retrodatare (t.)
retrogradare (i.)
rettangolare (a.)
+rettare (i.)
rettificare (t.)
reumatizzare (t.)
reverberare (t., i., r.)
revivificare (t.)
revocare (t.)
revolverare (t.)
riabbaiare (i.)
riabbassare (t., i.)
riabbigliare (r.)
riabbottonare (t., r.)
riabbracciare (t.)
riabilitare (t., r.)
riaccalappiare (t.)
riaccasare (t., r.)
riaccennare (t.)
riaccomodare (t.)
riaccompagnare (t., r.)
riacconciare (t., r.)
riaccorciare (t.)
riaccordare (t., r.)
riaccostare (t., r.)
riaccozzare (t.)
riaccreditare (t., r.)
riacquistare (t., r.)
riadagiare (t., r.)
riadattare (t., r.)
riaddolorare (t., r.)
riaddormentare (t., r.)
riadoperare (t., r.)
riaffacciare (t., r.)
riaffarinare (i.)
riaffermare (t.)
riafferrare (t., r.)
riaffilare (t.)
riaffittare (t.)
riaffratellare (t., r.)
riaffrettare (t.)
riaffrontare (t.)
riaggiogare (t.)
riaggiustare (t.)
riaggravare (t., r.)
riagguantare (t.)
riallacciare (t.)
riallargare (t., r.)
riallattare (t.)
riallentare (t.)
riallettare (t., r.)
riallungare (t., r.)
rialzare (t., r.)
riamare (t.)
riamicare (t., r.)
riammalare (i., r.)
riammirare (t.)
riammobiliare (t.)
riammogliare (r.)
riandare (i.)
rianimare (t., r.)
riannodare (t.)
riannunziare (t.)
riannuvolare (r.)
riappaciare (t., r.)
riappaltare (t.)
riappassionare (r.)
riappellare (i., r.)
riappezzare (t.)
riappiccare (t.)
riappiccicare (t., r.)
riappigionare (t.)
riapplicare (t.)
riarmare (t., r.)
riassaggiare (t.)
riassaltare (t.)
riassaporare (t.)
riassediare (t.)
riassestare (t., r.)
riassettare (t., r.)
riassicurare (t., r.)
riassociare (t., i.)
riattaccare (t., r.)
riattare (t.)
riatterrare (t.)
riattivare (t.)
riattizzare (t.)

riattraversare (t.)
riagurare (t.)
riavallare (t.)
riavolare (t.)
riavvallare (i., r.)
riavventare (t., r.)
riavvezzare (t.)
riavvicinare (t., r.)
riavvisare (t.)
ribaciare (t.)
ribadare (t.)
ribagnare (t., r.)
+ribaldare (i.)
ribaldeggiare (i.)
ribaltare (i., t.)
ribalzare (i.)
ribanchettare (i.)
ribarattare (t.)
ribarbare (i.)
ribarbicare (i.)
ribassare (t., i.)
ribastonare (t.)
ribattezzare (t.)
ribeccare (t.)
ribellare (t., r., i.)
ribeneficare (t.)
ribisognare (i.)
riboccare (i.)
ribrezzare (r.)
ribrontolare (i.)
ribruciare (t.)
ribruscolare (t.)
ribucare (t.)
+ribuffare (t.)
ribussare (t.)
ributtare (t.)
ribuzzare (t.)
ricacciare (t., r.)
ricalare (i.)
ricalcare (t.)
ricalcitrare (i.)
ricalpestare (t.)
ricalzare (t.)
ricamare (t.)
ricambiare (t.)
ricamminare (i.)
ricamucchiare (i.)
ricancellare (t.)
ricantare (t., i.)
ricapitare (t., i.)
ricapitolare (t.)

ricaricare (t., r.)
ricascare (i.)
ricattare (t., r.)
ricavare (t.)
ricercare (t.)
ricesellare (t.)
ricettare (t., i.)
richiamare (t., r.)
richinare (t., r.)
ricioncare (t.)
ricitare (t.)
ricolare (t.)
ricollegare (t., r.)
ricollocare (t., r.)
ricolmare (t.)
ricolorare (t., r.)
ricoltivare (t.)
ricomandare (t.)
ricombinare (t.)
ricominciare (t., i.)
ricompaginare (t.)
ricompensare (t.)
ricomperare (t., r.)
ricompilare (t.)
ricomprare (t., r.)
ricomputare (t.)
ricomunicare (t., r.)
riconcentrare (t., r.)
+riconciare (t., r.)
riconciliare (t., r.)
riconcimare (t.)
ricondannare (t.)
ricondensare (t., r.)
riconfermare (t.)
riconfessare (t.)
riconfidare (t.)
riconfiscare (t.)
riconfortare (t., r.)
riconfutare (t.)
ricongedare (t.)
ricongiurare (i.)
riconquistare (t.)
riconsacrare (t.)
riconsegnare (t.)
riconsolare (t., r.)
riconsultare (t.)
riconvalidare (t.)
ricopiare (t.)
ricorcare (t., r.)
ricordare (t., r.)
ricoricare (t., r.)

ricoronare (t.)
ricoverare (t., r.)
ricreare (t., r.)
ricuperare (t.)
ricusare (t.)
ridacchiare (i.)
ridare (t., r.)
riddare (i.)
ridestare (t., r.)
ridimostrare (t.)
ridisegnare (t.)
ridiventare (i.)
ridomandare (t.)
ridonare (t.)
ridondare (i.)
ridotare (t.)
+ridottare (t.)
ridubitare (i.)
riducchiare (i.)
rieccitare (t., r.)
riedificare (i.)
rieducare (t.)
riemigrare (i.)
rientrare (i.)
riepilogare (t.)
riesaminare (t.)
riesercitare (t., r.)
riesiliare (t.)
riesplorare (t.)
riespugnare (t.)
rievocare (t.)
rifabbricare (t.)
rifalciare (t.)
rifallare (t.)
rifare (t., r.)
rifasciare (t.)
rifecondare (t.)
rifermare (t.)
riferrare (t.)
rifessare (t.)
riffarinare (i.)
rifiancare (t.)
rifiatare (i.)
rificcare (t., r.)
rifigurare (t.)
rifilare (t.)
+rifinare (i.)
rifischiare (i., t.)
rifiutare (t.)
riflagellare (t.)
rifocillare (t., r.)

rifoderare (t.)
rifolare (i.)
rifolgorare (i.)
rifondare (t.)
riforare (t.)
riformare (t., r.)
rifortificare (t.)
rifrancare (t., r.)
rifreddare (t., r.)
rifrenare (t.)
+rifrigerare (t.)
+rifriggerare (t.)
rifrugare (t.)
rifrustare (t.)
rifugiare (r.)
rifumare (t., i.)
+rifusare (t.)
+rifutare (t.)
rigalleggiare (i.)
rigare (t.)
rigenerare (t., r.)
rigermogliare (i.)
rigettare (t., r.)
righettare (t.)
rigiocare (t., i.)
rigirare (t., i., r.)
rigiudicare (t.)
rigiurare (i.)
rignare (i.)
rigonfiare (t., i., r.)
rigovernare (t.)
rigracchiare (i.)
rigraffiare (t.)
rigridare (t., i.)
riguadagnare (t., i.)
riguardare (t., r.)
riguidare (t.)
rigurgitare (i.)
rigustare (t.)
rilanciare (t.)
rilasciare (t.)
rilassare (t., r.)
rilavare (t.)
rilavorare (t.)
rileccare (t.)
rilegare (t.)
rilevare (t., r., i.)
rilimare (t.)
rilitigare (i.)
rilodare (t.)
riluccicare (i.)

rilusingare (t.)
rilustrare (t.)
riluttare (i.)
rimandare (t.)
rimaneggiare (t.)
rimangiare (t.)
rimarcare (t.)
rimare (t., i.)
rimaneggiare (i.)
rimarginare (t., r.)
rimaritare (t., r.)
rimasticare (t.)
rimbacuccare (t., r.)
rimballare (t., i.)
rimbalzare (i.)
rimbarcare (t., i., r.)
rimbeccare (t.)
+rimberciare (t.)
rimbiancare (t., i.)
rimboccare (t.)
rimbombare (i.)
rimborsare (t.)
rimboscare (t.)
rimbottare (t.)
rimbracciare (t.)
rimbrecciare (t.)
rimbrigliare (t.)
rimbrodolare (t.)
rimbrogliare (t.)
rimbrontolare (t.)
rimbrottare (t.)
rimbucare (t., i., r.)
rimbussolare (t.)
rimbuzzare (t., r.)
rimediare (t., i.)
rimedicare (t., r.)
rimeditare (t., i.)
rimeggiare (i.)
rimembrare (t., i.)
+rimemorare (t.)
rimenare (t.)
rimendare (t.)
rimeritare (t.)
rimescolare (t., r.)
rimestare (t.)
rimirare (t., r.)
rimodellare (t.)
rimodernare (t., r.)
rimondare (t.)
rimontare (t., i.)
rimorchiare (t., r.)

rimormorare (t.)
rimostrare (t.)
rimpaciare (t., r.)
rimpaginare (t.)
rimpagliare (t.)
rimpallare (i.)
+ripalmare (t.)
rimpanare (t.)
rimpanucciare (t., r.)
rimpantanare (r.)
rimparare (t.)
rimpastare (t., r.)
rimpasticciare (t.)
rimpatriare (i., r.)
rimpazzare (i.)
rimpeciare (t.)
rimpegnare (t.)
rimpelare (r.)
rimpellare (t.)
rimpillicciare (t., r.)
rimpennare (t., i., r.)
rimpiaccicare (t.)
rimpiaccicottare (t., i.)
rimpiagare (t., r.)
rimpiallacciare (t.)
rimpiastrare (t.)
rimpiastricciare (t.)
rimpiattare (t., r.)
rimpiazzare (t.)
rimpinguare (t., r.)
rimpinzare (t., r.)
rimpippiare (i., r.)
rimpiumare (r.)
rimpolpare (i., r., t.)
rimpolpettare (t.)
rimpossessare (r.)
rimprocciare (t.)
rimproverare (t., r.)
rimuginare (t.)
rimunerare (t.)
rimurare (t.)
rimutare (t., r.)
rinarrare (t.)
rinavigare (t., i.)
rincacciare (t.)
rincagnare (r.)
rincalzare (t.)
rincamminare (r.)
rincanagliare (r.)
rincantucciare (t., r.)
rincappare (i.)

rincappellare (t., r.)
rincarare (t., i.)
rincarnare (t., i., r.)
rincartare (t., i.)
rincasare (i., r.)
rincentrare (t.)
rinchinare (t., r.)
rinciampare (i., t.)
rincincignare(t.)
rincollare (t., r.)
rincominciare (t.)
rincontrare (t., r.)
rincorare (t., r.)
rincordare (t.)
rincorporare (t., r.)
rincrespare (t., r.)
rincrunare (i.)
rinculare (i.)
rindubitare (t., r.)
rindossare (t.,
rinettare (t.)
rinevicare (i.)
rinfacciare (t.)
rinfagottare (t., r.)
+rinfamare (t.)
rinfangare (t.)
rinfantocciare (t., r.)
rinferraiolare (t., r.)
rinferrare (t., r.)
rinfervorare (t., r.)
rinfiammare (t., r.)
rinfiancare (t.)
rinfiorare (t., r., i.)
rinfocare (t., r.)
rinfocolare (t.)
rinfoderare (t.)
rinformare (t.)
rinfornare (t.)
rinforzare (t., i., r.)
rinfoscare (i.)
rinfrancare (t., r.)
rinfrescare (t., i., r.)
rinfrignare (t.)
rinfrinzellare (t.)
rinfronzolare (i., r.)
ringabbiare (t.)
ringalluzzare (i., r., t.)
ringambare (t., i., r.)
+ringavagnare (t.)
ringhiare (i.)
ringinocchiare (i.)
ringoiare (t., r.)
ringolfare (r.)
ringollare (t., r.)
ringorgare (i., r.)
ringranare (t.)
ringrassare (t., i.)
ringraziare (t.)
ringrossare (t., i., r.)
ringuainare (t.)
ringuiggiare (t.)
rinnalzare (t., r.)
rinnamorare (t., r.)
rinnegare (t.)
rinnervare (r.)
rinnestare (t.)
rinnocare (i.)
rinnovare (t., r.)
rinnovellare (t., r.)
rinomare (t.)
rinominare (t.)
rinquadrare (t.)
rinquartare (t., i., r.)
rinsaccare (t., i., r.)
rinsaldare (t.)
rinsanguare (t., r.)
rinsanguinare (t., r.)
rinsanicare (i., t.)
rinselvare (r., t.)
rinserrare (t., r.)
rinsudiciare (t., r.)
rintanare (r., t.)
rintasare (t.)
rintascare (t.)
rintavolare (t.)
rintegolare (t.)
rintegrare (t.)
rinterrare (t.)
rinterzare (t., i.)
rintoccare (i.)
rintombare (i.)
rintonacare (t.)
rintopare (t.)
rintorbidare (t., r.)
rintorzolare (t., i.)
rintracciare (t.)
rintronare (t., i.)
rintuffare (t.)
rintuzzare (t.)
rinunziare (t., i.)
rinvangare (t.)
rinvasare (t.)
rinvergare (t., i.)
rinverniciare (t.)
rinverzare (t.)
rinverzicare (i.)
rinverzicolare (i.)
rinviare (t., r.)
+rinvigorare (t., i.)
rinviliare (t., i.)
rinviluppare (t.)
rinvitare (t.)
rinvogliare (t.)
rinvoltare (t.)
rinzaccherare (t., r.)
rinzaffare (t.)
rinzeppare (t., r.)
riobbligare (t., r.)
rioccupare (t.)
rionorare (t.)
rioperare (t., i.)
riordinare (t.)
riorganizzare (t.)
riosservare (t.)
ripacificare (t.)
ripagare (t.)
ripalpare (t.)
ripalpitare (i.)
riparare (t., i., r.)
riparlare (i., r.)
ripassare (t., i.)
ripasseggiare (i.)
ripatriare (i., r., t.)
ripeccare (i.)
ripeggiorare (t.)
ripensare (i., t.)
riperdonare (t.)
ripesare (t.)
ripescare (t.)
ripezzare (t.)
ripiallare (t.)
ripianare (t.)
ripiantare (t.)
ripicchiare (t., i., r.)
ripiegare (t., r.)
ripigiare (t.)
ripigliare (t., r.)
ripiombare (i., t.)
riplasmare (t.)
ripopolare (t.)
riportare (t., r.)
riposare (t., i., r.)
ripotare (t.)

ripranzare (i.)
ripregare (t.)
ripremiare (t.)
ripresentare (t., r.)
riprestare (t.)
riprincipiare (t.)
ripristinare (t.)
riprovare (t., r.)
ripubblicare (t.)
ripudiare (t.)
ripugnare (i.)
ripullulare (i.)
ripulsare (t.)
ripuntare (t.)
ripurgare (t., r.)
riputare (t., r.)
riquadrare (t., r., i.)
risaldare (t.)
risaltare (t., i.)
risalutare (t.)
risanare (t., i.)
risanguinare (i.)
riscaldare (t., i., r.)
riscappare (i.)
riscappinare (t.)
riscattare (t., r.)
rischiarare (t., i., r.)
rischiare (t., i.)
risciacquare (t., r.)
riscomunicare (t.)
riscontare (t.)
riscontrare (t., r.)
riscoppiare (i.)
risecare (t.)
riseccare (t., i., r.)
risegare (t.)
risegnare (t.)
riseguitare (t.)
riseminare (t.)
risensare (i., r.)
risequestrare (t.)
riserbare (t.)
riserrare (t.)
riservare (t.)
risgorgare (i.)
risguardare (t.)
risicare (t., i.)
risigillare (t.)
risoffiare (t., i., r.)
risoggiogare (t.)
risognare (t., i.)
risolare (t.)
risollevare (t.)
risommare (t.)
risomministrare (t.)
risonare (i., t.)
rispacciare (t.)
rispalmare (t.)
risparmiare (t., r.)
rispazzare (t.)
rispecchiare (t.)
rispettare (t., r.)
rispianare (t.)
rispiegare (t.)
rispogliare (t., r.)
rispolverare (t.)
risposare (t.)
risprangare (t.)
rispuntare (i.)
rissare (i., r.)
ristagnare (t., i.)
+ristallare (i.)
ristampare (t.)
ristare (i., r.)
ristaurare (t.)
ristimare (t.)
ristoppare (t.)
ristoppiare (t., i.)
ristorare (t., r.)
ristornare (i.)
ristrisciare (t.)
ristuccare (t.)
ristudiare (t.)
ristuzzicare (t.)
risucchiare (t.)
risucciare (t.)
risultare (i.)
risuscitare (t., i.)
risvegliare (t., r.)
risvoltare (i.)
ritagliare (t.)
ritagliuzzare (t.)
ritardare (t., i.)
ritassare (t.)
ritastare (t.)
ritemperare (t., r.)
ritemprare (t., r.)
ritentare (t., i.)
ritirare (t., i.)
ritmare (t.)
ritoccare (t., r.)
ritondare (t.)
ritormentare (t.)
ritornare (i., r.)
ritosare (t.)
ritrasformare (t.)
+ritraslatare (t.)
ritrattare (t., r.)
ritraversare (t.)
ritrincerare (t., r.)
ritritare (t.)
ritroncare (t.)
ritrovare (t., r.)
rituffare (t.)
riumiliare (t.)
riusare (t., i.)
rivaccinare (t.)
rivaleggiare (i.)
rivalicare (t.)
rivalutare (t.)
rivangare (t.)
rivarcare (t.)
rivelare (t., r.)
rivendicare (t.)
riventilare (t.)
riverberare (t., i., r.)
+riverenziare (t.)
riverniciare (t.)
riversare (t., r.)
rivisitare (t.)
rivocare (t.)
rivogare (i., t.)
rivoltare (t., r.)
rinvoltolare (t., r.)
rivoluzionare (t.)
rizoppicare (i.)
rizzaffare (t.)
rizzare (t., r.)
rogare (t., r.)
rollare (i.)
romantizzare (t.)
romanzare (t.)
romanzeggiare (t., i.)
rombare (i.)
roncare (t., i.)
+roncheggiare (i.)
+roncigliare (t.)
roncolare (t.)
rondare (t., i.)
ronfare (i.)
ronfiare (i.)
ronzare (i.)
+rorare (t.)

rosicare (t.)
rosicchiare (t.)
rosolare (t.)
rosseggiare (i.)
+rossicare (i.)
rotare (t., i.)
roteare (i.)
rotolare (t., i., r.)
rotondare (t., r.)
rotondeggiare (i., t.)
roventare (t.)
rovesciare (t., r.)
rovigliare (t.)
rovinare (i., t., r.)
rovistare (t.)
rubacchiare (t.)
rubare (t.)
rubricare (t.)
+rufolare (t., i.)
rugare (t.)
rugghiare (i.)
rugliare (i.)
+rugumare (t., i.)
rullare (i., t.)
+rumare (t., i.)
ruminare (t.)
rumoreggiare (i.)
ruralizzare (t.)
ruscellare (i.)
ruspare (i)
russare (i.)
+ruticare (r.)
rutilare (i.)
ruttare (i.)
ruzzare (i.)
sabbiare (t.)
sabotare (t.)
saccarificare (t.)
saccheggiare (t.)
sacchettare (t.)
saccomannare (t.)
sacramentare (t., r.)
sacrare (t., r.)
sacrificare (t., r.)
saettare (t.)
saggiare (t.)
sagomare (t.)
sagramentare (t., i.)
sagrare (i., +t.)
salamistrare (i.)
salamoiare (i.)
salare (t.)
salariare (t.)
salassare (t.)
saldare (t., r.)
saliare (a.)
salificare (t.)
salivare (a., i.)
salmeggiare (i.)
salmodiare (i.)
salpare (i., t.)
saltabeccare (i.)
saltabellare (i.)
saltare (i., t.)
saltellare (i.)
salterellare (i.)
salticchiare (i.)
salutare (a., t.)
salvaguardare (t.)
salvare (t., r.)
sanare (t.)
sanguificare (i.)
sanguinare (i.)
sanicare (t.)
sanificare (t.)
santificare (t.)
sanzionare (t.)
saponificare (t.)
+saporare (t., m.)
sarchiare (t.)
sarchiellare (t.)
sassificare (t.)
satanеggiare (i.)
satinare (t.)
satireggiare (t.)
satollare (t., r.)
saturare (t., r.)
saziare (t., r.)
sbaccanare (i.)
sbaccaneggiare (i.)
sbaccellare (t.)
sbacchettare (t.)
sbacchiare (t., i.)
sbaciucchiare (t.)
sbadigliare (i.)
sbafare (t.)
sbagliare (t.)
+sbaiaffare (i.)
sbaioccare (i.)
sbaionettare (t.)
sbaldoriare (i.)
sbalestrare (i., t., r.)
sballare (t.)
sballottare (t.)
sbaluginare (i.)
sbalzare (t., i.)
sbalzellare (t.)
sbambagiare (i., r.)
sbancare (t.)
sbanchettare (i.)
sbandare (t., i., r.)
sbandeggiare (t.)
sbandellare (t.)
sbandierare (i.)
sbaragliare (t., r.)
+sbarattare (t.)
sbarazzare (t., r.)
sbarbare (t., r.)
sbarbicare (t.)
sbarbificare (t., r.)
sbarcare (t.)
sbardellare (t.)
sbarrare (t.)
sbarullare (t., i.)
sbassare (t.)
sbastardare (t.)
sbatacchiare (t., i., r.)
sbattagliare (i.)
sbattentare (t.)
sbattezzare (t., r.)
+sbattimentare (t.)
sbaulare (t., i.)
sbavagliare (t.)
sbavare (i., t., r.)
sbavazzare (t., r.)
sbeccucciare (t.)
sbeffare (t.)
sbeffeggiare (t.)
sbellicare (r.)
sbendare (t., r.)
sberciare (i.)
sberlingacciare (i.)
sberrettare (r.)
sbertare (t.)
sberteggiare (t.)
sbertucciare (t.)
sbevacchiare (i.)
sbevazzare (i.)
sbevucchiare (i.)
sbiancare (i., r.)
sbiasciare (t., i.)
sbicchierare (i.)
sbiecare (t., i., r.)

sbiettare (t., i.)
sbigonciare (i.)
sbilanciare (t., i., r.)
sbiliardare (i.)
sbiluciare (i.)
sbirtare (i.)
sbirciare (t., i.)
sbirreggiare (i.)
sbisoriare (t.,
sbloccare (i., t.)
sboccare (i., t.)
sbocciare (t., i.)
sbocconcellare (t.)
+sboglientare (t., r.)
sbolgiare (i.)
sbollare (t.)
sbolognare (t.)
sbombare (t.)
sbombazzare (t., i.)
sbombettare (i.)
sbonzolare (i., r.)
sboraciare (t.)
sborniare (t., i.)
sborsare (t.)
sboscare (t.)
sbottare (i.)
sbottonare (t., r., i.)
sbottoneggiare (i.)
sbozzare (t.)
sbozzimare (t.)
sbozzolare (i.)
sbracare (t., r.)
sbraccettare (t.)
sbracciare (t., r.)
sbraciare (t., i.)
sbraitare (i.)
sbramare (t., r.)
sbranare (t.)
sbrancare (t., r.)
sbrandellare (t.)
sbrattare (t.)
sbravazzare (i.)
sbreccare (t.)
sbrecciare (t.)
sbrendolare (i.)
sbricconeggiare (i.)
sbriciare (r., t.)
sbriciolare (t., r.)
sbrigare (t., r.)
sbrigliare (t., i., r.)
sbrindellare (t., i.)
sbroccare (t.)
sbroccolare (t.)
sbrodare (t.)
sbrodolare (t., r.)
sbrogliare (t., r.)
sbroncare (t.)
sbronciare (i.)
sbronconare (t.)
sbruffare (t.)
sbucare (i., t.)
sbucciare (t., r.)
sbudellare (t.)
sbuffare (i., t.)
sbugiardare (t.)
sbullettare (t., r., i.)
sburrare (t.)
sbuzzare (t., r.)
scacazzare (t.)
scacchiare (t.)
scacciare (t.)
scafare (t.)
scaffalare (t.)
scagionare (t., r.)
scagliare (t., r.)
scaglionare (t.)
scagnare (i.)
scalappiare (t., i.)
scalare (t., a.)
scalcagnare (i.)
scalcare (t.)
scalciare (i.)
scalcinare (t., r.)
scaldare (t., r.)
scalducciare (t., r.)
scalessare (i.)
scalettare (t.)
scalmanare (r.)
scalpellare (t.)
scalpellinare (t.)
scalpicciare (i.)
scalpitare (i.)
scalzare (t., r.)
scamatare (t.)
scambiare (t.)
scambiettare (i.)
scamerare (t.)
scamiciare (t.)
scamosciare (t.)
scamozzare (t.)
scampagnare (i.)
scampanare (i.)
scampanellare (i.)
scampare (t., i.)
scanagliare (i., t.)
scanalare (t., i.)
scancellare (t.)
scandagliare (t.)
+scandaleggiare (t., r.)
+scandalezzare (t., r.)
scandalizzare (t., r.)
scannare (t.)
scannellare (t.)
scanonicare (t., r.)
scansare (t., r.)
scantinare (i.)
scantonare (t., r., i.)
scantucciare (t.)
scapaccionare (t.)
scapare (t., r.)
scapecchiare (t.)
+scapestrare (i., r.)
scapezzare (t.)
scapigliare (t., r.)
scapitare (i.)
scapitozzare (t.)
scapocchiare (t.)
scapolare (a., m., i., t.)
scappare (i., r.)
scappellare (t., r.)
scappellottare (t.)
scappiare (t., r., i.)
scappottare (i.)
scappucciare (t., i., r.)
scapricciare (t., r.)
scapsugginare (t., r.)
scarabillare (t.)
scarabocchiare (t.)
scaracchiare (i.)
scaramucciare (i.)
scaraventare (t., r.)
scarbonare (i.)
+scarbonchiare (i.)
scardare (t.)
scardassare (t.)
scarcerare (t.)
scardinare (t.)
scarduffare (t., r.)
scaricare (t., r.)
scarificare (t.)
scarmigliare (t., r.)
scarnare (t., r.)
scarnascialare (i.)

scarnicciare (t.)
scarnificare (t., r.)
scarnovalare (i.)
scarognare (i.)
scarpare (t.)
scarpicciare (i.)
scarpinare (i.)
scarrierare (i.)
scarrocciare (i.)
scarrozzare (t., i.)
scarrucolare (i., t.)
scarruffare (t.)
scarseggiare (i.)
scartabellare (t.)
scartare (t., i.)
scartocciare (t.)
scasare (i., t.)
scassare (t.)
scassinare (t.)
scastagnare (i.)
scatarrare (i.)
scatenacciare (t., i.)
scatenare (t., r.)
scatricchiare (t., r.)
scattare (i.)
scattivare (t.)
scavalcare (i., t.)
scavallare (i.)
scavare (t.)
scavezzare (t., r.)
scavigliare (t.)
scavizzolare (t., i.)
scazzottare (t.)
+scellerare (t., i.)
scemare (t., i.)
scempiare (t.)
sceneggiare (t.)
scerpare (t.)
scervellare (t., r.)
sceverare (t.)
schedare (t.)
scheggiare (t., r.)
schermare (t., r.)
scherzare (i.)
scherzeggiare (i.)
schettinare (i.)
schiacciare (t., r.)
schiaffare (t.)
schiaffeggiare (t.)
schiamazzare (i.)
schiantare (t., r.)
schiappare (t.)
schiarare (t.)
schiassare (i.)
schiassolare (i.)
schiattare (i.)
schiavacciare (t., i.)
+schiavare (t.)
schiccare (t.)
schiccherare (t., r.)
schidionare (t.)
schierare (t.)
schiericare (t., r.)
schifare (t., r.)
schioccare (t.)
schiocciare (i.)
schiodare (t.)
schiomare (t.)
schisare (t.)
schitarrare (i.)
schiumare (t., i.)
schivare (t.)
schizzare (i.)
schizzettare (t., r.)
sciabolare (t.)
sciabordare (t.)
sciacquare (t., r.)
sciaguattare (t.)
scialacquare (t.)
scialare (t., i.)
scialbare (t.)
sciamannare (t.)
sciamare (i.)
+sciampiare (t.)
sciancare (r., t.)
sciare (i.)
+sciarrare (t., r.)
sciattare (t.)
scilinguare (i.)
scimmieggiare (t.)
scimmiottare (t.)
scintillare (i.)
+scioccheggiare (i.)
scioperare (i., t.)
sciorinare (t. r.)
+scipare (t.)
sciroppare (t.)
sciupacchiare (t.)
sciupare (t., r.)
scivolare (i.)
sclamare (i.)
scoccare (t., i.)
scocciare (t.)
scoccolare (t.)
scocuzzolare (t.)
scodare (t.)
scodellare (t.)
scodinzolare (i.)
+scofacciare (t.)
scoiare (t.)
scolare (m., i., t., r.)
scollacciare (r.)
scollare (t., r.)
scolleggiare (t.)
scollinare (i.)
scolmare (t.)
scolorare (t., r.)
scolpare (t., r.)
scoltellare (t., r.)
scombaciare (t.)
scombavare (t., r.)
scombiccherare (t.)
scombinare (t.)
scombuiare (t., r.)
scombussolare (t.)
+scommiatare (t., r.)
scomodare (t., r.)
scompaginare (t., r.)
scompagnare (t.)
scompannare (t., r.)
scompare (i.)
scompensare (t.)
scompigliare (t.)
scompisciare (t., r.)
scompletare (t.)
scomputare (t.)
scompuzzare (i.)
scomunicare (t.)
sconcacare (t.)
sconcare (t.)
sconcatenare (t.)
sconcertare (t., r.)
sconciare (t., r.)
sconfessare t.)
sconfettare (t.)
sconficcare (t.)
sconfidare (i., r.)
sconfinare (i.)
sconfortare (t., r.)
scongiurare (t.)
sconocchiare (t., i.)
sconquassare (t., r.)
sconsacrare (t.)

sconsigliare (t.)
sconsolare (t., r.)
scontare (t.)
scontentare (t.)
scontrare (t., +i.)
sconturbare (t., r.)
scopamare (m.)
scopare (t.)
scoperchiare (t.)
scoppiare (i.)
scoppiettare (i.)
scoraggiare (t.)
scorare (t.)
scorbacchiare (t.)
scorbiare (t.)
scorciare (t., r., i.)
scordare (t., r.)
scornacchiare (t.)
scornare (t., r.)
scorneggiare (i.)
scornettare (t.)
scorniciare (t., r.)
scoronare (t., r.)
scoronciare (i.)
scorporare (t., r.)
scorazzare (i., t.)
scorrucciare (r.)
scortare (t., +i)
scortecciare (t., r.)
scorticare (t.)
scorzare (t., r.)
scosciare (t., r.)
+scossare (t.)
scostare (t., r., i.)
scostolare (t., r.)
scotennare (t.)
scotolare (t.)
scottare (t., r.)
scovacciare (t.)
scovare (t.)
scozzare (t., i.)
scozzonare (t.)
screditare (t., r.)
scremare (t.)
screpolare (i., r.)
screziare (t.)
scribacchiare (t., r., i.)
scricchiare (i.)
scricchiolare (i.)
scriminarė (t.)
scrinare (t.)
scristianare (t., r.)
scritturare (t.)
scrivacchiare (t., i.)
scrivucchiare (t., i.)
scroccare (t.)
scrocchiare (i.)
scrofolare (a.)
scrollare (t.)
scrosciare (i.)
scrostare (t.)
scrunare (t., r.)
scrupoleggiare (i.)
scrutare (t.)
scrutinare (t.)
scucchiaiare (i.)
scudisciare (t.)
scuffiare (t., i.)
scuffinare (t.)
sculacciare (t.)
sculettare (i.)
scuoiare (t.)
scuriosare (i.)
scusare (i.)
scutrettolare (i.)
sdamare (i.)
sdare (r.)
sdaziare (t.)
sdebitare (r.)
sdebitare (r.)
segnare (t., r.)
sdentare (t., r.)
sdiacciare (t., i.)
sdigiunare (t., r.)
sdimezzare (t.)
sdipanare (t.)
sdiragnare (t.)
sdirenare (r.)
sdiricciare (t.)
sdocciare (t.)
sdoganare (t.)
sdogare (t.)
sdonzellare (r.)
sdoppiare (t.)
sdorare (t.)
+sdormentare (t., r.)
sdossare (t., r.)
sdottorare (t., i.)
sdottoreggiare (i.)
sdraiare (t., r.)
sdrisciare (t.)
sdrucciolare (i.)
secare (t.)
seccare (t., i., r.)
secolare (a., m.)
secolarizzare (t., r.)
secondare (t.)
secretare (t.)
sedare (t.)
segare (t.)
segnalare (t., r.)
segnare (t., r.)
segregare (t., r.)
seguitare (t., i.)
selciare (t.)
selezionare (t.)
sellare (t.)
+sembiare (i.)
sembrare (t., i.)
sementare (t.)
semicircolare (a.)
semilunare (a.)
seminare (t.)
semisecolare (a.)
semplicizzare (t.)
semplificare (t.)
sensibilizzare (t.)
sentenziare (t., i.)
separare (t., r.)
seppiare (t.)
sequestrare (t.)
serbare (t., r.)
serenare (t., r.)
sermocinare (i.)
sermonare (i.)
sermoneggiare (i.)
serpeggiare (i.)
serrare (t., i., r.)
servare (t.)
+sestare (t.)
setolare (t.)
setolinare (t.)
seteggiare (i.)
settuplicare (t., r.)
seviziare (t.)
sezionare (t.)
sfaccendare (i.)
sfaccettare (t.)
sfacchinare (i.)
sfagliare (t., r.)
sfaldare (t., r.)
sfaldellare (t., r.)
sfalsare (t.)

sfamare (t.)
sfangare (i., r.)
sfare (t., r.)
sfarfallare (i.)
sfarinare (t., r.)
sfasare (i.)
sfasciare (t., r.)
sfatare (t.)
sfavare (t., i.)
sfavillare (i.)
sfebbrare (t.)
sfederare (t.)
sfegatare (r.)
sferraiolare (t., r.)
sferrare (t., r.)
sferruzzare (i.)
sferzare (t.)
sfiaccolare (i.)
sfiammare (i.)
sfiancare (t., r.)
sfiatare (i., r.)
sfibbiare (t., r.)
sfibrare (t.)
sfidare (t., r.)
sfigurare (t., i.)
sfilacciare (t., i., r.)
sfilaccicare (t., r.)
sfilare (t., r.)
sfilosofare (i.)
sfilzare (t., r.)
sfioccare (t., r.)
sfiocinare (t.)
sfiondare (t., i.)
sfiorare (t.)
sfiorettare (i.)
sfiossare (t.)
sfittare (t.)
sfocare (t.)
sfociare (t., i.)
sfocolare (t.)
sfoderare (t.)
sfogare (t., r., i.)
sfoggiare (i., t.)
sfogliare (t., r.)
sfogliettare (t.)
sfognare (i.)
sfolgorare (i.)
sfolgoreggiare (i.)
sfollare (i., t.)
sfondare (t., i., r.)
sfontanare (t.)
sforacchiare (t.)
sforbiciare (t.)
sformare (t.)
sfornaciare (t.)
sfornare (t.)
sforzare (t., r.)
sfossare (t.)
sfracassare (t.)
sfracellare (t., r.)
sfragellare (t., r.)
sfrancesare (t., r.)
sfrangiare (t.)
sfrascare (t., i.)
sfratare (r.)
sfrattare (t.)
sfregacciare (t.)
sfregare (t.)
sfregiare (t., r.)
sfrenare (t., r.)
sfriggolare (i.)
sfrigolare (i.)
sfringuellare (i., t.)
sfrisare (t.)
sfrittellare (i., r.)
sfrombolare (t.)
sfrondare (t., r.)
sfronzare (t.)
sfrottolare (i.)
sfruconare (t., r.)
sfrullare (t.)
sfrusciare (i.)
sfruttare (t.)
sfumare (i., t.)
sfuriare (i., r., t.)
sgabbiare (t.)
sgabellare (t., r.)
sgagiardare (t., r.)
sgaiare (t.)
sgallare (t.)
sgallettare (i.)
sgambare (t., i.)
sgambettare (i.)
sganasciare (t., r.)
sganciare (t., r.)
sgangherare (t.)
sgannare (t.)
sgarizzare (i.)
sgargiare (i.)
+sgarare (t.)
sgarrare (t.)
sgattaiolare (i.)
sgavazzare (i.)
sgelare (t., i., r.)
sghiacciare (t., i.)
sghignare (t., i.)
sghignazzare (i.)
sghindare (t.)
sgobbare (i.)
sgocciolare (t., i.)
sgolare (r.)
sgomberare (t., i.)
sgombrare (t., i.)
sgomentare (t., r.)
sgominare (t.)
sgomitolare (t., r.)
sgommare (t., r.)
sgonfiare (t., r., i.)
sgonnellare (i.)
sgorbiare (t., i.)
sgorgare (i.)
sgottare (t.)
sgovernare (t.)
sgozzare (t.)
sgraffiare (t.)
sgraffignare (t.)
sgrammaticare (i.)
sgranare (t., r.)
sgranellare (t., r.)
sgranocchiare (t.)
sgrassare (t.)
sgravare (t., r.)
sgretolare (t., r.)
sgridare (t.)
sgrigiolare (i.)
sgrigliolare (i.)
sgrignare (i.)
sgrillettare (t., i.)
sgrommare (t.)
sgrondare (i., t.)
sgroppare (t., i.)
sgropponare (i., t.)
sgrossare (t.)
sgrovigliare (t.)
sgrovigliolare (t.)
sgrugnare (t., r.)
sgrumare (t.)
sgruppare (t.)
sguainare (t., r.)
sguanciare (t., i.)
+sguardare (t., i.)
sguazzare (i.)
sgufare (t., i.)

+sguiggiare (t., i.)
sguinzagliare (t.)
sguisciare (i.)
sguizzare (i.)
sgusciare (t., i.)
sibilare (i.)
+sicurare (t., r.)
sigillare (t., i.)
siglare (t.)
significare (t.)
signoreggiare (t.)
sillabare (t.)
sillogizzare (t., i.)
silurare (t.)
simboleggiare (t.)
simigliare (t., i., r.)
similare (a.)
simoneggiare (i.)
simpatizzare (i.)
simulare (t., i.)
sincerare (t., r.)
sincopare (t.)
sincronizzare (t.)
sindacare (t.)
singhiozzare (i.)
singolare (a., m.)
singolareggiare (i.)
singolarizzare (t.)
sintetizzare (t.)
siringare (t.)
sistemare (t., r.)
sitare (i.)
situare (t.)
slabbrare (t., i.)
slacciare (t., r.)
slamare (t., i.)
slanciare (t., r.)
slargare (t., i.)
slatinare (i.)
slattare (t.)
slegare (t., r.)
slembare (i.)
slentare (t.)
slittare (i.)
slogare (t., r.)
sloggiare (t.)
slombare (t., i., r.)
slontanare (t.)
slumacare (t.)
slungare (t.)
smaccare (t.)
smacchiare (t.)
smacrare (t.)
+smagare (t., i., r.)
smagliare (t., i., r.)
smagnetizzare (t.)
smagrare (i.)
smallare (t.)
smaltare (t.)
smammare (r.)
smammolare (r.)
smanacciare (i., r.)
smaneggiare (t.)
smangiare (t.)
smaniare (i.)
smanicare (t., r.)
smanigliare (t.)
smantare (t., r.)
smantellare (t.)
smargiassare (i.)
smarginare (t.)
smargottare (t.)
smarrare (t.)
smartellare (i.)
smascellare (i., r.)
smascherare (t., r.)
smatassare (i.)
smattonare (t.)
smelare (t.)
smembrare (t.)
smenomare (t.)
+smenticare (t., i., r.)
smerciare (t.)
smerdare (t., r.)
smerigliare (t.)
smerlare (t., i.)
smerlettare (t.)
smerluzzare (t.)
smezzare (t.)
smidollare (t., r.)
sminuzzare (t.)
sminuzzolare (t., r.)
smiracolare (i.)
smistare (t.)
+smisurare (i.)
smobiliare (t.)
smobilitare (t.)
smocciare (t.)
smoccolare (t.)
smodare (i.)
smoderare (i.)
smollare (t.)
smollicare (t., r.)
smontare (t., r., i.)
smorbare (t.)
+smorsare (t., i.)
smorzare (t., r.)
smostacciare (t.)
smottare (i.)
smozzare (t.)
smozzicare (t.)
+smucciare (i.)
smurare (t.)
smusare (t., i.)
smusicare (i.)
smussare (t.)
snasare (t.)
snaturare (t., r.)
snebbiare (t.)
snerbare (t., r.)
snervare (t., r.)
snidare (t., i.)
snocciolare (t.)
snodare (t., r.)
snodolare (t., r.)
snudare (t.)
soavizzare (t.)
sobbalzare (i.)
sobbarcare (r., t.)
sobbillare (t.)
sobillare (t.)
socializzare (t.)
sodare (t.)
soddisfare (t., i., r.)
sodomitare (i.)
soffermare (t., r.)
soffiare (i., r., t.)
soffittare (t.)
soffocare (t.)
soffogare (t.)
soffreddare (t., r.)
soffregare (t.)
soffumicare (t.)
sofisticare (i., t.)
soggettare (t.)
sogghignare (i.)
soggiogare (t.)
soggiornare (i.)
sogguardare (t.)
+sogliare (m.)
sognare (t., i.)
solare (a., t.)
solcare (t.)

soldare (t.)
solecizzare (i.)
soleggiare (t.)
solennizzare (t.)
solfare (t.)
solfeggiare (t., i.)
solforare (t., r.)
solidificare (t., r.)
solinare (t.)
sollazzare (t., r.)
sollecitare (t., r.)
solleticare (t.)
sollevare (t., r.)
sollucherare (t.)
someggiare (t.)
somigliare (t., i., r.)
sommare (t.)
somministrare (t.)
sonagliare (i.)
sonare (t., i.)
sondare (t.)
sonnicchiare (t., i.)
sonnacchiare (i.)
sonnecchiare (i.)
sonorizzare (t.)
soperchiare (i., t.)
soppannare (t.)
soppesare (t.)
soppestare (t.)
soppiantare (t.)
sopportare (t.)
soprabbondare (i.)
sopraccaricare (t.)
sopraccennare (t.)
sopracciliare (a.)
sopraccitare (t.)
sopraeccitare (t., r.)
sopraedificare (t.)
sopraelevare (t., r.)
sopraffare (t.)
sopraffilare (t.)
sopraggittare (t., i.)
soprallimitare (m.)
soprammontare (i.)
soprannominare (t.)
soprappagare (t., i.)
soprastare (i., t.)
sopravanzare (t., i.)
sopravvegliare (t.)
sopredificare (t.)
soqquadrare (t.)

sorbare (t.)
sorbettare (t., r.)
sorbottare (t.)
sormontare (t.)
+sornacciare (i.)
sorpassare (t.,)
sorsare (t.)
sorseggiare (t., i.)
sorteggiare (t.)
sorvegliare (t., i.)
sorvolare (t.)
+sospecciare (t., i.)
sospettare (t.)
sospirare (t., t.)
sostantivare (t.)
sostare (i., r.)
sostentare (t., r.)
sottentrare (i.)
sotterrare (t.)
sottilizzare (i., t.)
sottolineare (t.)
sottolunare (a.)
sottomare (m.)
sottomascellare (a.)
soverchiare (i., t.)
sovesciare (t., i.)
sovrabbondare (i.)
sovraccaricare (t., i.)
sovraneggiare (i., t.)
sovrastare (i., t.)
sovreccitare (t., r.)
sovvenzionare (t.)
sozzare (t., r.)
spaccare (t., r.)
spacchettare (t.)
spacchiare (i., r.)
spacciare (t., r.)
spadronare (i.)
spadroneggiare (i.)
spaginare (t.)
spagliare (t., i., r.)
spagnoleggiare (i.)
spaiare (t.)
spalancare (t., r.)
spalare (t.)
spalcare (t.)
spalettare (t.)
spallare (t., r.)
spalleggiare (t., r.)
spalmare (t., r.)
spampanare (t., r.)

spanare (t.)
spanciare (t., i., r.)
spaniare (t., r.)
spanierare (t.)
spannare (t.)
spannocchiare (t.)
spantanare (t., r.)
spappagallare (i.)
spappolare (t., r.)
sparagnare (t.)
sparare (t., r.)
sparecchiare (t.)
sparigliare (t.)
sparlare (i.)
sparnazzare (t.)
sparnicciare (t.)
sparpagliare (t., r.)
spasimare (i.)
spassare (t., r.)
spasseggiare (i.)
spassionare (r.)
spastare (t.)
spastoiare (t., r.)
spatriare (t., i.)
spaurare (t.)
spaventare (t., r., i.)
spaziare (t., i.)
spazieggiare (t.)
spazzare (t.)
spazzolare (t.)
specchiare (r., t.)
specializzare (t., r.)
specificare (t.)
specillare (t.)
speculare (t.)
spedare (r., t.)
+spedicare (t., r.)
spegnare (t.)
spelacchiare (t., r.)
spelagare (t.)
spelare (t., r.)
spelazzare (t.)
spellare (t., r.)
spellicciare (t.)
spelluzzicare (t.)
spendicchiare (t., i.)
spenducchiare (t., i.)
spennacchiare (t., r.)
spennare (t., r.)
spennellare (t.)
spenzolare (i.)

sperare (t., i.)
spergiurare (i., t.)
spericolare (r.)
sperimentare (t.)
speronare (t.)
sperperare (t.)
sperticare (r.)
spesare (t.)
spesseggiare (t., i.)
spetrare (t.)
spettare (i.)
spettacolare (t.)
spettinare (t.)
spettorare (r., t., i.)
spezzare (t., r.)
spezzettare (t.)
spiaccicare (t., r.)
spianare (t.)
spiantare (t., r.)
spiare (t.)
spiattellare (t.)
spiccare (t., i.)
spicciare (t., i.)
spiccicare (t., r.)
spicciolare (t.)
spicinare (t., r.)
spidocchiare (t., r.)
spiegacciare (t.)
spiegare (t., r.)
spiegazzare (t.)
spieggiare (t., i.)
spietrare (t.)
spifferare (i., t.)
spigare (i.)
spigionare (r.)
spignorare (t.)
spigolare (t.)
spillaccherare (t., r.)
spillare (t., i.)
spilluzzicare (t.)
+spiluccare (r.)
spincionare (i.)
+spingare (i.)
spiombare (t., i.)
spioneggiare (i.)
spippolare (t.)
spirare (i., t.)
spiritare (i., r.)
spiritualizzare (t.)
spittinare (i.)
spiumacciare (t.)
spiumare (t., r.)
spizzicare (t.)
spodestare (t.)
spoetare (t., i., r.)
spoetizzare (t.)
spogliare (t., r.
spoliticare (i.)
spollaiare (t.)
spollinare (r.)
spollonare (t., i.)
spolmonare (r.)
spolpare (t.)
spolverare (t., r.)
spolverare (t., r.)
spolverizzare (t., r.)
spolvizzare (t., r.)
spomiciare (t.)
spopolare (t., i., r.)
spoppare (t.)
sporcacciare (t.)
sporcare (t., r.)
+sportare (t., i.)
sposare (t., r.)
spossare (t., r.)
spossessare (t.)
spostare (t., r.)
spotestare (t.)
sprangare (t.)
+sprazzare (t., i.)
sprecare (t.)
spregiare (t.)
spregiudicare (t., r.)
spretare (r.)
sprezzare (t.)
sprigionare (t., r.)
sprillare (i.)
sprimacciare (t.)
springare (t.)
sprizzare (t., i.)
sprofondare (t., i.)
spronare (t.)
sproporzionare (t.)
spropositare (i.)
spropriare (t., r.)
spruzzare (t., i.)
spruzzolare (t.)
spulare (t.)
spulciare (t.)
spulezzare (i.)
spumare (i.)
spumeggiare (i.)
spuntare (t., r.)
spuntellare (t.)
spunzecchiare (t.)
spunzonare (t.)
spurgare (t., i., r.)
sputacchiare (i., t.)
sputare (i., t.)
+squacquerare (i., t.)
squadernare (t., r.)
squadrare (t.)
squagliare (t., r.)
squalificare (t.)
squamare (t.)
squammare (t.)
squarciare (t.)
squartare (t.)
squassare (t.)
squattrinare (t., i., r.)
squilibrare (t., r.)
squillare (i., t.)
squinternare (t.)
squittinare (t., i.)
sradicare (t.)
sragionare (i.)
stabaccare (i.)
stabbiare (i.)
stabilizzare (t.)
+stabulare (i., t.)
staccare (t., r., i.)
stacciare (t.)
staffare (i., r.)
staffilare (t.)
staggiare (t.)
stagionare (t., i.)
stagliare (t.)
stagnare (i., t.)
+stallare (i.)
stamburare (i., t.)
stampare (t., r.)
stampigliare (t.)
stampinare (t.)
stanare (t.)
stancare (t., r.)
standardizzare (t.)
stangare (t.)
stangonare (t.)
stanziare (t., i.)
stappare (t., r.)
stare (i.)
starnare (t.)
starnazzare (i.)

starnutare (i.)
staroccare (i.)
stasare (i.)
statare (i.)
statizzare (t.)
stazionare (i.)
stazzare (t.)
stazzonare (t.)
steccare (t.)
stellare (t., r., a.)
stelleggiare (t.)
stellettare (t.)
stemperare (t., r.)
stempiare (r.)
stenebrare (t.)
stenografare (t.)
stentare (i.)
stentucchiare (t., i.)
stenotipare (t.)
sterilizzare (t.)
sterlineare (t.)
sterminare (t.)
sternutare (i.)
sterpare (t.)
sterrare (t.)
sterzare (t.)
stiacciare (t.)
stiaffare (t.)
stiantare (t., r.)
+stigare (t.)
stigliare (t., r.)
stigmatizzare (t.)
stilare (t.)
stilettare (t.)
stilizzare (t.)
stillare (t., r.)
stimare (t., r.)
stimmatizzare (t.)
stimolare (t.)
stintignare (i.)
stipare (t.)
stipendiare (t.)
stipulare (t.)
stiracchiare (t.)
stirare (t., r.)
stivalare (t.)
stivare (t.)
+stizzare (i., r.)
stoccheggiare (i.)
stoiare (t.)
stomacare (i., t.)
stonacare (t.)
stonare (t., i.)
stoppare (t.)
storiare (t.)
stornare (t.)
stornellare (i.)
storpiare (t.)
stozzare (t.)
strabalzare (i.)
strabiliare (i., r.)
straboccare (i.)
strabuzzare (t.)
stracanare (r.)
stracannare (t.)
straccare (t.)
stracciare (t., r.)
+straccurare (t.)
stracollare (i., r.)
stradare (t., r.)
strafalciare (i.)
strafare (i.)
strafelare (r.)
strafilare (t.)
stralciare (t.)
straliciare (t.)
stralignare (i.)
stralunare (t.)
stramangiare (i.)
stramare (t.)
stramazzare (t., i.)
strambasciare (i.)
strambellare (t.)
strameggiare (i.)
strangolare (t.)
strangosciare (i.)
straniare (t., r.)
straorzare (i.)
strapagare (t.)
strapanare (t.)
straparlare (i.)
strapazzare (i., r.)
strapiantare (t.)
strapiombare (i.)
strappacchiare (t.)
strappare (t., r.)
strappicchiare (t.)
straripare (i.)
strascicare (t., i.)
strascinare (t.)
strasecolare (i.)
stratagliare (i.)
stratificare (t., i., r.)
stravasare (i., r.)
straviziare (i.)
straziare (t.)
strebbiare (t.)
strecciare (t.)
stregare (t.)
stremare (t.)
strepitare (i.)
striare (t.)
stridulare (i.)
strigare (t., r.)
strigliare (t.)
strillare (i.)
strimpellare (t.)
strinare (t.)
stringare (t.)
strippare (i.)
strisciare (t., i.)
stritolare (t., r.)
strizzare (t.)
strofinare (t., r.)
strogolare (i.)
strolagare (t.)
strologare (t., i.)
strombare (t.)
strombazzare (i., t.)
strombettare (t.)
stroncare (t., r.)
stronfiare (i.)
stropicciare (t., r.)
stroppare (t.)
stroppiare (t.)
strosciare (i.)
strozzare (t.)
strubbiare (t.)
strucinare (t.)
+strufonare (t.)
strumentare (t.)
strusciare (t.)
stuccare (t., r.)
studiacchiare (t.)
studiare (t., r.)
studicchiare (t.)
stuellare (t.)
stufare (t.)
stupefare (t.)
stuprare (t.)
sturare (t.)
sturbare (t.)
stuzzicare (t.)

subaccollare (t.)
subaffittare (t.)
subappaltare (t.)
subbiare (t.)
+subbillare (t.)
subbissare (t., i.)
subentrare (i.)
subissare (t., i.)
sublimare (t.)
sublocare (t.)
sublunare (a.)
subodorare (t.)
subordinare (t.)
subornare (t.)
subsannare (i.)
succhiare (t.)
succhiellare (t.)
succhiellinare (t.)
succiare (t., r.)
+sucitare (t., i.)
sudacchiare (i.)
sudare (i., t.)
suddelegare (t.)
suffragare (t.)
suffumicare (t.)
+sufolare (i.)
sugare (t.)
suggellare (t.)
suggestionare (t.)
sugherare (t.)
suicidare (r.)
suonare (t., i.)
superare (t.)
+suplantare (t.)
supplementare (a.)
supplicare (t.)
suppurare (i.)
+supputare (t.)
surriscaldare (t.)
surrogare (t.)
suscitare (t.)
sussidiare (t.)
sussultare (i.)
sussurrare (t.)
+sustentare (t.)
susurrare (t.)
svagare (t., r.)
svagolare (r.)
+svaliare (i.)
svaligiare (t.)
svalutare (t.)
svampare (i.)
svaporare (i.)
svariare (t., i.)
svasare (t.)
svecchiare (t.)
svegliare (t.)
svelare (t.)
svelenare (t.)
svenare (t., r.)
sventagliare (t., r.)
sventare (t., r.)
sventolare (t., i., r.)
sventrare (t., +i.)
sverginare (t.)
svergognare (t.)
svergolare (i.)
sverlare (i.)
svernare (i.)
sverzare (t.)
svesciare (t.)
svescicare (t., r.)
svettare (t., i.)
svezzare (t.)
sviare (t., r.)
svincolare (i.)
svignare (i.)
svillaneggiare (t.)
sviluppare (t., i., r.)
svinare (i.)
svincolare (t.)
svisare (t.)
sviscerare (t., r.)
svitare (t.)
sviticchiare (t., r.)
svivagnare (t.)
sviziare (t., r.)
svociferare (t., i.)
svogliare (t., r.)
svolacchiare (i.)
svolare (i.)
svolazzare (i.)
svoltare (t., i.)
svoltolare (t., r.)
svotare (t.)
tabaccare (i.)
taccheggiare (t., i.)
tacchettare (i.)
tacciare (t.)
tacconare (t.)
tacitare (t.)
taciteggiare (i.)
tafanare (t.)
tagliamare (m.)
tagliare (t., i., r.)
taglieggiare (t.)
tagliuzzare (t.)
talare (a.)
talentare (i.)
tamburare (t.)
tambureggiare (i.)
tamburinare (t., r.)
+tambussare (t.)
tamponare (t.)
tanagliare (t.)
+tanfanare (t.)
tapinare (i., r.)
tappare (t., r.)
tappetare (t.)
tappezzare (t.)
tarare (t.)
tardare (i., t.)
targare (t.)
tariffare (t.)
tarlare (i., r.)
tarmare (i., r.)
taroccare (i.)
tarpare (t.)
tarsiare (t.)
tartagliare (i., t.)
tartassare (t.)
tartufare (t.)
tassare (t.)
tassellare (t.)
tastare (t.)
tasteggiare (t.)
tattamellare (i.)
tatuare (t., r.)
tavolare (t.)
tedescheggiare (i.)
tediare (t.)
telefonare (t., i.)
telegrafare (t., i.)
+tempellare (t., i.)
temperare (t.)
tempestare (i., t.)
templare (a., m.)
temporeggiare (i.)
temprare (t.)
tenoreggiare (i.)
tentacolare (a.)
tentare (t.)
tentennare (t., i.)

tenzonare (i.)
teologare (i.)
teologizzare (i.)
tergiversare (i.)
terminare (t., i.)
terrapienare (t.)
terrazzare (t.)
terrificare (t.)
terrorizzare (t.)
tesare (t.)
tesaurizzare (i.)
tesoreggiare (i., t.)
tesorizzare (i.)
tesserare (t.)
testamentare (i.)
testare (i.)
testificare (t.)
testimoniare (t., i.)
tignare (i., r.)
timbrare (t.)
timoneggiare (t.)
timpaneggiare (i.)
tinteggiare (t.)
tintinnare (i.)
tiranneggiare (t.)
tirare (t., i.)
titillare (t.)
titolare (t., a., m.)
titubare (i.)
toccare (t., i.)
toccheggiare (i., t.)
tollerare (t.)
+tomare (i.)
tombolare (i.)
tonare (i.)
tonchiare (i.)
tondare (t.)
tondeggiare (i.)
tonfare (i.)
tonneggiare (t.)
tonsillare (a.)
tonsurare (t.)
toppare (t.)
+torbidare (t.)
torchiare (t.)
+torciare (t.)
tormentare (t.)
tornare (i., +t.)
torneare (i., +t.)
+torniare (t.)
torpedinare (t.)
torrefare (t.)
torreggiare (i.)
tortoreggiare (i.)
torturare (t., r.)
tosare (t.)
toscaneggiare (i.)
toscanizzare (t., i.)
tossicchiare (i.)
tostare (t.)
totalizzare (t.)
+trabaldare (t.)
traballare (i.)
trabaltare (i.)
trabalzare (t.)
traboccare (i., t.)
tracannare (i.)
traccheggiare (i., t.)
tracciare (t.)
tracollare (i.)
trafelare (i.)
trafficare (t.)
trafilare (t.)
traforare (t.)
trafugare (t., r.)
+trafurare (t.)
traghettare (t.)
tragittare (t.)
traguardare (t.)
traiettare (t.)
trainare (t.)
tralasciare (t.)
+tralatare (t.)
tralignare (i.)
tramandare (t.)
tramare (t.)
trambasciare (i.)
tramenare (t., i.)
tramescolare (t.)
tramestare (t., i.)
tramezzare (t.)
tramischiare (t.)
tramontare (i.)
trampolare (i.)
tramutare (t.)
+tranare (t.)
trangosciare (i.)
trangugiare (t.)
tranquillare (t., i., r.)
tranquillizzare (t.)
transitare (i.)
transumanare (i.)
transustanziare (t., r.)
transvolare (t., i.)
trapanare (t.)
trapassare (t.)
trapelare (i., t.)
trapiantare (t.)
+traportare (t.)
trappolare (t., r.)
trapuntare (t.)
traripare (i.)
trasaltare (i.)
trasandare (t., +i.)
trasbordare (t.)
trascicare t.)
trascinare (t., r.)
trascolorare (i., r.)
trascurare (t.)
trasecolare (i.)
trasfigurare (t., r.)
trasformare (t., r.)
+traslatare (t.)
traslocare (t.)
trasmigrare (i.)
trasmodare (i.)
trasmutare (t., r.)
+trasnaturare (i., r.)
trasognare (i.)
traspirare (i.)
trasportare (t.)
trassinare (t.)
trastullare (t., r.)
trasudare (i., t.)
trasumanare (i.)
trasviare (t.)
trasvolare (t., i.)
trattare (t., r.)
tratteggiare (t.)
travagliare (t.)
travalicare (t.)
travasare (t.)
traversare (t.)
traviare (t., i.)
travisare (t.)
travoltare (t.)
trebbiare (t.)
+treccare (i.)
tremare (i.)
tremolare (i., m.)
trempellare (i.)
trenare (t.)
trepidare (i.)

trescare (i.)
+tretticare (i.)
triangolare (a.)
tribbiare (t.)
tribolare (t., i.)
tributare (t.)
triforcare (r.)
trilineare (a.)
trillare (i., t.)
trilleggiare (i.)
trimpellare (i.)
trinare (t.)
trincare (t.)
trincerare (t., r.)
trinciare (t.)
trionfare (i.)
triplicare (t.)
trippare (t.)
tripudiare (i.)
tritare (t.)
tritolare (t.)
trombeggiare (i.)
+tronare (i.)
troncare (t.)
troneggiare (i.)
tronfiare (i.)
trottare (i.)
trottorellare (i.)
trottolare (i.)
trovare (t., r.)
truccare (t., r.)
trucidare (t.)
truciolare (t., i.)
truffare (t.)
trufolare (i.)
+trullare (i.)
tubare (i.)
tubercolare (a.)
tubolare (a.)
tufare (i., r.)
tuffare (t., r.)
tumefare (t., r.)
tumolare (t., a.)
tumultuare (i.)
tuonare (i.)
turare (t., r.)
turbare (t., r.)
turbinare (i.)
turcheggiare (i.)
turchineggiare (i.)
turlupinare (t.)
tutelare (a., t.)
+ubbligare (t.)
+ubbrigare (t.)
ubriacare (t., r.)
uccellare (i.)
ufficiare (t., i.)
+uggiare (t.)
uggiolare (i.)
ugnare (t.)
uguagliare (t., r.
ulcerare (t., r.)
ultimare (t.)
ululare (i.)
umanare (r., t.)
umanizzare (t.)
umettare (t.)
umiliare (t., r.)
uncinare (t.)
unguentare (t., r.)
unicellulare (a.)
unificare (t.)
uniformare (t., r.)
uniloculare (a.)
unipolare (a.)
universaleggiare (t.)
universalizzare (t.)
untare (t.)
urgenzare (i.)
urlare (i., t.)
urtacchiare (t.)
urtare (t., i., r.)
urticchiare (t.)
usare (i., t.)
usciolare (i.)
usolare (i.)
ustolare (i.)
usufruttuare (t.)
usureggiare (i.)
usurpare (t.)
utilizzare (t.)
vacare (i.)
vaccinare (t.)
vacillare (i.)
+vacuare (t., i.)
vagabondare (t., r.)
vagare (i.)
vagellare (i.)
vagheggiare (t., r.)
vagolare (i.)
vaiare (i.)
vaiolare (i.)
valicare (t.)
vallare (a., +t.)
valorizzare (t.)
valutare (t.)
valvolare (a.)
vampeggiare (i.)
vanagloriare (r.)
vaneggiare (i., r.)
vangare (t.)
vangelizzare (t.)
vanghettare (t.)
vantaggiare (t., r.)
vantare (t., r.)
vaporare (i.)
vaporizzare (i., t.)
varare (t.)
varcare (t.)
variare (t.)
variare (t.)
vascolare (a.)
vaticinare (t.)
vedovare (t.)
vegetare (i.)
+vegghiare (i.)
vegliare (i., t.)
velare (t., r.)
veleggiare (i., t.)
vellicare (t.)
velocitare (t., r.)
venare (t., r.)
vendemmiare (t.)
vendicare (t., r.)
vendicchiare (t.)
venerare (t.)
ventare (i.)
ventilare (t.)
ventolare (t.)
ventricolare (a.)
verbalizzare (t.)
+verberare (t.)
verdeggiare (i.)
verdemare (m.)
+verdicare (i.)
vergare (t.)
vergheggiare (t.)
vergognare (r.)
vergolare (t.)
verificare (t., r.)
vermicolare (a.)
vernare (i.)
verniciare (t.)

verrinare (t.)
versare (t., r.)
verseggiare (i., t.)
versificare (t.)
verzicare (i.)
vescicolare (a.)
vessare (t.)
vetrificare (t., i., r.)
vetrioleggiare (t.)
vettovagliare (t.)
vettureggiare (t., i.)
vezzeggiare (t., r.)
viaggiare (i.)
vibrare (t., i.)
vicinare (i.)
+vicitare (t.)
vidimare (t.)
vietare (t.)
vigilare (t., i.)
vigliare (t.)
vignare (t.)
+vigorare (t., i., r.)
vigoreggiare (i.)
vilificare (t.)
villaneggiare (i., t.)
villeggiare (i.)
vincolare (t.)
violare (t.)
violentare (t.)
virare (t.)
virgolare (t.)
virgolettare (t.)
+viscerare (t.)
visitare (t.)
vistare (t.)
vituperare (t.)
vivacchiare (t.)
vivificare (t.)
vivucchiare (i.)
viziare (t.)
vocalizzare (t., i.)
+vocare (t.)
vociare (i.)
vociferare (i., r.)
vogare (i.)
volare (i.)
volatilizzare (t., r.)
volgare (a., m.)
volgarizzare (t.)
volicchiare (i.)
volitare (i.)
volpeggiare (i.)
voltare (t., i., r.)
volteggiare (i.)
voltolare (t., r.)
volturare (t.)
+vomicare (t., i.)
vomitare (t.)
votare (i., t., r.)
vulcanizzare (t.)
vulnerare (t.)
vuotare (t.)
zafardare (t.)
zaffare (t.)
zampare (i.)
zampeggiare (i.)
zampettare (i.)
zampillare (i.)
zampognare (i.)
zannare (t.)
zanzerare (i.)
zappare (t.)
zappettare (t.)
zapponare (t.)
zavorrare (t.)
+zazzerare (t.)
zelare (t., i.)
zeppare (t.)
zigare (i.)
zimbellare (t.)
zincare (t.)
+zinzinare (t.)
zipolare (t.)
zirlare (i.)
zoccolare (i.)
zolfare (t.)
zombare (t., i.)
zompare (i.)
+zonare (t.)
zoppare (t.)
zoppeggiare (i.)
zoppicare (i.)
zuccherare (t.)
zucconare (t.)
zufolare (i., t.)
zuppare (t.)

area
area (f.)

arem
harem (m.)

areo
calcareo (a.)
cesareo (a.)
nettareo (a.)
tartareo (a.)

arga
bottarga (f.)
marga (f.)
targa (f.)

argano
argano (m.)

argere
cospargere (t.)
spargere (t., r.)

argia
sargia (f.)

argico
letargico (a.)

argine
argine (m.)
contrargine (m.)
margine (m.)

argino
argino (t.)
disargino (t.)
emargino (t.)
margino (t.)
rammargino (t., i., r.)
rimargino (t., r.)
smargino (t.)

argio
sgargio (i.)

argo
allargo (t., r., i.)
argo (m.)
capilargo (a.)
cospargo (t.)
+gargo (a.)
largo (t., r., a., m.)
letargo (m.)
+margo (m.)
rallargo (t., r.)
riallargo (t., r.)
sbargo (t., r.)
spargo (t., r.)
targo (t.)

argolo
pargolo (m.)

argon
argon (m.)

ari
alizari (f.)
appari (i.)

compari (i.)
fitaurari (m.)
guari (a.)
magari (escl.)
pari (a., avv., m., i.)
radiolari (m., pl.)
scompari (i.)
talari (m. pl.)

aria

adularia (f.)
agraria (f.)
albaria (f.)
antiquaria (f.)
apiaria (f.)
arancaria (f.)
argentaria (f.)
aria (f.)
catenaria (f.)
catilinaria (f.)
cibaria (f.)
clavaria (f.)
coclearia (f.)
cogolaria (f.)
culinaria (f.)
diaria (f.)
filaria (f.)
fondiaria (f.)
fumaria (f.)
grossularia (f.)
lapidaria (f.)
luminaria (f.)
malaria (f.)
matricaria (f.)
orticaria (f.)
otaria (f.)
paria (m.)
parietaria (f.)
pituitaria (f.)
polmonaria (f.)
procellaria (f.)
processionaria (f.)
sanguinaria (f.)
saponaria (f.)
scorticaria (f.)
statuaria (f.)
tegenaria (f.)
topiaria (f.)
traversaria (f.)
vescicaria (f.)
veterinaria (f.)
vulneraria (f.)

arica

avancarica (f.)
carica (f.)
discarica (f.)
falarica (f.)
retrocarica (f.)
scarica (f.)

arice

larice (m.)

arico

agarico (a.)
amarico (a.)
antimalarico (a.)
barbarico (a.)
carico (t., a., m.)
discarico (t., m.)
incarico (t., r., m.)
isobarico (a.)
malarico (a.)
montacarico (m.)
pimarico (a.)
pindarico (a.)
prevarico (i.)
rammarico (t., r., m.)
ricarico (t., r.)
scarico (t., r., a., m.)
sopraccarico (t., a., m.)
sovraccarico (t., i.)
stearico (a.)
stracarico (a.)
tartarico (a.)
ungarico (a.)

arido

arido (a.)

aride

antiaride (f.)
ascaride (m.)
bassaride (f.)
cantaride (f.)

arie

acetarie (f.)
barbarie (f.)
carie (f.)
cesarie (f.)

ariga

sariga (f.)

ario

abbecedario (m.)
abdicatario (a.)
abitudinario (a.)
accollatario (a.)
accomandatario (m.)
affittuario (m.)
aggiudicatario (m.)
agrario (a., m.)
alario (m.)
alienatario (m.)
alimentario (a., m.)
angario (t.)
anniversario (m.)
annonario (a.)
annotario (t., r.)
annuario (m.)
antidotario (m.)
antifonario (m.)
antiquario (m.)
apiario (m.)
apocrisario (m.)
aquario (m.)
arbitrario (a.)
arcario (m.)
arenario (a., m.)
arengario (m.)
argentario (a., m.)
ario (a., m.)
armamentario (m.)
armario (m.)
armentario (m.)
arnesario (m.)
aromatario (m.)
attuario (m.)
ausiliario (a.)
autoritario (a.)
aviario (m.)
avversario (a., m.)
azionario (m.)
balneario (a.)
bancario (a., m.)
bario (m.)
beneficiario (a., m.)
bestiario (m.)
bibliotecario (m.)
bigliettario (m.)
binario (m.)
boario (a.)
bollario (m.)
bollettario (m.)
bonario (a.)
breviario (m.)
calendario (m.)
calidario (m.)
calvario (m.)

cambiario (a.)
campanario (a.)
campionario (m., a.)
canario (m., a.)
canonicario (m.)
carcerario (a.)
cario (t., r.)
casellario (m.)
casuario (m.)
catilinario (a.)
caudatario (m.)
celibatario (m.)
cellerario (m.)
censuario (a.)
centenario (a., m.)
ceroferario (m.)
cessionario (m.)
chirografario (a.)
cibario (a.)
cifrario (m.)
cinerario (a.)
cinquantenario (a., m.)
circondario (m.)
classario (m.)
classiario (m.)
collegatario (m.)
colombario (m.)
commendatario (m.)
commentario (m.)
commissario (m.)
commissionario (m.)
comodatario (m.)
complimentario (m.)
comprimario (m.)
compromissario (m.)
comproprietario (m.)
concessionario (m.)
concussionario (m.)
confessionario (m.)
confinario (a.)
confusionario (a.)
conlegatario (m.)
consegnatario (m.)
conseguenziario (a., m.)
consuetudinario (a.,m.)
contrario (t., a.)
convalescenziario (m.)
convulsionario (a., m.)
corollario (m.)
coronario (a.)
correligionario (a.)
costitutario (m.)
cubicolario (m.)
culinario (a.)
datario (m.)
daziario (a.)
deficitario (a.)
deliberatario (m.)
dentario (a.)
depositario (m.)
destinatario (m.)
diario (a., m.)
dietario (a.)
dignitario (m.)
dimissionario (a.)
direttario (m.)
dispensario (m.)
divario (m.)
divisionario (m.)
dizionario (m.)
doario (m.)
documentario (a., m.)
donario (m.)
donatario (m.)
dottrinario (m.)
dovario (m.)
dragonario (m.)
dromedario (m.)
duodenario (a.)
ebdomadario (a., m.)
eborario (m.)
elettuario (m.)
emissario (m.)
epifisario (a.)
epistolario (m.)
erario (m.)
erbario (m.)
ereditario (a.)
erniario (a.)
estuario (m.)
evangelario (m.)
evangelistario (m.)
falsario (m.)
ferentario (m.)
ferroviario (a.)
feudatario (a., m.)
+fiario (m.)
fidecommissario (a., m.)
fiduciario (a.)
finanziario (a.)
firmatario (m.)
fondiario (a.)
frammentario (a.)
frasario (m.)
frazionario (a.)
frumentario (a.)
funerario (a.)
funzionario (m.)
gemmario (a.)
gengivario (m.)
giratario (m.)
giudiziario (a.)
glossario (m.)
gregario (a., m.)
gridario (m.)
immaginario (a.)
immissario (m.)
impresario (m.)
incendiario (a., m.)
iniziario (a.)
innario (m.)
insettario (m.)
interlineario (m.)
intermediario (a., m.)
interplanetario (a.)
inventario (t., m.)
involontario (a.)
ipotecario (a.)
istrumentario (m.)
itinerario (m.)
lampadario (m.)
lapidario (a., m.)
laqueario (m.)
larario (m.)
lebbrosario (m.)
legalitario (a.)
legatario (m.)
leggendario (m., a.)
legionario (m., a.)
legnosario (m.)
letterario (a.)
libertario (m.)
livellario (a., m.)
locatario (m.)
lucernario (m.)
lunario (m.)
macchinario (m.)
maggioritario (a., m.)
mammario (a.)
mandatario (m.)
mansionario (m.)
marmorario (m.)
massimario (m.)

melario (m.)
mercenario (a., m.)
miliardario (m.)
milionario (m.)
millenario (m., a.)
minerario (a.)
missionario (m., a.)
monetario (a.)
mortuario (a.)
multimilionario (a.)
murario (a.)
mutuatario (m.)
necessario (a., m.)
nefario (a.)
nettario (m.)
nonagenario (a.)
notiziario (m.)
novenario (m., a.)
numerario (a., m.)
obituario (m.)
oleario (a.)
onerario (a.)
onorario (a., m.)
orario (a., m.)
ordinario (a., m.)
originario (a.)
orinario (a.)
ossario (m.)
ostiario (m.)
ottavario (m.)
ottonario (m.)
ottuagenario (a., m.)
ovario (m.)
pario (a.)
parlamentario (m.)
partitario (m.)
passionario (m.)
pausario (m.)
pecuniario (a.)
penitenziario (m., a.)
pignoratario (m.)
pituitario (a.)
piumario (a.)
planetario (m., a.)
plebiscitario (a.)
plenario (a.)
plenipotenziario (a.,m.)
+polimitario (m.)
pomario (m.)
portuario (a.)
+potentario (m.)
prebendario (m.)
precario (a.)
presidiario (a.)
primario (a., m.)
proletario (a., m.)
promissario (m.)
prontuario (m.)
proprietario (m.)
presegretario (m.)
protonotario (m.)
provicario (m.)
pubblicitario (a., m.)
pupario (m.)
quadernario (a., m.)
quadragenario (a.)
quadrugario (a.)
+quartanario (a., m.)
quaternario (a., m.)
questionario (m.)
quinario (m., a.)
quinquagenario (a., m.)
raccomandatario (m.)
reazionario (a., m.)
referendario (m.)
refrattario (a.)
regionario (a.)
religionario (m.)
reliquiario (m.)
reziario (m.)
ricettario (m.)
riferendario (m.)
rilevatario (m.)
rimario (m.)
rinunziatario (m.)
ripario (a.)
ripuario (a.)
ritardatario (m.)
rivoluzionario (a., m.)
rosario (m.)
sacramentario (m.)
sacrario (m.)
sagittario (m.)
salario (t., m.)
salsamentario (m.)
saltuario (a.)
samiario (m.)
sanguinario (a., m.)
sanitario (a., m.)
santuario (m.)
scadenzario (m.)
scenario (m.)
schedario (a., m.)
scontatario (m.)
secondario (a.)
sedentario (a., m.)
sediario (m.)
sedimentario (a.)
segnatario (m.)
segretario (m.)
seminario (m.)
sempliciario (m.)
senario (a., m.)
sepoltuario (m.)
sequestratario (m.)
serpentario (m.)
sessagenario (a., m.)
sessionario (m.)
sestario (m.)
settario (a., m.)
settenario (a., m.)
settuagenario (a., m.)
sicario (m.)
silenziario (m.)
sillabario (m.)
sipario (m.)
societario (a.)
solario (m.)
solidario (a.)
solitario (a., m.)
sommario (m., a.)
sopranumerario (a.)
sottosegretario (m.)
spogliario (m.)
spoliario (m.)
stabulario (m.)
statario (a.)
statuario (m.)
statutario (a.)
stazionario (a.)
stercorario (a.)
+stipendiario (a.)
straordinario (a., m.)
subaccollatario (m.)
subaffittuario (m.)
subcontrario (a.)
suburbicario (a.)
sudario (m.)
suntuario (a.)
sussidiario (a., m.)
suario (t., i.)
tabellario (m.)
tabulario (m.)

tafanario (m.)
tegumentario (a.)
temerario (a.)
templario (a., m.)
tenario (a.)
tenutario (a., m.)
tepidario (m.)
terniario (a., m.)
terrario (m.)
terziario (a., m.)
testamentario (a.)
totalitario (a.)
tramviario (a.)
tranviario (a.)
trattario (m.)
triario (m.)
tributario (a.)
trinitario (a., m.)
tubercolosario (m.)
tumultuario (a.)
turiferario (m.)
umanitario (a., m.)
unguentario (a.)
unitario (a.)
universitario (a., m.)
untuario (a.)
usuario (m.)
usufruttuario (a., m.)
usurario (a.)
utilitario (a., m.)
valetudinario (a.)
vario (t., a.)
velario (m.)
vescicario (a.)
vessillario (m.)
vestiario (m.)
veterinario (m.)
vetrario (a.)
vicario (m.)
vicebibliotecario (m.)
vicecommissario (m.)
vicesegretario (m.)
vinario (a.)
viridario (m.)
visionario (a., m.)
vittimario (m.)
vocabolario (m.)
voluttuario (a.)
vulnerario (a.)

arion

ipparion (m.)

arista

arista (f.)

ariston

ariston (m.)

arla

ciarla (f.)

arlo

ciarlo (i.)
intarlo (i.)
parlo (i.)
riparlo (i., r.)
sparlo (i.)
straparlo (i.)
tarlo (t., r., m.)

arma

arma (f.)
parma (f.)
tarma (f.)

armaco

alessifarmaco (m.)
farmaco (m.)

arme

allarme (m.)
arme (f.)
carme (m.)
gendarme (m.)

armio

risparmio (t., r., m.)

armo

allarmo (t., r.)
armo (t., r.)
disarmo (t., i., m.)
intarmo (i.)
marmo (m.)
riarmo (t., r., m.)
+scarmo (m.)
tarmo (i., r.)

armolo

intarmolo (i.)

arna

marna (f.)
starna (f.)

arnao

cafarnao (m.)

arne

batticarne (m.)
carne (f.)
malacarne (f.)
tritacarne (m.)

arneo

carneo (a.)

arnia

arnia (f.)
farnia (f.)

arnica

arnica (f.)

arno

+accarno (t.)
disincarno (t.)
incarno (t., r.)
indarno (avv.)
lungarno (m.)
marno (t.)
rincarno (t., i., r.)
scarno (t., r., a.)
starno (t.)

aro

acciaro (m.)
agostaro (m.)
alamaro (m.)
amaro (a.)
ammaro (i.)
arcaro (m.)
aro (t, m.)
avaro (a., m.)
baro (m.)
bordonaro (m.)
bovaro (m.)
+bozzolaro (m.)
calamaro (m.)
campanaro (m.)
camparo (m.)
+cantaro (m.)
capraro (m.)
carbonaro (m.)
caro (a.)
casaro (m.)
cavallaro (m.)
chiaro (a.)
ciociaro (m.)
corsaro (a., m.)
curaro (m.)
danaro (m.)
denaro (m.)
dichiaro (t.)
dinaro (m.)
discaro (a.)
diseparo (t.)
disimparo (t.)
disseparo (t.)
facchiaro (m.)
faro (m.)

giaguaro (m.)
ignaro (a.)
imparo (t.)
lattovaro (m.)
macellaro (m.)
magiaro (a.)
malgaro (m.)
mannaro (a.)
marinaro (m.)
mezzomarinaro (m.)
montanaro (m.)
mulinaro (m.)
notaro (m.)
+olaro (m.)
ospodaro (m.)
palombaro (m.)
paro (t., i. ,.)
pelotaro (m.)
piffetaro (m.)
pignattaro (m.)
polentaro (m.)
porcaro (m.)
preclaro (a.)
preparo (t., r.)
protonotaro (m.)
radiofaro (m.)
raro (a.)
reparo (t.)
rimparo (t.)
rincaro (t., i., m.)
riparo (t., i., r., m.)
rischiaro (t., i., r.)
salvadanaro (m.)
scaro (m.)
scarparo (m., t.)
schiaro (t.)
scolaro (m.)
separo (t., r.)
serparo (m.)
somaro (m.)
spadaro (m.)
sparo (t., r., m.)
taro (t.)
varo (t., m. +a)
zampognaro (m.)
+zaro (m.)

arodo

parodo (m.)

aroli

paroli (m.)

arono

cf. *Pass. rem.* 1ª.

arpa

arpa (f.)
battiscarpa (m.)
carpa (f.)
ciarpa (f.)
controscarpa (f.)
scarpa (f.)
sciarpa (f.)
soprascarpa (f.)

arpe

arpe (f.)
lustrascarpe (m.)
pulisciscarpe (m.)

arpico

monocarpico (a.)
policarpico (a.)

arpine

carpine (m.)

arpo

acarpo (a.)
acciarpo (t.)
angiocarpo (m.)
carpo (m.)
endocarpo (m.)
epicarpo (m.)
esocarpo (m.)
mesocarpo (m.)
metacarpo (m.)
pericarpo (m.)
racciarpo (t.)
sarcocarpo (m.)
schizocarpo (m.)
sincarpo (m.)
tarpo (t.)

arra

amarra (f.)
arra (f.)
barra (f.)
+bazzarra (f.)
camarra (f.)
caparra (f.)
carra (f. pl.)
chitarra (f.)
gazzarra (f.)
giarra (f.)
marra (f.)
sbarra (f.)
+sciarra (f.)
scimitarra (f.)
zimarra (f.)

arre

astrarre (t., i., r.)
attrarre (t.)
contrarre (t.)
detrarre (t.)
distrarre (t., r.)
estrarre (t.)
protrarre (t.)
rattrarre (i., r.)
retrotrarre (t.)
ricontrarre (t.)
ritrarre (t., r.)
sottrarre (t.)
trarre (t., r.)

arri

arri (inter.)

arrico

barrico (t., r.)

arro

abbarro (t.)
accaparro (t.)
accatarro (i., r.)
amarro (t.)
autocarro (m.)
bizzarro (a.)
cangiarro (m.)
caparro (t.)
carro (m.)
catarro (m.)
farro (m.)
incatarro (i., r.)
intabarro (t., r.)
narro (t.)
paracarro (m.)
prenarro (t.)
ramarro (m.)
rinarro (t.)
sbarro (t. m.)
scatarro (i.)
schitarro (i.)
sgarro (t.)
smarro (t.)
tabarro (m.)

arroco

parroco (m.)

arrulo

garrulo (a.)

arsa

comparsa (f.)

farsa (f.)
ricomparsa (f.)
scomparsa (f.)
arse
apparse (i.)
arse (t.)
parse (i.)
sparse (t., r.)
arsena
darsena (f.)
arsero
apparsero (i.)
arsero (t.)
parsero (i.)
sparsero (t., r.)
arsi
apparsi (i.)
arsi (f., t.)
catarsi (f.)
parsi (i.)
parsi (i.)
sparsi (t., r.). - cfr. *Verbi rifl. in* **are**
arsico
carsico (a.)
arsio
intarsio (t., m.)
tarsio (t.)
arso
arso (pps., a.)
apparso (pps.)
comparso (pps.)
metatarso (m.)
parso (pps.)
riarso (pps., a.)
scarso (a.)
sparso (pps., a.)
tarso (m.)
arta
carta (f.)
comparta (t.)
parta (i.)
quarta (f.)
sarta (f.)
sopraccarta (f.)
artano
compartano (t.)
partano (i.)
artara
+tartara (f.)
artaro
tartaro (a., m.)
arte
arte (f.)
capoparte (m.)
comparte (t.)
controparte (f.)
disparte (avv.)
fermacarte (m.)
imbrattacarte (m.)
mangiacarte (m.)
Marte (m.)
parte (f., pron., t.)
portacarte (m.)
pressacarte (m.)
sarte (f. pl.)
schiccheracarte (m.)
tagliacarte (m.)
arti
comparti (t.)
parti (i.)
trequarti (m.)
artia
sartia (f.)
artico
antartico (a.)
artico (a.)
catartico (a.)
artie
sartie (f. pl.)
artire
martire (m.)
protomartire (m.)
arto
apparto (t., r.)
arto (m., +a.)
caporiparto (m.)
coarto (t.)
comparto (t.)
diparto (t., r.)
idrarto (m.)
incarto (t., m.)
infarto (m.)
inquarto (t.)
parto (i., m.)
quarto (m., t.)
reparto (m.)
rincarto (t., i., m.)
rinquarto (t., i., r., m.)
riparto (i., m.)
sarto (m.)
scarto (t., i., m.)
scomparto (m.)
sparto (pps., m.)
squarto (t., m.)
artono
compartano (t.,)
partono (i.)
artora
martora (f.)
arva
larva (f.)
arve
apparve (i.)
parve (i.)
arvero
apparvero (i.)
parvero (i.)
arvi
apparvi (i.)
parvi (i.)
arvo
larvo (t.)
arvolo
parvolo (a., m.)
arza
garza (f.)
marza (f.)
scarza (f.)
sgarza (f.)
arze
roegarze (f.)
arzio
marzio (a.)
arzo
catarzo (m.)
garzo (t., m.)
marzo (m.)
quarzo (m.)
scatarzo (m.)
sfarzo (m.)
as
ananàs (m.)
gas (m.)
mas (m.)
ras (m.)
asa
casa (f.)
cerasa (f.)
cimasa (f.)
+rimasa (f.)
spasa (f.)

asca
amarasca (f.)
brasca (f.)
burrasca (f.)
fiasca (f.)
frasca (f.)
lasca (f.)
marasca (f.)
rubasca (f.)
tasca (f.)
vasca (f.)
ascaro
ascaro (m.)
ascere
nascere (i.)
pascere (i., t., r.)
prenascere (i.)
rinascere (i.)
asche
paratasche (m.)
aschera
maschera (f.)
aschero
immaschero (t., r.)
maschero (t., r.)
smaschero (t., r.)
aschi
portafiaschi (m.)
reggifiaschi (m.)
salvafiaschi (m.)
aschio
maschio (m., a.)
raschio (t., i., m.)
ascia
ambascia (f.)
ascia (f.)
biascia (f.)
fascia (f.)
ganascia (f.)
grascia (f.)
rascia (f.)
sopraffascia (f.)
sottofascia (f.)
ascico
biascico (t.)
strascico (t., i., m.)
trascico (t.)
ascino
affascino (t.)
fascino (m.)
strascino (m.)
ascio
accascio (t., r.)
ascio (t.)
balascio (m.)
biascio (t.)
cascio (m.)
catafascio (m.)
curbascio (m.)
fascio (t., m.)
infascio (t.)
intralascio (t.)
lascio (t., r., +m.)
rifascio (t., avv.)
rilascio (t., m.)
sbiascio (t., i.)
scatafascio (m.)
sculdascio (m.)
sfascio (t., r., m.)
sganascio (t., r.)
stramascio (i.)
tralascio (t.)
trambascio (i.)
ascita
nascita (f.)
rinascita (f.)
ascito
lascito (m.)
asco
allasco (t.)
amarasco (m.)
basco (m.)
casco (i., m.)
damasco (m.)
falasco (m.)
fiasco (m.)
fuggiasco (a.)
gasco (m.)
infiasco (t.)
infrasco (t., r.)
intasco (t.)
lasco (a.)
maggiorasco (m.)
minorasco (m.)
nasco (i.)
pasco (i., t., r.)
piovasco (m.)
prenasco (i.)
reggifiasco (m.)
ricasco (i., m.)
rinasco (i.)
rintasco (t.)
rivierasco (a., m.)
sfrasco (t., i.)
somasco (a. m.)
ascola
cascola (f.)
ascolo
diascolo (m.)
pascolo (i., r., m.)
vascolo (m.)
ascopo
fantascopo (m.)
ase
anafase (f.)
base (f.)
bifase (a.)
dissuase (t.)
evase (i.)
fase (f.)
frase (f.)
polifase (a.)
rase (t., r.)
rimase (i.)
trifase (m.)
ucase (m.)
asero
dissuasero (t.)
evasero (i.)
rasero (t., r.)
rimasero (i.)
asgico
pelasgico (a.)
asi
amilasi (f.)
anchilostomiasi (f.)
corpostasi (f.)
crasi (f.)
diaclasi (f.)
dissuasi (t.)
emostasi (f.)
epicrasi (f.)
evasi (i.)
iconostasi (f.)
lattasi (f.)
leptoclasi (f.)
lipasi (f.)
litoclasi (f.)
maltasi (f.)
ossidasi (m. pl.)
paraclasi (f.)
portavasi (m.)
quasi (avv.)

rasi (t., r.)
rimasi (i.)
saponasi (f.)
sincrasi (f.)
stasi (f.)
zimasi (f.)

asia
albasia (f.)
antonomasia (f.)
colocasia (f.)
eutanasia (f.)
metonomasia (f.)
paranomasia (f.)

asico
basico (a.)
bibasico (a.)
monobasico (a.)
polibasico (a.)
tribasico (a.)
trifasico (a.)

asile
rasile (a.)

asima
fantasima (f.)

asimo
biasimo (t., m.)
scasimo (m.)
spasimo (i., m.)

asino
asino (m.)
prasino (a.)
scaricalasino (m.)

asio
amasio (a., m.)
archiginnasio (m.)
crisoprasio (m.)
estasio (t., r.)
ginnasio (m.)
oligoclasio (m.)
ortoclasio (m.)
parnasio (a.)
prasio (a., m.)

asma
asma (f.)
carioplasma (m.)
cataplasma (m.)
chiasma (m.)
citoplasma (m.)
fantasma (m.)
metaplasma (m.)
miasma (m.)
neoplasma (m.)
nucleoplasma (m.)
paraplasma (m.)
plasma (m., f.)
protoplasma (m.)
sarcoplasma (m.)

asmate
fasmate (f. pl.)

asmo
blefarospasmo (m.)
cheirospasmo (m.)
chiasmo (m.)
entusiasmo (t., i., m.)
gastrospasmo (m.)
grafospasmo (m.)
marasmo (m.)
metaplasmo (m.)
orgasmo (m.)
+pasmo (m.)
plasmo (t.)
pleonasmo (m.)
riplasmo (t.)
sarcasmo (m.)
spasmo (m.)

aso
abomaso (m.)
accaso (t., r.)
annaso (t., r.)
baso (t.)
caso (m.)
ceraso (m.)
dissuaso (a., pps.)
distaso (t.)
evaso (pps. m.)
ficcanaso (m.)
inevaso (a.)
intaso (t., i., r.)
invaso (t., pps., a.)
naso (m.)+
occaso (m.)
omaso (m.)
parnaso (m.)
persuaso (pps., a.)
pervaso (pps.)
raso (t., pps., a., m., avv.)
riaccaso (t., r.)
rimaso (a., m.)
rincaso (i., r.)
rintaso (t.)
rinvaso (t.)
scaso (i., t.)
segnacaso (m.)
sfaso (i.)
snaso (t.)
sottovaso (m.)
+spaso (a.)
staso (t.)
stravaso (i., r., m.)
svaso (t.)
taso (m.)
torcinaso (m.)
travaso (t., m., i.)
vaso (m.)

asola
asola (f.)

asolo
asolo (m.)

aspa
caspa (f.)
raspa (f.)

aspero
esaspero (t.)

aspico
annaspico (i.)

aspide
aspide (m.)
giaspide (m.)

aspido
aspido (m.)

aspio
Caspio (m.)

aspita
caspita (inter.)

aspo
annaspo (t., i., m.)
aspo (m.)
graspo (m.)
naspo (m.)
raspo (t. m.)

aspora
diaspora (f.)

aspro
aspro (a.)
diaspro (m.)

asqua
pasqua (f.)

assa
assa (f.)
bardassa (m., f.)
bassa (f.)
carcassa (f.)

cassa (f.)
controcassa (f.)
draghinassa (f.)
gassa (f.)
grancassa (f.)
lassa (f.)
massa (f.)
matassa (f.)
materassa (f.)
melassa (f.)
molassa (f.)
nassa (f.)
portacassa (m.)
potassa (f.)
scassa (f.)
sopraccassa (f.)
soprattassa (f.)
tassa (f.)

asse

arruffamatasse (m.)
asse (m.)
capoclasse (m.)
classe (f.)
parallasse (f.)
segnatasse (m.)
semiasse (m.)
trasse (t., r.). - cf. *Cong. imperf.* 1ª.

asseo

sasseo (a.)

assera

cassera (f.)
passera (f.)

assere

assere (m.)
cacciapassere (m.)

assero

assero (m.)
cassero (m.)
passero (m.)
trassero (t., r.). - cf. *Cong. imperf.* 1ª.

assi

ambassi (m.)
devadassi (f.)
epistassi (f.)
fillotassi (f.)
prassi (f.)
profilassi (f.)
sintassi (f.)
stassi (i.)
trassi (t., r.). - cf. *Cong. impf.* 1ª.

assia

cassia (f.)
galassia (f.)
quassia (f.)

assica

ipotalassica (f.)

assico

antigassico (a.)
atassico (a.)
classico (a., m.)
giurassico (a.)
liassico (m., a.)
neoclassico (a., m.)
potassico (a.)
triassico (a.)

asside

casside (f.)

assima

massima (f.)

assime

massime (avv.)

assimo

massimo (a.). - cf. *Cong. impf.* 1ª.

assino

frassino (m.)
prassino (a.)

assio

passio (m.)
potassio (m.)
quassio (m.)

asso

abbasso (t., i., r. avv., prep.)
ammasso (t., r., m.)
ammatasso (t.)
ananasso (m.)
asso (m.)
basso (a., m.)
brogliasso (m.)
+buriasso (m.)
casso (t., m., +a.)
chiasso (m.)
collasso (m.)
compasso (t., m.)
conquasso (t., m.)
controbasso (m.)
contrappasso (m.)
crasso (a.)
dabbasso (avv.)
declasso (t.)
dibasso (t.)
digrasso (t.)
fracasso (t., m.)
glasso (t.)
gradasso (m.)
grasso (m., a.)
incasso (t., i., m.)
ingrasso (t., i., r., m.)
lasso (m., a.)
marasso (m.)
masso (m.)
materasso (m.)
nasso (m.)
oltrepasso (t.)
papasso (m.)
passo (i., t., m., a.)
patarasso (m.)
paterasso (m.)
patrasso (m.)
prolasso (m.)
rammasso (t.)
riabbasso (t., i.)
ribasso (t., i., m.)
ricasso (m.)
rilasso (t., r.)
ringrasso (t., i.)
ripasso (t., i., m.)
ritasso (t.)
salasso (t., m.)
sargasso (m.)
sassafrasso (m.)
sasso (m.)
sassofrasso (m.)
satanasso (m.)
sbasso (t., m.)
scafasso (m.)
scardasso (t., m.)
scasso (t., m.)
schiasso (i.)
sconquasso (t., r., m.)
sfracasso (t.)
sgrasso (t.)
smargiasso (i., m.)
smatasso (i.)
+soppasso (a.)
sorpasso (t.)
spasso (t., r., m.)
squasso (t., m.)
tartasso (t.)

tasso (t., m.)
trapasso (t., m.)
turcasso (m.)

assola
sassola (f.)

assula
cassula (f.)

asta
asta (f.)
basta (f.)
casta (f.)
catasta (f.)
cerasta (f.)
ceroplasta (m.)
cineasta (m.)
dinasta (m.)
encomiasta (m.)
entusiasta (m.)
ginnasta (m.)
iconoclasta (m.)
orgiasta (m.)
ostroblasta (m.)
pasta (f.)
peltasta (m.)
subasta (f.)
tasta (f.)

astaco
astaco (m.)

astasi
diastasi (f.)
metastasi (f.)

aste
ceraste (f.)
cranioclaste (m.)
daste (t., r.)
ecclesiaste (m.)
encomiaste (m.)
metafraste (m.)
osteoclaste (m.)
pancraziaste (m.)
parafraste (m.)
protoplaste (m.)
scoliaste (m.). - cf. *Pass. rem.* 1ª, *Cong. impf.* 1ª.

asti
complasti (m. p.)
fasti (m. pl.)
leucoplasti (m. pl.)
dasti (t., r.). - cf. *Pass. rem.* 1ª.

astia
bastia (f.)

astica
anaplastica (f.)
autoplastica (f.)
ceroplastica (f.)
elettroplastica (f.)
felloplastica (f.)
galvanoplastica (f.)
geoplastica (f.)
ginnastica (f.)
mastica (f.)
plastica (f.)
rinoplastica (f.)
scolastica (f.)
svastica (f.)
toponomastica (f.)
uranoplastica (f.)

astice
mastice (m.)

astico
antidinastico (a.)
antifrastico (a.)
antonomastico (a.)
dinastico (a.)
docimastico (a.)
drastico (a.)
ecclesiastico (a.)
elastico (a., m.)
encomiastico (a.)
entusiastico (a.)
epispastico (a.)
esastico (a.)
fantastico (i., t., a.)
forastico (a.)
galvanoplastico (a.)
ginnastico (a.)
icastico (a.)
iconoclastico (a.)
immastico (t.)
mastico (t.)
monastico (a.)
neoplastico (a.)
onomastico (a., m.)
organoplastico (a.)
orgiastico (a.)
parafrastico (a.)
perifrastico (a.)
plastico (a. ,m.)
pleonastico (a.)
prosastico (a.)
rimastico (t., m.)
sarcastico (a.)
sarcastico (a.)
scolastico (a., m.)
tetrastico (a.)

astidi
leucoplastidi (m. pl.)
plastidi (m. pl.)

astilo
astilo (a.)
decastilo (a.)
diastilo (m.)
esastilo (a.)
tetrastilo (a.)

astino
mediastino (m.)
procrastino (t., i.)

astio
astio (m.)
mastio (m.)

asto
accatasto (t.)
agnocasto (m.)
antipasto (m.)
appasto (r.)
+asto (m.)
attasto (t.)
basto (i., m.)
capotasto (m.)
casto (a.)
catasto (m.)
contrasto (t., m.)
devasto (t.)
fasto (m.)
guasto (t., r., m., pps.)
impasto (t., m.)
inasto (t.)
nefasto (a.)
pasto (m.)
polipasto (m.)
pospasto (m.)
protoplasto (m.)
rimasto (pps., a.)
rimpasto (t., r., m.)
ritasto (t.)
soprasto (i., t.)
sovrasto (i., t.)
spasto (t.)
tasto (t., m.)
trasto (m.)
vasto (a.)

astole
diastole (f.)
astolo
ergastolo (m.)
astra
battipiastra (m.)
calastra (f.)
lastra (f.)
mastra (f.)
parastra (f.)
piastra (f.)
sorellastra (f.)
astrico
digastrico (a.)
epigastricó (a.)
gastrico (a.)
lastrico (a., m.)
pneumogastrico (a.)
astrio
epigastrio (m.)
ipogastrio (m.)
astro
alabastro (m.)
appiastro (t., r.)
aquilastro (m.)
astro (m.)
astrologastro (m.)
biancastro (a.)
bluastro (a.)
borgomastro (m.)
capomastro (m.)
castro (t.)
+dicastro (m.)
disastro (m.)
dolciastro (a.)
durastro (a.)
empiastro (m.)
epigastro (m.)
figliastro (m.)
filosofastro (m.)
fratellastro (m.
giallastro (a.)
gigliastro (m.)
giovinastro (m.)
grammaticastro (m.)
grecastro (m.)
grigiastro (a.)
impiastro (t., m.)
incastro (t., r., m.)
lividastro (a.)
mastro (m.)
medicastro (m.)
mentastro (m.)
nastro (m.)
nerastro (a.)
oleastro (m.)
olivastro (a.)
pilastro (m.)
pinastro (m.)
poetastro (m.)
politicastro (m.)
pollastro (m.)
+postemastro (m.)
quartiermastro (m.)
rastro (m.)
rimpiastro (t.)
rossastro (a.)
salmastro (a.)
sordastro (a.)
teologastro (m.)
ulivastro (m.)
velocipedastro (m.)
verdastro (a.)
vincastro (m.)
volastro (a.)
astrofe
anastrofe (f.)
catastrofe (f.)
asula
casula (f.)
asus
casus (m.)
at
dubàt (m.)
ata
abbaiata (f.)
abbaruffata (f.)
abbozzata (f.)
abbracciata (f.)
abbronzata (f.)
abbuiata (f.)
abburattata (f.)
accettata (f.)
acciugata (f.)
accollata (f.)
accordata (f.)
accusata (f.)
acquacedrata (f.)
acquata (f')
addossata (f.)
adnata (f.)
adunata (f.)
affienata (f.)
affilata (f.)
affumicata (f.)
agata (f.)
aggirata (f.)
agliata (f.)
agrestata (f.)
agugliata (f.)
aguzzata (f.)
aiata (f.)
alabardata (f.)
alata (f.)
allargata (f.)
allevata (f.)
alzata (f.)
amata (f.)
ambasciata (f.)
americanata (f.)
andabata (f.)
andata (f.)
annacquata (f.)
annaffiata (f.)
annata (f.)
annunziata (f.)
annusata (f.)
antidata (f.)
appoggiata (f.)
appuntata (f.)
appuntellata (f.)
aranciata (f.)
arcata (f.)
archibugiata (f.)
architravata (f.)
arlecchinata (f.)
armata (f.)
arrampicata (f.)
arrancata (f.)
asciata (f.)
asinata (f.)
assottigliata (f.)
astata (f.)
autoblindata (f.)
avanzata (f.)
avvocata (f.)
avvoltata (f.)
azzannata (f.)
bacchettata (f.)
bacchiata (f.)
baggianata (f.)
bagnata (f.)
baiata (f.)

baionettata (f.)
balaustrata (f.)
balconata (f.)
balestrata (f.)
ballata (f.)
+ballottata (f.)
bambinata (f.)
bambocciata (f.)
barbata (f.)
barcata (f.)
barchettata (f.)
barellata (f.)
barocciata (f.)
baronata (f.)
barricata (f.)
bastionata (f.)
bastonata (f.)
batacchiata (f.)
battellata (f.)
beccata (f.)
beccheggiata (f.)
becerata (f.)
benandata (f.)
beneficiata (f.)
bezzicata (f.)
bicchierata (f.)
bipennata (f.)
birbata (f.)
birbonata (f.)
birichinata (f.)
boccata (f.)
bocconata (f.)
boiata (f.)
bolzanata (f.)
bombardata (f.)
bordata (f.)
borgata (f.)
+boriata (f.)
borsata (f.)
bottata (f.)
bottonata (f.)
braccata (f.)
braccialata (f.)
bracciata (f.)
brancata (f.)
bravacciata (f.)
bravata (f.)
bravazzata (f.)
bricconata (f.)
brigata (f.)
brinata (f.)
bruciata (f.)
bubbolata (f.)
bucciata (f.)
buccicata (f.)
buffata (f.)
buffonata (f.)
burattinata (f.)
buscherata (f.)
bussata (f.)
buttata (f.)
cabrata (f.)
cacata (f.)
cacciata (f.)
calamaiata (f.)
calata (f.)
calcagnata (f.)
calcata (f.)
calcolata (f.)
caldaiata (f.)
calessata (f.)
camerata (f., m.)
camiciata (f.)
camminata (f.)
campata (f.)
canagliata (f.)
canata (f.)
cancellata (f.)
canestrata (f.)
cannata (f.)
cannicciata (f.)
cannonata (f.)
cantata (f.)
cantonata (f.)
capata (f.)
capezzata (f.)
capocordata (m.)
caponata (f.)
cappellata (f.)
caprata (f.)
capriata (f.)
+carbonata (f.)
carciofolata (f.)
cardata (f.)
carnevalata (f.)
carrata (f.)
carreggiata (f.)
carrettata (f.)
carronata (f.)
carrozzata (f.)
cartata (f.)
cartavetrata (f.)
cartocciata (f.)
casata (f.)
cascata (f.)
cassata (f.)
cassettata (f.)
castellata (f.)
catinellata (f.)
cavalcata (f.)
cavata (f.)
cavolata (f.)
ceffata (f.)
celata (f.)
cenata (f.)
cenerata (f.)
ceppata (f.)
cercata (f.)
cerchiata (f.)
cervellata (f.)
cerviata (f.)
chiacchierata (f.)
chiamata (f.)
chiarata (f.)
chiassata (f.)
chicchiriata (f.)
chiocciata (f.)
chitarronata (f.)
ciabattata (f.)
ciarlata (f.)
ciarlatanata (f.)
cicalata (f.)
cilindrata (f.)
cimata (f.)
cinghiata (f.)
cioccolata (f.)
ciotolata (f.)
ciottolata (f.)
cipollata (f.)
cognata (f.)
colascionata (f.)
colata (f.)
collata (f.)
collegiata (f.)
colmata (f.)
coltellata (f.)
comandata (f.)
contadinata (f.)
contata (f.)
controdata (f.)
corata (f.)
corazzata (f.)
cordata (f.)

cordonata (f.)
cornata (f.)
corpacciata (f.)
costata (f.)
cotognata (f.)
covata (f.)
cozzata (f.)
crociata (f.)
crollata (f.)
crostata (f.)
cucchiaiata (f.)
curbasciata (f.)
data (f.)
dentata (f.)
derivata (f.)
derrata (f.)
desiderata (m. pl.)
+dilata (f.)
+diripata (f.)
disperata (f.)
ditata (f.)
doccionata (f.)
durata (f.)
embriciata (f.)
entrata (f.)
facchinata (f.)
facciata (f.)
fagiolata (f.)
falcata (f.)
falciata (f.)
fanciullata (f.)
fanfaronata (f.)
farinata (f.)
fascinata (f.)
fata (f.)
favata (f.)
felzata (f.)
fermata (f.)
ferrata (f.)
fiaccolata (f.)
fiammata (f.)
fiancata (f.)
fianconata (f.)
+fiata (f.)
fiatata (f.)
figliata (f.)
finestrata (f.)
fiocinata (f.)
fiorata (f.)
fischiata (f.)
fiutata (f.)
fogata (f.)
folata (f.)
fondata (f.)
forata (f.)
forbiciata (f.)
forcata (f.)
forchettata (f.)
forconata (f.)
fornaciata (f.)
fornata (f.)
fragolata (f.)
frascata (f.)
fratata (f.)
frecciata (f.)
fregata (f.)
frittata (f.)
frugata (fr.)
frustata (f.)
fucilata (f.)
fumata (f.)
funata (f.)
furiata (f.)
fusata (f.)
gabbiata (f.)
gabbionata (f.)
galoppata (f.)
gambata (f.)
ganciata (f.)
gelata (f.)
gettata (f.)
ghiacciata (f.)
ghiaiata (f.)
ghignata (f.)
giannettata (f.)
ginocchiata (f.)
giocata (f.)
giornata (f.)
giovanottata (f.)
girata (f.)
gittata (f.)
giuccata (f.)
giuncata (f.)
gnaulata (f.)
gomitata (f.)
gorata (f.)
gorgata (f.)
gotata (f.)
gracchiata (f.)
gradassata (f.)
gradinata (f.)
graffiata (f.)
gramolata (f.)
granata (f.)
grandezzata (f.)
grandinata (f.)
granfiata (f.)
grata (f.)
graticciata (f.)
grattata (f.)
grecalata (f.)
grembialata (f.)
grembiata (f.)
gridata (f.)
grifata (f.)
groppata (f.)
gropponata (f.)
grucciata (f.)
grumata (f.)
guancialata (f.)
guanciata (f.)
guardata (f.)
guasconata (f.)
gugliata (f.)
guizzata (f.)
imbardata (f.)
imbeccata (f.)
imboscata (f.)
imbrecciata (f.)
imbroccata (f.)
impannata (f.)
impavesata (f.)
impazzata (f.)
impennata (f.)
impoppata (f.)
improvvisata (f.)
incamiciata (f.)
incannata (f.)
incannucciata (f.)
incartata (f.)
incensata (f.)
incerata (f.)
inciampata (f.)
incominciata (f.)
indossata (f.)
inferriata (f.)
infilata (f.)
infilzata (f.)
infiorata (f.)
inforcata (f.)
infornaciata (f.)
infornata (f.)
infunata (f.)

ingabbiata (f.)
ingraticciata (f.)
inquartata (f.)
insaccata (f.)
insalata (f.)
intemerata (f.)
invernata (f.)
inverniciata (f.)
invetriata (f.)
involtata (f.)
inzuccherata (f.)
labbrata (f.)
labiata (f.)
lanata (f.)
lancettata (f.)
lanciata (f.)
lasciata (f.)
lavata (f.)
lavorata (f.)
leccata (f.)
legata (f.)
legnata (f.)
lessata (f.)
levata (f.)
libecciata (f.)
librata (f.)
limonata (f.)
lisciata (f.)
lombata (f.)
lunata (f.)
lungagnata (f.)
lustrata (f.)
maccheronata (f.)
macinata (f.)
madiata (f.)
maggiolata (f.)
maialata (f.)
manata (f.)
manciata (f.)
mandata (f.)
mandolinata (f.)
manganellata (f.)
mangiata (f.)
mantellata (f.)
marciata (f.)
mareggiata (f.)
marmellata (f.)
marrata (f.)
martellata (f.)
mascalzonata (f.)
mascherata (f.)
massicciata (f.)
materassata (f.)
mattaccinata (f.)
mattata (f.)
mattinata (f.)
mattonata (f.)
mazzata (f.)
melata (f.)
menata (f.)
merlata (f.)
mesata (f.)
mescolata (f.)
mestolata (f.)
miagolata (f.)
moggiata (f.)
montata (f.)
montonata (f.)
moschettata (f.)
mostacciata (f.)
murata (f.)
musata (f.)
nasata (f.)
navata (f.)
nerbata (f.)
nevata (f.)
nevicata (f.)
nidiata (f.)
nottata (f.)
nuotata (f.)
nuvolata (f.)
oblata (f.)
occhiata (f.)
oliata (f.)
ombrellata (f.)
omoplata (f.)
ondata (f.)
orata (f.)
ordinata (f.)
orinalata (f.)
orinata (f.)
orzata (f.)
ottobrata (f.)
pacchianata (f.)
padellata (f.)
pagliacciata (f.)
paiolata (f.)
palata (f.)
palettata (f.)
palizzata (f.)
pallata (f.)
pallavibrata (f.)
palmata (f.)
palpata (f.)
panata (f.)
pancata (f.)
panciata (f.)
panierata (f.)
pappata (f.)
pappolata (f.)
parata (f.)
parlata (f.)
pasquinata (f.)
passata (f.)
passeggiata (f.)
+passonata (f.)
patata (f.)
pavesata (f.)
peata (f.)
pedalata (f.)
pedata (f.)
pelata (f.)
+penerata (f.)
pennata (f.)
pennellata (f.)
pensata (f.)
pentolata (f.)
perticata (f.)
pescata (f.)
pestata (f.)
pettata (f.)
pettegolata (f.)
pettinata (f.)
piallata (f.)
pianellata (f.)
piantata (f.)
piattonata (f.)
piazzata (f.)
piccata (f.)
picchiata (f.)
picconata (f.)
piegata (f.)
pietrata (f.)
pifferata (f.)
pigiata (f.)
pilastrata (f.)
pilata (f.)
pinocchiata (f.)
pinzata (f.)
pipata (f.)
pipata (f.)
+pippionata (f.)
pirata (m.)

pirofugata (f.)
pisciata (f.)
pisellata (f.)
pistolettata (f.)
pizzicata (f.)
pizzicottata (f.)
planata (f.)
plicata (f.)
poggiata (f.)
polentata (f.)
pomata (f.)
pomodorata (f.)
pompata (f.)
pontata (f.)
poppata (f.)
pozzata (f.)
portata (f.)
posticciata (f.)
+prata (f. pl.)
prunata (f.)
pugnalata (f.)
+pugnata (f.)
pulcinellata (f.)
puntata (f.)
purgata (f.)
quarantottata (f.)
raccomandata (f.)
raddoppiata (f.)
radunata (f.)
raffrescata (f.)
ragazzata (f.)
ragliata (f.)
rallegrata (f.)
ramaiolata (f.)
ramata (f.)
ramatata (f.)
rampata (f.)
rampinata (f.)
randellata (f.)
rannata (f.)
rannuvolata (f.)
rapata (f.)
raschiata (f.)
rasoiata (f.)
rastrellata (f.)
rata (f.)
ravviata (f.)
razzolata (f.)
rebbiata (f.)
recata (f.)
regata (f.)
reggiposata (m.)
reiudicata (f.)
relata (lat.)
remata (f.)
+rembata (f.)
remigata (f.)
renata (f.)
retata (f.)
revolverata (f.)
ricalata (f.)
ricalcata (f.)
ricascata (f.)
ricercata (f.)
richiamata (f.)
rientrata (f.)
rifiutata (f.)
rigata (f.)
rigirata (f.)
rigovernata (f.)
riguardata (f.)
rimenata (f.)
rimescolata (f.)
rimpazzata (f.)
rimpinzata (f.)
rincalzata (f.)
rincanata (f.)
rinculata (f.)
rinfrescata (f.)
+rinomata (f.)
ripassata (f.)
ripicchiata (f.)
ripiegata (f.)
riposata (f.)
risata (f.)
riscaldata (f.)
risciacquata (f.)
riscontrata (f.)
ristata (f.)
ritirata (f.)
ritoccata (f.)
ritomata (f.)
ritrovata (f.)
rivoltata (f.)
rivoltellata (f.)
roccata (f.)
rodomantata (f.)
rognonata (f.)
rollata (f.)
ronconata (f.)
ruzzolata (f.)
saccata (f.)
saccocciata (f.)
saettata (f.)
salata (f.)
saponata (f.)
sassata (f.)
sbacchettata (f.)
sballonata (f.)
sbandata (f.)
sbandinata (f.)
sbarazzinata (f.)
sbarbazzata (f.)
sbatacchiata (f.)
sberrettata (f.)
sbicchierata (f.)
sbirciata (f.)
sbottata (f.)
sbracciata (f.)
sbraciata (f.)
sbrattata (f.)
sbravazzata (f.)
sbrigliata (f.)
sbruffata (f.)
sbuffata (f.)
scacciata (f.)
scalata (f.)
scaldata (f.)
scalessata (f.)
scalinata (f.)
scalmanata (f.)
scampagnata (f.)
scampanacciata (f.)
scampanata (f.)
scampanellata (f.)
scappata (f.)
scappellata (f.)
scapponata (f.)
scarnascialata (f.)
scarpata (f.)
scarpinata (f.)
scarrozzata (f.)
scartata (f.)
scatarrata (f.)
scenata (f.)
schiacciata (f.)
schiassata (f.)
schidionata (f.)
schioccata (f.)
schioppettata (f.)
schivata (f.)
schizzata (f.)
schizzettata (f.)

sciabolata (f.)
sciacquata (f.)
sciarrata (f.)
scimmiata (f.)
scimmiottata (f.)
scivolata (f.)
scodellata (f.)
scopata (f.)
scorpacciata (f.)
scosciata (f.)
scottata (f.)
scozzata (f.)
scozzonata (f.)
scricchiolata (t.)
scrollata (f.)
scudisciata (f.)
sculacciata (f.)
scuriata (f.)
sdraiata (f.)
seccata (f.)
secchiata (f.)
semata (f.)
seminata (f.)
semivolata (f.)
semolata (f.)
serata (f.)
serenata (f.)
serrata (f.)
setolinata (f.)
sfacchinata (f.)
sfavata (f.)
sferzata (f.)
sfilata (f.)
sfogliata (f.)
sfregata (f.)
sfrombolata (f.)
sfruconata (f.)
sfuriata (f.)
sgambata (f.)
sganasciata (f.)
sghignazzata (f.)
sgorgata (f.)
sgridata (f.)
sgroppata (f.)
sgropponata (f.)
sgrugnata (f.)
sguardata (f.)
slatinata (f.)
smanacciata (f.)
smargiassata (f.)
smusata (f.)
soffermata (f.)
soffiata (f.)
solata (f.)
solcata (f.)
somarata (f.)
sonagliata (f.)
sonata (f.)
soppressata (f.)
soprassata (t.)
sopressata (f.)
sorsata (f.)
spaccata (f.)
spacconata (f.)
spadata (f.)
spadonata (f.)
spagnolata (f.)
spalata (f.)
spalcata (f.)
spallata (f.)
spallata (f.)
spallucciata (f.)
spalmata (f.)
spampanata (f.)
spanciata (f.)
sparata (f.)
spata (f.)
spazzata (f.)
spazzolata (f.)
spellicciata (f.)
spennellata (f.)
speronata (f.)
spianata (f.)
spiata (f.)
spiattellata (f.)
spiazzata (f.)
spifferata (f.)
spiumacciata (f.)
spocchiata (f.)
spolverata (f.)
spongata (f.)
spronata (f.)
spruzzata (f.)
spruzzolata (f.)
spugnata (f.)
spuntonata (f.)
stacciata (f.)
staccionata (f.)
staffilata (f.)
stagnata (f.)
stamburata (f.)
stangata (f.)
steccata (f.)
sterzata (f.)
stilata (f.)
stilettata (f.)
stincata (f.)
stivalata (f.)
stoccata (f.)
stoiata (f.)
stonata (f.)
straorzata (f.)
strapazzata (f.)
strappata (f.)
strigliata (f.)
strimpellata (f.)
strippata (f.)
strisciata (f.)
strizzata (f.)
strofinata (f.)
strombazzata (f.)
strombettata (f.)
stropicciata (f.)
strusciata (f.)
subordinata (f.)
succhiata (f.)
sudacchiata (f.)
sudata (f.)
suonata (f.)
sventagliata (f.)
sventolata (f.)
sventrata (f.)
svoltata (f.)
taccata (f.)
tagliata (f.)
tamburata (f.)
tanfata (f.)
tantaferata (f.)
tascata (f.)
tassata (f.)
tastata (f.)
tavolata (f.)
tegamata (f.)
tegolata (f.)
telefonata (f.)
temperinata (f.)
tentennata (f.)
tesata (f.)
testata (f.)
tirata (f.)
toccata (f.)
tombolata (f.)
tonnellata (f.)

tornata (f.)
torsolata (f.)
tortorata (f.)
tramontanata (f.)
trasvolata (f.)
travata (f.)
traversata (f.)
treggiata (f.)
trincata (f.)
trincettata (f.)
trinciata (f.)
+trombettata (f.)
trombonata (f.)
trottata (f.)
trovata (f.)
tuffata (f.)
+tuttafiata (avv.)
unghiata (f.)
untata (f.)
urlata (f.)
urtata (f.)
usciata (f.)
vagliata (f.)
vallata (f.)
vampata (f.)
vangata (f.)
vassoiata (f.)
veleggiata (f.)
ventata (f.)
ventrata (f.)
vergata (f.)
vernata (f.)
vetrata (f.)
villanata (f.)
+villata (f.)
viminata (f.)
virata (f.)
visciolata (f.)
vogata (f.)
vogata (f.)
volata (f.)
volgata (f.)
voltata (f.)
zafardata (f.)
zaffata (f.)
zagagliata f.)
zampata (f.)
zanata (f.)
zannata (f.)
+zanzaverata (f.)
zappata (f.)
+zenzeverata (f.)
+zenzoverata (f.)
zimbellata (f.)
zoccolata (f.)
zolfata (f.)
zollata (f.)
zombata (f.)
zuccata (f.)

atana

satana (m.)

atano

platano (m.)

ataro

cataro (m.)

atavo

atavo (m.)

ate

abate (m.)
abbate (m.)
abbiate (t.)
andate (i.)
andiate (i.)
coordinate (f. pl.)
diate (t., r.)
estate (f.)
frate (m.)
magnate (m.)
mate (m.)
mecenate (m.)
minchiate (f. pl.)
ottimate (m.)
possiate (i.)
primate (m.)
rate (f.)
reggiposate (m.)
riandate (i., t.)
riandiate (i., t.)
siate (i.)
state (f.)
vate (m.) - cfr. *Ind. pr.*, 1ª., *Ind. impf.*, *Cong. pr.*, *Imp. pr.*, 1ª, 3ª

ateo

ateo (a., m.)
rateo (t., m.)

atera

patera (f.)

atero

blatero (i.)
equilatero (a.)
quadrilatero (a., m.)
trilatero (a.)

atesi

diatesi (f.)
metatesi (f.)

ati

abietati (m. pl.)
branchiati (m. pl.)
celenterati (m. pl.)
cordati (m. pl.)
frascati (m.)
guardamalati (m.)
maldentati (m. pl.)
maltagliati (m. pl.)
penati (m. pl.)
proboscidati (m. pl.)
quadrigliati (m. pl.)
saccarati (m. pl.)
tracheati (m. pl.)

atica

aerostatica (f.)
cinematica (f.)
dalmatica (f.)
diplomatica (f.)
dommatica (f.)
drammatica (f.)
elettrostatica (f.)
estematica (f.)
geostatica (f.)
grammatica (f.)
idrostatica (f.)
matematica (f.)
natica (f.)
numismatica (f.)
ontostatica (f.)
panatica (f.)
pneumatica (f.)
prammatica (f.)
pratica (f.)
ripatica (f.)
sciatica (f.)
sistematica (f.)
statica (f.)
stromatica (f.)
volatica (f.)

atico

abiatico (a.)
accollatico (m.)
acquatico (a.)
acroamatico (a.)
acrobatico (a.)

acromatico (a.)
aerostatico (a.)
aleatico (m.)
allocromatico (a.)
allopatico (a.)
anagrammatico (a.)
anastigmatico (a.)
aneurismatico (a.)
anseatico (a.)
antipatico (a.)
antireumatico (a.)
+anzianatico (m.)
apatico (a., m.)
apostatico (a.)
aquatico (a.)
areostatico (a.)
aristocratico (a.)
aromatico (a.)
asiatico (a.)
asmatico (a.)
assiomatico (a.)
autocratico (a.)
automatico (a.)
aviatico (a.)
baliatico (a.)
burocratico (a.)
cardiopatico (a.)
carismatico (a.)
casatico (a.)
catagmatico (a.)
cattedratico (a.)
climatico (a.)
companatico (m.)
comparatico (m.)
cromatico (a.)
democratico (a., m.)
diaframmatico (a.)
dicromatico (a.)
diplomatico (a., m.)
dommatico (a., m.)
drammatico (a.)
dematico (a.)
eleatico (a.)
ematico (a.)
emblematico (a.)
amostatico (a., m.)
anfatico (a.)
animmatico (a.)
antimematico (a.)
epatico (a.)
epicratico (a.)
epigrammatico (a.)
erbatico (m.)
erratico (a.)
esantematico (a.)
estatico (a.)
fanatico (a.)
fantomatico (a.)
feldspatico (a.)
filodrammatico (a.)
fisiocratico (a., m.)
fiumatico (a.)
flemmatico (a.)
focatico (a.)
freatico (a.)
giogatico (m.)
girostatico (a.)
grammatico (a., m.)
hanseatico (a.)
idrostatico (a.)
ieratico (a.)
ipostatico (a.)
ippocratico (a.)
ischiatico (a.)
legnatico (m.)
linfatico (a., m.)
lunatico (a.)
maggiatico (m.)
maiestatico (a.)
malpratico (a.)
matematico (a., m.)
melodrammatico (a.)
meristematico (a.)
miasmatico (a.)
midriatico (a., m.)
mitridatico (a.)
monocromatico (a.)
morganatico (a.)
muriatico (a.)
neumatico (a.)
neuropatico (a., m.)
numismatico (a., m.)
omeopatico (a., m.)
ortocromatico (a.)
pancreatico (a.)
pancromatico (a.)
parenchimatico (a.)
+piovanatico (a.)
piratico (a.)
plateatico (m.)
plutocratico (a.)
pneumatico (a.)
policromatico (a.)
pragmatico (a.)
prammatico (a.)
pratico (t., i., a.)
+prebendatico (m.)
+pretatico (m.)
prismatico (a.)
probatico (a.)
problematico (a.)
proceleusmatico (m.)
programmatico (a.)
prostatico (a.)
protatico (a.)
psicopatico (a.)
reostatico (a.)
reumatico (a.)
ripatico (m.)
sabatico (a.)
salvatico (a.)
sarmatico (a., m.)
schematico (a.)
sciatico (a., m.)
scismatico (a., m.)
scotomatico (a.)
selvatico (a.)
sematico (a.)
sgrammatico (i.)
simpatico (a., m.)
sinallagmatico (a.)
sintomatico (a.)
sistematico (a.)
socratico (a., m.)
somatico (a.)
spatico (a.)
spillatico (m.)
stallatico (m.)
+statico (m.)
stomatico (a.)
teleopatico (a.)
tematico (a.)
teocratico (a.)
terratico (m.)
testatico (m.)
traumatico (a.)
viatico (m.)
zigomatico (a.)

atide

cariatide (f.)
clematide (f.)

atile

acquatile (a.)

aquatile (a.)
conflatile (a.)
fluviatile (a.)
ombratile (a.)
portatile (a.)
pulsatile (a.)
umbratile (a.)
versatile (a.)
vibratile (a.)
volatile (a., m.)
voltatile (a.)

atina

patina (f.)

atino

patino (t.)
platino (t., m.)

atio

imatio (m.)

atira

satira (f.)

atiro

satiro (m.)

atis

gratis (avv.)

ato

abbacchiato (pps., a.)
abbacinato (pps.)
abbagliato (pps.)
abbambolato (a.)
abbandonato (pps., a., m.)
abbarbagliato (pps.)
abbarbicato (pps.)
abbaruffato (pps.)
abbassato (pps.)
abbeverato (pps.)
abbiadato (pps.)
abbicato (pps.)
abbigliato (pps.)
abboccato (a.)
abbonacciato (pps.)
abbordato (pps.)
abborracciato (pps.)
abbottonato (pps., a.)
abbozzato (pps.)
abbracciato (pps.)
abbreviato (pps.)
abbronzato (pps.)
abbruciacchiato (pps.)
abbruciato (pps.)
abbrumato (pps.)
abbrunato (pps., a.)
abbrustolato (pps.)
abbuiato (pps.)
abburattato (pps.)
abigeato (m.)
abissato (pps.)
sbituato (pps.)
ablegato (m.)
accagliato (pps.)
accaldato (pps., a.)
accampato (pps.)
accannellato (pps.)
accantonato (pps., a.)
accapacciato (pps.)
accappucciato (pps., a.)
accarezzato (pps.)
accartocciato (pps.)
accasciato (pps.)
accatarrato (pps., a.)
accatastato (pps.)
accattato (pps.)
accelerato (pps., m.)
accentato (pps.)
accerpellato (a.)
accestato (a.)
acciaiato (pps., a.)
accidentato (a.)
accigliato (a.)
accincigliato (a.)
acciottolato (pps., m.)
accivettato (pps., a.)
accoccato (pps., m.)
accoccolato (pps.)
accolitato (m.)
accollacciato (a.)
accollato (pps., a.)
accoltellato (pps., m.)
accomiato (t., r.)
accomodato (pps., a.)
accordato (pps., a., m.)
accordellato (m.)
accordonato (pps., a.)
accorpatò (a.)
accostumato (pps., a.)
accurato (a.)
accusato (pps., m.)
acetato (a., m.)
aculeato (a.)
adagiato (pps., a.)
adattato (pps., a.)
addentellato (pps., m.)
addolorato (pps.)
addomesticato (pps., a.)
addormentato (pps., a.)
adeguato (pps., a.)
adirato (pps., a.)
adottato (pps., m.)
adulato (pps., a., m.)
adunato (pps.)
adusato (pps., a.)
aerato (a.)
aereato (a.)
afato (a.)
affaccendato (pps., a.)
affagottato (pps., a.)
affamato (pps., a., m.)
affato (t.)
affettato (pps., m.)
affezionato (pps., a.)
affiancato (a.)
affiato (t., r., +a., +m.)
affilato (pps., a.)
affiliato (pps., m.)
affiorato (pps., a.)
afflato (m.)
afflussionato (a.)
affocato (pps., a.)
affogato (pps., a., m.)
affollato (pps., a.)
affrettato (pps., a.)
affrontato (pps., a.)
affruttato (a.)
affumicato (pps., a.)
affusolato (pps., a.)
aggallato (m.)
aggheronato (a.)
aggiaccato (pps., a.)
aggiustato (pps., a.)
agglomerato (pps., a., m.)
aggrappolato (pps., a.)
aggravato (pps., a.)
aggraziato (pps., a.)
aggregato (pps., a., m.)
agguato (m.)
agiato (a.)
agitato (pps.,a.)
agnato (m.)

alato (a.)
albuminato (m.)
alienato (pps., m.)
allampanato (pps., a.)
allato (avv.)
alleato (pps., a., m.)
allegato (pps., m.)
allogliato (a.)
allombato (a.)
allucinato (pps., a., m.)
allunato (a.)
allupato (pps., a.)
alluvionato (a.)
alterato (pps., a.)
alternato (pps., a.)
altolocato (a.)
alunnato (m.)
alzato (pps., a.)
amarascato (a.)
amato (pps., a.)
ambasciato (pps., a.)
ambrato (pps., a.)
amentato (a.)
ammalato (pps., a., m.)
ammalazzato (pps., a.)
ammandorlato (a., m.)
ammanierato (pps., a.)
ammassicciato
(pps., m.)
ammattonato
(pps., a., a.)
ammezzato (pps., m.)
amministrato (pps., m.)
ammiragliato (m.)
ammobiliato (pps., a.)
ammogliato
(pps., a., m.)
ammoniacato (a.)
ammorchiato (a.)
ammorsato (pps.)
ammorsellato (m.)
amnistiato (pps., m.)
anaciato (a.)
anchilosato (a.)
ancorato (pps., a.)
andato (pps., a.)
anelato (pps., a.)
anellato (a.)
anfizionato (m.)
angelicato (a.)
angolato (a.)
angosciato (pps., a.)
anguichiomato (a.)
animato (pps., a.)
annacquato (pps., a.)
annegato (pps., a., m.)
annodato (a.)
ansato (a.)
antenato (m.)
antennato (a.)
anticato (a.)
anticipato (pps., a.)
antifato (m.)
antiquariato (m.)
antiquato (a.)
anzianato (m.)
aoliato (a.)
+apalato (a.)
apostolato (m.)
appalmato (a.)
appannato (pps., a.)
apparato (m.)
apparecchiato (pps., a.)
apprestato (pps.)
appassionato (pps., a.)
appestato (pps., a.)
applicato (pps., a.)
appoderato (pps., a.)
appoppato (a.)
apprendistato (m.)
appropriato (pps., a.)
appruato (a.)
appuntato (pps., a., m.)
aranciato (a.)
arbitrato (m.)
arborato (a.)
arborizzato (a.)
archeggiato (pps., a.)
architravato (a.)
arcibeato (a.)
arciconsolato (m.)
arcidiaconato (m.)
arciducato (m.)
arcionato (a.)
arcuato (pps., a.)
areato (a.)
argentato (pps., a.)
armato (pps., a., m.)
armillato (a.)
arrabbiato (pps., a.)
arrembato (pps., a.)
arrestato (pps., m.)
arretrato (pps., a., m.)
arrischiato (pps., a.)
arrivato (pps., a.)
arrocciato (pps., a.)
arrolato (pps., m.)
arruffato (pps., a.)
arsenicato (a.)
articolato (pps., a.)
artificiato (a.)
artifiziato (a.)
artigianato (m.)
asfissiato (a., m.)
assaettato (pps., a.)
assediato (pps., a., m.)
assegnato (pps., a., m.)
assennato (a.)
assessorato (m.)
assestato (pps., a.)
assetato (pps., a., m.)
assettato (pps., a.)
assicurato (pps., a., m.)
associato (pps., m.)
assolaiato (a.)
assolato (a.)
assonnacchiato (a.)
assonnato (pps., a.)
astato (a.)
atrofizzato (pps., a.)
attaccato (pps.)
attarantato (a.)
attempato (pps., a.)
attendato (pps., a.)
attentato (pps., m.)
attenuato (pps., a.)
+atterrenato (a.)
attestato (pps., m.)
atticciato (a.)
attillato (pps., a.)
attuariato (m.)
auditorato (m.)
augurato (pps., a.)
aurato (a.)
auspicato (a.)
avallato (pps., a.)
avanzato (pps., a.)
avariato (pps., a.)
avvantaggiato
(pps., a.)
avventato (pps., a.)
avventurato (pps., a.)
avversato (pps.)

avviato (pps., a.)
avvinato (pps., a.)
avvinazzato (pps., a.)
avvisato (pps., a.)
avvistato (pps., a.)
avvitolato (a.)
avvocato (m.)
azotato (a.)
azzampato (a.)
azzimato (pps., a.)
azzurrato (a.)
bacato (pps., a.)
baccalaureato (m.)
baccellierato (m.)
bagnato (pps., a.)
balaustrato (a.)
banato (m.)
barbato (a.)
beato (pps., a., m.)
beilicato (m.)
belato (m.)
benallevato (m.)
benalzato (escl.)
benamato (a.)
benarrivato (a., m.)
benaugurato (a.)
benavventurato (a.)
beneducato (a.)
beneficiato (a., m.)
bennato (a.)
bentornato (a., m.)
bicarbonato (m.)
bigeminato (a.)
bilabiato (a.)
bibliottato (a.)
bilobato (a.)
binato (pps.)
biquadrato (a., m.)
bisolfato (m.)
bistrato (a.)
blasonato (a.)
blindato (pps., a.)
boato (m.)
bollato (pps., a.)
borato (m.)
bordato (m.)
bozzato (m.)
bracato (a.)
bracciantato (m.)
bratteato (a.)
brinato (a.)
brizzolato (a.)
broccato (m.)
bruciato (pps., a., m.)
bucato (pps., a., m.)
buccellato (m.)
bugnato (m.)
burrato (a., + m.)
butterato a.)
caciato (a.)
cadenzato (pps., a.)
calafatato (pps., a.)
calafato (m.)
calandrato (pps., a.)
caldeggiato (pps., a.)
califfato (m.)
camarlingato (m.)
camato (m.)
campanulato (a.)
campato (pps., a.)
campionato (m.)
cancellierato (m.)
candidato (m.)
canforato (m.)
canonicato (m.)
cantorato (m.)
capitanato (m.)
capitato (pps., a.)
capitolato
(pps., a., m.)
capocomicato (m.)
caporalato (m.)
cappellanato (m.)
caramellato
(pps., a., m.)
carato (m.)
carbonato (m.)
carcerato (pps., m.)
cardinalato (m.)
cariato (pps., a.)
caricato (pps., a.)
carnato (m., a.)
carreggiato (pps., a.)
+casagliato (m.)
casato (m.)
caseggiato (m.)
castigato (pps., a.)
castrato (pps., m.)
+cato (a.)
caudato (a.)
cavalierato (m.)
cedrato (pps., a.)
celibato (m.)
censorato (m.)
centuriato (a.)
cerato (pps.)
certificato (pps., m.)
cesellato (pps.)
chiazzato (a.)
chiericato (m.)
chinato (pps., a.)
chiomato (a.)
cifrato (pps., a.)
ciottolato (m.)
cipollato (a.)
cirrostrato (m.)
citrato (m.)
+ciurmato (pps., a.)
civilizzato (pps., a.)
clericato (m.)
clipeato (m.)
clorato (m.)
cloridrato (m.)
coaccusato (m.)
coadiutorato (m.)
codato (a.)
cognato (m.)
colato (pps., a.)
colonnato (m.)
comandato (pps., m.)
comiato (m.)
comitato (m.)
commiato (m.)
commissariato (m.)
comodato (m.)
comparato (pps., a.)
compassato (pps., a.)
complessionato (a.)
comunicato (m., pps.)
conato (m.)
concertato (pps., a.)
concitato (pps., a.)
conclamato (pps., a.)
concordato
(pps., a., m.)
concreato (pps., a.)
concubinato (m.)
condannato
(pps., a., m.)
condizionato (pps., a.)
confessorato (m.)
confinato (pps., a.)
conflato (a.)

congelato (pps., a.)
congiurato (pps., m.)
conglomerato
(pps., m.)
coniugato
(pps., a., m.)
connaturato (pps., a.)
connotato (m.)
consegnato
(pps., a., m.)
conservato (pps., a.)
considerato (pps., a.)
consolato (pps., a., m.)
consolidato (pps., m.)
consorziato (a.)
constato (t.)
consumato (pps., a.)
+contigiato (a.)
contingentato (a.)
contrariato (pps., a.)
controindicato
(pps., a.)
controstampato (a.)
convocato (pps., a.)
coordinato (pps., a.)
+cordato (a.)
coreggiato (m.)
correggiato (m.)
costato (t., m.)
costolato (m.)
costumato (pps., a.)
cotognato (m.)
cotonato (a.)
coturnato (a.)
creato (pps., a., m.)
crestato (a.)
croato (a., m.)
crociato (a., m., pps.)
cromato (pps., a., m.)
cucinato (pps., a.)
curato (pps., a., m.)
curiato (a.)
curopalato (m.)
curtato (a.)
cuspidato (a.)
dallato (avv.)
damascato (a.)
damaschinato (pps., a.)
dannato (pps., a., m.)
danneggiato
(pps., a., m.)
dato (t., pps., a., m.)
datariato (m.)
debosciato (a., m.)
decanato (m.)
decapitato (pps.)
decemvirato (m.)
declamato
(pps., a., m.)
decorato (pps., a.)
decurionato (m.)
defilato (a.)
degenerato (pps., a.)
delegato (pps., m.)
deliberato (pps., a.)
delicato (a.)
dentato (a.)
dentellato (a.)
deportato (pps., a., m.)
depravato (pps., a.)
depretato (pps., m.)
derivato (pps., a., m.)
derubato (pps., m.)
desiato (pps., a.)
desiderato (pps., a.)
designato (pps., a.)
desolato (pps., a.)
determinato (pps., a.)
dettato (pps., m.)
devastato (pps., a.)
diaconato (m.)
diasprato (a.)
dibranchiato (a.)
dichiarato (pps., a.)
difilato (pps., avv.)
digitato (pps., a.)
dilatato (pps., agg.)
dilato (t., r.)
dilavato (pps., a.)
dilombato (pps., a.)
dimezzato (pps., a.)
dinoccolato (pps., a.)
diplomato (a., m.)
diradato (pps., a.)
dirupato (pps., a.)
disabitato (pps., a.)
disagiato (pps., a.)
disamorato (pps., a.)
disarmato (pps., a.)
disarmonizzato (a.)
disavventurato (a.)
discentrato (pps., a.)
discepolato (m.)
disciplinato
(pps., a., m.)
discolato (m.)
disensato (a.)
diseredato (pps., a.)
disgraziato (a., m.)
disgustato (pps.)
disimpacciato (pps., a.)
disincantato (a.)
disinteressato (pps., a.)
dismemorato (a.)
disoccupato
(pps., a., m.)
disordinato (pps., a.)
disparato (a.)
disperato (pps., a., m.)
disputato (a.)
dissanguato (pps., a.)
dissennato (pps., a.)
dissestato (pps., a.)
dissipato (pps., a.)
distaccato (pps., a.)
distillato (pps., a.)
disusato (pps., a.)
divaricato (pps., a.)
diviato (a.)
divorziato (pps., a., m.)
dogato (m.)
+dolciato (a.)
doppiato (pps., a., m.)
dorato (pps., a.)
dotato (pps., a.)
dottato (a.)
dottorato (m.)
dragonato (a.)
drogato (pps., a.)
ducato (m.)
duplicato (pps., m.)
duumvirato (m.)
eccettuato (pps., a.)
economato (m.)
educandato (m.)
educato (pps., a.)
effeminato (pps., a., m.)
efferrato (a.)
effrenato (a.)
eforato (m.)
egidarmato (a.)
+ejulato (m.)
elaborato (pps., a., m.)

elato (a.)
elettorato (m.)
elevato (pps., a.)
emaciato (pps., a.)
emancipato (pps., a.)
emarginato (pps., m.)
embricato (a.)
emigrato (pps., m.)
encomiato (pps., a.)
enfiato (pps., m.)
enunciato (pps., m.)
episcopato (m.)
equilibrato (a.)
erbato (a.)
erborato (m.)
ermellinato (a.)
errato (pps., a.)
esagerato (pps., a.)
esaltato (pps., a., m.)
esarcato (m.)
esautorato (pps., a.)
escreato (m.)
esorcistato (m.)
espettorato (m., pps.)
espurgato (pps., a.)
essudato (m.)
fabbricato (pps., m.)
falcato (a.)
faldato (a.)
falerato (a.)
famigerato (a.)
famulato (m.)
faretrato (a.)
fastigiato (a.)
fatato (pps., a.)
fato (t., m.)
+fazionato (a.)
federato (a.)
feldispato (m.)
feldspato (m.)
felpato (a.)
fenato (m.)
fenicato (a.)
feriato (a.)
ferrato (pps., a.)
festonato (a.)
fiaccato (pps.)
fiato (i., m.)
fidanzato (pps., a., m.)
fidato (pps., a.)
figurato (pps., a.)
filato (pps., a., m.)
filigranato (a.)
fioccato (pps., a.)
fiorato (a.)
fissato -bollato (m.)
flagellato (pps., a.)
flato (m.)
flautato (a.)
focato (a.)
foderato (pps., a.)
fondato (pps., a.)
formato (pps., a., m.)
+formidato (a.)
forsennato (pps., a.)
fortunato (a.)
forzato (pps., a., m.)
fosfato (m.)
fossato (m.)
frammentato (a.)
frascato (m.)
frastagliato (pps., a.)
frequentato (pps., a.)
fruttato (pps., m.)
fucato (a.)
fugato (pps., a., m.)
fusato (a.)
fusellato (a.)
galeato (m., a.)
gallato (a.)
gallonato (pps., a.)
gammato (a.)
garbato (pps., a.)
garofonato (pps., a.)
gelato (pps., a., m.)
geminato (pps., a.)
gemmato (pps., a.)
generalato (m.)
gerarcato (m.)
gessato (pps., a.)
gesuato (m.)
gettato (pps., a.)
ghiacciato (pps., a.)
ghierato (a.)
gigliato (a., m.)
ginocchiato (a.)
giubbilato (pps., a., m.)
giudicato (pps., m.)
giuntato (a.)
giurato (pps., a., m.)
giuspatronato (m.)
giustificato (pps., a.)
giustiziato (pps., m.)
glicerato (m.)
glicerofosfato (m.)
gloriato (a.)
gocciolato (pps., a.)
golpato (a.)
gommato (a.)
gonfalonierato (m.)
gonfiato (pps., a.)
governato (pps., a.)
+grabato (m.)
graduato (pps., a., m.)
grammaestrato (m.)
granato (m., a.)
grandato (m.)
granducato (m.)
graticciato (pps., m.)
graticolato (m.)
grato (a.)
grattapugiato (a., pps.)
grattato (pps., a.)
graziato (pps., a., m.)
grigiolato (a.)
grinzato (a.)
grommato (a.)
grumato (a., m.)
guadagnato (pps., m.)
guainato (a.)
guardalato (m.)
guardato (pps., a.)
guardianato (m.)
guastato (pps., a.)
guato (t.)
guerreggiato (pps., a.)
guiderdonato (pps.)
gustato (pps., a.)
iato (m.)
identificato (pps.)
idrato (t., m., a.)
idrocarbonato (m.)
iettato (pps., a.)
illacrimato (a.)
illetterato (a.)
illibato (a.)
illuminato (pps., a.)
imbalconato (a.)
imbarazzato (pps., a.)
imbriacato (a.)
imbrigliato (pps., a.)
imbucato (pps., t.)
immacolato (a.)

immediato (a.)
immedicato (a.)
immeditato (a.)
immeritato (a.)
immoderato (a.)
impacciato (pps., a.)
impalancato (m.)
impalato (pps., a.)
impaniato (pps., a.)
impadigliato (a.)
imparipennato (a.)
impartato (pps., a.)
impegnato (pps., a.)
impensato (a.)
imperturbato (a.)
impiccato (pps., a.)
impiegato (pps., a.)
implacato (a.)
implicato (pps., a.)
impomato (t., r.)
impregiudicato (a.)
impremeditato (a.)
impreparato (a.)
imputato (pps., m.)
inabitato (a.)
inadeguato (a.)
inalterato (a.)
inanimato (a.)
inarato (a.)
inarticolato (a.)
inascoltato (a.)
inaspettato (a.)
inaugurato (pps., a.)
inauspicato (a.)
incannato (pps., a.)
incantato (pps., a.)
incarcerato (pps., a.)
incaricato (pps., m.)
incarnato (pps., a., m.)
incastellato (pps., a.)
incavato (pps., a.)
incelebrato (a.)
incensurato (a.)
incerato (m.)
incipriato (pps., a.)
inclinato (pps., a.)
incoato (pps., a.)
incolato (m.)
incolpato (pps., a.)
incomodato (pps.)
incondizionato (a.)
inconfessato (a.)
inconfutato (a.)
inconsiderato (a.)
inconsolato (a.)
inconsumato (a.)
incontaminato (a.)
incontestato (a.)
incontrastato (a.)
incoronato (pps., a.)
increato (a.)
incrociato (pps., a.)
indaffarato (a.)
indanaiato (pps., a.)
indeliberato (a.)
indelicato (a.)
indemoniato
(pps., a., m.)
indeterminato (a.)
indiavolato (a.)
indicato (pps., a.)
indisciplinato (a.)
indomato (a.)
indomenicato (a.)
indotato (pps., a.)
indovinato (pps., a.)
indubitato (a.)
ineducato (a.)
inemendato (a.)
inescato (a., pps.)
inescogitato (a.)
inesercitato (a.)
inesorato (a.)
inesplicato (a.)
inesplorato (a.)
inespugnato (a.)
inestimato (a.)
infaticato (a.)
infatuato (pps., a.)
infondato (a.)
informato (pps., a.)
infortunato (a.)
infrenato (a.)
ingiudicato (a.)
ingraticolato (m.)
ingrato (a.)
iniettato (pps., a.)
iniziato (a., m.)
innamorato (a.)
(pps., a., m.)
innato (a.)
innominato (a.)
inoccupato (a.)
inondato (pps., a.)
inonorato (a.)
inospitato (a.)
inordinato (a.)
inornato (a.)
inosservato (a.)
inquartato (pps., a.)
insaccato (pps., a.)
insalutato (a.)
insatanassato (a.)
insellato (pps., a.)
inseminato (a.)
insensato (a.)
inseparato (a.)
insperato (a.)
insubordinato (a., m.)
insuperato (a.)
intarsiato (pps., a.)
intavolato (m.)
intemerato (a.)
intemperato (a.)
intentato (a.)
intenzionato (a.)
interessato
(pps., a., m.)
interfogliato (pps., a.)
interinato (m.)
interminato (a.)
interzato (pps., a.)
intestato (pps., a.)
intonato (pps., a.)
intralciato (pps., a.)
intrampalato (a.)
intrecciato (pps., a.)
inusato (a.)
inusitato (a.)
invariato (a.)
invendicato (a.)
inventato (pps., a.)
invertebrato (a.)
inveterato (a.)
invetriato (pps., a.)
inviato (pps., m.)
inviluppato (pps., a.)
inviolato (a.)
invitato (pps., a., m.)
invogliato (pps., a.)
invulnerato (a.)
iodato (m.)
irato (a.)

iridato (t.)
irrevocato (a.)
isolato (m., a.)
ispettorato (m.)
laciniato (a.)
lacrimato (a., pps.)
laicato (m.)
lambiccato (pps., a.)
lamellato (a.)
lampassato (a.)
lanceolato (a.)
lanciato (pps., a.)
laqueato (a.)
larvato (pps., a.)
lastricato (pps., m.)
lato (m., a.)
latrato (m.)
lattato (a., m.)
laureato (pps., a.)
lavato (pps., a.)
lavorato (pps., a.)
leccato (pps., a.)
legato (m., pps.)
legittimato (pps., m.)
lesionato (a.)
letterato (a., m.)
lettorato (m.)
levato (pps., a.)
levigato (pps., a.)
levirato (m.)
licenziato (pps., a., m.)
limitato (pps., a.)
lionato (a.)
liquidato (pps., a.)
listato (pps., a.)
litografato (pps., a.)
livreato (a.)
lobato (a.)
lodato (pps., a.)
loggiato (m.)
loricato (a., m.)
losangato (a.)
lucciolato (m.)
lucignolato (a.)
lumeggiato (pps., a.)
lunato (a.)
macchiato (pps., a.)
macellato (pps., a.)
macerato (pps., a.)
macinato (pps., a., m.)
macolato (pps.)
maculato (pps.)
maggesato (pps., a.)
maggiorascato (m.)
maggiorato (pps.)
magistrato (m.)
maiorascato (m.)
+malabbiato (a.)
malagiato (a.)
malandato (pps., a.)
malato (a., m.)
malaugurato (a.)
malavventurato (a.)
malazzato (a.)
malcapitato (a.)
malconsigliato (a.)
malcreato (a.)
maleducato (a.)
malfidato (a.)
malfondato (a.)
malintenzionato (a., m.)
malnato (a.)
malpreparato (a.)
mammellonato (a.)
mancato (pps., a.)
mandarinato (m.)
mandato (pps., m.)
mandorlato (a.)
manganato (m.)
manicato (a.)
manierato (a.)
mantecato (pps., m.)
maravigliato (pps., a.)
marcato (pps., a.)
marchesato (m.)
maresciallato (m.)
marezzato (pps., a.)
margarinato (a.)
marinato (pps., a.)
maritato (pps., a.)
marmorizzato (pps., a.)
martirizzato (pps., a.)
martoriato (pps., a.)
mascherato (pps., a.)
massicciato (pps., a.)
matriarcato (m.)
matricolato (pps., a.)
mattonato (m.)
meato (m.)
mediato (a.)
medicato (pps., a.)
melato (a.)
marcato (m.)
mercerizzato (a.)
merlato (pps., a.)
metato (m.)
millantato (pps., a.)
minorato (pps., a., m.)
miracolato (m.)
miscelato (pps.)
misurato (pps., a.)
mitrato (pps., a., m.)
moderato (pps., a., m.)
molato (pps., a.)
monacato (m.)
monsignorato (m.)
morato (a.)
morigerato (a.)
moscato (m., a.)
mostreggiato (a.)
motorizzato (pps., a.)
movimentato (pps., a.)
mucronato (a.)
murato (pps., a.)
muschiato (a.)
mutato (pps., a.)
mutilato (pps., a., m.)
nato (pps., a., m.)
naturato (pps., a.)
nauseato (pps., a.)
navigato (pps., a.)
nazareato (m.)
necessitato (pps., a.)
negato (pps., a.)
negoziato (m.)
neonato (a., m.)
nevato (a.)
nimbato (a.)
nitrato (m.)
nitrofosfato (m.)
notariato (m.)
noviziato (m.)
obbligato (pps., a.)
oberato (a.)
oblato (m.)
occhiato (a.)
occupato (pps., a.)
oculato (a.)
odorato (m.)
oleato (a.)
oliato (a.)
olivato (a.)

ombelicato (a.)
ondato (a.)
ondeggiato (pps., a.)
ondulato (pps., a.)
onorato (pps., a.)
operato (pps., a., m.)
oppiato (pps., a., m.)
ordinariato (m.)
ordinato (pps., a.)
orlato (pps., a.)
ornato (pps., a., m.)
ossalato (m.)
ossidato (pps., a.)
ossigenato (pps., a.)
ostiariato (m.)
ostinato (pps., a.)
ovato (a.)
pacato (pps., a.)
padronato ((m.)
pagliato (a.)
pagliolato (m.)
palancato (m.)
palatinato (m.)
palato (m.)
pallato (a.)
palliato (a.)
palmato (a.)
paludato (a.)
panato (pps., a.)
panicato (a.)
pampepato (m.)
papato (m.)
parato (a., m.)
pareggiato (pps., a.)
parificato (pps., a.)
peripennato (a.)
parlato (pps., a., m.)
particolareggiato
(pps., a.)
pascialato (m.)
passato (pps., a., m.)
pasticciato (a.)
patentato (a.)
patinato (pps., a.)
patriarcato (m.)
patriziato (m.)
patronato (m.)
peccato (m.)
peculato (m.)
peduncolato (a.)
pelato (pps., a.)
peltato (a.)
pennato (m., a.)
pensato (pps., a.)
pensionato
(pps., a., m.)
pepato (a.)
perdifiato (avv.)
perfogliato (a.)
perfosfato (m.)
pergamenato (a.)
pergolato (m.)
perlato (a.)
permanganato (m.)
pesato (pps., a.)
petrificato (pps.)
pezzato (a.)
piantato (pps., a.)
piato (m.)
piazzato (a.)
picato (a.)
piccato (a., pps., m.)
picchettato (pps., m.)
picchiettato (pps., a.)
picrato (pps., a.)
+pignolato (m.)
Pilato (m.)
pileato (a.)
pinato (a.)
piombato (pps., a.)
piovanato (m.)
piumato (a.)
pizzicato (pps., m.)
placcato (pps., a.)
plasmato (pps., a.)
platinato (pps., a.)
podestariato (m.)
polverizzato (pps., a.)
pomato (a.)
pomellato (a.)
pomiciato (pps., a.)
ponderato (pps., a.)
pontificato (m.)
popolato (pps., a.)
porcellanato (pps., a.)
porporato (a., m.)
portato (pps., a., m.)
porticato (m.)
portolato (m.)
posato (pps., a.)
posticipato (pps., a.)
postillato (pps., a.)
postulato (m.)
potentato (m.)
potenziato (a., pps.)
potestariato (m.)
prato (m.)
preallegato (a.)
prebendato (a., m.)
precettato (pps., m.)
precipitato (pps., a.)
precitato (a.)
predestinato
(pps., a., m.)
predicato (pps., a., m.)
prefato (a.)
prefigurato (pps., a.)
pregato (pps., a., m.)
pregiudicato (pps., a.)
preindicato (a.)
prelato (m.)
prelegato (m.)
prelibato (a., pps.)
prelodato (a.)
premeditato (pps., a.)
prementovato (a.)
premiato (a., m., pps.)
prenominato (a., m.)
preoccupato (pps., a.)
preparato (pps., a., m.)
presantificato (a., m.)
presbiterato (m.)
presidentato (m.)
presidiato (pps., a.)
prestato (pps., a.)
+pretato (m.)
pretestato (a.)
preventivato
(pps., a., m.)
prezzolato (pps., a.)
primato (m.)
primiceriato (m.)
principato (m.)
priorato (m.)
privato (pps., a., m.)
privilegiato
(pps., a., m.
proconsolato (m.)
procuratorato (m.)
profanato (pps., a.)
professorato (m.)
profilato (pps., a.)
profondato (pps., a.)

profumato (pps., a.)
prognato (a.)
+prolato (a.)
prolegato (m.)
proletariato (m.)
pronunziato
(pps., a., m.)
propalato (pps., a.)
proporzionato (pps., a.)
+propostato (m.)
prostrato (pps., a.)
protestato (pps., a.)
protettorato (m.)
protonotariato (m.)
provato (pps., a.)
provicariato (m.)
provincialato (m.)
provveditorato (m.)
prussiato (m.)
pugilato (m.)
puntato (pps., a.)
punteggiato (pps., a.)
purgato (m.)
purificato (pps., a.)
quadrato (a., m.)
quadrettato (pps., a.)
quadrigato (m.)
quadrilobato (a.)
quadrumvirato (m.)
qualificato (pps., a.)
quartato (a.)
quartierato (a.)
querelato (pps., m.)
rabbaruffato (pps., a.)
rabberciato (pps., a.)
rabbuffato (pps., a.)
rabescato (pps., a.)
raccattato (pps., a.)
raccomandato
(pps., a., m.)
raddoppiato
(pps., a., m.)
radiato (a.)
radicato (pps., a.)
radunato (pps., a.)
raffinato (pps., a., m.)
raffreddato (pps., a.)
raffriggolato (pps., m.)
raggiato (pps., a., m.)
ragguagliato (pps., a.)
ragionato (pps., a.)
ragnato (pps., a.)
rallentato (pps., a.)
ramato (t., pps., a.)
ramificato (pps., a.)
ranciato (a.)
rannuvolato (pps., a.)
rapato (pps., a., m.)
rapinato (pps., a., m.)
rappresentato
(pps., a.)
rasato (pps., a.)
rassegato (pps., a.)
rassegnato (pps., a.)
rasserenato (pps. a.)
rassicurato (pps., a.)
rato (a.)
raumiliato (pps., a.)
reato (m.)
reclinato (pps., a.)
refrigerato (pps., a.)
regalato (pps., a.)
regato (i.)
registrato (pps., a.)
regolato (pps., a.)
reliquato (m.)
repertato (a.)
resecato (pps., a.)
residuato (pps., a., m.)
restaurato (pps., a.)
retato (pps., a.)
reticolato (pps., a., m.)
retrodatato (pps., a.)
retrodato (t.)
rettificato (pps., a.)
rettorato (m.)
reumatizzato
(pps., a., m.)
riabilitato (pps., a.)
riamato (pps., a.)
riandato (pps.)
+ricagnato (a.)
ricalcato (pps., a.)
ricamato (pps., a.)
ricavato (pps., a., m.)
ricercato (pps., a.)
ricettato (pps., a.)
richiamato
(pps., a., m.)
ricolmato (pps., a.)
riconcentrato (pps., a.)
riconfortato (pps., a.)
ricordato (pps., a.)
ricoverato
(pps., a., m.)
ricrociato (a.)
rientrato (pps., a.)
rifiato (i.)
riformato (pps., a., m.)
rifugiato (pps., a., m.)
rigato (pps., a.)
righettato (pps., a.)
rilassato (pps., a.)
rileccato (pps., a.)
rilevato (pps., a.)
rimato (pps., a.)
rimediato (pps., a.)
rinato (pps., a.)
rincagnato (pps., a.)
rinforzato (pps., a.)
ringranato (pps., a.)
rinnegato (pps., a., m.)
rinomato (pps., a.)
rinterzato (pps., a.)
riparato (pps., a.)
ripicchiato (pps., a.)
riposato (pps., a.)
ripristinato (pps., a.)
riputato (pps., a.)
riscaldato (pps., a.)
riserbato (pps., a.)
riservato (pps., a.)
risultato (pps., m.)
ritardato (pps., a.)
ritirato (pps., a.)
ritmato (pps., a.)
ritoccato (pps., a.)
ritrovato (pps., a.)
rivoltato (pps., a.)
romanzato (pps., a.)
rosato (a.)
rostrato (a.)
rotondato (pps., a.)
rovinato (pps., a.)
rubato (pps., a.)
rugato (a.)
rutato (a.)
saccarinato (a.)
saccato (a.)
sacramentato (pps., a.)
sacrato (pps., a., m.)
sacrificato pps., a., m.)
saettato (pps., a.)

sagginato (a.)
sagittato (a.)
sagomato (pps., a.)
sagrato (pps., m.)
sagrinato (a.)
salariato (pps., a., m.)
salato (pps., a., m.)
salicilato (m.)
saltato (pps., a.)
sangiaccato (m.)
santificato
(pps., a., m.)
saziato (pps., a.)
sbadato (a., m.)
sbagliato (pps., a.)
sbalestrato (pps., a.)
sballato (pps., a.)
sbalzato (pps., a.)
sbandato (pps., a., m.)
sbarbato (pps., a.)
sbardellato (pps., a.)
sbarrato (pps., a.)
sbavato (pps., a.)
sbeccucciato (pps., a.)
sbiadato (a.)
sbiancato (pps., a.)
sboccato (pps., a.)
sbocconcellato
(pps., a.)
sborniato (pps., a.)
sbracalato (a.)
sbracato (pps., a.)
sbracciato (pps., a.)
sbrandellato (pps., a.)
sbrigliato (pps., a.)
sbrogliato (pps., a.)
sburrato (pps., a.)
scabinato (m.)
scacazzato (pps., a.)
scaccato (a.)
scheggiato (a.)
scacciato (pps., a., m.)
+scaciato (a.)
scalato (pps., a.)
scalcagnato (pps., a.)
scalcinato (pps., a.)
scalettato (pps., a.)
scalmanato (pps., a.)
scalzato (pps., a.)
scamatato (pps., a.)
scamato (t., m.)
scambiato (pps., a.)
scamiciato (pps., a.)
scamosciato (pps., a.)
scampato (pps., a.)
scanalato (pps., a.)
scannato (pps., a., m.)
scannellato (pps., a.)
scapato (pps., a., m.)
scapestrato (a., m.)
scapigliato (pps., a.)
scarmigliato (pps., a.)
scarnato (pps., a.)
scartato (pps., m.)
scatenato (pps., a.)
scavalcato (pps., a., m.)
scavato (pps., a.)
scellerato (a., m.)
scemato (pps., a.)
scempiato (pps., a.)
scerpellato (a.)
scervellato
(pps., a., m.)
scettrato (a.)
scheggiato (pps., a.)
schermato (pps., a.)
schiacciato (pps.)
schiericato (pps., a.)
schifato (pps., a.)
schizzato (pps., a.)
sciagurato (a., m.)
scialbato (pps., a.)
sciamannato (pps., a.)
sciamato (pps., a.)
sciancato (pps., a., m.)
scienziato (a., m.)
scilinguato (pps., a.)
scilivato (a., m.)
scioperato (pps., a.)
sciroppato (pps., a.)
sciupato (pps., a.)
scivolato (pps., a.)
scodato (pps., a.)
scodellato (pps., a.)
scollacciato (pps., a.)
scollato (pps., a.)
scombuiato (pps., a.)
scomodato (pps.)
scompaginato (pps., a.)
scompagnato (pps., a.)
scomunicato
(pps. a., m.)
sconcertato (pps., a.)
sconclusionato (a., m.)
sconfinato (pps., a.)
sconsiderato (a., m.)
sconsigliato (pps., a.)
sconsolato (pps., a.)
scopato (pps., a.)
scoraggiato (pps.)
scorbacciato (pps., a.)
scorbellato (a.)
scordato (pps., a.)
scornato (pps., a.)
scorniciato (pps., a.)
scostumato (s., m.)
scottato (pps., a.)
screanzato (a., m.)
screato (a.)
screditato (pps., a.)
scremato (pps., a.)
screziato (pps., a.)
scroccato (pps., a.)
scrostato (pps., a.)
scrutinato (pps., a.)
scudato (a.)
sdegnato (pps., a.)
sdentato (pps., a., m.)
sdolcinato (a.)
sdraiato (pps., a.)
secato (pps., a.)
seccato (pps., a.)
seghettato (a.)
segnalato (pps., a.)
segnato (pps., a., m.)
segregato (pps., a.)
segretariato (m.)
selciato (pps., m.)
sellato (pps., a.)
seminato (pps., a., m.)
semitonato (a.)
semplificato (pps., a.)
senapato (a.)
senato (m.)
senatorato (m.)
sensato (a., m.)
serbato (pps., a.)
serraschierato (m.)
serrato (pps., a.)
settenvirato (m.)
sezionato (pps., a.)
sfaccendato (a., m.)
sfacciato (a., m.)

sfasato (pps., a.)
sfasciato (pps., a.)
sfasato (pps., a.)
sfato (t.)
sfaticato (a., m.)
sfegatato (pps., a.)
sfervorato (a.)
sfiaccatolato (a.)
sfiancato (pps., a.)
sfiatato (pps., a.)
sfiato (i., r., m.)
sfibrato (pps., a.)
sfidato (pps., a., m.)
sfiduciato (a.)
sfigurato (pps., a.)
sfilacciato (pps., a.)
sfilato (pps., a., m.)
sfiocinato (pps., a.)
sfiorato (pps., a., m.)
sfocato (pps., a.)
sfoderato (pps., a.)
sfogato (pps., a.)
sfoggiato (pps., a.)
sfogliato (pps., a.)
sfolgorato (pps., a.)
sfondato (pps., a., m.)
sfondolato (a.)
sformato (pps., a., m.)
sfortunato (a.)
sforzato (pps., a.)
sfrangiato (pps., a.)
sfratato (a., m.)
sfumato (pps., a.)
sgaidato (pps., a.)
sgambato (a.)
sgangherato (pps., a.)
sgarbato (pps., a.)
sgheronato (a.)
sgomberato (pps., a.)
sgonfiato (pps., a.)
sgrammaticato (pps., a.)
sgraziato (a.)
sgretolato (pps., a.)
sguaiato (a., m.)
significato (m.)
silicato (m.)
simulato (pps., a., m.)
sincopato (pps., a.)
sindacato (pps., a., m.)
siniscalcato (m.)
sinistrato (a., m.)
sistemato (pps.)
slargato (pps., a.)
slavato (a.)
slegato (pps., a.)
slogato (pps., a.)
slombato (pps., a.)
smaccato (pps., a.)
smangiato (pps.)
smanierato (a.)
smarginato (pps., a.)
smascolinato (a.)
smemorato (a., m.)
smerigliato (pps., a.)
sminchionato (a.)
smiracolato (pps., a.)
smisurato (a.)
smobilitato (pps., a.)
smodato (pps., a.)
smoderato (pps., a.)
smozzicato (pps., a.)
snaturato (pps., a.)
snervato (pps., a.)
snodato (pps., a.)
soffocato (pps., a.)
+soldanato (m.)
soldato (m.)
soleggiato (pps., a.)
solfato (m.)
sommato (pps., a., m.)
sonato (pps., a.)
sopraccennato (pps., a., m.)
sopraccitato (pps., a.)
sopraindicato (a.)
soprallegato (a.)
soprallodato (a.)
soprammercato (m.)
soprannominato (pps., a.)
sopraornato (m.)
soqquadrato (pps., a.)
sorteggiato (pps., a., m.)
sospirato (pps., a.)
sostrato (m.)
sottolineato (pps., a., m.)
sovreccitato (pps., a.)
sovrindicato (a.)
spaccato (pps., a., m.)
spacciato (pps., a.)
spaesato (a.)
spaiato (pps., a.)
spalancato (pps., a.)
spallato (pps., a.)
spalmato (pps., m.)
spampanato (pps., a.)
spanato (pps., a.)
spappolato (pps., a.)
sparato (pps., a., m.)
+sparvierato (a.)
spassionato (pps., a.)
spato (m.)
spaventato (pps., a.)
specchiato (pps., a.)
specificato (pps., a.)
spedato (pps., a.)
spelacchiato (pps., a., m.)
spelato (pps., a.)
spensierato (a., m.)
spericolato (pps., a., m.)
sperimentato (pps., a.)
speronato (pps., a.)
sperticato (pps., a.)
spesato (pps., a.)
spettinato (pps., a.)
spettorato (a.)
spezzato (pps., a.)
spianato (pps., a., m.)
spiantato (pps., a., m.)
spiccato (pps., a.)
spicciolato (pps., a.)
spiegato (pps., a.)
spietato (a.)
spiegato (pps., a.)
spigionato (pps., a.)
spigliato (a.)
spinato (a.)
spirato (pps., a.)
spiritato (pps., a., m.)
spiritualizzato (pps., a.)
spodestato (pps., a.)
spogliato (pps., a.)
spolmonato (pps., a.)
spolpato (pps., a.)
spolverato (pps., a.)
spolverizzato (pps., a.)
spopolato (pps., a.)

sporcato (pps., a.)
sposato (pps., a., m.)
spossato (pps., a.)
spostato (pps., a., m.)
spregiudicato
(pps., a., m.)
spretato (pps., a.)
sprofondato (pps., a.)
sproporzionato
(pps., a.)
propositato (pps., a.)
spruzzolato (pps., a.)
spudorato (a., m.)
spuntato (pps., a.)
sputato (pps., a.)
squacquerato (a.)
squadernato (pps., a.)
squadrato (pps., a.)
squarciato (pps., a.)
squattrinato (pps., a.)
squilibrato
(pps., a., m.)
sregolato (a.)
stabbiato (pps., a., m.)
stagionato (pps., a.)
stagliato (pps., a.)
stampato (pps., a., m.)
standardizzato
(pps., a.)
stangato (pps., a.)
stato (i., pps., m.)
steccato (m.)
stecconato (m.)
stellato (pps., m.)
stellionato (m.)
stemmato (a.)
stemperato (pps., a.)
stempiato (a.)
stenografato (pps., a.)
stentato (pps., a.)
stereotipato (pps., a.)
sterminato (pps., a.)
sterrato (pps., a., m.)
stibiato (a.)
stilizzato (pps.)
stimato (pps., a.)
stipato (pps., a.)
stipendiato
(pps., a., m.)
stipulato (pps., a.)
stirato (pps., a.)
stivalato (pps., a.)
stomacato (pps., a.)
stonato (pps., a.)
storpiato (pps., a.)
stracciato (pps., a.)
strafelato (pps., a.)
strafoggiato (a.)
stralunato (pps., a.)
strampalato (a.)
straordinariato (m.)
strapazzato (pps., a.)
strappato (pps., a.)
stratificato (pps., a.)
strato (m.)
stravacato (a.)
stregato (pps., a.)
stremato (pps., a.)
strinato (pps., a.)
stringato (pps., a.)
strombazzato (pps., a.)
stroncato (pps., a., m.)
strozzato (pps., a.)
studiato (pps., a.)
stufato (pps., a., m.)
stuprato (pps., a.)
subeconomato (m.)
sublimato (m.)
subordinato
(pps., a., m.)
substrato (m.)
succitato (a.)
sudato (pps., a.)
suddiaconato (m.)
suggestionato (pps.)
suindicato (a.)
sullodato (a.)
sultanato (m.)
summenzionato (a.)
sunnominato (a.)
superato (pps., a.)
superiorato (m.)
surrogato (pps., m.)
suscitato (pps., a.)
susurrato (pps., a.)
svagato (pps., a., m.)
svariato (pps., a.)
svegliato (pps., a.)
sventato (pps., a., m.)
sventrato (pps., a.)
sventurato (a., m.)
sverginato (pps., a.)
svergognato (pps., a.)
sversato (a.)
sviato (pps., a.)
sviscerato (pps., a.)
svitato (pps., a.)
svivagnato (pps., a.)
svogliato (pps., a., m.)
tabaccato (a.)
tabellionato (m.)
taccheggiato (pps., a.)
tacconato (pps., a.)
tagliato (pps., a.)
tagliuzzato (pps., a.)
tannato (m.)
tantalato (m.)
tarantolato (a.)
tarato (pps., a.)
tarchiato (a.)
tarlato (pps., a.)
tarmato (pps., a.)
tartrato (m.)
tartufato (pps., a.)
tassato (pps., a.)
tassellato (pps., a., m.)
tavolato (pps., a.)
telegrafato (pps., a.)
temperato (pps., a.)
tempestato (pps., a.)
temprato (pps., a.)
tentato (pps., a.)
terremotato (a., m.)
tesserato (pps., a., m.)
tetrarcato (m.)
tiguato (pps., a.)
tigrato (a.)
timorato (a.)
tirato (pps., a.)
titanato (m.)
titolato (pps., a., m.)
toccato (pps., a.)
togato (a.)
tollerato (pps., a.)
tonnato (a.)
tonsurato (pps., a., m.)
topato (a.)
toppato (pps., a.)
+torbidato (pps., a.)
tormentato (pps., a.)
tornato (pps., a., m.)
torniato (a.)
tosato (pps., a.)

trabeato (a.)
tracciato (pps., a., m.)
+tracutato (a.)
trafelato (pps., a.)
traforato (pps., a.)
trafugato (pps., a.)
trambasciato (pps., a.)
tramontato (pps., a.)
trangosciato (pps., a.)
trangugiato (pps., a.)
tranquillato (pps., a.)
trapanato (pps., a.)
trapassato (pps., a.)
trappolato (pps., a.)
trasandato (pps., a.)
trascinato (pps., a.)
trascurato (pps., a.)
+trascutato (a.)
trasfigurato (pps., a.)
trasformato (pps., a.)
traslato (m., a.)
trasmodato (pps., a.)
trasognato (pps., a.)
traspirato (pps., a.)
trasportato (pps., a.)
trassato (m.)
trasudato (pps., a., m.)
trasumanato (pps., a.)
trattato (pps., a., m.)
tratteggiato (pps., a.)
travagliato (pps., a.)
travato (a.)
traviato (pps., a.)
tribolato (pps., a., m.)
tribunato (m.)
trifogliato (a.)
trifolato (a.)
triforcato (pps., a.)
trillato (pps., a.)
tribolato (a.)
trincato (pps., a.)
trincerato (pps., a.)
trinciato (pps., a.)
triplicato (pps., a.)
tritato (pps., a.)
triturato (pps., a.)
triumvirato (m.)
trombato (pps., a.)
troncato (pps., a.)
trovato (pps., a., m.)
trucidato (pps., a.)
tubolato (a.)
tuffato (pps., a.)
tunicato (a.)
turato (pps., a.)
turbato (pps., a.)
tutelato (pps., a.)
uccellato (pps., a.)
uditorato (m.)
ufficiato (pps., a.)
ulcerato (pps., a.)
ulivato (a.)
ultimato (pps., a.)
ululato (pps., m.)
umbellato (a.)
umbelicato (a.)
umbonato (a.)
umiliato (pps., a., m.)
uncinato (pps., a.)
unghiato (a.)
unguentato (pps., a.)
ungulato (a., m.)
uranato (m.)
urato (m.)
urlato (pps., a.)
urtato (pps., a.)
usato (pps., a., m.)
usitato (a.)
usurpato (pps., a.)
vagheggiato (pps., a.)
vaiato (a.)
vanigliato (a.)
varato (pps., a.)
variegato (a.)
variolato (a.)
vaticinato (pps., a.)
vecciato (a.)
vedovato (pps., a.)
vegliato (pps., a.)
velato (pps., a.)
vellutato (a.)
venato (pps., a.)
vendemmiato (pps., a.)
vergato (a.)
verghettato (a.)
vergolato (a.)
versato (pps., a.)
vertebrato (a., m.)
verticillato (a.)
vescovato (m.)
vetrato (a., m.)
vetriato (a.)
vibrato (pps., a.)
vicariato (m.)
vicelegato (m.)
vicinato (m.)
vietato (pps., a.)
vigilato (pps., a.)
vignato (pps., a.)
vinato (a.)
violato (pps., a.)
violenatato (pps., a.)
visciolato (a.)
visirato (m.)
vitato (a.)
viziato (pps., a., m.)
vizzato (m.)
vociferato (pps., a.)
volgarizzato (pps., a.)
volontariato (a., m.)
volpato (a.)
voltato (pps., a.)
zappato (pps., a.)
zebrato (a.)
zeppato (pps., a.)
zibettato (a.)
zigrinato (a.)
zincato (pps., a.)
zirconato (m.)
zonato (a.)
zuccherato (pps., a.)

atodo

catodo (m.)

atola

scatola (f.)
spatola (f.)

atole

rompiscatole (m.)

atolo

batolo (m.)

atomo

atomo (m.)

atono

atono (a.)

atora

+pratora (f. pl.)

atore

pantocratore (a.)

atos

patos (m.)

atra

freniatra (m.)

idolatra (m., a.)
laringoiatra (m.)
odontoiatra (m.)
otorinolaringoiatra (m.)
pediatra (m.)
psichiatra (m.)
statolatra (m.)
zooiatra (m.)

atrapo
satrapo (m.)

atria
fratria (f.)
madrepatria (f.)
+matria (f.)
patria (f.)
senzapatria (m.)

atrica
biblioiatrica (f.)

àtrico
idolatrico (a.)
odontoiatrico (a.)
pediatrico (a.)
psichiatrico (a.)
zooiatrico (a.)

atrii
atrii (m. pl.)

atrio
atrio (m.)
espatrio (i.)
patrio (a.)
rimpatrio (i., r., t., m.)
spatrio (t., i., r.)

atro
anfiteatro (m.)
aratro (m.)
archiatro (m.)
atro (a.)
clatro (m.)
idolatro (t.)
latro (i.)
teatro (m.) - cfr. *dispregiativi*

atron
natron (m.)

atropo
atropo (f.)

att
chilowàtt (m.)
ettowàtt (m.)

atta
autodidatta (m.)
blatta (f.)
+bratta (f.)
casamatta (f.)
catafratta (f.)
cataratta (f.)
cateratta (f.)
chiatta (f.)
ciabatta (f.)
cravatta (f.)
culatta (f.)
disfatta (f.)
epatta (f.)
fatta (f.)
fratta (f.)
gatta (f.)
+intrafinefatta (avv.)
latta (f.)
malefatta (f.)
matta (f.)
mignatta (f.)
natta (f.)
ovatta (f.)
patta (f.)
pignatta (f.)
ratta (f.)
+ritratta (f.)
schiatta (f.)
stacciaburatta (f.)
stratta (f.)
tratta (f.)
zatta (f.)

atte
caffelatte (m.)
capodilatte (m.)
latte (m.)

attea
brattea (f.)

attedra
cattedra (f.)

atteo
latteo (a.)

attera
zattera (f.)

attere
abbattere (t., r.)
battere (t., i., r.)
carattere (m.)
combattere (i., t.)
dibattere (t., r.)
imbattere (r.)
rabbattere (t., r.)
riabbattere (t.)
ribattere (t.)
ricombattere (t.)
sbattere (t., r., i.)

attero
attero (a.)
dattero (m.)
guattero (m.)
sguattero (m.)

atti
ammazzagatti (m.)
castigamatti (m.)
infatti (cong.)
lavapiatti (m.)
leccapiatti (m.)
+mazzagatti (m.)
portaritratti (m.)
scaldapiatti (m.)
+scalzagatti (m.)

attica
didattica (f.)
tattica (f.)

attice
gattice (m.)
lattice (m.)

attico
antigattico (a.)
attico (a.)
didattico (a.)
galattico (a.)
+ionadattico (a.)
lattico (a.)
parallattico (a.)
profilattico (a.)
sintattico (a.)
tattico (a., m.)

attile
artiodattile (a.)
contrattile (a.)
retrattile (a.)
tattile (a.)

attili
perissodattili (m. pl.)
pterodattili (m. pl.)

attilo
antidattilo (m.)
dattilo (m.)

attimo
attimo (m.)

attino
monopattino (m.)
pattino (i., m.)
attito
battito (m.)
dibattito (m.)
atto
abbatto (t., r.)
abburatto (t., r., i.)
accatto (t., m.)
acciabatto (t.)
acculatto (t.)
acquatto (t., r.)
adatto (t., r., a.)
affatto (avv.)
afratto (m.)
agguatto (t., r.)
albogatto (m.)
ammatto (t.)
anfratto (m.)
antefatto (m.)
appiatto (t., r.)
arfasatto (m.)
arrabatto (r.)
artefatto (m., pps., a.)
astratto (pps., a., m.)
+attatto (m.)
atto (t., r., m.)
autoscatto (m.)
baratto (t., m.)
batto (t., i., r.)
benfatto (a.)
bigatto (m.)
bistratto (t.)
buratto (t., m.)
capogatto (m.)
casamatto (t.)
catafratto (a., m.)
+catto (pps., m.)
cerbiatto (m.)
chiatto (a.)
ciabatto (i.)
coatto (a.)
combatto (i., t.)
compatto (a.)
contatto (m.)
contraffatto (pps., a.)
contratto (t., i., pps., a., m.)
cosiffatto (a.)
dibatto (t., r.)
difatto (cong.)
disadatto (a.)
disfatto (pps., a.)
distratto (pps., a., m.)
esatto (a.)
esterrefatto (a.)
estratto (pps., m.)
fatto (pps., a., m.)
fratto (pps., a.)
gatto (m.)
gratto (t., r.)
imbatto (r., m.)
imbratto (t., r., m.)
impatto (t.)
incompatto (a.)
inesatto (a.)
insoddisfatto (a.)
insodisfatto (a.)
intatto (a.)
issofatto (avv.)
lepratto (m.)
liquefatto (pps., a.)
lupatto (m.)
malfatto (pps., a.)
maltratto (t.)
manufatto (a., m.)
matto (a., m., +i.)
mentecatto (a., m.)
misfatto (m.)
monatto (m.)
mulatto (m.)
olfatto (m.)
ovatto (t.)
+patefatto (a.)
patto (i., m.)
piatto (a., m.)
putrefatto (pps., a.)
quatto (a.)
rabbatto (t., r.)
raccatto (t.)
racciabbatto (t.)
rarefatto (t., r.)
ratto (pps., a., m., avv.)
rattratto (pps., a.)
redatto (pps., a.)
refratto (pps., a.)
riabbatto (t.)
riadatto (t., r.)
riallatto (t.)
riatto (t.)
ribaratto (t.)
ribatto (t.)
ricatto (t., r., m.)
ricombatto (t.)
rifatto (pps., a.)
rifratto (pps., a.)
rimbatto (m.)
rimpiatto (t., r.)
riscatto (t., r., m.)
ritratto (t., r., m., pps., a.)
sbatto (t., i., r.)
sbratto (t., m.)
+scalzogatto (m.)
scarlatto (a., m.)
scatto (i., m.)
schiatto (i.)
sciaguatto (t.)
sciatto (t., a.)
sfatto (pps., a.
sfratto (t., m.)
siffatto (a.)
slatto (t.)
sodisfatto (pps., a.)
+sogatto (m.)
soppiatto (m.)
sovatto (m.)
strafatto (pps., a.)
stupefatto (pps., a.)
sugatto (m.)
tatto (m.)
transatto (pps., a.)
tratto (t., r., pps., a., m.)
tremefatto (a.)
tumefatto (pps., a.)
usatto (m.)
usucatto (pps., a.)
cf. *diminutivi* e *vezzeggiativi*
attola
battola (f.)
carattola (f.)
piattola (f.)
pupattola (f.)
puppattola (f.)
scarabattola (f.)
attolo
barattolo (m.)
bugigattolo (m.)
coiattolo (m.)

giocattolo (m.)
omiciattolo (m.)
posticciattolo (m.)
scarabattolo (m.)
scoiattolo (m.)
attro
quattro (num.)
ventiquattro (num., f. pl.)
attumo
rappattumo (t., r.)
attuo
attuo (t., r.)
atua
statua (f.)
atulo
batulo (m.)
congratulo (r.)
atum
ultimatum (m.)
atuo
fatuo (a.)
infatuo (t., r.)
tatuo (t., r.)
aturo
saturo (a., t., r.)
au
babau (m.)
bau (m.)
tau (m.)
auce
trifauce (a.)
auci
fauci (f. pl.)
auco
glauco (a.)
rauco (a.)
auda
alauda (f.)
applauda (t.)
cauda (f.)
lauda (f.)
audano
applaudano (t.)
laudano (m.)
aude
applaude (t.)
+fraude (f.)
audi
applaudi (t.)
audice
caudice (m.)
audico
claudico (i.)
audio
gaudio (m.)
audo
applaudo (t.)
collaudo (t., m.)
defraudo (t.)
plaudo (i.)
sabaudo (a.)
audono
applaudono (t.)
aufrago
naufrago (i., m.)
auge
auge (m.)
augure
augure (m.)
auguro
auguro (t., i., r.)
inauguro (t., i.)
riaguro (t.)
aula
aula (f.)
aule
amplessicaule (a.)
caule (m.)
aulica
idraulica (f.)
aulico
aulico (a.)
idraulico (a., m.)
aulo
gaulo (m.)
gnaulo (i., m.)
auma
trauma (m.)
auna
auna (f.)
aviauna (f.)
fauna (f.)
auno
fauno (m.)
aupero
depaupero (t.)
aupulo
paupulo (i.)
aura
aura (f.)
aurea
centaurea (f.)
laurea (f.)
aureo
aureo (a.)
laureo (t., r.)
auri
pterosauri (m. pl.)
sauri (m. pl.)
aurico
aurico (a.)
auro
alepidosauro (m.)
+auro (m.)
brontosauro (m.)
camauro (m.)
centauro (m.)
centosauro (m.)
dinosauro (m.)
inauro (t., r.)
instauro (t.)
ittiosauro (m.)
lauro (m.)
mauro (m.)
paleosauro (m.)
plesiosauro (m.)
restauro (t., m.)
ristauro (t., m.)
sauro (a., m.)
+tauro (m.)
+tesauro (m.)
ausa
causa (f.)
concausa (f.)
pausa (f.)
ausea
nausea (f.)
auseo
nauseo (t.)
auso
applauso (m.)
+auso (a.)
causo (t.)
pauso (i.)
plauso (m.)
ausola
clausola (f.)
auspico
auspico (t.)
austica
caustica (f.)

encaustica (f.)
galvanoplastica (f.)
austico
caustico (a., m.)
encaustico (a.)
austo
balausto (m.)
encausto (m.)
esausto (pps., a.)
fausto (a.)
inesausto (a.)
infausto (a.)
ipocausto (m.)
olocausto (m.)
austro
austro (m.)
+claustro (m.)
plaustro (m.)
auta
aeronauta (m.)
areonauta (m.)
argonauta (m.)
nauta (m.)
auti
sarcrauti (m. pl.)
autica
aeronautica (f.)
motonautica (f.)
nautica (f.)
autico
motonautico (a.)
nautico (a.)
autilo
nautilo (m.)
auto
auto (f.)
cauto (a.)
flauto (m.)
incauto (a.)
lauto (a.)
malcauto (a.)
autobus
autobus (m.)
autoro
disautoro (t.)
esautoro (t.)
ava
ava (f.)
bava (f.)
cava (f.)
clava (f.)
fava (f.)
gangava (f.)
grava (f.)
lava (f.)
ottava (f.)
zuava (f.)
cf. *Ind. imperf.* 1ª
avano
cf. *Ind. imperf.* 1ª
avara
bavara (f.)
ave
aeronave (f.)
architrave (m.)
autoclave (f.)
ave (escl.)
cave (lat.)
chiave (f.)
conclave (m.)
contracchiave (f.)
grave (a.)
motonave (f.)
nave (f.)
rotonave (f.)
soave (a., avv.)
sottochiave (avv.)
trave (f., m.)
avea
cavea (f.)
avera
bavera (f.)
+navera (f.)
avere
cadavere (m.)
avero
bavero (m.)
papavero (m.)
sciavero (m.)
avi
cf. *Ind. imperf.* 1ª
avia
cavia (f.)
ignavia (f.)
avica
chiavica (f.)
avico
lavico (a.)
avido
avido (a.)
gravido (a.)
impavido (a.)
pavido (a.)
avigo
navigo (i., t.)
rinavigo (t., i.)
avio
aggravio (m.)
avio (a.)
burgravio (m.)
langravio (m.)
laticlavio (m.)
margravio (m.)
savio (a., m.)
setticlavio (m.)
sgravio (m.)
sopraggravio (m.)
succlavio (a.)
avito
gravito (i.)
avo
aggravo (t.)
avo (m.)
biavo (m.)
bisavo (m.)
bravo (a.)
cavo (t.)
depravo (t.)
dilavo (t.)
escavo (t.)
favo (m.)
flavo (a.)
gravo (t., i.)
ignavo (a.)
imbavo (t., r.)
incavo (t., m.)
inchiavo (t.)
lavo (t., r.)
ottavo (num.)
pravo (a., m.)
proavo (m.)
riaggravo (t., r.)
ricavo (t., m.)
rilavo (t.)
sbavo (i., t., r.)
scavo (t. m.)
schiavo (a., m.)
scombavo (t., r.)
sfavo (t., r.)
sgravo (t., r.)
slavo (a., m.)
stiavo (a.)

zuavo (m.)
cf. *Ind. imperf.* 1ª
avoco
avoco (t.)
avola
alzavola (f.)
cantafavola (m.)
capotavola (m.)
diavola (f.)
favola (f.)
fravola (f.)
tavola (f.)
avole
raccontafavole (m.)
avoli
scacciadiavoli (m.)
avolo
arcavolo (m.)
arcidiavolo (m.)
avolo (m.)
bisarcavolo (m.)
bisavolo (m.)
cavolo (m.)
diavolo (m.)
fittavolo (m.)
indiavolo (i., r.)
intavolo (t.)
riavolo (t., m.)
rintavolo (t.)
tavolo (m., t.)
terzavolo (m.)
trisavolo (m.)
az
raz (m.)
aza
staza (f.)
azar
alcàzar (m.)
azia
crazia (f.)
disgrazia (f.)
esempigrazia (avv.)
grazia (f.)
verbigrazia (avv.)
azie
grazie (f. pl.)
rigrazie (escl.)
azimut
azimut (m.)
azio
addazio (t.)
aggrazio (t., r.)
crisopazio (m.)
dazio (t., m.)
ferecrazio (m.)
grazio (t.)
grisopazio (m.)
ingrazio (r.)
iperspazio (m.)
pancrazio (m.)
prefazio (m.)
ringrazio (t.)
risazio (a.)
sazio (t., r., a.)
sdazio (t.)
spazio (t., i., m.)
strazio (t., m.)
topazio (m.)
azza
azza (f.)
battimazza (m.)
bazza (f.)
chiazza (f.)
corazza (f.)
frettazza (f.)
galeazza (f.)
gazza (f.)
gottazza (f.)
guazza (f.)
lapazza (f.)
lazza (f.)
mazza (f.)
molazza (f.)
piazza (f.)
pupazza (f.)
rabazza (f.)
radazza (f.)
ragazza (f.)
ramazza (f.)
razza (f.)
redazza (f.)
scaramazza (f.)
stazza (f.)
tazza (f.)
terrazza (f.)
azzaro
lazzaro (a.)
azzera
gazzera (f.)
mazzera (f.)
zazzera (f.)
azzero
+mazzero (t.)
azzica
azzica (f.)
bazzica (f.)
azzico
bazzico (i.)
azzima
azzima (f.)
azzimo
azzimo (t., r., a., m.)
azzo
ammazzo (t., r.)
amorazzo (m.)
andazzo (m.)
arazzo (m.)
attrazzo (m.)
avvinazzo (t., r.)
biscazzo (i.)
brogliazzo (m.)
+cagnazzo (a.)
cazzo (m.)
chiazzo (t.)
codazzo (m.)
corazzo (t.)
dignazzo (t., i.)
dirazzo (i.)
disbarazzo (t.)
gavazzo (i.)
ghindazzo (m.)
giavazzo (m.)
guazzo (i., t., m.)
imbarazzo (t., r., m.)
impazzo (i.)
lapazzo (t.)
lazzo (i., m., a.)
marazzo (m.)
mazzo (m.)
melazzo (m.)
+mogliazzo (m.)
palazzo (m.)
paonazzo (a., m.)
paterazzo (m.)
pavonazzo (a., m.)
pazzo (a., m.)
piazzo (t., r.)
popolazzo (m.)
pupazzo (m.)
radazzo (t.)
ragazzo (m.)
ramazzo (t.)

razzo (m.)
rimpazzo (i.)
rimpiazzo (t., m.)
rispazzo (t.)
rombazzo (m.)
sbarazzo (t., r.)
sbavazzo (t., r.)
sbevazzo (i.)
sbombazzo (t., i.)
sbravazzo (i.)
scacazzo (t.)
scaramazzo (a.)
schiamazzo (i.)
scorazzo (t., i.)
sgavazzo (i.)
sghignazzo (i.)
sguazzo (i.)
sollazzo (t., r., m.)
sparnazzo (t.)
spazzo (t., +m.)
spelazzo (t.)
spiazzo (m.)
spiegazzo (t.)
sprazzo (m., +t., +i.)
starnazzo (i.)
stazzo (t., +m.)
stramazzo (t., i., m.)
strapazzo (t., r., m.)
strombazzo (i., t.)
svolazzo (i., m.)
terrazzo (t., m.)
torrazzo (m.),
volazzo (m.)

azzola

spazzola (f.)

azzolo

ammazzolo (m.)
lapislazzolo (m.)
razzolo (i.)
spazzolo (t.)

azzone

amazzone (f.)

azzuli

lapislazzuli (m.)

è

abbenché (cong.)
acciocché (cong.)
affè (escl.)
affinché (cong.)
ahimè (escl.)
alcunché (pron.)
allorché (cong.)
aloè (m.)
ancoraché (cong.)
ancorché (cong.)
anziché (cong.)
appiè (prep., avv.)
attesoché (cong.)
autodafé (m.)
+avvegnaché (cong.)
avvengaché (cong.)
ballanzè (m.)
bè (m.)
be' (avv.)
bembè (escl.)
benché (cong.)
benzoè (m.)
bidè (m.)
bignè (m.)
burè (a., f.)
caffè (m.)
canapè (m.)
ce (pron.)
che (pron., a., cong.)
ché (cong.)
chè (inter.)
checché (pron.)
cioè (avv.)
coccodè (m.)
comeché (avv.)
conciofossecosaché (cong.)
conciossiaché (cong.)
consumè (m.)
contuttoché (cong.)
corvè (f.)
cosicché (cong.)
crocè (m.)
cupè (m.)
dacché (cong.)
dappiè (avv.)
dappoiché (cong.)
de' (prep. art.)
diè (t., r.)
dorè (a.)
dové (i., t.)
e (cong.)
è (i.)
e' (pron.)
essendoché (cong.)
euhoè (escl.)
evoè (escl.)
fe' (t.)
fè (f.)
finché (cong.)
fintantoché (cong.)
fuorché (cong., prep.)
gè (m.)
giacché (cong.)
gilè (m.)
+giulè (m.)
godè (m.)
henné (m.)
+imperché (cong.)
imperciocché (cong.)
imperocché (cong.)
interré (m.)
iradè (m.)
lacchè (m.)
le (art., pron.)
macinacaffè (m.)
macramè (m.)
me (pron.)
me' (a.)
mercé (f.)
mordoré (a.)
ne (pron.)
né (cong.)
ne' (prep. art.)
nontiscordardimé (m.)
oè (escl.)
ohimé (escl.)
perché (cong.)
perciocché (cong.)
picché (m.)
pie' (m.)
poiché (cong.)
pressoché (avv.)
purché (cong.)
purè (m.)
que' (pron.)
ramiè (m.)
rapè (m.)
re (m.)
relè (m.)
scimpanzè (m.)
se (cong.)
sé (pron.)
sennonché (cong., avv.)
sicché (cong.)
talché (avv.)
tanè (m.)

te (pron.)
tè (m.)
testé (avv.)
toppè (m.)
tre (num.)
trentatré (num.)
tse-tsè (f.)
tuppè (m.)
tuttoché (cong.)
ve (pron.)
ve' (= vedi)
ventitré (num.)
verté (i.)
viceré (m.)
zaptiè (m.)
cf. *pass. rem.* 2ª

ea

achillea (f.)
allea (f.)
almea (f.)
altea (f.)
+annea (f.)
apnea (f.)
+ardea (f.)
argicopea (f.)
assemblea (f.)
astrea (f.)
azalea (f.)
+bolea (f.)
brachipnea (f.)
cactea (f.)
cavea (f.)
cefalea (f.)
chinea (f.)
+cinquadea (f.)
+cinquedea (f.)
contea (f.)
corea (f.)
crisopea (f.)
dea (f.)
dialtea (f.)
diarrea (f.)
diatomea (f.)
dionea (f.)
dispnea (f.)
duchea (f.)
dulcinea (f.)
epopea (f.)
etopea (f.)
+farea (f.)
farmacopea (f.)
filotea (f.)
fricassea (f.)
fumea (f.)
galea (f.)
gallonea (f.)
ghinea (f.)
giornea (f.)
ialea (f.)
idea (f.)
limonea (f.)
livrea (f.)
logorrea (f.)
maccheronea (f.)
macea (f.)
+mangea (f.)
marea (f.)
+melea (f.)
melotea (f.)
+mislea (f.)
moschea (f.)
napea (f.)
necromanzea (f.)
ninfea (f.)
nobilea (f.)
nomea (f.)
odissea (f.)
onomatopea (f.)
orchidea (f.)
otorrea (f.)
panacea (f.)
panatenea (f.)
paradisea (f.)
pegea (f.)
pimplea (f.)
piorrea (f.)
plutea (f.)
poliantea (f.)
polipnea (f.)
+pronea (f.)
prosopopea (f.)
+rinomea (f.)
rinorrea (f.)
savonea (f.)
scalea (f.)
scamonea (f.)
scalorrea (f.)
seborrea (f.)
spirea (f.)
talea (f.)
tea (f.)
teodicea (f.)
tifoidea (f.)
trachea (f.)
+treggea (f.)
trincea (f.)
tropea (f.)
urea (f.)
vallea (f.)
vallonea (f.)
verdea (f.)
viscontea (f.)

eade

carneade (m.)
enneade (f.)
oreade (f.)

eano

oceano

eba

ameba (f.)
gleba (f.)
+zeba (f.)

ebano

ebano (m.)

ebbe

crebbe (i.)
ebbe (t.)
giulebbe (m.)
sarebbe (i.)
cf. *Cond. pr.*

ebbero

crebbero (i.)
ebbero (t.)
sarebbero (i.)
cf. *Cond. pr.*

ebbi

crebbi (i.)
ebbi (t.)

ebbia

nebbia (f.)
trebbia (f.)

ebbio

addebbio (t.)
annebbio (t., r.)
debbio (t., m.)
ebbio (m.)
ghebbio (m.)
inghebbio (t.)
rebbio (t., m.)
snebbio (t., r.)
strebbio (t.)
trebbio (t., m.)

ebbo

debbo (i., t.)
giulebbo (t.)

ebbono
debbono (i., t.)
ebbra
lebbra (f.)
ebbre
febbre (f.)
ebbrio
disebbrio (i.)
ebbro
ebbro (a.)
sfebbro (t.)
ebe
cubebe (m.)
lebe (m.)
plebe (f.)
ebere
ebere (i.)
ebete
ebete (a.)
ebile
debile (a.)
delebile (a.)
flebile (a.)
indelebile (a.)
ebito
addebito (t.)
debito (m., a.)
indebito (t., r., a.)
rindebito (t., r.)
sdebito (r.)
ebo
ebo (i.)
efebo (m.)
sebo (m.)
ebole
debole (a., m.)
eboro
elleboro (m.)
ebra
latebra (f.)
zebra (f.)
ebre
muliebre (a.)
ebrico
algebrico (a.)
ebride
nebride (f.)
ebrio
inebrio (t., r.)
ebro
+crebro (a.)
ebro (a.)
ebure
+ebure (m.)
ebus
rebus (m.)
eca
angreca (f.)
apoteca (f.)
areca (f.)
bacheca (f.)
beca (f.)
biblioteca (f.)
ceca (f.)
cerboneca (f.)
chiroteca (f.)
cieca (f.)
cineteca (f.)
deca (f.)
discoteca (f.)
efferoteca (f.)
emeroteca (f.)
gipsoteca (f.)
ghittoteca (f.)
greca (f.)
ipoteca (f.)
manteca (f.)
ooteca (f.)
pinacoteca (f.)
ribeca (f.)
teca (f.)
ecade
decade (f.)
ecari
pecari (m.)
ecca
becca (f.)
bistecca (f.)
busecca (f.)
cecca (f.)
cilecca (f.)
mecca (f.)
pastecca (f.)
pecca (f.)
pulcesecca (f.)
saltabecca (f.)
secca (f.)
stecca (f.)
tecca (f.)
trecca (f.)
zecca (f.)
ecche
bernecche (f.)
salamelecche (m.)
ecchero
+pecchero (m.)
ecchi
cacastecchi (m.)
curaorecchi (m.)
mozzorecchi (m.)
piantastecchi (m.)
portastecchi (m.)
pulisciorecchi (m.)
sottecchi (avv.)
stuzzicorecchi (m.)
ecchia
busecchia (f.)
catapecchia (f.)
checchia (f.)
forfecchia (f.)
grecchia (f.)
manecchia (f.)
orecchia (f.)
pecchia (f.)
petecchia (f.)
recchia (f.)
secchia (f.)
ecchie
+farfecchie (f. pl.)
ecchio
apparecchio (t., r., m.)
appennecchio (t.)
capecchio (m.)
cernecchio (m.)
ferravecchio (m.)
imbusecchio (t.)
invecchio (t., i.)
lubecchio (m.)
orecchio (i., m.)
parecchio (a., pron., avv.)
pennecchio (m.)
punzecchio (t.)
puzzecchio (i.)
rispecchio (t.)
+rubecchio (a.)
scapecchio (t.)
secchio (m.)
solecchio (m.)
sonnecchio (i.)

sparecchio (t.)
specchio (r., t., m.)
spunzecchio (t.)
stravecchio (a.)
svecchio (t.)
tecchio (aa.)
vecchio (a., m.)

eccia
acquereccia (f.)
boschereccia (f.)
breccia (f.)
bugnereccia (f.)
caprareccia (f.)
carrareccia (f.)
corteccia (f.)
feccia (f.)
ferrareccia (f.)
freccia (f.)
leccia (f.)
+peccia (f.)
porcareccia (f.)
seccia (f.)
treccia (f.)
veccia (f.)

eccio
+affreccio (t.)
arcareccio (m.)
barcareccio (m.)
barchereccio (m.)
bevereccio (a.)
boschereccio (a.)
campareccio (a.)
camporeccio (a.)
carrareccio (a.)
casereccio (a.)
cicaleccio (m.)
figliereccio (a.)
freccio (t.)
giovereccio (a.)
godereccio (a.)
grumereccio (m.)
imbreccio (t.)
intreccio (t., r., m.)
ladroneccio (m.)
leccio (m.)
libeccio (m.)
mangereccio (a.)
motopeschereccio (m.)
neccio (m.)
panereccio (m.)
pastoreccio (a.)
patereccio (m.)
pecoreccio (a., m.)
peschereccio (a.)
+pugnereccio (a.)
rimbreccio (t.)
sbreccio (t.)
scorteccio (t., r.)
seccherеccio (a.)
spendereccio (a.)
sposereccio (a.)
streccio (t.)
testereccio (a.)
vendereccio (a.)
vernereccio (a.)
villereccio (a.)

eccito
eccito (t., r.)
rieccito (t., r.)
sopraeccito (t., r.)
sovreccito (t., r.)

ecco
accilecco (t.)
antibecco (m.)
assecco (m., +t.)
azzecco (t., m.)
battibecco (m.)
becco (t., r., m.)
controbecco (m.)
dissecco (t.)
ecco (avv.)
+fanfalecco (m.)
imbecco (t.)
lanzichenecco (m.)
lecco (t., r. ,m.)
pecco (i.)
princisbecco (m.)
ribecco (t., +m.)
riecco (escl.)
rilecco (t.)
rimbecco (t., m.)
ripecco (i.)
risecco (t., i., r., a)
salamelecco (m.)
saltabbecco (i.)
sbrecco (t.)
scannabecco (m.)
sciabecco (m.)
secco (a., m.)
stambecco (m.)
stecco (t., m.)

eccola
teccola (f.)
zeccola (f.)

eccolo
beccolo (m.)

eccomi
eccomi (escl.)

ece
cece (m.)
fece (t., i., r.)
invece (avv.)
lece (i.)
nartece (m.)
pece (f.)
prece (f.)
vece (f.)

ecebra
+illecebra (f.)

ecere
+decere (i.)
+desdecere (i.)
recere (t.)

ecero
becero (m.)
fecero (t., i., r.)

ecfora
ecfora (f.)

echero
imbechero (t.)

echico
bechico (a.)

eci
dieci (num.)
feci (f. pl., t., i., r.)
greci (m. pl.)
+lavaceci (m.)

ecia
cecia (f.)

ecie
fattispecie (f.)
sottospecie (f.)
specie (f.)

ecima
decima (f.)
duodecima (f.)
quintadecima (f.)

ecimo
decimo (t., num.)
duodecimo (num.)
quintodecimo (num.)

terzodecimo (num.)
undecimo (num.)
ecine
ritrecine (f.)
ecio
impecio (t., r.)
recio (t.)
rimpecio (t.)
ecipe
compartecipe (a.)
partecipe (a.)
recipe (m.)
ecipo
partecipo (i., t.)
ecita
recita (f.)
ecito
illecito (a.)
lecito (a.)
recito (t.)
sollecito (t., r., a., m.)
ecloga
ecloga (f.)
ecluta
recluta (f.)
ecluto
recluto (t.)
ecnica
aerotecnica (f.)
elettrotecnica (f.)
galvanotecnica (f.)
pirotecnica (f.)
radiotecnica (f.)
scenotecnica (f.)
tecnica (f.)
ecnico
capotecnico (a.)
filotecnico (a.)
pirotecnico (a.)
politecnico (a., m.)
scenotecnico (a., m.)
tecnico (a., m.)
zootecnico (a., m.)
eco
acceco (t., i., r.)
anteco (a.)
arreco (t.)
beco (m.)
bieco (a.)
ceco (t., a., m.)
cercopiteco (m.)
cieco (a., m.)
copeco (m.)
defeco (t.)
depreco (t.)
disseco (t.)
eco (m., f.)
geco (m.)
greco (a., m.)
impreco (i.)
ipoteco (t.)
manteco (t.)
meco (pron.)
meteco (m.)
piteco (m.)
+preco (m.)
reco (t., r.)
reseco (t.)
riseco (t.)
sbieco (t., i., r., a.)
seco (t., pron.)
speco (m.)
spreco (t., m.)
teco (pron.)
tricheco (m.)
ecola
bazzecola (f.)
fecola (f.)
molecola (f.)
nubecola (f.)
specola (f.)
ecole
bazzecole (f. pl.)
ecolo
secolo (m.)
specolo (m.)
trasecolo (i.)
ecora
cartapecora (f.)
pecora (f.)
ecrano
olecrano (m.)
ecro
esecro (t.)
ecto
recto (m.)
ecubo
cecubo (m.)
eculo
greculo (a., m.)
speculo (t.)
ecuplo
decuplo (a., m.)
ed
ed (cong.)
talèd (m.)
eda
lampreda (f.)
meda (f.)
preda (f.)
reda (f.)
reseda (f.)
rieda (i.)
+sceda (f.)
scheda (f.)
sieda (i.)
teda (f.)
veda (m. pl., t., i., r.)
edalo
dedalo (m.)
edano
riedano (i.)
sedano (m.)
eddito
reddito (m.)
eddo
freddo (t., a., m.)
infreddo (t., i., r.)
raffreddo (t., i., r.)
rifreddo (t., r., a., m.)
soffreddo (t., r., a.)
eddoche
sineddoche (f.)
eddoto
aneddoto (m.)
ede
coerede (m., f.)
diede (t., r.)
erede (m.)
fasciapiede (m.)
fede (f.)
ganimede (m.)
malafede (m.)
marciapiede (m.)
mercede (f.)
piede (m.)
riede (i.)
sede (f.)
siede (i.)
sottopiede (m.)
treppiede (m.)
vede (t., i., r.)

eden
eden (m.)
edera
edera (f.)
federa (f.)
edere
accedere (i.)
antecedere (t.)
cedere (t.)
chiedere (t.)
concedere (t.)
credere (t.)
decedere (i.)
discredere (t., r.)
eccedere (t.)
+fiedere (t.)
incedere (i.)
+inchiedere (t.)
intercedere (i.)
ledere (t., r.)
precedere (t.)
presiedere (i.)
procedere (i.)
recedere (i.)
retrocedere (i.)
ricedere (t.)
richiedere (t.)
riconcedere (t.)
ricredere (t., r.)
+riedere (i.)
risiedere (i.)
sopraeccedere (t., r.)
sovreccedere (t., i.)
succedere (i., +t.)
edero
confedero (r.)
diedero (t., r.)
infedero (i.)
sfedero (t.)
edi
dappiedi (avv.)
diedi (t., r.)
fermapiedi (m.)
leccapiedi (m.)
maravedi (m.)
millepiedi (m.)
puliscipiedi (m.)
rognapiedi (m.)
scaldapiedi (m.)
siedi (i.)
tirapiedi (m.)
treppiedi (m.)
vedi (t., i., r.)
edia
commedia (f.)
inedia (f.)
media (f.)
sedia (f.)
soprammedia (f.)
tragedia (f.)
tragicommedia (f.)
edica
dedica (f.)
medica (f.)
+pedica (f.)
piedica (f.)
predica (f.)
edici
sedici (num.)
tredici (num.)
edico
dedico(t.)
enciclopedico (a.)
epicedico (a.)
logaedico (a.)
maledico (a.)
medico (t., a., m.)
ortopedico (a., m.)
predico (i., t.)
protomedico (m.)
rimedico (t., r.)
edine
acredine (f.)
albedine (f.)
alcedine (f.)
cavedine (f.)
intercapedine (f.)
pinguedine (f.)
putredine (f.)
raucedine (f.)
redine (f.)
salsedine (f.)
teredine (f.)
torpedine (f.)
uredine (f.)
edini
redini (f. pl.)
edino
torpedino (t.)
edio
assedio (t., m.)
attedio (t., r.)
balipedio (m.)
cavedio (m.)
epicedio (m.)
famedio (m.)
insedio (t., r.)
intermedio (a., m.)
medio (a., m.)
predio (m.)
riassedio (t.)
rimedio (t., m.)
siberipedio (m.)
tedio (t., m.)
edito
credito (m.)
dedito (a.)
discredito (t., r., m.)
edito (a.)
eredito (t.)
inedito (a.)
medito (t.)
+predito (a.)
premedito (t.)
+redito (m., a.)
riaccredito (t., r.)
rimedito (t., i.)
scredito (t., r., m.)
edium
medium (m.)
edo
accedo (i.)
acquedo (m.)
aedo (m.)
antecedo (t.)
antivedo (t.)
appiedo (t.)
arredo (t., m.)
auledo (m.)
avvedo (r.)
battifredo (m.)
chiedo (t.)
citaredo (m.)
concedo (t.)
congedo (t., r., m.)
corredo (t., m.)
credo (t., m.)
divedo (i.)
eccedo (t.)
+fedo (a.)
incedo (i.)
intercedo (i.)
intravedo (t.)

intravvedo (t.)
ledo (t., r.)
possiedo (t.)
precedo (t.)
predo (t.)
presiedo (i.)
prevedo (t.)
procedo (i.)
provvedo (t.)
ravvedo (r., t.)
recedo (i.)
redo (m.)
retrocedo (i.)
ricedo (t.)
richiedo (t.)
riconcedo (t.)
ricredo (t., r.)
ripossiedo (t.)
risiedo (i.)
rivedo (t., r.)
schedo (t.)
sedo (t.)
siedo (i.)
sovreccedo (t., i.)
soprassiedo (i.)
sovreccedo (i., t.)
spedo (r., t.)
spiedo (m.)
sprovvedo (t., r.)
stravedo (i.)
succedo (i., +t.)
torpedo (f.)
tragedo (m.)
travedo (i., t.)
vedo (t., r.)

edoco
coledoco (m.)

edola
cedola (f.)
predola (f.)
redola (f.)

edone
acotiledone (a., f.)
cotiledone (m.)
dicotiledone (a.)
monocotiledone (a.)

edono
riedono (i.)
siedono (i.)
vedono (t., i., r.)

edova
redova (f.)
vedova (f.)

edovo
vedovo (t., m., a.)

edra
esedra (f.)
+giumedra (f.)

edrico
decaedrico (a.)
emiedrico (a.)
oloedrico (a.)
ottaedrico (a.)
poliedrico (a.)
romboedrico (a.)
tetraedrico (a.)

edrio
sinedrio (m.)

edro
cedro (m.)
decaedro (m.)
diedro (a.)
dodecaedro (m.)
endecaedro (m.)
eptaedro (m.)
esacisottaedro (m.)
esaedro (m.)
ettaedro (m.)
isocaedro (m.)
ottaedro (m.)
pentaedro (m.)
poledro (m.)
poliedro (m.)
puledro (m.)
rompododecaedro (m.)
rompoedro (m.)
scalenoedro (m.)
tetraedro (m.)
triedro (a., m.)

educe
reduce (a., m.)

educo
diseduco (t.)
educo (t., r.)
rieduco (t.)

edulo
credulo (a.)
incredulo (a., m.)

eduo
ceduo (a.)

ee
ampelidèe (f. pl.)
pimplee (f. pl.)
uredinee (f. pl.)

efali
acantocefali (m. pl.)

efalo
acefalo (a., m.)
bicefalo (a.)
brachicefalo (a., m.)
bucefalo (m.)
cefalo (m.)
cinocefalo (m.)
dicefalo (a., m.)
dolicocefalo (a., m.)
encefalo (m.)
idrocefalo (m.)
macrocefalo (a.)
mesencefalo (m.)
microcefalo (a., m.)
scafocefalo (m.)
tricocefalo (m.)

efe
refe (m.)

effa
beffa (f.)
+gueffa (f.)

effe
+berleffe (m.)
bizzeffe (a—) (avv.)
effe (f.)

effiro
zeffiro (m.)

effo
acceffo (t.)
+aggueffo (t., r.)
beffo (t.)
ceffo (m., +t.)
racceffo (t., m.)
sbeffo (t.)
sberleffo (m.)

efi
acalefi (m. pl.)

efica
prefica (f.)

efice
artefice (m.)
carnefice (m.)
orefice (m.)
pontefice (m.)

efico
benefico (t., a.)
malefico (a.)
ribenefico (t.)
venefico (a.)
efiro
zefiro (m.)
efluo
refluo (a.)
efod
efod (m.)
efolo
refolo (m.)
trefolo (m.)
efono
telefono (t., i., m.)
efora
canefora (f.)
coefora (f.)
eforo
eforo (m.)
ega
bega (f.)
bottega (f.)
collega (m.)
congrega (f.)
lega (f.)
omega (m.)
piega (f.)
+prega (f.)
retrobottega (f.)
risega (f.)
sega (f.)
stratega (m.)
strega (f.)
tega (f.)
egala
segala (f.)
egale
segale (f.)
egamo
regamo (m.)
egato
fegato (m.)
sfegato (r.)
ege
eslege (a.)
rege (m.)
egeto
vegeto (i., a.)
egga
chiegga (t.)
segga (i.)
vegga (t., i., r.)
egge
gregge (m., +f.)
legge (f.)
+regge (t.)
eggere
correggere (t.)
eleggere (t.)
leggere (t.)
preeleggere (t.)
proteggere (t.)
reggere (t., r.)
ricorreggere (t.)
rieleggere (t.)
rileggere (t.)
scorreggere (t.)
sorreggere (t.)
egghia
+stregghia (f)
+tegghia (f.)
eggi
storcileggi (m.)
eggia
acceggia (f.)
coreggia (f.)
correggia (f.)
greggia (f.)
maneggia (f.)
marmeggia (f.)
puleggia (f.)
reggia (f.)
santoreggia (f.)
scheggia (f.)
treggia (f.)
eggio
accaneggio (t.)
aggeggio (m.)
aggreggio (t., r.)
albeggio (i.)
aleggio (i.)
alleggio (t., m.)
alpeggio (m.)
amareggio (t., r.)
amoreggio (i.)
anfaneggio (i.)
angarieggio (t.)
anticheggio (i.)
archeggio (i., t., m.)
arieggio (t., i.)
armeggio (i.)
arpeggio (i., m.)
aspreggio (t.)
asteggio (i., m.)
atteggio (t., r.)
avareggio (i.)
azzurreggio (i.)
baldanzeggio (i.)
bambineggio (i.)
bamboleggio (i.)
barbareggio (i.)
barcheggio (i., r., m.)
baritoneggio (i.)
beccheggio (i., m.)
beffeggio (t.)
berneggio (i.)
berteggio (t.)
biancheggio (i.)
biondeggio (i.)
birbanteggio (i.)
birboneggio (i.)
bizantineggio (i.)
boccheggio (i.)
bordeggio (i., m.)
borseggio (t., m.)
braccheggio (t., m.)
brandeggio (t.)
braveggio (i.)
brezzeggio (i.)
bricconeggio (i.)
bruneggio (i.)
buffoneggio (i.)
caldeggio (t.)
campeggio (i., m.)
cancaneggio (i.)
candeggio (m.)
canneggio (i.)
cannoneggio (t., i.)
capitaneggio (t.)
cappeggio (i.)
cardeggio (t.)
careggio (t.)
carreggio (t., i., m.)
carteggio (i., m.)
catoneggio (i.)
chieggio (t.)
citareggio (i.)
clericaleggio (i.)
colmeggio (i.)
colpeggio (i.)

conteggio (t., m.)
corseggio (i.)
corteggio (t., m.)
costeggio (t.)
cristianeggio (i.)
cruscheggio (i.)
curioseggio (i.)
dadeggio (i.)
dameggio (i.)
danneggio (t.)
dannunzieggio (i.)
danteggio (i.)
dardeggio (t.)
destreggio (i., r.)
dileggio (t., m.)
discoleggio (i.)
disormeggio (t.)
dottoreggio (i.)
dottrineggio (i.)
drappeggio (t., m.)
echeggio (m., i.)
erbeggio (i.)
favoleggio (i.)
favoreggio (t.)
festeggio (t.)
fiammeggio (i.)
fiancheggio (t.)
fiascheggio (i.)
fileggio (t.)
filosofeggio (i.)
fioreggio (i.)
fiorentineggio (i.)
fiscaleggio (t., i.)
folgoreggio (i.)
folleggio (i.)
fosforeggio (i.)
franceseggio (i.)
francheggio (t.)
frappeggio (t.)
frascheggio (i.)
fraseggio (i., m.)
frescheggio (i.)
frivoleggio (i.)
frondeggio (i.)
fronteggio (t.)
funeggio (i.)
furfanteggio (i.)
furoreggio (i.)
galanteggio (i.)
galleggio (i.)
gareggio (i.)
gatteggio (i.)
gesteggio (i.)
gialleggio (i.)
giganteggio (i.)
giovaneggio (i.)
goffeggio (i.)
gorgheggio (i., t., m.)
grandeggio (i.)
graveggio (i.)
grecheggio (i.)
greggio (a.)
guelfeggio (i.)
guerreggio (i., t.)
idoleggio (t.)
indietreggio (i.)
inneggio (t., i.)
iperboleggio (i.)
ironeggio (i.)
labbreggio (t.)
ladroneggio (i.)
lampeggio (i.)
langueggio (i.)
lappeggio (i.)
largheggio (i.)
laveggio (m.)
latineggio (i.)
lazzeggio (i.)
lenteggio (i.)
lingueggio (i.)
lumeggio (t.)
lussureggio (i.)
lustreggio (i.)
madreggio (i.)
madrigaleggio (i.)
maneggio (t., r., m.)
mareggio (i., m.)
marmoreggio (t.)
marreggio (t.)
marzeggio (i.)
matteggio (i.)
mercanteggio (i., t.)
metaforeggio (i.)
molleggio (i., m.)
moraleggio (t., i.)
mormoreggio (i.)
motteggio (t., m.)
muscoleggio (i.)
naseggio (i.)
nereggio (i.)
noleggio (t., m.)
occhieggio (i.)
ombreggio (t.)
ondeggio (i.)
ondoleggio (i.)
ormeggio (t., m.)
osteggio (t.)
ozieggio (i.)
padreggio (i.)
padroneggio (t., r.)
paganeggio (i.)
paleggio (t.)
palleggio (i., t., r., m.)
palpeggio (t.)
panneggio (i., m.)
parcheggio (m.)
pareggio (t., m.)
pargoleggio (i.)
parteggio (i.)
particolareggio (i.)
parzialeggio (i.)
passeggio (i., t., m.)
pasteggio (i.)
patteggio (i., t.)
pavoneggio (r.)
pazzeggio (i.)
pedaleggio (i.)
pedanteggio (i.)
peggio (a., m., avv.)
pennelleggio (t., i.)
personeggio (t.)
petrarcheggio (i.)
pettegoleggio (i.)
piacevoleggio (i.)
pianeggio (i.)
piegheggio (i.)
pirateggio (i.)
pitagoreggio (i.)
poeteggio (i.)
poltroneggio (i.)
pompeggio (i.)
porcheggio (i.)
porporeggio (i.)
posteggio (t., i., m.)
primeggio (i.)
prodeggio (i.)
proseggio (i.)
provenzaleggio (i.)
prueggio (i., m.)
punteggio (t., m.)
radicaleggio (i.)
rameggio (t., i.)
rancheggio (i.)

randeggio (i.)
remeggio (i., m.)
ribaldeggio (i.)
rigalleggio (i.)
rimaneggio (t.)
rimareggio (i.)
rimeggio (i.)
ripasseggio (i.)
rivaleggio (i.)
romanzeggio (t., i.)
rosseggio (i.)
rotondeggio (i. ,t.)
rumoreggio (i.)
saccheggio (t., m.)
salmeggio (i.)
sataneggio (i.)
satireggio (t.)
sbaccaneggio (i.)
sbandeggio (t.)
sbeffeggio (t.)
sberteggio (t.)
sbirreggio (i.)
sbottoneggio (i.)
sbricconeggio (i.)
scarseggio (i.)
sceneggio (t.)
scheggio (t., r., m.)
scherzeggio (i.)
schiaffeggio (t.)
scimmieggio (t.)
scorneggio (i.)
scupoleggio (i.)
sdottoreggio (i.)
seggio (m.)
sermoneggio (i.)
serpeggio (i.)
setteggio (i.)
sfolgoreggio (i.)
signoreggio (t.)
simboleggio (t.)
simoneggio (i.)
singolareggio (i.)
smaneggio (t.)
soleggio (t.)
solfeggio (t., i., m.)
someggio (t.)
sorseggio (t., i.)
sorteggio (t., m.)
sovraneggio (i., t.)
spadroneggio (i.)
spagnoleggio (i.)
spalleggio (t., r.)
spareggio (m.)
spasseggio (m., i.)
spazieggio (t.)
spesseggio (t., i.)
spieggio (t., i.)
sploneggio (i.)
spumeggio (i.)
stelleggio (t.)
stoccheggio (i.)
strameggio (i.)
svillaneggio (t.)
taccheggio (t., i., m.)
taciteggio (i.)
taglieggio (t.)
tambureggio (i.)
tasteggio (t.)
tedescheggio (i.)
temporeggio (i.)
tenoreggio (i.)
tesoreggio (i., t.)
timoneggio (t.)
timpaneggio (i.)
tinteggio (t.)
tiranneggio (t.)
toccheggio (i., t.)
tondeggio (i.)
tonneggio (t., m.)
torreggio (i.)
tortoreggio (i.)
toscaneggio (i.)
traccheggio (i., t., m.)
tratteggio (t., m.)
trombeggio (i.)
troneggio (i.)
turcheggio (i.)
turchineggio (i.)
universaleggio (t.)
usureggio (i.)
vagheggio (t., r.)
vampeggio (i.)
vaneggio (i., t.)
veggio (m., t., i., r.)
veleggio (i., t., m.)
verdeggio (i.)
vergheggio (i.)
vetrioleggio (t.)
vettureggio (t., i.)
vezzeggio (t., r.)
vigoreggio (i.)
villaneggio (i.)
villeggio (i.)
volpeggio (i.)
volteggio (i., m.)
zampeggio (i.)
zappeggio (i.)

eggiola

seggiola (f.)

eggiole

scaldaseggiole (m.)

eggioli

babboriveggioli (m.)

eggo

chieggo (t.)
correggo (t.)
eleggo (t.)
leggo (t.)
posseggo (t.)
preeleggo (t.)
proteggo (t.)
reggo (t., r.)
ricorreggo (t.)
rieleggo (t.)
rileggo (t.)
riposseggo (t.)
riprovveggo (t.)
scorreggo (t.)
seggo (i.)
sorreggo (t.)
veggo (t., i., r.)

eggola

traveggola (f.)

eggoli

babbariveggoli (m.)

eggono

chieggono (t.)
seggono (i.)
veggono (t., i., r.)

egia

aquilegia (f.)
ciliegia (f.)
manoregia (f.)

egico

amiplegico (a.)
strategico (a.)

egida

egida (f.)

egio

ciliegio (m.)
collegio (m.)
dispregio (t., m.)
egregio (a.)

florilegio (m.)
fregio (t., m.)
pregio (t., r., m.)
privilegio (t., m.)
regio (a.)
sacrilegio (m.)
sfregio (t., r., m.)
sortilegio (m.)
spicilegio (m.)
spregio (t., m.)

egli
egli (pron.)
begli (a. pl.)
capegli (m. pl.)
degli (prep. art.)
negli (prep. art.)
quegli (pron.)
scegli (t.)

eglia
dormiveglia (m.)
sveglia (f.)
teglia (f.)
veglia (f.)

eglie
sceglie (t.)

egliere
prescegliere (t.)
riscegliere (t.)
scegliere (t.)
trascegliere (t.)

egligo
negligo (t.)

eglio
meglio (a.)
risveglio (t., r., m.)
sopravveglio (t.)
sorveglio (t., i.)
+speglio (m.)
sveglio (t., a.)
veglio (i., t., m.)

egloga
egloga (f.)

egma
apoftegma (m.)
apotegma (m.)
bregma (m.)

egna
consegna (f.)
insegna (f.)
legna (f., f. pl.)
portainsegna (m.)
portalegna (m.)
rassegna (f.)
riconsegna (f.)
spaccalegna (m.)
taglialegna (m.)
+transegna (f.)
vegna (i.)

egnere
distegnere (t.)
spegnere (t., r.)

egno
assegno (t., m.)
biancosegno (m.)
condegno (a.)
congegno (t., m.)
consegno (t.)
contegno (m.)
contrassegno (t., m.)
convegno (m.)
degno (i., r., a.)
disdegno (m., t.)
disegno (t., m.)
disimpegno (t., r., a.)
fededegno (a.)
impegno (t., m.)
impregno (t.)
indegno (a.)
ingegno (r., t., m.)
insegno (t.)
interregno (m.)
legno (t., m.)
pegno (m.)
pregno (a.)
rassegno (t., r.)
regno (i., t., m.)
riconsegno (t.)
ridisegno (t.)
rimpegno (t.)
risegno (t.)
ritegno (m.)
sdegno (t., r., m.)
segno (t., r., m.)
sostegno (m.)
sottosegno (t.)
spegno (t.)
triregno (m.)
vegno (i.)

ego
allego (i., t.)
alterego (m.)
annego (t., r., r.)
collego (t.)
compiego (t.)
congrego (t.)
dinego (t.)
diniego (m.)
disaggrego (t.)
disgrego (t., r.)
disimpiego (t.)
dislego (t.)
dispiego (t.)
ego (pron. lat.)
frego (t., m.)
gallego (a., m.)
impiego (t., r., m.)
prego (t., m.)
+priego (m.)
rassego (i., r.)
ricollego (t., r.)
rilego (t.)
rinnego (t.)
ripiego (t., r., m.)
riprego (t.)
risego (t.)
rispiego (t.)
scollego (t.)
sego (t., m.)
sfrego (t.)
slego (t., r.)
soffrego (t.)
spiego (t., r.)
strego (t.)
sussiego (m.)

egola
fregola (f.)
pegola (f.)
pettegola (f.)
regola (f.)
stegola (f.)
tegola (f.)

egolo
bisegolo (m.)
impegolo (t., r.)
pettegolo (i., a., m.)
regolo (t., r., m.)
rintegolo (t.)
segolo (m.)
stegolo (m.)
tegolo (m.)

egra
cincallegra (f.)
cingallegra (f.)

egrafo
pantelegrafo (m.)
telegrafo (t., i., m.)
egrego
segrego (t., r.)
egro
allegro (t., a.)
disintegro (t.)
egro (a.)
integro (t.)
mirallegro (m.)
negro (m.)
rallegro (t., r.)
rintegro (t.)
egua
segua (t.)
stregua (f.)
tregua (f.)
eguano
seguano (t.)
egue
segue (t.)
egui
segui (t.)
eguito
conseguito (i.)
perseguito (t.)
riseguito (t.)
seguito (t., i., m.)
eguo
conseguo (t.)
dileguo (t.)
inseguo (t.)
proseguo (t., i.)
prosieguo (m.)
seguo (t.)
susseguo (i.)
eguono
seguono (t.)
eh
deh (escl.)
eh (escl.)
neh (escl.)
ehi
ehi (escl.)
ehm
ehm (escl.)
ei
agnusdei (m.)
anderei (i.)
andrei (i.)
bei (a. pl.)
cadrei (i.)
capei (m. pl.)
colei (pron.)
costei (pron.)
darei (t., r.)
direi (t.)
dei (m. pl., prep. art.)
dorrei (i., r.)
dovei (i., t.)
ei (pron.)
farei (t., i., r.)
girei (i.)
godrei (t., i., r.)
lei (pron.)
miei (a., pron.)
morirei (i.)
morrei (i.)
nei (prep. art.)
omei (m. pl.)
parrei (i.)
pei (prep. art.)
potrei (i.)
porrei (t., r.)
quei (pron., a.)
riandrei (i., t.)
rimarrei (i.)
saprei (t., i.)
sarei (i.)
sei (num., i.)
starei (i.)
teleostei (m. pl.)
terrei (t., r.)
udirei (t.)
udrei (t.)
varrei (i., r.)
vedrei (t., i., r.)
ventisei (num.)
verrei (i.)
vivrei (i., r.)
vorrei (t.)
cf. *Cond. pr.*, *pass. rem.* 2ª
eia
eia (escl.)
onomatopeia (f.)
eiadi
pleiadi (f. pl.)
eico
oleico (a.)
onomatopeico (a.)
prosopopeico (a.)
proteico (a.)
rameico (a.)
recinoleico (a.)
eide
albeide (f.)
alseide (f.)
nereide (f.)
oficleide (m.)
eidi
scarabeidi (m. pl.)
eio
leguleio (m.)
eisa
freisa (f.)
el
decibèl (m.)
del (prep. art.)
nel (prep. art.)
pel (prep. art.)
ela
antela (f.)
candela (f.)
cautela (f.)
chela (f.)
clientela (f.)
controquerela (f.)
corruttela (f.)
curatela (f.)
gliela (pron.)
loquela (f.)
+medela (f.)
mela (f.)
mezzamela (f.)
miscela (f.)
mustela (f.)
pamela (f.)
parallela (f.)
parentela (f.)
querela (f.)
ragnatela (f.)
sequela (f.)
sottovela (f.)
stela (f.)
tela (f.)
tordela (f.)
tutela (f.)
vela (f.)
zarzuela (f.)
elaci
selaci (m. pl.)

elago
arcipelago (m.)
impelago (r.)
pelago (m.)
spelago (t.)
elce
elce (f., m.)
felce (f.)
selce (f.)
elcio
disselcio (t.)
selcio (t.)
eldra
+geldra (f.)
ele
aeromele (f.)
cardiocele (m.)
crudele (a.)
dolcemele (m.)
eleomele (m.)
entorocele (m.)
fedele (a., m.)
fiele (m.)
gastrocele (m.)
gliele (pron.)
+guagnele (escl.)
idromele (m.)
imbrattatele (m.)
infedele (a., m.)
lattemiele (m.)
miele (m.)
onfalocele (f.)
piocele (m.)
pneumocele (m.)
rettocele (m.)
sinafele (f.)
stele (f.)
succiamele (m.)
elebre
celebre (a.)
elebro
celebro (t.)
elega
delega (m.)
elego
delego (t.)
giambelego (m.)
relego (t.)
elere
celere (a., m.)
elero
accelero (t.)
eletro
dermascheletro (m.)
scheletro (m.)
elevo
elevo (t., r.)
sopraelevo (t.)
elfo
adelfo (a.)
elfo (m.)
guelfo (m.)
neoguelfo (m.)
elga
belga (a., m.)
scelga (t.)
svelga (t.)
elge
svelge (t.)
elgi
belgi (m. pl.)
svelgi (t.)
elgo
prescelgo (t.)
riscelgo (t.)
scelgo (t.)
svelgo (t.)
trascelgo (t.)
elgono
scelgono (t.)
svelgono (t.)
elia
abelia (f.)
+aurelia (f.)
camelia (f.)
celia (f.)
contumelia (f.)
+evangelia (m. pl.)
velia (f.)
elibe
celibe (a., m.)
elica
elica (f.)
filatelica (f.)
melica (f.)
elice
antelice (m.)
elice (f.)
elico
angelico (a.)
aristotelico (a.)
evangelico (a.)
famelico (a.)
filatelico (a., m.)
gaelico (a., m.)
mefistofelico (a.)
melico (a., m.)
pantagruelico (a.)
pentelico (a.)
velico (a.)
elide
efelide (f.)
elidi
mustelidi (m. pl.)
elido
gelido (a.)
eliga
meliga (f.)
elio
afelio (m.)
antelio (m.)
celio (t.)
cimelio (m.)
elio (m.)
endotelio (m.)
epitelio (m.)
micelio (m.)
nichelio (m.)
parelio (m.)
perielio (m.)
elite
velite (m.)
elito
anelito (m.)
proselito (m.)
elitra
elitra (f.)
elius
stiffelius (m.)
ella
abluzioncella (f.)
acetella (f.)
acetosella (f.)
acmella (f.)
adulazioncella (f.)
affezioncella (f.)
agnella (f.)
agucella (f.)
agugella (f.)
albanella (f.)
albatrella (f.)
alberella (f.)

anatrella (f.)
ancella (f.)
anella (f. pl.)
animella (f.)
antanella (f.)
arcella (f.)
arganella (f.)
arsella (f.)
ascella (f.)
asparella (f.)
asserella (f.)
azzimella (f.)
bacinella (f.)
bagattella (f.)
balsamella (f.)
bancarella (f.)
bandella (f.)
bandinella (f.)
barbatella (f.)
bardella (f.)
barella (f.)
bastardella (f.)
bavella (f.)
bella (f.)
biella (f.)
bilancella (f.)
+boncerella (f.)
bracciatella (f.)
brescianella (f.)
bretella (f.)
brighella (f.)
bucherella (f.)
budella (f. pl.)
+burella (f.)
buttasella (m.)
cabanella (f.)
cacarella (f.)
cacchiatella (f.)
calabresella (f.)
camerella (f.)
campanella (f.)
cannella (f.)
cantarella (f.)
cantinella (f.)
canzonella (f.)
capannella (f.)
capitella (f.)
cappella (f.)
caramella (f.)
caravella (f.)
carbonella (f.)
castella (f. pl.)
casella (f.)
catenella (f.)
catinella (f.)
cedronella (f.)
cella (f.)
cennamella (f.)
ceramella (f.)
cervella (f. pl.)
chetichella (f.)
chiarella (f.)
ciambella (f.)
ciaramella (f.)
cittadella (f.)
coccinella (f.)
colonnella (f.)
coltella (f. pl.)
columella (f.)
comunella (f.)
consorella (f.)
copertella (f.)
coppella (f.)
coramella (f.)
coratella (f.)
cruscherella (f.)
damigella (f.)
della (prep. art.)
donzella (f.)
drappella (f.)
ederella (f.)
ella (pron.)
falcinella (f.)
faldella (f.)
favella (f.)
femminella (f.)
fiscella (f.)
flanella (f.)
fontanella (f.)
forcella (f.)
formella (f.)
forosella (f.)
frassinella (f.)
frittella (f.)
fusella (f.)
fustella (f.)
gabbanella (f.)
gabella (f.)
gallinella (f.)
galtella (f.)
gamella (f.)
gancherella (f.)
garganella (f.)
gazzella (f.)
gherminella (f.)
ginestrella (f.)
girella (f., m.)
giumella (f.)
glabella (f.)
gonnella (f.)
gradella (f.)
grancella (f.)
granella (f. pl.)
gratella (f.)
isabella (f.)
lamella (f.)
limoncella (f.)
livella (f.)
lumachella (f.)
lupinella (f.)
madamigella (f.)
maestrella (f.)
mammella (f.)
manganella (f.)
mannella (f.)
manovella (f.)
mantella (f.)
marachella (f.)
martinella (f.)
mascella (f.)
mattonella (f.)
mezzanella (f.)
+mignella (f.)
milzadella (f.)
modella (f.)
mortadella (f.)
mortella (f.)
mozzarella (f.)
muriella (f.)
navicella (f.)
nella (prep. art.)
nepitella (f.)
nigella (f.)
nocella (f.)
novella (f.)
offella (f.)
olivella (f.)
ombrella (f.)
padella (f.)
pagella (f.)
palella (f.)
panzanella (f.)
pappardella (f.)

paratella (f.)
parcella (f.)
paretella (f.)
particella (f.)
pasquella (f.)
passatella (f.)
passerella (f.)
patella (f.)
pavoncella (f.)
pecorella (f.)
pedivella (f.)
pennella (f.)
pettinella (f.)
pianella (f.)
piantella (f.)
piastrella (f.)
pimpinella (f.)
porcella (f.)
portapadella (m.)
portella (f.)
possessioncella (f.)
pozioncella (f.)
predella (f.)
presella (f.)
procella (f.)
provvisioncella (f.)
prunella (f.)
+pulcella (f.)
pulcinella (m.)
pulzella (f.)
putrella (f.)
+quadrella (f. pl.)
quella (pron., a.)
raffaella (a.)
raganella (f.)
ranella (f.)
raperella (f.)
reggisella (m.)
renella (f.)
reticella (f.)
risella (f.)
rivoltella (f.)
rocchella (f.)
romanella (f.)
rotella (f.)
saettella (f.)
sagginella (f.)
salvastrella (f.)
sanguinella (f.)
sardella (f.)
sassella (f.)
sbadigliella (f.)
sbadiglierella (f.)
scandella (f.)
scarsella (f.)
sciacquabudella (m.)
scivolarella (f.)
scodella (f.)
sella (f.)
selvastrella (f.)
sentinella (f.)
serenella (f.)
silvestrella (f.)
sirighella (f.)
sorella (f.)
speronella (f.)
spinella (f.)
spintarella (f.)
spronella (f.)
stampella (f.)
stella (f.)
storiella (f.)
tabella (f.)
tagliatella (f.)
tarantella (f.)
tattamella (m.)
tavella (f.)
timonella (f.)
tirella (f.)
tonacella (f.)
tordella (f.)
tortorella (f.)
tremarella (f.)
tinella (f.)
trivella (f.)
+tunicella (f.)
ugnella (f.)
vaccarellla (f.)
vaccherella (f.)
valpolicella (f.)
varicella (f.)
vergella (f.)
verzella (f.)
villanella (f.)
vitella (f.)
vorticella (f.)
zitella (f.)
zittella (f.)

elle

arcatelle (f. pl.)
+cavelle (avv.)
contanovelle (m.)
centopelle (m.)
ciampanelle (f.)
+covelle (avv.)
crepapelle (a—) (avv.)
delle (prep. art.)
elle (m., f.)
fatebenesorelle (f.)
griselle (f. pl.)
imbelle (a.)
nelle (prep. art.)
pelle (f.)
reggicatinelle (m.)
reggitirelle (m.)
ribelle (m.)
stracciatelle (f. pl.)
strippapelle (f.)
svelle (t.)
versipelle (a., m.)

ellea

cistifellea (f.)

elleo

melleo (a.)

ellera

ellera (f.)

ellere

avellere (t.)
+convellere (t.)
disvellere (t.)
divellere (t.)
eccellere (i.)
espellere (t.)
evellere (t.)
impellere (t.)
repellere (t.)
revellere (t.)
sopraeccellere (t., i.)
sovreccellere (t., i.)
svellere (t.)
+vellere (t.)

ellero

sellero (m.)

elli

conciapelli (m.)
fatebenefratelli (m.)
portacappelli (m.)
portagioielli (m.)
portaombrelli (m.)
portombrelli (m.)
posaombrelli (m.)
svelli (t.)

ellico
bellico (a.)
cistifellico (a.)
machiavellico (a.)
posbellico (a.)
postbellico (a.)
sabellico (a.)
sbellico (r.)
vellico (t.)
ellide
anellide (m.)
ellite
satellite (m.)
ello
abbaiatorello (m.)
abbello (t.)
aborniello (m.)
accannello (t.)
accapitello (t.)
accastello (t.)
accerchiello (t.)
acchiapparello (m.)
acchiappatello (m.)
acciambello (t., i., r.)
accoltello (t., r.)
accordello (t.)
accrostello (r.)
acquarello (m.)
acquerello (m.)
addentello (t.)
adello (m.)
affaldello (t.)
affardello (t.)
affastello (t.)
affratello (t., r.)
affrenello (t.)
affrittello (t.)
affusello (t.)
agnello (m.)
albarello (m.)
albatrello (m.)
alberello (m.)
allivello (t.)
aludello (m.)
amello (m.)
ammannello (t.)
ammantello (t.)
ammassello (t.)
ammonticello (t.)
andrivello (m.)
anello (m.)
appello (t., i., r., m.)
appennello (t.)
appuntello (t.)
arboscello (m.)
arrandello (t.)
arrovello (i., r.)
asinello (m.)
augello (m.)
avello (m.)
baccello (m.)
bacinello (m.)
balzello (m.)
barello (t., i.)
bargello (m.)
bastoncello (m.)
battello (m.)
beccatello (m.)
bello (a., m.)
bertovello (m.)
bertuello (m.)
bidello (m.)
bigello (m.)
bighello (i.)
bocchello (m.)
bocconcello (m.)
boncinello (m.)
bordello (m.)
bottello (m.)
bozzello (m.)
brandello (m.)
brincello (m.)
brindello (m.)
broccatello (m.)
bucherello (m.)
budello (m.)
burchiello (m.)
cacherello (m.)
calastrello (m.)
calcinello (m.)
calvello (m.)
cammello (m.)
campanello (m.)
campiello (m.)
cancello (t., m.)
canestrello (m.)
cannello (m.)
cantarello (t., i.)
canterello (t., i.)
capannello (m.)
capello (m.)
capitello (m.)
cappello (m.)
caramello (t.)
caratello (m.)
carosello (m.)
carrello (m.)
cartello (m.)
casello (m.)
castello (m.)
catello (m.)
cattivello (a., m.)
centello (t.)
cappatello (m.)
cervello (m.)
cesello (t., m.)
+chiavello (m.)
chiavistello (m.)
colonnello (m.)
coltello (m.)
confratello (m.)
contrappello (m.)
controanello (m.)
coppello (t.)
corbello (t., m.)
corsello (m.)
costello (t.)
crespello (m.)
crivello (t., m.)
cruschello (m.)
damigello (m.)
debello (t.)
dello (prep. art.)
dentello (t., m.)
dicervello (t.)
disanello (t.)
discervello (t.)
disello (t.)
dislivello (m.)
dissello (t.)
dissuggello (t.)
disvello (t.)
+ditello (m.)
divello (t.)
donzello (m., +i.)
+dossello (m.)
drappello (i., m.)
duello (i., m.)
eccello (i.)
espello (t.)
evello (t.)
falcinello (m.)

+fancello (m.)
fanello (m.)
fardello (t., m.)
farfarello (m.)
fastello (m.)
+fattibello (t.)
favello (t.)
favolello (m.)
fegatello (m.)
+fello (a.)
filinguello (m.)
filugello (m.)
fischierello (t., i.)
flabello (m.)
flagello (t., r., m.)
fondello (m.)
formatello (a., m.)
fornello (m.)
fratello (m.)
frenello (m.)
fringuello (m.)
frinzello (m.)
friscello (m.)
furigello (m.)
fuscello (m.)
fusello (m.)
gabbianello (m.)
gabello (t.)
gattello (m.)
gavello (m.)
gavitello (m.)
gemello (a., m.)
giammello (m.)
ginocchiello (m.)
giocherello (i., m.)
gioiello (t., m.)
giornello (m.)
girello (i., m.)
gorello (m.)
granello (m.)
grassello (m.)
grimaldello (m.)
+guarnello (m.)
ignorantello (a., m.)
imberdello (t.)
impello (t.)
inanello (t.)
incappello (t., r.)
incasello (t.)
incastello (t.)
indovinello (m.)
indrapello (t.)
ingioiello (t.)
innovello (t.)
inorpello (t., r.)
insello (t., r.)
interpello (t.)
labello (m.)
lambello (m.)
lardello (t., m.)
lavello (m.)
libello (m.)
limbello (m.)
listello (m.)
livello (m., t., i.)
luminello (m.)
macello (t., m.)
macinello (m.)
manganello (t., m.)
mannello (m.)
mantello (m., t.)
+maricello (m.)
martello (t., i., m.)
martinello (m.)
massello (t., m.)
mastello (m.)
matello (m.)
matterello (m.)
menestrello (m.)
modello (t., r., m.)
molinello (m.)
monello (m.)
montanello (m.)
morello (a., m.)
morsello (m.)
moscadello (m., a.)
moscatello (m., a.)
mulinello (m.)
nasello (m.)
navicello (m.)
nello (prep. art.)
nichello (t.)
niello (t., i., m.)
nodello (m.)
novello (i., a.)
occhiello (m.)
ocello (m.)
ombrello (m.)
orbello (m.)
oricello (m.)
ornello (m.)
orpello (t., m.)
ostello (m.)
panello (m.)
pannello (m.)
pannicello (m.)
paradello (m.)
pastello (m.)
pedicello (m.)
pennello (i., m.)
pennocello (m.)
pestello (m.)
piattello (m.)
picchierello (t., i., m.)
pipistrello (m.)
pisciarello (m.)
pisello (m.)
pizzutello (m.)
polpastrello (m.)
pomello (m.)
ponticello (m.)
portamantello (m.)
portello (m.)
puddello (t.)
pugnello (m.)
+pungello (m.)
puntello (t., r., m.)
quadrello (m.)
quello (a., pron.)
raffratello (t., r.)
raggranello (t.)
ramicello (m.)
ramoscello (m.)
randello (t., m.)
rastello (m.)
rastrello (m.)
ravanello (m.)
repello (t.)
revello (t.)
riaffratello (t., r.)
riappello (i., r.)
ribello (t., r., i.)
ricancello (t.)
ricciarello (m.)
ricesello (t.)
ridarello (a.)
riderello (a.)
riflagello (t.)
rigabello (m.)
righello (m.)
rimbalzello (m.)
rimodello (t.)
rimpello (t., m.)

rinfrinzello (t.)
rinnovello (t.)
ritornello (m.)
rocchello (m.)
rondello (m.)
rossello (m.)
rotello (m.)
rovello (m.)
+rubello (m.)
ruffello (m.)
ruscello (m., i.)
sabello (m.)
sacello (m.)
saltabello (i.)
saltarello (m.)
saltello (i., m.)
salterello (i., m.)
santarello (a., m.)
santerello (a., m.)
sarchiello (t., m.)
sassello (a.)
sbaccello (t.)
sbalzello (t.)
sbandello (t.)
sbarbatello (m.)
sbardello (t.)
sbocconcello (t.)
sbrandello (t.)
sbrindello (t., i., m.)
sbudello (t.)
scalpello (t., m.)
scampanello (i.)
scancello (t.)
scannello (t., m.)
scappello (t., r.)
scarponcello (m.)
scartabello (t., m.)
scervello (t., r.)
sciabichello (m.)
scioccherello (m.)
scodello (t.)
scoltello (t., r.)
scudello (m.)
seccarello (m.)
seccherello (m.)
sello (t.)
settimello (a., m.)
sfaldello (t., r.)
sfracello (t., r.)
sfragello (t., r.)
sfringuello (i., t.)
sfrittello (i., r.)
sgabello (t., r., m.)
sgonnello (i.)
sgranello (t., r.)
smantello (t.)
smartello (i.)
smascello (i., r.)
snello (a.)
solfanello (m.)
solicello (m.)
sopraeccello (t., i.)
sopraggirello (m.)
soprassello (m.)
sossello (m.)
sovreccello (t., i.)
spello (t., r.)
spennello (t.)
spiattello (t.)
spinarello (m.)
spinello (m.)
spiritello (m.)
sportello (m.)
spuntello (t.)
stampatello (m.)
stello (t., r.)
stenterello (m.)
stornello (m., i.)
strabello (a.)
strambello (t., m.)
strimpello (t.)
stuello (t., m.)
succhiello (t., m.)
suggello (t., m.)
svello (t.)
tagliatello (m.)
tamburello (m.)
tarantello (m.)
tassello (t., m.)
tattamello (i.)
tempello (m., +t., +i.)
tornello (m.)
torsello (m.)
tortello (m.)
+traforello (m.)
+trafurello (m.)
tranello (m.)
travicello (m.)
trempello (i.)
trimpello (i.)
trincarello (m.)
tritello (m.)
trivello (t., m.)
trottorello (i.)
trovatello (m.)
+truppello (m.)
tuello (m.)
uccello (i., m.)
+ucchiello (m.)
ugello (m.)
ugnello (m.)
uncinello (m.)
+utello (m.)
vagello (i., m.)
vanerello (a.)
vascello (m.)
+vasello (m.)
vello (m.)
vergello (m.)
vermicello (m.)
verricello (m.)
vinello (m.)
violoncello (m.)
vipistrello (m.)
vitello (m.)
zimbello (t., m.)
+zitello (m.)
zolfanello (m.)
cf. *diminutivi e vezzeggitivi*

ellono
svellono (t.)

ellula
+bellula (f.)
cellula (f.)
libellula (f.)

elma
melma (f.)
velma (f.)

elmo
ammelmo (i., r., t.)
elmo (m.)
+fratelmo (m.)
immelmo (r.)
pompelmo (m.)
santelmo (m.)

elo
aggelo (t.)
anelo (i., t., a.)
asfodelo (m.)
belo (i., m.)
bruciapelo (a—) (avv.)
+candelo (m.)

capocielo (m.)
cautelo (t., r.)
celo (t., r.)
cielo (m.)
congelo (t.)
contrappelo (m.)
diallelo (m.)
digelo (t.)
dipelo (t.)
disgelo (t., r., i., m.)
disvelo (t.)
evangelo (m.)
faselo (m.)
gelo (i., t., m.)
glielo (pron.)
frattacielo (m.)
impelo (t., r.)
incelo (t.)
incielo (t.)
melo (t., m.)
miscelo (t.)
paracielo (m.)
parallelo (a.)
pelo (t., r., m.)
querelo (t., r.)
raggelo (i., r.)
ragnatelo (m.)
rimpelo (r.)
rivelo (t., r.)
sfacelo (m.)
sgelo (t., i., r., m.)
smelo (t.)
soppelo (m.)
sopracciello (m.)
spelo (t., r.)
stelo (m.)
strafelo (r.)
svelo (t.)
telo (m.)
trafelo (i.)
trapelo (i., t., m.)
tutelo (t.)
urodelo (m.)
vangelo (m.)
velo (t., r., m.)
zelo (i., t., m.)

elpa
felpa (f.)

elsa
elsa (f.)

else
divelse (t.)
felse (m.)
scelse (t.)
svelse (t.)

elsero
divelsero (t.)
scelsero (t.)
svelsero (t.)

elsi
divelsi (t.)
scelsi (t.)
svelsi (t.)

elso
eccelso (pps., a., m.)
gelso (m.)
sovreccelso (pps., a.)

elta
celta (m.)
delta (m.)
pelta (f.)
riscelta (f.)
scelta (f.)
spelta (f.)
trascelta (f.)

eltico
celtico (a.)

elto
divelto (pps., a.)
prescelto (pps., a.)
scelto (pps., a.)
svelto pps., a.)
trascelto (pps., a.)

eltra
veltra (f.)

eltro
feltro (t., m.)
peltro (m.)
veltro (m.)

elva
belva (f.)
madreselva (f.)
selva (f.)

elvi
pelvi (f.)

elvico
pelvico (a.)

elvo
inselvo (r.)
rinselvo (r., t.)

elze
felze (m.)

ema
anatema (m.)
aporema (m.)
apostema (m.)
apotema (m.)
+biastema (f.)
blasfema (f.)
blastema (f.)
categorema (m.)
crema (f.)
diadema (m.)
diastema (m.)
ecchiclema (m.)
eczema (m.)
emblema (m.)
empiema (m.)
enfisema (m.)
entimema (m.)
epicherema (m.)
epifonema (m.)
eritema (m.)
esantema (m.)
fellema (m.)
filosofema (m.)
floema (m.)
glossema (m.)
iporchema (m.)
meristema (m.)
mixedema (m.)
patema (m.)
periblema (m.)
poema (m.)
postema (f.)
problema (m.)
rema (f.)
schema (m.)
silema (m.)
sistema (m.)
téma (f.)
tèma (m.)
teorema (m.)
ulema (m.)
xilema (m.)

embalo
cembalo (m.)
clavicembalo (m.)
+gravicembalo (m.)

embio
grembio (m.)

embo
arrembo (t., i., m.)
grembo (m.)
lembo (m.)
nembo (m.)
sghembo (a., m.)
slembo (i.)
embolo
archicembolo (m.)
embolo (m.)
embra
membra (f. pl.)
embre
bimembre (a.)
decembre (m.)
dicembre (m.)
novembre (m.)
settembre (m.)
trimembre (a.)
embrice
embrice (m.)
embro
assembro (t., r., +i.)
dimembro (t.)
dismembro (t.)
membro (m.)
rassembro (i., r., t.)
rimembro (t., i.)
sembro (t., i.)
smembro (t.)
eme
assieme (avv., prep.)
bireme (f.)
insieme (avv., prep.)
polireme (f.)
quadrireme (f.)
quinquereme (f.)
seme (m.)
speme (f.)
trireme (f.)
emel
semel (m.)
emental
emental (m.)
emere
fremere (i.)
gemere (i.)
premere (t., i.)
rispremere (t.)
spremere (t.)
emesi
ematemesi (f.)
nemesi (f.)
emetro
telemetro (m.)
emia
accademia (f.)
emica
polemica (f.)
emice
premice (a.)
emico
accademico (a., m.)
anemico (a.)
endemico (a.)
epidemico (a.)
eufemico (a.)
gemico (i.)
iperemico (a.)
oligoemico (a., m.)
polemico (a., m.)
setticemico (a.)
uremico (a.)
uricemico (a., m.)
emide
antemide (f.)
emigo
remigo (i.)
emina
agemina (f.)
semina (f.)
emini
confitemini (lat.)
emino
agemino (t.)
dissemino (t.)
effemino (t., r.)
gemino (t., a.)
quadrigemino (a.)
risemino (t.)
semino (t.)
tergemino (a.)
trigemino (a.)
emio
anemio (a.)
astemio (a.)
laudemio (m.)
pandemio (a.)
premio (t., m.)
proemio (m., i.)
ripremio (t.)
emisi
cremisi (m.)
emita
+semita (f.)
emito
fremito (m.)
gemito (m.)
premito (m.)
tremito (m.)
emma
agrostemma (f.)
analemma (m.)
calemma (f.)
dilemma (m.)
flemma (f.)
gemma (f.)
lemma (m.)
maremma (f.)
nevrilemma (m.)
salgemma (m.)
sarcolemma (m.)
stemma (m.)
stratagemma (m.)
strattagemma (m.)
emme
emme (m., f.)
ghemme (m.)
lemme (avv.)
matusalemme (m.)
emmeo
gemmeo (a.)
emmia
bestemmia (f.)
vendemmia (f.)
emmina
femmina (f.)
emmio
bestemmio (i., t.)
vendemmio (t.)
emmo
avemmo (t.)
deflemmo (t.)
demmo (t., r.)
dovemmo (i., t.)
gemmo (i., r.)
ingemmo (t.)
saremmo (i.)
cf. *Cond. pr., passato remoto* 2ª.
emmone
flemmone (m.)

emmula
gemmula (f.)
emo
avremo (t.)
blasfemo (a., i.)
cremo (t.)
crisantemo (m.)
demo (m.)
estremo (a., m.)
fremo (i.)
gemo (i.)
indiademo (t.)
monotremo (m.)
postremo (a.)
premo (t., i.)
racemo (m.)
rastremo (t.)
remo (i., m.)
restremo (t.)
rispremo (t.)
saremo (i.)
scemo (t., i., a., m.)
scremo (t.)
sistemo (t., r.)
spremo (t.)
stremo (t., a., m.)
supremo (a.)
temo (t., i., + m.)
tremo (i., +m.)
cf. *Indicativo futuro, Imperativo futuro.*
emola
semola (f.)
emolo
prezzemolo (m.)
remolo (m., +i.)
temolo (m.)
tremolo (i., a., m.)
emone
anemone (m.)
demone (m.)
egemone (m.)
emora
remora (f.)
emore
femore (m.)
immemore (a.)
memore (a.)
emoro
commemoro (t.)
rammemoro (t., r.)
emos
demos (m.)
empera
tempera (f.)
empero
contempero (t.)
distempero (t.)
ottempero (i.)
rattempero (t., r.)
ritempero (t., r.)
stempero (t., r.)
tempero (t.)
empia
empia (t., r.)
tempia (f.)
empiano
empiano (t., r.)
empie
empie (t., r.)
empi
empi (t., r.)
empiere
adempiere (t.)
empiere (t.)
rempiere (t., r.)
riempiere (t., r.)
empii
tempii (m. pl.)
empio
adempio (t.)
+assempio (m.)
empio (t., a., m.)
esempio (m.)
riempio (t., r.)
scempio (t., a., m.)
stempio (r.)
tempio (m.)
empiono
empiono (t., r.)
empito
empito (m.)
empla
templa (f. pl.)
emplice
semplice (a.)
settemplice (a.)
emplo
+assemplo (t.)
contemplo (t.)
+templo (m.)
empo
attempo (i., r., t.)
contempo (m.)
contrattempo (m.)
controtempo (m.)
frattempo (m.)
maltempo (m.)
nottetempo (avv.)
passatempo (m.)
perditempo (m.)
tempo (m.)
empoli
accidempoli (inter.)
empora
quattrotempora (f. pl.)
tempora (f. pl.)
empra
tempra (f.)
empre
sempre (avv.)
empro
+assempro (t.)
ritempro (t., r.)
tempro (t.)
emulo
emulo (t., m.)
tremulo (a.)
emure
lemure (m.)
emviro
quindecemviro (m.)
en
cren (m.)
ena
altalena (f.)
amarena (f.)
andrena (f.)
anfesibena (f)
appena (avv.)
arena (f.)
avena (f.)
balena (f.)
barena (f.)
boccascena (f.)
camena (f.)
cancrena (f.)
cangrena (f.)
cantilena (f.)
carena (f.)
catena (f.)
cena (f.)

centena (f.)
controcatena (f.)
controscena (f.)
dracena (f.)
falena (f.)
galena (f.)
+gena (f.)
golena (f.)
iena (f.)
+leena (f.)
lena (f.)
lesena (f.)
Maddalena (f.)
malapena (f.)
marena (f.)
mena (f.)
morena (f.)
murena (f.)
novena (f.)
ozena (f.)
patena (f.)
pena (f.)
pergamena (f.)
piena (f.)
polena (f.)
quarantena (f.)
rena (f.)
retroscena (f.)
safena (f.)
sagena (f.)
scena (f.)
+schena (f.)
schiena (f.)
sena (f.)
serena (f.)
sopraschiena (f.)
tiracatena (f.)
vena (f.)
verbena (f.)
vermena (f.)

enade
menade (f.)

enapa
senapa (f.)

enape
senape (f.)

enca
giovenca (f.)

ence
+prence (m.)

encio
accencio (t.)
cencio (m.)
mencio (a.)
raccencio (t., r.)
rimbrencio (m.)

enciolo
rimbrenciolo (m.)

enco
bischenco (m.)
elenco (t., m.)
giovenco (m.)
sbilenco (a.)

encolo
pencolo (i.)

enda
agenda (f.)
ammenda (f.)
azienda (f.)
benda (f.)
blenda (f.)
chiudenda (f.)
commenda (f.)
emenda (f.)
faccenda (f.)
leggenda (f.)
merenda (f.)
menda (f.)
molenda (f.)
prebenda (f.)
profenda (f.)
+provenda (f.)
pudenda (f.)
pulenda (f.)
reprimenda (f.)
soprattenda (f.)
tenda (f.)
tregenda (f.)
vicenda (f.)

ende
calende (f. pl.)
pudende (f. pl.)

endere
accendere (t., r.)
accondiscendere (i.)
appendere (t.)
apprendere (t., r.)
arrendere (r.)
ascendere (i., t.)
attendere (t., i.)
comprendere (t.)
condiscendere (i.)
contendere (i.)
difendere (t.)
dipendere (i.)
disapprendere (t.)
discendere (i.)
distendere (t., r.)
estendere (t., r.)
fendere (t., r.)
fraintendere (t.)
impendere (t.)
imprendere (t.)
+incendere (t., i.)
intendere (t., r.)
intraprendere (t.)
offendere (t., r.)
+ostendere (t.)
pendere (i.)
+portendere (t.)
preintendere (t., i.)
prendere (t., r.)
pretendere (t.)
propendere (i.)
prostendere (t., r.)
protendere (t., r.)
raccendere (t.)
rapprendere (i., r.)
rendere (t., r.)
retrovendere (t.)
riaccendere (t.)
riappendere (t.)
riattendere (t.)
ridiscendere (i.)
riestendere (t., r.)
rifendere (t.)
rioffendere (t.)
riprendere (t., i., r.)
ripretendere (t.)
riscendere (t., i.)
risplendere (i.)
rivendere (t.)
scendere (i., t.)
scoscendere (t., i., r.)
sopraintedere (i.)
soprintendere (i.)
sorprendere (t.)
sospendere (t.)
sottendere (t.)
sottintendere (t.)
sovrintendere (i.)
spendere (t.)

splendere (i.)
stendere (t., r.)
svendere (t.)
tendere (t., i.)
trascendere (t., i.)
vendere (t., r.)
vilipendere (t.)

endi
modusvivendi (m.)
saliscendi (m.)

endica
+endica (f.)

endice
endice (m.)

endico
rivendico (t.)
vendico (t., r.)

endido
splendido (a.)

endine
lendine (m.)
tendine (m.)

endio
compendio (t., m.)
dispendio (m.)
incendio (t., m.)
+spendio (m.)
stipendio (t., m.)
vilipendio (m.)

endita
rendita (f.)
retrovendita (f.)
rivendita (f.)
spendita (f.)
vendita (f.)

endo
+abbendo (t.)
accendo (t., r.)
accondiscendo (i.)
addendo (m.)
affaccendo (r.)
ammendo (t., r.)
appendo (t.)
apprendo (t., r.)
arrendo (r.)
ascendo (i., t.)
attendo (t., i.)
avvicendo (t., r.)
bendo (t., r.)
+caendo (ger.)
commendo (t.)
comprendo (t.)
condendo (lat.)
condiscendo (i.)
contendo (i.)
+contemnendo (a.)
corrigendo (a., m.)
crescendo (m.)
difendo (t.)
diminuendo (m.)
dipendo (i.)
disapprendo (m.)
discendo (i.)
distendo (t., r.)
dividendo (ger., m.)
emendo (t., r.)
erigendo (a.)
estendo (t., r.)
fendo (t., r.)
fraintendo (t.)
impendo (t.)
imprendo (t.)
instituendo (a.)
intendo (t., r.)
intraprendo (t.)
merendo (i.)
minuendo (m.)
offendo (t., r.)
orrendo (a.)
pendo (i.)
preintendo (t., i.)
prendo (t., r.)
pretendo (t.)
propendo (i.)
protendo (t., r.)
raccendo (t.)
rammendo (t., m.)
rapprendo (i., r.)
rendo (t., r.)
retrovendo (t.)
reverendo (a.)
riaccendo (t.)
riappendo (t.)
riattendo (t.)
ridiscendo (i.)
riestendo (t., r.)
rifendo (t.)
rimendo (t.)
rioffendo (t., r.)
riprendo (t., i., r.)
ripretendo (t.)
riscendo (t., i.)
risplendo (i.)
rivendo (t.)
sbendo (t., r.)
scendo (t., i.)
sfaccendo (i.)
soprintendo (i.)
sorprendo (t.)
sospendo (t.)
sottendo (t.)
sottintendo (t.)
sottraendo (ger., m.)
sovrintendo (i.)
spendo (t.)
splendo (i.)
stendo (t., r.)
stringendo (ger.)
stupendo (a.)
svendo (t.)
tendo (t., i.)
trascendo (t., i.)
tremendo (a.)
vendo (t., r.)
vilipendo (t.)
cf. *Gerundio* 2ª., 3ª.

endola
pendola (f.)

endolo
archipendolo (m.)
erbivendolo (m.)
fruttivendolo (a., m.)
lattivendolo (m.)
pendolo (m.)
pennivendolo (m.)
pescivendolo (m.)
pollivendolo (m.)
sbrendolo (i., m.)

endra
scolopendra (f.)

endro
lepidodendro (m.)
rododendro (m.)

endulo
pendulo (a.)

endum
referendum (m.)

ene
acetilene (m.)
anadiomene (a.)
badalene (m.)
bene (avv.)
dabbene (a.)

ebbene (cong.)
eocene (m.)
etilene (m.)
flictene (f.)
flittene (f.)
fosfene (m.)
fosgene (m.)
glene (f.)
gliene (pron.)
igiene (f.)
imene (m.)
lene (a.)
lictene (m.)
miocene (m.)
notabene (m.)
oligocene (m.)
paraselene (m.)
pene (m.)
perbene (a.)
pleistocene (m.)
pliocene (m.)
rene (m.)
sebbene (cong.)
+sene (a., m.)
+spene (f.)
splene (m.)
+tambene (avv.)
tiene (t., r.)
toluene (m.)
trinitrotoluene (m.)
viene (i.)

enebra
tenebra (f.)

enebro
distenebro (t.)
intenebro (t., i.)
ottenebro (t.)
stenebro (t.)

eneo
+eneo (a.)
eterogeneo (a.)
omogeneo (a.)

enere
capelvenere (m.)
cenere (f., m.)
congenere (a.)
degenere (a.)
genere (m.)
portacenere (m.)
posacenere (m.)
venere (f.)

enero
degenero (i.)
genero (t., r., m.)
incenero (t.)
ingenero (t.)
penero (m.)
progenero (t.)
rigenero (t., r.)
tenero (a.)
venero (t.)

enesi
abiogenesi (f.)
autogenesi (f.)
biogenesi (f.)
dinamogenesi (f.)
epigenesi (f.)
eterogenesi (f.)
fotogenesi (f.)
genesi (f.)
glicogenesi (f.)
litogenesi (f.)
metagenesi (f.)
monogenesi (f.)
ontogenesi (f.)
organogenesi (f.)
orogenesi (f.)
palingenesi (f.)
paragenesi (f.)
parenesi (f.)
partenogenesi (f.)
patogenesi (f.)
poligenesi (f.)
singenesi (f.)
termogenesi (f.)

enetro
compenetro (t.)
penetro (i., t.)

enfasi
enfasi (f.)

enfio
disenfio (t.)
enfio (t., r., a.)

enga
denga (f.)
genga (a., f.)
marenga (f.)
tenga (t., r.)
venga (i.)

engere
spengere (t., r.)

engero
+gengero (m.)

engi
alchechengi (m.)

engia
cengia (f.)

engo
addivengo (i.)
antivengo (t.)
appartengo (i., r.)
arengo (m.)
astengo (r.)
attengo (i., r., t.)
avvengo (i., r.)
camarlingo (m.)
circonvengo (t.)
contengo (t.)
contravvengo (i.)
convengo (i.)
detengo (t.)
devengo (i.)
disconvengo (i.)
divengo (i.)
intervengo (i.)
intrattengo (t., r.)
intravvengo (i.)
maggengo (a.)
mantengo (t., r.)
parengo (m.)
ottengo (t.)
pervengo (i.)
prevengo (t.)
provengo (i.)
rattengo (t., r.)
riconvengo (t.)
ridivengo (i.)
rinvengo (t.)
ritengo (t., r.)
rivengo (i.)
sconvengo (t.)
sopravvengo (i.)
sostengo (t., r.)
sovvengo (t., i., r.)
spengo (t., r.)
svengo (i.)
tengo (t., r.)
trattengo (t., r.)
vengo (i.)

engolo
manutengolo (m.)

engono
tengono (t., r.)
vengono (i.)
eni
andirivieni (m.)
guardafreni (m.)
reni (m. pl.)
tieni (t., r.)
vieni (i.)
enia
cardenia (f.)
gardenia (f.)
invenia (f.)
nenia (f.)
svenia (f.)
tenia (f.)
venia (f.)
enica
domenica (f.)
enico
arsenico (m.)
ebefrenico (a.)
ecumenico (a.)
ellenico (a.)
eocenico (a.)
fenico (a.)
fenomenico (a.)
fonogenico (a.)
fotogenico (a.)
frenico (a.)
galenico (a.)
igienico (a.)
micenico (a.)
miocenico (a.)
morenico (a.)
nevrastenico (a., m.)
organigenico (a.)
pliocenico (a.)
scenico (a.)
schizofrenico (a., m.)
selenico (a.)
splenico (a.)
enidi
eumenidi (f. pl.)
enie
progenie (f.)
enio
achenio m.)
contraggenio (m.)
genio (m.)
imenio (m.)
poliachenio (m.)
primigenio (a.)
proscenio (m.)
rasenio (a.)
rutenio (m.)
selenio (m.)
+senio (m.)
splenio (m.)
enit
zenit (m.)
enito
congenito (a.)
genito (a.)
ingenito (a.)
porfirogenito (a.)
primogenito (a., m.)
quartogenito (a., m.)
quintogenito (a., m.)
secondogenito (a., m.)
terzogenito (a., m.)
ultimogenito (a., m.)
unigenito (a., m.)
enna
antenna (f.)
benna (f.)
brenna (f.)
cempenna (m., f.)
cotenna (f.)
garenna (f.)
geenna (f.)
penna (f.)
renna (f.)
+segrenna (f.)
senna (f.)
strenna (f.)
tentenna (m.)
transenna (f.)
enne
andrienne (f.)
bienne (a.)
bipenne (a.)
centenne (a.)
cinquantenne (a.)
decenne (a.)
diciannovenne (a.)
diciassettenne (a.)
diciottenne (a.)
dodicenne (a.)
ducentenne (a.)
enne (f., m.)
indenne (a.)
maggiorenne (a., m.)
millenne (a.)
minorenne (a., m.)
nettapenne (m.)
novantenne (a., m., f.)
novenne (a.)
ottantenne (a.)
ottènne (a.)
perenne (a.)
portapenne (m.)
pulisciрenne (m.)
quarantenne (a.)
quattordicenne (a., m.)
quindicenne (a., m.)
quinquenne (a.)
reggipenne (m.)
secentenne (a.)
sedicenne (a.)
sessantenne (a.)
sessenne (a.)
settantenne (a.)
settenne (a.)
solenne (a.)
tenne (t., r.)
tredicenne (a.)
trienne (a.)
undicenne (a.)
venne (i.)
ventenne (a.)
ennero
tennero (t., r.)
vennero (i.)
enni
tenni (t., r.)
venni (i.)
ennio
biennio (m.)
decennio (m.)
millennio (m.)
novennio (m.)
quadriennio (m.)
quarantennio (m.)
quindicennio (m.)
quinquennio (m.)
sessennio (m.)
settennio (m.)
trentennio (m.)
triennio (m.)
ventennio (m.)

enno
accenno (i., t., m.)
cacasenno (m.)
cempenno (i.)
cenno (t., m.)
crenno (m.)
depenno (t.)
dipenno (t.)
dissenno (t.)
impenno (t., r.)
menno (a., m.)
perenno (t.)
preaccenno (t.)
riaccenno (t.)
rimpenno (t., i., r.)
scotenno (t.)
senno (m.)
sopraccenno (t.)
spenno (t., r.)
tentenno (t., i.)
eno
abbattifieno (m.)
accattafieno (m.)
affleno (t.)
aleno (i.)
alieno (t., r., a.)
alleno (t., r., i.)
almeno (avv.)
altaleno (i., r.)
amareno (m.)
ameno (a.)
ammeno (t.)
appeno (t., r.)
appieno (avv.)
arcobaleno (m.)
armeno (a., m.)
arreno (i., r.)
autotreno (m.)
avantreno (m.)
avveleno (t., r.)
baleno (i., t., m.)
barcameno (r.)
battibaleno (m.)
cancreno (i., r.)
cantileno (t., i.)
capotreno (m.)
careno (t.)
cateno (t.)
ceno (i.)
concateno (t.)
contravveleno (m.)
coseno (m.)
damasceno (a.)
dimeno (t., r.)
direno (t.)
disameno (a.)
disfreno (t.)
duodeno (m.)
fleno (m.)
filelleno (a., m.)
freno (t., m.)
inameno (a.)
incateno (t., r.)
insceno (t.)
+leno (a.)
malmeno (t.)
meno (a., avv., t., m.)
molibdeno (m.)
moliddeno (m.)
nazareno (a., m.)
nazzareno (a., m.)
nemmeno (cong.)
nientedimeno (avv., cong., escl.)
nientemeno (avv., escl.)
nondimeno (cong.)
nulladimeno (avv.)
osceno (a.)
palafreno (m.)
peno (i.)
pianterreno (m.)
pieno (a., m.)
prosseno (m.)
raffreno (t., r.)
rassereno (t., i., r.)
ravveleno (t., r.)
ravveno (i.)
reno (t.)
rifreno (t.)
rimeno (t., +.)
ripieno (a., m.)
saraceno (a.,)
scaleno (a.)
scateno (t., r.)
sconcateno (t.)
sdireno (r.)
seno (m.)
sereno (t., r., a., m.)
sfreno (t., r.)
strapieno (a.)
sveleno (t.)
sveno (t., r.)
terrapieno (t., m.)
terreno (m., a.)
trameno (t., i.)
treno (t., m.)
tungsteno (m.)
veleno (m.)
veno (t., r.)
voltafieno (m.)
enomo
menomo (a., t.)
smenomo (t.)
enore
+fenore (m.)
ensa
+ascensa (f.)
assensa (f.)
+defensa (f.)
+difensa (f.)
dispensa (f.)
mensa (f.)
rensa (f.)
ricompensa (f.)
ense
amanuense (m.)
atriense (m.)
cassinense (a., m.)
castrense (a.)
circense (a., m.)
cistercense (a., m.)
cisterciense (a., m.)
cluniacense (a., m.)
estense (a., m.)
forense (a.)
melitense (a.)
ortense (a.)
pratense (a.)
redense (t.)
ripense (a.)
spense (t., r.)
ensero
redensero (t.)
spensero (t., r.)
ensi
rendensi (t.)
spensi (t., r.)
ensia
ortensia (f.)
ensile
pensile (a.)
prensile (a.)

enso
+accenso (m.)
addenso (t., r.)
assenso (m.)
bisenso (m.)
bonsenso (m.)
buonsenso (m.)
capitecenso (m.)
censo (m.)
compenso (t., m.)
condenso (t.)
consenso (m.)
controsenso (m.)
denso (a.)
+descenso (m.)
dispenso (t., r.)
dissenso (m.)
estenso (pps.)
immenso (a.)
incenso (t., m.)
+infenso (a.)
intenso (a.)
melenso (a.)
nonsenso (m.)
+offenso (pps., a.)
penso (i., m.)
polisenso (a., m.)
propenso (a.)
raddenso (t., r.)
+remenso (a.)
ricompenso (t., +m.)
ricondenso (t., r.)
ripenso (i., t.)
risenso (i., r.)
scompenso (t., m.)
semidenso (a.)
senso (m.)
ensola
mensola (f.)
ensuo
censuo (t.)
enta
brenta (f.)
ervalenta (f.)
fomenta (f.)
fondamenta (f. pl.)
giumenta (f.)
+imprenta (f.)
indigitamenta (m. pl.)
mangiapolenta (m.)
menta (f. i., t.)
penta (r.)
placenta (f.)
polenta (f.)
sementa (f.)
senta (t., r.)
tormenta (f.)
trenta (num.)
vestimenta (f. pl.)
entano
mentano (i., t.)
pentano (r.)
sentano (t., r.)
entasi
entasi (f.)
ente
abbagliatamente (avv.)
abbondantemente (avv.)
abbarbagliatamente (avv.)
abbiente (a.)
abbiettamente (avv.)
abbonacciatamente (avv.)
abbondantemente (avv.)
abbondantissimamente (avv.)
abbondevolissimamente (avv.)
abbondevolmente (avv.)
abborracciatamente (avv.)
abborracciatissimamente (avv.)
abbozzatamente (avv.)
abbreviatamente (avv.)
abilmente (avv.)
abitualmente (avv.)
abluente (a.)
abominabilmente (avv.)
abominevolmente (avv.)
aborrente (a.)
aborrevolmente (avv.)
abusivamente (avv.)
accademicamente (avv.)
accanitamente (avv.)
accarezzevolmente (avv.)
accattatamente (avv.)
acceleratamente (avv.)
accentuatamente (avv.)
accertatamente (avv.)
accessoriamente (avv.)
accettabilmente (avv.)
accettevolmente (avv.)
acciarpatamente (avv.)
accidentalmente (avv.)
accidente (m.)
accidiosamente (avv.)
accigliatamente (avv.)
accogliente (ppr., a.)
accomodabilmente (avv.)
accomodatamente (avv.)
acconciamente (avv.)
acconciatamente (avv.)
acconsenziente (ppr., a.)
accoratamente (avv.)
accorciatamente (avv.)
accordabilmente (avv.)
accordatamente (avv.)
accordevolmente (avv.)
accortamente (avv.)
accuratamente (avv.)
acerbamente (avv.)
acerrimamente (avv.)
acescente (a.)
acquapendente (m.)
acquarzente (f.)
acquiescente (a.)
acquirente (a., m.)
acremente (avv.)
acutamente (avv.)
adattamente (avv.)
adeguatamente (avv.)
aderente (ppr., a., m.)
adiacente (a.)
adiratamente (avv.)
adolescente (m., a.)
adulatoriamente (avv.)
affabilmente (avv.)
affannosamente (avv.)
afferente (a.)

affermativamente (avv.)
affettatamente (avv.)
affettuosamente (avv.)
affluente (m., ppr.)
affrettatamente (avv.)
aforisticamente (avv.)
agente (ppr., m.)
agevolmente (avv.)
aggettivamente (avv.)
aggradevolmente (avv.)
aggraziatamente (avv.)
agguagliatamente (avv.)
agiatamente (avv.)
agilmente (avv.)
agramente (avv.)
alacremente (avv.)
alcalescente (a.)
alfabeticamente (avv.)
algebricamente (avv.)
alidamente (avv.)
allegoricamente (avv.)
allegramente (avv.)
allopaticamente (avv.)
altamente (avv.)
alteramente (avv.)
alternamente (avv.)
alternativamente (avv.)
altezzosamente (avv.)
amabilmente (avv.)
amaramente (avv.)
ambiente (m.)
ambiguamente (avv.)
ambiziosamente (avv.)
amenamente (avv.)
amente (a., m.)
amicamente (avv.)
amichevolmente (avv.)
amministrativamente (avv.)
ammirabilmente (avv.)
ammirativamente (avv.)
ammolliente (ppr., a., m.)
amorevolmente (avv.)
amorosamente (avv.)
ampiamente (avv.)
ampollosamente (avv.)
anacoreticamente (avv.)
anagogicamente (avv.)
anagrammaticamente (avv.)
analiticamente (avv.)
analogamente (avv.)
analogicamente (avv.)
anarchicamente (avv.)
anatomicamente (avv.)
andantemente (avv.)
anelantemente (avv.)
anfibologicamente (avv.)
angelicamente (avv.)
angolarmente (avv.)
angustamente (avv.)
animalescamente (avv.)
animatamente (avv.)
animosamente (avv.)
annualmente (avv.)
ansiosamente (avv.)
antecedente (ppr., a., m.)
antecedentemente (avv.)
anteriormente (avv.)
anticamente (avv.)
anticipatamente (avv.)
antifrasticamente
antipaticamente (avv.)
antiteticamente (avv.)
antonomasticamente (avv.)
apatisticamente (avv.)
apertamente (avv.)
apostolicamente (avv.)
apostrofatamente (avv.)
apparente (ppr., a.)
apparentemente (avv.)
appariscente (a.)
appartatamente (avv.)
appartenente (ppr., a.)
appassionatamente (avv.)
appetente (ppr., a.)
appetitosamente (avv.)
applicatamente (avv.)
appositamente (avv.)
appropriatamente (avv.)
approssimativamente (avv.)
arbitrariamente (avv.)
arborescente (a.)
arcadicamente (avv.)
arcaicamente (avv.)
arcanamente (avv.)
archeologicamente (avv.)
architettonicamente (avv.)
arcignamente (avv.)
ardente (ppr., a.)
ardentemente (avv.)
ardimentosamente (avv.)
arditamente (avv.)
arduamente (avv.)
+arente (a.)
argutamente (avv.)
aridamente (avv.)
aristocraticamente (avv.)
aritmeticamente (avv.)
armonicamente (avv.)
armoniosamente (avv.)
arrabbiatamente (avv.)
arrischiatamente (avv.)
arrogantemente (avv.)
arrossente (ppr.)
arruffatamente (avv.)
artatamente (avv.)
articolatamente (avv.)
arrossente (ppr.)
arruffatamente (avv.)
articolatamente (avv.)
artificialmente (avv.)
artificiosamente (avv.)
artisticamente (avv.)
+arzente (a.)
ascendente (ppr., a., m.)
asciuttamente (avv.)
asinescamente (avv.)
aspramente (avv.)
assassinescamente (avv.)
assegnatamente (avv.)

assennatamente (avv.)
assente (a., m.)
assentitamente (avv.)
assenziente (ppr., a.)
assertivamente (avv.)
assestatamente (avv.)
assettatamente (avv.)
asseverantemente (avv.)
asseveratamente (avv.)
assicuratamente (avv.)
assiduamente (avv.)
assiomaticamente (avv.)
assistente (avv.)
assolutamente (avv.)
assorbente (ppr., a.)
assurdamente (avv.)
astinente (a.)
astrattamente (avv.)
astringente (ppr., a., m.)
astronomicamente (avv.)
astrusamente (avv.)
astutamente (avv.)
astleticamente (avv.)
atrocemente (avv.)
attaccatamente (avv.)
attamente (avv.)
attendente (ppr., a., m.)
attenente (ppr., a., m.)
attenuatamente (avv.)
+attesamente (avv.)
atticamente (avv.)
attillatamente (avv.)
attinente (a.)
attivamente (avv.)
attonitamente (avv.)
attraente (ppr., a.)
attrattivamente (avv.)
attualmente (avv.)
audacemente (avv.)
+aulente (ppr.)
aulicamente (avv.)
austeramente (avv.)
autenticamente (avv.)
autocraticamente (avv.)
automaticamente (avv.)
autorevolmente (avv.)
avaramente (avv.)
avente (ppr.)
avidamente (avv.)
avvedutamente (avv.)
avvenente (a.)
avvenentemente (avv.)
avvenevolmente (avv.)
avventatamente (avv.)
avventuratamente (avv.)
avventurosamente (avv.)
avverbialmente (avv.)
avversamente (avv.)
avvertentemente (avv.)
avvertitamente (avv.)
avviliente (ppr.)
avviluppatamente (avv.)
avvisatamente (avv.)
avvocatescamente (avv.)
balbuziente (ppr., a., m.)
baldanzosamente (avv.)
balordamente (avv.)
barbaramente (avv.)
barbarescamente (avv.)
barbaricamente (avv.)
bassamente (avv.)
bastantemente (avv.)
bastevolmente (avv.)
battente (ppr., m.)
beatamente (avv.)
beffardamente (avv.)
bellamente (avv.)
beneficente (a.)
benemerente (a.)
benevolente (a.)
benevolmente (avv.)
benignamente (avv.)
bestialmente (avv.)
biasimevolmente (avv.)
bidente (m.)
biecamente (avv.)
bilanciatamente (avv.)
birbonescamente (avv.)
birifrangente (a.)
bisbeticamente (avv.)
bisognosamente (avv.)
bivalente (a.)
bizzarramente (avv.)
bizzosamente (avv.)
blandamente (avv.)
bollente (ppr., a.)
bonariamente (avv.)
boriosamente (avv.)
bramosamente (avv.)
bravamente (avv.)
brevemente (avv.)
breviloquente (a.)
briosamente (avv.)
brucente (a.)
bruscamente (avv.)
brutalmente (avv.)
bruttamente (avv.)
buffonescamente (avv.)
bugiardamente (avv.)
burbanzosamente (avv.)
burlescamente (avv.)
burlevolmente (avv.)
burocraticamente (avv.)
cadente (ppr., a.)
caldamente (avv.)
calefaciente (a.)
calligraficamente (avv.)
calorosamente (avv.)
calunniosamente (avv.)
cadente (a.)
candescente (a.)
candidamente (avv.)
canonicamente (avv.)
caparbiamente (avv.)
capitolarmente (avv.)
capricciosamente (avv.)
caramente (avv.)
carezzevolmente (avv.)
caricatamente (avv.)
caritatevolmente (avv.)
carnalmente (avv.)
castamente (avv.)
castigatamente (avv.)
casualmente (avv.)
catarifrangente (a.)
categoricamente (avv.)

cattedraticamente (avv.)
cattolicamente (avv.)
cautamente (avv.)
cavallerescamente (avv.)
cavillosamente (avv.)
cecamente (avv.)
cadente (ppr., a., m.)
celatamente (avv.)
celermente (avv.)
celestialmente (avv.)
cerimoniosamente (avv.)
certamente (avv.)
cervelloticamente (avv.)
+chente (a.)
chetamente (avv.)
chiaramente (avv.)
chiaroveggente (avv.)
chiassosamente (avv.)
chiedente (ppr., a.)
chimericamente (avv.)
chimicamente (avv.)
chirurgicamente (avv.)
chiusamente (avv.)
ciecamente (avv.)
cilindricamente (avv.)
cinicamente (avv.)
circolarmente (avv.)
civilmente (avv.)
clamorosamente (avv.)
clandestinamente (avv.)
clemente (a.)
cliente (m.)
cocente (a.)
codardamente (avv.)
coefficiente (m.)
coerente (a.)
coerentemente (avv.)
coibente (a.)
collegialmente (avv.)
collettivamente (avv.)
colpevolmente (avv.)
colposamente (avv.)
combattente (ppr., a., m.)
comburente (ppr., a., m.)
comicamente (avv.)
commercialmente (avv.)
committente (a.)
commovente (ppr., a.)
comodamente (avv.)
comparativamente (avv.)
compariscente (a.)
compatibilmente (avv.)
+compaziente (ppr.)
competente (ppr., a.)
compiacente (a., ppr.)
compiacentemente (avv.)
compiutamente (avv.)
complessivamente (avv.)
completamente (avv.)
componente (ppr., a. m.)
comportabilmente (avv.)
compostamente (avv.)
comunemente (avv.)
concedente (ppr., a., m., f)
concisamente (avv.)
concitatamente (avv.)
concludente (ppr., a.)
concordemente (avv.)
concorrente (ppr., a., m.)
concedente (a.)
condizionatamente (avv.)
conducente (ppr., m.)
confacente (ppr., a.)
confidente (ppr., a. m.)
confidentemente (avv.)
confidenzialmente (avv.)
confluente (ppr., a., m.)
conformemente (avv.)
confortabilmente (avv.)
confusamente (avv.)
congiuntamente (avv.)
congruamente (avv.)
congruente (a.)
coniugalmente (avv.)
connivente (a.)
conoscente (ppr., m.)
consapevolmente (avv.)
conseguente (ppr., a.)
consenziente (ppr., a.)
consideratamente (avv.)
consigliatamente (avv.)
consistente (ppr., a.)
consulente (a., m.)
contemporaneamente (avv.)
contendente (m., a.)
contenente (ppr., a.)
continente (m., a.)
contingente (a., m.)
continuamente (avv.)
contraente (ppr., m.)
contrariamente (avv.)
contribuente (ppr., m.)
controcorrente (f.)
contendente (ppr., a.)
convalescente (m., f.)
+convellente (ppr., a.)
convenevolmente (avv.)
conveniente (ppr., a.)
convenientemente (avv.)
convergente (a., ppr.)
convulsamente (avv.)
copertamente (avv.)
copiosamente (avv.)
coraggiosamente (avv.)
cordiamente (avv.)
corporalmente (avv.)
corrente (ppr., a., f.)
correntemente (avv.)
correttamente (avv.)
corrispondente (ppr., a., m.)
corrivamente (avv.)
corrodente (ppr., a.)
cortesemente (avv.)
cosciente (a.)
coscienziosamente (avv.)
cospicuamente (avv.)
costantemente (avv.)
costituente (ppr., f.)

cotangente (f.)
coutente (m.)
credente (ppr., a., m.)
credibilmente (avv.)
crescente (ppr., a.)
criminosamente (avv.)
cristianamente (avv.)
cronologicamente (avv.)
crucciosamente (avv.)
crudamente (avv.)
crudelmente (avv.)
cupamente (avv.)
crepidamente (avv.)
curialmente (avv.)
curiosamente (avv.)
curvamente (avv.)
dannosamente (avv.)
dantescamente (avv.)
debitamente (avv.)
debolmente (avv.)
decadente (ppr., a.)
decente (a.)
decentemente (avv.)
decidente (ppr., a.)
decisamente (avv.)
decisivamente (avv.)
declamatoriamente (avv.)
decombente (a.)
decorosamente (avv.)
decrescente (ppr.)
deduttivamente (avv.)
deferente (ppr., a.)
deficiente (a., m.)
definitamente (avv.)
definitivamente (avv.)
defluente (a., ppr.)
deformemente (avv.)
degente (a.)
degnamente (avv.)
deiscente (a.)
deliberatamente (avv.)
delicatamente (avv.)
delinquente (ppr., a., m.)
deliquescente (a.)
deliziosamente (avv.)
delusoriamente (avv.)
demagogicamente (avv.)
demente (a., m.)
democraticamente (avv.)
demulcente (a.)
dente (m.)
deostruente (a., m.)
deplorabilmente (avv.)
deponente (ppr., a., m.)
deprecativamente (avv.)
deprimente (a.)
derisoriamente (avv.)
desiderosamente (avv.)
desinente (a.)
desiosamente (avv.)
+desipiente (a.)
desolatamente (avv.)
destramente (avv.)
determinatamente (avv.)
detestabilmente (avv.)
dettagliatamente (avv.)
devotamente (avv.
diabolicamente (avv.)
diagonalmente (avv.)
dialetticamente (avv.)
diametralmente (avv.)
diapente (m.)
dicente (ppr., a.)
dichiaratamente (avv.)
dichiarativamente (avv.)
didascalicamente (avv.)
didatticamente (avv.)
+dietamente (avv.)
difettivamente (avv.)
difettosamente (avv.)
differente (ppr., a.)
differentemente (avv.)
difficilmente (avv.)
diffidente (ppr., a.)
diffidentemente (avv.)
diffusamente (avv.)
digerente (a. ppr.)
dignitosamente (avv.)
dilavatamente (avv.)
dilettevolmente (avv.)
dilettosamente (avv.)
diligente (ppr., a.)
diligentemente (avv.)
diluente (ppr., a., m.)
dimessamente (avv.)
dimostrativamente (avv.)
dinamicamente (avv.)
dipendente (ppr., a., m.)
dipendentemente (avv.)
diplomaticamente (avv.)
direttamente (avv.)
dirigente (a., ppr., m.)
dirimente (a., ppr.)
dirittamente (avv.)
dirottamente (avv.)
disagevolmente (avv.)
disagiatamente (avv.)
disagiosamente (avv.)
disamoratamente (avv.)
disarmonicamente (avv.)
disavvedutamente (avv.)
disavvenente (a.)
discendente (ppr., a., m.)
discente (a., m.)
disciplinarmente (avv.)
disciplinatamente (avv.)
disconveniente (ppr., a)
discordemente (avv.)
discorsivamente (avv.)
discretamente (avv.)
disdicente (a.)
disgiuntamente (avv.)
disgraziatamente (avv.)
disgustosamente (avv.)
disinteressatamente (avv.)
disonestamente (avv.)
disonoratamente (avv.)
disonorevolmente (avv.)
disordinatamente (avv.)

dispendiosamente (avv.)
disperatamente (avv.)
dispettosamente (avv.)
dispiacente (ppr., a.)
disponente (ppr., a. m.)
dispostamente (avv.)
dispoticamente (avv.)
dispregiativamente (avv.)
dissenziente (ppr., a.)
dissidente (a., m.)
dissimulatamente (avv.)
dissipatamente (avv.)
dissolutamente (avv.)
dissolvente (ppr., a.)
dissuadente (a., ppr.)
distesamente (avv.)
distintamente (avv.)
distrattamente (avv.)
distributivamente (avv.)
disubbidiente (a., ppr.)
disugualmente (avv.)
disunitamente (avv.)
disutilmente (avv.)
ditirambicamente (avv.)
dittatoriamente (avv.)
diurnamente (avv.)
divergente (ppr., a.)
diversamente (avv.)
divertente (ppr., a.)
divinamente (avv.)
divisibilmente (avv.)
divotamente (avv.)
docente (a., m.)
docilmente (avv.)
dogliente (a.)
dolcemente (avv.)
dolente (ppr.)
dolentemente (avv.)
dolorosamente (avv.)
domesticamente (avv.)
dommaticamente (avv.)
donnescamente (avv.)
doppiamente (avv.)
dormente (ppr., a., m.)
dormiente (ppr., a., m.)
dottamente (avv.)
dottoralmente (avv.)
dottorescamente (avv.)
dottrinalmente (avv.)
doverosamente (avv.)
doviziosamente (avv.)
dovutamente (avv.)
dozzinalmente (avv.)
drammaticamente (avv.)
drittamente (avv.)
dubbiamente (avv.)
dubbiosamente (avv.)
dubitativamente (avv.)
duplicatamente (avv.)
durabilmente (avv.)
duramente (avv.)
durevolmente (avv.)
ebraicamente (avv.)
eccedente (ppr., a.)
eccellente (ppr., a.)
eccellentemente (avv.)
eccelsamente (avv.)
eccentricamente (avv.)
eccessivamente (avv.)
eccezionalmente (avv.)
eccipiente (a.)
ecclesiasticamente (avv.)
economicamente (avv.)
ecumenicamente (avv.)
effeminatamente (avv.)
efferatamente (avv.)
efferente (a.)
effervescente (a.)
effettivamente (avv.)
efficacemente (avv.)
efficiente (a.)
efflorescente (a.)
effluente (a.)
egemonicamente (avv.)
+egente (a.)
egoisticamente (avv.)
egregiamente (avv.)
egualmente (avv.)
elasticamente (avv.)
elegantemente (avv.)
elementarmente (avv.)
elettamente (avv.)
elettivamente (avv.)
ellitticamente (avv.)
eloquente (a.)
eloquentemente (avv.)
emblematicamente (avv.)
emergente (ppr., a.)
eminente (a.)
eminentemente (avv.)
emittente (ppr., a.)
emolliente (a., m.)
empiamente (avv.)
empiricamente (avv.)
enarmonicamente (avv.)
enciclopedicamente (avv.)
encomiasticamente (avv.)
energicamente (avv.)
enfaticamente (avv.)
enimmaticamente (avv.)
enormemente (avv.)
ente (m., ppr.)
entusiasticamente (avv.)
epicamente (avv.)
epidemicamente (avv.)
epigraficamente (avv.)
epigrammaticamente (avv.)
episodicamente (avv.)
equabilmente (avv.)
equamente (avv.)
equanimemente (avv.)
equipollente (avv.)
equivalente (a., ppr., m.)
equivalentemente (avv.)
equivocamente (avv.)
ereditariamente (avv.)
ereticamente (avv.)
ermeticamente (avv.)
eroicamente (avv.)
erompente (ppr., a.)
erratamente (avv.)
erroneamente (avv.)
erubescente (a.)
esattamente (avv.)
esauriente (a., ppr.)
escandescente (a.)

esclamativamente
(avv.)
esclusivamente (avv.)
esecutivamente (avv.)
esemplarmente (avv.)
esente (a.)
esercente (a., m.)
esigente (ppr., a.)
esistente (ppr., a.)
esordiente (ppr., a.)
espediente (m.)
espertamente (avv.)
esplicitamente (avv.)
esplodente (ppr., m.)
esponente (ppr., a.,m.)
espressamente (avv.)
espressivamente (avv.)
essenzialmente (avv.)
estaticamente (avv.)
estemporaneamente
(avv.)
estensivamente (avv.)
esteriormente (avv.)
esternamente (avv.)
estesamente (avv.)
esteticamente (avv.)
estraneamente (avv.)
estremamente (avv.)
estrinsecamente (avv.)
estrosamente (avv.)
eternamente (avv.)
eticamente (avv.)
etimologicamente
(avv.)
etnologicamente (avv.)
eufonicamente (avv.)
euritmicamente (avv.)
evangelicamente (avv.)
evasivamente (avv.)
evidente (avv.)
evidentemente (avv.)
facchinescamente
(avv.)
facilmente (avv.)
facondamente (avv.)
fallente (ppr., a.)
falsamente (avv.)
familiarmente (avv.)
fantasiosamente (avv.)
farisaicamente (avv.)
fastidiosamente (avv.)
fastosamente (avv.)
fatalmente (avv.)
faticosamente (avv.)
faustamente (avv.)
fedelmente (avv.)
felicemente (avv.)
femminilmente (avv.)
fendente (m.)
feralmente (avv.)
fermamente (avv.)
ferocemente (avv.)
fervente (ppr., a.)
fervorosamente (avv.)
festevolmente (avv.)
festosamente (avv.)
fetente (a.)
fiaccamente (avv.)
fidente (a.)
fiduciosamente (avv.)
fieramente (avv.)
fievolmente (avv.)
figuralmente (avv.)
figuratamente (avv.)
filantropicamente
(avv.)
filialmente (avv.)
filologicamente (avv.)
filondente (m.)
filosoficamente (avv.)
finalmente (avv.)
finamente (avv.)
finanziariamente (avv.)
finitamente (avv.)
fintamente (avv.)
fiorente (ppr., a.)
fiscalmente (avv.)
fisicamente (avv.)
fissamente (avv.)
fittamente (avv.)
flavescente (a.)
flebilmente (avv.)
floridamente (avv.)
flosciamente (avv.)
fluente (avv.)
fluidamente (avv.)
fluorescente (avv.)
follemente (avv.)
foltamente (avv.)
fondatamente (avv.)
fondente (ppr., a.)
foneticamente (avv.)
forbitamente (avv.)
formalmente (avv.)
forsennatamente (avv.)
fortemente (avv.)
fortuitamente (avv.)
fortunatamente (avv.)
forzatamente (avv.)
fosforescente (a.)
fotograficamente (avv.)
fragilmente (avv.)
fragorosamente (avv.)
frammettente (ppr., a.)
francamente (avv.)
francescanamente
(avv.)
frangente (m.)
fraternamente (avv.)
fraudolentemente
(avv.)
freddamente (avv.)
fremente (ppr., a.)
frequente (a.)
frequentemente (avv.)
frondente (a.)
frugalmente (avv.)
fruttuosamente (avv.)
fugacemente (avv.)
fuggevolmente (avv.)
furbamente (avv.)
furbescamente (avv.)
furente (a.)
furiosamente (avv.)
furtivamente (avv.)
futilmente (avv.)
futuramente (avv.)
gagliardamente (avv.)
gaglioffamente (avv.)
gaiamente (avv.)
galantemente (avv.)
garbatamente (avv.)
gaudente (avv.)
gaudiosamente (avv.)
generalmente (avv.)
genericamente (avv.)
generosamente (avv.)
genialmente (avv.)
gente (f.)
gentilescamente (avv.)
gentilmente (avv.)
genuinamente (avv.)
geograficamente (avv.)

geologicamente (avv.)
geometricamente (avv.)
gerarchicamente (avv.)
gerente (m.)
gesuiticamente (avv.)
ghiottamente (avv.)
giacente (ppr., a.)
gigantescamente (avv.)
giocondamente (avv.)
giocosamente (avv.)
giornalmente (avv.)
giovanilmente (avv.)
giovevolmente (avv.)
giudaicamente (avv.)
giudizialmente (avv.)
giudiziosamente (avv.)
giulivamente (avv.)
giuridicamente (avv.)
giurisprudente (m.)
giusdicente (m.)
giustamente (avv.)
gloriosamente (avv.)
goffamente (avv.)
gonfiamente (avv.)
gradatamente (avv.)
gradevolmente (avv.)
gradiente (m.)
gradualmente (avv.)
graficamente (avv.)
grammaticalmente (avv.)
grammaticamente (avv.)
grandemente (avv.)
grandiosamente (avv.)
grassamente (avv.)
gratamente (avv.)
gratuitamente (avv.)
gravemente (avv.)
graveolente (a.)
gravosamente (avv.)
graziosamente (avv.)
grettamente (avv.)
grossamente (avv.)
grossolanamente (avv.)
grottescamente (avv.)
guardingamente (avv.)
guerrescamente (avv.)
gustosamente (avv.)
gutturalmente (avv.)
idealmente (avv.)
idoneamente (avv.)
igienicamente (avv.)
ignobilmente (avv.)
illegalmente (avv.)
illiberalmente (avv.)
immacolatamente (avv.)
immaginariamente (avv.)
immaginosamente (avv.)
immancabilmente (avv.)
immanente (a.)
immantinente (avv.)
immediatamente (avv.)
immeritamente (avv.)
imminente (a.)
immoderatamente (avv.)
imparzialmente (a.)
impaziente (a.)
impellente (a., ppr.)
impenitente (a.)
impercettibilmente (avv.)
imperfettamente (avv.)
imperialmente (avv.)
imperiosamente (avv.)
impersonalmente (avv.)
impertinente (a.)
impetuosamente (avv.)
implacabilmente (avv.)
implicitamente (avv.)
imponente (ppr., a.)
importunamente (avv.)
impotente (a.)
imprevidente (avv.)
improntamente (avv.)
impropriamente (avv.)
improvvidamente (avv.)
improvvisamente (avv.)
imprudente (a.)
impudente (a.)
impunemente (avv.)
impuramente (avv.)
inadeguatamente (avv.)
inadempiente (a.)
inalterabilmente (avv.)
inappellabilmente (avv.)
inappetente (a.)
inaspettatamente (avv.)
inavvedutatamente (avv.)
inavvertitamente (avv.)
incandescente (a.)
incautamente (avv.)
incertamente (avv.)
incessabilmente (avv.)
incessantemente (avv.)
incestuosamente (avv.)
incidentalmente (avv.)
incidente (a., m.)
incipiente (a.)
incivilmente (avv.)
inclemente (a.)
inclusivamente (avv.)
incoerente (a.)
incoerentemente (avv.)
incombente (a., m.)
incommensurabilmente (avv.)
incomparabilmente (avv.)
incompetente (a.)
inconcludente (a.)
incondizionatamente (avv.)
incongruente (a.)
inconsapevolmente (avv.)
inconsciamente (avv.)
inconseguente (a.)
inconsideratamente (avv.)
inconsistente (a.)
inconsolabilmente (avv.)
inconsultamente (avv.)
incontanente (avv.)
incontentabilmente (avv.)
incontinente (a.)
inconveniente (a., m.)
incordamente (avv.)
incosciente (a., m.)

incostantemente (avv.)
incostituzionalmente (avv.)
incredibilmente (avv.)
indebitamente (avv.)
indecente (a.)
indeclinabilmente (avv.)
indefessamente (avv.)
indeficiente (a.)
indefinitamente (avv.)
indegnamente (avv.)
indeiscente (a.)
indelebilmente (avv.)
indelicatamente (avv.)
indeterminatamente (avv.)
indicibilmente (avv.)
indifferente (a.)
indifferentemente (avv.)
indigente (a., m.)
indiligente (a.)
indimenticabilmente (avv.)
indipendente (a.)
indipendentemente (avv.)
indirettamente (avv.)
indisciplinatamente (avv.)
indiscretamente (avv.)
indispensabilmente (avv.)
indissolubilmente (avv.)
indistintamente (avv.)
indistruttibilmente (avv.)
individualmente (avv.)
indivisibilmente (avv.)
indolente (a.)
indolentemente (avv.)
indottamente (avv.)
indubbiamente (avv.)
indubitatamente (avv.)
indulgente (a.)
ineluttabilmente (avv.)
inemendabilmente (avv.)
inequivalente (a.)
inerente (a.)
inesattamente (avv.)
inesauribilmente (avv.)
inescusabilmente(avv.)
inesistente (a.)
inesorabilmente (avv.)
inespertamente (avv.)
inesplicabilmente (avv.)
inestinguibilmente (avv.)
inettamente (avv.)
inevitabilmente (avv.)
infallantemente (avv.)
infallibilmente (avv.)
infamemente (avv.)
infantilmente (avv.)
infaticabilmente (avv.)
infedelmente (avv.)
infelicemente (avv.)
inferiormente (avv.)
infermamente (avv.)
infimamente (avv.)
infinitamente (avv.)
inflessibilmente (avv.)
influente (ppr., m.)
informemente (avv.)
inframmettente (a.)
iufrequente (a.)
infrequentemente (avv.)
infruttuosamente (avv.)
ingegnosamente (avv.)
ingenerosamente (avv.)
ingente (a.)
ingenuamente (avv.)
ingiuriosamente (avv.)
ingiustamente (avv.)
ingordamente (avv.)
ingrediente (m.)
inimitabilmente (avv.)
inintelligibilmente (avv.)
iniquamente (avv.)
innegabilmente (avv.)
innocente (a.)
innocentemente (avv.)
innumerabilmente (avv.)
inobbediente (a.)
inopinatamente (avv.)
inopportunamente (avv.)
inorganicamente (avv.)
inquitamente (avv.)
inquirente (a.)
insaziabilmente (avv.)
insciente (a.)
inscientemente (avv.)
insensatamente (avv.)
insensibilmente (avv.)
inseparabilmente (avv.)
inserviente (m.)
insipidamente (avv.)
insipiente (a.)
insistente (ppr., a.)
insistentemente (avv.)
insofferente (a.)
insoffribilmente (avv.)
insolvente (a.)
insolentemente (avv.)
insolitamente (avv.)
insolubilmente (avv.)
insolente (a.)
insperatamente (avv.)
instabilmente (avv.)
instancabilmente (avv.)
instantemente (avv.)
insufficiente (a.)
insulsamente (avv.)
insuperabilmente (avv.)
insussistente (a.)
integralmente (avv.)
intellettualmente (avv.)
intelligente (a.)
intelligibilmente (avv.)
insempestivamente (avv.)
intendente (ppr., a., m.
intensamente (avv.)
intenzionalmente (avv.)
interamente (avv.)
interessantemente (avv.)
interinalmente (avv.)
interiormente (avv.)

interminabilmente (avv.)
intermittente (a.)
internamente (avv.)
interpolatamente (avv.)
intimamente (avv.)
intransigente (a., m.)
intransitivamente (avv.)
intraprendente (a. ppr.)
intrepidamente (avv.)
inusitatamente (avv.)
inutilmente (avv.)
invadente (a., m. ppr.)
invariabilmente (avv.)
inversamente (avv.)
invincibilmente (avv.)
invisibilmente (avv.)
involontariamente (avv.)
iperbolicamente (avv.)
ipoteticamente (avv.)
iridescente (a.)
ironicamente (avv.)
irreconciliabilmente (avv.)
irrefragabilmente (avv.)
irrefrenabilmente (avv.)
irrefutabilmente (avv.)
irregolarmente (avv.)
irreligiosamente (avv.)
irremissibilmente (avv.)
irremovibilmente (avv.)
irreparabilmente (avv.)
irreprensibilmente (avv.)
irrepugabilmente (avv.)
irrequietamente (avv.)
irresistibilmente (avv.)
irresolutamente (avv.)
irreverente (a.)
irrevocabilmente (avv.)
irriconoscibilmente (avv.)
irriducibilmente (avv.)
irriflessivamente (avv.)
irrimediabilmente (avv.)
irriverente (a.)
irriverentemente (avv.)
irruente (a.)
ispidamente (avv.)
istantaneamente (avv.)
istantemente (avv.)
istintivamente (avv.)
italianamente (avv.)
iteratamente (avv.)
laboriosamente (avv.)
laconicamente (avv.)
ladramente (avv.)
laicamente (avv.)
laidamente (avv.)
lambente (ppr.)
languente (a., ppr.)
languidamente (avv.)
lapidescente (a.)
largamente (avv.)
larvatamente (avv.)
lascivamente (avv.)
latente (a.)
lateralmente (avv.)
latinamente (avv.)
lattescente (a.)
lautamente (avv.)
lealmente (avv.)
leccatamente (avv.)
lecitamente (avv.)
legalmente (avv.)
leggermente (avv.)
leggiadramente (avv.)
legittimamente (avv.)
lenemente (avv.)
leniente (ppr., a., m.)
lentamente (avv.)
lente (f.)
lepidamente (avv.)
lestamente (avv.)
letteralmente (avv.)
letterariamente (avv.)
leziosamente (avv.)
+libente (a.)
liberalmente (avv.)
liberamente (avv.)
licenziosamente (avv.)
lietamente (avv.)
lievemente (avv.)
limitatamente (avv.)
limpidamente (avv.)
lindamente (avv.)
liricamente (avv.)
lisciamente (avv.)
litograficamente (avv.)
lividamente (avv.)
localmente (avv.)
lodevolmente (avv.)
logicamente (avv.)
longanimemente (avv.)
longitudinalmente (avv.)
lontanamente (avv.)
loquacemente (avv.)
lordamente (avv.)
lucente (a., ppr.)
lucidamente (avv.)
luminosamente (avv.)
lungamente (avv.)
lungilucente (a.)
luogotenente (m.)
macchinalmente (avv.)
macchinosamente (avv.)
maestosamente (avv.)
maestrevolmente (avv.)
maggiorente (m.)
maggiormente (avv.)
magicamente (avv.)
magistralmente (avv.)
magnanimemente (avv.)
magneticamente (avv.)
magnificamente (avv.)
magnicente (a.)
magniloquente (a.)
magramente (avv.)
malaccortamente (avv.)
malagevolmente (avv.)
malamente (avv.)
malauguratamente (avv.)
maldicente (a., m., f.)
maledettamente (avv.)
maleficamente (avv.)
maleolente (a.)
malignamente (avv.)
malinconicamente (avv.)

maliziosamente (avv.)
malvagiamente (avv.)
malvivente (m.)
manchevolmente (avv.)
+manente (a., m.)
manieratamente (avv.)
manifestamente (avv.)
mansuetamente (avv.)
maravigliosamente (avv.)
marcescente (a.)
marinarescamente (avv.)
maritalmente (avv.)
maschiamente (avv.)
massimamente (avv.)
matematicamente (avv.)
materialmente (avv.)
maternamente (avv.)
matrignescamente (avv.)
matrimonialmente (avv.)
matronalmente (avv.)
mattamente (avv.)
maturamente (avv.)
meccanicamente (avv.)
medésimamente (avv.)
mediatamente (avv.)
mediocremente (avv.)
meditatamente (avv.)
mellifluamente (avv.)
melodicamente (avv.)
melodiosamente (avv.)
memorabilmente (avv.)
mendacemente (avv.)
mendicamente (avv.)
menomamente (avv.)
mensilmente (avv.)
mensualmente (avv.)
mentalmente (avv.)
mente (f., i., t.)
mentitamente (avv.)
meramente (avv.)
mercantilmente (avv.)
mercenariamente (avv.)
meridionalmente (avv.)
meritamente (avv.)
meritatamente (avv.)
meritevolmente (avv.)
meritoriamente (avv.)
meschinamente (avv.)
mescolatamente (avv.)
mestamente (avv.)
metafisicamente (avv.)
metaforicamente (avv.)
meticolosamente (avv.)
metodicamente (avv.)
metricamente (avv.)
mezzanamente (avv.)
militarmente (avv.)
mimicamente (avv.)
minacciosamente (avv.)
minimamente (avv.)
minutamente (avv.)
minuziosamente (avv.)
mirabilmente (avv.)
miseramente (avv.)
misericordiosamente (avv.)
mistamente (avv.)
misteriosamente (avv.)
misticamente (avv.)
misuratamente (avv.)
mitemente (avv.)
mitologicamente (avv.)
mittente (a., m.)
moderatamente (avv.)
modernamente (avv.)
modestamente (avv.)
modulatamente (avv.)
molestamente (avv.)
mollemente (avv.)
momentaneamente (avv.)
monarchicamente (avv.)
mondanamente (avv.)
monorifrangente (a.)
monovalente (a.)
moralmente (avv.)
morbidamente (avv.)
morbosamente (avv.)
mordacemente (avv.)
mordente (ppr., m.)
morente (ppr.)
moriente (ppr.)
morigeratamente (avv.)
mortalmente (avv.)
mortiferamente (avv.)
mostruosamente (avv.)
movente (ppr., m.)
mozzamente (avv.)
muggente (ppr., a.)
munificamente (avv.)
munificente (a.)
munificentemente (avv.)
musicalmente (avv.)
mutabilmente (avv.)
mutamente (avv.)
mutevolmente (avv.)
mutilatamente (avv.)
mutuamente (avv.)
nascente (ppr.,a.)
nascostamente (avv.)
naturalmente (avv.)
necessariamente (avv.)
nefandemente (avv.)
negativamente (avv.)
neghittosamente (avv.)
neglettamente (avv.)
negligente (a.)
negligentemente (avv.)
nemicamente (avv.)
nepente (m.)
nettamente (avv.)
niente (pron., a.)
nitidamente (avv.)
nobilmente (avv.)
nocente (ppr., a.)
nocivamente (avv.)
noiosamente (avv.)
nolente (a.)
nominalmente (avv.)
nominatamente (avv.)
nominativamente (avv.)
normalmente (avv.)
notabilmente (avv.)
notevolmente (avv.)
notoriamente (avv.)
novamente (avv.)
novellamente (avv.)
nudamente (avv.)
nullatenente (a., m.)
numericamente (avv.)

numerosamente (avv.)
nuovamente (avv.)
nutriente (ppr., a.)
obbrobriosamente (avv.)
obiettivamente (avv.)
obliquamente (avv.)
occasionalmente (avv.)
occidente (m.)
occorrente (ppr., a., m.)
occultamente (avv.)
ocularmente (avv.)
oculatamente (avv.)
odiernamente (avv.)
odiosamente (avv.)
odorosamente (avv.)
offerente (ppr., m.)
officiosamente (avv.)
oggettivamente (avv.)
+ogliente (a.)
+olente (a.)
oligarchicamente (avv.)
oltraggiosamente (avv.)
omogeneamente (avv.)
onestamente (avv.)
onninamente (avv.)
onnipossente (a.)
onnipotente (a.)
onnipresente (a.)
onnisciente (a.)
onniveggente (a.)
onorevolmente (avv.)
opalescente (a.)
operativamente (avv.)
operosamente (avv.)
opponente (ppr., a., m.)
opportunamente (avv.)
oppostamente (avv.)
opprimente (ppr., a.)
oralmente (avv.)
ordinariamente (avv.)
ordinatamente (avv.)
organicamente (avv.)
orgogliosamente (avv.)
oriente (m.)
originalmente (avv.)
originariamente (avv.)
orizzontalmente (avv.)
ornatamente (avv.)
orrendamente (avv.)
orribilmente (avv.)
orridamente (avv.)
oscenamente (avv.)
oscuramente (avv.)
ospitalmente (avv.)
ossequente (a.)
ossequiosamente (avv.)
ostensibilmente (avv.)
ostilmente (avv.)
ostinatamente (avv.)
ostruente (ppr., a.)
ottimamente (avv.)
ovviamente (avv.)
oziosamente (avv.)
pacatamente (avv.)
pacificamente (avv.)
palesemente (avv.)
pallente (a.)
pallidamente (avv.)
palpabilmente (avv.)
pappagallescamente (avv.)
parafrasticamente (avv.)
parallelamente (avv.)
parcamente (avv.)
parente (m., f.)
parimente (avv.)
particolarmente (avv.)
partitamente (avv.)
partoriente (ppr., f., a.)
parvente (ppr., a., m.)
parzialmente (a.)
passivamente (avv.)
patente (a., f.)
paternamente (avv.)
pateticamente (avv.)
patriarcalmente (avv.)
paurosamente (avv.)
paziente (a., m.)
pazientemente (avv.)
pazzamente (avv.)
parrescamente (avv.)
peculiarmente (avv.)
pedagogicamente (avv.)
penalmente (avv.)
pendente (ppr., a. m. f.)
penitente (a., m.)
penosamente (avv.)
pensatamente (avv.)
pente (r.)
perdente (ppr., a., m.)
perdutamente (avv.)
perennemente (avv.)
perentoriamente (avv.)
perfettamente (avv.)
perfidamente (avv.)
perfidiosamente (avv.)
pericolosamente (avv.)
periodicamente (avv.)
peritamente (avv.)
permanente (a., f.)
permanentemente (avv.)
perpendicolarmente (avv.)
perpetuamente (avv.)
perquirente (ppr., a.)
persistente (ppr., a.)
personalmente (avv.)
pertinente (a.)
perversamente (avv.)
pesantemente (avv.)
pesatamente (avv.)
pessimamente (avv.)
pestilente (a.)
petente (m., f.)
pezzente (a.)
piacente (a., ppr.)
piacevolmente (avv.)
piamente (avv.)
pianamente (avv.)
piangente (ppr., a.)
pienamente (avv.)
pietosamente (avv.)
pigramente (avv.)
pinguemente (avv.)
piovente (ppr., a., m.)
pitagoricamente (avv.)
pittorescamente (avv.)
placidamente (avv.)
plasticamente (avv.)
platealmente (avv.)
platonicamente (avv.)
plaudente (a., ppr.)
plausibilmente (avv.)
plebeamente (avv.)
pleonasticamente (avv.)
pluralmente (avv.)

poderosamente (avv.)
poeticamente (avv.)
polarmente (avv.)
polifonicamente (avv.)
politeisticamente (avv.)
politicamente (avv.)
polivalente (a.)
poltronescamente (avv.)
pomposamente (avv.)
ponderatamente (avv.)
ponente (m.)
pontificalmente (avv.)
popolarescamente (avv.)
popolarmente (avv.)
porcamente (avv.)
portentosamente (avv.)
posatamente (avv.)
positivamente (avv.)
possente (a.)
possentemente (avv.)
possessivamente (avv.)
possibilmente (avv.)
possidente (a., ppr., m.)
posteriormente (avv.)
posticciamente (avv.)
potente (a., m.)
potentemente (avv.)
potenzialmente (avv.)
poveramente (avv.)
praticamente (avv.)
pravamente (avv.)
precariamente (avv.)
precedente (ppr., a., m.)
precedentemente (avv.)
precellente (a.)
precipitatamente (avv.)
precipitevolissimevolmente (avv.)
precipitevolmente (avv.)
precipuamente (avv.)
precisamente (avv.)
preclaramente (avv.)
precocemente (avv.)
precorrente (ppr., m.)
predeterminatamente (avv.)
predicente (ppr.)
preesistente (ppr., a.)
preferibilmente (avv.)
pregiudizialmente (avv.)
pregnantemente (avv.)
preliminarmente (avv.)
prematuramente (avv.)
premeditatamente (avv.)
premente (ppr., a.)
preminente (a.)
premurosamente (avv.)
prepossente (a.)
prepotente (a.)
prepotentemente (avv.)
presciente (a.)
prescrivente (ppr., a.)
presente (a., m.)
presentemente (avv.)
presenzialmente (avv.)
presidente (m.)
pressantemente (avv.)
prestamente (avv.)
prestantemente (avv.)
presumibilmente (avv.)
presuntivamente (avv.)
presuntuosamente (avv.)
pretendente (ppr., m.)
prettamente (avv.)
prevalente (ppr., a.)
prevalentemente (avv.)
preveggente (a.)
preventivamente (avv.)
previamente (avv.)
previdente (a., ppr.)
previdentemente (avv.)
preziosamente (a.)
primamente (avv.)
primariamente (avv.)
primieramente (avv.)
primitivamente (avv.)
primordialmente (avv.)
principalmente (avv.)
principescamente (avv.)
privatamente (avv.)
privativamente (avv.)
probabilmente (avv.)
probamente (avv.)
problematicamente (avv.)
procacemente (avv.)
procedente (ppr., a.)
procellosamente (avv.)
processionalmente (avv.)
procombente (ppr., a.)
prodemente (avv.)
prodigalmente (avv.)
prodigamente (avv.)
prodigiosamente (avv.)
proditoriamente (avv.)
proemiamente (avv.)
profanamente (avv.)
professatamente (avv.)
profeticamente (avv.)
proficuamente (avv.)
profitente (m.)
profittevolmente (avv.)
profondamente (avv.)
profumatamente (avv.)
profusamente (avv.)
progrediente (ppr., a.)
progressivamente (avv.)
proibente (ppr., a.)
proiciente (a., m.)
prolissamente (avv.)
prolungatamente (avv.)
promettente (ppr., a.)
prominente (a.)
promiscuamente (avv.)
promissivamente (avv.)
promovente (a., ppr.)
pronominalmente (avv.)
prontamente (avv.)
propiziamente (avv.)
proponente (ppr., a. m.)
proporzionalmente (avv.)
proporzionatamente (avv.)
proporzionevolmente (avv.)
propriamente (avv.)

prorompente (ppr., a.)
prosaicamente (avv.)
prosperamente (avv.)
prosperevolmente (avv.)
prosperosamente (avv.)
prospetticamente (avv.)
prospettivamente (avv.)
prospiciente (a.)
prossimamente (avv.)
protervamente (avv.)
provatamente (avv.)
proveniente (ppr., a.)
provenzalmente (avv.)
proverbialmente (avv.)
provincialmente (avv.)
provocantemente (avv.)
+ provvedutamente (avv.)
provvidamente (avv.)
provvidente (a.)
provvidentemente (avv.)
provvidenzialmente (avv.)
provvisoriamente (avv.)
prudente (a.)
prudentemente (avv.)
prudenzialmente (avv.)
psicologicamente (avv.)
pubblicamente (avv.)
pubescente (a.)
pudicamente (avv.)
puerilmente (avv.)
pugnacemente (avv.)
pulitamente (avv.)
pungente (ppr., a.)
pungentemente (avv.)
puntigliosamente (avv.)
puntualmente (avv.)
puramente (avv.)
purgatamente (avv.)
pusillanimemente (avv.)
putativamente (avv.)
putente (ppr., a.)
+ putolente (a.)
putrescente (a.)
puzzolente (a.)
puzzolentemente (avv.)
quadratamente (avv.)
qualmente (avv.)
quiescente (a.)
quietamente (avv.)
quotidianamente (avv.)
quoziente (m.)
rabbiosamente (avv.)
raccoltamente (avv.)
radamente (avv.)
raddoppiatamente (avv.)
radente (ppr., a.)
radicalmente (avv.)
raffinatamente (avv.)
ragguagliatamente (avv.)
ragguardevolmente (avv.)
ragionatamente (avv.)
ragionevolmente (avv.)
rancidamente (avv.)
rapacemente (avv.)
rapidamente (avv.)
rapinosamente (avv.)
rappresentativamente (avv.)
raramente (avv.)
rarefacente (a., ppr.)
rasente (prep.)
rassegnatamente (avv.)
rattamente (avv.)
raucamente (avv.)
ravviatamente (avv.)
ragionalmente (avv.)
razzente (a.)
reagente (ppr., a., m.)
realmente (avv.)
recente (a.)
recipiente (ppr., a., m.)
reciprocamente (avv.)
recisamente (avv.)
redarguente (ppr., a., m.)
redimibilmente (avv.)
redolente (ppr., a.)
+ reficiente (ppr., r.)
regalatamente (avv.)
regalmente (avv.)
reggente (ppr., m.)
regiamente (avv.)
regionalmente (avv.)
regolamentarmente (avv.)
regolarmente (avv.)
regolatamente (avv.)
regrediente (ppr., a.)
regressivamente (avv.)
reiteratamente (avv.)
relativamente (avv.)
religiosamente (avv.)
remissibilmente (avv.)
remissivamente (avv.)
renitente (a., m.)
repellente (a., ppr.)
repente (ppr., a., avv.)
repentemente (avv.)
repentinamente (avv.)
replicatamente (avv.)
repubblicanamente (avv.)
residente (a., m.)
residentemente (avv.)
resipiscente (a.)
resistente (ppr., a.)
respingente (ppr., a.)
responsabilmente (avv.)
restringente (ppr., a., m.)
restrittivamente (avv.)
reticente (a., m.)
retoricamente (avv.)
retribuente (ppr., a., m.)
retroattivamente (avv.)
rettamente (avv.)
revellente (ppr., a., m.)
ribollente (ppr., a.)
ricadente (ppr., a.)
riccamente (avv.)
ricercatamente (avv.)
ricevente (ppr., a., m.)
richiedente (ppr., a.)
riconoscente (ppr., a.)
riconoscibilmente (avv.)

ricordabilmente (avv.)
ricordevolmente (avv.)
ricorrente (ppr., a.)
ricostituente (ppr., a., m.)
+ricredente (a., m.)
ricrescente (ppr., a.)
ridente (ppr., a.)
ridevolmente (avv.)
ridicolamente (avv.)
ridicolmente (avv.)
+ridolente (ppr., a.)
ridondantemente (avv.)
riducente (ppr., a.)
riferente (ppr., a.)
rifiorente (ppr., a.)
riflessamente (avv.)
riflessivamente (avv.)
riflettente (ppr., a.)
riflettemente (avv.)
rifulgente (ppr., a.)
rigente (a.)
rigidamente (avv.)
rigogliosamente (avv.)
rigorosamente (avv.)
riguardatamente (avv.)
riguardosamente (avv.)
rilassatamente (avv.)
rilevatamente (avv.)
rilucente (a.)
rimanente (ppr., a., m.)
rimessamente (avv.)
rimotamente (avv.)
rinascente (ppr., a.)
rincrescevolmente (avv.)
ringhiosamente (avv.)
riottosamente (avv.)
ripartitamente (avv.)
ripetente (ppr., a., m.)
ripetutamente (avv.)
ripidamente (avv.)
riposatamente (avv.)
ripostamente (avv.)
riprensibilmente (avv.)
ripugnantemente
risedente (ppr., a.)
risentitamente (avv.)
riservatamente (avv.)
risolutamente (avv.)
risolvente (ppr., a., m.)
risorgente (ppr., a.)
rispettivamente (avv.)
rispettosamente (avv.)
risplendente (ppr., a.)
risplendentemente (avv.)
rispondente (ppr., a.)
ristrettamente (avv.)
ritenutamente (avv.)
ritiratamente (avv.)
ritmicamente (avv.)
ritrosamente (avv.)
ritualmente (avv.)
riuscente (ppr., a., m.)
riuscibilmente (avv.)
riverente (ppr., a.)
riverentemente (avv.)
robustamente (avv.)
romanamente (avv.)
romanticamente (avv.)
romanzescamente (avv.)
rompente (ppr., a.)
rotondamente (avv.)
rottamente (avv.)
rovente (a.)
rovinosamente (avv.)
rozzamente (avv.)
rubefacente (a., m.)
rudemente (a.)
ruggente (ppr., a.)
rumorosamente (avv.)
rusticalmente (avv.)
rusticamente (avv.)
ruvidamente (avv.)
saccente (a., m.)
saccentemente (avv.)
sacerdotalmente (avv.)
sacramentalmente (avv.)
sacrilegamente (avv.)
sacrosantamente (avv.)
sagacemente (avv.)
saggiamente (avv.)
saldamente (avv.)
saliente (ppr., a.)
saltuariamente (avv.)
salubremente (avv.)
salutarmente (avv.)
salutevolmente (avv.)
salvagente (m.)
sanamente (avv.)
sanguinente (a.)
sanguinolente (a.)
sanguinosamente (avv.)
santamente (avv.)
sapiente (a., m.)
sapientemente (avv.)
saporitamente (avv.)
saporosamente (avv.)
saputamente (avv.)
sarcasticamente (avv.)
sardonicamente (avv.)
+sargente (m.)
satirescamente (avv.)
satiricamente (avv.)
saviamente (avv.)
saziabilmente (avv.)
sazievolmente (avv.)
sbadatamente (avv.)
sbalestratamente (avv.)
sbandatamente (avv.)
sbardellatamente (avv.)
sbellicatamente (avv.)
sboccatamente (avv.)
sbracatamente (avv.)
sbrigativamente (avv.)
sbrigliatamente (avv.)
scabrosamente (avv.)
scadente (ppr., a.)
scaltramente (avv.)
scambievolmente (avv.)
scandalosamente (avv.)
scandente (a.)
scapatamente (avv.)
scapestratamente (avv.)
scarsamente (avv.)
scaturiente (avv.)
scelleratamente (avv.)
sceltamente (avv.)
scempiamente (avv.)
scempiatamente (avv.)
scenicamente (avv.)
scetticamente (avv.)
schernevolmente (avv.)
scherzevolmente (avv.)

scherzosamente (avv.)
schiettamente (avv.)
schifamente (avv.)
schifiltosamente (avv.)
schifosamente (avv.)
schizzinosamente (avv.)
sciaguratamente (avv.)
scialacquatamente (avv.)
sciattamente (avv.)
sciente (a., m.)
scientemente (avv.)
scientificamente (avv.)
scilinguatamente (avv.)
scimunitamente (avv.)
scioccamente (avv.)
sciolamente (avv.)
scioperatamente (avv.)
scipitamente (avv.)
scismaticamente (avv.)
scolarescamente (avv.)
scolasticamente (avv.)
scolpitamente (avv.)
scomodamente (avv.)
scompartitamente (avv.)
scompiacente (ppr., a.)
scompigliatamente (avv.)
scompostamente (avv.)
scomunicatamente (avv.)
sconciamente (avv.)
sconclusionatamente (avv.)
sconfacente (a.)
sconfidente (a.)
sconnessamente (avv.)
sconoscente (ppr., a., m.)
sconoscentemente (avv.)
sconosciutamente (avv.)
sconsideratamente (avv.)
sconsigliatamente (avv.)
sconsolatamente (avv.)
sconvenevolmente (avv.)
sconveniente (a.)
sconvenientemente (avv.)
scopertamente (avv.)
scorrente (a., ppr.)
scorrettamente (avv.)
scorrevolmente (avv.)
scortesemente (avv.)
scostumatamente
screanzatamente (avv.)
scrivente (ppr., a., m.)
scrupolosamente (avv.)
scuramente (avv.)
scurrilmente (avv.)
scusabilmente (avv.)
sdegnosamente (avv.)
seccamente (avv.)
secondariamente (avv.)
sedicente (a.)
sediziosamente (avv.)
seducente (ppr., a.)
segnalatamente (avv.)
segnatamente (avv.)
segretamente (a.)
seguente (ppr., a.)
seguitamente (avv.)
selvaggiamente (avv.)
selvaticamente (avv.)
semente (f.)
semestralmente (avv.)
seminatamente (avv.)
semitrasparente (a.)
semovente (a.)
semplicemente (avv.)
senilmente (avv.)
sensatamente (a.)
sensibilmente (avv.)
sensualmente (avv.)
sente (t., r.)
sentenziosamente
sentitamente (avv.)
senziente (a.)
separatamente (avv.)
seralmente (avv.)
serenamente (avv.)
sergente (m.)
seriamente (avv.)
serpente (m.)
serratamente (avv.)
servente (ppr., a., m.)
servilmente (a.)
settimanalmente (avv.)
severamente (avv.)
sfacciatamente (avv.)
sfarzosamente (avv.)
sfavorevolmente (avv.)
sfegatatamente (avv.)
sfericamente (avv.)
sfoggiatamente (avv.)
sfollagente (m.)
sformatamente (avv.)
sfortunatamente (avv.)
sforzatamente (avv.)
sfrenatamente (avv.)
sfrontatamente (avv.)
sfuggente (ppr., a.)
sfuggevolmente (avv.)
sfumatamente (avv.)
sgangheratamente (avv.)
sgarbatamente (avv.)
sgradevolmente (avv.)
sgraziatamente (avv.)
sguaiatamente (avv.)
sibariticamente (avv.)
sicuramente (avv.)
significativamente (avv.)
signorescamente (avv.)
signorilmente (avv.)
silente (a.)
silenziosamente (avv.)
sillogisticamente (avv.)
simbolicamente (avv.)
similmente (avv.)
simmetricamente (avv.)
simoniacamente (avv.)
simpaticamente (avv.)
simulatamente (avv.)
simultaneamente (avv.)
sinceramente (avv.)
singolarmente (avv.)
sinistramente (avv.)
sinodalmente (avv.)
sinteticamente (avv.)
sinuosamente (avv.)
sistematicamente (avv.)

+siziente (ppr.)
slealmente (avv.)
slegatamente (avv.)
smaniosamente (avv.)
smascellatamente (avv.)
smisuratamente (avv.)
smodatamente (avv.)
smoderatamente (avv.)
snaturatamente (avv.)
snellamente (avv.)
snervatamente (avv.)
soavemente (avv.)
sobriamente (avv.)
sociabilmente (avv.)
socialmente (avv.)
socievolmente (avv.)
socraticamente (avv.)
sodisfacente (ppr., a.)
sodisfacentemente (avv.)
sodomiticamente (avv.)
sofferente (a.)
sofficemente (avv.)
soffribilmente (avv.)
sofisticamente (avv.)
soggettamente (avv.)
solamente (avv.)
soldatescamente (avv.)
solennemente (avv.)
solidalmente (avv.)
solidamente (avv.)
solingamente (avv.)
solitariamente (avv.)
sollezzevolmente (avv.)
sollecitamente (avv.)
solvente (ppr., a., m.)
somigliantemente (avv.)
sommamente (avv.)
sommariamente (avv.)
sommessamente (avv.)
sonnacchiosamente (avv.)
sonnolente (a.)
sonoramente (avv.)
sopportabilmente (avv.)
soprabbondantemente (avv.)
sopraddente (m.)
sopraeminente (a.)
sopravveniente (a., ppr.)
sopravvivente (ppr., a.)
soprintendente (ppr., m.)
sordamente (avv.)
sordidamente (avv.)
sorgente (ppr., a., f.)
sorprendente (ppr., a.)
sorridente (ppr., a.)
sospensivamente (avv.)
sospettamente (avv.)
sospettosamente (avv.)
sospirosamente (avv.)
sostantivamente (avv.)
sostanzialmente (avv.)
sottilmente (avv.)
sottocorrente (f.)
sottotenente (m.)
sovente (avv.)
soverchiamente (avv.)
sovranamente (avv.)
sovreccedente (ppr., a.)
sovreminente (avv.)
sozzamente (avv.)
spaccatamente (avv.)
spandente (ppr., m., f.)
sparpagliatamente (avv.)
sparsamente (avv.)
spartamente (avv.)
spartanamente (avv.)
spartitamente (avv.)
spasimatamente (avv.)
spassionatamente (avv.)
spaventevolmente (avv.)
spaventosamente (avv.)
spaziosamente (avv.)
specialmente (avv.)
specificamente (avv.)
specificatamente (avv.)
speciosamente (avv.)
speculativamente (avv.)
speditamente (avv.)
spensieratamente (avv.)
sperimentalmente (avv.)
sperticatamente (avv.)
spettacolosamente (avv.)
spezzatamente (avv.)
spiacente (ppr., a.)
spiacevolmente (avv.)
spiattellatamente (avv.)
spiccatamente (avv.)
spicciolatamente (avv.)
spiegatamente (avv.)
spietatamente (avv.)
spigliatamente (avv.)
spiovente (ppr., m., a.)
spiralmente (avv.)
spiritatamente (avv.)
spiritosamente (avv.)
spiritualmente (avv.)
splendente (ppr., a.)
splendentemente (avv.)
+spontanamente (avv.)
spontaneamente (avv.)
sporcamente (avv.)
sporgente (ppr., a.)
sportivamente (avv.)
spregevolmente (avv.)
spregiudicatamente (avv.)
sprezzantemente (avv.)
sproporzionatamente (avv.)
sprovvedutamente (avv.)
spudoratamente (avv.)
squacqueratamente (avv.)
squisitamente (avv.)
sregolatamente (avv.)
stabilmente (avv.)
steccadente (m.)
stemperatamente (avv.)
stentatamente (avv.)
stereometricamente (avv.)
sterilmente (avv.)

sterminatamente (avv.)
sterzatamente (avv.)
stesamente (avv.)
stiracchiatamente (avv.)
stiticamente (avv.)
stizzosamente (avv.)
stoicamente (avv.)
stolidamente (avv.)
stoltamente (avv.)
stomachevolmente (avv.)
stordidamente (avv.)
storicamente (avv.)
storpiatamente (avv.)
stortamente (avv.)
straboccatamente (avv.)
strabocchevolmente (avv.)
straccamente (avv.)
stragiudizialmente (avv.)
strambamente (avv.)
stranamente (avv.)
straordinariamente (avv.)
strapotente (a.)
strategicamente (avv.)
stravagantemente (avv.)
strenuamente (avv.)
strepente (ppr., a.)
strepitosamente (avv.)
strettamente (avv.)
stridente (ppr., a.)
stringatamente (avv.)
stringente (ppr., a.)
stucchevolmente (avv.)
studente (m., a.)
studiatamente (avv.)
studiosamente (avv.)
stupefacente (ppr., a., m.)
stupendamente (avv.)
stupidamente (avv.)
suadente (ppr., a.)
subcosciente (m.)
subitamente (avv.)
subitaneamente (avv.)
sublimemente (avv.)
subordinatamente (avv.)
successivamente (avv.)
succintamente (avv.)
succosamente (avv.)
sudatamente (avv.)
sudiciamente (avv.)
sufficiente (a., m.)
sufficientemente (avv.)
suggestivamente (avv.)
sugosamente (avv.)
suntuosamente (avv.)
superbamente (avv.)
superbiosamente (avv.)
superficialmente (avv.)
superflualmente (avv.)
superiormente (avv.)
superlativamente (avv.)
supernamente (avv.)
superstiziosamente (avv.)
supinamente (avv.)
supplente (ppr., a., m.)
supremamente (avv.)
susseguente (ppr., a.)
susseguentemente (avv.)
sussidiariamente (avv.)
svantaggiosamente (avv.)
svariatamente (avv.)
svelatamente (avv.)
svergognatamente (avv.)
sviseratamente (avv.)
svolgente (ppr., a.)
tacitamente (avv.)
taciturnamente (avv.)
tagliente (a.)
talmente (avv.)
tangente (ppr., a., f.)
tapinamente (avv.)
tardamente (avv.)
tardivamente (avv.)
tassativamente (avv.)
teatralmente (avv.)
tecnicamente (avv.)
tediosamente (avv.)
+tegnente (a.)
telefonicamente (avv.)
telegraficamente (avv.)
temerariamente (avv.)
temperantemente (avv.)
temperatamente (avv.)
tempestivamente (avv.)
tempestosamente (avv.)
temporalmente (avv.)
temporaneamente (avv.)
tenacemente (avv.)
tendente (ppr., a.)
tenebrosamente (avv.)
tenente (ppr., a., m.)
teneramente (avv.)
tenuemente (avv.)
teologalmente (avv.)
teologicamente (avv.)
teoricamente (avv.)
tepente (ppr.)
terribilmente (avv.)
tersamente (avv.)
testardamente (avv.)
testualmente (avv.)
tetramente (avv.)
tetravalente (a.)
timidamente (avv.)
timorosamente (avv.)
tinniente (ppr., a.)
tipicamente (avv.)
tipograficamente (avv.)
tirannescamente (avv.)
tirannicamente (avv.)
tollerabilmente (avv.)
topograficamente (avv.)
torbidamente (avv.)
tormentosamente (avv.)
torpente (a.)
torrente (m.)
tortuosamente (avv.)
torvamente (avv.)
toscanamente (avv.)
tostamente (avv.)
totalmente (avv.)
trabocchevolmente (avv.)
tradizionalmente (avv.)

traente (ppr., m., f.)
tragicamente (avv.)
tralucente (ppr., a.)
tranquillamente (avv.)
transigente (ppr., a.)
transitivamente (avv.)
transitoriamente (avv.)
trascendente (ppr., a.)
trascorrente (ppr., a.)
trascuratamente (avv.)
trasmittente (ppr., a., m.)
trasmodatamente (avv.)
trasparente (ppr., a.)
trasversalmente (avv.)
traversalmente (avv.)
travolgente (ppr., a.)
tremendamente (avv.)
tridente (m.)
trigonometricamente (avv.)
trimestralmente (avv.)
trinamente (avv.)
trionfalmente (avv.)
tristamente (avv.)
tristemente (avv.)
trivalente (a.)
trivialmente (a.)
tropologicamente (avv.)
trucemente (avv.)
tumultuariamente (avv.)
tumultuosamente (avv.)
turbinosamente (avv.)
turchescamente (avv.)
turpemente (avv.)
ubbidiente (ppr., a.)
ubertosamente (avv.)
udente (ppr.)
udiente (ppr.)
ufficiosamente (avv.)
uggiosamente (avv.)
ugualmente (avv.)
ulteriormente (avv.)
ultimamente (avv.)
ultroneamente (avv.)
umanamente (avv.)
umilmente (avv.)
unanimemente (avv.)
unicamente (avv.)
uniformemente (avv.)
unitamente (avv.)
universalmente (avv.)
univocamente (avv.)
untosamente (avv.)
urbanamente (avv.)
urente (a.)
urgente (ppr., a.)
urgentemente (avv.)
uscente (ppr., a.)
usitatamente (avv.)
usualmente (avv.)
usurpativamente (avv.)
utente (a., m.)
utilmente (avv.)
vagamente (avv.)
valente (ppr., a.)
valentemente (avv.)
valevolmente (avv.)
validamente (avv.)
valorosamente (avv.)
valsente (m.)
vanamente (avv.)
vandalicamente (avv.)
vantaggiatamente (avv.)
vantaggiosamente (avv.)
variamente (avv.)
vastamente (avv.)
veemente (a.)
veementemente (avv.)
veggente (a., m.)
vegnente (a.)
velatamente (avv.)
velenosamente (avv.)
velocemente (avv.)
venalmente (avv.)
veniente (ppr., a., m.)
venturosamente (avv.)
veracemente (avv.)
veramente (avv.)
verbalmente (avv.)
verbosamente (avv.)
verecondamente (avv.)
vergognosamente (avv.)
veridicamente (avv.)
verosimilmente (avv.)
vertente (ppr., a.)
verticalmente (avv.)
vertiginosamente (avv.)
vezzosamente (avv.)
vicegerente (m.)
vicendevolmente (avv.)
vicepresidente (m.)
vigente (ppr., a.)
vigilantemente (avv.)
vigliaccamente (avv.)
vigorosamente (avv.)
villanamente (avv.)
villanescamente (avv.)
vilmente (avv.)
vincente (ppr., a., m.)
violentemente (avv.)
virente (a.)
virilmente (avv.)
virtualmente (avv.)
virtuosamente (avv.)
visibilmente (avv.)
vittoriosamente (avv.)
vituperosamente (avv.)
vivacemente (avv.)
vivamente (avv.)
vivente (ppr., a., m.)
viziosamente (avv.)
vogliosamente (avv.)
volente (ppr., a.)
volonterosamente (avv.)
volgarmente (avv.)
volgente (ppr., a.)
volontariamente (avv.)
volonterosamente (avv.)
volubilmente (avv.)
volvente (ppr., a.)
voracemente (avv.)
vorticosamente (avv.)
zelantemente (avv.)
zerbinescamente (avv.)
zoticamente (avv.)
cf. *ppr.* 2ª, 3ª.

enteo

argenteo (a.)

entesi

epentesi (f.)
paracentesi (f.)
parentesi (f.)

pleurocentesi (f.)
rachicentesi (f.)
toracentesi (f.)

enti

altrimenti (avv.)
cavadenti (m.)
consenti (a., m. pl.)
menti (i., t.)
penti (r.)
sciacquadenti (m.)
senti (t., r.)
stuzzicadenti (m.)
venti (num.)

entica

autentica (f.)

entice

dentice (m.)

entico

autentico (t., a.)
dimentico (t., r., i., a.)
identico (a.)

entilo

riventilo (t.)
ventilo (t.)

entina

centina (f.)

entino

centino (t.)

ento

abbacamento (m.)
abbacchiamento (m.)
abbacinamento (m.)
abbagliamento (m.)
abbaiamento (m.)
abballottamento (m.)
abbandonamento (m.)
abbarbagliamento (m.)
abbassamento (m.)
abbattimento (m.)
abbellimento (m.)
abbigliamento (m.)
abbindolamento (m.)
abboccamento (m.)
abbonacciamento (m.)
abbonamento (m.)
abbonimento (m.)
abborracciamento (m.)
abbottinamento (m.)
abbozzamento (m.)
abbracciamento (m.)
abbreviamento (m.)
abbronzamento (m.)
abbruciacchiamento (m.)
abbruciamento (m.)
abbrunamento (m.)
abbrutimento (m.)
abburattamento (m.)
abolimento (m.)
abominamento (m.)
aborrimento (m.)
accadimento (m.)
accagliamento (m.)
accalappiamento (m.)
accaloramento (m.)
accampamento (m.)
accanimento (m.)
accannellamento (m.)
accantonamento (m.)
accapacciamento (m.)
accaparramento (m.)
accapigliamento (m.)
accarezzamento (m.)
accartocciamento (m.)
accasamento (m.)
accasciamento (m.)
accastellamento (m.)
accatastamento (m.)
accattamento (m.)
accarrellamento (m.)
accecamento (m.)
acceleramento (m.)
accendimento (m.)
accennamento (m.)
accento (t., m.)
accentramento (m.)
accerchiamento (m.)
accertamento (m.)
accestimento (m.)
acchiocciolamento (m.)
acchiudimento (m.)
acciabattamento (m.)
acciaccamento (m.)
acciarpamento (m.)
accigliamento (m.)
accodamento (m.)
accoglimento (m.)
accollamento (m.)
accomodamento (m.)
accompagnamento (m.)
accomunamento (m.)
acconciamento (m.)
acconsentimento (m.)
acconsento (i., t.)
+accontamento (m.)
accontento (t., r.)
accoppiamento (m.)
accoramento (m.)
accorciamento (m.)
+accordamento (m.)
accorgimento (m.)
accostamento (m.)
accozzamento (m.)
accreditamento (m.)
accrescimento (m.)
accumulamento (m.)
acquartiecamento (m.)
acquietamento (m.)
acquivento (m.)
adacquamento (m.)
adagiamento (m.)
adattamento (m.)
+addecimamento (m.)
addensamento (m.)
addento (t.)
addestramento (m.)
addirizzamento (m.)
additamento (m.)
addobbamento (m.)
addolcimento (m.)
addomesticamento (m.)
addoppiamento (m.)
addormento (t., r.)
addossamento (m.)
addottoramento (m.)
addotrinamento (m.)
adeguamento (m.)
adempimento (m.)
adescamento (m.)
adiramento (m.)
adocchiamento (m.)
adombramento (m.)
adornamento (m.)
adottamento (m.)
aduggiamento (m.)
adulteramento (m.)
adunamento (m.)
affaccendamento (m.)
affacchinamento (m.)
affannamento (m.)
affastellamento (m.)
affaticamento (m.)

affatturamento (m.)
affazzonamento (m.)
afferramento (m.)
affezionamento (m.)
affiatamento (m.)
affidamento (m.)
affievolimento (m.)
affiguramento (m.)
affilamento (m.)
affinamento (m.)
affiocamento (m.)
affioramento (m.)
affogamento (m.)
affollamento (m.)
affondamento (m.)
afforzamento (m.)
affossamento (m.)
affrancamento (m.)
affratellamento (m.)
affreddamento (m.)
affrenamento (m.)
affrettamento (m.)
affrontamento (m.)
affumicamento (m.)
agevolamento (m.)
+aggecchimento (m.)
agghiacciamento (m.)
agghindamento (m.)
aggiogamento (m.)
aggiornamento (m.)
aggiramento (m.)
aggiungimento (m.)
aggiustamento (m.)
agglomeramento (m.)
aggottamento (m.)
aggradimento (m.)
aggravamento (m.)
aggregamento (m.)
aggroppamento (m.)
aggruppamento (m.)
agguagliamento (m.)
agguerrimento (m.)
agitamento (m.)
+agumento (m.)
aguzzamento (m.)
aizzamento (m.)
albeggiamento (m.)
alienamento (m.)
alimento (m.)
allacciamento (m.)
allagamento (m.)
allargamento (m.)
allattamento (m.)
allegamento (m.)
alleggerimento (m.)
alleggiamento (m.)
allenamento (m.)
allentamento (m.)
allento (t., i., r.)
allestimento (m.)
allettamento (m.)
allevamento (m.)
allenimento (m.)
allibramento (m.)
allineamento (m.)
allogamento (m.)
alloggiamento (m.)
allontanamento (m.)
alloppiamento (m.)
allunamento (m.)
allungamento (m.)
alzamento (m.)
amarulento (a.)
+ammattamento (m.)
ambiento (t., r.)
amento (m.)
ammaccamento (m.)
ammaestramento (m.)
ammanieramento (m.)
ammannimento (m.)
ammassamento (m.)
ammattimento (m.)
ammattonamento (m.)
ammazzamento (m.)
ammendamento (m.)
ammezzamento (m.)
ammobiliamento (m.)
ammodernamento (m.)
ammollimento (m.)
ammonimento (m.)
ammontamento (m.)
ammorbamento (m.)
ammorbimento (m.)
ammortamento (m.)
ammortimento (m.)
ammortizzamento (m.)
ammorzamento (m.)
ammottamento (m.)
ammucchiamento (m.)
ammutinamento (m.)
amoreggiamento (m.)
ampliamento (m.)
andamento (m.)
anfanamento (m.)
annacquamento (m.)
annaffiamento (m.)
annebbiamento (m.)
annegamento (m.)
annerimento (m.)
annichilamento (m.)
annichilimento (m.)
annientamento (m.)
anniento (t., r.)
annobilimento (m.)
annodamento (m.)
annoiamento (m.)
annullamento (m.)
annuvolamento (m.)
ansamento (m.)
appaciamento (m.)
appannamento (m.)
apparecchiamento (m.)
apparento (r., i.)
apparimento (m.)
appartamento (m.)
appassimento (m.)
appassionamento (m.)
appensamento (m.)
appezzamento (m.)
appianamento (m.)
appiastricciamento (m.)
appiattamento (m.)
appiccamento (m.)
appigionamento (m.)
+applicamento (m.)
appoderamento (m.)
appoggiamento (m.)
appostamento (m.)
appratimento (m.)
apprendimento (m.)
appressamento (m.)
apprestamento (m.)
apprezzamento (m.)
approfondimento (m.)
approvamento (m.)
approvvigionamento (m.)
approvvisionamento (m.)
appuntamento (m.)
aramento (m.)
archeggiamento (m.)

architettamento (m.)
arcicontento (a.)
ardimento (m.)
arenamento (m.)
argento (m.)
arginamento (m.)
argomento (m.)
+ariento (m.)
armamento (m.)
armeggiamento (m.)
armento (m.)
arpeggiamento (m.)
arrabbiamento (m.)
arredamento (m.)
arrenamento (m.)
arricchimento (m.)
arricciamento (m.)
arricciolimento (m.)
arroccamento (m.)
arrochimento (m.)
arrolamento (m.)
arrossamento (m.)
arrossimento (m.)
arrostimento (m.)
arrotamento (m.)
arroventamento (m.)
arrovento (t.)
arrovesciamento (m.)
arruffamento (m.)
arruvidimento (m.)
artamento (m.)
asciugamento (m.)
assaettamento (m.)
+assalimento (m.)
assaporamento (m.)
assassinamento (m.)
assegnamento (m.)
assembramento (m.)
assento (i., +t.)
assentimento (m.)
asserragliamento (m.)
assestamento (m.)
assettamento (m.)
asseveramento (m.)
assicuramento (m.)
assideramento (m.)
assiepamento (m.)
assocciamento (m.)
associamento (m.)
assodamento (m.)
assoggettamento (m.)
assoldamento (m.)
assopimento (m.)
assorbimento (m.)
assordamento (m.)
assordimento (m.)
assortimento (m.)
assottigliamento (m.)
attaccamento (m.)
attalento (t.)
attapinamento (m.)
attecchimento (m.)
atteggiamento (m.)
attendamento (m.)
attento (i., r., a.)
attenuamento (m.)
atterramento (m.)
atterrimento (m.)
attizzamento (m.)
attorcigliamento (m.)
attorniamento (m.)
attortigliamento (m.)
attraversamento (m.)
attrezzamento (m.)
attristamento (m.)
attruppamento (m.)
attuffamento (m.)
aumento (m.)
avanzamento (m.)
avvallamento (m.)
avvaloramento (m.)
avvampamento (m.)
avvedimento (m.)
avvelenamento (m.)
avvenimento (m.)
avvento (m.)
avveramento (m.)
avvertimento (m.)
avviamento (m.)
avvicendamento (m.)
avvicinamento (m.)
avvilimento (m.)
avviluppamento (m.)
avvitamento (m.)
avviticchiamento (m.)
avvivamento (m.)
avvizzimento (m.)
avvolgimento (m.)
azzannamento (m.)
azzoppimento (m.)
azzuffamento (m.)
baciucchiamento (m.)
balbettamento (m.)
balenamento (m.)
ballamento (m.)
ballottamento (m.)
baraccamento (m.)
barattamento (m.)
barbicamento (m.)
barbugliamento (m.)
barcollamento (m.)
bardamento (m.)
basamento (m.)
bastimento (m.)
battimento (m.)
biancheggiamento (m.)
bianchimento (m.)
biasciamento (m.)
biforcamento (m.)
bilanciamento (m.)
bisbigliamento (m.)
+bistento (m.)
bisticciamento (m.)
blandimento (m.)
blindamento (m.)
boccheggiamento (m.)
bollimento (m.)
bombardamento (m.)
bonificamento (m.)
borbogliamento (m.)
borbottamento (m.)
brancicamento (m.)
brancolamento (m.)
brandimento (m.)
brillamento (m.)
brontolamento (m.)
bruciamento (m.)
brunimento (m.)
cacciamento (m.)
cadimento (m.)
calpestamento (m.)
calzamento (m.)
cambiamento (m.)
camminamento (m.)
campamento (m.)
cancellamento (m.)
cangiamento (m.)
cannoneggiamento (m.)
canterellamento (m.)
capimento (m.)
capodipartimento (m.)
capomovimento (m.)
carceramento (m.)

caricamento (m.)
carpento (m.)
casamento (m.)
cassamento (m.)
+castigamento (m.)
catapultamento (m.)
cavalcamento (m.)
cavamento (m.)
cecamento (m.)
cedimento (m.)
cemento (m., t.)
censimento (m.)
cento (num.)
cercamento (m.)
cerchiamento (m.)
cesellamento (m.)
cessamento (m.)
chiarimento (m.)
chinamento (m.)
cibamento (m.)
cicalamento (m.)
cigolamento (m.)
cimento (t., m.)
cingimento (m.)
ciondolamento (m.)
circondamento (m.)
coagulamento (m.)
+cocimento (m.)
collegamento (m.)
collocamento (m.)
coloramento (m.)
coltivamento (m.)
comandamento (m.)
combaciamento (m.)
combattimento (m.)
cemento (m.)
cominciamento (m.)
commento (t., m.)
commovimento (m.)
compartimento (m.)
compatimento (m.)
compensamento (m.)
compiacimento (m.)
compimento (m.)
complemento (m.)
complimento (m., t.)
componimento (m.)
comprendimento (m.)
concatenamento (m.)
concento (m.)
concentramento (m.)
concento (m.)
concentramento (m.)
concepimento (m.)
concitamento (m.)
condensamento (m.)
condimento (m.)
conferimento (m.)
conficcamento (m.)
confidamento (m.)
confondimento (m.)
confricamento (m.)
congelamento (m.)
congiungimento (m.)
congregamento (m.)
conoscimento (m.)
conseguimento (m.)
consentimento (m.)
consento (i.)
consolidamento (m.)
conteggiamento (m.)
contemperamento (m.)
contemplamento (m.)
contentamento (m.)
contento (t., a., m.)
contingentamento (m.)
contingento (t.)
contorcimento (m.)
contornamento (m.)
contraffacimento (m.)
contrattamento (m.)
contravvento (avv.)
contristamento (m.)
conturbamento (m.)
convalidamento (m.)
convento (m., pps.)
convincimento (m.)
convocamento (m.)
coordinamento (m.)
coprimento (m.)
corcontento (m.)
coronamento (m.)
corpulento (a.)
corroboramento (m.)
corrodimento (m.)
corrucciamento (m.)
corrugamento (m.)
corteggiamento (m.)
costipamento (m.)
costringimento (m.)
crescimento (m.)
crollamento (m.)
cruento (a.)
curvamento (m.)
custodimento (m.)
danneggiamento (m.)
debilitamento (m.)
decadimento (m.)
decapitamento (m.)
decentramento (m.)
deciframento (m.)
decrescimento (m.)
defalcamento (m.)
defraudamento (m.)
degradamento (m.)
delineamento (m.)
deliramento (m.)
denunciamento (m.)
denunziamento (m.)
deperimento (m.)
depredamento (m.)
deprezzamento (m.)
depuramento (m.)
deragliamento (m.)
derivamento (m.)
destreggiamento (m.)
deterioramento (m.)
detrimento (m.)
deturpamento (m.)
devastamento (m.)
deviamento (m.)
dibattimento (m.)
diboscamento (m.)
dicentramento (m.)
differenziamento (m.)
differimento (m.)
digradamento (m.)
digrignamento (m.)
digrossamento (m.)
diguazzamento (m.)
dilatamento (m.)
dilavamento (m.)
dileggiamento (m.)
dimagramento (m.)
dimenamento (m.)
dimezzamento (m.)
dimostramento (m.)
dipanamento (m.)
dipartimento (m.)
diportamento (m.)
diradamento (m.)
direnamento (m.)
diroccamento (m.)

dirompimento (m.)
dirozzamento (m.)
+dirupamento (m.)
disaccento (t.)
disargento (t.)
disattento (a.)
discacciamento (m.)
discendimento (m.)
discentramento (m.)
discernimento (m.)
disertamento (m.)
disfacimento (m.)
disgiungimento (m.)
disgregamento (m.)
dislocamento (m.)
dislogamento (m.)
disordinamento (m.)
disoriento (t., r.)
disperdimento (m.)
dispiacimento (m.)
dissanguamento (m.)
dissentimento (m.)
dissento (i.)
dissipamento (m.)
dissodamento (m.)
dissolvimento (m.)
dissotterramento (m.)
distaccamento (m.)
distendimento (m.)
distillamento (m.)
distruggimento (m.)
disturbamento (m.)
divagamento (m.)
divaricamento (m.)
divento (i.)
divertimento (m.)
divezzamento (m.)
divincolamento (m.)
divisamento (m.)
divoramento (m.)
divulgamento (m.)
documento (m.)
doppiamento (m.)
dosamento (m.)
drappeggiamento (m.)
drizzamento (m.)
ducento (num.)
duecento (num.)
dugento (num.)
eccitamento (m.)
edificamento (m.)
educamento (m.)
elemento (m.)
elevamento (m.)
emaciamento (m.)
emendamento (m.)
emolumento (m.)
empimento (m.)
enfiamento (m.)
equipaggiamento (m.)
erpicamento (m.)
esacerbamento (m.)
esalamento (m.)
esaltamento (m.)
esasperamento (m.)
esaudimento (m.)
esaurimento (m.)
escremento (m.)
esculento (m.)
esento (t.)
esitamento (m.)
esortamento (m.)
esperimento (m.)
estendimento (m.)
estirpamento (m.)
estrinsecamento (m.)
esulceramento (m.)
evento (m.)
fallimento (m.)
falsamento (m.)
falsificamento (m.)
farneticamento (m.)
favoreggiamento (m.)
feculento (m.)
fermento (m., i., r.)
ferramento (m.)
festeggiamento (m.)
fiaccamento (m.)
fiancheggiamento (m.)
fidanzamento (m.)
filamento (m.)
finanziamento (m.)
fingimento (m.)
finimento (m.)
firmamento (m.)
flagellamento (m.)
flatulento (a.)
folleggiamento (m.)
fomento (t., m.)
fondamento (t., m.)
foraggiamento (m.)
fornimento (m.)
fortificamento (m.)
forzamento (m.)
fracassamento (m.)
fragmento (m.)
frammento (m.)
franamento (m.)
frasceggiamento (m.)
frastagliamento (m.)
frastornamento (m.)
fraudolento (a.)
fregamento (m.)
fregiamento (m.)
frequento (t., i.)
frodolento (a.)
frollamento (m.)
frumento (m.)
fuggimento (m.)
gagnolamento (m.)
galleggiamento (m.)
galvanizzamento (m.)
gareggiamento (m.)
gatteggiamento (m.)
gavazzamento (m.)
gelamento (m.)
generamento (m.)
germogliamento (m.)
gesticolamento (m.)
giacimento (m.)
giovamento (m.)
giramento (m.)
+giugnimento (m.)
giumento (m.)
giungimento (m.)
giuramento (m.)
gocciolamento (m.)
godimento (m.)
gonfiamento (m.)
gongolamento (m.)
gorgheggiamento (m.)
gorgogliamento (m.)
governamento (m.)
gracchiamento (m.)
gracidamento (m.)
gracilento (a.)
gradimento (m.)
graffiamento (m.)
grattamento (m.)
gravamento (m.)
gualcamento (m.)
+guarento (m.)
guarnimento (m.)

guastamento (m.)
guerreggiamento (m.)
gustamento (m.)
idroplanamento (m.)
illanguidimento (m.)
imbarbarimento (m.)
imbastardimento (m.)
imbastimento (m.)
imbiancamento (m.)
imbianchimento (m.)
imbonimento (m.)
imboscamento (m.)
imboschimento (m.)
imbrattamento (m.)
imbrigliamento (m.)
imbrodolamento (m.)
immaginamento (m.)
immollamento (m.)
impalamento (m.)
imparento (t., r.)
impaziento (i., r.)
impazzimento (m.)
impedimento (m.)
impermalimento (m.)
impiastramento (m.)
impinguamento (m.)
impoverimento (m.)
imprigionamento (m.)
inabissamento (m.)
inadempimento (m.)
inalzamento (m.)
inarcamento (m.)
inargento (t.)
inasprimento (m.)
inattento (a.)
incagliamento (m.)
incallimento (m.)
incalorimento (m.)
incalzamento (m.)
incameramento (m.)
incanalamento (m.)
incantamento (m.)
incarceramento (m.)
incartamento (m.)
incassamento (m.)
incastellamento (m.)
incastramento (m.)
incatenamento (m.)
incensamento (m.)
inceppamento (m.)
inchinamento (m.)
incistamento (m.)
incitamento (m.)
incivilimento (m.)
incollamento (m.)
incolonnamento (m.)
incolpamento (m.)
incominciamento (m.)
incoraggiamento (m.)
incoronamento (m.)
incorporamento (m.)
incorrento (i.)
incremento (t., m.)
increspamento (m.)
incrociamento (m.)
incrostamento (m.)
incrudelimento (m.)
incruento (a.)
incurvamento (m.)
indagamento (m.)
indebitamento (m.)
indebolimento (m.)
indento (t., i., r.)
indirizzamento (m.)
indolenzimento (m.)
indolimento (m.)
indoramento (m.)
indumento (m.)
induramento (m.)
indurimento (m.)
inebriamento (m.)
inescamento (m.)
infarcimento (m.)
infervoramento (m.)
infestamento (m.)
infeudamento (m.)
infiacchimento (m.)
infiltramento (m.)
infilzamento (m.)
infingimento (m.)
informicolimento (m.)
infossamento (m.)
infrascamento (m.)
infrigidimento (m.)
ingannamento (m.)
ingarbugliamento (m.)
ingentilimento (m.)
inghiottimento (m.)
inghirlandamento (m.)
ingiallimento (m.)
inginocchiamento (m.)
ingoiamento (m.)
ingolfamento (m.)
ingolfamento (m.)
ingorgamento (m.)
ingradimento (m.)
ingrassamento (m.)
ingraticolamento (m.)
ingrossamento (m.)
iniziamento (m.)
innaffiamento (m.)
innamoramento (m.)
inneggiamento (m.)
innestamento (m.)
innovamento (m.)
inondamento (m.)
inorpellamento (m.)
inquinamento (m.)
insaccamento (m.)
insanguinamento (m.)
insaponamento (m.)
insediamento (m.)
insegnamento (m.)
inseguimento (m.)
insellamento (m.)
insilamento (m.)
insorgimento (m.)
inspessimento (m.)
intaccamento (m.)
intasamento (m.)
integumento (m.)
intendimento (m.)
intenebramento (m.)
intenerimento (m.)
intento (a., m., t.)
intercettamento (m.)
interramento (m.)
intersecamento (m.)
intervento (m.)
intimidimento (m.)
intirizzimento (m.)
intitolamento (m.)
intorbidamento (m.)
intormentimento (m.)
intorpidimento (m.)
intralciamento (m.)
intraprendimento (m.)
intrecciamento (m.)
introducimento (m.)
intronamento (m.)
invaghimento (m.)
invalidamento (m.)
invasamento (m.)

invecchiamento (m.)
invento (t.)
invertimento (m.)
invescamento (m.)
investigamento (m.)
investimento (m.)
invigorimento (m.)
inviluppamento (m.)
involamento (m.)
involgimento (m.)
involvimento (m.)
inzeppamento (m.)
inzolfamento (m.)
inzuccheramento (m.)
inzuppamento (m.)
irradiamento (m.)
irraggiamento (m.)
irredento (a.)
irreggimento (t.)
irrigamento (m.)
irrigidimento (m.)
irritamento (m.)
isolamento (m.)
ispiramento (m.)
istigamento (m.)
istrumento (m., t.)
laceramento (m.)
lambiccamento (m.)
lamento (t., i., r., m.)
lampeggiamento (m.)
lanciamento (m.)
leccamento (m.)
legamento (m.)
lenimento (m.)
lento (t., a.)
ligamento (m.)
lineamento (m.)
linimento (m.)
lisciamento (m.)
livellamento (m.)
logoramento (m.)
luccicamento (m.)
lucidamento (m.)
lumeggiamento (m.)
lusingamento (m.)
lustramento (m.)
lutulento (a.)
macellamento (m.)
maceramento (m.)
macilento (a.)
malcontento (a., m.)
maltalento (m.)
maltrattamento (m.)
mancamento (m.)
mandamento (m.)
maneggiamento (m.)
mangiamento (m.)
manifestamento (m.)
mantenimento (m.)
marcimento (m.)
mareggiamento (m.)
maritamento (m.)
martellamento (m.)
martirizzamento (m.)
martoriamento (m.)
mascheramento (m.)
masticamento (m.)
medicamento (m.)
memento (m.)
menamento (m.)
mento (m., i., t.)
mescolamento (m.)
mestamento (m.)
miagolamento (m.)
miglioramento (m.)
minacciamento (m.)
misuramento (m.)
molestamento (m.)
molleggiamento (m.)
mollificamento (m.)
momento (m.)
monumento (m.)
mormoramento (m.)
mortificamento (m.)
mostramento (m.)
mostravento (m.)
mugghiamento (m.)
mugolamento (m.)
munizionamento (m.)
muramento (m.)
mutamento (m.)
mutilamento (m.)
nascimento (m.)
nascondimento (m.)
nauseamento (m.)
navigamento (m.)
nettamento (m.)
nocumento (m.)
noleggiamento (m.)
novecento (num.)
nutrimento (m.)
occultamento (m.)
occupamento (m.)
odoramento (m.)
offuscamento (m.)
ombreggiamento (m.)
omento (m.)
ondeggiamento (m.)
opulento (a.)
ordimento (m.)
ordinamento (m.)
organamento (m.)
organizzamento (m.)
orientamento (m.)
oriento (t., r.)
ornamento (m., t.)
orpimento (m.)
oscuramento (m.)
ostentamento (m.)
ostento (t.)
ottenebramento (m.)
ottenimento (m.)
ottocento (num.)
otturamento (m.)
pacificamento (m.)
pagamento (m.)
palamento (m.)
paleggiamento (m.)
palleggiamento (m.)
palliamento (m.)
palmento (m.)
palpamento (m.)
palpitamento (m.)
paludamento (m.)
panneggiamento (m.)
paramento (m.)
paravento (m.)
pareggiamento (m.)
parificamento (m.)
parlamento (i., m.)
partecipamento (m.)
parteggiamento (m.)
partimento (m.)
patimento (m.)
patteggiamento (m.)
pavento (i., t.)
pavimento (t., m.)
paziento (i.)
pedinamento (m.)
peggioramento (m.)
penetramento (m.)
pensamento (m.)
pentimento (m.)

pento (r.)
perdimento (m.)
perento (pps., a.)
perfezionamento (m.)
perforamento (m.)
permutamento (m.)
pernottamento (m.)
perseveramento (m.)
perturbamento (m.)
pervertimento (m.)
pesamento (m.)
pestamento (m.)
piacimento (m.)
piaggiamento (m.)
piagnucolamento (m.)
piantamento (m.)
piantonamento (m.)
piegamento (m.)
pigiamento (m.)
pigliamento (m.)
pigmento (m.)
pignoramento (m.)
pigolamento (m.)
pimento (m.)
placamento (m.)
polimento (m.)
+polmento (m.)
polverizzamento (m.)
polverulento (a.)
ponimento (m.)
ponzamento (m.)
porgimento (m.)
portamento (m.)
portavento (m.)
portento (m.)
posamento (m.)
posponimento (m.)
possedimento (m.)
potamento (m.)
potenziamento (m.)
preavvertimento (m.)
+precipitamento (m.)
preconoscimento (m.)
predamento (m.)
predicamento (m.)
prefiggimento (m.)
prefiguramento (m.)
pregustamento (m.)
prelevamento (m.)
+prendimento (m.)
preordinamento (m.)
preparamento (m.)
presceglimento (m.)
+prescrivimento (m.)
presentimento (m.)
presento (t., r.)
preservamento (m.)
prestamento (m.)
prevaricamento (m.)
prevedimento (m.)
prevenimento (m.)
+principiamento (m.)
procacciamento (m.)
procedimento (m.)
procrastinamento (m.)
procreamento (m.)
producimento (m.)
profanamento (m.)
proferimento (m.)
profilamento (m.)
profondamento (m.)
prolungamento (m.)
promovimento (m.)
promulgamento (m.)
pronosticamento (m.)
pronunciamento (m.)
pronunziamento (m.)
propagamento (m.)
propagginamento (m.)
+propensamento (m.)
proponimento (m.)
prorompimento (m.)
proscioglimento (m.)
prosciugamento (m.)
proseguimento (m.)
prosperamento (m.)
prostramento (m.)
provento (m.)
+provocamento (m.)
provvedimento (m.)
pulimento (m.)
pullulamento (m.)
+pulmento (m.)
pulverulente (a.)
+pungimento (m.)
punimento (m.)
puntamento (m.)
punteggiamento (m.)
punzecchiamento (m.)
purgamento (m.)
purificamento (m.)
purulento (a.)
quadramento (m.)
quattrocento (num.)
rabbellimento (m.)
rabberciamento (m.)
rabbruscamento (m.)
rabbuffamento (m.)
raccapricciamento (m.)
raccoglimento (m.)
raccomodamento (m.)
racconciamento (m.)
+raccontamento (m.)
raccorciamento (m.)
raccostamento (m.)
raccozzamento (m.)
raddensamento (m.)
raddirizzamento (m.)
raddolcimento (m.)
raddoppiamento (m.)
raddormento (t., r.)
radiamento (m.)
radicamento (m.)
radimento (m.)
radunamento (m.)
raffazzonamento (m.)
raffiguramento (m.)
raffinamento (m.)
rafforzamento (m.)
raffreddamento (m.)
raffrenamento (m.)
raffrontamento (m.)
raggiamento (m.)
raggiramento (m.)
raggiungimento (m.)
raggiustamento (m.)
ragglutinamento (m.)
raggrinzamento (m.)
raggruppamento (m.)
ragguagliamento (m.)
ragionamento (m.)
ragliamento (m.)
rallegramento (m.)
rallentamento (m.)
rallento (t., r.)
rammarginamento m.)
rammaricamento (m.)
rammento (t., r.)
rammollimento (m.)
rampollamento (m.)
rannodamento (m.)
rannuvolamento (m.)
rapimento (m.)

rappacificamento (m.)
rappezzamento (m.)
rappianamento (m.)
rappigliamento (m.)
+rapportamento (m.)
+rappresentamento (m.)
rappresento (t.)
rarefacimento (m.)
raschiamento (m.)
rasciugamento (m.)
rasento (t.)
raspamento (m.)
rassegamento (m.)
rassegnamento (m.)
rasserenamento (m.)
rassettamento (m.)
rassodamento (m.)
rassottigliamento (m.)
rastrellamento (m.)
rattacconamento (m.)
rattenimento (m.)
rattoppamento (m.)
rattrappimento (m.)
rattristamento (m.)
ravvedimento (m.)
ravviamento (m.)
ravvicinamento (m.)
ravviluppamento (m.)
ravvivamento (m.)
ravvolgimento (m.)
ragionamento (m.)
razzolamento (m.)
recedimento (m.)
recingimento (m.)
reclutamento (m.)
redento (pps., a., m.)
refrigeramento (m.)
reggimento (m.)
regolamento (m.)
reintegramento (m.)
reiteramento (m.)
relegamento (m.)
remigamento (m.)
rendimento (m.)
+replicamento (m.)
respingimento (m.)
+respiramento (m.)
restringimento (m.)
reticolamento (m.)
retrocedimento (m.)
rettificamento (m.)
revocamento (m.)
riadattamento (m.)
riaddormento (t., r.)
riallento (t.)
rialzamento (m.)
riaprimento (m.)
riarmamento (m.)
riassopimento (m.)
riassorbimento (m.)
riattaccamento (m.)
riattamento (m.)
riavvento (t., r.)
ribadimento (m.)
ribaltamento (m.)
ribalzamento (m.)
ribattimento (m.)
+ribellamento (m.)
ribollimento (m.)
ricadimento (m.)
ricalcitramento (m.)
ricaricamento (m.)
ricercamento (m.)
ricettamento (m.)
ricevimento (m.)
+richiedimento (m.)
richiudimento (m.)
ricominciamento (m.)
ricomponimento (m.)
ricompramento (m.)
riconcentramento (m.)
riconciliamento (m.)
ricongiungimento (m.)
riconoscimento (m.)
ricoprimento (m.)
ricorrimento (m.)
ricoveramento (m.)
ricreamento (m.)
ricrescimento (m.)
ricucimento (m.)
ricuperamento (m.)
ridivento (i.)
ridondamento (m.)
riempimento (m.)
rientramento (m.)
riepilogamento (m.)
rifacimento (m.)
riferimento (m.)
rifinimento (m.)
rifiorimento (m.)
+rifiutamento (m.)
rifocillamento (m.)
+rifolciamento (m.)
riformamento (m.)
rifornimento (m.)
rifrangimento (m.)
rifriggimento (m.)
rigiramento (m.)
rigonfiamento (m.)
+riguardamento (m.)
rigurgitamento (m.)
rilasciamento (m.)
rilassamento (m.)
rilento (a —) (avv.)
rilevamento (m.)
rimaneggiamento (m.)
rimbambimento (m.)
rimboccamento (m.)
rimbombamento (m.)
rimborsamento (m.)
rimboscamento (m.)
rimboschimento (m.)
rimescolamento (m.)
rimordenamento (m.)
rimordimento (m.)
rimovimento (m.)
rimpasticciamento (m.)
rimpicciolimento (m.)
rimpiccolimento (m.)
rimpinzamento (m.)
+rimproveramento (m.)
rimuneramento (m.)
rimutamento (m.)
rinascimento (m.)
rincalzamento (m.)
rincarnimento (m.)
rincivilimento (m.)
rincoramento (m.)
rincorporamento (m.)
rincrescimento (m.)
rincrespamento (m.)
rincrudimento (m.)
rinfacciamento (m.)
rinfiancamento (m.)
rinfocolamento (m.)
rinforzamento (m.)
ringagliardimento (m.)
ringorgamento (m.)
ringraziamento (m.)
ringrossamento (m.)
rinnamoramento (m.)

rinnegamento (m.)
rinnovamento (m.)
rinsaccamento (m.)
rinsaldamento (m.)
rintegramento (m.)
rinterramento (m.)
rintracciamento (m.)
rintronamento (m.)
rintuzzamento (m.)
rinvenimento (m.)
rinvestimento (m.)
rinvigorimento (m.)
riordinamento (m.)
ripartimento (m.)
ripensamento (m.)
ripentimento (m.)
ripento (i., +t)
ripercotimento (m.)
ripiegamento (m.)
ripopolamento (m.)
+riposamento (m.)
ripresento (t., r.)
ripristinamento (m.)
riprovamento (m.)
ripulimento (m.)
riquadramento (m.)
risaldamento (m.)
risanamento (m.)
risarcimento (m.)
riscaldamento (m.)
riscotimento (m.)
risentimento (m.)
risento (t., r.)
riseppellimento (m.)
risolvimento (m.)
risorgimento (m.)
+risplendimento (m.)
ristabilimento (m.)
ristagnamento (m.)
ristoramento (m.)
ristuccamento (m.)
risultamento (m.)
ristringimento (m.)
risuscitamento (m.)
risvegliamento (m.)
ritardamento (m.)
ritenimento (m.)
ritento (t., i.)
ritiramento (m.)
ritoccamento (m.)
ritorcimento (m.)
ritormento (t.)
+ritrattamento (m.)
ritrovamento (m.)
+riunimento (m.)
+riuscimento (m.)
+rivelamento (m.)
riverberamento (m.)
riversamento (m.)
rivestimento (m.)
rivolgimento (m.)
rivoltamento (m.)
rivoltolamento (m.)
rodimento (m.)
rompimento (m.)
ronzamento (m.)
rosicchiamento (m.)
roteamento (m.)
rotolamento (m.)
rovento (t.)
rovesciamento (m.)
+rovinamento (m.)
rubacchiamento (m.)
rubamento (m.)
rudimento (m.)
rugghiamento (m.)
rullamento (m.)
rumoreggiamento (m.)
russamento (m.)
saccheggiamento (m.)
sacramento (m., t., r.)
sacrificamento (m.)
saettamento (m.)
sagramento (t., i.)
saldamento (m.)
salimento (m.)
salmeggiamento (m.)
saltellamento (m.)
salvamento (m.)
sanamento (m.)
sanguinolento (a.)
sanicamento (m.)
santificamento (m.)
+sapimento (m.)
sarchiamento (m.)
sarmento (m.)
satollamento (m.)
sbacchiamento (m.)
sbaciucchiamento (m.)
sbadigliamento (m.)
sbalestramento (m.)
sballottamento (m.)
sbalordimento (m.)
sbalzamento (m.)
sbanchettamento (m.)
sbandamento (m.)
sbandeggiamento (m.)
sbandieramento (m.)
sbandimento (m.)
sbaragliamento (m.)
sbarbicamento (m.)
sbarramento (m.)
sbassamento (m.)
sbatacchiamento (m.)
sbattento (t.)
sbattimento (m., +t)
sbeffamento (m.)
sbeffeggiamento (m.)
sbevazzamento (m.)
sbigottimento (m.)
sbilanciamento (m.)
sbloccamento (m.)
sboccamento (m.)
sbocciamento (m.)
sborsamento (m.)
sbozzamento (m.)
sbraitamento (m.)
sbranamento (m.)
sbrancamento (m.)
sbriciolamento (m.)
sbrigamento (m.)
sbrigliamento (.)
sbrodolamento (m.)
sbrogliamento (m.)
sbucciamento (m.)
sbudellamento (m.)
scacazzamento (m.)
scacciamento (m.)
scadimento (m.)
scagliamento (m.)
scalamento (m.)
scaldamento (m.)
scalpicciamento (m.)
scalpitamento (m.)
scaltrimento (m.)
scalzamento (m.)
scambiamento (m.)
scampanamento (m.)
scannellamento (m.)
scansamento (m.)
scantonamento (m.)
scapamento (m.)
scapezzamento (m.)

scappamento (m.)
scaravento (t., r.)
scarceramento (m.)
scaricamento (m.)
scarnamento (m.)
scarrucolamento (m.)
scartamento (m.)
scasamento (m.)
scassinamento (m.)
scatenamento (m.)
scavamento (m.)
sceglimento (m.)
scemamento (m.)
scempiamento (m.)
sceneggiamento (m.)
scernimento (m.)
sceveramento (m.)
scheggiamento (m.)
+schernimento (m.)
schiacciamento (m.)
schiarimento (m.)
schieramento (m.)
schitarramento (m.)
schiudimento (m.)
sciaguattamento (m.)
scialacquamento (m.)
scintillamento (m.)
scioglimento (m.)
sciorinamento (m.)
scolamento (m.)
scollegamento (m.)
scoloramento (m.)
scolorimento (m.)
scolpimento (m.)
scombuiamento (m.)
scombussolamento (m.)
scommovimento (m.)
scompaginamento (m.)
scompagnamento (m.)
scompartimento (m.)
scompigliamento (m.)
scomponimento (m.)
scomunicamento (m.)
sconcertamento (m.)
sconficcamento (m.)
sconfinamento (m.)
sconfortamento (m.)
scongiuramento (m.)
sconoscimento (m.)
sconquassamento (m.)
scontamento (m.)
scontento (t., a., m.)
scontorcimento (m.)
scontramento (m.)
sconvolgimento (m.)
scoppiamento (m.)
scoppiettamento (m.)
scoprimento (m.)
scoraggiamento (m.)
scoraggimento (m.)
scoramento (m.)
scorbacchiamento (m.)
scorciamento (m.)
scordamento (m.)
scorgimento (m.)
scornacchiamento (m.)
scorniciamento (m.)
scorazzamento (m.)
scorrimento (m.)
scortecciamento (m.)
scorticamento (m.)
scoscendimento (m.)
scostamento (m.)
scotimento (m.)
scottamento (m.)
scovamento (m.)
scricchiolamento (m.)
scollamento (m.)
scrostamento (m.)
scrutamento (m.)
scuotimento (m.)
sdegnamento (m.)
sdento (t., r.)
sdilinquimento (m.)
sdoppiamento (m.)
sdottoramento (m.)
sdrucciolamento (m.)
seccamento (m.)
secento (num.)
sedimento (m.)
+seducimento (m.)
segamento (m.)
segmento (m.)
segregamento (m.)
seguimento (m.)
seicento (num.)
semento (t.)
semispento (m.)
sentimento (m.)
sento (t., r.)
separamento (m.)
seppellimento (m.)
sermento (m.)
serpeggiamento (m.)
serramento (m.)
+servimento (m.)
settecento (num.)
sezionamento (m.)
sfacimento (m.)
sfalsamento (m.)
sfarfallamento (m.)
sfarinamento (m.)
sfasamento (m.)
sfasciamento (m.)
sfatamento (m.)
sfavillamento (m.)
sfiancamento (m.)
sfiatamento (m.)
sfibramento (m.)
sfinimento (m.)
sfioramento (m.)
sfociamento (m.)
sfoderamento (m.)
sfoggiamento (m.)
sfolgoramento (m.)
sfolgoreggiamento (m.)
sfollamento (m.)
sfondamento (m.)
sforzamento (m.)
sfracasamento (m.)
sfregamento (m.)
sfrondamento (m.)
sfruttamento (m.)
sganasciamento (m.)
sgangheramento (m.)
sghignazzamento (m.)
sgomento (m., t., r., pps., a.)
sgonfiamento (m.)
sgorgamento (m.)
sgranamento (m.)
sgretolamento (m.)
+sguardamento (m.)
signoreggiamento (m.)
siluramento (m.)
sindacamento (m.)
slanciamento (m.)
slargamento (m.)
slattamento (m.)
slegamento (m.)
slento (t.)
slittamento (m.)
slogamento (m.)

smaltimento (m.)
smantellamento (m.)
smarrimento (m.)
smascellamento (m.)
smascheramento (m.)
smembramento (m.)
smezzamento (m.)
sminuzzamento (m.)
sminuzzolamento (m.)
smistamento (m.)
smontamento (m.)
smorzamento (m.)
smottamento (m.)
smozzicamento (m.)
smussamento (m.)
snervamento (m.)
snodamento (m.)
sobbollimento (m.)
soccorrimento (m.)
sodisfacimento (m.)
soffiamento (m.)
soffocamento (m.)
soffregamento (m.)
soggettamento (m.)
soggiacimento (m.)
soggiogamento (m.)
solcamento (m.)
soleggiamento (m.)
sollazzamento (m.)
sollecitamento (m.)
solleticamento (m.)
sollevamento (m.)
sommovimento (m.)
sonnolento (a.)
sopimento (m.)
soprarriscaldamento (m.)
sopravvento (m.)
sospendimento (m.)
sostenimento (m.)
sostentamento (m.)
sostento (t., r.)
sottentramento (m.)
sotterramento (m.)
sottovento (m.)
sovreccitamento (m.)
sovvenimento (m.)
sovvertimento (m.)
spaccamento (m.)
spagliamento (m.)
spaiamento (m.)
spalancamento (m.)
spalleggiamento (m.)
spampanamento (m.)
sparecchiamento (m.)
spargimento (m.)
sparnazzamento (m.)
sparpagliamento (m.)
spartimento (m.)
spaurimento (m.)
spavento (t., r., i., m.)
specificamento (m.)
spegnimento (m.)
spelacchiamento (m.)
spento (pps., a.)
sperimento (t.)
sperperamento (m.)
spesseggiamento (m.)
spezzamento (m.)
spezzettamento (m.)
spiamento (m.)
spinamento (m.)
spiantamento (m.)
spiattellamento (m.)
spiegamento (m.)
spigionamento (m.)
+splendimento (m.)
spogliamento (m.)
spolpamento (m.)
spolverizzamento (m.)
spopolamento (m.)
spoppamento (m.)
spossamento (m.)
spostamento (m.)
sprecamento (m.)
sprigionamento (m.)
sprofondamento (m.)
spruzzamento (m.)
spurgamento (m.)
squagliamento (m.)
squarciamento (m.)
squartamento (m.)
squassamento (m.)
sradicamento (m.)
sragionamento (m.)
stabilimento (m.)
staggimento (m.)
stagionamento (m.)
stagnamento (m.)
stamburamento (m.)
stanziamento (m.)
stazzamento (m.)
stazzonamento (m.)
stemperamento (m.)
stendimento (m.)
stento (i., a., m.)
sterramento (m.)
stillamento (m.)
stiracchiamento (m.)
storcimento (m.)
stordimento (m.)
storpiamento (m.)
stozzamento (m.)
stracciamento (m.)
stracontento (a.)
stralunamento (m.)
strangolamento (m.)
strapazzamento (m.)
strappamento (m.)
straripamento (m.)
strascicamento (m.)
stravolgimento (m.)
stregamento (m.)
strimpellamento (m.)
stringimento (m.)
strisciamento (m.)
stritolamento (m.)
strofinamento (m.)
stromento (m.)
stroncamento (m.)
stropicciamento (m.)
strozzamento (m.)
struggimento (m.)
strumento (m., t.)
stuccamento (m.)
stupidimento (m.)
sturamento (m.)
sturbamento (m.)
stuzzicamento (m.)
subordinamento (m.)
succhiamento (m.)
succhiellamento (m.)
succiamento (m.)
succulento (a.)
sudamento (m.)
suffumicamento (m.)
suggellamento (m.)
suggerimento (m.)
superamento (m.)
supplemento (m.)
suppuramento (m.)
suscitamento (m.)
svagamento (m.)

svaligiamento (m.)
svanimento (m.)
svaporamento (m.)
svegliamento (m.)
svelamento (m.)
svenamento (m.)
svenimento (m.)
svento (t., r.)
sventolamento (m.)
sventramento (m.)
sverginamento (m.)
svergognamento (m.)
svergolamento (m.)
svernamento (m.)
svettamento (m.)
svezzamento (m.)
sviamento (m.)
svigorimento (m.)
svilimento (m.)
svillaneggiamento (m.)
sviluppamento (m.)
svincolamento (m.)
svisamento (m.)
svisceramento (m.)
svitamento (m.)
svogliamento (m.)
svolazzamento (m.)
svolgimento (m.)
svoltamento (m.)
svoltolamento (m.)
tacitamento (m.)
tagliamento (m.)
tagliavento (m.)
tagliuzzamento (m.)
talento (i., m.)
tambureggiamento (m.)
tamponamento (m.)
+tardamento (m.)
tartagliamento (m.)
tastamento (m.)
tasteggiamento (m.)
tegumento (m.)
temperamento (m.)
temporeggiamento (m.)
terrimento (m.)
tentamento (m.)
tento (t.)
tentennamento (m.)
tesseramento (m.)
testamento (i., m.)
tintinnamento (m.)
tiramento (m.)
tiranneggiamento (m.)
titillamento (m.)
toccamento (m.)
tondeggiamento (m.)
torcimento (m.)
tormento (t., m.)
torneamento (m.)
tornimento (m.)
tosamento (m.)
traballamento (m.)
traboccamento (m.)
tracciamento (m.)
tradimento (m.)
trafelamento (m.)
trafiggimento (m.)
traforamento (m.)
trafugamento (m.)
tralasciamento (m.)
tralignamento (m.)
tramandamento (m.)
tramezzamento (m.)
tramortimento (m.)
tramutamento (m.)
trangugiamento (m.)
tranquillamento (m.)
trapanamento (m.)
trapassamento (m.)
trapiantamento (m.)
trasandamento (m.)
trasceglimento (m.)
trascendimento (m.)
trascinamento (m.)
trascoloramento (m.)
trascorrimento (m.)
trasecolamento (m.)
trasento (m.)
trasferimento (m.)
trasfiguramento (m.)
trasgredimento (m.)
traslocamento (m.)
trasmodamento (m.)
trasognamento (m.)
trasportamento (m.)
trastullamento (m.)
trasudamento (m.)
trattamento (m.)
tratteggiamento (m.)
trattenimento (m.)
travagliamento (m.)
travalicamento (m.)
travamento (m.)
travasamento (m.)
travestimento (m.)
traviamento (m.)
travisamento (m.)
travolgimento (m.)
trecento (num.)
tremolamento (m.)
tribolamento (m.)
trinceramento (m.
trinciamento (m.)
tripudiamento (m.)
tritamento (m.)
trituramento (m.)
trivellamento (m.)
troncamento (m.)
trovamento (m.)
trucolento (a.)
truculento (a.)
tuffamento (m.)
turamento (m.)
turbamento (m.)
turbolento (a.)
ubriacamento (m.)
uccellamento (m.)
+uccidimento (m.)
uggiolamento (m.)
uguagliamento (m.)
ulceramento (m.)
+ulimento (m.)
umettamento (m.)
umiliamento (m.)
ungimento (m.)
unguento (m., t., r.)
+unimento (m.)
urlamento (m.)
urtamento (m.)
uscimento (m.)
usurpamento (m.)
vacillamento (m.)
vagamento (m.)
vagellamento (m.)
vagheggiamento (m.)
vaneggiamento (m.)
vantamento (m.)
varamento (m.)
variamento (m.)
velamento (m.)
veleggiamento (m.)
vellicamento (m.)

venamento (m.)
vento (i., m.)
verdeggiamento (m.)
versamento (m.)
vestimento (m.)
vettovagliamento (m.)
vezzeggiamento (m.)
vibramento (m.)
vietamento (m.)
vinolento (m.)
violentamento (m.)
violento (t., a., m.)
virulento (a.)
volgarizzamento (m.)
volgimento (m.)
voltamento (m.)
volteggiamento (m.)
vomitamento (m.)
votamento (m.)
zampillamento (m.)
zappamento (m.)
zeppamento (m.)
zoppicamento (m.)
zufolamento (m.)

entodo

pentodo (m.)

entola

cenerentola (f.)
pentola (f.)
sventola (f.)
ventola (f.)

entolo

sventolo (t., i., r.)
ventolo (t.)

entono

mentono (i., t.)
pentono (r.)
sentono (t., r.)

entore

mentore (m.)

entovo

mentovo (t.)

entula

+mentula (f.)

entre

mentre (avv., cong.)
ventre (m.)

entrico

antropocentrico (a.)
centrico (a.)
concentrico a.)
eccentrico (a.)
egocentrico (a.)
eliocentrico (a.)
geocentrico (a.)

entro

accentro (t.)
addentro (t., r., avv.)
baricentro (m.)
centro (i., t., m.)
cencentro (t.)
decentro (t.)
dentro (avv., prep.)
dicentro (t.)
didentro (avv., m.)
discentro (t., r.)
entro (i., prep., avv.)
epicentro (m.)
indentro (r.)
metacentro (m.)
+quicentro (avv.)
raccentro (t.)
riconcentro (t., r.)
rientro (i., m.)
rincentro (t.)
sottentro (i.)
subentro (i.)
sventro (t., +i)

entrovi

+dentrovi (avv.)

entuo

accentuo (t.)

entuplo

centuplo (m.)

enue

tenue (a.)

enula

penula (f.)

enulo

frenulo (m.)

enuo

attenuo (t.)
estenuo (t., r.)
ingenuo (a., m.)
strenuo (a.)

enviro

settenviro (m.)

enza

accoglienza (f.)
acescenza (f.)
acquiescenza (f.)
aderenza (f.)
adiacenza (f.)
adolescenza (f.)
affluenza (f.)
alcalescenza (f.)
ambivalenza (f.)
annuenza (f.)
antecedenza (f.)
anticonoscenza (f.)
antiveggenza (f.)
apparenza (f.)
appariscenza (f.)
appartenenza (f.)
appetenza (f.)
arborescenza (f.)
ardenza (f.)
ascendenza (f.)
assenza (f.)
+assidenza (f.)
assistenza (f.)
astinenza (f.)
attenenza (f.)
attinenza (f.)
avvenenza (f.)
avvertenza (f.)
beneficenza (f.)
benemerenza (f.)
benevolenza (f.)
beviloquenza (f.)
cadenza (f.)
capienza (f.)
carenza (f.)
chiaroveggenza (f.)
circonferenza (f.)
clemenza (f.)
coefficienza (f.)
coerenza (f.)
coesistenza (f.)
coibenza (f.)
coincidenza (f.)
cointeressenza (f.)
compariscenza (f.)
competenza (f.)
compiacenza (f.)
concludenza (f.)
concorrenza (f.)
concupiscenza (f.)
condiscendenza (f.)
conferenza (f.)
confidenza (f.)
confluenza (f.)
congruenza (f.)

connivenza (f.)
conoscenza (f.)
+conscienza (f.)
conseguenza (f.)
consistenza (f.)
contenenza (f.)
continenza (f.)
contingenza (f.)
contropotenza (f.)
convalescenza (f.)
convenienza (f.)
convergenza (f.)
convivenza (f.)
corpulenza (f.)
corrispondenza (f.)
coscienza (f.)
credenza (f.)
crescenza (f.)
decadenza (f.)
decenza (f.)
decorrenza (f.)
decrescenza (f.)
deferenza (f.)
defervescenza (f.)
deficienza (f.)
degenza (f.)
deiscenza (f.)
deliquenza (f.)
deliquescenza (f.)
demenza (f.)
desinenza (f.)
+desipienza (f.)
desistenza (f.)
detumescenza (f.)
differenza (f.)
diffidenza (f.)
diligenza (f.)
dipartenza (f.)
dipendenza (f.)
disappetenza (f.)
disavvenenza (f.)
disavvertenza (f.)
disavvertenza (f.)
discendenza (f.)
disconoscenza (f.)
+displicenza (f.)
dissidenza (f.)
dissolvenza (f.)
disubbidienza (f.)
divergenza (f.)
docenza (f.)
+doglienza (f.)
eccedenza (f.)
eccellenza (f.)
effervescenza (f.)
efficienza (f.)
efflorescenza (f.)
eloquenza (f.)
emergenza (f.)
eminenza (f.)
equipollenza (f.)
equivalenza (f.)
erubescenza (f.)
escandescenza (f.)
escrescenza (f.)
esigenza (f.)
esistenza (f.)
esperienza (f.)
essenza (f.)
estumescenza (f.)
evanescenza (f.)
evenienza (f.)
evidenza (f.)
fervenza (f.)
flatulenza (f.)
fluorescenza (f.)
fosforescenza (f.)
fraudolenza (f.)
frequenza (f.)
gerenza (f.)
giacenza (f.)
giurisprudenza (f.)
grandiloquenza (f.)
graveolenza (f.)
immanenza (f.)
imminenza (f.)
impazienza (f.)
impedenza (f.)
impenitenza (f.)
impertinenza (f.)
imponenza (f.)
impotenza (f.)
imprevidenza (f.)
improvvidenza (f.)
imprudenza (f.)
impudenza (f.)
inappetenza (f.)
inavvertenza (f.)
incalescenza (f.)
incandescenza (f.)
incidenza (f.)
inclemenza (f.)
incoerenza (f.)
incombenza (f.)
incompetenza (f.)
inconcludenza (f.)
incongruenza (f.)
inconseguenza (f.)
incosistenza (f.)
incontinenza (f.)
inconvenienza (f.)
incoscienza (f.)
indecenza (f.)
indeficienza (f.)
indeiscenza (f.)
indifferenza (f.)
indigenza (f.)
indipendenza (f.)
indolenza (f.)
indulgenza (f.)
inerenza (f.)
inesistenza (f.)
inesperienza (f.)
inferenza (f.)
infiorenza (f.)
influenza (f.)
inframmettenza (f.)
infrequenza (f.)
infruttescenza (f.)
ingerenza (f.)
innocenza (f.)
inobbedienza (f.)
inscienza (f.)
incipienza (f.)
insistenza (f.)
insofferenza (f.)
insolenza (f.)
insolvenza (f.)
insufficienza (f.)
insussistenza (f.)
intelligenza (f.)
intendenza (f.)
interdipendenza (f.)
interessenza (f.)
interferenza (f.)
intermittenza (f.)
intransigenza (f.)
intraprendenza (f.)
intumescenza (f.)
iridescenza (f.)
irriverenza (f.)
irruenza (f.)
lattescenza (f.)

lenza (f.)
licenza (f.)
litispendenza (f.)
luminescenza (f.)
luogotenenza (f.)
macilenza (f.)
magnificenza (f.)
magniloquenza (f.)
maldicenza (f.)
malevolenza (f.)
malvivenza (f.)
miscredenza (f.)
movenza (f.)
munificenza (f.)
negligenza (f.)
nescienza (f.)
occorrenza (f.)
onnipotenza (f.)
onnipresenza (f.)
onniscienza (f.)
onniveggenza (f.)
onorificenza (f.)
opalescenza (f.)
opulenza (f.)
partenza (f.)
parvenza (f.)
pazienza (f.)
pendenza (f.)
penitenza (f.)
permanenza (f.)
persistenza (f.)
pertinenza (f.)
pestilenza (f.)
+piacenza (f.)
+piagenza (f.)
+pistolenza (f.)
+placenza (f.)
plenipotenza (f.)
polivalenza (f.)
possidenza (f.)
potenza (f.)
precedenza (f.)
precellenza (f.)
preconoscenza (f.)
preesistenza (f.)
preferenza (f.)
preminenza (f.)
premorienza (f.)
prepotenza (f.)
prescienza (f.)
presenza (f.)
presidenza (f.)
prevalenza (f.)
preveggenza (f.)
previdenza (f.)
procedenza (f.)
procidenza (f.)
prominenza (f.)
provenienza (f.)
providenza (f.)
provvidenza (f.)
prudenza (f.)
purulenza (f.)
putrescenza (f.)
+puzzolenza (f.)
quiescenza (f.)
quitessenza (f.)
raccoglienza (f.)
radenza (f.)
recrudescenza (f.)
referenza (f.)
reggenza (f.)
reminiscenza (f.)
remittenza (f.)
renitenza (f.)
repenza (f.)
residenza (f.)
resipiscenza (f.)
resistenza (f.)
reticenza (f.)
retinenza (f.)
reverenza (f.)
reviviscenza (f.)
riconoscenza (f.)
ricorrenza (f.)
ricrescenza (f.)
+rifulgenza (f.)
rimanenza (f.)
rinascenza (f.)
+risplendenza (f.)
rispondenza (f.)
+ritenenza (f.)
riverenza (f.)
riviviscenza (f.)
sapienza (f.)
scadenza (f.)
scemenza (f.)
scienza (f.)
scompiacenza (f.)
scompiacenza (f.)
sconfidenza (f.)
sconoscenza (f.)
sconvenienza (f.)
scorrenza (f.)
seguenza (f.)
semenza (f.)
semicadenza (f.)
semicirconferenza (f.)
semovenza (f.)
senescenza (f.)
sentenza (f.)
senza (prep.)
sequenza (f.)
sguerguenza (f.)
sofferenza (f.)
solvenza (f.)
sonnolenza (f.)
sopraccoscienza (f.)
sopravvivenza (f.)
soprintendenza (f.)
sovreccedenza (f.)
sovreminenza (f.)
sovrintelligenza (f.)
sperienza (f.)
+spiacenza (f.)
sporgenza (f.)
strapotenza (f.)
subcoscienza (f.)
sufficienza (f.)
supplenza (f.)
sussistenza (f.)
temenza (f.)
tendenza (f.)
tenenza (f.)
tetravalenza (f.)
trascendenza (f.)
trasparenza (f.)
trivalenza (f.)
turbolenza (f.)
ubbidienza (f.)
+ubidienza (f.)
udienza (f.)
urgenza (f.)
utenza (f.)
valenza (f.)
veemenza (f.)
veggenza (f.)
vertenza (f.)
vinolenza (f.)
violenza (f.)
virescenza (f.)
virulenza (f.)

enze
minutenze (f. pl.)
sputasentenze (m.)
enzero
zenzero (m.)
enzia
+conscienzia (f.)
+coscienzia (f.)
+pistolenzia (f.)
+sentenzia (f.)
+ubidenzia (f.)
+ubidienzia (f.)
enzio
assenzio (m.)
differenzio (t., r.)
presenzio (t., i.)
sentenzio (t., i.)
silenzio (m.)
enzo
cadenzo (t.)
incombenzo (t.)
influenzo (t.)
urgenzo (i.)
enzolo
archipenzolo (m.)
penzolo (i., m.)
spenzolo (i.)
eo
acheronteo (a.)
aliseo (a., m.)
alleo (r.)
amebeo (a.)
anconeo (a.)
androceo (m.)
apogeo (m.)
asclepiadeo (a., m.)
ascreo (a.)
ateneo (m.)
augusteo (a., m.)
babbaleo (a., m.)
babbeo (a., m.)
baggeo (a., m.)
beo (t., r.)
caduceo (m.)
caldeo (a., m.)
cammeo (m.)
+capisteo (m.)
cibreo (m.)
cicisbeo (m., i.)
cireneo (m.)
cleidomastoideo (a.)
clitorideo (a.)
colosseo (m.)
concreo (t.)
conopeo (m.)
contrabiseo (m.)
corifeo (m.)
coroideo (m.)
correo (m.)
corteo (m.)
creo (t.)
deltoideo (a.)
+deo (m.)
diclamideo (a.)
ebreo (a., m.)
echeo (m.)
elegiopeo (m.)
eleo (a.)
emitriteo (m.)
enneo (a.)
anosigeo (a.)
epicureo (a.)
epistrofeo (m.)
eritreo (a., m.)
esofageo (a.)
etneo (a.)
fariseo (m.)
febeo (a.)
filisteo (m.)
gabbadeo (m.)
galateo (m.)
galileo (a., m.)
genioioideo (m.)
gineceo (m.)
giubileo (m.)
giudeo (m.)
glenoideo (a.)
ibleo (a.)
ideo (t.)
imeneo (m.)
ipogeo (m.)
labirinteo (a.)
lausdeo (escl.)
leo (m.)
liceo (m.)
lieo (m.)
linceo (m.)
manicheo (m.)
marameo (escl.)
mastoideo (a.)
matroneo (m.)
mausoleo (m.)
meduseo (a.)
meniageo (a.)
menippeo (a.)
miceneo (a.)
miloioideo (m.)
monoclamideo (a.)
morfeo (m.)
museo (m.)
neo (m.)
ninfeo (m.)
paccheo (m.)
paleo (m.)
panateneo (a.)
partenopeo (a., m.)
pegaseo (a.)
perigeo (m.)
perineo (m.)
peritoneo (m.)
permeo (t.)
piagnisteo (m.)
pigmeo (m.)
plebeo (a., m.)
popliteo (m., a.)
priapeo (a.)
pritaneo (m.)
procreo (t.)
propileo (m.)
pterigoideo (a.)
rachideo (a.)
+raugeo (a.)
reo (a., m.)
ricreo (t., r.)
romeo (m.)
sadduceo (a., m.)
saduceo (a., m.)
scaleo (m.)
scarabeo (m.)
+scasimodeo (m.)
semideo (a.)
sifoideo (a.)
sigmoideo (a.)
speleo (a.)
spondeo (m.)
+squasimodeo (m.)
tiroideo (a.)
toreo (m.)
torneo (m., i., +t.)
trocheo (m.)
trofeo (m.)
xifoideo (a.)

eola
albardeola (f.)
areola (f.)
aureola (f.)
roseola (f.)
rubeola (f.)
eolo
alveolo (m.)
creolo (a., m.)
malleolo (m.)
nucleolo (m.)
eon
neon (m.)
eora
meteora (f.)
eova
Geova (m.)
Ieova (m.)
epa
catoblepa (m.)
crepa (f.)
epa (f.)
epalo
sepalo (m.)
tepalo (m.)
epe
forasiepe (m.)
macinapepe (m.)
pepe (m.)
presepe (m.)
siepe (f.)
sputapepe (m.)
epere
+concepere (t.)
+recepere (t.)
+repere (i.)
strepere (i.)
+tepere (i.)
epica
epica (f.)
epico
epico (a.)
ortoepico (a.)
epida
crepida (f.)
epido
intrepido (a.)
lepido (a.)
tepido (a.)
tiepido (a.)
trepido (i., a.)
epio
presepio (m.)
epito
crepito (i., m.)
decrepito (a., i.)
strepito (i., m.)
eplica
replica (f.)
eplice
molteplice (a.)
eplico
replico (t.)
eplo
peplo (m.)
epo
assiepo (t., r.)
crepo (i.)
impepo (t.)
strepo (i.)
epoca
epoca (f.)
epolo
condiscepolo (m.)
discepolo (m.)
screpolo (i., r., m.)
terracrepolo (m.)
epora
madrepora (f.)
epos
epos (m.)
eppa
ceppa (f.)
steppa (f.)
teppa (f.)
zeppa (f.)
eppe
seppe (t., i.)
eppero
seppero (t., i.)
eppi
seppi (t., i.)
eppia
cheppia (f.)
greppia (f.)
seppia (f.)
eppio
gheppio (m.)
ritreppio (m.)
seppio (t.)
eppo
acceppo (t.)
ceppo (m.)
greppo (m.)
inceppo (t.)
inzeppo (t.)
+leppo (m.)
rinzeppo (t., r.)
zeppo (t., a.)
eppola
+greppola (f.)
saeppola (f.)
eppolo
+saeppolo (m.)
epra
ginepra (f.)
epre
lepre (m., f.)
vepre (m.)
epro
ginepro (m.)
vepro (m.)
eprobo
reprobo (a., m.)
epsi
antisepsi (f.)
asepsi (f.)
epanalepsi (f.)
prolepsi (f.)
scepsi (f.)
sepsi (f.)
sillepsi (f.)
epsilon
epsilon (f.)
eptica
anatreptica (f.)
eptico
dispeptico (a.)
eupeptico (a.)
peptico (a.)
epto
adepto (m.)
epula
+epula (f.)
eputo
deputo (t.)
reputo (t., r.)
equidi
equidi (m. pl.)
equie
esequie (f. pl.)
requie (f.)

equio
ossequio (t., m.)
equo
adequo (t.)
equo (a., m.)
perequo (t.)
er
per (prep.)
+ver (prep.)
era
acetoliera (f.)
acquasantiera (f.)
adipocera (f.)
allumiera (f.)
ampolliera (f.)
antera (f.)
aranciera (f.)
archibusiera (f.)
argentiera (f.)
astiera (f.)
atmosfera (f.)
avanera (f.)
baiadera (f.)
baleniera (f.)
balestriera (f.)
bandiera (f.)
bandoliera (f.)
barbera (f.)
barbiera (f.)
barisfera (f.)
barriera (f.)
batisfera (f.)
+baviera (f.)
bigottiera (f.)
bombardiera (f.)
bomboniera (f.)
bottoniera (f.)
brughiera (f.)
bubboliera (f.)
bufera (f.)
caffettiera (f.)
caminiera (f.)
cannoniera (f.)
canottiera (f.)
cantafera (f.)
cantoniera (f.)
capelliera (f.)
capezziera (f.)
capinera (f.)
cappelliera (f.)
carbonera (f.)
carboniera (f.)
carniera (f.)
carriera (f.)
cartelliera (f.)
cartiera (f.)
cartucciera (f.)
cassiera (f.)
cavigliera (f.)
cera (f.)
cerniera (f.)
cervelliera (f.)
chimera (f.)
ciera (f.)
ciminiera (f.)
cioccolatiera (f.)
citroniera (f.)
colera (f.)
coltelliera (f.)
compostiera (f.)
confettiera (f.)
conigliera (f.)
controspalliera (f.)
controtorpediniera (f.)
cordiera (f.)
corriera (f.)
costiera (f.)
cremagliera (f.)
criniera (f.)
crociera (f.)
cromosfera (f.)
cucchiaiera (f.)
+cunziera (f.)
delfiniera (f.)
dentiera (f.)
era (f.)
ereditiera (f.)
fagianiera (f.)
ferriera (f.)
fiera (f.)
filiera (f.)
finanziera (f.)
foraggiera (f.)
forchettiera (f.)
formaggiera (f.)
fortiera (f.)
fotosfera (f.)
frontiera (f.)
fruttiera (f.)
fuciliera (f.)
fusiera (f.)
fusoliera (f.)
galera (f.)
gambiera (f.)
gelatiera (f.)
ghiera (f.)
giardiniera (f.)
giarrettiera (f.)
gomitiera (f.)
gorgiera (f.)
groppiera (f.)
groviera (f.)
gruera (f.)
gualchiera (f.)
guantiera (f.)
guardarobiera (f.)
idrosfera (f.)
insalatiera (f.)
lamiera (f.)
lattiera (f.)
leggiera (f.)
lettiera (f.)
litosfera (f.)
lumiera (f.)
madera (m.)
maniera (f.)
manonera (f.)
marniera (f.)
megera (f.)
mestoliera (f.)
miniera (f.)
mitragliera (f.)
+mogliera (f.)
mollettiera (f.)
mongolfiera (f.)
moschettiera (f.)
mostardiera (f.)
musoliera (f.)
nasiera (f.)
olliera (f.)
oosfera (f.)
orecchioniera (f.)
panattiera (f.)
panciera (f.)
paniera (f.)
pantera (f.)
paratiera (f.)
pattumiera (f.)
pedaliera (f.)
pegoliera (f.)
pennacchiera (f.)
pepiniera (f.)
pera (f.)

peschiera (f.)
petriera (f.)
petriliera (f.)
petroliera (f.)
pettiera (f.)
pettiniera (f.)
polveriera (f.)
portabandiera (m.)
portiera (f.)
+posoliera (f.)
preghiera (f.)
primavera (f.)
primiera (f.)
profumiera (f.)
raggiera (f.)
rasiera (f.)
rastrelliera (f.)
razziera(f.)
ringhiera (f)
riviera (f.)
rosoliera (f.)
sabbiera (f.)
saliera (f.)
salsiera (f.)
sandracchiera (f.)
saponiera (f.)
sardelliera (f.)
scacchiera (f.)
scalera (f.)
scalmiera (f.)
+scarriera (f.)
schiera (f.)
scogliera (f.)
scorzonera (f.)
sera (f.)
sfera (f.)
sicumera (f.)
+signera (f.)
sonagliera (f.)
sorbettiera (f.)
spalliera (f.)
specchiera (f.)
spennacchiera (f.)
spera (f.)
sputacchiera (f.)
stadera (f.)
stasera (avv.)
stratosfera (f.)
tabacchiera (f.)
tantafera (f.)
tastiera (f.)
teiera (f.)
testiera (f.)
tettiera (f.)
timoniera (f.)
tiritera (f.)
torbiera (f.)
torciera (f.)
torpediniera (f.)
+trecciera (f.)
triera (f.)
+trincera (f.)
tronfiera (f.)
troposfera (f.)
tubiera (f.)
uccelliera (f.)
vaporiera (f.)
+ventiera
ventriera (f.)
vera (f.)
versiera (f.)
vetriera (f.)
viera (f.)
visiera (f.)
zanzariera (f.)
zimbelliera (f.)
zuccheriera (f.)
zuppiera (f.)

erafo

+serafo (m.)

erano

gerano (m.)

erato

agerato (m.)

erba

cruciverba (m.)
erba (f.)
malerba (f.)

erbato

iperbato (m.)

erbe

centerbe (m.)
imberbe (a.)

erbero

cerbero (m.)
reverbero (t., i., r., m.)
riverbero (t., i., r.,m.)

erbia

superbia (f.)

erbice

+berbice (f.)

erbio

avverbio (m.)
diverbio (m.)
itterbio (m.)
proverbio (t., m.)
terbio (m.)

erbita

cicerbita (f.)

erbo

acerbo (a.)
disacerbo (t., r.)
esacerbo (t.)
inerbo (t.)
monoverbo (m.)
nerbo (t., m.)
riserbo (t., m.)
semiacerbo (a.)
serbo (t., r., m., a.)
snerbo (t., r.)
spunterbo (m.)
superbo (a., m.)
verbo (m.)

erbole

iperbole (f.)

erca

cerca (f.)
guttaperca (f.)
+noverca (f.)
ricerca (f.)

erce

merce (f.)
querce (f.)

erchia

cerchia (f.)
cicerchia (f.)

erchio

accerchio (t.)
cerchio (t., m.)
coperchio (m., +t)
incerchio (t., r.)
mezzocerchio (m.)
raccerchio (t.)
scoperchio (t.)
semicerchio (m.)
soperchio (i., t.)
soverchio (i., t., a., m.)
+superchio (m.)

ercia

quercia (f.)
sberchia (f.)

ercine
cercine (m.)
ercino
accercino (t.)
ercio
bercio (m., i.)
commercio (i., m.)
+gualercio (a.)
guercio (a., m.)
imbercio (t., m.)
lercio (a.)
rabbercio (t.)
sbercio (i.)
smercio (t., m.)
ercito
esercito (t., r., m.)
riesercito (t., r.)
erco
alterco (i., m.)
cerco (t., +m.)
+cherco (m.)
cisticerco (m.)
merco (t., i.)
ricerco (t.)
sterco (m.)
ercole
ercole (m.)
ercolo
fercolo (m.)
libercolo (m.)
opercolo (m.)
tubercolo (m.)
erda
merda (f.)
erde
grigioverde (m.)
sempreverde (a., m.)
verde (a., m.)
erdere
disperdere (t.)
perdere (t., r., i.)
riperdere (t.)
sperdere (t., r.)
straperdere (i.)
erdi
vinciperdi (m.)
erdita
perdita (f.)
erdo
acherdo (m.)
disperdo (t.)
perdo (t., i., r.)
riperdo (t.)
smerdo (t., r.)
sperdo (t., r.)
straperdo (i.)
ere
accadere (i.)
aerostiere (m.)
alabardiere (m.)
alfiere (m.)
alpiere (m.)
anghiere (m.)
animaliere (m.)
antivedere (t.)
appartenere (i., r.)
+appiacere (i.)
arazziere (m.)
archibigiere (m.)
arciere (m.)
argentiere (m.)
armiere (m.)
artiere (m.)
artificiere (m.)
artigliere (m.)
astenere (r.)
attenere (i., t.)
autiere (m.)
avere (t., m.)
aviere (m.)
avvalere (r.)
avvedere (r.)
avventuriere (m.)
baccelliere (m.)
baleniere (m.)
balestriere (m.)
bancarottiere (m.)
banchiere (m.)
barattiere (m.)
barbiere (m.)
+battagliere (m.)
battelliere (m.)
battezziere (m.)
balvedere (m.)
benvolere (m.)
bere (t., m.)
+berroviere (m.)
bersagliere (m.)
bettoliere (m.)
bicchiere (m.)
bigiottiere (m.)
bilanciere (m.)
biliardiere (m.)
biscazziere (m.)
+bisiliere (m.)
+boattiere (m.)
bombardiere (m.)
boraciere (m.)
bottigliere (m.)
bracchiere (m.)
bracciere (m.)
bracconiere (m.)
brachiere (m.)
braciere (m.)
brigadiere (m.)
brocchiere (m.)
bucaniere (m.)
budriere (m.)
cabotiere (m.)
cacciatorpediniere (m.)
cadere (i.)
caffettiere (m.)
calcoliere (m.)
calere (i.)
calmiere (m.)
cambusiere (m.)
cameriere (m.)
cammelliere (m.)
campiere (m.)
canattiere (m.)
cancelliere (m.)
candeliere (m.)
cannoniere (m.)
canottiere (m.)
cantiere (m.)
cantiniere (m.)
cantoniere (m.)
canzoniere (m.)
+capere (i.)
capogabbiere (m.)
capotimoniere (m.)
carabiniere (m.)
carceriere (m.)
carovaniere (m.)
carpentiere (m.)
carrettiere (m.)
carrozziere (m.)
casermiere (m.)
cassiere (m.)
catetere (m.)
cavaliere (m.)
cavalleggiero (m.)
celliere (m.)

cerimoniere (m.)
cerviere (a.)
chincagliere (m.)
+chiostriere (m.)
cioccolatiere (m.)
clistere (m.)
cocchiere (m.)
colombiere (m.)
compiacere (i.)
condolere (r.)
condottiere (m.)
conferenziere (m.)
confettiere (m.)
confetturiere (m.)
consigliere (m.)
contenere (t.)
contrabbandiere (m.)
controbelvedere (m.)
coppiere (m.)
corazziere (m.)
+cordovaniere (m.)
corriere (m.)
corsiere (m.)
costiere (m.)
costoliere (m.)
cotoniere (m.)
cratere (m.)
credenziere (m.)
cuciniere (m.)
damiere (m.)
daziere (m.)
decadere (i.)
destriere (m.)
detenere (t.)
disparere (m.)
dispensiere (m.)
dispiacere (i., m.)
dissuadere (t.)
disvolere (t.)
dicedere (i.)
doganiere (m.)
dolere (i., r.)
doppiere (m.)
dossiere (m.)
dovere (i., m.)
+drappiere (m.)
droghiere (m.)
elemosiniere (m.)
equivalere (i.)
fabbriciere (m.)
faccendiere (m.)
falconiere (m.)
fattucchiere (m.)
ferroviere (m.)
filandiere (m.)
filibustiere (m.)
finanziere (m.)
fiociniere (m.)
fontaniere (m.)
foraggiere (m.)
formichiere (m.)
forziere (m.)
fraschiere (m.)
fronboliere (m.)
fuciliere (m.)
furiere (m.)
gabbiere (m.)
gabelliere (m.)
+galdere (i.)
gazzettiere (m.)
gelatiere (m.)
geniere (m.)
giacere (i.)
gialdoniere (m.)
giardiniere (m.)
giocoliere (m.)
gioielliere (m.)
giustiziere (m.)
godere (m., t., r.)
gondoliere (m.)
gonfaloniere (m.)
granatiere (m.)
grancancelliere (m.)
grasciere (m.)
grossiere (m.)
guardabarriere (m.)
incensiere (m.)
infermiere (m.)
ingegnere (m.)
intrattenere (t., r.)
intravedere (t.)
intravvedere (t.)
invalere (i.)
lanciere (m.)
lattoniere (m.)
lavoriere (m.)
lettighiere (m.)
leviere (m.)
levriere (m.)
limiere (m.)
locandiere (m.)
lucerniere (m.)
madiere (m.)
magazziniere (m.)
+magoniere (m.)
malvolere (m.)
+maniere (a., m.)
mantenere (t., r.)
masnadiere (m.)
massetere (m.)
mazziere (m.)
medagliere (m.)
mesentere (m.)
messere (m.)
mestiere (m.)
minutiere (m.)
miserere (m.)
mitragliere (m.)
mobiliere (m.)
+molgere (t.)
monetiere (m.)
moschettiere (m.)
mossiere (m.)
mulattiere (m.)
munizioniere (m.)
navichiere (m.)
negriere (m.)
novelliere (m.)
orciere (m.)
origliere (m.)
orologiere (m.)
ospedaliere (a.)
ospitaliere (a.)
+ostiere (m.)
ottenere (t.)
paciere (m.)
palafreniere (m.)
palettiere (m.)
pallottoliere (m.)
palmiere (m.)
paltoniere (m.)
panettiere (m.)
paniere (m.)
parere (i., m.)
parrucchiere (m.)
pasticciere (m.)
+pavere (i.)
pellettiere (m.)
pellicciere (m.)
penitenziere (m.)
pennoniere (m.)
pensiere (m.)
permanere (i.)

persuadere (t., r.)
petardiere (m.)
petriere (a., m.)
petroliere (a., m.)
piacere (i., m.)
+piagentiere (m.)
picchiere (m.)
picconiere (m.)
pioniere (m.)
pittiere (m.)
piviere (m.)
podere (m.)
+poltroniere (m.)
+pomiere (m.)
pompiere (m.)
pontiere (m.)
pontoniere (m.)
poppiere (m.)
portiere (m.)
porzioniere (m.)
possedere (t.)
+postiere (m.)
potere (i., m.)
presedere (i.)
prevalere (i., r.)
prevedere (t.)
prodiere (a., m.)
profumiere (m.)
provvedere (t., i., r.)
provvisioniere (m.)
quagliere (m.)
quartiere (m.)
quartigliere (m.)
racchettiere (m.)
ragioniere (m.)
ramiere (m.)
ramponiere (m.)
ranciere (m.)
+rasiere (m.)
rattenere (t., r.)
ravvedere (r., t.)
refettoriere (m., a.)
riaccadere (i.)
riavere (t., r.)
ribere (t.)
ricadere (i.)
ridolere (i.)
rigattiere (m.)
rigodere (t.)
rimanere (i.)
+ripentere (i., r.)
ripossedere (t.)
riprovvedere (t.)
risapere (t.)
risedere (i.)
ritenere (t., r.)
rivalere (r.)
rivedere (t., r.)
rivolere (t.)
romanziere (m.)
rosticcere (m.)
rosticciere (m.)
saettiere (m.)
salottiere (a., m.)
salumiere (m.)
sapere (t., i., m.)
scacchiere (m.)
scadenziere (m.)
scadere (i.)
scardassiere (m.)
schiniere (m.)
scompiacere (t.)
scudiere (m.)
sedere (i., m.)
+segretiere (m.)
+sentiere (m.)
seraschiere (m.)
+sere (m.)
serraschiere (m.)
sestiere (m.)
sfintere (m.)
+sofferere (t., i.)
soggiacere (i.)
solere (i.)
somiere (m.)
+sopportiere (a., m.)
soprassedere (i.)
+soprattenere (t.)
+sortiere (m.)
sostenere (t., r.)
sottacere (t.)
sottobicchiere (m.)
+sparere (i.)
sparviere (m.)
spedaliere (a., m.)
spedizioniere (a.)
spiacere (i.)
sprovvedere (t., r.)
staffiere (m.)
stalliere (m.)
statere (m.)
stendardiere (m.)
strabere (i.)
+stradiere (m.)
stragodere (i.)
strapiacere (i.)
stravedere (i.)
stravolere (i.)
+strozziere (m.)
suadere (t.)
svolere (t.)
tacere (i., t.)
tagliere (m.)
+tamburiere (m.)
tappezziere (m.)
taverniere (m.)
tavoliere (m.)
temere (t., i.)
tenere (t., r.)
teniere (m.)
terrazziere (m.)
terriere (a.)
tesoriere (m.)
timoniere (m.)
torciere (m.)
torcoliere (m.)
torpediniere (m.)
torriere (m.)
trafiere (m.)
trampoliere (m.)
tranciere (m.)
trattenere (t., r.)
travedere (i., t.)
traviere (m.)
trocantere (m.)
trombettiere (m.)
unguentiere (m.)
uretere (m.)
usciere (m.)
+usuriere (m.)
valere (i., r.)
vedere (t., r.)
velacciere (m.)
vellutiere (m.)
venturiere (m.)
verziere (m.)
vicecancelliere (m.)
vinettiere (m.)
vivandiere (m.)
volere (t., m.)
zanzariere (m.)
zecchiere (m.)
zuccheriere (m.)

erebo
erebo (m.)
erebro
+cerebro (m.)
eremo
eremo (m.)
ereo
aereo (a., m.)
antiaereo (a.)
cereo (a.)
cinereo (a.)
contraereo (a.)
etereo (a.)
funereo (a.)
sidereo (a.)
vipereo (a.)
erere
+chierere (t.)
+concherere (t.)
+richerere (t.)
+richierere (t.)
eresi
aferesi (f.)
dieresi (f.)
isteresi (f.)
sinderesi (f.)
sineresi (f.)
eretro
feretro (m.)
erfido
perfido (a.)
erfluo
superfluo (a., m.)
erga
flamberga (f.)
ghimberga (f.)
stamberga (f.)
verga (f.)
ergamo
pergamo (m.)
erge
asperge (m.)
ergere
adergere (t.)
astergere (t.)
convergere (i.)
cospergere (t.)
detergere (t.)
dispergere (t.)
divergere (i.)
emergere (i.)
ergere (t.)
immergere (t.)
mergere (t.)
riemergere (i.)
sommergere (t., r.)
+spergere (t.)
tergere (t.)
vergere (i.)
erges
asperges (m.)
ergico
energico (a.)
ergine
aspergine (f.)
vergine (m., f., a.)
ergino
svergino (t.)
ergna
bergna (f.)
ergo
adergo (t.)
albergo (t., m.)
attergo (t., r.)
convergo (i.)
cospergo (t.)
detergo (t.)
divergo (i.)
emergo (i.)
ergo (t.)
esergo (m.)
gergo (m.)
immergo (t.)
invergo (t.)
+mergo (t., m.)
+osbergo (m.)
parergo (m.)
postergo (t.)
riemergo (i.)
rinvergo (t., i.)
+sbergo (m.)
smergo (m.)
sommergo (t., r.)
tergo (t., m.)
usbergo (m.)
vergo (t.)
ergola
pergola (f.)
vergola (f.)
ergolo
+bergolo (m.)
svergolo (i.)
vergolo (t.)
ergon
ergon (m.)
eri
altrieri (avv.)
avantieri (avv.)
cranteri (m. pl.)
guastamestieri (m.)
ieri (avv.)
malvolentieri (avv.)
peri (f.)
postieri (avv.)
scacciapensieri (m.)
volentieri (avv.)
volontieri (avv.)
eria
arteria (f.)
asteria (f.)
cattiveria (f.)
egeria (f.)
feria (f.)
maceria (f.)
materia (f.)
miseria (f.)
Liberia (f.)
erica
chierica (f.)
erica (f.)
teleferica (f.)
erico
+annerico (i.)
anticolerico (a.)
antidifterico (a.)
antisterico (a.)
atmosferico (a.)
batterico (a.)
cadaverico (a.)
chierico (m.)
chimerico (a.)
climaterico (a.)
colerico (a.)
collerico (a.)
craterico (a.)
dicasterico (a.)
difterico (a.)
dissenterico (a.)
emisferico (a.)
enterico (a.)
esoterico (a., m.)
essoterico (a.)
eterico (a.)

gastroenterico (a.)
generico (a.)
iberico (a.)
isomerico (a.)
isterico (a.)
itterico (a., m.)
mesenterico (a.)
neoterico (a., m.)
nerico (i.)
numerico (a.)
omerico (a.)
papaverico (a.)
periferico (a.)
polimerico (a.)
schierico (t., r.)
semisferico (a.)
serico (a.)
sferico (a.)
stratosferico (a.)
suberico (a.)

eride
efemeride (f.)
effemeride (f.)
gliceride (m.)
pieride (f.)

eridi
anteridi (m.)

erie
congerie (f.)
coprimiserie (m.)
inferie (f. pl.)
intemperie (f.)
serie (f.)
temperie (f.)

erile
sterile (a.)

erio
acroterio (m.)
adulterio (m.)
aerio (a.)
alessiterio (m.)
anoploterio (m.)
bacterio (m.)
batisferio (m.)
batterio (m.)
brontoterio (m.)
cacimperio (m.)
cauterio (m.)
cerio (m.)
cimmerio (a.)
criterio (m.)
deleterio (a.)
desiderio (m.)
dinoterio (m.)
+ditterio (m.)
elaterio (m.)
embaterio (a., m.)
emisferio (m.)
esperio (a.)
filatterio (m.)
galvanocauterio (m.)
imperio (m.)
improperio (m.)
ippoterio (m.)
magisterio (m.)
megaterio (m.)
mesenterio (m.)
pierio (a.)
pomerio (m.)
presbiterio (m.)
primicerio (m.)
puerperio (m.)
putiferio (m.)
refrigerio (m.)
+rimproverio (m.)
salterio (m.)
semiserio (a.)
serio (a., m.)
sferisterio (m.)
termocauterio (m.)
vituperio (m.)

eriplo
periplo (m.)

erito
benemerito (a.)
demerito (t., m.)
emerito (a.)
merito (t., m.)
perito (r.)
preterito (a., m.)
rimerito (t.)

erla
gerla (f.)
madreperla (f.)
perla (f.)
posterla (f.)
postierla (f.)
pusterla (f.)
verla (f.)

erlo
gerlo (m.)
imperlo (t., r.)
merlo (t., m.)
smerlo (t., i., m.)
sverlo (i.)

erma
sngiosperma (f.)
caserma (f.)
conferma (f.)
derma (m.)
echinoderma (m.)
erma (f.)
ferma (f.)
geroderma (m.)
ipoderma (m.)
pachiderma (m.)
periderma (m.)
perisperma (m.)
rafferma (f.)
riconferma (f.)
+riferma (f.)
scherma (f.)
terma (f.)
terraferma (f.)

erme
angiosperme (f. pl., a.)
germe (m.)
gimnosperme (f. pl.)
inerme (a.)
verme (m.)

ermes
alchermes (m.)
chermes (m.)

ermetro
ipermetro (a.)

ermica
geotermica (f.)

ermiche
isotermiche (f. pl.)

ermico
aerotermico (a.)
dermico (a.)
diatermico (a.)
endotermico (a.)
epidermico (a.)
esotermico (a.)
geotermico (a.)
ipodermico (a.)
isotermico (a.)
termico (a.)

ermide
epidermide (f.)

ermine
contermine (a., m.)
germine (m.)
mezzotermine (m.)
termine (m.)
ermino
determino (t.)
estermino (t.)
germino (i., t.)
predetermino (t.)
stermino (t.)
termino (t., i.)
ermisi
chermisi (m.)
ermite
termite (f.)
ermo
accasermo (t.)
affermo (t., r.)
confermo (t.)
ermo (a.)
fermo (t., r., pps., a.)
infermo (t., r., a., m.)
malfermo (a.)
palischermo (m.)
raffermo (t., r., pps., a.)
riaffermo (t.)
riconfermo (t.)
rinfermo (t., r.)
schermo (m., t.)
soffermo (t., r.)
ermos
termos (m.)
ermut
vermut (m.)
ermuta
permuta (f.)
ermuto
permuto (t.)
erna
antiferna (f.)
baderna (f.)
basterna (f.)
calaverna (f.)
caverna (f.)
cerna (f.)
cisterna (f.)
galaverna (f.)
giberna (f.)
lacerna (f.)
lanterna (f.)
lucerna (f.)
panterna (f.)
quaderna (f.)
quaterna (f.)
spaderna (f.)
taverna (f.)
terna (f.)
verna (f.)
ernere
cernere (t.)
concernere (t.)
+decernere (t.)
+dicernere (t.)
discernere (t.)
+prosternere (t., r.)
+ricernere (t.)
scernere (t.)
secernere (t.)
+sternere (t., i.)
ernia
+bernia (f.)
ernia (f.)
+sbernia (f.)
ernida
cernida (f.)
ernio
impernio (t.)
lettisternio (m.)
pernio (m.)
ernita
arciconfraternita (f.)
cernita (f.)
confraternita (f.)
erno
alterno (t., r., a.)
Averno (m.)
cerno (t.)
coeterno (a.)
concerno (t.)
costerno (t.)
derno (avv.)
discerno (t.)
duerno (m.)
esterno (a., m., t.)
eterno (t., r., a., m.)
falerno (m.)
fraterno (i., a.)
governo (t., r., m.)
incaverno (r.)
inferno (m.)
interno (t., r., a., m.)
inverno (m.)
malgoverno (m.)
materno (a.)
moderno (a., m.)
odierno (a.)
paterno (a.)
perno (m.)
piperno (m.)
prosterno (t., r.)
quaderno (m.)
quinterno (m.)
rammoderno (t.)
rigoverno (t.)
rimoderno (t., r.)
scerno (t.)
scherno (m.)
secerno (t.)
sempiterno (a.)
sgoverno (t., m.)
spaderno (m.)
squaderno (t., r.)
squinterno (t.)
sterno (m., +t., i.)
subalterno (a., m.)
superno (a.)
sverno (i.)
terno (a., m.)
verno (i., m.)
ero
acquartiero (t., r.)
alberghiero (a.)
albogalero (m.)
alighiero (m.)
altero (a.)
altiero (a.)
annero (t., i.)
appodero (t., r.)
armiero (m.)
austero (a.)
avvero (t., r.)
battagliero (a.)
battistero (a.)
boero (a., m.)
bolero (m.)
bombardiero (m.)
cabotiero (m.)
calmiero (m.)
capinero (m.)
cero (t., m.)
ciarliero (m., a.)
cimiero (m.)

cimitero (m.)
clero (m.)
condottiero (m.)
+cordigliero (m.)
corsiero (m.)
costiero (a.)
+daddovero (avv.)
davvero (avv.)
decastero (m.)
destriero (m.)
dicastero (m.)
dispero (i., r.)
emisfero (m.)
facocero (m.)
falanstero (m.)
fiero (a.)
forestiero (a., m.)
foriero (a.)
galero (m.)
giornaliero (a.)
guerriero (m.)
guerrigliero (m.)
imbandiero (t.)
imbarcadero (m.)
impero (i., m.)
incero (t., r.)
inforestiero (t., r.)
insincero (a.)
intero (a., m.)
intiero (a., m.)
invero (avv.)
+lacciero (a.)
lamiero (a.)
leggero (a.)
leggiero (a.)
lusinghiero (a.)
magistero (m.)
+maniero (m., a.)
manifatturiero (m.)
mattiniero (a.)
menzognero (a., m.)
mero (a.)
messaggiero (m.)
ministero (m.)
mistero (m.)
monastero (m.)
motoveliero (m.)
mulattiero (a.)
navichiero (m.)
negriero (a.)
nero (a., m.)
nocchiero (m.)
ovvero (cong.)
pampero (m.)
passeggiero (a., m.)
pensiero (m.)
peritero (m.)
pero (m.)
petriero (a., m.)
pioniero (m.)
planisfero (m.)
poppiero (a.)
prigioniero (a., m.)
primiero (a., m.)
prodiero (a., m.)
+psaltero (m.)
rannero (i., r.)
rasiero (t.)
+remiero (m.)
rispondiero (a.)
ritrincero (t., r.)
romanzero (m.)
romanziero (m.)
saltero (m.)
sampiero (a.)
sbandiero (i.)
sbicchiero (i.)
scarriero (i.)
schiero (t., i.)
semisfero (m.)
sendiero (m.)
sentiero (m.)
severo (a.)
siero (m.)
sincero (t., r., a., avv.)
sombrero (m.)
somiero (m.)
soprappensiero (avv.)
spaniero (t.)
sparviero (m.)
spero (t., i.)
squero (m.)
stero (m.)
straniero (a., m.)
stravero (a.)
timoniero (a.)
torero (m.)
trincero (t., r.)
troviero (m.)
ubero (a.)
ubiero (a.)
veliero (a., m.)
venturiero (m.)
veritiero (a.)
verniero (m.)
vero (a., m.)
zero (m.)

eroga
deroga (f.)

erogo
derogo (i.)
erogo (t.)

erono
doverono (i., t.)
cf. *pass. rem.* 2ª

erpa
serpa (f.)

erpe
serpe (f., m.)

erpera
puerpera (f.)

erpere
+discerpere (t.)
+scerpere (t.)
serpere (i.)

erpero
sperpero (t., m.)

erpete
erpete (m.)

erpetre
interpetre (m., f.)

erpetro
interpetro (t.)
perpetro (t.)

erpice
erpice (m.)

erpico
inerpico (i., r.)

erpo
scerpo (t.)
serpo (i.)
sterpo (t., m.)

erpolo
asserpolo (r.)
interpolo (t.)

erprete
interprete (m.)

erpreto
interpreto (t.)

erqua
serqua (f.)

erra
acerra (f.)
anteguerra (m.)
dopoguerra (m.)
foraterra (f.)
guerra (f.)
retroterra (m.)
serra (f.)
sferra (f.)
sierra (f.)
sotterra (avv.)
sottoterra (m., avv.)
terra (f.)
zappaterra (m.)
erre
amoerre (m.)
erre (f., m.)
+riscerre (t.)
scerre (t.)
+sofferre (t., i.)
sverre (t.)
erreo
ferreo (a.)
terreo (a.)
errimo
acerrimo (a.)
celeberrimo (a.)
integerrimo (a.)
miserrimo (a.)
pulcherrimo (a.)
saluberrimo (a.)
teterrimo (a.)
uberrimo (a.)
errito
imperterrito (a.)
erro
aberro (i.)
afferro (t., r.)
amoerro (m.)
atterro (t., i., +r.)
cerro (m.)
disserro (t., r.)
dissotterro (t.)
erro (i., t.)
ferro (t., m.)
inferro (r.)
interro (t., r.)
moerro (m.)
posaferro (m.)
riafferro (t., r.)
riatterro (t.)
riferro (t.)
rinferro (t., r.)
rinserro (t., r.)
rinterro (t., m.)
riserro (t.)
serro (t., i., r.)
sferro (t., r.)
sgherro (m.)
soliferro (m.)
sotterro (t.)
sterro (t., m.)
tagliaferro (m.)
toccaferro (m.)
verro (m.)
errogo
interrogo (t.)
ersa
+fersa (f.)
+gersa (f.)
persa (f.)
traversa (f.)
viceversa (avv.)
erse
aperse (t., r., i.)
asperse (t.)
converse (t., r.)
coperse (t., r.)
disperse (t.)
emerse (i.)
erse (t.)
offerse (t., r.)
perse (t., i., r.)
scerse (t.)
terse (t.)
erseco
interseco (t.)
ersero
apersero (t., r., i.)
aspersero (t.)
conversero (t., r.)
copersero (t., r.)
dispersero (t.)
emersero (i.)
ersero (t.)
scersero (t.)
offersero (t., r.)
persero (t., i., r.)
scersero (t.)
tersero (t.)
ersi
apersi (t., r., i.)
aspersi (t.)
conversi (t., r.)
copersi (t., r.)
dispersi (t.)
emersi (i.)
ersi (t.)
offersi (t., r.)
persi (t., i., r.)
scersi (t.)
tersi (t.)
cf. *verbi rifl.* 2ª.
ersia
controversia (f.)
persia (f.)
ersica
persica (f.)
ersico
persico (a., m.)
erso
asperso (pps.)
asterso (pps.)
attraverso (prep.)
avverso (a., prep.)
caporiverso (avv.)
capoverso (m.)
controverso (a.)
converso (i., pps., m.)
deterso (pps., a.)
disperso (pps., a., m.)
diverso (a.)
emerso (pps., a.)
everso (a.)
immerso (pps.)
imperverso (i.)
incontroverso (a.)
intraverso (t.)
inverso (a., prep.)
perso (pps., a.)
perverso (a., m.)
ravverso (t., r.)
riattraverso (t.)
ritraverso (t.)
riverso (t., r., pps., a., m.)
sommerso (pps., a.)
sperso (pps., a.)
tergiverso (i.)
terso (pps., a.)
trasverso (a.)
traverso (t., a., m., avv.)

universo (a., m.)
verso (t., r., m., prep.)
ersta
versta (f.)
erstite
superstite (a., m.)
erta
aperta (f.)
avanscoperta (f.)
avverta (t., i.)
berta (f.)
converta (t.)
coperta (f.)
erta (f.)
offerta (f.)
perverta (t.)
profferta (f.)
+ricoperta (f.)
scoperta (f.)
sopraccoperta (f.)
sottocoperta (f.)
trasferta (f.)
verta (f.)
ertano
avvertano (t., i.)
convertano (t.)
pervertano (t.)
erte
avverte (t., i.)
converte (a.)
inerte (a.)
perverte (t.)
solerte (a.)
verte (i.)
ertebra
vertebra (f.)
ertere
+avertere (t.)
controvertere (t.)
+convertere (t.)
invertere (t.)
+rivertere (t.)
vertere (i.)
erti
avverti (t., i.)
converti (t.)
escerti (m. pl.)
omerti (m.)
perverti (t.)
ertica
pertica (f.)
ertice
vertice (m.)
ertico
desertico (a.)
pertico (t.)
spertico (r.)
ertile
fertile (a.)
erto
accerto (t., r.)
aperto (pps., a.)
asserto (m., a.)
avverto (t., i.)
caffé-concerto (m.)
certo (a., avv., +i.)
concerto (t., m.)
conserto (t., pps., a., m.)
controverto (t.)
converto (t.)
coperto (pps., a., m.)
deserto (m.)
discoperto (pps., a.)
diserto (t., i., pps., a.)
disserto (i.)
diverto (t., r.)
erto (pps., a.)
esperto (a., m.)
incerto (a., m.)
inesperto (a.)
inserto (t., i., a., m.)
inverto (t.)
lacerto (m.)
liberto (m.)
malcerto (a.)
merto (t., m.)
offerto (pps., a.)
perverto (t.)
preavverto (t.)
preinserto (a.)
+proferto (pps., a., m.)
profferto (pps.)
raccerto (t., r.)
referto (i., m.)
reperto (pps., a., m.)
riavverto (t.)
riconverto (t., r.)
ricoperto (pps., a., m.)
rinverto (t.)
sberto (t.)
sconcerto (t., r., m.)
scoperto (pps., a., m.)
semiaperto (a.)
semicoperto (a.)
serto (m.)
sofferto (pps., a.)
sovverto (t.)
verto (i.)
ertono
avvertono (t., i.)
convertono (t.)
pervertono (t.)
ertola
lucertola (f.)
ertolo
lucertolo (m.)
ertono
vertono (i.)
erula
ferula (f.)
perula (f.)
erulo
cerulo (a.)
glomerulo (m.)
querulo (a.)
erva
caterva (f.)
conserva (f.)
riserva (f.)
serva (f., t., i., r.)
ervano
servano (t., i., r.)
erve
serve (t., i., r.)
verve (f.)
ervi
servi (t., i., r.)
erveo
nerveo (a.)
ervere
fervere (i.)
ervia
protervia (f.)
uninervia (a.)
ervido
fervido (a.)
ervio
impervio (a.)
+pervio (a.)
ervis
dervis (m.)

ervo
acervo (m.)
asservo (t., r.)
cervo (m.)
coacervo (t.)
conservo (t., m.)
dinervo (t.)
disservo (t.)
fervo (i.)
innervo (i.)
nervo (m.)
osservo (t.)
preservo (t.)
protervo (a.)
rinnervo (r.)
riosservo (t.)
riservo (t.)
salincervo (m.)
servo (t., i., r., m., a.)
snervo (t., r.)
ervono
servono (t., i., r.)
erza
+berza (f.)
+ferza (f.)
sferza (f.)
sverza (f.)
terza (f.)
verza (f.)
erzia
inerzia (f.)
solerzia (f.)
erzico
rinverzico (i.)
verzico (i.)
erzio
sesterzio (m.)
erzo
ferzo (m.)
interzo (t.)
rinterzo (t., i., m.)
rinverzo (t.)
scherzo (i., m.)
sferzo (t.)
sterzo (t., m.)
smerzo (t.)
terzo (num.)
esa
ascesa (f.)
attesa (f.)
chiesa (f.)
contesa (f.)
difesa (f.)
discesa (f.)
distesa (f.)
fesa (f.)
fresa (f.)
impresa (f.)
intesa (f.)
intrapresa (f.)
marchesa (f.)
offesa (f.)
pesa (f.)
presa (f.)
pretesa (f.)
resa (f.)
ripresa (f.)
scesa (f.)
sopraspesa (f.)
sorpresa (f.)
spesa (f.)
stesa (f.)
tesa (f.)
esamo
sesamo (m.)
esare
cesare (m.)
esbite
presbite (m., a.)
esca
+baldresca (f.)
beltresca (f.)
bertesca (f.)
corsesca (f.)
esca (f., i.)
fantesca (f.)
moresca (f.)
pesca (f.)
popolaresca (f.)
rinaldesca (f.)
saracinesca (f.)
scolaresca (f.)
soldatesca (f.)
studentesca (f.)
tresca (f.)
ventresca (f.)
zingaresca (f.)
escara
escara (f.)
esce
esce (i.)
pesce (m.)
spinapesce (f.)
escere
accrescere (t., r.)
crescere (i.)
decrescere (i.)
increscere (i.)
mescere (t.)
+quiescere (i.)
riaccrescere (t.)
ricrescere (i.)
rimescere (t.)
rincrescere (i.)
screscere (i.)
eschio
eschio (m.)
teschio (m.)
esci
esci (i.)
nesci (m.)
escia
prescia (f.)
rovescia (f.)
vescia (f.)
escico
svescico (t., r.)
escio
arrovescio (t., avv.)
biescio (a.)
caporovescio (avv.)
malescio (a.)
manrovescio (m.)
rovescio (a., r., t., m.)
schimbescio (a.)
sghimbescio (a.)
sovescio (t., i., m.)
svescio (t.)
escita
crescita (f.)
mescita (f.)
ricrescita (f.)
esco
accresco (t., r.)
adesco (t.)
affresco (t., m.)
aggrottesco (i.)
animalesco (a.)
arabesco (m.)
ariostesco (a.)
aristofanesco (a.)
arlecchinesco (a.)
artigianesco (a.)

asinesco (a.)
avvocatesco (a.)
bambinesco (a.)
barbaresco (a.)
barberesco (a.)
baronesco (a.)
battagliaresco (a.)
bernesco (a.)
birbantesco (a.)
birbesco (a.)
birbonesco (a.)
birresco (a.)
boccaccesco (a.)
bricconesco (a.)
brigantesco (a.)
buffonesco (a.)
burchiellesco (a.)
burlesco (a.)
cagnesco (a.)
cancelleresco (a.)
cardinalesco (a.)
carnascialesco (a.)
carnevalesco (a.)
cavalleresco (a.)
chisciottesco (a.)
cianesco (a.)
ciarlatanesco (a.)
cinquecentesco (a.)
cittadinesco (a.)
compagnesco (a.)
contadinesco (a.)
cordesco (a., m.)
cortigianesco (a.)
cosmatesco (a.)
cresco (i.)
curialesco (a.)
dantesco (a.)
decresco (i.)
desco (m.)
diavolesco (a.)
donchisciottesco (a.)
donnesco (a.)
dottoresco (a.)
dottrinesco (a.)
duchesco (a.)
elefantesco (a.)
epulonesco (a.)
esco (i.)
facchinesco (a.)
fanciullesco (a.)
faunesco (a.)
fellonesco (a.)
femminesco (a.)
filosofesco (a.)
francesco (a.)
fratesco (a.)
fresco (a., m.)
furbesco (a.)
furfantesco (a.)
gattesco (a.)
gendarmesco (a.)
gentilesco (a.)
ghiaccesco (a.)
gigantesco (a.)
giottesco (a.)
giovanesco (a.)
giullaresco (a.)
granchiesco (a.)
grechesco (a.)
grottesco (a., m.)
guerresco (a.)
guidalesco (a.)
imbertesco (t.)
incresco (i.)
inesco (t.)
innesco (t., m.)
intedesco (t., r.)
invesco (t., r.)
ladronesco (a.)
leonesco (a.)
liberalesco (a.)
libresco (a.)
lololesco (a.)
lombardesco (a.)
lupesco (a.)
machiavellesco (a.)
madrigalesco (a.)
maialesco (a.)
malandrinesco (a.)
mandarinesco (a.)
manesco (a.)
marinaresco (a.)
mariolesco (a.)
matrignesco (a.)
mercantesco (a.)
mesco (t.)
michelangiolesco (a.)
militaresco (a.)
monellesco (a.)
moresco (a.)
mulesco (a.)
nobilesco (a.)
nocepesco (m.)
notaresco (a.)
padronesco (a.)
pagliaccesco (a.)
pallesco (m.)
papesco (a.)
pappagallesco (a.)
pazzesco (a.)
pecoresco (a.)
pedantesco (a.)
pesco (t., i., m.)
petrarchesco (a.)
picaresco (a.)
pittoresco (a.)
poliziesco (a.)
poltronesco (a.)
popolaresco (a.)
popolesco (a.)
prelatesco (a.)
pretesco (a.)
principesco (a.)
provenzalesco (a.)
quattrocentesco (a.)
rabesco (m., t.)
raffaellesco (a.)
raffresco (i., t.)
ranocchiesco (a.)
riaccresco (t.)
ricresco (i.)
riesco (i.)
rimesco (t.)
rincresco (i.)
rinfresco (t., i., m.)
ripesco (t., m.)
rodomontesco (a.)
romanesco (a., m.)
romanzesco (a.)
satiresco (a.)
sbirresco (a.)
schiavesco (a.)
scimmiesco (a.)
scolaresco (a.)
scresco (i.)
secolaresco (a.)
segretariesco (a.)
servitoresco (a.)
settecentesco (a.)
signoresco (a.)
soldatesco (a.)
spagnolesco (a.)
studentesco (a.)

tartaresco (a., m.)
tedesco (a., m.)
temporalesco (a.)
tigresco (a.)
tirannesco (a.)
tizianesco (a.)
topesco (a.)
traditoresco (a.)
tresco (i.)
tribunalesco (a.)
tribunesco (a.)
turchesco (a.)
vetturalesco (a.)
villanesco (a.)
villesco (a.)
zannesco (a.)
zerbinesco (a.)
ziesco (a.)
zinganesco (a.)
zingaresco (a.)

escolo

frammescolo (t.)
mescolo (t., r., m.)
rimescolo (t., r., m.)
tramescolo (t.)

escono

escono (i.)

escovo

vescovo (m.)

ese

accese (t., r.)
albanese (a., m.)
alberese (m.)
albigese (m.)
allargatese (m.)
appese (t.)
arnese (m.)
arpese (m.)
banderese (m.)
bavarese (a., m.)
belpaese (m.)
bordolese (m.)
borghese (m.)
calcese (m.)
camaldolese (m.)
cassinese (a., m.)
celanese (m.)
chiese (t.)
chinese (a., m.)
cinabrese (m.)
cortese (a.)
crimenlese (m.)
difese (t., r.)
dipese (i.)
discortese (a.)
etnese (a.)
forese (a., m.)
francese (a., m.)
gallese (a., m.)
garrese (m.)
giapponese (a., m.)
giurese (a.)
inglese (a., m.)
laudese (m.)
lese (t., r.)
maggese (a., m.)
maionese (f.)
maltese (a., m.)
manganese (m.)
marchese (m.)
+marese (m.)
marsigliese (a., f.)
mese (m.)
modenese (a., m.)
paese (m.)
palese (a.)
palvese (m.)
pavese (m., a.)
pechinese (a.)
pennese (m.)
piemontese (a., m.)
pistolese (m.)
polonese (f.)
poppese (a.)
portoghese (a., m.)
prese (t.)
prodese (a., m.)
provese (a., m.)
razzese (m.)
recanatese (a., m.)
rese (t., r.)
sangiovese (a., m.)
scese (t., i.)
scortese (a., m.)
scozzese (a.)
serventese (m., f.)
siamese (a., m.)
sirventese (m., f.)
spese (t.)
svedese (a., m.)
tese (t., i.)
tirolese (a., m.)
tornese (m.)
turchese (f.)
ungherese (a., m.)
valdese (a., m.)

eseco

reseco (t.)

esero

accesero (t., r.)
appesero (t.)
chiesero (t.)
difesero (t., r.)
dipesero (i.)
lesero (t., r.)
presero (t.)
resero (t., r.)
scesero (t., i.)
spesero (t.)
tesero (t., i.)

esi

accesi (t., r.)
anamnesi (f.)
antesi (f.)
anticresi (f.)
antipiresi (f.)
anuresi (f.)
appesi (t.)
ascesi (f.)
cariocinesi (f.)
catacresi (f.)
catechesi (f.)
cenestesi (f.)
chiesi (t.)
cosmesi (f.)
diaforesi (f.)
difesi (t., r.)
dipesi (i.)
diuresi (f.)
ecocinesi (f.)
ematopoiesi (f.)
empoiesi (f.)
emeresi (f.)
esegesi (f.)
galattopoiesi (f.)
lesi (t., r.)
mimesi (f.)
paresi (f.)
presi (t.)
resi (t., r.)
scesi (t., i.)
sinestesi (f.)
spesi (t.)

tesi (f., t., i.)
tmesi (f.)

esia
ardesia (f.)
ecclesia (f.)
fresia (f.)
magnesia (f.)
sesia (f.)

esico
analgesico (a.)
iperalgesico (a.)
isomesico (a.)

eside
preside (m.)

esile
esile (a.)

esima
centesima (f.)
cresima (f.)
quadragesima (f.)
quaresima (f.)
quinquagesima (f.)
sessagesima (f.)
settuagesima (f.)
trigesima (f.)

esimo
arianesimo (m.)
battesimo (m.)
bramanesimo (m.)
cattolicesimo (m.)
centesimo (num.)
centomillesimo (num.)
cinquantesimo (num.)
cresimo (t.)
cristianesimo (m.)
diciannovesimo (num.)
diciassettesimo (num.)
diciottesimo (num.)
diecimillesimo (num.)
dodicesimo (num.)
ducentesimo (num.)
duecentesimo (num.)
ennesimo (a.)
feudalesimo (m.)
gentilesimo (m.)
germanesimo (m.)
immedesimo (t., r.)
incantesimo (m.)
infinitesimo (a., m.)
medesimo (a., m.)
milionesimo (a., m.)
millesimo (a., m.)
nestorianesimo (m.)
nonagesimo (num.)
novantesimo (num.)
novecentesimo (num.)
ottantesimo (num.)
ottocentesimo (num.)
paganesimo (m.)
pelagianesimo (m.)
protestantesimo (m.)
quadragesimo (num.)
quarantesimo (num.)
quattordicesimo (num.)
quattrocentesimo (num.)
quindicesimo (num.)
quinquagesimo (num.)
secentesimo (num.)
sedicesimo (num., m.)
sessagesimo (num.)
sessantesimo (num.)
settantesimo (num.)
settecentesimo (num.)
settuagesimo (num.)
toscanesimo (m.)
trecentesimo (num.)
tredicesimo (num.)
tremillesimo (num.)
trentaduesimo (num.)
trentesimo (num.)
trentunesimo (num.)
trigesimo (num.)
umanesimo (m.)
undicesimo (num.)
undicimillesimo (num.)
urbanesimo (m.)
ventesimo (m.)
venticinquesimo (num.)
ventiseesimo (num.)
ventunesimo (num.)
vigesimo (num.)

esina
gommoresina (f.)
lesina (f.)
resina (f.)

esine
polesine (m.)

esino
desino (i.)
lesino (i., t.)

esio
cesio (a., m.)
etesio (a., m.)
magnesio (m.)
vanesio (a.)

esis
diesis (m.)

esito
esito (i., t., m.)

esma
antidesma (m.)

esmo
penesmo (m.)

eso
acceso (pps., a.)
aleso (t.)
appaleso (t.)
appeso (pps.)
appreso (pps.)
arreso (pps.)
asceso (pps.)
beninteso (avv.)
bleso (a.)
compreso (pps., a.)
conteso (pps., a.)
contrappeso (t., m.)
difeso (pps., a.)
dipeso (pps.)
discosceso (a.)
disteso (pps., a.)
esteso (pps., a.)
freso (t.)
illeso (a.)
inatteso (a.)
incompreso (a.)
indifeso (a.)
inesteso (a.)
infranceso (t.)
inoffeso (a.)
inteso (pps., a.)
leso (pps., a.)
maggeso (t.)
malinteso (a., m.)
obeso (a.)
paleso (t., r.)
paveso (t.)
peso (i., t., r., m.)
preso (pps., a.)
preteso (pps., a.)
rappreso (pps., a.)
reso (pps., a.)

ripeso (t.)
ripreso (pps., a.)
sceso (pps., a.)
scosceso (pps., a.)
sfranceso (t., r.)
soppeso (t., m.)
sospeso (pps., a.)
sotteso (pps., a.)
sottinteso (pps., a.)
speso (t., pps.)
steso (pps., a.)
teso (t., pps., a.)
vilipeso (pps., a.)

esodo
esodo (m.)

esolo
desolo (t.)
+pesolo (a.)

espa
crespa (f.)
vespa (f.)

espero
espero (f., m.)
vespero (m.)

espico
incespico (i.)

espite
cespite (m.)

esplico
esplico (t.)

espo
accrespo (t.)
cespo (m.)
crespo (a., m.)
increspo (t., r.)
raccrespo (t., r.)
rincrespo (t., r.)

espola
nespola (f.)

espole
succianespole (m.)

espolo
nespolo (m.)
trespolo (m.)

espota
despota (m.)

espoto
adesposto (a.)
+despoto (m.)

espro
vespro (m.)

essa
abbadessa (f.)
ambessa (f.)
ancoressa (f.)
arciduchessa (f.)
articolessa (f.)
autorimessa (f.)
avvocatessa (f.)
badessa (f.)
baronessa (f.)
brachessa (f.)
cabessa (f.)
caldallessa (f.)
cavalieressa (f.)
compressa (f.)
contessa (f.)
corallessa (f.)
diaconessa (f.)
diavolessa (f.)
dogaressa (f.)
dottoressa (f.)
gradonessa (f.)
duchessa (f.)
elefantessa (f.)
essa (pron.)
fattoressa (f.)
+filatessa (f.)
gamberessa (f.)
generalessa (f.)
gigantessa (f.)
giudichessa (f.)
granduchessa (f.)
leonessa (f.)
medichessa (f.)
mercantessa (f.)
messa (f.)
musichessa (f.)
orchessa (f.)
ostessa (f.)
papessa (f.)
paressa (f.)
patronessa (f.)
pedantessa (f.)
pennellessa (f.)
piccaressa (f.)
piodessa (f.)
pitonessa (f.)
podestaressa (f.)
poemessa (f.)
poetessa (f.)
prefettessa (f.)
premessa (f.)
presidentessa (f.)
pressa (f.)
principessa (f.)
procuratessa (f.)
professoressa (f.)
profetessa (f.)
promessa (f.)
ressa (f.)
rimessa (f.)
sacerdotessa (f.)
satrapessa (f.)
scommessa (f.)
sovettessa (f.)
soppressa (f.)
teologhessa (f.)
ufficialessa (f.)
vanessa (f.)
viscontessa (f.)

esse
annesse (t.)
calesse (m., i.)
concesse (t.)
compresse (t.)
desse (t., r.)
diresse (t.)
disinteresse (m.)
eresse (t.)
esse (f., m., f. pl.)
interesse (m.)
lesse (t.)
licesse (i.)
lucesse (i.)
messe (f.)
precesse (t.)
predilesse (t.)
protesse (t.)
resse (t., i., r.)
riflesse (t., i., r.)
stesse (i.)
cf. *Cong. imperf.* 2ª.

essera
tessera (f.)

essere
benessere (m.)
contessere (t.)
essere (i., m.)
interessere (t.)
malessere (m.)
+pretessere (t.)
riessere (i.)

ritessere (t.)
scontessere (t.)
stessere (t.)
tessere (t.)

essero

annessero (t.)
compressero (t.)
concessero (t.)
dessero (t., r.)
diressero (t.)
eressero (t.)
lessero (t.)
licessero (i.)
lucessero (i.)
precessero (t.)
predilessero (t.)
protessero (t.)
ressero (t., r., i.)
riflessero (t., i., r.)
stessero (i.)
tessero (i.)
cf. *Cong. imperf.* 2ª.

essi

analessi (f.)
annessi (t.)
catalessi (f.)
compressi (t.)
concessi (t.)
dessi (t., r.)
diressi (t.)
eressi (t.)
lessi (t.)
metalessi (f.)
precessi (t.)
predilessi (t.)
prolessi (f.)
proparalessi (f.)
protessi (t.)
ressi (t., r., i.)
+resurressi (m.)
riflessi (t., i., r.)
sillessi (f.)
stessi (i.)
cf. *Cong. imperf.* 2ª.

essico

lessico (m.)

essile

flessile (a.)
sessile (a.)
tessile (a.)

essimo

dessimo (t., r.)
pessimo (a.)
stessimo (i.)
cf. *Cong. imperf.* 2ª.

essito

necessito (t.)

esso

accesso (m.)
adesso (avv.)
allesso (t., pps., avv., m.)
ammesso (pps., m.)
amplesso (m.)
annesso (pps., a., m.)
appresso (t., r., prep., avv.)
+arcipresso (m.)
ascesso (m.)
benespesso (avv.)
+besso (a.)
bompresso (m.)
cesso (i., m.)
cipresso (m.)
circonflesso (pps., a.)
cointeresso (t.)
commesso (pps., m.)
complesso (m.)
compossesso (m.)
compresso (pps.)
compromesso (pps., m.)
concesso (pps.)
confesso (t., a.)
congresso (m.)
connesso (pps., m.)
consesso (m.)
contesso (t.)
convesso (a.)
dappresso (avv.)
decesso (m.)
+defesso (a.)
depresso (pps., a.)
desso (pron.)
+devesso (a.)
dimesso (pps., a.)
dipresso (avv., prep.)
disconfesso (t.)
disinteresso (t., r.)
dismesso (pps., a.)
eccesso (m.)
egresso (m.)
espresso (pps., a., m.)
esprofesso (avv.)
esso (pron.)
ex professo (lat.)
fesso (pps., a.)
fidecommesso (m.)
frammesso (pps., m.)
genuflesso (pps., a.)
gesso (t., m.)
impossesso (r.)
impresso (pps., a.)
inacesso (a.)
incesso (m.)
inconcesso (a.)
inconfesso (a.)
indefesso (a.)
ingesso (t.)
ingresso (m.)
insuccesso (m.)
intercesso (pps.)
interesso (t.)
intermesso (pps., a.)
intesso (t.)
intramesso (m.)
introflesso (a.)
lesso (t., a., m.)
lunghesso (prep.)
malmesso (a.)
manomesso (pps., a.)
messo (pps., a., m.)
nesso (m.)
omesso (pps.)
oppresso (pps., a.)
ossesso (a., m.)
permesso (m.)
perplesso (a.)
plesso (m.)
possesso (m.)
precesso (pps., a.)
premesso (pps., a.)
presso (t., prep., avv.)
pretermesso (pps., a.)
processo (t., m.)
professo (t., r., pps., a., m.)
progresso (m.)
promesso (pps., a., m.)
recesso (m.)
regresso (m.)
represso (pps., a.)
+resurressso (m.)

retrocesso (pps., a.)
riconfesso (t.)
riflesso (pps., a., m.)
rilesso (t.)
rimesso (pps., a., m.)
rimpossesso (r.)
+risurresso (m.)
ritesso (t.)
scalesso (i.)
scommesso (pps., a.)
sconfesso (t.)
sconnesso (pps., a.)
sesso (m.)
smesso (pps., a.)
sommesso (pps., a.)
soppresso (t., pps.)
sottesso (prep.)
sottomesso (pps., a.)
spesso (a., avv.)
subingresso (m.)
successo (pps., a., m.)
tesso (t.)
+tramesso (m.)
trasmesso (pps., a.)
vesso (t.)

essola

sessola (f.)

est

est (m.)

esta

egresta (f.)
capotesta (m.)
cartapesta (f.)
celesta (f.)
cesta (f.)
chiesta (f.)
cresta (f.)
festa (f.)
foresta (f.)
gesta (f., pl.)
inchiesta (f.)
pesta (f.)
+presta (f.)
pretesta (f.)
protesta (f.)
questa (a., pron.)
resta (f.)
richiesta (f.)
sesta (f.)
siesta (f.)
tempesta (f.)
testa (f.)
vesta (f., t., r., i.)
vigesimasesta (f.)
zendavesta (m.)

estano

vestano (t., r., i.)

estasi

estasi (f.)

este

agreste (a.)
aveste (t.)
celeste (a.)
deste (t., r.)
doveste (i., t.)
guastafeste (m.)
peste (f.)
portaceste (m.)
sareste (i.)
seste (f. pl.)
sopravveste (f.)
sottoveste (f.)
teste (m.)
veste (f., t., r., i.)
cf. *Cond. pres., pass. rem.* 2ª, *Cong. imperfetto* 2ª.

estero

estero (a., m.)

esti

avesti (t.)
dovesti (i., t.)
questi (pron.)
stesti (i.)
saresti (i.)
vesti (t., r., i.)
cf. *Cond. pr., pass. rem.* 2ª.

estia

bestia (f.)
+granbestia (f.)
immodestia (f.)
malabestia (f.)
modestia (f.)
molestia (f.)
semibestia (f.)

estica

mestica (f.)

estico

addimestico (t.)
addomestico (t.)
anamnestico (a.)
anapestico (a.)
dimestico (t., a.)
domestico (t., a., m.)
mestico (t., i.)

estigo

investigo (t.)

estile

+testile (a.)

estimo

estimo (m.)

estio

imbestio (i., r.)

estito

prestito (m.)

esto

adonesto (t.)
agresto (m., +a.)
almagesto (m.)
ammesto (t.)
+ammonesto (t.)
anapesto (m.)
annesto (t.)
appesto (t., i.)
appresto (t., r.)
arresto (t., r., m.)
asbesto (m.)
assesto (t.)
attesto (t., r.)
bisesto (m., a.)
calpesto (t., a.)
cesto (m.)
chiesto (pps., a.)
codesto (a.)
congesto (a.)
conquesto (m.)
contesto (t., m., pps., a.)
coonesto (t.)
cotesto (a.)
desto (t., a., pps.)
detesto (t.)
digesto (m.)
disinnesto (t.)
disonesto (a., m., +t., +r.)
dispodesto (t.)
dissesto (t., m.)
emoinnesto (m.)
+esto (pron.)
+foresto (a.)
funesto (t., a.)

gesto (m.)
immodesto (a.)
impesto (t.)
impresto (t.)
incesto (m., r.)
indigesto (a.)
infesto (t., a.)
innesto (t., m.)
inonesto (a.)
intesto (t., r., a.)
investo (t., r.)
lesto (a., avv.)
manifesto (t., r., a., m.)
mesto (t., a.)
modesto (a.)
molesto (t., a.)
onesto (t., a., m.)
palinsesto (m.)
pesto (t., pps., a., m.)
presto (t., r., a., avv., +m.)
pretesto (i., m.)
protesto (i., t., r., m.)
questo (a., pron.)
rannesto (t.)
rassesto (t.)
regesto (m.)
resto (i., m.)
riassesto (t., r.)
ricalpesto (t.)
richiesto (pps., a.)
ridesto (t., r.)
rimesto (t.)
rinnesto (t., m.)
rinvesto (t.)
ripesto (m.)
ripresto (t.)
rivesto (t., r.)
+rubesto (a.)
sesto (num.)
soppesto (t., pps., a.)
svesto (t., r.)
tempesto (i., t.)
testo (i., m.)
tramesto (t., i.)
travesto (t., r.)
vesto (t., r., i.)

estola
cestola (f.)
mestola (f.)

estolo
mestolo (m.)

estono
vestono (t., r., i.)

estore
nestore (m.)

estra
balestra (f.)
canestra (f.)
controfinestra (f.)
destra (f.)
finestra (f.)
ginestra (f.)
lestra (f.)
minestra (f.)
orchestra (f.)
palestra (f.)
sopraffinestra (f.)

estre
alpestre (a.)
bimestre (m.)
campestre (a.)
equestre (a.)
mangiaminestre (m.)
pedestre (a.)
quadrimestre (m.)
rupestre (a.)
scannaminestre (m.)
semestre (m.)
settimestre (a.)
silvestre (a.)
terrestre (a.)
trimestre (m.)

estrica
orchestrica (f.)

estrion
orchestrion (m.)

estro
addestro (t.)
+alpestro (a.)
ambidestro (a.)
balestro (t., i., m.)
calestro (m.)
canestro (m.)
capestro (m.)
cestro (m.)
cilestro (a.)
defenestro (t.)
destro (a., m.)
estro (m.)
galestro (m.)
gestro (m.)
grammaestro (m.)
incapestro (t., r.)
infinestro (t.)
malestro (m.)
minestro (i.)
navalestro (m.)
orchestro (t.)
pallacanestro (f.)
protomaestro (m.)
risequestro (t.)
sbalestro (i., t., r.)
sequestro (t., m.)

estruo
+malestruo (a.)

estua
questua (f.)

estuo
questuo (i.)

estupla
sestupla (f.)

estuplo
sestuplo (a.)

esule
esule (m., a.)
presule (m.)

esulo
esulo (i.)

et
crociatèt (m.)
fernèt (m.)

eta
acereta (f.)
agoreta (f.)
albereta (f.)
alfabeta (f.)
anacoreta (m.)
analfabeta (m.)
asceta (m.)
atleta (m.)
auleta (m.)
cometa (f.)
compieta (f.)
creta (f.)
dieta (f.)
esegeta (m.)
esteta (m.)
felceta (f.)
grasceta (f.)
macrocheta (f.)
maratoneta (m.)

meta (f., m.)
mofeta (f.)
moneta (f.)
peseta (f.)
pianeta (m., f.)
+pieta (f.)
pineta (f.)
poeta (m.)
profeta (m.)
prosseneta (m.)
pseudoprofeta (m.)
querceta (f.)
segreta (f.)
semipoeta (m.)
seta (f.)
spirocheta (m.)
sughereta (f.)
tesmoteta (m.)
zeta (f.)

etalo

apetalo (a.)
dialipetalo (a., f.)
dipetalo (a.)
gamopetalo (a.)
monopetalo (a.)
petalo (m.)
unipetalo (a.)

etano

tetano (m.)

etaso

petaso (m.)

ete

abete (m.)
ammocete (m.)
arciprete (m.)
ariete (m.)
avete (t.)
avrete (t.)
cambiamonete (m.)
catete m.)
diabete (m.)
dovete (i., t.)
elettromagnete (m.)
esegete (m.)
falsamonete (m.)
gamete (m.)
lebete (m.)
magnete (m.)
musagete (a.)
parete (f., i.)
poliorcete (a., m.)
portamonete (m.)
potete (i.)
prete (m.)
quiete (f.)
rete (f.)
salvete (lat.)
sarete (i.)
schete (f.)
sedete (i.)
sete (f.)
siete (i.)
tagliarete (m.)
cf. *Ind. fut.*, *Ind. pres.* 2ª, *Imp. fut.*

etel

betel (m.)

etera

+cetera (f.)
eccetera (m.)

etere

competere (i.)
etere (m.)
mietere (t.)
+petere (t.)
ripetere (t., r.)

eti

doceti (m. pl.)
mangiapreti (m.)
saccaromiceti (m. pl.)
schizomiceti (m. pl.)
spermaceti (m. pl.)
strozzapreti (a.)

etica

apologetica (f.)
aritmetica (f.)
ascetica (f.)
atletica (f.)
catechetica (f.)
cinegetica (f.)
cinetica (f.)
cosmetica (f.)
dietetica (f.)
energetica (f.)
estetica (f.)
etica (f.)
fonetica (f.)
genetica (f.)
pelletica (f.)
pietica (f.)
poetica (f.)
teoretica (f.)
+zaffetica (f.)

etico

acetico (a.)
acinetico (a.)
alfabetico (a.)
aloetico (a.)
anacoretico (a.)
anestetico (a., m.)
antidiabetico (a.)
entiemetico (a.)
antipiretico (a.)
antipoetico (a.)
antitetico (a.)
apiretico (a.)
apologetico (a.)
aritmetico (a.)
ascetico (a.)
atletico (a.)
biogenetico (a.)
bisbetico (a., m.)
cardiocinetico (a.)
cinegetico (a.)
cinestetico (a.)
cosmetico (a., m.)
cosmotetico (a.)
diabetico (a.)
dietetico (a.)
+diletico (m.)
diuretico (a., m.)
elettromagnetico (a.)
elvetico (a.)
ematopoietico (a.)
emetico (a., m.)
emopoietico (a.)
emporetico (a.)
energetico (a.)
eretico (a., m.)
ermetico (a.)
erpetico (a., m.)
esegetico (a.)
estetico (a., m.)
etico (a., m.)
eugenetico (a.)
fernetico (i., a., m.)
fonetico (a.)
fotogenetico (a.)
frenetico (a.)
galattopoietico (a.)
genetico (a.)
geodetico (a.)
ipotetico (a.)

letico (i.)
luetico (a.)
magnetico (a.)
mimetico (a.)
mofetico (a.)
omiletico (a.)
paramagnetico (a.)
parenetico (a.)
paritetico (a.)
+parletico (m.)
patetico (a.)
peripatetico (a., m.)
poetico (a., m.)
profetico (a.)
prossenetico (m.)
protetico (a.)
retico (a.)
segnaletico (a.)
semipoetico (a.)
sincretico (a.)
singenetico (a.)
sintetico (a.)
solletico (t., m.)
splenetico (a.)
teoretico (a.)
zetetico (a.)

etido

fetido (a.)

etimo

etimo (m.)

etipo

archetipo (m.)

etnico

etnico (a.)

eto

etnico (a.)

eto

abaceto (m.)
accheto (t., r.)
acereto (m.)
aceto (t., m.)
acquieto (t., r.)
agrumeto (m.)
albereto (m.)
alboreto (m.)
alfabeto (m.)
allieto (t., r.)
ammeto (t.)
amuleto (m.)
aneto (m.)
aranceto (m.)
arreto (t.)
asparageto (m.)
asseto (t.)
+assueto (a.)
boleto (m.)
canneto (m.)
cardeto (m.)
carpineto (m.)
castagneto (m.)
cateto (m.)
cerreto (m.)
ceto (m.)
cheto (t., a.)
cipresseto (m.)
competo (i.)
completo (t., a., m.)
concreto (t., a., m.)
consueto (a.)
criceto (m.)
decreto (t., m.)
desueto (a.)
diavoleto (m.)
discreto (a., m.)
disseto (t.)
dissueto (a.)
divieto (m.)
dumeto (m.)
elceto (m.)
equiseto (m.)
+esoleto (a.)
faceto (a.)
faveto (m.)
feto (m.)
forteto (m.)
fragoleto (m.)
frassineto (m.)
frutteto (m.)
gelseto (m.)
geto (m.)
ghiareto (m.)
giglieto (m.)
ginepreto (m.)
ginestreto (m.)
giuncheto (m.)
greto (m.)
immansueto (a.)
incompleto (a.)
inconsueto (a.)
indiscreto (a., m.)
inquieto (t., r., a.)
insueto (a.)
irrequieto (a.)
laureto (m.)
lecceto (m.)
lieto (a.)
locupleto (t.)
macereto (m.)
mandorleto (m.)
mansueto (a.)
marroneto (m.)
marrucheto (m.)
masseto (m.)
meleto (m.)
mieto (t.)
minareto (m.)
mirteto (m.)
moneto (t.)
noceto (m.)
obsoleto (a.)
oliveto (m.)
ontaneto (m.)
orvieto (m.)
paglieto (m.)
palmeto (m.)
Paracleto (m.)
peto (m.)
pineto (m.)
pioppeto (m.)
poeto (i.)
pollometo (m.)
pometo (m.)
profeto (t.)
pruneto (m.)
querceto (m.)
queto (a.)
quieto (t., r., a.)
raccheto (t., r.)
racqueto (t., r.)
racquieto (t., r.)
ravaneto (m.)
repleto (a.)
reto (t., i.)
+rieto (avv.)
ripeto (t., r.)
roseto (m.)
rovereto (m.)
roveto (m.)
roviglieto (m.)
salceto (m.)
saliceto (m.)
sangioveto (a., m.)
sasseto (m.)

scompleto (t., a.)
secreto (t., a., m., pps.)
sepolcreto (m.)
sottaceto (m.)
spineto (m.)
spoeto (t., i., r.)
spreto (r., m.)
sterpeto (m.)
sughereto (m.)
talleto (m.)
tappeto (t., m.)
trapeto (m.)
uliveto (m.)
vespeto (m.)
veto (m.)
vieto (t., a.)
vigneto (m.)
vincheto (m.)

etodo
metodo (m.)

etola
barbabietola (f.)
bietola (f.)
gretola (f.)
setola (f.)

etolo
setolo (t.)
sgretolo (t., r.)

etopa
metopa (f.)

etora
pletora (f.)

etore
retore (m.)

etra
cetra (f.)
etra (m.)
faretra (f.)
pietra (f.)

etre
spaccapietre (m.)
tagliapietre (m.)

etrica
metrica (f.)

etrice
vetrice (m.)

etrico
altimetrico (a.)
antropometrico (a.)
asimmetrico (a.)
barometrico (a.)
batometrico (a.)
chilometrico (a.)
dimetrico (a.)
geometrico (a.)
idrometrico (a.)
igrometrico (a.)
ipsometrico (a.)
isobarometrico (a.)
monometrico (a.)
metrico (a.)
micrometrico (a.)
monometrico (a.)
ostetrico (a., m.)
perimetrico (a.)
piezometrico (a.)
planimetrico (a.)
pluviometrico (a.)
polimetrico (a.)
scheletrico (a.)
simmetrico (a.)
stereometrico (a.)
telemetrico (a.)
termometrico (a.)
trigonometrico (a.)
trimetrico (a.)

etride
auletride (f.)

etrio
invetrio (t.)

etro
addietro (avv.)
arretro (t., r., i.)
dietro (prep., avv.)
+diretro (avv., prep.)
impetro (t., i.)
impietro (t.)
indietro (avv.)
metro (m.)
Pietro (m.)
piretro (m.)
retro (avv.)
spetro (t.)
spietro (t.)
tetro (a.)
vetro (m.)

etrodo
tetrodo (m.)

etrope
emmetrope (a.)
ipermetrope (m., f.)
ipometrope (m., f.)

etropo
ipermetropo (a.)
ipometropo (a.)

etta
accetta (f.)
acquetta (f.)
aletta (f.)
alietta (f.)
ambretta (f.)
ambrogetta (f.)
ancoretta (f.)
anisetta (f.)
arietta (f.)
bacchetta (f.)
baietta (f.)
baionetta (f.)
barbetta (f.)
barchetta (f.)
barletta (f.)
barzelletta (f.)
basetta (f.)
bassetta (f.)
bavetta (f.)
belletta (f.)
berretta (f.)
betta (f.)
bicicletta (f.)
bietta (f.)
bocchetta (f.)
bolletta (f.)
bombetta (f.)
borsetta (f.)
brachetta (f.)
buchetta (f.)
bulletta (f.)
buretta (f.)
burletta (f.)
cabaletta (f.)
cagnetta (f.)
caletta (f.)
camicetta (f.)
canapetta (f.)
cannetta (f.)
canzonetta (f.)
caposetta (m.)
cappetta (f.)
carretta (f.)
cassetta (f.)
castagnetta (f.)
cavalletta (f.)
ceretta (f.)

chiavetta (f.)
chiesetta (f.)
civetta (f.)
codetta (f.)
colletta (f.)
coppetta (f.)
cornetta (f.)
corvetta (f.)
costoletta (f.)
cotoletta (f.)
crochetta (f.)
cuccetta (f.)
cunetta (f.)
curasnetta (f.)
detta (f.)
disdetta (f.)
distretta (f.)
divetta (f.)
doppietta (f.)
egretta (f.)
eletta (f.)
etichetta (f.)
faccetta (f.)
falangetta (f.)
falchetta (f.)
farfalletta (f.)
fascetta (f.)
fernetta (f.)
fetta (f.)
fianchetta (f.)
foglietta (f.)
forchetta (f.)
formaggetta (f.)
forosetta (f.)
fossetta (f.)
frangetta (f.)
fraschetta (f.)
fretta (f.)
galletta (f.)
gavetta (f.)
gazzetta (f.)
ghetta (f.)
giacchetta (f.)
giaconetta (f.)
giannetta (f.)
girometta (f.)
goletta (f.)
grisetta (f.)
incetta (f.)
lametta (f.)
lancetta (f.)
letta (f.)
linguetta (f.)
lunetta (f.)
macchietta (f.)
maglietta (f.)
maledetta (f.)
manetta (f.)
manichetta (f.)
mantelletta (f.)
maretta (f.)
marionetta (f.)
marmetta (f.)
maschietta (f.)
medaglietta (f.)
melletta (f.)
mezzetta (f.)
morsetta (f.)
motocarrozzetta (f.)
motocicletta (f.)
mozzetta (f.)
musetta (f.)
musichetta (f.)
navetta (f.)
nocetta (f.)
olandetta (f.)
olivetta (f.)
operetta (f.)
orecchietta (f.)
paglietta (f.)
paletta (f.)
palletta (f.)
pancetta (f.)
pastetta (f.)
pecetta (f.)
pinzetta (f.)
pirocorvetta (f.)
piroetta (f.)
piroletta (f.)
piumetta (f.)
pletta (f.)
polpetta (f.)
poppetta (f.)
porchetta (f.)
pozzetta (f.)
provetta (f.)
racchetta (f.)
radichetta (f.)
ranetta (f.)
raschietta (f.)
reggetta (f.)
reginetta (f.)
retta (f.)
ricetta (f.)
righinetta (f.)
rocchetta (f.)
rosetta (f.)
ruchetta (f.)
ruschetta (f.)
sacchetta (f.)
saetta (f.)
salvietta (f.)
saponetta (f.)
sbarretta (f.)
scaglietta (f.)
scaletta (f.)
scopetta (f.)
seggetta (f.)
seghetta (f.)
semiretta (f.)
serretta (f.)
servetta (f.)
setta (f.)
sigaretta (f.)
soletta (f.)
spagnoletta (f.)
spalletta (f.)
spighetta (f.)
spinetta (f.)
spolettta (f.)
spranghetta (f.)
staffetta (f.)
stanghetta (f.)
stelletta (f.)
stretta (f.)
suffragetta (f.)
tavoletta (f.)
tazzetta (f.)
teletta (f.)
terzetta (f.)
toletta (f.)
tolletta (f.)
torretta (f.)
tripletta (f.)
trombetta (f., m.)
ulivetta (f.)
vacchetta (f.)
vedetta (f.)
vedretta (f.)
veletta (f.)
vendetta (f.)
violetta (f.)
virgoletta (f.)

voglietta (f.)
zecchinetta (f.)
ettare
nettare (m.)
ettaro
ettaro (m.)
ette
ammazzasette (m.)
dette (t., r.)
diciassette (num.)
dovette (i., t.)
ette (m.)
garzette (f. pl.)
gaschette (f. pl.)
manette (f. pl.)
pandette (f. pl.)
portasigarette (m.)
sette (num.)
stette (i.)
tresette (m.)
tressette (m.)
ventisette (num.)
votacassette (m.)
cf. *pass. rem.* 2ª.
ettera
lettera (f.)
ettere
+accommettere (t.)
ammettere (t.)
annettere (t.)
calcalettere (m.)
circonflettere (t.)
commettere (t.)
+complettere (t.)
compromettere (t.)
connettere (t.)
connettere (t.)
copialettere (m.)
deflettere (i.)
dimettere (t., r.)
discommettere (t.)
dismettere (t.)
emettere (t.)
flettere (t.)
frammettere (t., r.)
genuflettere (r., i.)
immettere (t.)
inflettere (t., r.)
inframmettere (t., r.)
intermettere (t., r.)
intromettere (t., r.)
manimettere (t.)
manomettere (t.)
mettere (t., r., i.)
omettere (t.)
permettere (t.)
portalettere (m.)
premettere (t.)
pretermettere (t.)
promettere (t.)
riconnettere (t.)
riflettere (t., r.)
rimettere (t., r.)
ripromettere (t., r.)
risottomettere (t., r.)
scommettere (t.)
sconnettere (t.)
smettere (t.)
sommettere (t.)
soprammettere (t.)
sottomettere (t., r.)
spromettere (t.)
tramettere (t.)
trasmettere (t.)
ettero
+alettero (t.)
dettero (t., r.)
dovettero (i., t.)
stettero (i.)
cf. *pass. rem.* 2ª.
etti
analetti (m., pl.)
detti (t., r.)
dovetti (i., t.)
minghetti (m.)
recolletti (m. pl.)
stetti (i.)
cf. *pass. rem.* 2ª.
ettica
dialettica (f.)
ettico
acatalettico (a.)
antisettico (a.)
apopletico (a.)
asettico (a.)
cachettico (a.)
catalettico (a.)
dialettico (a.)
eccletico (a.)
eclettico (a., m.)
epilettico (a., m.)
ipercatalettico (a.)
pirettico (a.)
procatalettico (a.)
prospettico (a.)
scettico (a., m.)
settico (a.)
ettile
proiettile (m.)
rettile (m., a.)
suppellettile (f.)
ettima
settima (f.)
ettimo
settimo (num.)
ettine
pettine (m.)
ettino
pettino (t., r.)
schettino (i., m.)
spettino (t.)
ettito
gettito (m.)
etto
abbietto (a.)
abietto (a.)
accappietto (t.)
accapretto (t.)
accetto (t., a.)
accivetto (t.)
acerbetto (a.)
addetto (a., m.)
affaccetto (t.)
affetto (t., a., m.)
affiletto (t.)
affretto (t., r.)
aggetto (i., m.)
aghetto (t., m.)
aglietto (m.)
agretto (a.)
allegretto (a.)
alletto (t., r.)
allucchetto (t.)
amaretto (a.)
ammanetto (t.)
ammetto (t.)
amoretto (m.)
annetto (t., m.)
antedetto (a., m.)
anzidetto (a.)
anzipetto (m.)
appacchetto (t.)
appanetto (t.)

appetto (i., t., avv., prep.)
appieghetto (t.)
appietto (avv.)
appretto (t., m.)
archetto (m.)
architetto (t., m.)
aspetto (t., m.)
aspretto (a.)
assaetto (i., r.)
assetto (t., r., m.)
assoggetto (t., r.)
astretto (pps., a.)
bacchetto (t., m.)
bacinetto (m.)
balbetto (i., t.)
balletto (i., m.)
banchetto (i., m.)
barchetto (m.)
baronetto (m.)
barzelletto (i.)
bassetto (m.)
battipetto (m.)
becchetto (m.)
belletto (m.)
benaccetto (a.)
benaffetto (a.)
benedetto (a.)
berretto (m.)
biadetto (a., m.)
bianchetto (m.)
+bidetto (m.)
biglietto (m.)
bilbocchetto (m.)
billochetto (m.)
bischetto (m.)
bombetto (i.)
bonetto (m.)
boschetto (m.)
bozzetto (m.)
braccetto (m.)
braccialetto (m.)
+bretto (a.)
brevetto (t., m.)
brocchetto (m.)
brodetto (m.)
broletto (m.)
buffetto (a.)
bussetto (m.)
cacazibetto (m.)
cadetto (m., a.)
calamaretto (m.)
cancetto (m.)
caletto (t., i.)
caminetto (m.)
canaletto (m.)
capetto (m.)
capoletto (m.)
cappelletto (m.)
capretto (m.)
carbonetto (m.)
carretto (m.)
casca-in-petto (m.)
casseretto (m.)
cassetto (m.)
castelletto (m.)
cataletto (m.)
cavalletto (m.)
cavetto (m.)
cerchietto (t., m.)
cervelletto (m.)
chiaretto (a.)
chiassetto (m.)
cianchetto (i.)
cicchetto (m.)
cinguetto (i.)
circonfletto (t.)
circospetto (a.)
circospetto (a.)
civetto (i.)
claretto (m.)
clarinetto (m.)
collotto (t., m.)
commetto (t.)
comprometto (t.)
concetto (pps., m.)
confetto (t., m.)
connetto (t.)
controprogetto (m.)
cordonetto (m.)
coretto (m.)
cornetto (m.)
corpetto (m.)
corretto (pps., a., avv.)
corsaletto (m.)
corsetto (m.)
corvetto (i.)
coscetto (m.)
cosiddetto (a.)
cospetto (m.)
costretto (pps., a.)
cretto (i., m.)
crocetto (m.)
cuscinetto (m.)
damaschetto (m.)
+decetto (a.)
defletto (i.)
deletto (t., r.)
demonietto (m.)
deschetto (m.)
detto (t., pps., a.)
dialetto (m.)
diavoletto (m.)
difetto (i., m.)
diletto (t., r., m., a.)
dimetto (t., r.)
diretto (pps., a., m.)
dirimpetto (prep., avv.)
disaccetto (a.)
discommetto (t.)
disdetto (pps., a.)
disinfetto (t.)
dismetto (t.)
dispetto (m., +a., +t.)
distretto (pps., a., m.)
dobletto (m.)
dolcetto (a., m.)
dragonetto (m.)
duetto (m.)
duretto (a.)
eccetto (prep.)
effetto (m.)
eletto (pps., a., m.)
emetto (t.)
eretto (pps., a.)
etto (m.)
faccetto (t.)
falconetto (m.)
falsetto (m.)
farsetto (m.)
fazzoletto (m.)
ferraietto (m.)
ferretto (m.)
fianchetto (m.)
filetto (t., m.)
fiocchetto (t.)
fioretto (t., m.)
fischietto (t., i., m.)
foglietto (m.)
folletto (a., m.)
forchetto (m.)
frammetto (t., r.)

fretto (t.)
fumetto (m.)
furetto (m.)
fusetto (m.)
gabinetto (m.)
gagliardetto (m.)
+gaietto (a.)
galletto (m.)
gambetto (m., i.)
garetto (m.)
garretto (m.)
genufletto (i., r.)
gessetto (m.)
getto (t., r., m.)
ghetto (m.)
giacchetto (m.)
giaietto (m.)
gialletto (a.)
giannetto (m.)
giardinetto (m.)
+gibetto (m.)
ginnetto (m.)
ginocchietto (m.)
giochetto (m.)
girelletto (m.)
giretto (m.)
giubetto (m.)
goffetto (m.)
goletto (m.)
golfetto (m.)
gradetto (m.)
graffietto (m.)
grassetto (a., m.)
grechetto (m.)
gretto (a.)
grigietto (a.)
grilletto (i., m.)
gruppetto (m.)
guancialetto (m.)
guazzetto (m.)
iachetto (m.)
ietto (t.)
imbelletto (t.)
imberretto (t., r.)
imbietto (t., r.)
imbrachetto (t.)
imbulletto (t.)
immetto (t.)
impacchetto (t.)
impecetto (t.)
imperfetto (a.)
incetto (t.)
indetto (t., r., pps.)
indiretto (a.)
inetto (a.)
infetto (t., r., a.)
infletto (t., r.)
inframmetto (t., r.)
inietto (t.)
insetto (m.)
intelletto (m.)
intercetto (t., a.)
interdetto (m., pps., a.)
intermetto (t., r.)
intrometto (t., r.)
larghetto (m.)
lazzaretto (m.)
letto (pps., m.)
libretto (m.)
linguetto (i.)
lisetto (m.)
lucchetto (m.)
lunghetto (a.)
macchietto (t.)
maglietto (m.)
maledetto (pps., a.)
+maltolletto (m.)
manicaretto (m.)
manichetto (m.)
manimetto (t.)
+manoletto (m.)
manometto (t.)
martinetto (m.)
maschietto (m., t.)
mastietto (t., m.)
mazzetto (m.)
merletto (t., m.)
metto (t., r., i.)
micheletto (m.)
minuetto (m.)
moccoletto (m.)
monachetto (m.)
morsetto (m.)
mortaletto (m.)
moschetto (t., m.)
mottetto (m.)
mughetto (m.)
musetto (m.)
nasetto (m.)
negletto (a.)
neretto (a., m.)
netto (t., a., avv.)
obietto (t., m.)
occhialetto (m.)
occhietto (m.)
oggetto (m.)
ometto (t., m.)
organetto (m.)
ottetto (m.)
pacchetto (m.)
paglietto (m.)
palchetto (m.)
paletto (t., m.)
pallonetto (m.)
parapetto (m.)
parochetto (m.)
parrocchetto (m.)
passetto (m.)
pavonazzetto (m.)
pelaghetto (m.)
perfetto (a., m.)
permetto (t.)
petto (m.)
pialletto (m.)
pianetto (m.)
picchetto (t., m.)
picchietto (t., i.)
pieghetto (t.)
piroetto (i.)
pistoletto (m.)
pitocchetto (m.)
pochetto (a., m.)
poggetto (m.)
portarocchetto (m.)
poveretto (a., m.)
pozzetto (m.)
precetto (t., m.)
preconcetto (m., a.)
predetto (pps., a.)
prediletto (pps., a., m.)
preeletto (pps., a.)
prefetto (m.)
premetto (t.)
pretermetto (t.)
pretto (a.)
progetto (t., m.)
proietto (t., r., i., m.)
prometto (t., r.)
proprefetto (m.)
prospetto (t., m.)
protetto (pps., a.)
provetto (a.)
+pungetto (m.)

pupazzetto (t., m.)
quadretto (t., m.)
quartetto (t., m.)
quintetto (m.)
raccetto (t.)
raffretto (t.)
ranchetto (i.)
raschietto (m.)
rassetto (t., r.)
recetto (m.)
+refetto (a., m.)
reggipetto (m.)
reietto (a., m.)
reinfetto (t.)
retto (pps., a., m.)
riaffretto (t.)
rialletto (t., r.)
riammetto (t.)
riannetto (t., r.)
riassetto (t., r., m.)
ribanchetto (i.)
ribenedetto (pps., a.)
ricetto (t., i., m.)
ricommetto (t.)
riconnetto (t.)
ridetto (pps., a.)
rieletto (pps., a., m.)
rifletto (t., r.)
rigetto (t., r., m.)
righetto (t.)
rigoletto (m.)
rimbocchetto (m.)
rimetto (t., r.)
rimpetto (prep.)
rimpolpetto (t.)
rinetto (t.)
riprometto (t., r.)
risottometto (t., r.)
rispetto (t., r., m.)
ristretto (pps., a., m.)
robinetto (m.)
roccetto (m.)
rocchetto (m.)
romanzetto (m.)
ronchetto (m.)
rosignoletto (m.)
rossetto (a., m.)
rubinetto (m.)
sacchetto (t.)
saetto (t.)
sbacchetto (t.)
sbaionetto (t.)
sbanchetto (i.)
sberretto (r.)
sbietto (t., i.)
sbombetto (i.)
sbraccetto (t.)
sbulletto (t., r., i.)
scaldaletto (m.)
scaletto (t.)
scambietto (i., m.)
scendiletto (m.)
schietto (a.)
schizzetto (t., r., m.)
scommetto (t.)
sconfetto (t.)
sconnetto (t.)
scopetto (m.)
scoppietto (i.)
scornetto (t.)
scorretto (a.)
scudetto (m.)
sculetto (i.)
scuretto (m.)
semplicetto (a.)
senzatetto (m.)
sestetto (m.)
setto (m.)
sfaccetto (t.)
sfioretto (i.)
sfoglietto (t.)
sgalletto (i.)
sgambetto (m.)
sgrilletto (t., i.)
smerletto (t.)
smetto (t.)
soffietto (m.)
soggetto (t., a., m.)
soletto (t., a.)
sommetto (t.)
sonetto (m.)
sopraddetto (a.)
soprammetto (t.)
sorbetto (t., r., m.)
sospetto (t., m., a.)
sottometto (t., r.)
sottoprefetto (m.)
spacchetto (t.)
spaghetto (m.)
spaletto (t.)
specchietto (m.)
spetto (i.)
spezzetto (t.)
spoletto (m.)
sprometto (t.)
stalletto (m.)
stecchetto (m.)
stelletto (t.)
stiletto (t.)
stivaletto (m.)
stretto (pps., a., m.)
strombetto (t.)
subbietto (m., a.)
subietto (a., m.)
suddetto (m.)
svetto (t., i.)
tacchetto (i.)
taglietto (m.)
tassetto (m.)
terzetto (m.)
tetto (m.)
tiretto (m.)
tolletto (m.)
torcetto (m.)
torchietto (m.)
torcoletto (m.)
tornaletto (m.)
trabocchetto (m.)
trafiletto (m.)
+tragetto (m.)
traghetto (t., m.)
traietto (t.)
trametto (t.)
transetto (m.)
trasmetto (t.)
trincetto (m.)
trinchetto (m.)
tronchetto (m.)
tuffetto (m.)
turchinetto (m.)
ugnetto (m.)
ultravioletto (a.)
umetto (t.)
uncinetto (m.)
valletto (m.)
vanghetto (t., m.)
vaporetto (m.)
verdetto (m.)
versetto (m.)
viglietto (m.)
vinetto (m.)
violetto (a., m.)
virgoletto (t.)

zampetto (i., m.)
zappetto (t.)
zibetto (m.)
zucchetto (m.)
cf. *diminutivi e vezzeggiativi.*

ettola
bettola (f.)
cutrettola (f.)
tettola (f.)

ettolo
scutrettolo (i.)

ettoro
espettoro (t.)
spettoro (r., t., i.)

ettrico
anaelettrico (a.)
anelettrico (a.)
dielettrico (a., m.)
elettrico (a.)
fotoelettrico (a.)
idioelettrico (a.)
idroelettrico (a.)
termoelettrico (a.)

ettro
elettro (m.)
plettro (m.)
scettro (m.)

ettrodo
elettrodo (m.)

ettuo
eccettuo (t.)
effettuo (t.)

ettuplo
settuplo (a., m.)

etua
perpetua (f.)
sperpetua (f.)

etuo
perpetuo (t., r., a.)

eucio
faleucio (m.)

euco
pentateuco (m.)

eucro
teucro (a., m.)

eudo
feudo (m.)
infeudo (t., r.)

eugma
zeugma (m.)

euma
celeuma (m.)
neuma (m.)
pneuma (m.)
reuma (m.)

eura
pleura (f.)

euro
euro (m.)

eusi
enfiteusi (f.)
subenfiteusi (f.)

eusma
celeusma (m.)

euste
celeuste (m.)

eustria
neustria (f.)

euta
enfiteuta (m.)
ermeneuta (m.)
terapeuta (m.)

eutica
coreutica (f.)
ermeneutica (f.)
farmaceutica (f.)
maieutica (f.)
propedeutica (f.)
terapeudica (f.)
toreutica (f.)

eutico
enfiteutico (a.)
ermeneutico (a.)
farmaceutico (a.)
idroterapeudico (a.)
propedeutico (a.)
terapeudico (a.)

eutone
teutone (m.)

eutro
neutro (a., m.)

eva
beva (f.)
breva (f.)
leva (f.)
liceva (i.)
luceva (i.)
saccoleva (f.)
+trieva (f.)
cf. *Ind. imperf.* 2ª.

evano
licevano (i.)
lucevano (i.)
cf. *Ind. imperf.* 2ª.

eve
breve (a., m.)
bucaneve (m.)
deve (i., t.)
greve (a.)
lieve (a.)
neve (f.)
parasceve (f.)
pieve (f.)
semibreve (f.)
spazzaneve (m.)

evera
pevera (f.)

evere
bevere (t.)
imbevere (t., r.)
lungotevere (m.)
ribevere (t.)
ricevere (t.)

evero
abbevero (t., r.)
assevero (t.)
bevero (t., +m.)
discevero (t.)
persevero (i.)
scevero (t.)
+zenzevero (m.)

evi
devi (i., t.)
cf. *Ind. imperf.* 2ª.

evia
evia (f.)

evico
nevico (i., t.)
rinevico (i.)

evie
zarevie (m.)

evigo
levigo (t.)

evio
abbrevio (t.)
+devio (a.)
previo (a.)
rabbrevio (t., r.)

evito
evito (t.)
lievito (i., m.)

evo
abbrevo (t.)
allevo (t.)
allievo (m.)
bassorilievo (m.)
bevo (t.)
coevo (a.)
devo (i.)
elevo (t., r.)
evo (m.)
+gengevo (m.)
imbevo (t., r.)
levo (t., r.)
longevo (a.)
medioevo (m.)
mezzorilievo (m.)
prelevo (t.)
prelievo (m.)
primevo (a.)
rallevo (t.)
ribevo (t.)
ricevo (t.)
rilevo (t., r., i., m.)
rilievo (m.)
risollevo (t.)
+sevo (a.)
sollevo (t., r.)
sollievo (m.)
sopraelevo (t.)
strabevo (i.)
trevo (m.)
cf. *Ind. imperf.* 2ª.
evoca
revoca (f.)
evoco
evoco (t.)
revoco (t.)
rievoco (t.)
evole
abbisognevole (a.)
abbocchevole (a.)
abbondantevole (a.)
abominevole (a.)
aborrevole (a.)
accarezzevole (a.)
accettevole (a.)
+accontevole (a.)
accordevole (a.)
accostevole (a.)
adattevole (a.)
addomestichevole (a.)
agevole (a.)
aggirevole (a.)
aggradevole (a.)
allettevole (a.)
amichevole (a.)
amorevole (a.)
arrendevole (a.)
autorevole (a.)
avvenevole (a.)
bastevole (a.)
biasimevole (a.)
bisognevole (a.)
boccaccevole (a.)
+brindisevole (a.)
burlevole (a.)
cagionevole (a.)
carezzevole (a.)
caritatevole (a.)
cedevole (a.)
colpevole (a.)
commendevole (a.)
compagnevole (a.)
compassionevole (a.)
concordevole (a.)
condicevole (a.)
confacevole (a.)
confortevole (a.)
consapevole (a.)
considerevole (a.)
convenevole (a., m.)
conversevole (a.)
cruschevole (a.)
+dannevole (a.)
+decevole (a.)
dicevole (a.)
dilettevole (a.)
disagevole (a.)
disaggradevole (a.)
disamorevole (a.)
disdicevole (a.)
disfavorevole (a.)
disgradevole (a.)
disgustevole (a.)
disonorevole (a.)
dispiacevole (a.)
dispregevole (a.)
divertevole (a.)
dottorevole (a.)
durevole (a.)
fastidievole (a.)
favorevole (a.)
festevole (a.)
fievole (a.)
fratellevole (a.)
fuggevole (a.)
+giambevole (a.)
giovevole (a.)
girevole (a.)
gradevole (a.)
gustevole (a.)
immanchevole (a.)
immeritevole (a.)
inarrendevole (a.)
incantevole (a.)
inchinevole (a.)
incolpevole (a.)
inconsapevole (a.)
inconvenevole (a.)
increscevole (a.)
ingannevole (a.)
innumerevole (a.)
insocievole (a.)
invitevole (a.)
irragionevole (a.)
irricordevole (a.)
lacrimevole (a.)
lamentevole (a.)
lodevole (a.)
lusinghevole (a.)
maestrevole (a.)
malagevole (a.)
manchevole (a.)
maneggevole (a.)
manevole (a.)
memorevole (a.)
meritevole (a.)
minaccevole (a.)
miserevole (a.)
motteggevole (a.)
musichevole (a.)
mutevole (a.)
nocevole (a.)
notevole (a.)
offendevole (a.)
ombrevole (a.)
onorevole (a., m.)
+orrevole (a.)
parentevole (a.)
partenevole (a., m.)
perdurevole (a.)
persuadevole (a.)
piacevole (a.)

pieghevole (a.)
precipitevole (a.)
pregevole (a.)
pregiudicevole (a.)
pregiudizievole (a.)
procaccevole (a.)
profittevole (a.)
proporzionevole (a.)
prosperevole (a.)
raccapriccevole (a.)
raggirevole (a.)
ragguardevole (a.)
ragionevole (a.)
rammarichevole (a.)
rappresentevole (a.)
rendevole (a.)
ricordevole (a.)
ridevole (a.)
+ridottevole (a.)
rigirevole (a.)
riguardevole (a.)
rimarchevole (a.)
rimbombevole (a.)
rincrescevole (a.)
+riposevole (a.)
riprovevole (a.)
+risguardevole (a.)
ristucchevole (a.)
salutevole (a.)
+sapevole (a.)
sazievole (a.)
scambievole (a.)
schernevole (a.)
scherzevole (a.)
sconfacevole (a.)
sconvenevole (a.)
scordevole (a.)
scorrevole (a.)
sdrucciolevole (a.)
servizievole (a.)
sfavorevole (a.)
sforzevole (a.)
sfuggevole (a.)
sgradevole (a.)
snodevole (a.)
soccorrevole (a.)
socievole (a.)
sollazzevole (a.)
sorellevole (a.)
sospirevole (a.)
sovvenevole (a.)
spassevole (a.)
spaventevole (a.)
spiacevole (a.)
spregevole (a.)
stanchevole (a.)
stomachevole (a.)
strabocchevole (a.)
stucchevole (a.)
supplichevole (a.)
svenevole (a.)
trabocchevole (a.)
trascorrevole (a.)
trasmutevole (a.)
trastullevole (a.)
valevole (a.)
vendevole (a.)
vicendevole (a.)
vituperevole (a.)

evolo
agevolo (t.)
benevolo (a.)
malevolo (a.)

evono
bevono (t.)
devono (i., t.)

evore
+levore (m.)

evro
scevro (a.)

evve
bevve (t.)

evvi
bevvi (t.)

evvero
bevvero (t.)

ey
bey (m.)

ez
fez (m.)

ezia
facezia (f.)
inezia (f.)

ezie
spezie (f.)

ezio
lezio (m.)
screzio (t., m.)
trapezio (m.)

ezza
abbiettezza (f.)
abituatezza (f.)
accertatezza (f.)
acconcezza (f.)
accortezza (f.)
accostumatezza (f.)
accuratezza (f.)
acerbezza (f.)
acidezza (f.)
acutezza (f.)
addomestichezza (f.)
afrezza (f.)
agevolezza (f.)
aggiustatezza (f.)
agiatezza (f.)
+agrestezza (f.)
agrezza (f.)
alidezza (f.)
allegrezza (f.)
alterezza (f.)
altezza (f.)
amarezza (f.)
amorevolezza (f.)
ampiezza (f.)
andantezza (f.)
appassionatezza (f.)
arditezza (f.)
argutezza (f.)
arrendevolezza (f.)
asciuttezza (f.)
asprezza (f.)
assennatezza (f.)
assestatezza (f.)
astrattezza (f.)
astutezza (f.)
+attezza (f.)
attillatezza (f.)
autorevolezza (f.)
avvedutezza (f.)
avvenevolezza (f.)
avventatezza (f.)
baldezza (f.)
bassezza (f.)
bellezza (f.)
bianchezza (f.)
biondezza (f.)
+bravezza (f.)
brezza (f.)
briachezza (f.)
brunezza (f.)
bruttezza (f.)
cagionevolezza (f.)
caldezza (f.)

calvezza (f.)
candidezza (f.)
canutezza (f.)
carezza (f.)
castigatezza (f.)
cattivezza (f.)
cautezza (f.)
cavezza (f.)
cedevolezza (f.)
certezza (f.)
chiarezza (f.)
colpevolezza (f.)
compattezza (f.)
compitezza (f.)
compostezza (f.)
concretezza (f.)
consapevolezza (f.)
consideratezza (f.)
contentezza (f.)
contezza (f.)
convenevolezza (f.)
correntezza (f.)
correttezza (f.)
cortezza (f.)
costumatezza (f.)
crudezza (f.)
cupezza (f.)
curvezza (f.)
debolezza (f.)
decrepitezza (f.)
delicatezza (f.)
destrezza (f.)
determinatezza (f.)
dimestichezza (f.)
disagevolezza (f.)
disamorevolezza (f.)
disavvedutezza (f.)
disciplinatezza (f.)
discretezza (f.)
disinteressatezza (f.)
disparatezza (f.)
dispiacevolezza (f.)
dispostezza (f.)
dissipatezza (f.)
dissolutezza (f.)
disunitezza (f.)
dolcezza (f.)
domestichezza (f.)
doppiezza (f.)
drittezza (f.)
dubbiezza (f.)
durevolezza (f.)
durezza (f.)
ebbrezza (f.)
effeminatezza (f.)
efferatezza (f.)
elaboratezza (f.)
elettezza (f.)
elevatezza (f.)
empiezza (f.)
enormezza (f.)
ertezza (f.)
esattezza (f.)
fanciullezza (f.)
fattezza (f.)
fermezza (f.)
festevolezza (f.)
fiacchezza (f.)
fidatezza (f.)
fierezza (f.)
fievolezza (f.)
finezza (f.)
finitezza (f.)
fiochezza (f.)
fittezza (f.)
flaccidezza (f.)
floridezza (f.)
floscezza (f.)
fluidezza (f.)
foltezza (f.)
fondatezza (f.)
forbitezza (f.)
forsennatezza (f.)
fortezza (f.)
fralezza (f.)
franchezza (f.)
freddezza (f.)
freschezza (f.)
frigidezza (f.)
frivolezza (f.)
fuggevolezza (f.)
fulgidezza (f.)
gagliardezza (f.)
gaiezza (f.)
garbatezza (f.)
gelidezza (f.)
gentilezza (f.)
giallezza (f.)
giovinezza (f.)
giustezza (f.)
goffezza (f.)
gonfiezza (f.)
gradevolezza (f.)
grandezza (f.)
grassezza (f.)
gravezza (f.)
grettezza (f.)
grossezza (f.)
guercezza (f.)
illibatezza (f.)
immediatezza (f.)
immoderatezza (f.)
immondezza (f.)
impulitezza (f.)
inavvedutezza (f.)
incertezza (f.)
incoltezza (f.)
incompiutezza (f.)
incompostezza (f.)
inconsapevolezza (f.)
inconsideratezza (f.)
incontaminatezza (f.)
indefinitezza (f.)
indelicatezza (f.)
indeterminatezza (f.)
indisciplinatezza (f.)
indiscretezza (f.)
inesattezza (f.)
inettezza (f.)
infondatezza (f.)
inquietezza (f.)
insensatezza (f.)
insipidezza (f.)
insocievolezza (f.)
insubordinatezza (f.)
interezza (f.)
intrepidezza (f.)
intrinsichezza (f.)
irragionevolezza (f.)
irrequietezza (f.)
irresolutezza (f.)
irrisolutezza (f.)
ispidezza (f.)
laidezza (f.)
languidezza (f.)
larghezza (f.)
lassezza (f.)
lautezza (f.)
leggerezza (f.)
lentezza (f.)
lepidezza (f.)
lestezza (f.)
levigatezza (f.)

limitatezza (f.)
limpidezza (f.)
lindezza (f.)
liscezza (f.)
lividezza (f.)
lordezza (f.)
loschezza (f.)
lucentezza (f.)
lucidezza (f.)
lunghezza (f.)
luridezza (f.)
magrezza (f.)
manchevolezza (f.)
maschiezza (f.)
mattezza (f.)
medesimezza (f.)
minutezza (f.)
mitezza (f.)
moderatezza (f.)
mollezza (f.)
monchezza (f.)
mondezza (f.)
morbidezza (f.)
morigeratezza (f.)
mutevolezza (f.)
mutezza (f.)
naturalezza (f.)
nefandezza (f.)
negrezza (f.)
nerezza (f.)
nettezza (f.)
nitidezza (f.)
nocevolezza (f.)
oculatezza (f.)
onoratezza (f.)
onorevolezza (f.)
orfanezza (f.)
ornatezza (f.)
orrendezza (f.)
orridezza (f.)
ostinatezza (f.)
pacatezza (f.)
paffutezza (f.)
pallidezza (f.)
parabrezza (f.)
pargolezza (f.)
pesantezza (f.)
pezza (f.)
piacevolezza (f.)
pianezza (f.)
piccolezza (f.)
pienezza (f.)
pigrezza (f.)
placidezza (a.)
pochezza (f.)
politezza (f.)
ponderatezza (f.)
posatezza (f.)
+poverezza (f.)
+pratichezza (f.)
pregevolezza (f.)
prestezza (f.)
prodezza (f.)
prontezza (f.)
pulitezza (f.)
purezza (f.)
purgatezza (f.)
radezza (f.)
raffinatezza (f.)
ragguardevolezza (f.)
ragionevolezza (f.)
rancidezza (f.)
rapidezza (f.)
rarezza (f.)
rattezza (f.)
regolatezza (f.)
rezza (f.)
ricchezza (f.)
ricercatezza (f.)
ridicolezza (f.)
+riezza (f.)
rifinitezza (f.)
rigidezza (f.)
rilassattezza (f.)
rilucentezza (f.)
ripidezza (f.)
ripienezza (f.)
risentitezza (f.)
riserbatezza (f.)
riservatezza (f.)
risolutezza (f.)
ristrettezza (f.)
ritenutezza (f.)
ritiratezza (f.)
robustezza (f.)
rochezza (f.)
rossezza (f.)
rotondezza (f.)
rozzezza (f.)
rudezza (f.)
rustichezza (f.)
ruvidezza (f.)
saggezza (f.)
saldezza (f.)
salsezza (f.)
salvezza (f.)
saviezza (f.)
sazievolezza (f.)
sbrigliatezza (f.)
scaltrezza (f.)
scambievolezza (f.)
scarsezza (f.)
scelleratezza (f.)
sceltezza (f.)
schiettezza (f.)
schiffezza (f.)
sciattezza (f.)
sciocchezza (f.)
scioltezza (f.)
scioperatezza (f.)
scipitezza (f.)
scompostezza (f.)
sconcezza (f.)
sconsideratezza (f.)
sconsigliatezza (f.)
sconsolatezza (f.)
scontentezza (f.)
sconvenevolezza (f.)
scorrettezza (f.)
scorrevolezza (f.)
scostumatezza (f.)
scurezza (f.)
sdolcinatezza (f.)
secchezza (f.)
segretezza (f.)
selvatichezza (f.)
sensatezza (f.)
sfacciatezza (f.)
sfinitezza (f.)
sfrenatezza (f.)
sfrontatezza (f.)
sfuggevolezza (f.)
sgarbatezza (f.)
sicurezza (f.)
smisuratezza (f.)
smoderatezza (f.)
+smortezza (f.)
snaturatezza (f.)
snellezza (f.)
snervatezza (f.)
socievolezza (f.)
sodezza (f.)
sordidezza (f.)

sostenutezza (f.)
sottigliezza (f.)
sparutezza (f.)
spassionatezza (f.)
speditezza (f.)
spensieratezza (f.)
spessezza (f.)
spiacevolezza (f.)
spigliatezza (f.)
splendidezza (f.)
sporchezza (f.)
spossatezza (f.)
spregiudicatezza (f.)
spudoratezza (f.)
squallidezza (f.)
squisitezza (f.)
sregolatezza (f.)
stanchezza (f.)
stentatezza (f.)
sterminatezza (f.)
stitichezza (f.)
stolidezza (f.)
stoltezza (f.)
storditezza (f.)
stortezza (f.)
stracchezza (f.)
stranezza (f.)
strettezza (f.)
stucchevolezza (f.)
stupidezza (f.)
svagatezza (f.)
svariatezza (f.)
svegliatezza (f.)
sveltezza (f.)
svenevolezza (f.)
sventatezza (f.)
svergognatezza (f.)
svisceratezza (f.)
svogliatezza (f.)
tardezza (f.)
tenerezza (f.)
tepidezza (f.)
tersezza (f.)
tiepidezza (f.)
timidezza (f.)
tisichezza (f.)
tondezza (f.)
torbidezza (f.)
torpidezza (f.)
tortezza (f.)
tramezza (f.)
trascuratezza (f.)
trepidezza (f.)
+trezza (f.)
tristezza (f.)
tronfiezza (f.)
tumidezza (f.)
turgidezza (f.)
ubriachezza (f.)
umidezza (f.)
unitezza (f.)
vaghezza (f.)
vastezza (f.)
vecchiezza (f.)
verdezza (f.)
vibratezza (f.)
vicendevolezza (f.)
vispezza (f.)
vivezza (f.)
votezza (f.)
vuotezza (f.)
zotichezza (f.)

ezze

fattezze (f. pl.)

ezzico

bezzico (t.)

ezzo

+abbrezzo (i.)
abezzo (m.)
accapezzo (t.)
accarezzo (t.)
accavezzo (t.)
aeromezzo (m.)
+allezzo (i.)
ammarezzo (t.)
ammezzo (i., r.)
appezzo (t.)
apprezzo (t.)
attrezzo (t.)
automezzo (m.)
avvezzo (t., r., a.)
battezzo (t., r.)
bezzo (m.)
brezzo (i.)
capopezzo (m.)
carezzo (t.)
+dassezzo (avv.)
deprezzo (t.)
dimezzo (t.)
disavvezzo (t., r., a.)
disprezzo (t., m.)
divezzo (t.)
frammezzo (t., prep.)
ghezzo (a.)
grezzo (a.)
intermezzo (m.)
intramezzo (m.)
lacchezzo (m.)
lavezzo (m.)
lezzo (m.)
malavvezzo (a.)
marezzo (t., m.)
mezzo (a., m.)
olezzo (i., m.)
+orezzo (m.)
passamezzo (m.)
pettegolezzo (m.)
pezzo (m.)
prezzo (t., r., m.)
raccapezzo (t., r.)
rappezzo (t., m.)
rezzo (m.)
riappezzo (t.)
riavvezzo (t.)
ribattezzo (t.)
ribrezzo (r., m.)
ripezzo (t.)
sbattezzo (t., r.)
+scandalezzo (m., t., r.)
scapezzo (t., m.)
scavezzo (t., r., pps., a.)
sdimezzo (t.)
| sozzo (a.)
smezzo (t.)
soprapprezzo (m.)
spezzo (t., r.)
sprezzo (t., m.)
spulezzo (i., m.)
svezzo (t.)
tappezzo (t.)
tramezzo (t., m.)
verdemezzo (a.)
vezzo (m.)

ezzola

corbezzola (f.)
rezzola (f.)

ezzolo

capezzolo (m.)
corbezzolo (m.)
prezzolo (t.)

ì

abbiccì (m.)
addì (avv.)
allalì (m.)
altresì (avv.)
altressì (avv.)
asprì (m.)
balì (m.)
beì (m.)
bensì (cong.)
bisturì (m.)
cadì (m.)
cambrì (m.)
chepì (m.)
chi (pron.)
chicchirichì (m.)
ci (m., f., pron.)
colibrì (m.)
così (avv.)
costì (avv.)
di (prep.)
dì (m.)
di' (t.)
criccrì (m.)
fi (escl.)
fi' (m.)
genepì (m.)
ghebbì (m.)
ghebì (m.)
gi (i.)
giovedì (m.)
giurì (m.)
gli (a., pron.)
hallalì (m.)
i (art.)
lì (avv.)
luì (m.)
lunedì (m.)
madesì (escl.)
martedì (m.)
mavì (m.)
mercoldì (m.)
mercoledì (m.)
mezzodì (m.)
mi (m., pron.)
muftì (m.)
nasserì (m.)
oggidì (avv.)
pasciolì (m.)
pasciulì (m.)
pipì (m., f.)
qui (avv.)
sagrì (m.)
salmì (m.)
sci (m.)
si (m., pron.)
sì (avv.)
sofì (m.)
tabì (m.)
tarì (m.)
tassì (m.)
ti (pron.)
tuttodì (avv.)
valì (m.)
venerdì (m.)
vi (pron.)
cf. *pass. rem.* 3ª.

ia

abbadia (f.)
abbazia (f.)
abulia (f.)
acapnia (f.)
acatalessia (f.)
accatteria (f.)
accattoneria (f.)
acciaieria (f.)
acedia (f.)
acefalia (f.)
achiargia (f.)
acianoblopsia (f.)
acinesia (f.)
acirologia (f.)
acistia (f.)
acloridria (f.)
acribia (f.)
acrisia (f.)
acrobazia (f.)
acromatopsia (f.)
acumetria (f.)
adelfia (f.)
adenologia (f.)
adenopatia (f.)
adenotomia (f.)
adinamia (f.)
aerimanzia (f.)
aerofagia (f.)
aerofobia (f.)
aerofonogrammometria (f.)
aerologia (f.)
aeromanzia (f.)
aerometria (f.)
aeroterapia (f.)
afasia (f.)
afonia (f.)
agamia (f.)
agatologia (f.)
agenzia (f.)
agiografia (f.)
agnosia (f.)
agonia (f.)
agorafobia (f.)
agrafia (f.)
agriotimia (f.)
agripnia (f.)
agrologia (f.)
agronomia (f.)
alalia (f.)
albagia (f.)
albergheria (f.)
albertotipia (f.)
albuminuria (f.)
alessia (f.)
algesimetria (f.)
algofilia (f.)
algologia (f.)
algometria (f.)
allegoria (f.)
allegria (f.)
allergia (f.)
alloccheria (f.)
allocromasia (f.)
allodossia (f.)
allopatia (f.)
alloritmia (f.)
allotriofagia (f.)
allotropia (f.)
alogia (f.)
alopicia (f.)
altimetria (f.)
ambascieria (f.)
ambliopia (f.)
ametria (f.)
amnesia (f.)
amnistia (f.)
amusia (f.)
anacloridria (f.)
anafrodisia (f.)
anagogia (f.)
analgesia (f.)
analogia (f.)
anandria (f.)

anaplastia (f.)
anarchia (f.)
anatomia (f.)
ancilotomia (f.)
androginia (f.)
anematurgia (f.)
anemia (f.)
anemologia (f.)
enesitropsia (f.)
anestesia (f.)
anfibologia (f.)
anfizionia (f.)
angheria (f.)
angiologia (f.)
anglomania (f.)
animaleria (f.)
anisocoria (f.)
anisotropia (f.)
anomalia (f.)
anoressia (f.)
anosmia (f.)
anterologia (f.)
antilogia (f.)
antinomia (f.)
antipatia (f.)
antologia (f.)
antropofagia (f.)
antropologia (f.)
antropometria (f.)
antropotomia (f.)
anuria (f.)
apologia (f.)
apatia (f.)
apepsia (f.)
apiressia (f.)
apologia (f.)
apoplessia (f.)
apostasia (f.)
arazzeria (f.)
archeologia (f.)
archibugieria (f.)
archimagia (f.)
argenteria (f.)
aristocrazia (f.)
aritmia (f.)
armeria (f.)
armonia (f.)
arpia (f.)
arteriologia (f.)
arteriotomia (f.)
artiglieria (f.)
artrodia (f.)
artrologia (f.)
asfissia (f.)
asimmetria (f.)
asineria (f.)
astenia (f.)
astenopia (f.)
astrofotometria (f.)
astrografia (f.)
astrolatria (f.)
astrologia (f.)
astrometeorologia (f.)
astronomia (f.)
astruseria (f.)
atarassia (f.)
atassia (f.)
atonia (f.)
atrepsia (f.)
atrichia (f.)
atricomia (f.)
atrofia (f.)
attinografia (f.)
attinometria (f.)
+attoria (f.)
autarchia (f.)
autobiografia (f.)
autocrazia (f.)
autocromia (f.)
autogenia (f.)
autografia (f.)
autolatria (f.)
autonomia (f.)
autopsia (f.)
avania (f.)
avaria (f.)
avemaria (f.)
azotemia (f.)
azoturia (f.)
bacchettoneria (f.)
bacologia (f.)
badia (f.)
bagnomaria (f.)
balia (f.)
bambineria (f.)
bambocceria (f.)
baratteria (f.)
barbieria (f.)
baroestesia (f.)
baronia (f.)
bastia (f.)
batimetria (f.)
batometria (f.)
batracologia (f.)
batracomiomachia (f.)
batteria (f.)
batteriologia (f.)
batterioterapia (f.)
battologia (f.)
beccheria (f.)
befania (f.)
berretteria (f.)
+beveria (f.)
biancheria (f.)
bibliografia (f.)
bibliolatria (f.)
bibliologia (f.)
bibliomania (f.)
bibliomanzia (f.)
bigamia (f.)
bigiotteria (f.)
bigotteria (f.)
biofilia (f.)
biogenia (f.)
biografia (f.)
biologia (f.)
birbanteria (f.)
birberia (f.)
birboneria (f.)
birreria (f.)
biscotteria (f.)
bislaccheria (f.)
bizzarria (f.)
blefaroplegia (f.)
bonomia (f.)
borghesia (f.)
botrioterapia (f.)
bottiglieria (f.)
braccheria (f.)
brachicardia (f.)
brachicefalia (f.)
brachigrafia (f.)
brachilogia (f.)
brachicardia (f.)
bramosia (f.)
braveria (f.)
bricconeria (f.)
briologia (f.)
bromatologia (f.)
brontofobia (f.)
buffetteria (f.)
buffoneria (f.)
buftalmia (f.)

bugia (f.)
bugiarderia (f.)
bulimia (f.)
burocrazia (f.)
cachissia (f.)
cacofonia (f.)
cacografia (f.)
calcografia (f.)
calcomania (f.)
calcotipia (f.)
calia (f.)
calligrafia (f.)
+calmeria (f.)
caloria (f.)
calorimetria (f.)
calzoleria (f.)
camiceria (f.)
cancelleria (f.)
+candaria (f.)
cantoria (f.)
caparbieria (f.)
capestreria (f.)
capitaneria (f.)
capocchieria (f.)
caponeria (f.)
cappellania (f.)
cappelleria (f.)
carboneria (f.)
cardialgia (f.)
cardiografia (f.)
cardiologia (f.)
cardiopatia (f.)
cardioplegia (f.)
carestia (f.)
carpenteria (f.)
carpologia (f.)
carrozzeria (f.)
cartografia (f.)
cartoleria (f.)
cartomanzia (f.)
castellania (f.)
castroneria (f.)
catalessia (f.)
cataplessia (f.)
catatonia (f.)
categoria (f.)
cattiveria (f.)
cavalcavia (f.)
cavalleria (f.)
cefalalgia (f.)
cefalometria (f.)
cefaloplegia (f.)
cereria (f.)
+cerusia (f.)
cetologia (f.)
checchessia (f.)
cheilofagia (f.)
chelotomia (f.)
chemioterapia (f.)
chiasia (f.)
chicchessia (pron.)
+chieresia (f.)
chietineria (f.)
chincaglieria (f.)
chineseria (f.)
chinesiterapia (f.)
chioderia (f.)
chiromanzia (f.)
chirurgia (f.)
chissisia (pron.)
cialtroneria (f.)
cianotipia (f.)
ciarlataneria (f.)
cinefobia (f.)
cinematografia (f.)
cinesiterapia (f.)
cinofilia (f.)
cistoscopia (f.)
cistonomia (f.)
citofagia (f.)
citologia (f.)
ciurmeria (f.)
cinetteria (f.)
claustrofobia (f.)
cleptomania (f.)
climatologia (f.)
cocainomania (f.)
codardia (f.)
collettoria (f.)
colonia (f.)
compagnia (f.)
computisteria (f.)
conceria (f.)
condrologia (f.)
conforteria (f.)
conservatoria (f.)
consorteria (f.)
conteria (f.)
copisteria (f.)
coprofagia (f.)
coprolalia (f.)
corbelleria (f.)
corderia (f.)
coreografia (f.)
corografia (f.)
corologia (f.)
correntia (f.)
corsia (f.)
cortesia (f.)
cortigianeria (f.)
cosmogonia (f.)
cosmografia (f.)
cosmologia (f.)
cossalgia (f.)
costalgia (f.)
coxalgia (f.)
craniologia (f.)
craniometria (f.)
craniotomia (f.)
crematologia (f.)
cremnofobia (f.)
crenologia (f.)
crestomazia (f.)
cretineria (f.)
cria (m.)
criminologia (f.)
criptografia (f.)
crisografia (f.)
cristalleria (f.)
cristallografia (f.)
cristologia (f.)
crittografia (f.)
crocevia (f.)
cromolitografia (f.)
cromotipia (f.)
cronografia (f.)
cronologia (f.)
cubia (f.)
dacnomania (f.)
dagherrotipia (f.)
dameria (f.)
dataria (f.)
dattilografia (f.)
dattilologia (f.)
dattiloscopia (f.)
decalcomania (f.)
demagogia (f.)
democrazia (f.)
demografia (f.)
demologia (f.)
demonolatria (f.)
demonologia (f.)
demonomania (f.)

demonopsicologia (f.)
deontologia (f.)
dermatologia (f.)
dermografia (f.)
desmologia (f.)
desmopatia (f.)
dessiografia (f.)
dia (f., t., r.)
diaconia (f.)
diafonia (f.)
dialettologia (f.)
diastrofia (f.)
diatermasia (f.)
diatermia (f.)
diavoleria (f.)
diceria (f.)
dicotomia (f.)
didascalia (f.)
dilogia (f.)
dinastia (f.)
diottria (f.)
diplegia (f.)
diplomazia (f.)
diplopia (f.)
dipodia (f.)
dipsomania (f.)
disarmonia (f.)
disartria (f.)
discortesia (f.)
discrasia (f.)
discromasia (f.)
discromatopsia (f.)
disfagia (f.)
disfasia (f.)
disforia (f.)
disfrasia (f.)
disgrafia (f.)
dislalia (f.)
dismnesia (f.)
disonessia (f.)
dispepsia (f.)
dissenteria (f.)
dissimetria (f.)
disteleologia (f.)
distilleria (f.)
distrofia (f.)
disuria (f.)
docimasia (f.)
dolicocefalia (f.)
+doreria (f.)
dosologia (f.)
dossologia (f.)
drammaturgia (f.)
drapperia (f.)
drogheria (f.)
dulia (f.)
ebanisteria (f.)
ebefrenia (f.)
eclampsia (f.)
ecochinesia (f.)
ecolalia (f.)
ecologia (f.)
ecometria (f.)
economia (f.)
ectasia (f.)
ectopia (f.)
editoria (f.)
egemonia (f.)
elegia (f.)
elettrocromia (f.)
elettrofisiologia (f.)
elettrografia (f.)
elettrologia (f.)
elettrometallurgia (f.)
elettroterapia (f.)
elettrotipia (f.)
eliocromia (f.)
eliofobia (f.)
eliografia (f.)
elioterapia (f.)
eliotipia (f.)
elmintologia (f.)
emalopia (f.)
ematologia (f.)
ematuria (f.)
emazia (f.)
embolia (f.)
embriogenia (f.)
embriografia (f.)
embriologia (f.)
emeralopsia (f.)
emiopia (f.)
emiplegia (f.)
emmetropia (f.)
emoclasia (f.)
emofilia (f.)
emoftalmia (f.)
emoglobinuria (f.)
emometria (f.)
emorragia (f.)
enarmonia (f.)
enciclopedia (f.)
endemia (f.)
endocrinologia (f.)
endogamia (f.)
endografia (f.)
energia (f.)
enologia (f.)
entelechia (f.)
enterotomia (f.)
entomologia (f.)
eparchia (f.)
epidemia (f.)
epifania (f.)
epigamia (f.)
epigenia (f.)
epigrafia (f.)
epilessia (f.)
epizoozia (f.)
eresia (f.)
ermiotomia (f.)
erpetologia (f.)
esattoria (f.)
escatologia (f.)
esofagotomia (f.)
estesiologia (f.)
eterodossia (f.)
eterolalia (f.)
eteromania (f.)
eteronomia (f.)
eterotassia (f.)
etimologia (f.)
etiologia (f.)
etisia (f.)
etnografia (f.)
etnologia (f.)
etologia (f.)
etruscologia (f.)
eucarestia (f.)
eudemonologia (f.)
eufemia (f.)
eufonia (f.)
euforia (f.)
eugenia (f.)
eupepsia (f.)
euritmia (f.)
eurotermia (f.)
eutimia (f.)
eziologia (f.)
ezoognosia (f.)
fabbriceria (f.)
facileneria (f.)
falangarchia (f.)

falconeria (f.)
+faloticheria (f.)
fantasia (f.)
fantasmagoria (f.)
fantasticheria (f.)
fanteria (f.)
faringoiatria (f.)
farmacia (f.)
farmacografia (f.)
farmacologia (f.)
farmacoposologia (f.)
fattia (f.)
fattoria (f.)
fattucchieria (f.)
fellonia (f.)
fengofobia (f.)
fenologia (f.)
fenomenologia (f.)
ferreria (f.)
ferrovia (f.)
+fia (i.)
fiaschetteria (f.)
filantropia (f.)
filatelia (f.)
filologia (f.)
filosofia (f.)
filovia (f.)
finteria (f.)
fiorentineria (f.)
fisiografia (f.)
fisiologia (f.)
fisionomia (f.)
fitografia (f.)
fitologia (f.)
fitonomia (f.)
fitopaleontologia (f.)
fitopatologia (f.)
fleborragia (f.)
flebotomia (f.)
fobia (f.)
follia (f.)
fonderia (f.)
fonofobia (f.)
fonologia (f.)
fonotipia (f.)
foresteria (f.)
foschia (f.)
fosfaturia (f.)
fotocalcografia (f.)
fotocromia (f.)
fotocromolitografia (f.)
fotofobia (f.)
fotografia (f.)
fotogrammetria (f.)
fotolitografia (f.)
fototelegrafia (f.)
fototerapia (f.)
fototipia (f.)
fotozincotipia (f.)
framassoneria (f.)
frammassoneria (f.)
franchia (f.)
frascheria (f.)
fraseologia (f.)
frasologia (f.)
frateria (f.)
frenastenia (f.)
frenesia (f.)
freniatria (f.)
frenologia (f.)
fucileria (f.)
funivia (f.)
furberia (f.)
fureria (f.)
furfanteria (f.)
gaggia (f.)
gagliardia (f.)
gagliofferia (f.)
galanteria (f.)
galatturia (f.)
galleria (f.)
gallofobia (f.)
gallomania (f.)
galvanocromia (f.)
galvanostegia (f.)
galvanotipia (f.)
garanzia (f.)
garentia (f.)
gasterotomia (f.)
gastralgia (f.)
gastructasia (f.)
gastrelcia (f.)
gastroectasia (f.)
gastroenterostomia (f.)
gastronomia (f.)
gastrorragia (f.)
gastroscopia (f.)
gelateria (f.)
gelosia (f.)
gendarmeria (f.)
genealogia (f.)
genesiologia (f.)
genia (f.)
geodesia (f.)
geofagia (f.)
geognosia (f.)
geogonia (f.)
geografia (f.)
geologia (f.)
geomanzia (f.)
geometria (f.)
geomorfologia (f.)
gerarchia (f.)
geremia (m.)
gerontocrazia (f.)
gerusia (f.)
gesuiteria (f.)
ghia (f.)
ghiotteria (f.)
ghiottoneria (f.)
ghiottornia (f.)
gia (i.)
giaccheria (f.)
giardineria (f.)
gigantomachia (f.)
ginecofobia (f.)
ginecologia (f.)
gioielleria (f.)
giuccheria (f.)
giunteria (f.)
giuria (f.)
glia (f.)
glicemia (f.)
glicosuria (f.)
glittografia (f.)
glossalgia (f.)
glossografia (f.)
glossologia (f.)
glossoplegia (f.)
glottologia (f.)
glucosuria (f.)
gnoseologia (f.)
gofferia (f.)
goleria (f.)
goloseria (f.)
gonalgia (f.)
goniometria (f.)
grafia (f.)
grafologia (f.)
grafomania (f.)
grammaticheria (f.)
grancia (f.)
grangia (f.)

gretteria (f.)
grosseria (f.)
grulleria (f.)
guanteria (f.)
guitteria (f.)
ialografia (f.)
ialurgia (f.)
icnografia (f.)
iconografia (f.)
iconologia (f.)
ideografia (f.)
ideologia (f.)
idiosincrasia (f.)
idiozia (f.)
idolatria (f.)
idrocefalia (f.)
idroemia (f.)
idrofobia (f.)
idrografia (f.)
idrologia (f.)
idromanzia (f.)
idrometria (f.)
idropisia (f.)
idroterapia (f.)
igrometria (f.)
ilcologia (f.)
immunologia (f.)
infermeria (f.)
infingardia (f.)
ingegneria (f.)
innografia (f.)
insettologia (f.)
iperacusia (f.)
iperalgesia (f.)
iperbulia (f.)
ipercloridria (f.)
iperdattilia (f.)
iperemia (f.)
iperestesia (f.)
ipermetropia (f.)
ipermnesia (f.)
iperplasia (f.)
ipertonia (f.)
ipertrofia (f.)
ipoacusia (f.)
ipoalgesia (f.)
ipocloridria (f.)
ipocondria (f.)
ipocrisia (f.)
ipometropia (f.)
ipostenia (f.)
ipotonia (f.)
ipotrofia (f.)
ippologia (f.)
ipsometria (f.)
ironia (f.)
ischialgia (f.)
isomeria (f.)
istologia (f.)
istotassia (f.)
ittiologia (f.)
ladreria (f.)
ladroneria (f.)
lampisteria (f.)
laneria (f.)
laparatomia (f.)
laparoscopia (f.)
laringoiatria (f.)
laringoscopia (f.)
laringotomia (f.)
latomia (f.)
latria (f.)
latteria (f.)
lavanderia (f.)
laveria (f.)
leccornia (f.)
legatoria (f.)
leggiadria (f.)
lentia (f.)
lesineria (f.)
lessicografia (f.)
letargia (f.)
leucemia (f.)
leuconichia (f.)
lezzoneria (f.)
libreria (f.)
licantropia (f.)
lichenologia (f.)
lienteria (f.)
limnologia (f.)
linotipia (f.)
lipemania (f.)
lipemia (f.)
lipotimia (f.)
lissofobia (f.)
litania (f.)
litografia (f.)
litologia (f.)
litotomia (f.)
liturgia (f.)
logismografia (f.)
logoclonia (f.)
logomachia (f.)
longimetria (f.)
lotteria (f.)
lungheria (f.)
maccheria (f.)
macelleria (f.)
macla (f.)
macrocefalia (f.)
macroglossia (f.)
macromelia (f.)
macropsia (f.)
maestria (f.)
magia (f.)
maglieria (f.)
malacologia (f.)
malariologia (f.)
malattia (f.)
malia (f.)
malinconia (f.)
mallevadoria (f.)
malleveria (f.)
+malsania (f.)
+malvagia (f.)
malvasia (f.)
mammamia (m.)
mangeria (f.)
mania (f.)
mansioneria (f.)
Maria (f.)
marineria (f.)
mariolerla (f.)
mascalcia (f.)
masseria (f.)
massoneria (f.)
massoterapia (f.)
mastalgia (f.)
mateologia (f.)
matteria (f.)
mattia (f.)
meccanoterapia (f.)
meccanurgia (f.)
medicheria (f.)
megalocardia (f.)
megalocefalia (f.)
megalomania (f.)
megalopsia (f.)
megalopsichia (f.)
melanconia (f.)
+mercatanzia (f.)
merceologia (f.)
merceria (f.)

meschineria (f.)
mesologia (f.)
messaggeria (f.)
messia (m.)
mesticheria (f.)
metafisicheria (f.)
metageometria (f.)
metallocromia (f.)
metallografia (f.)
metalloterapia (f.)
metallurgia (f.)
meteorografia (f.)
meteorologia (f.)
metodologia (f.)
metonimia (f.)
metonomia (f.)
metriopatia (f.)
metrologia (f.)
mezzadria (f.)
mezzania (f.)
mezzeria (f.)
mialgia (f.)
micetologia (f.)
micologia (f.)
microcefalia (f.)
micrografia (f.)
micrometria (f.)
micropsia (f.)
micropsichia (f.)
microscopia (f.)
miglioria (f.)
millanteria (f.)
minchioneria (f.)
mineralogia (f.)
mineralognosia (f.)
minerogenia (f.)
minuteria (f.)
miografia (f.)
miologia (f.)
miopia (f.)
mirmecologia (f.)
misantropia (f.)
mistagogia (f.)
mitografia (f.)
mitologia (f.)
monarchia (f.)
monelleria (f.)
monodia (f.)
monogamia (f.)
monografia (f.)
monomania (f.)
monotipia (f.)
monotonia (f.)
morfologia (f.)
moria (f.)
moschetteria (f.)
+mucceria (f.)
musicoterapia (f.)
musoneria (f.)
naumachia (f.)
necrofobia (f.)
necrologia (f.)
necroscopia (f.)
nefrotomia (f.)
negromanzia (f.)
neofilia (f.)
neolalia (f.)
neologia (f.)
neomia (f.)
neuralgia (f.)
neurastenia (f.)
neurologia (f.)
neuropatia (f.)
neuropatologia (f.)
neurotomia (f.)
nevralgia (f.)
nevrastenia (f.)
nictalopia (f.)
nipiologia (f.)
nittalopia (f.)
nomologia (f.)
nosografia (f.)
nosologia (f.)
nostalgia (f.)
notomia (f.)
oceanografia (f.)
oclocrazia (f.)
odontalgia (f.)
odontoiatria (f.)
ofiologia (f.)
oftalmia (f.)
oftalmiatria (f.)
oftalmoiatria (f.)
oftalmologia (f.)
oftalmometrologia (f.)
oleografia (f.)
olfattia (f.)
oligarchia (f.)
oligoemia (f.)
oliguria (f.)
ombria (f.)
omelia (f.)
omeopatia (f.)
omocromia (f.)
omofonia (f.)
omologia (f.)
omomorfia (f.)
omonimia (f.)
onicofagia (f.)
onirologia (f.)
oniromanzia (f.)
onomatomania (f.)
ontologia (f.)
opoterapia (f.)
oppiomania (f.)
orchesiografia (f.)
ordalia (f.)
oreficeria (f.)
oreria (f.)
organogenia (f.)
organografia (f.)
organologia (f.)
organoplastia (f.)
organoterapia (f.)
orittogenia (f.)
orittogeologia (f.)
orittognosia (f.)
orittografia (f.)
orittologia (f.)
ormoniterapia (f.)
ornitologia (f.)
orogenia (f.)
orografia (f.)
orologeria (f.)
oroscopia (f.)
ortodossia (f.)
ortoepia (f.)
ortofonia (f.)
ortografia (f.)
ortopedia (f.)
ossalemia (f.)
ossaluria (f.)
ossia (cong.)
osteoclasia (f.)
osteologia (f.)
osteotomia (f.)
osteria (f.)
ostalgia (f.)
otoiatria (f.)
otorinolaringoiatria (f.)
pagania (f.)
paggeria (f.)
paleofitologia (f.)

paleografia (f.)
paleontologia (f.)
paleozoologia (f.)
paletnologia (f.)
palinodia (f.)
pandemia (f.)
panetteria (f.)
pantoclastia (f.)
pantotipia (f.)
papirologia (f.)
parabulia (f.)
paracusia (f.)
parafasia (f.)
parafrasia (f.)
paralalia (f.)
paramnesia (f.)
paraplegia (f.)
paratia (f.)
parastesia (f.)
+parlasia (f.)
parodia (f.)
paronichia (f.)
partigianeria (f.)
parusia (f.)
passamaneria (f.)
pasticceria (f.)
pastorelleria (f.)
patofobia (f.)
patologia (f.)
patrologia (f.)
pazzia (f.)
pedagogia (f.)
pedanteria (f.)
pediatria (f.)
pelletteria (f.)
pellicceria (f.)
pelvimetria (f.)
penitenzieria (f.)
pentarchia (f.)
periferia (f.)
peripezia (f.)
pescheria (f.)
petrogenia (f.)
petrografia (f.)
pezzenteria (f.)
+piagenteria (f.)
piaggeria (f.)
piccineria (f.)
pictografia (f.)
pidocchieria (f.)
piemia (f.)
pievania (f.)
pignoleria (f.)
pirateria (f.)
piressia (f.)
pirografia (f.)
piromanzia (f.)
pitoccheria (f.)
piuria (f.)
pizzeria (f.)
pizzicheria (f.)
planimetria (f.)
platinotipia (f.)
pleuresia (f.)
pleurotomia (f.)
plutocrazia (f.)
pneumatologia (f.)
pneumagrafia (f.)
pneumatometria (f.)
pneumometria (f.)
pneumonia (f.)
pneumorragia (f.)
pneumotomia (f.)
podesteria (f.)
podologia (f.)
poesia (f.)
poeticheria (f.)
poliania (f.)
poliandria (f.)
poliarchia (f.)
policitemia (f.)
policromia (f.)
polidattilia (f.)
poliemia (f.)
poliestesia (f.)
polimeria (f.)
polimetria (f.)
poliopia (f.)
poliopsia (f.)
polisarcia (f.)
poliuria (f.)
polizia (f.)
pollachiuria (f.)
polleria (f.)
poltroneria (f.)
+poltronia (f.)
pomologia (f.)
poppavia (f.)
porcheria (f.)
pornografia (f.)
portelleria (f.)
porteria (f.)
portineria (f.)
posologia (f.)
posteria (f.)
potesteria (f.)
prateria (f.)
+prederia (f.)
prenditoria (f.)
presbiopia (f.)
pria (avv.)
prigionia (f.)
primazia (f.)
primiceria (f.)
prioria (f.)
procuratia (f.)
procuratoria (f.)
profezia (f.)
profumeria (f.)
proravia (f.)
prosodia (f.)
prosopografia (f.)
prostatectomia (f.)
protettoria (f.)
protistologia (f.)
protologia (f.)
provveditoria (f.)
pseudoestesia (f.)
pseudologia (f.)
psicagogia (f.)
psicastenia (f.)
psichiatria (f.)
psicografia (f.)
psicologia (f.)
psicomanzia (f.)
psicometria (f.)
psiconomia (f.)
psicopatia (f.)
psicopatologia (f.)
psicoterapia (f.)
pubiotomia (f.)
pulizia (f.)
punteria (f.)
purchessia (a.)
+putteria (f.)
quadreria (f.)
qualsisia (a.)
quattrocromia (f.)
quia (lat.)
rabdologia (f.)
rabdomanzia (f.)
rachialgia (f.)
rachianestesia (f.)

radiobiologia (f.)
radiofonia (f.)
radiogoniometria (f.)
radiografia (f.)
radiologia (f.)
radioscopia (f.)
radiotelefonia (f.)
radiotelegrafia (f.)
radioteleiconografia (f.)
radioterapia (f.)
raffineria (f.)
ragioneria (f.)
rancia (f.)
rapineria (f.)
rapsodia (f.)
razzia (f.)
regalia (f.)
regia (f.)
retrovia (f.)
rettoria (f.)
reumatalgia (f.)
ribalderia (f.)
ricevitoria (f.)
rigatteria (f.)
rimeria (f.)
rinalgia (f.)
rinofonia (f.)
rinoiatria (f.)
rinolalia (f.)
rinologia (f.)
rinoplastia (f.)
rinorragia (f.)
rinoscopia (f.)
riseria (f.)
ritrosia (f.)
romanticheria (f.)
rosolia (f.)
rosticceria (f.)
rotocalcografia (f.)
+roveria (f.)
ruberia (f.)
rupia (f.)
saccarimetria (f.)
saccenteria (f.)
sacralgia (f.)
sacrestia (f.)
saettia (f.)
sagrestia (f.)
salmeria (f.)
salmisia (escl.)
salmodia (f.)
salumeria (f.)
san mi sia (escl.)
santocchieria (f.)
santopsia (f.)
saponeria (f.)
sarcologia (f.)
sartoria (f.)
satrapia (f.)
sbirreria (f.)
sbraceria (f.)
scatocefalia (f.)
scalcheria (f.)
+scanceria (f.)
scansia (f.)
scappavia (f.)
scaramanzia (f.)
scatologia (f.)
scenografia (f.)
schizofrenia (f.)
scia (f.)
sciatteria (f.)
scioccheria (f.)
sciocccheria (f.)
sciografia (f.)
sclerotomia (f.)
scorreria (f.)
scortesia (f.)
scorzoneria (f.)
scuderia (f.)
segheria (f.)
segreteria (f.)
selenografia (f.)
selleria (f.)
semasiologia (f.)
semiografia (f.)
semiologia (f.)
semplicioneria (f.)
senofobia (f.)
senseria (f.)
senussia (f.)
septicemia (f.)
seteria (f.)
setticemia (f.)
sferomachia (f.)
sfigmografia (f.)
sgarberia (f.)
sia (cong., i.)
siderografia (f.)
siderurgia (f.)
sieroterapia (f.)
sigillografia (f.)
signoria (f.)
silografia (f.)
silologia (f.)
sinefilia (f.)
simmetria (f.)
simonia (f.)
simpatia (f.)
sindesmologia (f.)
sinechia (f.)
sinergia (f.)
sinfonia (f.)
sinonimia (f.)
sintomatologia (f.)
sintonia (f.)
sinusia (f.)
sismologia (f.)
sitofobia (f.)
smanceria (f.)
sociologia (f.)
sodomia (f.)
soffieria (f.)
sofia (f.)
sofisticheria (f.)
somatologia (f.)
+someria (f.)
soneria (f.)
soppiatteria (f.)
soppiattoneria (f.)
soprastallia (f.)
+sorteria (f.)
soverchieria (f.)
spagiria (f.)
spavalderia (f.)
speleologia (f.)
+spensaria (f.)
+spenseria (f.)
spettroscopia (f.)
spezieria (f.)
spia (f.)
spilorceria (f.)
splanenologia (f.)
splenalgia (f.)
splenomegalia (f.)
sporcheria (f.)
stallia (f.)
stamperia (f.)
statolatria (f.)
stenocardia (f.)
stenografia (f.)
stenotermia (f.)
stereografia (f.)

stereometria (f.)
stereoscopia (f.)
stereotipia (f.)
stereotomia (f.)
stetoscopia (f.)
stia (f., i.)
sticometria (f.)
sticomitia (f.)
stiratoria (f.)
stireria (f.)
stiticheria (f.)
stivaleria (f.)
+stoltia (f.)
stomatologia (f.)
storiografia (f.)
stoviglieria (f.)
stracceria (f.)
stramberia (f.)
strampaleria (f.)
stranguria (f.)
strategia (f.)
stratigrafia (f.)
stregoneria (f.)
stria (f.)
strioscopia (f.)
sudiceria (f.)
supremazia (f.)
suvvia (escl.)
tabaccheria (f.)
taccagneria (f.)
tacheografia (f.)
tacheometria (f.)
tachicardia (f.)
tachigrafia (f.)
tafferia (f.)
tafofobia (f.)
talalgia (f.)
talassobiologia (f.)
talassocrazia (f.)
talassografia (f.)
tanatofobia (f.)
tanatologia (f.)
+tania (f.)
tappezzeria (f.)
tarsia (f.)
tassidermia (f.)
tassonomia (f.)
tauromachia (f.)
tautologia (f.)
tecnologia (f.)
tecnopatia (f.)
tedescheria (f.)
telefonia (f.)
telefotografia (f.)
telegrafia (f.)
telemetria (f.)
teleologia (f.)
teleopatia (f.)
teleria (f.)
tenebria (f.)
tenotomia (f.)
teocrazia (f.)
teodulia (f.)
teofania (f.)
teogonia (f.)
teologia (f.)
teoria (f.)
teosofia (f.)
terapia (f.)
teratologia (f.)
terminologia (f.)
termologia (f.)
terzeria (f.)
tesoreria (f.)
tessitoria (f.)
tetralogia (f.)
tetrarchia (f.)
teurgia (f.)
tintoria (f.)
tipografia (f.)
tipolitografia (f.)
tiptologia (f.)
tirannia (f.)
tirchieria (f.)
tisiologia (f.)
tonsillotomia (f.)
topografia (f.)
toracotomia (f.)
tossicologia (f.)
+trabalderia (f.)
tracheotomia (f.)
+trafurelleria (f.)
tramvia (f.)
tranvia (f.)
trappoleria (f.)
trattoria (f.)
traversia (f.)
trenodia (f.)
tricologia (f.)
tricomania (f.)
tricromia (f.)
trierarchia (f.)
trigamia (f.)
trigonometria (f.)
trilogia (f.)
tripodia (f.)
tripperia (f.)
trofologia (f.)
tropologia (f.)
trufferia (f.)
tuttavia (avv.)
ubbia (f.)
uranografia (f.)
uranometria (f.)
uranoscopia (f.)
uremia (f.)
uricemia (f.)
urologia (f.)
uroscopia (f.)
utopia (f.)
vaccheria (f.)
vaccinoterapia (f.)
valentia (f.)
valigeria (f.)
vanteria (f.)
vaseria (f.)
veleria (f.)
vetreria (f.)
vetrocromia (f.)
vetrofania (f.)
via (f., avv.)
vicaria (f.)
vigliaccheria (f.)
vigoria (f.)
villania (f.)
voltimetria (f.)
vossignoria (f.)
vulcanologia (f.)
xantopsia (f.)
xenofobia (f.)
xilografia (f.)
xilologia (f.)
zelanteria (f.)
zerbineria (f.)
zia (f.)
zimologia (f.)
zimoterapia (f.)
zincografia (f.)
zincotipia (f.)
zitotecnia (f.)
zoofisiologia (f.)
zoofobia (f.)
zoogeografia (f.)

zooiatria (f.)
zoolatria (f.)
zoologia (f.)
zoonomia (f.)
zoopedia (f.)
zootecnia (f.)
zootomia (f.)

iaca
ammoniaca (f.)
teriaca (f.)

iaco
afrodisiaco (a.)
ammoniaco (a.)
asiaco (a.)
cardiaco (a.)
celiaco (a.)
demoniaco (a., m.)
dionisiaco (a.)
egiziaco (a.)
elefantiaco (a.)
elegiaco (a.)
eliaco (a.)
fidiaco (a.)
genetliaco (a., m.)
idilliaco (a.)
iliaco (a.)
ipocondriaco (a., m.)
lipemaniaco (a.)
magnesiaco (a.)
maniaco (a., m.)
monomaniaco (a.)
olimpiaco (a.)
paradisiaco (a.)
prosodiaco (a.)
simoniaco (a., m.)
zodiaco (m.)

iade
amadriade (f.)
diade (f.)
driade (f.)
geremiade (f.)
iliade (f.)
lusiade (a., m.)
miriade (f.)
olimpiade (f.)
triade (f.)

iadi
endiadi (f.)
iadi (f. pl.)

iamo
giusquiamo (m.)
Priamo (m.)

iano
ciano (m.)
diano (t., r.)
+fiano (i.)
giano (i.)
siano (i.)
stiano (i.)

iapo
Priapo (m.)

ias
lias (m.)
trias (m.)

iasi
elefantiasi (f.)
elmintiasi (f.)
ftiriasi (f.)
litiasi (f.)
midriasi (f.)
nefrolitiasi (f.)
ofiasi (f.)
pitiriasi (f.)
psoriasi (f.)
qualsiasi (a.)
trichiasi (f.)
tricofitiasi (f.)
urolitiasi (f.)

iba
diatriba (f.)
scriba (m.)
zeriba (f.)

ibade
tribade (f.)

ibale
cannibale (m., a.)

ibano
olibano (m.)

ibbia
bibbia (f.)
fibbia (f.)

ibbio
affibbio (t.)
nibbio (m.)
raffibbio (t.)
sfibbio (t., r.)
sinibbio (m.)
tribbio (t., m.)

ibblo
dribblo (i.)

ibbo
+gibbo (m.)
zibibbo (m.)

ibbra
libbra (f.)

ibera
delibera (f.)

ibero
delibero (t.)
libero (t., r., a.)
semilibero (a., m.)

ibes
ribes (m.)

ibet
tibet (m.)

ibia
tibia (f.)

ibice
+ibice (m.)
vibice (f.)

ibile
accendibile (a.)
accensibile (a.)
accessibile (a.)
adducibile (a.)
adempibile (a.)
affettibile (a.)
agibile (a.)
amissibile (a.)
ammissibile (a.)
amovibile (a.)
appetibile (a.)
apponibile (a.)
apprendibile (a.)
attendibile (a.)
attribuibile (a.)
avvertibile (a.)
bevibile (a.)
bipartibile (a.)
chiedibile (a.)
coercibile (a.)
combustibile (a., m.)
commestibile (a., m.)
compatibile (a.)
compredibile (a.)
comprensibile (a.)
compressibile (a.)
concedibile (a.)
concepibile (a.)
concupiscibile (a.)
conducibile (a.)
confondibile (a.)
conoscibile (a.)

conseguibile (a.)
controvertibile (a.)
convertibile (a.)
correggibile (a.)
corruttibile (a., m.)
costruibile (a.)
credibile (a.)
decomponibile (a.)
defettibile (a.)
definibile (a.)
derisibile (a.)
descrivibile (a.)
desumibile (a.)
dicibile (a.)
difendibile (a.)
difensibile (a.)
differibile (a.)
diffusibile (a.)
digeribile (a.)
diminuibile (a.)
dirigibile (a., m.)
discernibile (a.)
discutibile (a.)
disfattibile (a.)
disponibile (a., f.)
distendibile (a.)
distinguibile (a.)
distruggibile (a.)
disunibile (a.)
divisibile (a.)
+docibile (a.)
eccepibile (a.)
eleggibile (a.)
eligibile (a.)
erudibile (a.)
esauribile (a.)
eseguibile (a.)
esigibile (a.)
espansibile (a.)
esperibile (a.)
esprimibile (a.)
estendibile (a.)
estensibile (a.)
estinguibile (a.)
fallibile (a.)
fattibile (a., m.)
fendibile (a.)
flessibile (a.)
fondibile (a.)
frangibile (a.)
fruibile (a.)
fusibile (a.)
godibile (a.)
guaribile (a.)
illeggibile (a.)
imbattibile (a.)
immmarcescibile (a.)
impassibile (a.)
impedibile (a.)
impercettibile (a.)
impersuadibile (a.)
imponibile (a., m.)
impossibile (a., m.)
imprendibile (a.)
imprescrittibile (a.)
impreteribile (a.)
imprevedibile (a.)
impunibile (a.)
imputrescibile (a.)
inaccessibile (a.)
inadempibile (a.)
inammissibile (a.)
inamovibile (a.)
inapprensibile (a.)
inattendibile (a.)
incoercibile (a.)
incombustibile (a.)
incompatibile (a.)
incomprensibile (a.)
incompressibile (a.)
inconcepibile (a.)
incongiungibile (a.)
inconoscibile (a.)
incontrovertibile (a.)
inconvertibile (a.)
inconvincibile (a.)
incorreggibile (a.)
incorruttibile (a.)
incredibile (a.)
indecomponibile (a.)
indefettibile (a.)
indefinibile (a.)
indescrivibile (a.)
indicibile (a.)
indifendibile (a.)
indifferibile (a.)
indigeribile (a.)
indiscutibile (a.)
indistruttibile (a.)
indivisibile (a.)
ineccepibile (a.)
ineleggibile (a.)
inesaudibile (a.)
inesauribile (a.)
ineseguibile (a.)
inesigibile (a.)
inesprimibile (a.)
inestinguibile (a.)
infallibile (a.)
inflessibile (a.)
infrangibile (a.)
infusibile (a.)
inguaribile (a.)
inintelligibile (a.)
inoffensibile (a.)
inscindibile (a.)
insensibile (a.)
inservibile (a.)
insoffribile (a.)
insolvibile (a.)
insommergibile (a.)
insostenibile (a.)
intangibile (a.)
intelligibile (a.)
intraducibile (a.)
introducibile (a.)
invendibile (a.)
invertibile (a.)
invincibile (a.)
invisibile (a.)
ipersensibile (a.)
irascibile (a.)
irraggiungibile (a.)
irredimibile (a.)
irrefrangibile (a.)
irremissibile (a.)
irremovibile (a.)
irreperibile (a.)
irreprensibile (a.)
irresistibile (a.)
irreversibile (a.)
irricevibile (a.)
irriducibile (a.)
irrisarcibile (a.)
irriuscibile (a.)
leggibile (a.)
mantenibile (a.)
marcescibile (a.)
movibile (a.)
offendibile (a.)
orribile (a.)
ostensibile (a.)
ottenibile (a.)

passibile (a.)
patibile (a.)
percepibile (a.)
percettibile (a.)
perfettibile (a.)
permissibile (a.)
persuadibile (a.)
persuasibile (a.)
plausibile (a.)
possibile (a., m.)
precettibile (a.)
preferibile (a.)
prendibile (a.)
prescrittibile (a.)
pressibile (a.)
presumibile (a.)
prevedibile (a.)
previsibile (a.)
producibile (a.)
+produttibile (a.)
proferibile (a.)
proponibile (a.)
punibile (a.)
putrefattibile (a.)
putrescibile (a.)
rarefattibile (a.)
recettibile (a.)
redarguibile (a.)
redimibile (a., m.)
reggibile (a.)
remissibile (a.)
removibile (a.)
rendibile (a.)
reperibile (a.)
reprensibile (a.)
rescindibile (a.)
restituibile (a.)
reversibile (a.)
riammissibile (a.)
ricevibile (a.)
riconoscibile (a.)
ricopribile (a.)
ridicibile (a.)
riducibile (a.)
rieleggibile (a.)
riempibile (a.)
rifacibile (a.)
rifattibile (a.)
riferibile (a.)
riflessibile (a.)
rifondibile (a.)
rimovibile (a.)
rinvenibile (a.)
ripartibile (a.)
riprensibile (a.)
riproducibile (a.)
risarcibile (a.)
riscotibile (a.)
risibile (a.)
risolvibile (a.)
ritorcibile (a.)
riuscibile (a.)
rivedibile (a., m.)
rivendibile (a.)
riversibile (a.)
rodibile (a.)
salibile (a.)
scendibile (a.)
scibile (a., m.)
scioglibile (a.)
scrivibile (a.)
sensibile (a., m., f.)
servibile (a.)
soccorribile (a.)
soffribile (a.)
solvibile (a.)
sommergibile (a., m.)
soprasensibile (a., m.)
soprassensibile (a., m.)
sospendibile (a.)
sostenibile (a.)
sostituibile (a.)
sovrintelligibile (a.)
sovvenibile (a.)
spartibile (a.)
spendibile (a.)
successibile (a.)
suddivisibile (a.)
supponibile (a.)
suscettibile (a.)
tacibile (a.)
tangibile (a.)
temibile (a.)
tenibile (a.)
terribile (a.)
traducibile (a.)
trasferibile (a.)
trasfondibile (a.)
trasmissibile (a.)
udibile (a.)
unibile (a.)
vedibile (a.)
vendibile (a.)
vincibile (a.)
visibile (a.)
volgibile (a.)

ibili
cacciasommergibili (m.)

ibilo
sibilo (i., m.)

ibio
anfibio (a., m.)
stibio (m.)

ibis
ibis (m.)

ibita
bibita (f.)

ibito
libito (m.)

ibli
ghibli (m.)

iblico
biblico (a.)

ibo
allibo (t.)
+caribo (m.)
cibo (t., m.)
delibo (t.)
libo (t.)
prelibo (t.)

ibola
mandibola (f.)

ibolo
amfibolo (m.)
anfibolo (m.)
infundibolo (m.)
+latibolo (m.)
patibolo (m.)
peribolo (m.)
tribolo (t., i., m.)
turibolo (m.)
vestibolo (m.)

ibra
fibra (f.)
libra (f.)

ibraco
dibraco (m.)
tribraco (m.)

ibrido
ibrido (a., m.)

ibrio
disequilibrio (m.)

disquilibrio (m.)
equilibrio (m.)
ludibrio (m.)
squilibrio (m.)

ibris
exlibris (m.)

ibro
allibro (t.)
cribro (t., m.)
disquilibro (t.)
equilibro (t., r.)
felibro (m.)
libro (t., r., m.)
segnalibro (m.)
sfibro (t.)
squilibro (t., r.)

ibula
fibula (f.)

ibus
conquibus (m.)
gibus (m.)
quibus (m.)

ic
cric (m.)
mugìc (m.)
sic (lat.)
tic (m.)

ica
bica (f.)
cica (f., m.)
fatica (f.)
formica (f.)
fuggifatica (m.)
lorica (f.)
mica (f.)
mirica (f.)
mollica (f.)
nasica (a.)
ortica (f.)
pica (f.)
plica (f.)
rubrica (f.)
sica (f.)
spica (f.)
vescica (f.)

icaro
picaro (a.)

icca
+bricca (f.)
chicca (f.)
cicca (f.)
cricca (f.)
martinicca (f.)
mazzapicca (f.)
pasticca (f.)
picca (f.)
saicca (f.)

icche
berlicche (m.)
cricche (m.)
scicche (a.)

icchera
chicchera (f.)

icchero
schicchero (t., r.)
scombicchero (t.)

icchese
icchese (f., m.)

icchi
sbricchi (m. pl.)

icchia
cavicchia (f.)
lenticchia (f.)
maicchia (f.)
nicchia (f.)

icchio
abbozzicchio (t.)
ammonticchio (t., r.)
avviticchio (t., r.)
avvolticchio (t., r.)
bevicchio (i.)
brodicchio (m.)
campicchio (i.)
cannicchio (m.)
canticchio (t., i.)
cavicchio (m.)
cricchio (i., m.)
crocicchio (m.)
cucicchio (t.)
dolicchio (i.)
dormicchio (i.)
dottoricchio (m.)
farfanicchio (m.)
incatricchio (r.)
incavicchio (t.)
incrocicchio (t.)
lavoricchio (i.)
leggicchio (t.)
mazzapicchio (t., m.)
mollicchio (m.)
+monzicchio (m.)
morsicchio (t.)
nicchio (i., m.)
picchio (i., t., r., m.)
pinturicchio (a.)
pirricchio (m.)
puzzicchio (i.)
radicchio (m.)
raggricchio (r.)
rannicchio (r., t.)
ripicchio (t., r., i.)
rosicchio (t., m.)
salticchio (i.)
scatricchio (t., r.)
scricchio (i., m.)
solicchio (m.)
sonicchio (t., i.)
spendicchio (t., i.)
spicchio (m.)
strappicchio (t.)
studicchio (t.)
sviticchio (t., r.)
ticchio (m.)
tossicchio (i.)
urticchio (t.)
vendicchio (t.)
verdicchio (m.)
viticchio (m.)
volicchio (i.)

icchiolo
rosicchiolo (m.)
scricchiolo (i.)

iccia
ciccia (f.)
miccia (f.)
muriccia (f.)
pelliccia (f.)
piccia (f.)
posticcia (f.)
rasiccia (f.)
salciccia (f.)
salsiccia (f.)

iccica
briccica (f.)

iccico
appiccico (t., i., r.)
briccico (i.)
doliccico (i.)
rabbriccico (t.)
rappiccico (t., r.)
riappiccico (t., r.)
spiccico (t., r.)

iccio

abbeveraticcio (m.)
abbronzaticcio (a.)
abbruciaticcio (a.)
accapriccio (i., r.)
accogliticcio (a.)
accomodaticcio (m).
addormentaticcio (a.)
aggraticcio (t., r.)
aggriccio (t., r.)
albiccio (a.)
allagaticcio (a.)
alliccio (t.)
alticcio (a.)
amariccio (a.)
ammalaticcio (a.)
ammassiccio (t., r.)
appiastriccio (t.)
appiccaticcio (a.)
appiccio (t., r.)
appiccicaticcio (a., m.)
arrabbiaticcio (m.)
arriccio (t., r.)
arsiccio (a., m.)
attaccaticcio (a., m.)
avanzaticcio (m.)
avveniticcio (a.)
avviticcio (t.)
azzurriccio (a.)
bianchiccio (a.)
biccio (i.)
biondiccio (a.)
bisticcio (i., r., m.)
bolliticcio (m.)
bruciaticcio (m.)
canniccio (m.)
+caporiccio (m.)
capriccio (m.)
carboniccio (a.)
carniccio (m.)
carpiccio (m.)
cascaticcio (a.)
cassaticcio (m.)
ceneriecio (a.)
chiacchiericcio (m.)
colaticcio (m.)
compiccio (t.)
cotticcio (a.)
covaticcio (a.)
dimoiaticcio (m.)
diriccio (t.)
disfatticcio (a., m.)
duriccio (a.)
fanghiccio (m.)
fatticcio (a.)
feticcio (a.)
filaticcio(m.)
forticcio (a.)
fracidiccio (a.)
freddiccio (a.)
gialliccio (a.)
graticcio (t., m.)
grattaticcio (m.)
+griccio (a.)
imparaticcio (m.)
impasticcio (t.)
impelliccio (t.)
impiastriccio (t.)
impiccio (t., r., m.)
incapriccio (r.)
infermiccio (a.)
ingraticcio (t.)
laniccio (m.)
liccio (m.)
lividiccio (a.)
malaticcio (a.)
massiccio (t., m.)
masticaticcio (m.)
messiticcio (m.)
mesticcio (t.)
meticcio (a., m.)
miccio (m.)
molliccio (a., m.)
morbidiccio (a., m.)
morticcio (a.)
nericcio (a.)
orliccio (m.)
pagliccio (m.)
paglicriccio (m.)
pallidiccio (a.)
pasticcio (m.)
pavoniccio (a.)
pazziccio (a.)
pelliccio (t.)
piaccichiccio (m.)
piastriccio (m.)
+poltriccio (m.)
portaticcio (m.)
posticcio (a.)
pottiniccio (m.)
praticcio (m.)
presiccio (a., m.)
primaticcio (a.)
raccapriccio (t., i., r., m.)
raccattaticcio (m.)
raccogliticcio (a., m.)
ramiccio (t.)
raspaticcio (m.)
raciticcio (m.)
reniccio (m.)
ribolliticcio (m.)
riccio (m., a.)
rilevaticcio (a.)
rimessiticcio (m.)
rimettiticcio (m.)
rimpasticcio (t.)
rimpelliccio (t., r.)
rimpiastriccio (t.)
ringranaticcio (m.)
rossiccio (a.)
rosticcio (m.)
sabbioniccio (m.)
scalpiccio (i.)
scapriccio (t., r.)
scarniccio (t.)
scarpiccio (i.)
scegliticcio (m.)
scopiccio (m.)
scuriccio (m.)
sdiriccio (t.)
seccaticcio (m.)
secchiccio (a.)
sfatticcio (m.)
smordiccio (a.)
soprarriccio (m.)
sparniccio (t.)
spelliccio (t.)
spiccio (i., t., a.)
squartaticcio (m.)
stupiccio (t., r.)
sudaticcio (a.)
sudiciccio (a.)
svaniticcio (a.)
terriccio (m.)
torbiccio (a.)
torbidiccio (a.)
torticcio (a., m.)
traliccio (m.)
turchiniccio (a.)
umidiccio (a.)
unticcio (a.)
vecchiccio (a.)

verdiccio (a.)
viticcio (m.)

icciolo
arricciolo (t., r.)
cicciolo (m.)
picciolo (a., m.)
ricciolo (m.)
scricciolo (m.)
sgricciolo (m.)
sicciolo (m.)
spicciolo (t., a., m.)

icco
abbricco (r., t.)
alambicco (m., t., r.)
ammicco (i.)
appicco (t., r., m.)
bricco (m.)
buricco (m.)
caicco (m.)
chicco (m.)
cicco (i.)
conficco (t.)
cricco (m.)
dicco (m.)
dispicco (t.)
essicco (t.)
ficco (t., r.)
impicco (t., r.)
lambicco (t., r., m.)
micco (m.)
picco (r., i., m.)
rappicco (t.)
riappicco (t.)
ricco (a., m.)
rificco (t., r.)
ripicco (m.)
+sbricco (m.)
sceicco (m.)
schicco (t.)
sconficco (t.)
spicco (t., r., m.)
straricco (a.)

iccola
briccola (f.)
combriccola (f.)

iccolo
piccolo (a., m.)
trabiccolo (m.)

ice
abbagliatrice (f.)
abbaiatrice (f.)
abbandonatrice (f.)
abbassatrice (f.)
abbattitrice (f.)
abbellitrice (f.)
abbindolatrice (f.)
abborracciatrice (f.)
abbozzatrice (f.)
abbracciatrice (f.)
abbreviatrice (f.)
abbruciatrice (f.)
abbuiatrice (f.)
abbarattatrice (f.)
abolitrice (f.)
abominatrice (f.)
abborritrice (f.)
abusatrice (f.)
accalappiatrice (f.)
accaparratrice (f.)
accattatrice (f.)
alesatrice (f.)
alice (f.)
allattatrice (f.)
appendice (f.)
aratrice (f.)
attrice (f.)
automotrice (f.)
autrice (f.)
bisettrice (f.)
brunice (f.)
cacciatrice (f.)
cervice (f.)
cicatrice (f.)
cornice (f.)
coturnice (f.)
cucitrice (f.)
curvatrice (f.)
dicanapulatrice (f.)
editrice (f.)
elevatrice (f.)
falciatrice (f.)
fattrice (f.)
felice (a.)
fenditrice (f.)
fenice (f.)
follatrice (f.)
fonditrice (f.)
fresatrice (f.)
generatrice (f.)
governatrice (f.)
gramolatrice (f.)
imbastitrice (f.)
imbrancatrice (f.)
imbottigliatrice (f.)
impastatrice (f.)
incannatrice (f.)
incubatrice (f.)
indossatrice (f.)
infelice (a., m.)
inaffiatrice (f.)
interceditrice (f.)
irroratrice (f.)
lavatrice (f.)
levatrice (f.)
lice (i.)
limatrice (f.)
locomotrice (f.)
manifattrice (f.)
matrice (f.)
meretrice (f.)
mietitrice (f.)
mitragliatrice (f.)
motoaratrice (f.)
motrice (f.)
narice (f.)
nutrice (f.)
occhiellatrice (f.)
offenditrice (f.)
oratrice (f.)
ovatrice (f.)
pendice (f.)
penice (f.)
pernice (f.)
picchettatrice (f.)
piegatrice (f.)
pieghettatrice (f.)
pittrice (f.)
pulitrice (f.)
radice (f.)
rasatrice (f.)
ricamatrice (f.)
rifilatrice (f.)
rotolatrice (f.)
sarchiatrice (f.)
sbarbatrice (f.)
sbiancatrice (f.)
scavatrice (f.)
scavezzatrice (f.)
scortecciatrice (f.)
scrematrice (f.)
seminatrice (f.)
sfogliatrice (f.)
sgranatrice (f.)

sodatrice (f.)
soffiatrice (f.)
solforatrice (f.)
sopraccornice (f.)
spolveratrice (f.)
stampatrice (f.)
stiratrice (f.)
tagliatrice (f.)
tamarice (f.)
tamerice (f.)
tosatrice (f.)
traforatrice (f.)
tralice (f.)
trapiantatrice (f.)
trattrice (f.)
trebbiatrice (f.)
trinciatrice (f.)
varice (f.)
vernice (f.)
vice (f.)
vittrice (f.)
zolfatrice (f.)
cf. *m.* e *a.* in **ore.**

iceo
mediceo (a.)
orichiceo (m.)
piceo (a.)
puniceo (a.)
sericeo (a.)
siliceo (a.)

icere
+conficere (t.)
+alicere (t.)
+esplicere (t.)
licere (i.)
+predicere (t.)

icet
licet (m.)

iche
psiche (f.)
sbucciafatiche (m.)
scansafatiche (m.)

ichel
nichel (m.)

ichero
gichero (m.)

ichica
metapsichica (f.)

ichico
metapsichico (a.)
psichico (a.)

ichilo
annichilo (t., r.)

ichio
emistichio (m.)

ici
superfici (f. pl.)

icia
bricia (f.)
camicia (f.)
ostetricia (f.)

icico
silicico (a.)

icie
superficie (f.)

icile
difficile (a.)

icine
glicine (m.)
tibicine (m.)

icino
ricino (m.)
spicino (t., r.)

icio
artificio (m.)
auspicio (m.)
beneficio (m.)
burrificio (m.)
calzaturificio (m.)
canapificio (m.)
caseificio (m.)
cilicio (m.)
cornicio (t.)
cotonificio (m.)
dentifricio (m.)
+dificio (m.)
disembricio (t.)
edificio (m.)
epinicio (m.)
fenicio (a., m.)
ignispicio (m.)
incamicio (t., r.)
incornicio (t.)
inficio (m.)
invernicio (t., r.)
iutificio (m.)
lanificio (m.)
maglificio (m.)
maleficio (m.)
micio (m.)
officio (i., m.)
oleificio (m.)
opificio (m.)
orificio (m.)
panificio (m.)
pastificio (m.)
polverificio (m.)
pontificio (a.)
proittificio (m.)
rinvenicio (t.)
rinvernicio (t.)
sacrificio (m.)
sbricio (r., t., a.)
scamicio (r.)
scornicio (t., r.)
setificio (m.)
silicio (m.)
stralicio (t.)
ufficio (t., i., m.)
veneficio (m.)
vernicio (t.)
zuccherificio (m.)

iciola
briciola (f.)

iciolo
briciolo (m.)
sbriciolo (t., r.)

icipo
anticipo (t., i.)
posticipo (t.)

icite
benedicite (m.)

icito
esplicito (a.)
felicito (t., r.)
implicito (a.)
licito (t., pps.)

iclica
enciclica (f.)
geociclica (f.)

iclico
ciclico (a.)

iclo
biciclo (m.)
chilociclo (m.)
ciclo (m.)
emiciclo (m.)
epiciclo (m.)
motociclo (m.)
siclo (m.)
triciclo (m.)

ico
abbico (t., +r.)

addico (r., t.)
affatico (t., r.)
amico (a., m.)
antico (a.)
appanico (t.)
aprico (a.)
beccafico (m.)
bellico (m.)
benedico (t.)
bolscevico (a., m.)
caprifico (m.)
contropappafico (m.)
dico (t.)
disdico (t., r.)
districo (t.)
fatico (i.)
fico (m.)
formico (i.)
impudico (a.)
indico (t.)
inimico (t., r., a., m.)
interdico (t.)
intrico (t., m.)
lombrico (m.)
maledico (t.)
mendico (t., a., m.)
nemico (t., a., m.)
olimpionico (m.)
ombelico (m.)
ombellico (m.)
panico (m.)
pappafico (m.)
plico (m.)
portorico (m.)
predico (t.)
pudico (a.)
riamico (t., r.)
ribenedico (t.)
ridico (t., r.)
rimaledico (t.)
rubrico (t.)
smollico (t., r.)
strabenedico (t.)
stramaledico (t.)
vico (m.)

icola

agricola (m.)
arvicola (m.)
canicola (f.)
caulicola (m.)
cavernicola (m., a.)
celicola (m.)
cicatricola (f.)
clavicola (f.)
conventicola (f.)
cuticola (f.)
deicola (m.)
edicola (f.)
graticola (f.)
limicola (m.)
matricola (f.)
particola (f.)
plumicola (m.)
terramaricola (m.)
verzicola (f.)

icolo

agricolo (a.)
ammennicolo (m., t.)
amminicolo (m.)
articolo (t., r., m.)
autoveicolo (m.)
baicolo (m.)
caulicolo (m.)
cubicolo (m.)
cunicolo (m.)
curricolo (m.)
disarticolo (t., i.)
diverticolo (m.)
fascicolo (m.)
follicolo (m.)
fonticolo (m.)
formicolo (i.)
funicolo (m.)
gesticolo (i.)
graticolo (t.)
immatricolo (t.)
ingraticolo (t.)
matricolo (t., r.)
+offendicolo (m.)
orticolo (a.)
otricolo (m.)
palafitticolo (m.)
pannicolo (m.)
pericolo (i., m.)
perpendicolo (m.)
regnicolo (m., a.)
reticolo (t., m.)
ridicolo (a., m.)
rinverzicolo (i.)
scrobicolo (m.)
sperlcolo (r.)
svicolo (i.)
terricolo (a.)
veicolo (m.)
ventricolo (m.)
+versicolo (m.)
vicolo (m.)
vinicolo (a.)

icore

icore (m.)

icoro

ossicoro (a.)

icresi

anticresi (f.)

icrico

picrico (a.)

icromo

policromo (a.)

ictono

antictono (a., m.)

ictus

ictus (m.)
rictus (m.)

icula

acicula (f.)
alicula (f.)

iculo

articulo (m.)

icuo

cospicuo (a.)
perspicuo (a.)
proficuo (a.)

ida

amanticida (m., f.)
corrida (f.)
deicida (m.)
diffida (f.)
disfida (f.)
fida (f.)
fratricida (m.)
grida (f., pl.)
insetticida (a.)
liberticida (a., m.)
matricida (m., a.)
moschicida (m., a.)
omicida (m.)
parricida (m., a.)
patricida (m.)
regicida (m.)
retroguida (m.)
setticida (m.)
sfida (f.)
sororicida (m.)

strida (f., pl.)
suicida (m., a.)
tirannicida (m., a.)
ussoricida (m., f.)
uxoricida (m., f.)

idace
tridace (m.)

idda
ridda (f.)

iddo
riddo (i.)

ide
anidride (f.)
calciocianamide (f.)
cianamide (m.)
vide (t., i., r.)

ideo
lapideo (a.)

idere
+allidere (t., i.)
+ancidere (t.)
arridere (i.)
assidere (r.)
circoncidere (t.)
coincidere (i.)
collidere (t.)
condividere (t.)
conquidere (t.)
decidere (t.)
deridere (t.)
dividere (t.)
elidere (t., r.)
incidere (t., i.)
intercidere (t.)
intridere (t.)
irridere (t.)
precidere (t.)
recidere (t.)
ridere (i., r., m.)
ridividere (t.)
sorridere (i.)
stridere (i., +t)
succidere (t.)
suddividere (t.)
uccidere (t., r.)

idero
considero (t.)
desidero (t.)
videro (t., i., r.)

idi
acridi (m. pl.)
afidi (m. pl.)
idi (m. pl., f. pl.)
potameidi (f. pl.)
vidi (t., i., r.)
cf. *m.* in **ida.**

idia
accidia (f.)
falcidia (f.)
insidia (f.)
invidia (f.)
perfidia (f.)

idico
antiofidico (a.)
causidico (m.)
druidico (a.)
fatidico (a.)
giuridico (a.)
maidico (a.)
veridico (a.)

idie
+meridie (f., m.)

idimo
didimo (a.)
vidimo (t.)

idine
+crepidine (f.)
libidine (f.)
rachidine (f.)

idio
acridio (m.)
deicidio (m.)
dissidio (m.)
eccidio (m.)
esperidio (m.)
falcidio (t.)
fastidio (m.)
fratricidio (m.)
genocidio (m.)
gelicidio (m.)
guardanidio (m.)
infanticidio (m.)
insidio (t., i.)
invidio (t.)
iridio (m.)
matricidio (m.)
ofidio (m.)
oidio (m.)
omicidio (m.)
ommatidio (m.)
parricidio (m.)
patricidio (m.)
pedidio (a.)
perfidio (i.)
peridio (m.)
platiniridio (m.)
presidio (t., m.)
regicidio (m.)
rubidio (m.)
stillicidio (m.)
suicidio (m.)
sussidio (t., m.)
tirannicidio (m.)
uxoricidio (m.)

ido
affido (t., r.)
allido (t.)
annido (t., r.)
arrido (i.)
assido (r.)
circoncido (t.)
coincido (i.)
collido (t.)
condivido (t.)
confido (t.)
conquido (t.)
cupido (m.)
decido (t.)
derido (t.)
diffido (i., t.)
disfido (t.)
disguido (m.)
elido (t., r.)
fido (t., i., r., a.)
grido (i., m.)
guido (t., r.)
incido (t., i.)
infido (a.)
intercido (t.)
intrido (t.)
irrido (t.)
lido (m.)
malfido (a.)
nido (m.)
precido (t.)
rannido (t., r.)
recido (t.)
riconfido (t.)
ridivido (t.)
rido (i., r.)
rigrido (t., i.)
riguido (t.)
sconfido (i., r.)

sfido (t., r.)
sgrido (t.)
snido (t., i.)
sorrido (i.)
strido (i., m., +t)
succido (t.)
suddivido (t.)
suicido (r.)
uccido (t., r.)

idolo
cidolo (m.)
idolo (m.)

idoto
antidoto (a., m.)

idra
clessidra (f.)
idra (f.)

idria
idria (f.)

idrico
cianidrico (a.)
cloridrico (a.)
fluoridrico (a.)
idrico (a.)
ossidrico (a.)
solfidrico (a.)

idro
sidro (m.)

idrope
idrope (m.)

idulo
acidulo (a.)
stridulo (i., a.)

iduo
assiduo (a.)
deciduo (a.)
individuo (t., m., a.)
occiduo (a.)
residuo (t., i., a., m.)
settiduo (a., m.)
triduo (m.)

ie
cotonerie (f. pl.)
+die (m.)
lampadodromie (f. pl.)
vie (avv.)

ieno
dieno (t., r.)
stieno (i.)

ieri
fieri (lat.)

iete
ariete (m.)

ifa
fifa (f.)

ifago
polifago (a., m.)
pultifago (m.)

ifel
chifel (m.)

ifera
+zifera (f.)

ifere
guttifere (f. pl.)

iferi
portafiammiferi (m.)
rotiferi (m. pl.)

ifero
aquilifero (m.)
argentifero (a.)
aurifero (a.)
boracifero (a.)
calorifero (a.)
carconifero (a.)
chilifero (a.)
conchifero (a.)
conifero (a.)
corallifero (a.)
crocifero (m.)
culmifero (a.)
dattilifero (a.)
drupifero (a.)
edorifero (a.)
erbifero (a.)
falcifero (a.)
fiammifero (m.)
fiorifero (a.)
flabellifero (a.)
foglifero (a.)
foraminifero (m.)
frigorifero (a., m.)
frugifero (a.)
fruttifero (a.)
gemmifero (a.)
ghiandifero (a.)
gommifero (a.)
granifero (a.)
guttifero (a.)
ignifero (a.)
imbrifero (a.)
infruttifero (a.)
lattifero (a.)
lucifero (a., m.)
mammifero (a., m.)
marmifero (a.)
mellifero (a.)
metallifero (a.)
morbifero (a.)
mortifero (a.)
odorifero (a.)
oleifero (a.)
ombrellifero (a.)
ossifero (a.)
perlifero (a.)
pestifero (a.)
petrolifero (a.)
piombifero (a.)
pistillifero (a.)
platinifero (a.)
prolifero (a.)
quarzifero (a.)
racemifero (a.)
ramifero (a.)
resinifero (a.)
saccarifero (a.)
salifero (a.)
salutifero (a.)
sanguifero (a.)
signifero (m.)
sonnifero (a., m.)
soporifero (a.)
sudorifero (a., m.)
svocifero (i., t.)
umbellifero (a.)
umifero (a.)
unguentifero (a.)
uvifero (a.)
velenifero (a.)
velocifero (m.)
vessillifero (m.)
vinifero (a.)
vitifero (a.)
vocifero (i., r.)
zuccherifero (a.)

iffa
biffa (f.)
griffa (f.)
riffa (f.)
tariffa (f.)

iffe
rosbiffe (m.)

iffero
piffero (i., m.)

spiffero (i., t., m.)
iffo
arcaliffo (m.)
arriffo (t.)
biffo (t.)
califfo (m.)
+riffo (a.)
sceriffo (m.)
tariffo (t.)
iffolo
niffolo (m.)
ifica
bonifica (f.)
classifica (f.)
modifica (f.)
notifica (f.)
qualifica (f.)
ratifica (f.)
rettifica (f.)
specifica (f.)
squalifica (f.)
verifica (f.)
ifico
acidifico (t.)
amplifico (t.)
anaglifico (a.)
appacifico (t., r.)
barbifico (i.)
beatifico (t., a.)
bonifico (t.)
calorifico (a.)
certifico (t.)
chiarifico (t.)
chilifico (i.)
chimifico (t.)
classifico (t.)
codifico (t.)
deifico (t.)
diversifico (i., t.)
dolcifico (t.)
dolorifico (a.)
edifico (t., r.)
elettrifico (t.)
esemplifico (t.)
eterifico (t.)
falsifico (t.)
fortifico (t., r.)
fruttifico (i., a.)
geroglifico (t., m.)
giustifico (t., r.)
glorifico (t.)
gratifico (t., r.)
identifico (t., r.)
imaginifico (a.)
lapidifico (t.)
letifico (f.)
lubrifico (t.)
macchinifico (t.)
magnifico (t., a.)
mellifico (i.)
mirifico (a.)
mistifico (t.)
modifico (t.)
mollifico (t.)
mortifico (t.)
mummifico (t., r.)
munifico (a.)
nidifico (i.)
notifico (t.)
odorifico (a.)
onorifico (a.)
ossifico (t., r.)
pacifico (t., a., m.)
palifico (t.)
panifico (t.. i.)
parifico (t.)
parifico (t.)
personifico (t.)
petrifico (t., r.)
pontifico (i.)
prolifico (i., a.)
pulsifico (a.)
purifico (a.)
qualifico (t.)
ramifico (i., r., a.)
rappacifico (t., r.)
rarifico (t.)
ratifico (t.)
resinifico (t., r.)
rettifico (t.)
revivifico (t.)
riedifico (i.)
rifortifico (t.)
ripacifico (t.)
saccarifico (t.)
sacrifico (t., r.)
salifico (t.)
sanguifico (i.)
sanifico (f.)
santifico (t.)
saponifico (t.)
sassifico (t.)
sbarbifico (t., r.)
scarifico (t.)
scarnifico (t., r.)
scientifico (a.)
semplifico (t.)
significo (t.)
solidifico (t., r.)
sopraedifico (t.)
sopredifico (t.)
specifico (t., a., m.)
squalifico (t.)
stratifico (t., i., r.)
sudorifico (a.)
terrifico (t., a.)
testifico (t.)
testifico (t.)
tifico (a.)
umifico (t.)
verifico (t., r.)
versifico (t.)
vetrifico (t., i., r.)
vilifico (t.)
vivifico (t., a.)
ifido
bifido (a.)
trifido (a.)
ifilo
polifilo (m.)
ifluo
mellifluo (a.)
ifo
glifo (m.)
grifo (m., i)
ileotifo (m.)
ippogrifo (m.)
paratifo (m.)
pneumotifo (m.)
schifo (t., r., m., +a)
tifo (m.)
ifola
trifola (f.)
ifolo
rifolo (m., i.)
ifona
antifona (f.)
ifono
tachifono (m.)
ifora
bifora (f.)
trifora (f.)

iforo
dorifloro (m.)
quadriforo (a.)
ifra
cifra (f.)
+zifra (f.)
ifraga
ossifraga (f.)
sassifraga (f.)
ifrago
fedifrago (a.)
ifrasi
antifrasi (f.)
ifraso
perifraso (t.)
ifro
cifro (t.)
decifro (t.)
iftera
diftera (f.)
ifugo
callifugo (m.)
centrifugo (a., t.)
febbrifugo (a., m.)
grandinifugo (a.)
lucifugo (a.)
vermifugo (a.)
infula
infula (f.)
iga
auriga (m.)
autolettiga (f.)
biga (f.)
briga (f.)
diga (f.)
falsariga (f.)
giga (f.)
lettiga (f.)
quadriga (f.)
riga (f.)
spiga (f.)
+triga (f.)
igala
poligala (f.)
igamo
bigamo (m.)
poligamo (m., a.)
quadrigamo (m.)
+rigamo (m.)
trigamo (m.)
igano
origano (m.)
igari
portasigari (m.)
igaro
accendisigaro (m.)
figaro (m.)
gigaro (m.)
sigaro (m.)
igdala
amigdala (f.)
ige
crucifige (lat.)
effige (f.)
+remige (m.)
strige (f.)
vestige (f. pl.)
vige (i.)
igena
alienigena (m.)
igene
antigene (m.)
igeni
aborigeni (m. pl.)
igeno
aborigeno (m.)
alcaligeno (a.)
indigeno (a., m.)
ossigeno (m., t.)
terrigeno (a.)
igeo
abigeo (m.)
coccigeo (a.)
igere
+diligere (t.)
dirigere (t.)
erigere (t.)
negligere (t.)
prediligere (t.)
redigere (t.)
transigere (t.)
vigere (i.)
igero
aligero (a.)
armigero (a., m.)
belligero (a.)
lanigero (a.)
refrigero (t.)
igete
indigete (a., m.)
iggere
affiggere (t.)
affliggere (t.)
configgere (t.)
crocifiggere (t.)
figgere (t., r.)
friggere (t.)
infiggere (t.)
infliggere (t.)
prefiggere (t., r.)
rifriggere (t., i.)
sconfiggere (t.)
sfriggere (i.)
soffriggere (t., i.)
trafiggere (t.)
iggia
guiggia (f.)
+meriggia (f.)
riggia (f.)
iggine
empetiggine (f.)
fuliggine (f.)
lentiggine (f.)
iggino
pioviggino (i.)
iggio
meriggio (i., m.)
osteriggio (m.)
pomeriggio (m.)
ringuiggio (t.)
iggo
affiggo (t.)
affliggo (t., r.)
configgo (t.)
crocifiggo (t.)
figgo (t., r.)
friggo (t.)
infiggo (t.)
infliggo (t.)
prefiggo (t., r.)
rifriggo (t., i.)
sconfiggo (t.)
sfriggo (i.)
soffriggo (t., i.)
trafiggo (t.)
iggolo
raffriggolo (i.)
sfriggolo (i.)
ighe
accattabrighe (m.)
attaccabrighe (m.)

igi
babbabigi (m.)
babbagigi (m.)
fiordiligi (m.)
luigi (m.)
igia
accomandigia (f.)
alterigia (f.)
battigia (f.)
calbigia (f.)
cinigia (f.)
comandigia (f.)
+contigia (f.)
+conventigia (f.)
+concoitigia (f.)
cupidigia (f.)
franchigia (f.)
grandigia (f.)
guarentigia (f.)
ingordigia (f.)
pigia (m.)
sizigia (f.)
valigia (f.)
vestigia (+f., f. pl.)
igido
frigido (a.)
rigido (a., m.)
semirigido (a.)
igie
effigie (f.)
igile
pervigile (a.)
strigile (m.)
vigile (a., m.)
igilo
invigilo (i.)
vigilo (t., i.)
igine
caligine (f.)
impetigine (f.)
intertrigine (f.)
origine (f.)
prurigine (f.)
+revertigine (f.)
+rubigine (f.)
scaturigine (f.)
serpigine (f.)
uligine (f.)
vertigine (f.)
igino
origino (t., i.)
igio
barbigio (m.)
bigio (a., m.)
effigio (t.)
fastigio (m.)
frigio (a.)
grigio (a., m.)
invaligio (t.)
ligio (a., +t.)
litigio (m.)
pigio (t., i., r., m.)
prestigio (m.)
prodigio (m.)
+remigio (m.)
ripigio (t.)
servigio (m.)
stigio (a.)
suffumigio (m.)
svaligio (t.)
uropigio (m.)
vestigio (m.)
igiolo
agrigiolo (i.)
igito
digito (t., +m.)
igla
sigla (f.)
iglia
banchiglia (f.)
biglia (f.)
bigriglia (f.)
bottiglia (f.)
briglia (f.)
cannutiglia (f.)
canutiglia (f.)
cartiglia (f.)
caviglia (f.)
cediglia (f.)
chiglia (f.)
ciglia (f. pl.)
cinciglia (f.)
ciniglia (f.)
cocciniglia (f.)
conchiglia (f.)
+confrediglia (f.)
coniglia (f.)
controchiglia (f.)
copiglia (f.)
faldiglia (f.)
famiglia (f.)
fanghiglia (f.)
flottiglia (f.)
ghiglia (f.)
giunchiglia (f.)
gozzoviglia (f.)
graniglia (f.)
griglia (f.)
guerriglia (f.)
maniglia (f.)
mantiglia (f.)
maraviglia (f.)
meraviglia (f.)
miglia (f. pl.)
mondiglia (f.)
motriglia (f.)
paccottiglia (f.)
parapiglia (m.)
pariglia (f.)
pastiglia (f.)
piglia (m.)
poltiglia (f.)
quadriglia (f.)
robiglia (f.)
salsapariglia (f.)
seghidiglia (f.)
seguidiglia (f.)
+simiglia (f.)
smaniglia (f.)
sopracchiglia (f.)
sottobottiglia (m.)
sottochiglia (f.)
squadriglia (f.)
stampiglia (f.)
starnutiglia (f.)
striglia (f.)
torpiglia (f.)
triglia (f.)
vainiglia (f.)
vaniglia (f.)
iglie
stoviglie (f. pl.)
igliemo
+figliemo (m.)
iglieto
+figlieto (m.)
iglifo
diglifo (m.)
triglifo (m.)
iglio
abbiglio (t., r.)
accapiglio (r.)
accaviglio (t.)

accipiglio (t., r.)
acconiglio (t.)
affiglio (t.)
aggattiglio (r.)
+agghermiglio (t.)
aggroviglio (t., r.)
albiglio (m.)
amantiglio (m.)
ammaniglio (t.)
appariglio (t.)
appiglio (r.)
arronciglio (t., r.)
artiglio (t., m.)
assomiglio (t., r.)
assottiglio (t., r.)
attorciglio (t., r.)
attortiglio (t., r.)
avvinciglio (t.)
bardiglio (m.)
bargiglio (m.)
bisbiglio (i., m.)
borsiglio (m.)
cartiglio (m.)
ciglio (m.)
cipiglio (m.)
+compiglio (m.)
coniglio (m.)
consiglio (t., m.)
cordiglio (m.)
disabbiglio (t., r.)
dissomiglio (i., r.)
famiglio (m.)
figlio (i., m.)
fondiglio (m.)
gariglio (m.)
gattiglio (i.)
gheriglio (m.)
giaciglio (m.)
giglio (m.)
gozzoviglio (i.)
granatiglio (m.)
groviglio (m.)
imbottiglio (t.)
imbriglio (t., r.)
impiglio (t., r.)
impuntiglio (r.)
incaviglio (t.)
ingiglio (t., r.)
invermiglio (t.)
malpiglio (m.)
maraviglio (r., i., t.)
miglio (m.)
nascondiglio (m.)
naviglio (m.)
origlio (i.)
periglio (m.)
piglio (t., m.)
pispiglio (i., m.)
+polviglio (m.)
preventiglio (m.)
pungiglio (m.)
puntiglio (r., m.)
quartiglio (m.)
quintiglio (m.)
raccapiglio (r.)
raggroviglio (t., r.)
rappiglio (i., r.)
rassomiglio (i., r., t.)
rassottiglio (t., r.)
riabbiglio (r.)
rimbriglio (i.)
ripiglio (t., r.)
ripostiglio (m.)
ronciglio (m., +t.)
roviglio (t.)
sbadiglio (i., m.)
sbriglio (t., i., r.)
scandiglio (m.)
scapiglio (t., r.)
scarmiglio (t., r.)
scaviglio (t.)
scompiglio (t., m.)
sconsiglio (t.)
sgroviglio (t.)
simiglio (m., t., i., r.)
smaniglio (m., t.)
smeriglio (t., m.)
somiglio (t., i., r.)
sopracciglio (m.)
spariglio (t., m.)
stampiglio (t.)
stiglio (t., r.)
striglio (t.)
terziglio (m.)
tiglio (m.)
ventriglio (m.)
vermiglio (a., m.)
viglio (t.)
vinciglio (m.)

igliola

grovigliola (f.)

igliolo

aggrovigliolo (t.)
grovigliolo (m.)
raggrovigliolo (t., r.)
sgrigliolo (i.)
sgrovigliolo (t.)

iglo

siglo (t.)

igma

enigma (m.)
paradigma (m.)
stigma (m.)

igmate

stigmate (f. pl.)

igmo

borborigmo (m.)

igna

cigna (f.)
ghigna (f.)
gramigna (f.)
madrigna (f.)
matrigna (f.)
pigna (f.)
sanguigna (f.)
sardigna (f.)
stamigna (f.)
tigna (f.)
vigna (f.)

igne

+gavigne (f. pl.)
insigne (a.)

igneo

igneo (a.)
ligneo (a.)

ignere

+astrignere (t.)
+dipignere (t.)
+pignere (t.)

igno

accincigno (t.)
aggavigno (t.)
aggraffigno (t.)
agrigno (a.)
alligno (i.)
arcigno (a.)
asprigno (a.)
avvigno (t.)
azzurrigno (a.)
benigno (a., +r.)
caprigno (a.)

cigno (m.)
colmigno (m.)
crudigno (a.)
designo (t.)
digrigno (t.)
dolcigno (a.)
ferigno (a.)
ferrigno (a.)
ferrugigno (a.)
fortigno (a.)
frigno (i.)
ghigno (i., m.)
gialligno (a.)
gramigno (t.)
grespigno (m.)
incigno (t.)
incincigno (t.)
indigno (t., r.)
inferigno (a.)
infrigno (a.)
intigno (i., r.)
lividigno (a.)
lupigno (a.)
macigno (m.)
maligno (i., a., m.)
mortigno (a.)
muffigno (a.)
nerigno (a.)
olivigno (a.)
ordigno (m.)
patrigno (m.)
petrigno (a.)
privigno (m.)
pusigno (m., t.)
raffrigno (t., m.)
ralligno (i.)
ramigno (a.)
ranfrigno (t.)
rigno (i., m.)
rincigno (t.)
rinfrigno (t., m.)
rossigno (a.)
salcigno (a.)
sanguigno (a.)
scrigno (m.)
segaligno (a.)
serpigno (a.)
sghigno (t., i.)
sgraffigno (t.)
sgrigno (i.)
sogghigno (i., m.)
sterpigno (a.)
stintigno (i.)
straligno (i.)
svigno (i.)
terrigno (a.)
tigno (i., r.)
traligno (i.)
ulivigno (a.)
verdigno (a.)
vetrigno (a.)
vigno (t.)
vitigno (m.)
zolfigno (a.)

ignola
mignola (f.)

ignolo
allucignolo (t.)
comignolo (m.)
fignolo (m.)
lucignolo (m.)
mignolo (i., m.)
nomignolo (m.)

igo
brigo (i.)
+caligo (f.)
castigo (t.)
defatigo (t.)
dirigo (t.)
disbrigo (t., r., m.)
distrigo (t.)
erigo (t.)
intrigo (t., i., r., m.)
irrigo (t.)
istigo (t.)
prediligo (t.)
redigo (t.)
rigo (t., m.)
sbrigo (t., r.)
spigo (i., m.)
strigo (t., r.)
transigo (t.)
zigo (i.)

igola
spigola (f.)

igolo
cigolo (i.)
pigolo (i.)
+rigolo (m.)
sfrigolo (i.)
spigolo (t., m.)
zigolo (m.)

igoma
zigoma (m.)

igomi
zigomi (m. pl.)

igomo
zigomo (m.)

igono
epigono (m.)
poligono (m.)
trigono (a., m.)
vigono (i.)

igradi
plantigradi (m. pl).

igrado
centigrado (a.)
digitigrado (a.)
tardigrado (a., m.)

igrafe
epigrafe (f.)

igrafo
anepigrafo (a.)
antigrafo (a.)
calligrafo (a., m.)
plessigrafo (m.)
poligrafo (t., m.)

igre
tigre (f.)

igro
denigro (t.)
emigro (i.)
immigro (i.)
impigro (a.)
migro (i.)
pigro (a., m.)
riemigro (i.)
trasmigro (i.)

igulo
figulo (m.)

iguo
ambiguo (a.)
attiguo (a.)
contiguo (a.)
esiguo (a.)
irriguo (a.)
+riguo (a.)

ih
ih (escl.)

ii
sii (i.)
cf. *pass. rem.* 3ª.

il
il (art.)
ila
cabila (f.)
capofila (m.)
centomila (num.)
diecimila (num.)
dodicimila (num.)
duemila (num.)
fila (f., f. pl.)
mila (a. pl.)
ottomila (num.)
pila (f.)
quattromila (num.)
quindicimila (num.)
seimila (num.)
serrafila (m.)
settemila (num.)
trafila (f.)
tredicimila (num.)
tremila (num.)
trentamila (num.)
undicimila (num.)
ilare
ilare (a.)
ilaro
esilaro (t.)
ilda
gilda (f.)
ilde
tilde (m.)
ildo
guidrigildo (m.)
vidrigildo (m.)
ile
ancile (m.)
anile (m.)
antifebbrile (a.)
aprile (m.)
arcile (m.)
arenile (m.)
assile (m.)
+astile (m.)
atrabile (f.)
baciapile (m.)
bacile (m.)
badile (m.)
barile (m.)
bile (f.)
bimensile (a.)
biquintile (a.)
bisestile (a.)
bovile (m.)
brasile (m.)
campanile (m.)
canile (m.)
caprile (m.)
carbonile (m.)
+casile (m.)
ciclostile (m.)
civile (a.)
cortile (m.)
covile (m.)
crocile (m.)
decile (a.)
edile (m.)
etile (m.)
fabbrile (a.)
febbrile (a.)
femminile (a., m.)
fienile (m.)
fiorile (m.)
focile (m.)
fontanile (m.)
fucile (m.)
gentile (a., m.)
gentile (a., m.)
germile (a., m.)
giovanile (a.)
gratile (m.)
incile (m.)
incivile (a.)
infantile (a.)
manfanile (m.)
+mantile (m.)
maschile (a.)
mensile (a., m.)
mercantile (a.)
metile (m.)
minorile (a.)
monile (m.)
navile (m., a.)
notarile (a.)
octile (a.)
ostile (a.)
ovile (m.)
pecile (m.)
pecorile (a., m.)
podestarile (a.)
pontile (m.)
porcile (m.)
pratile (m.)
primaverile (a.)
puerile (a.)
quintile (a., m.)
saettile (m.)
scurrile (a.)
sedile (m.)
senile (a.)
serrafile (m.)
servile (a.)
sestile (m.)
signorile (a.)
sottile (a.)
staffile (m.)
stile (m.)
tenorile (a.)
utensile (m.)
vangile (m.)
vedovile (a., m.)
vescovile (a.)
vile (a., m.)
virile (a.)
ilego
sacrilego (a., m.)
sortilego (m.)
ileo
ileo (m.)
pileo (m.)
propileo (m.)
ilfide
silfide (f.)
ilfo
silfo (m.)
ili
guardafili (m.)
guidafili (m.)
scaricabarili (m.)
sciacquabarili (m.)
ilia
antivigilia (f.)
bilia (f.)
cecilia (f.)
gilia (a.)
mirabilia (f. pl.)
mobilia (f.)
quisquilia (f.)
suovetaurilia (m. pl.)
vigilia (f.)
ilica
basilica (f.)

ilice
ilice (f., m.)
silice (f.)
ilco
amilico (a.)
basilico (m.)
bilico (m.)
dattilico (a.)
etilico (a.)
metilico (a.)
salicilico (a.)
ilie
palilie (f. pl.)
ilio
afilio (t.)
ammobilio (t.)
ausilio (t.)
concilio (t., m.)
domicilio (r., m.)
epistilio (m.)
esilio (t., r., m.)
ilio (m.)
mobilio (t., m.)
panfilio (m.)
peristilio (m.)
quilio (m.)
quintilio (m.)
raumilio (t., r.)
riconcilio (t., r.)
riammobilio (t.)
riconcilio (t., r.)
riesilio (t.)
rinvilio (t., i., m.)
riumilio (t.)
smobilio (t.)
strabilio (i., r.)
umilio (t., r.)
vespertilio (m.)
visibilio (m.)
iliqua
siliqua (f.)
ilite
milite (m.)
ilito
abilito (t.)
debilito (t.)
facilito (t.)
ignobilito (t.)
immobilito (t., r.)
impossibilito (t.)
inabilito (t., r.)
milito (i.)
mobilito (t.)
nobilito (t., r.)
riabilito (t., r.)
smobilito (t.)
ilitro
centilitro (m.)
decilitro (m.)
illa
anguilla (f.)
argilla (f.)
armilla (f.)
balilla (m.)
brilla (f.)
camomilla (f.)
chinchilla (f.)
cincilla (f.)
clorofilla (f.)
favilla (f.)
fibrilla (f.)
fovilla (f.)
gorilla (m.)
lilla (f.)
manilla (f.)
neurofibrilla (f.)
papilla (m.)
postilla (f.)
pulsatilla (f.)
pupilla (f.)
regilla (f.)
santofilla (f.)
Scilla (f.)
scintilla (f.)
sibilla (f.)
spilla (f.)
spongilla (f.)
squilla (f.)
stilla (f.)
tonsilla (f.)
villa (f.)
xantofilla (f.)
illaba
sillaba (f.)
illabo
bisillabo (a.)
decasillabo (a., m.)
disillabo (a., m.)
dissillabo (a., m.)
dodecasillabo (a., m.)
endecasillabo (a., m.)
eptasillabo (a., m.)
imparisillabo (a., m.)
monosillabo (m., a.)
parisillabo (a.)
polisillabo (a., m.)
quadrisillabo (a., m.)
sillabo (t., m.)
trisillabo (a., m.)
unisillabo (a., m.)
ille
Achille (m.)
imbecille (a.)
mille (num.)
illi
amarilli (f.)
guardasigilli (m.)
portaspilli (m.)
illico
cirillico (a.)
idillico (a.)
villico (m.)
illimo
umillimo (a.)
illio
berillio (m.)
idillio (m.)
illis
busillis (m.)
illo
acifillo (a.)
afillo (a.)
arillo (m.)
arzillo (a.)
assillo (i., t., m.)
attillo (r.)
bacillo (m.)
berillo (m.)
birillo (m.)
brillo (i., t., a.)
bulbillo (m.)
cavillo (i., m.)
coccodrillo (m.)
codicillo (m.)
disfavillo (i.)
dissigillo (t., r.)
gingillo (i., r., m.)
grillo (i., m.)
immillo (r.)
instillo (t.)
istillo (t.)
lapillo (m.)
lillo (t., m.)

mandrillo (m.)
mirtillo (m.)
morbillo (m.)
negrillo (a., m.)
oscillo (i.)
pillo (t., m.)
pistillo (m.)
postillo (t.)
prillo (t., i., m.)
pupillo (m.)
pusillo (a., m.)
refocillo (t., r.)
rifocillo (t., r.)
rillo (m.)
risigillo (t.)
scarabillo (t.)
scintillo (i.)
serpillo (m.)
sfavillo (i.)
sigillo (t., i., m.)
sobbillo (t.)
sobillo (t.)
specillo (t., m.)
spillo (t., i., m.)
spirillo (m.)
sprillo (i., m.)
squillo (i., t., m.)
stillo (t., r., m.)
strillo (i., m.)
titillo (t.)
tranquillo (t., i., r., a.)
trillo (i., t., m.)
verticillo (m.)
vespertillo (m.)
vessillo (m.)
villo (m.)
zampillo (i., m.)

illoge
silloge (f.)

illola
pillola (f.)

illula
anguillula (f.)

ilo
affilo (t.)
asilo (m.)
chilo (m.)
compilo (t.)
contraffilo (t., m.)
depilo (t.)
difilo (i., r.)
drittofilo (m.)
filo (t., m.)
fucilo (t.)
ilo (m.)
imbarilo (t.)
infilo (t., r.)
insilo (t.)
panfilo (m.)
pilo (m.)
primipilo (m.)
profilo (t., r., m.)
raffilo (t.)
rettifilo (m.)
riaffilo (t.)
ricompilo (t.)
rifilo (t.)
serrafilo (m.)
sfilo (t., r.)
silo (m.)
sopraffilo (t.)
staffilo (t.)
stilo (t., m.)
strafilo (t.)
trafilo (t.)

ilogo
epilogo (t., m.)
riepilogo (t., m.)

ilope
antilope (f.)
egilope (f.)

iloquo
magniloquo (a.)
sonniloquo (a.)
ventriloquo (a., m.)

iltro
filtro (t., i., m.)
infiltro (r.)

iluca
noctiluca (f.)
nottiluca (f.)

ilza
filza (f.)
infilza (f.)
milza (f.)

ilzo
infilzo (t., r.)
sfilzo (t., r.)
smilzo (a.)

ima
analcima (f.)
cima (f.)
clima (m.)
collenchima (m.)
dapprima (avv.)
disistima (f.)
enzima (m.)
lima (f.)
mima (f.)
pantomima (f.)
parenchima (m.)
prima (avv., prep., f.)
prosenchima (f.)
rima (f.)
sclerenchima (m.)
+scrima (f.)
sima (f.)
stima (f.)

imano
bimano (a.)
centimano (a.)

imate
stimate (f. pl.)

imax
climax (m.)

imba
bimba (f.)
cimba (f.)

imbalo
cimbalo (m.)

imbalon
zimbalon (m.)

imbo
bimbo (m.)
corimbo (m.)
limbo (m.)
nimbo (m.)

imbolo
simbolo (m.)

imbria
fimbria (f.)

imbro
timbro (t., m.)

ime
acconcime (m.)
allevime (m.)
becchime (m.)
concime (m.)
governime (m.)
grassime (m.)
guaime (m.)
impostime (m.)
ingombrime (m.)

lattime (m.)
mangime (m.)
marcime (m.)
postime (m.)
profime (m.)
regime (m.)
sublime (a., m.)

imene
isochimene (f. pl.)

imeno
isochimeno (a.)

imera
effimera (f.)

imere
comprimere (t.)
deprimere (t.)
dirimere (t.)
esimere (t., r.)
esprimere (t.)
imprimere (t., r.)
opprimere (t.)
redimere (t.)
reprimere (t., r.)
ricomprimere (t.)
rimprimere (t.)
sopprimere (t.)

imero
effimero (a.)

imetro
alcolimetro (m.)
algesimetro (m.)
altimetro (m.)
anestesimetro (m.)
calorimetro (m.)
celerimetro (m.)
centimetro (m.)
curvimetro (m.)
dasimetro (m.)
decimetro (m.)
decimillimetro (m.)
densimetro (m.)
dimetro (a., m.)
duttilimetro (m.)
eclimetro (m.)
flessimetro (m.)
geodesimetro (m.)
gravimetro (m.)
micromillimetro (m.)
millimetro (m.)
mostimetro (m.)
perimetro (m.)
plessimetro (m.)
polarimetro (m.)
polimetro (m.)
pulsimetro (m.)
saccarimetro (m.)
serimetro (m.)
tachimetro (m.)
torcimetro (m.)
trimetro (m.)
vischiosimetro (m.)
voltimetro (m.)

imia
alchimia (f.)
+archimia (f.)
metonimia (f.)
scimia (f.)
+simia (f.)

imica
antropochimica (f.)
astrochimica (f.)
biochimica (f.)
chimica (f.)
elettrochimica (f.)
fisicochimica (f.)
fitochimica (f.)
fotochimica (f.)
mimica (f.)
termochimica (f.)
zoochimica (f.)

imice
cimice (f.)

imico
chimico (a., m.)
elettrochimico (a., m.)
fotochimico (a.)
matronimico (a.)
metonimico (a.)
mimico (a.)
pantomimico (a.)
patronimico (a., m.)
termochimico (a.)

imido
timido (a.)

imile
consimile (a.)
dissimile (a.)
facsimile (m.)
inverosimile (a.)
simile (a., avv., m.)
verisimile (a.)
verosimile (a.)

imilo
assimilo (t.)

imine
crimine (m.)
limine (m.)
vimine (m.)

imino
discrimino (t.)
elimino (t.)
incrimino (t.)
recrimino (i.)
scrimino (t.)

imio
alchimio (t.)
didimio (m.)
esimio (a.)

imite
limite (m.)

imito
delimito (t.)
imito (t.)
limito (t.)

imma
enimma (m.)
stimma (m.)

immetro
asimmetro (a.)

immia
scimmia (f.)

immo
gimmo (i.)
mimmo (m.)
cf. *pass. rem.* 3ª.

imo
acclimo (t., r.)
adimo (t.)
chimo (m.)
cimo (t.)
collimo (i.)
comprimo (t.)
concimo (t.)
decimoprimo (num.)
delimo (t.)
deprimo (t.)
dicimo (t.)
dirimo (t.)
disistimo (t.)
esimo (t., r.)
esimo (t., r.)
esprimo (t.)
estimo (t.)

fimo (m.)
+grimo (a.)
imo (a., m.)
imprimo (t., r.)
intimo (t.)
limo (t., m.)
mimo (m.)
opimo (a.)
opprimo (t.)
+ozzimo (m.)
pantomimo (m.)
primo (a., m.)
redimo (t.)
reprimo (t., r.)
ricomprimo (t.)
riconcimo (t.)
rilimo (t.)
rimo (t., i.)
rimprimo (t.)
ristimo (t.)
simo (a.)
sopprimo (t.)
stimo (t., r.)
sublimo (t.)
timo (m.)

imola
primola (f.)

imolo
cimolo (m.)
controstimolo (m.)
ricimolo (i., t., m.)
scrimolo (m.)
stimolo (t., m.)

imosi
ecchimosi (f.)

impano
timpano (m.)

impari
impari (a.)

impeto
impeto (m.)

impico
olimpico (a.)

impido
limpido (a.)

impio
olimpio (a.)

implico
implico (t.)

improbo
improbo (a.)

imula
animula (f.)
primula (f.)
+rimula (f.)

imulo
dissimulo (t., r.)
simulo (t., i.)

in
dindìn (m.)
gin (m.)
in (prep.)
tintìn (m.)

ina
absintina (f.)
acciughina (f.)
acoina (f.)
aconitina (f.)
acquamarina (f.)
acquolina (f.)
adrenalina (f.)
agaricina (f.)
agnina (f.)
agrippina (f.)
aguzzina (f.)
alabandina (f.)
albaspina (f.)
albumina (f.)
algina (f.)
alizarina (f.)
allumina (f.)
alsina (f.)
amadina (f.)
ametistina (f.)
amilopsina (f.)
ampollina (f.)
anchina (f.)
andesina (f.)
angina (f.)
anguina (f.)
anilina (f.)
antipirina (f.)
antitossina (f.)
aretina (f.)
aruspicina (f.)
asparagina (f.)
aspirina (f.)
assassina (f.)
assicina (f.)
atropina (f.)
avventurina (f.)
azzimina (f.)

ballerina (f.)
bambagina (f.)
banchina (f.)
baritina (f.)
batteriolisina (f.)
baverina (f.)
bedina (f.)
beduina (f.)
beghina (f.)
bellezzina (f.)
bengalina (f.)
benzina (f.)
berlina (f.)
bettolina (f.)
betulina (f.)
biscaglina (f.)
bobina (f.)
bolina (f.)
borraccina (f.)
botteghina (f.)
bovina (f.)
+bozzina (f.)
brigantina (f.)
brillantina (f.)
brina (f.)
bronzina (f.)
burina (f.)
bustina (f.)
cabina (f.)
caffeina (f.)
cagnina (f.)
calamina (f.)
calcina (f.)
canapina (f.)
candeggina (f.)
cantina (f.)
capoccina (f.)
cappuccina (f.)
carabina (f.)
carneficina (f.)
carnificina (f.)
carolina (f.)
carotina (f.)
cartina (f.)
cartolina (f.)
cascina (f.)
caseina (f.)
castellina (f.)
catarrina (f.)
catramina (f.)
cavalchina (f.)

cavallina (f.)
cavatina (f.)
cedrina (f.)
chellerina (f.)
cheratina (f.)
cheratoialina (f.)
chiarina (f.)
chiaverina (f.)
chimosina (f.)
china (f.)
chinina (f.)
chitina (f.)
cinquantina (f.)
cinquina (f.)
cittadina (f.)
cocaina (f.)
cocchina (f.)
codrina (f.)
colerina (f.)
colesterina (f.)
colina (f.)
collina (f.)
colombina (f.)
colubrina (f.)
concubina (f.)
contrina (f.)
contromina (f.)
copertina (f.)
corallina (f.)
cordellina (f.)
+corina (f.)
cornalina (f.)
correntina (f.)
cortina (f.)
cotonina (f.)
creatina (f.)
creolina (f.)
+cresentina (f.)
+crina (f.)
crinolina (f.)
crocerossina (f.)
cromatina (f.)
cucina (f.)
cugina (f.)
curarina (f.)
curcumina (f.)
cutina (f.)
czarina (f.)
damaschina (f.)
decina (f.)
delfina (f.)
dentina (f.)
destrina (f.)
diecina (f.)
digitalina (f.)
dina (f.)
disciplina (f.)
dolina (f.)
dolzaina (f.)
domattina (avv.)
dottrina (f.)
dozzina (f.)
duchessina (f.)
dulcina (f.)
elatina (f.)
ematina (f.)
emoglobina (f.)
enocianina (f.)
ergotina (f.)
eroina (f.)
eterodina (f.)
faggina (f.)
faina (f.)
farina (f.)
fascina (f.)
fedina (f.)
fenacetina (f.)
fibrina (f.)
fibroina (f.)
ficocianina (f.)
ficoeritrina (f.)
ficofeina (f.)
figulina (f.)
fondina (f.)
fontina (f.)
forcina (f.)
formalina (f.)
fosfina (f.)
fraina (f.)
fratina (f.)
freddolina (f.)
fucina (f.)
fucsina (f.)
funghina (f.)
galantina (f.)
galeina (f.)
gavaina (f.)
gavina (f.)
gazolina (f.)
gelatina (f.)
ghiandina (f.)
ghigliottina (f.)
giallamina (f.)
giorgina (f.)
glicerina (f.)
globulina (f.)
gradina (f.)
granatina (f.)
granduchessina (f.)
gratellina (f.)
gravina (f.)
guaina (f.)
guardiamarina (m.)
guardina (f.)
guttalina (f.)
indigotina (f.)
indisciplina (f.)
insulina (f.)
invertina (f.)
ipofisina (f.)
lampadina (f.)
lanina (f.)
latrina (f.)
lavina (f.)
lecitina (f.)
legumina (f.)
levantina (f.)
lignina (f.)
littorina (f.)
longarina (f.)
lucillina (f.)
lustrina (f.)
luteolina (f.)
madonnina (f.)
madrina (f.)
maggiostrina (f.)
mancina (f.)
manfrina (f.)
mantellina (f.)
manzina (f.)
margarina (f.)
margheritina (f.)
marina (f.)
marsina (f.)
martellina (f.)
marzamina (f.)
mascherina (f.)
matricina (f.)
matrina (f.)
mattina (f.)
meconina (f.)
medicina (f.)
melanina (f.)

meleagrina (f.)
mentina (f.)
mezzina (f.)
mielina (f.)
mina (f.)
moina (f.)
monachina (f.)
mondina (f.)
monferrina (f.)
morettina (f.)
morfina (f.)
mostrina (f.)
murrina (f.)
muscarina (f.)
mussolina (f.)
naftalina (f.)
naftilamina (f.)
narceina (f.)
narcotina (f.)
nasalina (f.)
negadina (f.)
neurina (f.)
neurocheratina (f.)
nicotina (f.)
nitroglicerina (f.)
novantina (f.)
nucleina (f.)
ocarina (f.)
officina (f.)
oleina (f.)
ombrina (f.)
ondina (f.)
oppianina (f.)
orina (f.)
orsolina (f.)
osseina (f.)
ossiemoglobina (f.)
osteina (f.)
ottantina (f.)
padellina (f.)
pagnottina (f.)
paladina (f.)
palatina (f.)
palazzina (f.)
palina (f.)
pallina (f.)
palmitina (f.)
panchina (f.)
pancreatina (f.)
pannina (f.)
papaina (f.)
papalina (f.)
papaverina (f.)
pappina (f.)
paraffina (f.)
parigina (f.)
parlantina (f.)
pebrina (f.)
pedalina (f.)
pedina (f.)
pelatina (f.)
pellegrina (f.)
pensilina (f.)
pepsina (f.)
perlina (f.)
pettinina (f.)
pettorina (f.)
pina (f.)
piperina (f.)
piridina (f.)
pirossilina (f.)
pirrotina (f.)
piscina (f.)
pituitarina (f.)
plastilina (f.)
platina (f.)
polentina (f.)
pollina (f.)
poltroncina (f.)
polverina (f.)
populina (f.)
porcina (f.)
porporina (f.)
porrina (f.)
portantina (f.)
pratellina (f.)
pratolina (f.)
primaverina (f.)
primina (f.)
prodina (f.)
propina (f.)
pruina (f.)
ptialina (f.)
ptomaina (f.)
puntina (f.)
purpurina (f.)
quarantina (f.)
+quarentina (f.)
quartina (f.)
quindicina (f.)
ramanzina (f.)
ramina (f.)
ramnina (f.)
rapina (f.)
rattina (f.)
ravastina (f.)
regina (f.)
reina (f.)
resorcina (f.)
retina (f.)
ricciolina (f.)
rodopsina (f.)
rosellina (f.)
rovescina (f.)
rovina (f.)
ruina (f.)
sabatina (f.)
sabina (f.)
sabromina (f.)
saccarina (f.)
safranina (f.)
saggina (f.)
salicina (f.)
salina (f.)
salveregina (f.)
santonina (f.)
saponina (f.)
sarcina (f.)
sardellina (f.)
sardina (f.)
sartina (f.)
scaloppina (f.)
scarlattina (f.)
schiavina (f.)
sciolina (f.)
scoccina (f.)
+scoffina (f.)
scolorina (f.)
scopolamina (f.)
scuffina (f.)
scuscina (f.)
sebina (f.)
seggiolina (f.)
selvaggina (f.)
sementina (f.)
sentina (f.)
sergentina (f.)
sericina (f.)
serpentina (f.)
sessantina (f.)
sestina (f.)
settantina (f.)
sferrina (f.)

signorina (f.)
somanina (f.)
sordellina (f.)
sordina (f.)
spallina (f.)
sparteina (f.)
spina (f.)
spolverina (f.)
spongina (f.)
squarcina (f.)
stamattina (avv.)
stamina (f.)
statina (f.)
steapsina (f.)
stearina (f.)
sterlina (f.)
stibina (f.)
stovaina (f.)
straccina (f.)
strienina (f.)
strofantina (f.)
suberina (f.)
sultanina (f.)
supereterodina (f.)
susina (f.)
tabacchina (f.)
taglierina (f.)
tastina (f.)
taurina (f.)
tebaina (f.)
tellina (f.)
tendina (f.)
teobromina (f.)
terebentina (f.)
terpina (f.)
terrina (f.)
terzina (f.)
testina (f.)
testolina (f.)
+tina (f.)
tiroidina (f.)
tonnina (f.)
tontina (f.)
tormalina (f.)
tossina (f.)
traversina (f.)
tredicina (f.)
trementina (f.)
trentina (f.)
trichina (f.)
trina (f.)
trinchettina (f.)
tripsina (f.)
trombina (f.)
tubercolina (f.)
turbina (f.)
turchina (f.)
urina (f.)
urobilina (f.)
urotropina (f.)
ustrina (f.)
vagina (f.)
varechina (f.)
vaselina (f.)
vasellina (f.)
vellutina (f.)
venticinquina (f.)
ventina (f.)
venturina (f.)
verrina (f.)
vetrina (f.)
+vettina (f.)
vitamina (f.)
vitrina (f.)
zarina (f.)
zoppina (f.)

inace
acinace (m.)

inamo
dinamo (f.)

inca
finca (f.)
pervinca (f.)
tinca (f.)
trinca (f.)

ince
lince (f.)

inceo
linceo (a.)

incere
avincere (t.)
evincere (t.)
riavvincere (t.)
rivincere (t.)
stravincere (i.)
vincere (t., i., r.)

inchio
raggrinchio (r.)

inci
costinci (avv.)
+linci (avv.)
perdinci (escl.)
squinci (avv.)

incia
cincia (f.)
provincia (f.)

incido
vincido (a.)

incio
brincio (a.)
comincio (t.)
incomincio (t., i.)
lincio (t.)
ricomincio (t., i.)
rincomincio (t.)
squincio (a.)
trincio (t., m.)

incipe
principe (m.)

iucita
rivincita (f.)
vincita (f.)

incito
incito (t.)

inclito
inclito (a.)

inco
avvinco (t.)
evinco (t.)
guardastinco (m.)
ornitorinco (m.)
riavvinco (t.)
rivinco (t.)
stinco (m.)
stravinco (i.)
trinco (t.)
vinco (t., i., r., m.)
zinco (t., m.)

incolo
divincolo (t., r.)
svincolo (t., m.)
vincolo (t., m.)

incope
sincope (f.)

incopo
sincopo (t.)

increno
asincrono (a.)
sincrono (a.)

incubo
incubo (m.)

inda
binda (f.)
blinda (f.)
ghinda (f.)
indaco
indaco (a.)
prosindaco (m.)
sindaco (t., m.)
indere
discindere (t., i.)
escindere (t.)
prescindere (i.)
rescindere (t.)
scindere (t.)
indeto
asindeto (m.)
polisindeto (m.)
indi
dindi (m.)
indi (avv.)
quindi (avv.)
india
India (f.)
indica
revindica (f.)
indice
indice (m.)
vindice (a.)
indici
quindici (num.)
indico
controindico (t.)
indico (t., a.)
indio
dindio (m.)
indio (m.)
indisi
brindisi (m.)
indo
agghindo (t., r.)
allindo (t., r.)
brindo (i.)
dindo (m.)
discindo (t., i.)
escindo (t.)
gasindo (m.)
ghindo (t.)
lindo (a.)
prescindo (i.)
rescindo (t.)
scindo (t.)
sghindo (t.)
tamarindo (m.)
indole
indole (f.)
indolo
abbindolo (t.)
aggiundolo (t., r.)
bindolo (t., m.)
guindolo (m.)
indone
sindone (f.)
indrico
cilindrico (a.)
indro
cilindro (t., m.)
indrome
sindrome (f.)
indromo
palindromo (m.)
ine
accline (a.)
affine (a.)
alfine (cong.)
cine (m.)
confine (m.)
crine (m.)
dine (f.)
dragamine (m.)
fine (m., f., a.)
incline (a.)
infilaguaine (m.)
infine (avv.)
megadine (f.)
oceanine (f. pl.)
paramine (m.)
platirrine (f. pl.)
posamine (m.)
proteine (f. pl.)
sopraffine (a.)
spazzamine (a., m., f.)
strafine (a.)
inea
aerolinea (f.)
alinea (f.)
aviolinea (f.)
interlinea (f.)
linea (f.)
vinea (f.)
inee
cupressinee (f. pl.)
guardalinee (m.)
segnalinee (m.)
tiralinee (m.)
inema
cinema (m.)
ineo
albugineo (a.)
allineo (t., r., m.)
apollineo (a.)
consaguineo (a., m.)
curvilineo (a.)
delineo (t.)
felsineo (a.)
femineo (a.)
femmineo (a.)
ferrugineo (a.)
fulmineo (a.)
interlineo (t.)
lineo (t.)
pampineo (a.)
rettilineo (a.)
sanguineo (a.)
sottolineo (t.)
sterlineo (t.)
tendineo (a.)
vergineo (a.)
vimineo (a.)
virgineo (a.)
infa
endolina (f.)
linfa (f.)
ninfa (f.)
perilinfa (f.)
infero
infero (a., m.)
infia
grinfia (f.)
sgrinfia (f.)
infimo
infimo (a.)
infisi
sinfisi (f.)
info
paraninfo (m.)
infra
infra (prep.)
inga
aringa (f.)
arringa (f.)
arzinga (f.)
berlinga (f.)
camarlinga (f.)

carlinga (f.)
fiamminga (f.)
lusinga (f.)
meringa (f.)
puddinga (f.)
relinga (f.)
siringa (f.)
stringa (f.)
ingara
zingara (f.)
ingaro
zingaro (m.)
inge
faringe (f.)
laringe (f.)
meninge (f.)
salpinge (f.)
sfinge (f.)
siringe (f.)
ingeo
faringeo (a.)
glossofaringeo (a.)
laringeo (a.)
ingere
accingere (r.)
astringere (t.)
attingere (t.)
cingere (t.)
contingere (i.)
costringere (t.)
dipingere (t., r.)
discingere (t.)
distringere (t.)
fingere (t., r.)
incingere (i., r.)
infingere (r., t.)
intingere (t., i.)
mingere (i.)
+pertingere (t., i.)
pingere (t.)
precingere (t.)
recingere (t.)
respingere (t.)
restringere (t., r.)
riattingere (t.)
ricingere (t.)
ricostringere (t.)
ridipingere (t.)
risospingere (t.)
ristringere (t., +r).
ritingere (t.)
scingere (t., r.)
sospingere (t.)
spingere (t., r.)
stingere (t., r., i.)
stringere (t., r.)
succingere (t., r.)
tingere (t.)
ingheri
ghingheri (m. pl.)
inghia
cinghia (f.)
inghio
avvinghio (t.)
cinghio (t., +m.)
ringhio (i., m.)
inglimo
ginglimo (m.)
ingo
accingo (r.)
arringo (i., t., m.)
attingo (t.)
camarlingo (m.)
casalingo (a.)
cingo (t.)
contingo (i.)
costringo (t.)
dingo (m.)
dipingo (t., r.)
discingo (t.)
distringo (t.)
fiammingo (a., m.)
fingo (t., i.)
lusingo (t., r.)
mingo (i.)
pingo (t.)
precingo (t.)
ralingo (t.)
ramingo (i., a.)
recingo (t.)
respingo (t.)
restringo (t., r.)
riattingo (t.)
ricingo (t.)
ricostringo (t.)
ridipingo (t.)
rilusingo (t.)
risospingo (t.)
ritingo (t.)
scingo (t., r.)
siringo (t.)
solingo (a.)
sospingo (t.)
spedalingo (m.)
spingo (t., r.)
springo (t.)
stingo (t., i., r.)
stringo (t., r.)
succingo (t., r.)
tingo (t.)
ingolo
cingolo (m.)
intingolo (m.)
singolo (a., m.)
tingolo (m.)
ingua
interlingua (f.)
lingua (f.)
malalingua (f.)
scioglilingua (m.)
ingue
bilingue (a.)
pingue (a.)
quadrilingue (a.)
trilingue (a.)
inguere
contraddistinguere (t.)
distinguere (t., r.)
estinguere (t., r.)
suddistinguere (t.)
inguine
inguine (m.)
ingula
lingula (f.)
inguo
contraddistinguo (t.)
distinguo (t., r.)
estinguo (t., r.)
impinguo (t., r.)
rimpinguo (t., r.)
scilinguo (i.)
ini
accentorini (m. pl.)
lambrecchini (m. pl.)
latticini (m. pl.)
mangiabambini (m.)
portastecchini (m.)
inia
abissinia (f.)
attinia (f.)
ignominia (f.)
robinia (f.)
virginia (f.)

inica
clinica (f.)
flaminica (f.)
inico
androginico (a.)
attinico (a.)
cinico (a.)
clinico (a., m.)
endocrinico (a.)
idropinico (a.)
inattinico (a.)
mielinico (a.)
policlinico (m.)
pollinico (a.)
rabbinico (a.)
succinico (a.)
inie
lacinie (f. pl.)
inima
minima (f.)
semiminima (f.)
inimo
minimo (a., m.)
inio
abominio (m.)
alluminio (m.)
assassinio (m.)
attinio (m.)
carminio (m.)
condominio (m.)
dominio (m.)
duralluminio (m.)
esterminio (m.)
gadolinio (m.)
glucinio (m.)
latticinio (m.)
lenocinio (m.)
minio (t., r., m.)
patrocinio (m.)
posliminio (m.)
predominio (m.)
raziocinio (m.)
scrutinio (m.)
squittinio (m.)
sterminio (m.)
sterquilinio (m.)
tirocinio (m.)
triclinio (m.)
vaticinio (m.)
inis
finis (lat.)
inna
ninna (f.)
pinna (f.)
zinna (f.)
inni
crinni (f. pl.)
innia
zinnia (f.)
innico
ginnico (a.)
inno
cachinno (m.)
cincinno (t., r., m.)
concinno (t.)
inno (m.)
ninno (t.)
tintinno (i., m.)
innolo
ninnolo (i., r., t., m.)
innulo
tinnulo (a.)
ino
abbachino (m.)
abbacino (t.)
abbaino (m.)
abballino (t.)
abbambino (t.)
abbino (t.)
+abbottino (t.)
abissino (m.)
accattino (m.)
acciaccino (t.)
aciaino (m.)
acciaiolino (m.)
acciapino (r.)
acciarino (m.)
accortino (t.)
acetino (m.)
acquastrino (a., m.)
acquitrino (m.)
adagino (avv.)
adamantino (a.)
addisciplino (t.)
adulterino (a.)
affacchino (r.)
affascino (t.)
aggiardino (t.)
+agherbino (m.)
agnellino (m.)
agnino (a.)
agostino (a.)
agrestino (a.)
aierino (a., m.)
alabastrino (a.)
albino (a., m.)
albumino (t.)
alcalino (a.)
aldino (a.)
alessandrino (a., m.)
alfonsino (m.)
alpino (a., m.)
altoatesino (a.)
alvino (a.)
amarantino (a.)
amaraschino (a., m.)
ambrogino (m.)
ametistino (a.)
ammaino (t.)
ammarino (t.)
ammodino (avv.)
ammulino (i., t.)
amorino (m.)
amoscino (a., m.)
anacino (m.)
anatrino (m.)
andantino (a., m.)
anditino (m.)
anodino (a., m.)
appiccichino (m.)
appuntino (m., avv.)
aquastrino (a., m.)
aquilino (a., m.)
arancino (m.)
architriclino (m.)
ardeatino (a., m.)
argentino (a., m.)
arlecchino (m.)
+armellino (m.)
arrapino (r.)
arronzino (r.)
arrotino (m.)
arrubino (t.)
asinino (a.)
asprino (a., m.)
assassino (t., m.)
atesino (a., m.)
attacchino (m.)
attapino (t.)
attizzino (m.)
aurino (a.)
avventrino (i., r.)
avvicino (t., r.)

avvino (t.)
+azzuffino (m.)
azzurrino (a.)
bacatino (a.)
bacino (m.)
bagarino (m.)
bagattino (m.)
bagnino (m.)
balaustrino (m.)
baldacchino (m.)
ballerino (m.)
bambagino (a.)
bambino (m.)
baracchino (m.)
barbino (a., m.)
bardolino (m.)
baroccino (m.)
baroncino (m.)
basaltino (a.)
bastoncino (m.)
baulino (m.)
bavaglino (m.)
beccaccino (m.)
beccastrino (m.)
becchino (m.)
beduino (m.)
belgioino (m.)
bellino (a.)
belluino (a.)
belzuino (a.)
benedettino (a., m.)
bengalino (m.)
beniamino (m.)
benino (avv.)
benzoino (m.)
bettolino (m.)
beverino (m.)
biancospino (m.)
bigherino (m.)
bigodino (m.)
bilancino (m.)
bino (t., a.)
biondino (a.)
birbino (m.)
birichino (m.)
biscaglino (a., m.)
biscottino (m.)
biscugino (m.)
bizantino (a.)
boccalino (m.)
bocchino (m.)
boccino (m.)
bocconcino (m.)
bodino (m.)
bollettino (m.)
bolognino (m.)
bombardino (m.)
bordatino (m.)
bordino (m.)
borgino (m.)
borsellino (m.)
borzacchino (m.)
bottaccino (a., m.)
botteghino (m.)
botticino (m.)
bottino (m.)
bottoncino (m.)
bovino (m.)
bramino (m.)
branzino (m.)
braschino (m.)
brigantino (m.)
brigidino (m.)
brino (i.)
bronzino (a., m.)
bruschino (m., t.)
bruscino (i.)
budino (m.)
bulino (t., m.)
bullettino (m.)
burattino (m.)
cagnino (m.)
cagnolino (m.)
caino (m.)
calandrino (m.)
calcino (t., m.)
caldaino (m.)
calepino (m.)
camerino (m.)
camicino (m.)
camino (m.)
cammino (i., m.)
camolino (a., m.)
campanino (m.)
canapino (a., m.)
canarino (m.)
canino (m.)
cannoncino (m.)
canterino (m.)
cantino (m.)
cantorino (m.)
caolino (m.)
capellino (m.)
capino (m.)
capitolino (a.)
capolino (m.)
cappuccino (m.)
caprino (a., m.)
carabottino (m.)
caratterino (m.)
carboncino (m.)
cardellino (m.)
cardino (m.)
carino (a.)
carlino (m.)
carnevalino (m.)
carnicino (a., m.)
carrozzino (m.)
carticino (m.)
cartoncino (m.)
casacchino (m.)
cascino (m.)
casino (m.)
cassino (m.)
castagnino (a., m.)
castorino (m.)
castrino (m.)
catino (m.)
cavallino (m.)
cavurrino (m.)
cecchino (m.)
cechino (m.)
cedrino (a.)
celestino (a., m.)
cenerino (a.)
centellino (t., i., m.)
centralino (m.)
cerino (m.)
cerpellino (a.)
certosino (m.)
cervellino (a., m.)
cervino (a.)
cessino (m.)
cestino (t., m.)
chermisino (a.)
cherubino (m.)
chiacchierino (m.)
chiappino (m.)
chietino (m.)
chino (t., a.)
chinino (m.)
chiusino (m.)
ciabattino (m.)

ciclamino (m.)
cicognino (m.)
cilestrino (a.)
cinquino (m.)
cinturino (m.)
cioccolatino (m.)
cipollino (a., m.)
circonvicino (a.)
cisalpino (a.)
cittadino (m., a.)
clandestino (a.)
clarino (m.)
codino (m.)
colino (m.)
collarino (m.)
colombino (a., m.)
colonnino (m.)
combino (t.)
comino (m.)
commino (t.)
comodino (m.)
concino (m.)
concittadino (a., m.)
confino (t., m.)
confortino (m.)
+consobrino (m.)
contadino (m.)
contentino (a., m.)
contromino (t.)
controvelaccino (m.)
corallino (a.)
corbolino (m., a.)
cordino (m.)
cordoncino (m.)
coricino (a.)
cornettino (m.)
corvino (a.)
cotechino (m.)
credenzino (m.)
cremisino (a.)
cremlino (m.)
cretino (m.)
crino (m.)
crinolino (m.)
criselefantino (a.)
cristallino (m., a.)
crostino (m.)
cucchiaino (m.)
cucino (t.)
cucirino (a.)
cugino (m.)
cuoricino (m.)
daddolino (m.)
damaschino (t., a.)
damerino (m.)
declino (t., m.)
delfino (m.)
destino (t., m.)
diamantino (a.)
diasprino (a.)
+dimino (m.)
disciplino (t., r.)
distendino (m.)
divino (t., a., m.)
domino (m.)
doppino (m.)
dottrino (t.)
duchino (m.)
duino (m.)
echino (m.)
elefantino (a.)
eleusino (a.)
equino (a.)
ercolino (a.)
ermellino (m.)
ermisino (a.)
estatino (a.)
facchino (m.)
fagiolino (m.)
fantaccino (m.)
fantino (m.)
farcino (m.)
farfallino (m.)
fattorino (m.)
felino (a., m.)
feminino (a., m.)
femminino (a., m.)
fervorino (m.)
fescennino (m.)
festino (m., +a.)
ficchino (m.)
fidelino (m.)
figurino (m.)
filippino (m.)
filoncino (m.)
finestrino (m.)
fino (a., prep.)
fintino (m.)
fiocinino (m.)
fiorentino (a., m.)
fiorino (m.)
fiorrancino (m.)
flaconcino (m.)
fontanino (m., a.)
foratino (m.)
forchino (m.)
formichino (m.)
fornacino (a.)
fortino (m.)
francolino (m.)
frontino (m.)
frullino (m.)
frustino (m.)
furfantino (a.)
fusticino (m.)
gabellino (m.)
gaffino (t.)
gaffino (t.)
galestrino (a.)
galoppino (m.)
gamellino (m.)
ganascino (m.)
ganzeino (m.)
garamoncino (m.)
garbino (m.)
garibaldino (m., a.)
+gaveggino (a.)
gazzerino (m.)
gelsomino (m.)
genuino (a.)
+gherbino (m.)
gherlino (m.)
ghibellino (m.)
ghigliottino (t.)
giacintino (a.)
giacobino (m.)
giardino (m.)
ginestrino (a.)
ginevrino (a.)
gingillino (m.)
gioppino (m.)
girellino (m.)
girino (m.)
girondino (a., m.)
giuggiolino (a.)
giugnolino (a.)
giuntino (a.)
golino (m.)
gonnellino (m.)
gradino (m., t.)
granatino (m.)
granduchino (m.)
granellino (m.)

grappino (m.)
grattino (m.)
grembialino (m.)
gridellino (a.)
grignolino (m.)
grisellino (a.)
grissino (m.)
guancialino (m.)
+guascherino (a., m.)
iacintino (a.)
ialino (a.)
imbianchino (m.)
imbottavino (m.)
immagazzino (t.)
impallino (t.)
impappino (r.)
incalcino (t., r.)
incammino (t., r.)
incarnatino (a.)
inchino (t., r., m.)
inclino (t.)
incortino (t.)
incrino (t., r.)
indovino (t., m., a.)
infarino (t., r.)
infino (avv.)
inguaino (t.)
inquilino (m.)
inquino (t., r.)
insino (prep.)
interino (a., m.)
intestino (a., m.)
ipocristallino (a.)
ircino (a.)
ladino (a., m.)
lampioncino (m.)
lanino (m.)
latino (a., m.)
lavandino (m.)
lavorino (m.)
lecchino (m.)
leonino (a.)
leporino (a.)
leprino (a.)
levantino (a., m.)
lezzino (m.)
libertino (m.)
lino (m.)
listino (m.)
litichino (m.)
lucarino (m.)
lucherino (m.)
lumicino (m.)
lumino (m.)
lupino (m.)
lustrino (m.)
macinino (m.)
macrocristallino (m.)
macubino (m.)
magazzino (m.)
maggiolino (m.)
malandrino (m.)
mancino (a.)
mandarino (m.)
mandolino (m.)
mandrino (m.)
mangiarino (m.)
manichino (m.)
mantino (m.)
maraschino (m.)
marchesino (m.)
marcino (m.)
marciolino (m.)
maricino (m.)
marino (t., a.)
marmino (m.)
marrocchino (t., a., m.)
Martino (m.)
marzolino (a.)
mascolino (a.)
mastino (m., a.)
matricolino (m.)
mattaccino (m.)
mattino (m.)
mattutino (a., m.)
mazzolino (m.)
meneghino (m.)
mercatino (m.)
merino (m.)
merlino (m.)
meschino (a.)
mestichino (m.)
+metallino (a.)
mezzanino (m.)
miccino (m.)
micino (m.)
micolino (m.)
microcristallino (a.)
migliarino (m.)
mino (t.)
mingherlino (a.)
mirino (m.)
misurino (m.)
moccichino (m.)
modestino (a.)
molino (m.)
+monachino (m.)
moncherino (m.)
monchino (m.)
monoclino (a.)
montanino (a.)
morticino (m.)
moscardino (m.)
moscerino (m.)
mostrino (m.)
mozzino (m.)
muezzino (m.)
mugherino (m.)
mulino (t., m.)
musino (m.)
naccherino (m.)
nanchino (m.)
nastrino (m.)
neolatino (a.)
nervino (a.)
nichelino (m.)
nino (m.)
nocino (m.)
norcino (m.)
nottolino (m.)
novellino (a., m.)
occhiolino (m.)
oceanino (a.)
olocristallino (a.)
oltramarino (a.)
oltremarino (a.)
omaccino (m.)
omarino (m.)
ombrellino (m.)
omnino (m.)
opalino (a.)
opino (i.)
orecchino (m.)
organino (m.)
organzino (m.)
orino (i.)
+ormesino (m.)
ostino (r.)
ottavino (m.)
ottobrino (a.)
ovino (a., m.)
padrino (m.)
paglierino (a.)

paladino (m.)
palanchino (m.)
palatino (m., a.)
pallino (m.)
palloncino (m.)
pamporcino (m.)
pangolino (m.)
panierino (m.)
panino (m.)
pannilino (m.)
pannolino (m.)
papalino (a., m.)
pappino (m.)
paracamino (m.)
passino (m.)
passolino (a.)
pasticcino (m.)
patarino (m.)
patentino (m.)
paterino (m.)
patrocino (t.)
pattino (m.)
pecorino (a., m.)
pedalino (m.)
pedino (t., m.)
pellegrino (i., m.)
pellicino (m.)
pennino (m.)
peperino (m.)
pepino (m.)
peregrino (i., a.)
perfino (avv.)
persichino (a., m.)
persino (avv.)
pertichino (m.)
pettino (m.)
piattino (m.)
piccino (m., a.)
piccozzino (m.)
pidocchino (m., a.)
pigino (m.)
pinguino (m.)
pino (m.)
pinocchino (m.)
piombino (t., m.)
pippiolino (m.)
pispino (m.)
pistagnino (m.)
pistino (m.)
+pistrino (m.)
piumino (m.)
pizzichino (m.)
pizzicorino (m.)
pochino (a., m.)
pocolino (a., m.)
politichino (a., m.)
polizzino (m.)
pollino (m., a.)
polsino (m.)
polverino (m.)
ponentino (m.)
popolino (m.)
poponcino (m.)
porcellino (m.)
porcino (a., m.)
porcospino (m.)
porporino (a.)
portacatino (m.)
portantino (m.)
portellino (m.)
posolino (m.)
posticino (m.)
postino (m.)
predellino (m.)
predestino (t.)
prestantino (m.)
prestino (avv.)
pretino (m., a.)
procaccino (m.)
pugnino (m.)
pulcino (m.)
pulitino (a.)
pulsantino (m.)
puntino (m.)
puntolino (m.)
quartino (m.)
quattrino (m.)
quercino (a.)
questurino (m.)
quintino (m.)
rabattino (a., m.)
rabballino (t.)
rabbino (m.)
raffino (t., i., r.)
rallino (m.)
ramerino (m.)
ramino (m.)
rammulino (t., i.)
rampichino (m.)
rampino (i., m.)
raperino (m.)
rapino (t., i.)
raschino (m.)
raspino (m.)
rattino (t.)
ravvicino (t., r.)
raziocino (i.)
reattino (m.)
reclino (t., i.)
regalino (m.)
regino (a.)
remolino (m.)
repentino (a.)
resupino (a.)
retino (m.)
reversino (m.)
riaffarino (i.)
riavvicino (t., r.)
ricammino (i.)
ricciolino (m.)
richino (t., r., a.)
ricombino (t.)
ricordino (m.)
riffarino (i.)
rigatino (m.)
righino (m.)
rimbalzino (m.)
rimpiattino (m.)
rincammino (r.)
rinchino (t., r.)
ringuaino (t.)
ripiglino (m.)
riscappino (t.)
risolino (m.)
ritocchino (m.)
rivaccino (t.)
rivellino (m.)
rivettino (m.)
rogantino (m.)
rolino (m.)
ronzino (m.)
rosmarino (m.)
rossellino (m., a.)
rotino (m.)
roventino (m.)
rovescino (m.)
rovino (i., t., r.)
rubino (a., m.)
rugantino (m.)
sabatino (a.)
sabino (a., m.)
salacchino (m.)

salatino (m.)
salino (a.)
saltamartino (m.)
sandolino (m.)
sanrocchino (m.)
santino (m.)
+sapientino (m.)
sarabachino (m.)
saracino (a., m.)
sarrocchino (m.)
satino (t.)
saturnino (a.)
sbaraglino (m.)
sbarazzino (m.)
sbozzino (m.)
sbramino (m.)
scabino (m.)
scaccino (m.)
scalandrino (m.)
scalcino (t., r.)
scaldino (m.)
scalino (m.)
scalpellino (t., m.)
scamatino (m.)
scantino (i.)
scappino (m.)
scarpino (i., m.)
+scarsellino (m.)
scassino (t.)
scatolino (m.)
scattino (m.)
scellino (m.)
scerpellino (a.)
schiumino (m.)
sciampagnino (m.)
sciattino (m.)
sciorino (t., r.)
scodellino (m.)
scollino (i.)
scombino (t.)
sconfino (i.)
scontrino (m.)
scopino (m.)
scortichino (m.)
scribacchino (m.)
scrino (t.)
scrutino (t.)
scuffino (t.)
secondino (m.)
sederino (m.)
segantino (m.)
seino (m.)
sellino (m.)
sementino (m.)
semino (m.)
semolino (m.)
sennino (m.)
serafino (m.)
sermollino (m.)
serpentino (m., a.)
sestino (m.)
setino (m.)
setolino (t., m.)
settembrino (a., m.)
settimino (m.)
sfacchino (i.)
sfarino (t., r.)
sferzino (m.)
sforzino (m.)
sfumino (m.)
sgabuzzino (m.)
sgozzino (m.)
sguaino (t., r.)
sibillino (a.)
signorino (m.)
sino (prep.)
slatino (i.)
smeralsino (a.)
soffino (m.)
soldatino (m.)
solferino (a.)
solino (t., m.)
sopraffino (a.)
sorcino (a.)
sordino (m.)
sottanino (m.)
sottomarino (a., m.)
spadacchino (m.)
spadino (m.)
spazzacamino (m.)
spazzino (m.)
spazzolino (m.)
spedalino (a., m.)
spelazzino (m.)
spezzatino (m.)
spilluzzichino (m.)
spino (m.)
spolino (m.)
spollino (r.)
spolverino (m.)
spuntino (m.)
squittino (t., i.)
stafilino (m.)
stagnino (m.)
stallino (m., a.)
stampino (t., m.)
statino (a.)
stecchino (m.)
stelloncino (m.)
stentino (m.)
stoino (m.)
stoppino (m.)
stracchino (m.)
stradino (m.)
strapuntino (m.)
strascino (t., m.)
stino (t.)
strino (m.)
strofino (t., r.)
strozzino (m.)
strucino (t.)
stucchino (m.)
stuzzichino (m.)
subalpino (a.)
succhiellino (t.)
suino (a., m.)
supino (a., m.)
susino (m.)
svegliarino (m.)
sverzino (m.)
svino (i.)
tablino (m.)
tacchino (m.)
taccuino (m.)
tagliatino (m.)
taglierino (m.)
talloncino (m.)
tamburino (t., r., m.)
tannino (m.)
tantino (m.)
tapino (i., r., a., m.)
taschino (m.)
taurino (a.)
+tavolaccino (t.)
tavolino (m.)
teatino (a., m.)
temperino (m.)
tentennino (a., m.)
terzino (m.)
tettino (m.)
tiberino (a.)
tiburtino (a.)
tino (m.)

tombino (m.)
tondino (m.)
topino (m.)
toppino (m.)
tortellino (m.)
tortino (m.)
tostino (m.)
traffichino (m.)
tramagnino (m.)
tramezzino (m.)
trampolino (m.)
transalpino (a.)
trappolino (m.)
trascino (t., r.)
trasmarino (a.)
trassino (t.)
trasteverino (a., m.)
trastullino (m.)
traversino (m.)
travertino (m.)
treccino (m.)
triclino (a.)
tridentino (a.)
trincarino (m.)
trino (t., a.)
trombino (m.)
tromboncino (m.)
trottolino (m.)
truffaldino (m.)
tubino (m.)
tunisino (a., m.)
turchino (a., m.)
ultramarino (a., m.)
uncino (t., m.)
uterino (a.)
vaccino (t., a., m.)
vagheggino (m.)
valvassino (m.)
vantaggino (m.)
vaticino (t.)
velaccino (m.)
velino (a.)
vellutino (m.)
ventino (m.)
ventrino (m.)
verdino (a.)
vergatino (m.)
vermino (a.)
verrino (t.)
verzellino (m.)
verzino (m.)
vespertino (a.)
vetrino (a.)
vetturino (m.)
vicino (i., a., m., prep., avv.)
vino (m.)
violino (m.)
viperino (a.)
viscontino (m.)
vitino (m.)
volantino (m.)
volpino (a., m.)
zaffirino (m.)
zampino (m.)
zatterino (m.)
zecchino (m.)
zerbino (m.)
zimino (m.)
zinzino (m.)
zinzolino (m.)
zuccherino (a., m.)
cf. *diminutivi.*

inodo
sinodo (m.)

inope
inope (a.)

inovo
+continovo (a.)

inque
cinque (num.)
trecentocinque (num.)
venticinque (num.)

inquere
delinquere (i.)
+relinquere (t.)

inquo
delinquo (i.)
+longinquo (a.)
propinquo (a., m.)

inse
cinse (t.)
dipinse (t., r.)
distinse (t., r.)
finse (t., r.)
spinse (t., r.)
tinse (t.)
strinse (t., i., r.)
vinse (t., i., r.)

inseco
estrinseco (t., a.)
intrinseco (t., i., r., a., m.)

insero
cinsero (t.)
dipinsero (t., r.)
distinsero (t., r.)
finsero (t., r.)
spinsero (t., r.)
strinsero (t., r., i.)
tinsero (t.)
vinsero (t., i., r.)

insi
cinsi (t.)
dipinsi (t., r.)
distinsi (t., r.)
finsi (t., r.)
spinsi (t., r.)
strinsi (t., i., r.)
tinsi (t.)
vinsi (t., i., r.)

insico
intrinsico (t., i., r., a., m.)

insito
insito (a.)

insto
insto (i.)

insubre
insubre (a.)

inta
acquatinta (f.)
cinta (f.)
distinta (f.)
finta (f.)
grinta (f.)
incinta (f.)
mezzatinta (f.)
pinta (f.)
quinta (f.)
respinta (f.)
+rivinta (f.)
spinta (f.)
tinta (f.)

integra
reintegra (f.)

integro
integro (a.)
reintegro (t.)

inteo
linteo (a.)

intesi
fotosintesi (f.)
sintesi (f.)
inti
elminti (m. pl.)
platelminti (m. pl.)
intico
antelmintico (a., m.)
intimo
intimo (a., m.)
into
accinto (pps.)
altocinto (a.)
attinto (pps.)
avvinto (pps., a.)
cinto (pps., m.)
convinto (pps., a.)
dipinto (pps., a., m.)
discinto (pps., a.)
distinto (pps., a.)
estinto (pps., a.)
finto (pps., a., m.)
giacinto (m.)
indistinto (a.)
inestinto (a.)
intinto (pps., m.)
istinto (m.)
laberinto (m.)
labirinto (m.)
pinto (a., pps.)
plinto (m.)
precinto (pps., a.)
procinto (m.)
quinto (num.)
recinto (pps., a., m.)
respinto (pps., a.)
ritinto (pps., a.)
scinto (pps., a.)
sospinto (pps., a.)
spinto (pps., a.)
stinto (pps., a.)
succinto (pps., a., m.)
terebinto (m.)
tinto (pps., a.)
variopinto (a.)
vinto (pps., a., m.)
intola
cintola (f.)
intolo
accintolo (t.)
cintolo (m.)
intomo
sintomo (m.)
intote
asintote (f.)
intoto
assintoto (m.)
intuplo
quintuplo (a.)
inulo
pulvinulo (m.)
inuo
continuo (t., a., m.)
discontinuo (t., a.)
insinuo (t., r.)
invido
invido (a.)
inza
grinza (f.)
pinza (f.)
inzibo
+zinzibo (m.)
inzio
corinzio (a.)
inzo
aggrinzo (t., r.)
appinzo (t., m.)
grinzo (a.)
impinzo (t.)
pinzo (t., m., a.)
raggrinzo (t., i., r.)
rimpinzo (t., r., pps., a.)
inzolo
scodinzolo (i.)
io
abbaio (m.)
abballottio (m.)
abbaruffio (m.)
acciabattio (m.)
acciarpio (m.)
acciottolio (m.)
addio (m.)
affario (m.)
affastellio (m.)
almanacchio (m.)
ammennicolio (m.)
amnistio (t.)
annaspio (m.)
annitrio (m.)
archeggio (m.)
armeggio (m.)
arramaccio (m.)
arruffio (m.)
assolatio (a.)
avvio (t., i., r., m.)
bacio (m., a.)
balbettio (m.)
balenio (m.)
barcollio (m.)
battio (m.)
becchettio (m.)
belio (m.)
bisticcio (m.)
bollicchio (m.)
borbottio (m.)
brancichio (m.)
+bravio (m.)
brio (m.)
brividio (m.)
brontolio (m.)
+brucio (m.)
brulichio (m.)
brusio (m.)
bubbolio (m.)
buscherio (m.)
calpestio (m.)
canterellio (m.)
chiacchierio (m.)
chio (m.)
chioccolio (m.)
ciangottio (m.)
cicalio (m.)
cigolio (m.)
crepitio (m.)
desio (t., m.)
devio (t., i.)
diavolio (m.)
dimenio (m.)
Dio (m.)
dio (a.)
diruggìnio (a.)
+disio (t., i., m.)
disvio (t., m.)
divincolio (m.)
domeneddio (m.)
dondolio (m.)
espio (t.)
eziandio (avv.)
favellio (m.)
fermentio (m.)
fio (m.)
fischiettio (m.)
formicolio (m.)

forvio (i., t.)
fracassio (m.)
frascheggio (m.)
frastornio (m.)
friggio (m.)
frullio (m.)
fruscio (m.)
fulminio (m.)
gagnolio (m.)
genitio (m.)
giubilio (m.)
gnaulio (m.)
gocciolio (m.)
gorgheggio (m.)
gorgoglio (m.)
gracidio (m.)
gridio (m.)
Iddio (m.)
indio (t.)
invio (t., m.)
io (pron.)
lavatio (m.)
lampeggio (m.)
lavorio (m.)
leggio (m.)
litichio (m.)
logorio (m.)
luccichio (m.)
lucciolio (m.)
macinio (m.)
maneggio (m.)
mescolio (m.)
miagolio (m.)
mio (a., pron.)
mormorio (m.)
mugolio (m.)
natio (a.)
oblio (t., m.)
passerio (m.)
patassio (m.)
pendio (m.)
pettegolio (m.)
piagnucolio (m.)
picchio (m.)
pigolio (m.)
pio (i., a., m.)
pippio (i.)
pispiglio (m.)
polverio (m.)
pratio (a.)
prozio (m.)
ragionio (m.)
rammarichio (m.)
rantolio (m.)
raschio (m.)
raspio (m.)
rasseghio (m.)
ravvio (t., r.)
razzio (t.)
razzolio (m.)
remeggio (m.)
restio (a., m.)
ribollio (m.)
rigirio (m.)
rimbombio (m.)
rimenio (m.)
rimescolio (m.)
rimpotio (m.)
rinvio (m., t., r.)
rio (m., a.)
+ripetio (m.)
rivoltolio (m.)
rodio (m.)
rollio (m.)
ronzio (m.)
rosichio (m.)
rovinio (m.)
rovistio (m.)
rullio (m.)
rumorio (m.)
ruzzolio (m.)
saltellio (m.)
sbaccanio (m.)
sbacchio (m.)
sbaciucchio (m.)
sbalzellio (m.)
sbatacchio (m.)
sbracio (m.)
sbraitio (m.)
scalpiccio (m.)
scalpitio (m.)
scampanellio (m.)
scampanio (m.)
scarrozzio (m.)
scarrucolio (m.)
scatenaccio (m.)
scatenio (m)
schiamazzio (m.)
+schiancio (m.)
sciabordio (m.)
sciacquio (m.)
scialacquio (m.)
scio (i.)
scintillio (m.)
scioperio (m.)
sciupio (m.)
scodinzolio (m.)
scolio (m.)
scombussolio (m.)
scoppiettio (m.)
scotio (m.)
scricchiolio (m.)
scrio (a.)
sdrucciolio (m.)
semidio (m.)
seminio (m.)
sfavillio (m.)
sfolgorio (m.)
sfriggolio (m.)
sfruscio (m.)
sgallettio (m.)
sgnaulio (m.)
sgocciolio (m.)
sgominio (m.)
sgretolio (m.)
singultio (m.)
solatio (m., a.)
sonio (m.)
sparpaglio (m.)
sperperio (m.)
spio (t.)
spicinio (m.)
spittinio (m.)
spolverio (m.)
spruzzolio (m.)
stantio (a.)
stonio (m.)
strascinio (m.)
strepitio (m.)
stridio (m.)
strio (t.)
strimpellio (m.)
strofinio (m.)
strombettio (m.)
stropiccio (m.)
strucinio (m.)
susurrio (m.)
sventolio (m.)
svio (t., r.)
svolazzio (m.)
svolio (m.)
tempestio (m.)
tentennio (m.)

ticchettio (m.)
tintinnio (m.)
traballio (m.)
traccheggio (m.)
trambustio (m.)
tramenio (m.)
tramestio (m.)
tramutio (m.)
trascinio (m.)
trasvio (t.)
travio (t., i.)
tremitio (m.)
tremolio (m.)
tremotio (m.)
trepestio (m.)
trimpellio (m.)
trio (m.)
turbinio (m.)
uggiolio (m.)
urlio (m.)
vicedio (m.)
vocio (m.)
zampillio (m.)
zio (m.)
zufolio (m.)

ioca
manioca (f.)

ioco
egioco (a.)

iodo
diodo (m.)
periodo (i., m.)
triodo (m.)

iolo
sciolo (a., m.)
violo (t.)

iope
etiope (a., m.)
miope (a.)

ipa
pipa (f.)
ripa (f.)
stipa (f.)

ipane
egipane (m.)

ipara
deipara (f.)
primipara (f.)

iparo
multiparo (a.)
oviparo (a., m.)
ovoviparo (a.)
sudoriparo (a.)
uniparo (a.)
viviparo (a., m.)

ipede
alipede (a., m.)
bipede (a., m.)
fissipede (a.)
palmipede (a., m.)
procellipede (a.)
solipede (a.)
velocipede (m.)

ipedi
pinnipedi (m. pl.)

ipedo
parallelepipedo (m.)

ipela
erisipela (f.)

ipeo
clipeo (m.)

ipera
vipera (f.)

ipere
+recipere (t.)

ipeto
centripeto (a.)

ipico
atipico (a.)
eliotipico (a.)
tipico (a.)

ipido
insipido (a.)
ripido (a.)
scipido (a.)

ipilo
pipilo (i.)

ipio
dapprincipio (avv.)
mancipio (m.)
municipio (m.)
participio (m.)
principio (t., m.)
riprincipio (t.)

ipite
ancipite (a.)
bicipite (a., m.)
capostipite (m.)
occipite (m.)
precipite (a.)
quadricipite (m.)
sincipite (m.)
stipite (m.)
tricipite (a.)

ipito
precipito (t., i.)

iplica
moltiplica (f.)

iplice
triplice (a.)

iplico
moltiplico (t., r.)
triplico (t.)

iplo
triplo (a., m.)

ipo
arripo (i., r.)
costipo (t.)
euripo (m.)
impipo (r.)
pipo (i.)
stipo (t., m.)
straripo (i.)
tipo (m.)
traripo (i.)

ipode
antipode (m.)
tripode (m.)

ipola
casipola (f.)
resipola (f.)
risipola (f.)
stipola (f.)

ipolo
capomanipolo (m.)
manipolo (t., m.)
tripolo (m.)
zipolo (t., m.)

ippa
lippa (f.)
trippa (f.)

ippe
grippe (m.)
Santippe (f.)

ippi
Filippi (f.)

ippia
grippia (f.)

ippica
filippica(f.)

ippico
ippico (a.)

ippio
efippio (m.)
+pippio (m.)
rimpippio (i., r.)
ippo
cippo (m.)
filippo (m.)
grippo (i., m.)
+lippo (a.)
scippo (m.)
strippo (i.)
trippo (t.)
ippolo
pippolo (m.)
spippolo (t.)
ipria
cipria (f.)
iprio
inciprio (t.)
ipro
cirpo (m.)
iproco
reciproco (t., a.)
ipsa
isoipsa (f.)
ipsi
stipsi (f.)
ipsilon
ipsilon (f.)
ipso
adipso (m.)
ipta
cripta (f.)
ipte
alipte (m.)
iptero
diptero (m.)
periptero (a.)
iptica
anagliptica (f.)
diagliptica (f.)
ipto
cripto (m.)
diaglipto (m.)
eucalipto (m.)
ipton
cripton (m.)
ipula
+stipula (f.)
ipulo
stipulo (t.)
ipuo
precipuo (a.)
iquia
relìquia (f.)
iquido
liquido (t., a., m.)
iquio
deliquio (m.)
iquo
iniquo (a.)
obliquo (a.)
iquota
aliquota (f.)
ir
casimìr (m.)
elisìr (m.)
nadìr (m.)
virìr (m.)
ira
+dira (f.)
egira (f.)
ira (f.)
lira (f.)
mira (f.)
pira (f.)
spira (f.)
tiratira (m.)
irba
birba (f.)
ghirba (f.)
irbo
birbo (m.)
sbirbo (i.)
irca
circa (prep., avv.)
incirca (avv.)
irce
circe (f.)
irchio
tirchio (a., m.)
ircio
bircio (a.)
sbircio (t., i., a.)
irco
circo (m.)
irco (m.)
ircolo
circolo (i., m.)
semicircolo (m.)
ire
abbellire (t., r.)
abbonire (t., r.)
abbrividire (i.)
abbronzire (i.)
abbrunire (i., t.)
abbrustolire (t.)
abbrutire (t., i., r.)
abbruttire (t., i., r.)
abbuzzire (i.)
abolire (t.)
aborrire (t., i.)
abortire (i.)
accalorire (t., r.)
accanire (r.)
+accarnire (t.)
accestire (i.)
acciocchire (t., i.)
acciucchire (t., i.)
accivire (t., r.)
acconsentire (i., t.)
accorcire (t.)
accudire (i.)
acetire (i.)
acquisire (t.)
acuire (t.)
addire (r., t.)
addivenire (i.)
addocilire (t.)
addolcire (t., r.)
addomestichire (t.)
addormire (r.)
addurire (t., i., r.)
adempire (t., r.)
aderire (i.)
adibire (t.)
adire (t.)
affamire (i.)
affertilire (t.)
affiacchire (t., r.)
affienire (i.)
affievolire (t., i., r.)
affiochire (i., r., t.)
affittire (t., r., i.)
affloscire (i., r., t.)
affluire (i.)
affralire (t., r.)
+aggecchire (r.)
aggentilire (t., r.)
aggobbire (t., i., r.)
aggradire (t.)
aggranchire (t., r., a.)
aggrancire (t.)

aggrandire (t., i., r.)
aggredire (t.)
aggrinzire (t., r.)
aggronchire (i.)
agguerire (t., r.)
agire (i.)
aire (m.)
alidire (t., r.)
alleggerire (t., r.)
alleghire (i., r.)
allenire (t., r.)
allestire (t.)
allibire (i.)
allindire (t., r.)
allividire (i.)
+altire (i.)
+amarire (t., i.)
ambire (t., i.)
ammalattire (i.)
ammalinconire (t., r.)
ammalizzire (t., i.)
ammannire (t.)
ammansire (t., i., r.)
ammattire (i.)
ammencire (t., i.)
ammezzire (i., r.)
ammiserire (t.)
ammollire (t., r.)
ammonire (t.)
ammorbidire (t.)
ammorire (i., r.)
ammortire (t.)
ammoscire (i.)
ammucidire (i.)
ammuffire (i.)
ammusire (i., r.)
ammutire (i.)
ammutolire (i.)
anneghittire (t., i., r.)
annerire (t., i., r.)
annichilire (t., r.)
annitrire (i.)
annobilire (t., i.)
annuire (i.)
+annullire (t.)
antivenire (t.)
apparire (i.)
appassire (t., i., r.)
appetire (t., i.)
+appiacentire (t.)
appiacevolire (t.)
appiccinire (t.)
appicciolire (t.)
appiccolire (t.)
+appigarire (i.)
applacidire (t., r.)
applaudire (t.)
appratire (t., i., r.)
apprensionire (r.)
approfondire (t., r.)
+apputire (t.)
aprire (t., r., i.)
ardire (m., i.)
+argire (i.)
arguire (t.)
arricchire (i., r., t.)
arrochire (t., i., r.)
arrossire (i.)
arrostire (t., i.)
arroventire (t., i., r.)
arrozzire (t., i.)
arrugginire (t., i., r.)
arruvidire (t., i., r.)
arsire (i.)
+assaldire (t.)
assalire (t.)
assaporire (t.)
assecchire (i.)
+asseguire (t.)
+assennire (t., r.)
assentire (i.)
asserire (t.)
asservire (t., r.)
assopire (t., r.)
assorbire (t.)
assordire (t., i.)
assortire (t.)
attecchire (i., t.)
attepidire (i.)
atterrire (t., r.)
attiepidire (i.)
attrappire (t., r.)
+attremire (r.)
attribuire (t., r.)
attristire (t., r.)
attuire (t.)
attutire (t., r.)
auggire (t.)
+aulire (i.)
+averire (t.)
avvelenire (t.)
avvenire (i., r., m.)
avverdire (i.)
avvertire (t., i.)
avvilire (t., r.)
avvincidire (r., i.)
avvitire (t.)
avvizzire (i.)
azzittire (t., r.)
azzoppire (t., i.)
balbutire (i.)
bandire (t.)
barrire (i.)
basire (i.)
+bastire (t.)
benedire (t.)
bianchire (t.)
bipartire (t., r.)
blandire (t.)
bollire (i.)
bombire (i.)
bramire (i.)
brandire (t.)
brunire (t.)
brusire (i.)
campire (t.)
candire (t.)
canutire (i.)
capire (t., i.)
carpire (t.)
+castaldire (t.)
censire (t.)
cestire (i.)
chiarire (t.)
circonvenire (t.)
circuire (t.)
+civire (t.)
coire (i.)
colorire (t.)
colpire (t.)
comparire (i.)
compartire (t.)
compatire (t.)
compire (t.)
concepire (t.)
concupire (t.)
condire (t.)
conferire (t.)
confluire (i.)
confuggire (i.)
congioire (r.)
conseguire (t.)
consentire (i.)

contraddire (t.)
contravvenire (i.)
contribuire (i.)
+contrire (t.)
convenire (i.)
convertire (t.)
coprire (t., r.)
costituire (t.)
costruire (t.)
cucire (t.)
custodire (t.)
deferire (i.)
definire (t.)
defluire (i.)
deglutire (t.)
demolire (t.)
deostruire (t.)
deperire (i.)
+desire (m.)
destituire (t.)
devenire (i.)
diesire (m.)
differire (i., t.)
digerire (t.)
+digestire (t.)
digredire (i.)
diluire (t.)
dimagrire (t., i.)
diminuire (t., i.)
dipartire (t., r.)
dire (t.)
dirugginire (t.)
disabbellire (t., r.)
disacidire (t.)
disaggradire (t.)
disasprire (t.)
disconvenire (i.)
discoprire (t.)
+discovrire (t.)
disdire (t., r.)
disfavorire (t.)
disgradire (t.)
disservire (t.)
distribuire (t.)
disubbidire (i., t.)
disumidire (t.)
disunire (t.)
divenire (i., m.)
divertire (t., r.)
dormire (i., t., m.)
ebollire (i., t.)
eccepire (t.)
egualire (t.)
elargire (t.)
elisire (m.)
empire (t., r.)
erbire (i.)
erudire (t., r.)
+esaldire (t.)
esaudire (t.)
esaurire (t.)
escire (i.)
eseguire (t.)
esercire (t.)
esibire (t., r.)
+esinanire (t., r.)
esordire (i.)
+espedire (t.)
esperire (t.)
+esurire (i.)
evoluire (i.)
fallire (i., t.)
farcire (t.)
fastidire (t.)
favorire (t.)
+fedire (t.)
ferire (t., r., i.)
finire (t., i.)
fiorire (i.)
fluire (i.)
folcire (t.)
forbire (t.)
fornire (t.)
+fremire (i.)
frinire (i.)
+fronzire (i.)
fuggire (i., t.)
funghire (i.)
gannire (i.)
garantire (t.)
garentire (t.)
garrire (i., t.)
+gecchire (t.)
gestire (i., t.)
ghermire (t.)
gioire (i.)
gire (i.)
+gomire (t.)
gradire (t.)
grancire (t.)
granire (i.)
granvisire (m.)
gremire (t., r.)
grugnire (i.)
guaire (i.)
gualcire (t.)
guarentire (t.)
guarire (t., i.)
guarnire (t.)
guattire (i.)
guernire (t.)
illanguidire (t., i.)
illeggiadrire (t.)
illiquidire (i.)
illividire (i., t.)
imbacchettonire (i.)
imbachire (t., i.)
imbaldanzire (i., r.)
imbalordire (i.)
imbambolire (i.)
imbandire (t.)
imbarbarire (i., r.)
imbarbogire (i.)
imbastardire (i., r.)
imbastire (t.)
imbecillire (i.)
imbellire (t., i.)
imbertonire (r.)
imbestialire (i., r.)
imbianchire (i.)
imbietolire (i.)
imbiondire (t., i.)
imbirbonire (i.)
imbizzarrire (t., i., r.)
imbizzire (i., r.)
imbizzocchire (i.)
imbolsire (i.)
imbonire (t.)
imborghesire (i.)
imboschire (i., r.)
imbottire (t.)
imbozzacchire (i.)
imbrandire (t.)
imbricconire (t., r.)
imbroncire (i.)
imbrunire (t., i., r.)
imbrutire (i., r.)
imbruttire (t., i., r.)
imbuire (i.)
immalinconire (i.)
immalizzire (t., i., r.)
immelensire (i.)
immezzire (i.)

immiserire (t.)
immorbidire (i.)
immusire (i.)
impadronire (r.)
impallidire (i.)
impartire (t.)
impaurire (t., i., r.)
impazientire (i., r.)
impazzire (i.)
impecorire (i., t.)
impedantire (i.)
impedire (t.)
impensierire (t., r.)
impermalire (i.)
impiccinire (t.)
impiccolire (t.)
impidocchire (t., r.)
impietosire (t.)
impietrire (t.)
impigrire (t., i., r.)
impoltronire (t., r.)
imporrire (i.)
impoverire (t., i.)
impratichire (t., r.)
impreziosire (t., i.)
improsciuttire (i.)
impuntire (t.)
imputridire (i.)
impuzzire (t., i., r.)
inacerbire (t., r.)
inacetire (i.)
inacidire (i.)
inacutire (t., r.)
inalidire (i.)
inanimire (t.)
inaridire (t., i., r.)
inasinire (i., r., t.)
inasprire (t., r., i.)
incadaverire (i.)
incallire (i., r.)
incalorire (t., r.)
incalvire (i.)
incancherire (t., i.)
incancrenire (i.)
incanire (i.)
incanutire (i.)
incaparbire (i., r.)
incaponire (r.)
incapriccire (r.)
incarbonire (t., r.)
incarnire (r., i.)
incarognire (i., r.)
incartapecorire (i., r.)
incatarrire (i.)
incatorzolire (i.)
incattivire (t., r., i.)
incenerire (t.)
incimurrire (i.)
incipollire (i.)
inciprignire (i.)
incitrullire (i.)
inciuchire (i.)
incivettire (i., t.)
incivilire (t., r.)
incordardire (i.)
incollerire (i., r.)
incretinire (i., t.)
incrudelire (i.)
incrudire (i.)
incupire (t., r., i.)
incuriosire (t., i.)
incurvire (i.)
indebolire (t.)
indire (t.)
indispettire (t., r.)
indocilire (t.)
indolcire (t., r.)
indolenzire (i.)
indurire (t., i., r.)
infanatichire (r., i.)
infarcire (t.)
infastidire (t., r.)
infellonire (i., r.)
infeltrire (t., i., r.)
infemminire (t., i.)
inferire (i., t.)
inferocire (i., r.)
infertilire (t.)
infiacchire (t., i., r.)
infierire (i.)
infievolire (t., r.)
infingardire (i., r.)
infiscalire (i.)
infistolire (i., r.)
infittire (i.)
influire (i.)
infoltire (i.)
inforestierire (t. ,r.)
informicolire (t.)
infortire (t., i.)
infratire (i.)
infreddolire (i., r.)
infrenesire (i., r.)
infrigidire (i., r.)
infrollire (t., r., i.)
infrondire (i.)
infunghire (i.)
infurbire (i.)
ingagliardire (t., r.)
ingalluzzire (i., r.)
ingarzullire (i., r.)
ingelosire (t., i.)
ingentilire (t., i., r.)
ingerire (t., r.)
ingessire (i.)
inghiottire (t.)
inghiottonire (t., i.)
ingiallire (t., r., i.)
ingigantire (t.)
ingobbire (i.)
ingoffire (t., i., r.)
ingolosire (t., i., r.)
ingracilire (t., i., r.)
ingranchire (t.)
ingrandire (t., i., r.)
ingrazionire (r.)
ingrinzire (t., i., r.)
ingrugnire (i.)
ingrullire (i., t.)
inibire (t.)
inorgoglire (t., i., r.)
inorridire (t., i.)
inquisire (t.)
irretire (t.)
insalvatichire (t., i.)
insanire (i.)
insaporire (t., i.)
inscurire (t., i.)
insecchire (t., i.)
inseguire (t.)
inselvatichire (i.)
inserire (t.)
insignire (t.)
insignorire (t., r.)
insolentire (i.)
+insollire (t.)
insordire (i.)
insospettire (t., r., i.)
inspessire (t., r.)
insterilire (t., i.)
insuperbire (t., i., r.)
intanfire (i.)
intarmolire (i.)

intenebrire (i.)
intenerire (t., r.)
intepidire (t., i., r.)
interdire (t.)
interferire (i.)
interloquire (i.)
intervenire (i.)
intiepidire (t., i., r.)
intimidire (i., r.)
intimorire (t., i., r.)
intirizzire (t., i., r.)
intisichire (i.)
intontire (t., r.)
intorbidire (t., i.)
intormentire (t., i., r.)
intorpidire (t., i., r.)
intoscanire (t., i., r.)
intozzire (i.)
intravvenire (i.)
intristire (i.)
intuire (t.)
intumidire (i.)
inturgidire (i.)
inumidire (t., r.)
inuzzolire (t., r.)
invaghire (t., r.)
invanire (t., i., r.)
inveire (i.)
invelenire (t., i.)
inverdire (i.)
inverminire (i., r.)
invertire (t.)
investire (t., r.)
invigliacchire (i., r.)
invigorire (t., i., r.)
invilire (t., i., r.)
invillanire (i., r.)
inviperire (i., r.)
inviscidire (i.)
invispire (i., r.)
invitire (t.)
invizzire (i.)
involpire (i.)
inzotichire (t., i.)
ire (i.)
irrancidire (i.)
irretire (t.)
irrigidire (i., r.)
irritrosire (i., r.)
irrobustire (t.)
irruginire (t., i., r.)
irruvidire (t., i., r.)
isterilire (i., r., t.)
istituire (t.)
istruire (t., r.)
istupidire (t., r.)
lambire (t.)
languire (i.)
largire (t.)
lenire (t.)
maledire (t.)
marcire (i.)
mentire (i., t.)
+minuire (t.)
+misdire (t.)
molcire (t.)
morire (i.)
muffire (i.)
muggire (i.)
munire (t., r.)
nitrire (i.)
nutrire (t., i., r.)
obbedire (i.)
offerire (t.)
offrire (t., r.)
+olire (i.)
ordire (t.)
ostruire (t.)
partire (t., i.)
partorire (t., i.)
patire (i., t.)
pattuire (i., t.)
pentire (r.)
percepire (t.)
perfinire (m.)
perire (i.)
perquisire (t.)
perseguire (i.)
pervenire (i.)
pervertire (t.)
piatire (i.)
plaudire (i.)
polire (t.)
poltrire (i.)
preavvertire (t.)
predire (t.)
preferire (t.)
prefinire (t.)
+preire (i.)
+premonire (t.)
premorire (i.)
premunire (t., r.)
presagire (t., i.)
presentire (t.)
prestabilire (t.)
preterire (t., i.)
prevenire (t.)
+prevertire (t.)
proferire (t.)
profferire (t., r.)
progredire (i.)
proibire (t.)
proseguire (t., i.)
prostituire (t., r.)
provenire (i.)
pulire (t., r.)
punire (t.)
putire (i.)
quadripartire (t.)
rabbellire (t., r.)
rabbonire (t., r., i.)
rabbrividire (i.)
raccapriccire (i.)
raccorcire (t.)
raddolcire (t., i., r.)
raffievolire (t., i., r.)
raffittire (t., i., r.)
raggentilire (t., r.)
raggranchire (i.)
raggrandire (t., i., r.)
raggrinzire (t., i., r.)
rammollire (t., r.)
rammorbidire (t., i., r.)
+rammorvidire (t.)
rancidire (i.)
+rancire (i.)
rannerire (t., i.)
rannobilire (t., i.)
rapire (t.)
rappiccinire (t.)
rappicciolire (t., i., r.)
rappiccolire (t., i., r.)
+ratire (i.)
rattepidire (t., r.)
rattiepidire (t., r.)
rattrappire (t., r.)
rattristire (t., r.)
ravvigorire (t.)
ravvilire (t.)
ravvincidire (t., r.)
reagire (i.)
recensire (t.)
redarguire (t.)

redimire (t.)
+redire (i.)
+reddire (i.)
+redolire (i.)
refluire (i.)
regredire (i.)
+repartire (t.)
reperire (t.)
requisire (t.)
resarcire (t.)
restituire (t., r.)
retribuire (t.)
reverire (t.)
riabbellire (t., r.)
riagire (i.)
riammollire (t., r.)
riapparire (t.)
riaprire (t., r.)
riarricchire (t., i., r.)
riassalire (t.)
riassopire (t., r.)
riassorbire (t.)
riavvertire (t.)
riavvilire (t., r.)
ribadire (t., r.)
ribenedire (t.)
ribollire (i., t.)
ricolorire (t., r.)
ricomparire (t., r.)
riconcepire (t.)
riconsentire (t.)
riconvenire (t.)
riconvertire (t., r.)
ricoprire (t., r.)
ricostituire (t., r.)
ricostruire (t.)
ricovrire (t., r.)
ricucire (t.)
ridarguire (t.)
ridiminuire (t.)
ridire (t., r.)
ridivenire (i.)
ridormire (i.)
riempire (t., r.)
riescire (i.)
rifallire (t.)
rifavorire (t.)
riferire (t., r.)
rifinire (t.)
rifiorire (i., t.)
rifluire (i.)
riforbire (t., r.)
rifornire (t., r.)
rifuggire (i., t.)
righermire (t.)
riguarnire (t.)
rilessire (t., i.)
rimaledire (t.)
rimbaldanzire (i.)
+rimbaldire (i.)
rimbambinire (i.)
rimbambire (i.)
rimbarbarire (t., i.)
rimbamborgire (i.)
rimbastire (t.)
rimbecillire (i.)
rimbellire (t., i.)
rimbeltempire (i.)
rimbianchire (t., i.)
rimbiondire (t., r.)
rimboschire (t.)
rimbricconire (i.)
rimbrividire (i.)
rimbrunire (t., i.)
rimbruttire (t., i., r.)
rimbuire (i.)
rimentire (i.)
rimmelensire (i.)
rimminchionire (i.)
rimorire (i.)
rimpadronire (r.)
rimpazzire (i.)
rimpettire (i., r.)
rimpiccinire (t., r., i.)
rimpicciolire (t., i.)
rimpiccolire (t., i.)
rimpoverire (t., i., r.)
rimpratichire (t., r.)
rimprosciuttire (i.)
rimpulizzire (t., r.)
rimuggire (i.)
rimunire (t.)
rinacerbire (i., t., r.)
rincalorire (t., i.)
rincarire (t., i.)
ricarnire (i., r.)
rincattivire (i.)
rincerconire (i.)
rinchiccolire (r.)
rinciprignire (t., i., r.)
rincitrullire (t., i., r.)
rinciuchire (i.)
rincivilire (t., i., r.)
rincollerire (i., r.)
rincrudelire (t., i.)
rincrudire (t., i., r.)
rincupire (i., r.)
rindolcire (t.)
rindurire (i.)
rinfanciullire (i.)
rinfarcire (t.)
rinfichisecchire (i.)
rinfierire (i.)
rinfittire (t., i., r.)
rinfronzire (i., r.)
rinfronzolire (i., r.)
ringagliardire (t., i., r.)
ringalluzzire (i., r., t.)
ringarzullire (i., r.)
ringentilire (t., i.)
ringhiottire (t.)
ringioire (t., i.)
ringiovanire (t., i.)
ringrandire (t., r.)
ringrinzire (t., i., r.)
ringrullire (i.)
rinnobilire (t.)
rinsalvatichire (t., i.)
rinsanichire (i., t.)
rinsanire (i.)
rinsavire (i.)
rinselvatichire (t., i.)
rinsuperbire (i.)
rintempire (i.)
rintenerire (t., r.)
rintepidire (i.)
rintiepidire (i.)
rintontire (i.)
rintorbidire (t., r.)
rintorpidire (t., r.)
rintorzolire (t., i.)
rintristire (i.)
rinvecchignire (i., r.)
rinvelenire (t., i., r.)
rinvenire (t.)
rinverdire (t., i.)
rinverminire (r.)
rinvertire (t.)
rinvestire (t.)
rinvigorire (t., i., r.)
rinvilire (t., i.)
rinvivire (i.)
riordire (t.)

ripartire (i., t.)
ripatire (t.)
ripentire (r., +t.)
+ripire (i.)
ripulire (t.)
risalire (t.)
risarcire (t.)
+risbaldire (t., r.)
rischiarire (i., r.)
riscoprire (t.)
risecchire (i.)
risentire (t., r.)
riseppellire (t.)
riservire (t.)
rispedire (t.)
ristabilire (t., r.)
ritossire (i.)
ritradire (t.)
riunire (t., r.)
riuscire (i.)
rivenire (i.)
riverire (t.)
+rivertire (t.)
rivestire (t., r.)
rosellire (t.)
rugginire (t., i., r.)
ruggire (i.)
salire (t., i.)
sancire (t.)
saporire (t.)
sbadire (t.)
sbaldanzire (t., r.)
+sbaldire (i.)
sbalordire (t.)
sbandire (t.)
sbasire (i.)
sbiadire (i., t.)
sbigottire (t., i.)
sbizzarrire (t., r.)
sbizzire (i., r.)
sbollire (i.)
sbozzacchire (i., t.)
sbroncire (i.)
scalfire (t.)
+scalterire (t.)
scaltrire (t., r.)
scandire (t.)
scaponire (t.)
scapriccire (t., r.)
scarnire (t.)
scarognire (t., r.)
scaturire (i.)
scheletrire (t., r.)
schermire (i., r.)
schernire (t.)
schiarire (t., r.)
schiattire (i.)
scolorire (t., i.)
scolpire (t.)
scomparire (i.)
scompartire (t.)
sconvenire (i.)
scoprire (t., r.)
scoraggire (i.)
scorcire (t., r., i.)
scortire (t.)
+scrimire (i.)
scristianire (t., i.)
scrudire (t.)
scrupolire (t., i., r.)
scucire (t.)
scuriosire (r.)
scurire (t., i., r.)
sdilinquire (i., r.)
sdolenzire (t., r.)
sdrucire (t.)
+sdruscire (t.)
seguire (t.)
sentire (t., r., m.)
seppellire (t., r.)
servire (t., i., r.)
sferire (t.)
sfinire (t., i.)
sfiorire (i.)
sfornire (t., r.)
sfranchire (t., r.)
sfuggire (t., i.)
sgagliardire (t., r.)
+sgarire (t.)
sgradire (t., i., r.)
sgranchire (t., r.)
sgualcire (t., r.)
sguarnire (t.)
sguercire (i., r.)
sguernire (t.)
singhiottire (i.)
singultire (i.)
sire (m.)
+sitire (i., t.)
smagrire (i.)
smaltire (t.)
smarrire (t., r.)
smencire (t., i.)
smentire (t., r.)
sminchionire (i.)
sminuire (t., r.)
smorire (i.)
sneghittire (t., r.)
sobbollire (i.)
sofferire (t.)
soffrire (t., i.)
sopire (t.)
soppassire (i.)
sopperire (i.)
sopravvenire (i.)
sorbire (t., r.)
sortire (i., t.)
+sorvenire (i.)
sostituire (t.)
sovvenire (t., i., r.)
sovvertire (t.)
sparire (i.)
spartire (t.)
spaurire (t., r.)
spazientire (r.)
spedire (t., r.)
spessire (t., i.)
spigrire (t., r.)
spoltrire (t., r.)
spoltronire (t., r.)
spulire (t.)
spulizzire (t.)
squittire (i.)
srugginire (t.)
stabilire (t., r.)
staggire (t.)
starnutire (i.)
statuire (t., i.)
stecchire (t., i.)
stepidire (t., r.)
sterilire (i., r., t.)
stiepidire (t., r.)
stirizzire (r.)
stizzire (t., r.)
stordire (t., r.)
stormire (i.)
strabenedire (t.)
stramaledire (t.)
stramortire (i.)
stremenzire (t., r.)
stremire (t.)
strettire (t.)
stridire (i.)

striminzire (t., r.)
stupidire (t., i.)
stupire (i.)
subire (t.)
suggerire (t.)
supplire (i.)
susseguire (i.)
+svalorire (i.)
svanire (i., +t.)
svelenire (t., r.)
sveltire (t., r.)
svenire (i.)
sverdire (i.)
svestire (t., r.)
svigorire (t., i., r.)
svilire (t.)
tallire (i.)
tannire (i.)
tintinnire (i.)
tornire (t.)
tossire (i.)
tradire (t.)
tramortire (i.)
tranghiottire (t.)
+transire (t.)
trasalire (i.)
trasentire (t.)
trasferire (t.)
trasfigurire (t.)
trasgredire (t., i.)
trasparire (i.)
traudire (t., i.)
travestire (t., r.)
+tribuire (t.)
tripartire (t.)
ubbidire (i.)
udire (t., m.)
uggire (t.)
+ulimire (i.)
+ulire (i.)
umidire (t.)
unire (t., r.)
uscire (i.)
usucapire (t.)
usufruire (i.)
vagire (i.)
vanire (i.)
venire (i.)
+verdire (i.)
vestire (t., r., i.)
+vigorire (t., i., r.)
+vincire (t.)
+vomire (t., i.)
zittire (i.)

ireo

empireo (m.)
porfireo (a.)

ireos

ireos (m.)

irgola

virgola (f.)

irgolo

virgolo (t.)

iri

carachiri (m.)
contagiri (m.)
+iri (f.)
probiviri (m. pl.)

iria

valchiria (f.)

irica

lirica (f.)
satirica (f.)

irico

empirico (a.)
lirico (a., m.)
metempirico (a.)
onirico (a.)
panegirico (m.)
pirico (a.)
porfirico (a.)
satirico (a., m.)

iride

iride (f.)

iridi

lampiridi (m. pl.)

irido

irido (t.)

irie

cabirie (f.)
chirie (m.)

irima

sirima (f.)

irio

cherargirio (m.)
chicchirio (i.)
collirio (m.)
delirio (m.)
idrargirio (m.)
litargirio (m.)
martirio (m.)
+porfirio (m.)

iris

iris (f.)

irito

bellospirito (m.)
spirito (i., r., m.)

irlo

zirlo (i., m.)

irma

firma (f.)

irmo

firmo (t.)
infirmo (t.)

iro

achiro (m.)
adiro (r.)
aggiro (t., r., i.)
ammiro (t., i.)
aspiro (t., i.)
attiro (t.)
autogiro (m.)
bancogiro (m.)
cabiro (m.)
capogiro (m.)
casimiro (m.)
cospiro (i.)
crumiro (m.)
deliro (i., a., m.)
+diro (a.)
elzeviro (a., m.)
emiro (m.)
espiro (i.)
fachiro (m.)
ghiro (m.)
giro (t., m.)
inspiro (t.)
ispiro (t., r.)
levogiro (a.)
miro (t., r., +a.)
papiro (m.)
raggiro (t., r., m.)
respiro (i., t., m.)
riammiro (t.)
rigiro (t., i., r., m.)
rimiro (t., r.)
ritiro (t., r., m.)
sospirto (i., t., m.)
spiro (i., t., m.)
stiro (t., r., m.)
tapiro (m.)
tiro (t., i., m.)
traspiro (i.)

vampiro (m.)
viro (t., +m.)
zaffiro (m.)
zeffiro (m.)
ziro (m.)
irono
girono (i.)
irono (i.)
cf. *pass. rem.* 3ª.
irpe
stirpe (f.)
irpo
estirpo (t.)
+scirpo (m.)
irra
birra (f.)
mirra (f.)
irrica
pirrica (f.)
irrico
pirrico (a.)
irrito
irrito (t., a.)
irro
birro (m.)
butirro (m.)
cirro (m.)
sbirro (m.)
scirro (m.)
irsi
cf. verbi riflessivi 3ª, *sotto* **irc**
irso
tirso (m.)
irte
sirte (f.)
irtico
sirtico (a.)
irto
flirto (i.)
irto (a.)
mirto (m.)
spirto (m.)
irus
virus (m.)
iruto
diruto (a.)
is
bis (avv.)
isa
assisa (f.)
banchisa (f.)
divisa (f.)
ghisa (f.)
guisa (f.)
luisa (f.)
Pisa (f.)
| recisa (f.)
risa (f. pl.)
isba
isba (f.)
isc
hascisc (m.)
isca
bisca (f.)
confisca (f.)
lisca (f.)
odalisca (f.)
cf. *Cong. pr.* 3ª, *imp. pres.* 3ª
iscano
cf. *Cong. pres.* 3ª, *Imp. pres.* 3ª
isce
cf. *Ind. pres.* 3ª
iscere
reviviscere (i.)
viscere (m., f. pl.)
iscero
sviscero (t., r.)
ischero
bischero (m.)
ischia
mischia (f.)
ischio
arrischio (t., r.)
+bavolischio (i.)
cincischio (t.)
fischio (i., t., m.)
frammischio (t.)
immischio (t., r.)
infischio (r.)
invischio (t., r.)
ischio (m.)
lentischio (m.)
mischio (t., a.)
nevischio (m.)
renischio (m.)
rifischio (., t.)
rischio (t., i., m.)
tramischio (t.)
vischio (m.)
isci
cf. *Ind. pres.* 3ª, *Imp. pres.* 3ª
iscia
biscia (f.)
liscia (f.)
piscia (f.)
striscia (f.)
iscido
viscido (a.)
iscio
abbiscio (t.)
liscio (t., r., a., m.)
piscio (i., t., m.)
ristriscio (t.)
scompiscio (t., r.)
scudiscio (t., m.)
sdriscio (t.)
sguiscio (i.)
striscio (t., i., m.)
isciola
bisciola (f.)
visciola (f.)
isciolo
bisciolo (a.)
visciolo (m.)
isco
abbellisco (t., r.)
abbonisco (t., r.)
abborrisco (t., i.)
abbrividisco (i.)
abbronzisco (i.)
abbrunisco (i.)
abbrustolisco (t.)
abbrutisco (t., i., r.)
abbruttisco (t., i., r.)
abbuzzisco (t.)
abolisco (t.)
aborrisco (t., i.)
abortisco (i.)
accalorisco (t., r.)
accanisco (r.)
+accarnisco (t.)
accestisco (i.)
acciocchisco (t., i.)
acciucchisco (t., i.)
accivisco (t., r.)
accorcisco (t.)
accudisco (i.)
acetisco (i.)
acquisisco (t.)

acuisco (t.)
addocilisco (t.)
addolcisco (t., r.)
addurisco (t., i., r.)
adempisco (t., r.)
aderisco (i.)
adibisco (t.)
adisco (t.)
affertilisco (t.)
affiacchisco (t., r.)
affienisco (i.)
affievolisco (t., i., r.)
affiochisco (i., r., t.)
affittisco (t., r., i.)
afflosciscо (i., r., t.)
affluisco (i.)
affralisco (t., r.)
+aggecchisco (r.)
aggentilisco (t., r.)
aggobbisco (t., i., r.)
aggradisco (t.)
aggranchisco (t., r.)
aggrancisco (t.)
aggrandisco (t., i., r.)
aggredisco (t.)
aggrinzisco (t., r.)
aggronchisco (i.)
agguerrisco (t., r.)
agisco (i.)
alidisco (t., r., i.)
alleggerisco (t., r.)
alleghisco (i., r.)
allenisco (t., r.)
allestisco (t.)
allibisco (i.)
allindisco (t., r.)
allisco (t.)
allividisco (i.)
+altisco (i.)
+amarisco (t., i.,
ambisco (t., i.)
ammalattisco (i.)
ammalinconisco (t., r.)
ammalizzisco (t., i.)
ammannisco (t.)
ammansisco (t., i., r.)
ammattisco (i.)
ammencisco (t., i.)
ammezzisco (i., r.)
ammiserisco (t.)
ammollisco (t., r.)
ammonisco (t.)
ammorbidisco (t.)
ammorisco (i., r.)
ammortisco (t.)
ammoscisco (i.)
ammucidisco (i.)
ammuffisco (i.)
ammusisco (i., r.)
ammutisco (i.)
ammutolisco (i.)
anneghittisco (t., i., r.)
annerisco (t., i., r.)
annichilisco (t., r.)
annitrisco (i.)
annobilisco (t., i.)
annuisco (i.)
apparisco (i.)
appassisco (t., i., r.)
appetisco (t., i.)
appiacentisco (t.)
appiacevolisco (t.)
appiccinisco (t.)
appicciolisco (t.)
appiccolisco (t.)
applacidisco (t., r.)
applaudisco (t.)
appratisco (t., i., r.)
apprensionisco (r.)
approfondisco (t., r.)
ardisco (i.)
arguisco (t.)
arricchisco (i., r., t.)
arrochisco (t., i., r.)
arrossisco (i.)
arrostisco (t., i.)
arroventisco (t., i., r.)
arrozzisco (t., i.)
arrugginisco (t., i., r.)
arruvidisco (t., i., r.)
arsisco (i.)
assaporisco (t.)
assecchisco (i.)
asserisco (t.)
assopisco (t., r.)
assordisco (t., i.)
assortisco (t.)
asterisco (m.)
attecchisco (i., t.)
attepidisco (i.)
atterrisco (t., r.)
attiepidisco (i.)
attrappisco (t., r.)
attribuisco (t., r.)
attristisco (t., r.)
attuisco (t.)
attutisco (t., r.)
auggisco (t.)
avverdisco (i.)
avvilisco (t., r.)
avvincidisco (r., i.)
avvitisco (t.)
avvizzisco (i.)
azzittisco (t., r.)
azzoppisco (t., i.)
balbutisco (i.)
bandisco (t.)
barrisco (i.)
basilisco (m.)
basisco (i.)
bianchisco (t.)
bipartisco (t., r.)
blandisco (t.)
bollisco (i.)
bombisco (i.)
bramisco (i.)
brandisco (t.)
brunisco (t.)
brusisco (i.)
campisco (t.)
candisco (t.)
canutisco (i.)
capisco (t., i.)
carpisco (t.)
censisco (t.)
cestisco (i.)
chiarisco (t.)
circuisco (t.)
coisco (i.)
colorisco (t.)
colpisco (t.)
comparisco (i.)
compartisco (t.)
compatisco (t.)
compisco (t.)
concepisco (t.)
concupisco (t.)
condisco (t.)
conferisco (t.)
confisco (t.)
confluisco (i.)
congioisco (r.)
contribuisco (i.)

costituisco (t.)
costruisco (t.)
custodisco (t.)
deferisco (i.)
definisco (t.)
defluisco (i.)
deglutisco (t.)
demolisco (t.)
deostruisco (t.)
deperisco (i.)
destituisco (t.)
differisco (i., t.)
digerisco(t.)
digredisco (i.)
dilisco (t.)
diluisco (t.)
dimagrisco (t., i.)
diminuisco (t., i.)
dipartisco (t., r.)
dirugginisco (t.)
disabbellisco (t., r.)
disacidisco (t.)
disaggradisco (t.)
disasprisco (t.)
disco (m.)
disfavorisco (t.)
disgradisco (t.)
disinserisco (t.)
disobbedisco (t.)
disparisco (i.)
dispartisco (t.)
disseppellisco (t.)
distribuisco (t.)
disubbidisco (i., t.)
disumidisco (t.)
disunisco (t.)
eccepisco (t.)
egualisco (t.)
elargisco (t.)
erbisco (i.)
erudisco (t., r.)
esaudisco (t.)
esaurisco (t.)
eseguisco (t.)
esercisco (t.)
esibisco (t., r.)
esordisco (i.)
esperisco (t.)
evoluisco (i.)
fallisco (i., t.)
farcisco (t.)
fastidisco (t.)
favorisco (t.)
ferisco (t., r., i.)
finisco (t., i.)
fiorisco (i.)
fisco (m.)
fluisco (i.)
forbisco (t.)
fornisco (t.)
frinisco (i.)
funghisco (i.)
gannisco (i.)
garantisco (t.)
garentisco (t.)
garrisco (i., t.)
gestisco (i., t.)
ghermisco (t.)
gioisco (i.)
gradisco (t.)
granisco (i.)
gremisco (t., r.)
grugnisco (i.)
guaisco (i.)
gualcisco (t.)
guarentisco (t.)
guarisco (i., t.)
guarnisco (t.)
guattisco (i.)
guernisco (t.)
ibisco (m.)
illanguidisco (t., i.)
illeggiadrisco (t.)
illiquidisco (i.)
illividisco (i., t.)
imbacchettonisco (i.)
imbachisco (t., i.)
imbaldanzisco (i., r.)
imbalordisco (i.)
imbambolisco (i.)
imbandisco (t.)
imbarbarisco (i., r.)
imbarbogisco (i.)
imbastardisco (i., r.)
imbastisco (t.)
imbecillisco (i.)
imbellisco (t., i.)
imbertonisco (r.)
imbestiolisco (i., r.)
imbianchisco (i.)
imbietolisco (i.)
imbiondisco (t., i.)
imbirbonisco (i.)
imbizzarrisco (t., i., r.)
imbizzisco (i., r.)
imbizzocchisco (i.)
imbolsisco (i.)
imbonisco (t.)
imborghesisco (i.)
imboschisco (i., r.)
imbottisco (t.)
imbozzacchisco (i.)
imbrandisco (t.)
imbricconisco (t., r.)
imbroncisco (i.)
imbrunisco (t., i., r.)
imbrutisco (i., r.)
imbruttisco (t., i., r.)
imbuisco (i.)
immalinconisco (i.)
immalizzisco (t., r., i.)
immelensisco (i.)
immezzisco (i.)
immiserisco (t., i.)
immorbidisco (i.)
immusisco (i.)
impadronisco (r.)
impallidisco (i.)
impartisco (t.)
impaurisco (t., i., r.)
impazientisco (i., r.)
impazzisco (i.)
impecorisco (t., i.)
impedantisco (i.)
impedisco (t.)
impensierisco (t., r.)
impermalisco (i.)
impiccinisco (t.)
impiccolisco (t.)
impidocchisco (t., r.)
impietosisco (t.)
impietrisco (t.)
impigrisco (t., i., r.)
impoltronisco (t., r.)
imporrisco (i.)
impoverisco (t., i.)
impratichisco (t., r.)
impreziosisco (t., i.)
improsciuttisco (i.)
impuntisco (t.)
imputridisco (i.)
impuzzisco (t., i., r.)
inacerbisco (t., r.)

inacedisco (i.)
inacidisco (i.)
inacutisco (t., r.)
inalidisco (i.)
inanimisco (t.)
inaridisco (t., i., r.)
inasinisco (i., r., t.)
inasprisco (t., i., r.)
incadaverisco (i.)
incallisco (i., r.)
incalorisco (t., r.)
incalvisco (i.)
incancherisco (t., i.)
incancrenisco (i.)
incanisco (i.)
incanutisco (i.)
incaparbisco (i., r.)
incaponisco (r.)
incapriccisco (r.)
incarbonisco (t., r.)
incarnisco (r., i.)
incarognisco (i., r.)
incartapecorisco (i., r.)
incatarrisco (i.)
incatorzolisco (i.)
incattivisco (t., r., i.)
incenerisco (t.)
incimurrisco (i.)
incipollisco (i.)
inciprignisco (i.)
incitrullisco (i.)
inciuchisco (i.)
incivettisco (i., t.)
incivilisco (t., r.)
incordardisco (i.)
incollerisco (i., r.)
incretinisco (i., t.)
incrudelisco (i.)
incrudisco (i.)
incupisco (t., i., r.)
incuriosisco (t., i.)
incurvisco (i.)
indebolisco (t.)
indispettisco (t., r.)
indocilisco (t.)
indebolisco (t.)
indolenzisco (i.)
indurisco (t., i., r.)
infanatichisco (r., i.)
infarcisco (t.)
infastidisco (t., r.)
infellonisco (i., r.)
infeltrisco (t., i., r.)
infemminisco (t., i.)
inferisco (i., t.)
inferocisco (i., r.)
infertilisco (t.)
infiacchisco (t., i., r.)
infierisco (t., r.)
infievolisco (t., r.)
infingardisco (i., r.)
infiscalisco (i.)
infistolisco (i., r.)
infittisco (i.)
influisco (i.)
infoltisco (i.)
inforestierisco (t., r.)
informidolisco (t.)
infortisco (t., i.)
infratisco (i.)
infreddolisco (i., r.)
infrenesisco (i., r.)
infrigidisco (i., r.)
infrollisco (t., i., r.)
infrondisco (i.)
infunghisco (i.)
infurbisco (i.)
ingargliardisco (t., r.)
ingalluzzisco (i., r.)
ingarzullisco (i., r.)
ingelosisco (t.)
ingentilisco (t., i., r.)
ingerisco (t., r.)
ingessisco (i.)
inghiottisco (i.)
inghiottonisco (t., i.)
ingiallisco (t., r., i.)
ingigantisco (t.)
ingobbisco (i.)
ingoffisco (t., i., r.)
ingolosisco (t., i., r.)
ingracilisco (t., i., r.)
ingranchisco (t.)
ingrandisco (t., i., r.)
ingrazionisco (r.)
ingrinzisco (t., i., r.)
ingrugnisco (i.)
ingrullisco (i., t.)
inibisco (t.)
inorgoglisco (t., i., r.)
inorridisco (t., i.)
inquisisco (t.)
inretisco (t.)
insalvatichisco (t., i.)
insanisco (i.)
insaporisco (t., i.)
inscurisco (t., i.)
insecchisco (t., i.)
inseguisco (t.)
inselvatichisco (t., i.)
inserisco (t.)
insignisco (t.)
insignorisco (t., r.)
insolentisco (i.)
insordisco (i.)
insospettisco (t., r., i.)
inspessisco (t., r.)
insterilisco (t., i.)
insuperbisco (t., i., r.)
intanfisco (i.)
intarmolisco (i.)
intenebrisco (i.)
intenerisco (t., r.)
intepidisco (t., i., r.)
interferisco (i.)
interloquisco (i.)
intiepidisco (t., i., r.)
intimidisco (i., r.)
intimorisco (t., r., i.)
intirizzisco (t., i., r.)
intisichisco (i.)
intontisco (t., r.)
intorbidisco (t., i.)
intormentisco (t., i., r.)
intorpidisco (t., i., r.)
intoscanisco (t., i., r.)
intozzisco (i.)
intristisco (i.)
intuisco (t.)
intumidisco (i.)
inturgidisco (i.)
inumidisco (t., r.)
inuzzolisco (t., r.)
invaghisco (t., r.)
invanisco (t., i., r.)
inveisco (i.)
invelenisco (t., i.)
inverdisco (i.)
inverminisco (i., r.)
invigliacchisco (i., r.)
invigorisco (t., i., r.)
invilisco (t., i., r.)
invillanisco (i., r.)

inviperisco (i., r.)
inviscidisco (i.)
invispisco (i., r.)
invitisco (t.)
invizzisco (i.)
involpisco (i.)
inzotichisco (t., i.)
irrancidisco (i.)
irretisco (t.)
irrigidisco (i., r.)
irritrosisco (i., r.)
irrobustisco (t.)
irrugginisco (t., i., r.)
irruvidisco (t., i., r.)
isterilisco (i., r., t.)
istituisco (t.)
istruisco (t., r.)
istupidisco (t., r.)
lambisco (t.)
languisco (i.)
largisco (t.)
lemnisco (m.)
lenisco (t.)
lentisco (m.)
marcisco (i.)
menisco (m.)
mentisco (i., t.)
molcisco (t.)
muffisco (i.)
muggisco (i.)
munisco (t., r.)
nitrisco (i.)
nutrisco (i., t., r.)
obbedisco (i.)
obelisco (m.)
offerisco (t.)
ordisco (t.)
ostruisco (t.)
partisco (t.)
partorisco (t., i.)
patisco (i., t.)
pattuisco (i., t.)
percepisco (t.)
perisco (i.)
perquisisco (t.)
perseguisco (t.)
pervertisco (t.)
piatisco (i.)
pietrisco (m.)
polisco (t.)
poltrisco (i.)
preferisco (t.)
prefinisco (t.)
premunisco (t., r.)
presagisco (t., i.)
prestabilisco (t.)
preterisco (t., i.)
prisco (a.)
proferisco (t.)
profferisco (t., r.)
progredisco (i.)
proibisco (t.)
prostituisco (t., r.)
pulisco (t., r.)
punisco (t.)
putisco (i.)
quadripartisco (t.)
rabbellisco (t., r.)
rabbonisco (t., r., i.)
rabbrividisco (i.)
raccapriccisco (i.)
raccorcisco (t.)
raddolcisco (t., i., r.)
raffievolisco (t., i., r.)
raffittisco (t., i., r.)
raggentilisco (t., r.)
raggranchisco (i.)
raggrandisco (t., r., i.)
raggrinzisco (t., i., r.)
rammollisco (t., r.)
rammorbidisco (t., i., r.)
rancidisco (i.)
rannerisco (t., i.)
rannobilisco (t., i.)
rapisco (t.)
rappiccinisco (t.)
rappicciolisco (t., i., r.)
rappiccolisco (t., i., r.)
rattepidisco (t., r.)
rattiepidisco (t., r.)
rattrappisco (t., r.)
rattristisco (t., r.)
ravvigorisco (t.)
ravvilisco (t.)
ravvincidisco (t., r.)
reagisco (i.)
recensisco (t.)
redarguisco (t.)
redimisco (t.)
refluisco (i.)
regredisco (i.)
reperisco (t.)
requisisco (t.)
resarcisco (t.)
restituisco (t., r.)
retribuisco (t.)
reverisco (t.)
revivisco (i.)
riabbellisco (t., r.)
riagisco (i.)
riammollisco (t., r.)
riapparisco (t.)
riarricchisco (t., r., i.)
riassopisco (t., r.)
riassorbisco (t.)
riavvilisco (t., r.)
ribadisco (t., r.)
ricolorisco (t., r.)
ricomparisco (i.)
riconcepisco (t.)
riconfisco (t.)
riconsentisco (t.)
ricostituisco (t., r.)
ricostruisco (t.)
ridarguisco (t.)
ridiminuisco (t.)
rifallisco (t.)
rifavorisco (t.)
riferisco (t., r.)
rifinisco (t.)
rifiorisco (i., t.)
rifluisco (i.)
riforbidisco (t., r.)
rifornisco (t., r.)
rifuggisco (i., t.)
righermisco (t.)
riguarnisco (t.)
rilessisco (t., i.)
rimbaldanzisco (i.)
rimbambinisco (i.)
rimbambisco (i)
rimbarbarisco (t., i.)
rimbamborgisco (i.)
rimbastisco (t.)
rimbecillisco (i.)
rimbellisco (t., i.)
rimbeltempisco (i.)
rimbianchisco (t., i.)
rimbiondisco (t., r.)
rimboschisco (t.)
rimbricconisco (i.)
rimbrividisco (i.)

rimbrunisco (t., i.)
rimbruttisco (t., r., i.)
rimbuisco (i.)
rimentisco (i.)
rimmelensisco (i.)
rimminchionisco (i.)
rimpadronisco (r.)
rimpazzisco (i.)
rimpettisco (i., r.)
rimpiccinisco (t., r., i.)
rimpicciolisco (t., i.)
rimpiccolisco (t., i.)
rimpoverisco (t., i., r.)
rimpratichisco (t., r.)
rimprosciuttisco (i.)
rimputizzisco (t., r.)
rimuggisco (i.)
rimunisco (t.)
rinacerbisco (i., t., r.)
rincalorisco (t., i.)
rincarisco (i.)
rincarnisco (i., r.)
rincattivisco (i.)
rincerconisco (i.)
rinchiccolisco (r.)
rinciprignisco (t., i., r.)
rincitrullisco (i., r.)
rinciuchisco (i.)
rincivilisco (t., i., r.)
rincollerisco (i.)
rincrudelisco (t., i.)
rincrudisco (t., i.)
rincupisco (i., r.)
rindolcisco (t.)
rindurisco (i.)
rinfanciullisco (i.)
rinfarcisco (t.)
rinfichisecchisco (i.)
rinflerisco (i.)
rinfittisco (t., i., r.)
rinfronzisco (i., r.)
rinfronzolisco (i., r.)
ringagliardisco (t., i., r.)
ringalluzzisco (i., r., t.)
ringarzullisco (i., r.)
ringentilisco (t., i.)
ringhiottisco (t.)
ringioisco (t., i.)
ringiovanisco (t., i.)
ringrandisco (t., r.)
ringrinzisco (t., i., r.)

ringrullisco (i.)
rinnobilisco (t.)
rinsalvatichisco (t., i.)
rinsanichisco (i., t.)
rinsanisco (i., t.)
rinsanisco (i.)
rinsavisco (i.)
rinselvatichisco (t., i.)
rinsuperbisco (i.)
rintempisco (i.)
rintenerisco (t., r.)
rintepidisco (i.)
rintiepidisco (i.)
rintontisco (i.)
rintorbidisco (t., r.)
rintorpidisco (t., r.)
rintorzolisco (t., i.)
rintristisco (i.)
rinvecchignisco (i., r.)
rinvelenisco (t., i., r.)
rinverdisco (t., i.)
rinverminisco (r.)
rinvigorisco (t., i., r.)
rinvilisco (t., i.)
rinvivisco (i.)
riordisco (t.)
ripartisco (t.)
ripatisco (t.)
ripulisco (t.)
risarcisco (t.)
risecchisco (i.)
riseppellisco (t.)
rispedisco (t.)
ristabilisco (t., r.)
ritossisco (i.)
ritradisco (t.)
riunisco (t., r.)
riverisco (t.)
rosellisco (t.)
rugginisco (t., i., r.)
ruggisco (i.)
sancisco (t.)
saporisco (t.)
sbadisco (t.)
sbaldanzisco (t., r.)
sbalordisco (t.)
sbandisco (t.)
sbasisco (i.)
sbiadisco (i., t.)
sbigottisco (t., i.)
sbizzarrisco (t., i.)

sbizzisco (i., r.)
sbollisco (i.)
sbozzacchisco (i., t.)
sbroncisco (i.)
scalfisco (t.)
scaltrisco (t., r.)
scandisco (t.)
scaponisco (t.)
scapriccisco (t., r.)
scarnisco (t.)
scarognisco (t., r.)
scaturisco (i.)
scheletrisco (t., r.)
schermisco (i., r.)
schernisco (t.)
schiarisco (t., r.)
schiattisco (i.)
scolorisco (t., i.)
scolpisco (t.)
scomparisco (i.)
scompartisco (t.)
scaraggisco (t.)
scortisco (t.)
scristianisco (t., r.)
scrudisco (t.)
scrupolisco (t., i., r.)
scuriosisco (r.)
scurisco (t., i., r.)
sdilinquisco (i., r.)
sdolenzisco (t., r.)
sdrucisco (t.)
seppellisco (t., r.)
sferisco (t.)
sfinisco (t., i.)
sfiorisco (i.)
sfornisco (t., r.)
sfranchisco (t., r.)
sgagliardisco (t., r.)
sgradisco (t., i., r.)
sgranchisco (t., r.)
sgualcisco (t., r.)
sguarnisco (t.)
sguercisco (i., r.)
sguernisco (t.)
singultisco (i.)
smagrisco (i.)
smaltisco (t.)
smarrisco (t., r.)
smencisco (t., r.)
smentisco (t., r.)
sminchionisco (i.)

sminuisco (t., r.)
sneghittisco (t., r.)
sobbollisco (i.)
sopisco (t.)
soppassisco (i.)
sopperisco (i.)
sorbisco (t., r.)
sortisco (t., i.)
sostituisco (t.)
sparisco (i.)
spartisco (t.)
spaurisco (t., r.)
spazientisco (r.)
spedisco (t., r.)
spessisco (t., i.)
spigrisco (t., r.)
spoltrisco (t., r.)
spoltronisco (t., r.)
spulisco (t.)
spulizzisco (t.)
squittisco (i.)
srugginisco (t.)
stabilisco (t., r.)
staggisco (t.)
starnutisco (i.)
statuisco (t., i.)
stecchisco (t., i.)
stepidisco (t., r.)
sterilisco (i., t., r.)
stiepidisco (t., r.)
stirizzisco (r.)
stizzisco (t., i.)
stordisco (t., r.)
stormisco (i.)
stramortisco (i.)
stremenzisco (t., r.)
stremisco (t.)
strettisco (t.)
stridisco (i.)
striminzisco (t., r.)
stupidisco (t., i.)
stupisco (i.)
subisco (t.)
suggerisco (t.)
supplisco (i.)
svanisco (i., +t.),
svelenisco (t., r.)
sveltisco (t., r.)
sverdisco (i.)
svigorisco (t., i., r.)
svilisco (t.)
tallisco (i.)
tamarisco (m.)
tinnisco (i.)
tintinnisco (i.)
tornisco (t.)
tossisco (i.)
tradisco (t.)
tramortisco (i.)
tranghiottisco (t.)
trasalisco (i.)
trasferisco (t.)
trasfigurisco (t.)
trasgredisco (t., i.)
trasparisco (i.)
tripartisco (t.)
trocisco (m.)
ubbidisco (i.)
uggisco (t.)
umidisco (t.)
unisco (t., r.)
usucapisco (t.)
usufruisco (i.)
vagisco (i.;
vanisco (i.)
visco (m.)
zittisco (i.)

iscola
briscola (f.)

iscolo
discolo (a., m.)
pioviscolo (i.)
polviscolo (m.)
pulviscolo (m.)

iscono
cf. *Ind. pr.* 3ª

iscopo
episcopo (m.)

iscuo
promiscuo (a.)

ise
assise (f. pl., r.)
coincise (i.)
conquise (t.)
decise (t.)
divise (t.)
elise (t.)
incise (t., i.)
intrise (t.)
mise (t., r.)
rise (i., r., t.)
uccise (t., r.)

isero
+ammisero (t., r.)
assisero (r.)
coincisero (i)
commisero (t.)
conquisero (t.)
decisero (t.)
divisero (t.)
incisero (t., i.)
intrisero (t.)
elisero (t.)
misero (t., r., a., m.)
risero (i., r., t.)
uccisero (t., r.)

isi
assisi (r.)
coincisi (i.)
conquisi (t.)
crisi (f.)
decisi (t.)
divisi (t.)
elisi (t.)
emotisi (f.)
emottisi (f.)
enteroclisi (f.)
epifisi (f.)
fleboclisi (f.)
galvanoclisi (f.)
incisi (t., i.)
intrisi (t.)
ipodermoclisi (f.)
ipofisi (f.)
lisi (f.)
misi (t., r.)
proteolisi (f.)
risi (i., r., t.)
tisi (f.)
uccisi (t., r.)

isia
artemisia (f.)
dionisia (f.)

isica
astrofisica (f.)
fisica (f.)
geofisica (f.)
metafisica (f.)
psicofisica (f.)

isico
arrisico (t., r.)
astrofisico (m.)
fisico (a.)

metafisico (i., a., m.)
protofisico (m.)
risico (t., i., m.)
tisico (a., m.)
isifo
Sisifo (m.)
isima
fisima (f.)
isio
elisio (a.)
endomisio (m.)
perimisio (m.)
isita
visita (f.)
isito
rivisito (t.)
visito (t.)
isma
aforisma (m.)
aneurisma (m.)
carisma (m.)
cataclisma (m.)
crisma (m.)
enteroclisma (m.)
ipodermoclisma (m.)
melisma (m.)
porisma (m.)
prisma (m.)
risma (f.)
scisma (m.)
sofisma (m.)
trisma (m.)
ismico
asismico (a.)
sismico (a.)
ismo
abolizionismo (m.)
accismo (t.)
acrobatismo (m.)
acromatismo (m.)
adenoidismo (m.)
aerotropismo (m.)
affarismo (m.)
affricanismo (m.)
aforismo (m.)
agnosticismo (m.)
agrammatismo (m.)
albinismo (m.)
albuminismo (m.)
alcoolismo (m.)
alessandrinismo (m.)
alismo (m.)
alpinismo (m.)
altruismo (m.)
americanismo (m.)
anabolismo (m.)
anacronismo (m.)
analfabetismo (m.)
analogismo (m.)
anatocismo (m.)
andrismo (m.)
anglicanismo (m.)
anglicismo (m.)
animismo (m.)
antagonismo (m.)
antimilitarismo (m.)
antisemitismo (m.)
antropocentrismo (m.)
antropometrismo (m.)
antropomorfismo (m.)
apriorismo (m.)
arcaismo (m.)
arianismo (m.)
arpionismo (m.)
arrivismo (m.)
ascetismo (m.)
assenteismo (m.)
associazionismo (m.)
assolutismo (m.)
astensionismo (m.)
asterismo (m.)
astigmatismo (m.)
astrattismo (m.)
atavismo (m.)
ateismo (m.)
atomismo (m.)
atropismo (m.)
atticismo (m.)
attivismo (m.)
attualismo (m.)
autismo (m.)
automatismo (m.)
automobilismo (m.)
barbarismo (m.)
barocchismo (m.)
bigottismo (m.)
bimetallismo (m.)
bizantinismo (m.)
bolscevismo (m.)
borborismo (m.)
botulismo (m.)
bradisismo (m.)
bramanismo (m.)
bromismo (m.)
buddismo (m.)
caffeismo (m.)
calvinismo (m.)
cameratismo (m.)
campanilismo (m.)
cannabismo (m.)
cannibalismo (m.)
capitalismo (m.)
carbonismo (m.)
carbonarismo (m.)
carnismo (m.)
carsicismo (m.)
cartesianismo (m.)
casualismo (m.)
catabolismo (m.)
catarismo (m.)
catartismo (m.)
catechismo (m.)
cateterismo (m.)
cesarismo (m.)
chemiotropismo (m.)
chimismo (m.)
ciclismo (m.)
cinismo (m.)
civismo (m.)
classicismo (m.)
clericalismo (m.)
cocainismo (m.)
collaborazionismo (m.)
collettivismo (m.)
comunismo (m.)
concettualismo (m.)
concezionismo (m.)
confucianismo (m.)
confusionismo (m.)
contingentismo (m.)
contrattualismo (m.)
convenzionalismo (m.)
corporativismo (m.)
cosmopolitismo (m.)
creazionismo (m.)
cretinismo (m.)
criticismo (m.)
cromatismo (m.)
cubismo (m.)
cuprismo (m.)
czarismo (m.)
dadaismo (m.)
daltonismo (m.)

darwinismo (m.)
decadentismo (m.)
deismo (m.)
demonismo (m.)
determinismo (m.)
diageotropismo (m.)
dialogismo (m.)
diamagnetismo (m.)
dicroismo (m.)
dicrotismo (m.)
dilettantismo (m.)
dimorfismo (m.)
dinamismo (m.)
discroismo (m.)
dispotismo (m.)
diteismo (m.)
divisionismo (m.)
dommatismo (m.)
doricismo (m.)
dottrinalismo (m.)
druidismo (m.)
dualismo (m.)
ebetismo (m.)
ebraismo (m.)
ecletticismo (m.)
eclettismo (m.)
edonismo (m.)
egoismo (m.)
egotismo (m.)
eleatismo (m.)
elettricismo (m.)
elettromagnetismo (m.)
eliocentrismo (m.)
elioteismo (m.)
eliotropismo (m.)
ellenismo (m.)
emanatismo (m.)
embolismo (m.)
empirismo (m.)
endemismo (m.)
energismo (m.)
epatismo (m.)
epicureismo (m.)
equilibrismo (m.)
eretismo (m.)
ermafrodismo (m.)
ermetismo (m.)
eroismo (m.)
eruditismo (m.)
esclusivismo (m.)
escursionismo (m.)
esibizionismo (m.)
esorcismo (m.)
esotismo (m.)
espansionismo (m.)
espressionismo (m.)
estetismo (m.)
esterismo (m.)
eteromorfismo (m.)
etilismo (m.)
eudemonismo (m.)
eufemismo (m.)
europeismo (m.)
evemerismo (m.)
evoluzionismo (m.)
falangismo (m.)
fanatismo (m.)
faringismo (m.)
fariseismo (m.)
fascismo (m.)
fatalismo (m.)
favoritismo (m.)
federalismo (m.)
felibrismo (m.)
femminismo (m.)
fenomenismo (m.)
feticismo (m.)
feudalismo (m.)
figurismo (m.)
filisteismo (m.)
filoneismo (m.)
filosofismo (m.)
finalismo (m.)
fiorentinismo (m.)
fiscalismo (m.)
forcaiolismo (m.)
formalismo (m.)
fosforismo (m.)
fotofilismo (m.)
fototallismo (m.)
fototropismo (m.)
francesismo (m.)
francismo (m.)
freudismo (m.)
funambolismo (m.)
futurismo (m.)
galantomismo (m.)
galenismo (m.)
gallicanismo (m.)
gallicismo (m.)
galvanismo (m.)
galvanotropismo (m.)
gargarismo (m.)
gastricismo (m.)
geocentrismo (m.)
geotropismo (m.)
gerontismo (m.)
gesuitismo (m.)
giacobinismo (m.)
giansenismo (m.)
gigantismo (m.)
gigionismo (m.)
giornalismo (m.)
giudaismo (m.)
gnosticismo (m.)
gongorismo (m.)
grecismo (m.)
gregarismo (m.)
guelfismo (m.)
gutturalismo (m.)
hallesismo (m.)
ibridismo (m.)
idealismo (m.)
ideologismo (m.)
idiotismo (m.)
idrargirismo (m.)
idrotropismo (m.)
igroscopismo (m.)
illuminismo (m.)
immanentismo (m.)
imperialismo (m.)
impersonalismo (m.)
impressionismo (m.)
individualismo (m.)
industrialismo (m.)
infantilismo (m.)
innatismo (m.)
intellettualismo (m.)
internazionalismo (m.)
intuizionismo (m.)
iodismo (m.)
iotacismo (m.)
ipercriticismo (m.)
ipnotismo (m.)
irrazionalismo (m.)
irredentismo (m.)
islamismo (m.)
isocronismo (m.)
isomorfismo (m.)
isterismo (m.)
itacismo (m.)
italianismo (m.)
labdacismo (m.)

laburismo (m.)
laconismo (m.)
lamaismo (m.)
lambdacismo (m.)
lassismo (m.)
latinismo (m.)
latirismo (m.)
legismo (m.)
legittimismo (m.)
leninismo (m.)
lesbismo (m.)
liberalismo (m.)
liberismo (m.)
libertismo (m.)
linfantismo (m.)
lirismo (m.)
logicismo (m.)
lombardismo (m.)
luteranismo (m.)
macchinismo (m.)
machiavellismo (m.)
magnetismo (m.)
maidismo (m.)
mancinismo (m.)
manicheismo (m.)
manierismo (m.)
manzonianismo (m.)
manzonismo (m.)
marinismo (m.)
marxismo (m.)
masochismo (m.)
massimalismo (m.)
materialismo (m.)
mazdeismo (m.)
meccanicismo (m.)
meccanismo (m.)
mecenatismo (m.)
meconismo (m.)
medievalismo (m.)
melanismo (m.)
mesmerismo (m.)
messianismo (m.)
metabolismo (m.)
metacismo (m.)
metacronismo (m.)
metamorfismo (m.)
meteorismo (m.)
microrganismo (m.)
militarismo (m.)
millenarismo (m.)
mimetismo (m.)
misoneismo (m.)
misticismo (m.)
mitridatismo (m.)
mixoteismo (m.)
mobilismo (m.)
modernismo (m.)
monarchismo (m.)
monadismo (m.)
monismo (m.)
monogenismo (m.)
monometallismo (m.)
monoteismo (m.)
moralismo (m.)
morfinismo (m.)
mosaicismo (m.)
mosaismo (m.)
motociclismo (m.)
muscarismo (m.)
mutacismo (m.)
mutismo (m.)
mutualismo (m.)
nanismo (m.)
narcissismo (m.)
nativismo (m.)
naturalismo (m.)
naturismo (m.)
nazionalismo (m.)
nazismo (m.)
necessitismo (m.)
neoclassicismo (m.)
neocriticismo (m.)
neoguelfismo (m.)
neologismo (m.)
neoterismo (m.)
nepotismo (m.)
nervosismo (m.)
nichilismo (m.)
nicotinismo (m.)
nomadismo (m.)
nominalismo (m.)
nottambulismo (m.)
novecentismo (m.)
nudismo (m.)
nullismo (m.)
obiettivismo (m.)
occasionalismo (m.)
occultismo (m.)
odassismo (m.)
ofidismo (m.)
oggettivismo (m.)
onanismo (m.)
ontologismo (m.)
opportunismo (m.)
organismo (m.)
oscurantismo (m.)
ostracismo (m.)
ostruzionismo (m.)
ottimismo (m.)
pacifismo (m.)
paludismo (m.)
pampsichismo (m.)
panciafichismo (m.)
pavellenismo (m.)
pangermanismo (m.)
panlogismo (m.)
panslavismo (m.)
panteismo (m.)
papismo (m.)
parallelismo (m.)
paralogismo (m.)
parassitismo (m.)
parlamentarismo (m.)
parossismo (m.)
parsismo (m.)
particolarismo (m.)
patriottismo (m.)
pauperismo (m.)
peripatetismo (m.)
personalismo (m.)
pessimismo (m.)
picacismo (m.)
pietismo (m.)
piromagnetismo (m.)
pirronismo (m.)
pitagorismo (m.)
platonismo (m.)
plebeismo (m.)
pleomorfismo (m.)
pluralismo (m.)
plutonismo (m.)
podismo (m.)
policroismo (m.)
polidemonismo (m.)
poligenismo (m.)
polimorfismo (m.)
polisillogismo (m.)
politeismo (m.)
positivismo (m.)
prammatismo (m.)
preraffaellismo (m.)
presbiterianismo (m.)
presbitismo (m.)

preziosismo (m.)
priapismo (m.)
probabiliorismo (m.)
probabilismo (m.)
prognatismo (m.)
proibitismo (m.)
proibizionismo (m.)
prosaicismo (m.)
prosaismo (m.)
proselitismo (m.)
prosillogismo (m.)
proteismo (m.)
protezionismo (m.)
provenzalismo (m.)
provincialismo (m.)
psichismo (m.)
psicologismo (m.)
psittacismo (m.)
ptialismo (m.)
puntinismo (m.)
purismo (m.)
puritanismo (m.)
puseismo (m.)
quacquerismo (m.)
quietismo (m.)
rabbinismo (m.)
rachitismo (m.)
radicalismo (m.)
razionalismo (m.)
razzismo (m.)
realismo (m.)
regionalismo (m.)
relativismo (m.)
reatropismo (m.)
reumatismo (m.)
rexismo (m.)
riformismo (m.)
rigorismo (m.)
ritualismo (m.)
romanismo (m.)
romanticismo (m.)
rotacismo (m.)
rotismo (m.)
sabeismo (m.)
sadismo (m.)
saffismo (m.)
saprofitismo (m.)
saturnismo (m.)
scetticismo (m.)
schematismo (m.)
sciismo (m.)
scintoismo (m.)
sciovinismo (m.)
scolasticismo (m.)
scopelismo (m.)
secentismo (m.)
seismo (m.)
semplicismo (m.)
senapismo (m.)
sensismo (m.)
sensualismo (m.)
sentimentalismo (m.)
separatismo (m.)
servilismo (m.)
sillogismo (m.)
simbolismo (m.)
sincretismo (m.)
sincronismo (m.)
sindacalismo (m.)
sinergismo (m.)
sintetismo (m.)
sintoismo (m.)
sionismo (m.)
slavismo (m.)
snobismo (m.)
socialismo (m.)
soggettivismo (m.)
solecismo (m.)
solipsismo (m.)
sonnambulismo (m.)
sovversionismo (m.)
spagnolismo (m.)
spiritismo (m.)
spiritualismo (m.)
squadrismo (m.)
stoicismo (m.)
storicismo (m.)
strabismo (m.)
sufismo (m.)
surrealismo (m.)
tabagismo (m.)
tantrismo (m.)
tarantismo (m.)
tarantolismo (m.)
tecnicismo (m.)
teismo (m.)
teppismo (m.)
termotropismo (m.)
terrorismo (m.)
timpanismo (m.)
titanismo (m.)
tomismo (m.)
toscanismo (m.)
totemismo (m.)
tradizionalismo (m.)
trascendentalismo (m.)
trasformismo (m.)
tribadismo (m.)
tricroismo (m.)
triteismo (m.)
trofismo (m.)
trofotropismo (m.)
tropismo (m.)
truismo (m.)
turismo (m.)
tuziorismo (m.)
ugottismo (m.)
umanismo (m.)
umorismo (m.)
unanimismo (m.)
unitarismo (m.)
utilitarismo (m.)
vandalismo (m.)
vegetarianismo (m.)
ventralismo (m.)
verismo (m.)
vinismo (m.)
virtuosismo (m.)
volontarismo (m.)
vulcanismo (m.)

iso

affiso (t.)
+anciso (pps.)
arriso (pps.)
+asciso (a.)
assiso (pps., a.)
avviso (t., i., r., m.)
beneviso (a.)
circonciso (pps.)
citiso (m.)
coinciso (pps.)
conciso (a.)
conquiso (pps., a.)
controavviso (m.)
deciso (pps., a.)
deriso (pps., a.)
diviso (t., pps., a.)
elicriso (m.)
eliso (pps., m.)
fiordaliso (m.)
fiso (a., avv.)
friso (t., m.)
imparadiso (t.)

impreciso (a.)
improvviso (t., r., a.)
inciso (pps., m.)
indeciso (a.)
indiviso (a.)
intriso (pps., a.)
inviso (a.)
irriso (pps.)
liso (a.)
mondariso (m., f.)
narciso (m.)
paradiso (a., m.)
preavviso (t., m.)
preciso (t., pps., a., avv.)
+provviso (pps., a., m.)
ravviso (t.)
reciso (pps., a., avv.)
riavviso (t.)
riso (m., pps.)
schiso (t., a.)
sfriso (t., m.)
sorriso (m., ps.)
succiso (pps., a.)
sviso (t.)
traviso (t.)
ucciso (pps., a., m.)
viso (m., +pps., +a.)
voltariso (m.)

isola
isola (f.)
penisola (f.)

isolo
appisolo (i.)
isolo (t.)
pisolo (i., m.)
rappisolo (r.)

isono
altisono (a.)
quadrisono (a.)
unisono (a.)

ispa
cispa (f.)

ispari
dispari (a.)

ispido
ispido (a.)

ispo
vispo (a.)

ispola
pispola (f.)

ispolo
pispolo (i.)

isputa
disputa (f.)

isputo
disputo (i., t.)

issa
antefissa (f.)
ascissa (f.)
basilissa (f.)
clarissa (f.)
cotissa (f.)
favissa (f.)
issa (f., +avv., escl.)
lissa (f.)
mantissa (f.)
melissa (f.)
melissa (f.)
rissa (f.)
sarissa (f.)
vibrissa (f.)

isse
afflisse (t., r.)
apocalisse (f.)
disse (t.)
elisse (f.)
ellisse (f.)
fisse (t., r.)
frisse (t., i.)
inflisse (t.)
organdisse (m.)
scisse (t.)
scrisse (t., r.)
visse (i., t.)
cf. *Cong. impf.* 3ª.

issequo
pedissequo (a., m.)

issero
afflissero (t., r.)
dissero (t.)
fissero (t., r.)
frissero (t., r.)
inflissero (t.)
scissero (t.)
scrissero (t., r.)
vissero (i., t.)
cf. *Cong. impf.* 3ª

issi
afflissi (t., r.)
biribissi (m.)
dissi (t.)
ecclissi (m., f.)
ellissi (f.)
fissi (t., r.)
frissi (t., r.)
gissi (i.)
inflissi (t.)
pissi pissi (m.)
scissi (t.)
scrissi (t., r.)
semiellissi (f.)
tlissi (f.)
vissi (i., t.)
cf. *Cong. impf.* 3ª

isside
pisside (f.)

issile
fissile (a.)
missile (a.)
scissile (a.)

issimo
abbagliantissimo (a.)
abbagliatissimo (a.)
abbandonatissimo (a.)
abbaruffatissimo (a.)
abbattutissimo (a.)
abbiettissimo (a.)
abbondantissimo (a.)
abbondevolissimo (a.)
abborracciatissimo (a.)
abilissimo (a.)
altissimo (a.)
amplissimo (a.)
appuntissimo (avv.)
assaissimo (avv.)
beatissimo (a.)
beneficentissimo (a.)
chiarissimo (a.)
colendissimo (a.)
direttissimo (a.)
eccellentissimo (a.)
eminentissimo (a.)
fortissimo (a.)
generalissimo (a.)
giustissimo (a.)
lustrissimo (a.)
magnificentissimo (a.)
munificentissimo (a.)
novissimo (a.)
osservandissimo (a.)

+potissimo (a.)
santissimo (a., m.)
serenissimo (a.)
stessissimo (a.)
cf. *Cong. imp.* 3ª
issio
asfissio (i.)
promissio (lat.)
issipo
dissipo (t.)
isso
abisso (m.)
affisso (t., pps., m.)
bisso (t., m.)
+cafisso (m.)
crocifisso (pps., a., m.)
ecclisso (t., r.)
eclisso (t., r.)
fisso (t., r., a.)
inabisso (t., r.)
infisso (pps., m.)
isso (t.)
prefisso (pps., a., m.)
prolisso (a.)
rescisso (pps., a.)
risso (i., t.)
scisso (pps., a.)
stoccafisso (m.)
subbisso (t., i.)
subisso (t., i., m.)
suffisso (m.)
issono
dissono (a.)
ista
abbachista (m.)
abolizionista (m.)
acontista (m.)
acquafortista (m.)
acquerellista (m.)
affarista (m.)
affreschista (m.)
africanista (m.)
agonista (m.)
alchimista (m.)
algebrista (m.)
alienista (m.)
allarmista (m.)
allegorista (m.)
alpinista (m.)
ametista (f.)
anabattista (m.)
analista (m.)
anagrammatista (m.)
anatomista (m.)
annalista (m.)
antagonista (m.)
antimilitarista (m.)
apatista (m.)
apologista (m.)
appendicista (m.)
apprendista (m.)
appropriaggista (m.)
arabista (m.)
archivista (m.)
armonista (m.)
arpista (m.)
arrivista (m.)
articolista (m.)
artista (m.)
ascensionista (m.)
assolutista (m.)
assunzionista (m.)
ateista (m.)
atomista (m.)
atticista (m.)
attrezzista (m.)
attualista (m.)
autista (m.)
autolesionista (m.)
automobilista (m.)
avanguardista (m.)
avvenirista (m.)
azionista (m.)
balista (f.)
bancarellista (m.)
bandista (m.)
barista (m.)
batista (f.)
battaglista (m.)
battista (m.)
bimetallista (m.)
blasonista (m.)
bobista (m.)
bollandista (m.)
borsista (m.)
bridgista (m.)
bronzista (m.)
brulista (m.)
buddista (m.)
cabalista (m.)
caffeista (m.)
calcista (m.)
callista (m.)
calvinista (m.)
cambista (m.)
camerista (m.)
camionista (m.)
cammeista (m.)
camorrista (m.)
campanilista (m.)
canonista (m.)
canzonettista (m.)
capitalista (m.)
capocronista (m.)
capolista (m.)
capomacchinista (m.)
caratista (m.)
caratterista (m.)
caricaturista (m.)
cartellista (m.)
casista (m.)
casuista (m.)
catechista (m.)
cementista (m.)
centrista (m., a.)
chitarrista (m.)
ciclista (m.)
cinquecentista (m.)
cista (f.)
citarista (m.)
civilista (m.)
clarinettista (m.)
classicista (m.)
classista (a.)
collaborazionista (m.)
collettivista (m.)
collezionista (m.)
colonialista (m.)
colorista (m.)
computista (m.)
comunista (m.)
concentrista (m., f.)
conclavista (m.)
conformista (m.)
congregazionista (m.)
congressista (m.)
conquista (f.)
contrabbassista (m.)
contrappuntista (m.)
controversista (m.)
convegnista (m.)
copista (m.)
corista (m.)

correntista (m.)
cottimista (m.)
criminalista (m.)
cronachista (m.)
cronista (m.)
cronologista (m.)
cronometrista (m.)
dadaista (m.)
damista (m.)
dantista (m.)
decretalista (m.)
deista (m.)
dentista (m.)
determinista (m.)
dialogista (m.)
diarista (m.)
dirigibilista (m.)
disarmista (m.)
disfattista (m.)
diurnista (m.)
divisionista (m.)
dommatista (m.)
dorsista (m.)
dualista (m.)
ducentista (m.)
duellista (m.)
ebanista (m.)
ebraicista (m.)
economista (m.)
edicolista (m.)
egoista (m.)
elettricista (m.)
ellenista (m.)
elogista (m.)
emanatista (m.)
enciclopedista (m.)
enimmista (m.)
epigrafista (m.)
epigrammista (m.)
equilibrista (m.)
erborista (m.)
esclusivista (m.)
escursionista (m.)
esibizionista (m.)
esorcista (m.)
esperantista (m.)
espressionista (m.)
estremista (m.)
etimologista (m.)
evangelista (m.)
evoluzionista (m.)
fagottista (m.)
falangista (m.)
fanalista (m.)
farmacista (m.)
fascista (m.)
fatalista (m.)
federalista (m.)
femminista (m.)
feticista (m.)
figurista (m.)
finalista (m.)
fiorista (m.)
fisionomista (m.)
fisonomista (m.)
flautista (m.)
fochista (m.)
folclorista (m.)
fondista (m.)
formalista (m.)
frammentista (m.)
francista (m.)
freddurista (m.)
frenologista (m.)
frondista (m.)
frontista (m.)
fumista (m.)
fuochista (m.)
futurista (m.)
gabinettista (m.)
garagista (m.)
gasista (m.)
gassendista (m., a.)
gassista (m.)
genealogista (m.)
germanista (m.)
giansenista (m.)
ginnosofista (m.)
giornalista (m.)
giurista (m.)
grecista (m.)
grossista (m.)
guerrista (m.)
iconologista (m.)
idealista (m.)
illusionista (m.)
immanentista (m.)
imperialista (m.)
impressionista (m.)
indianista (m.)
individualista (m.)
inflazionista (m.)
internazionalista (m.)
interventista (m.)
intervista (f.)
ironista (m.)
irredentista (m.)
laburista (m.)
lampista (m.)
lanista (m.)
lassista (m.)
latifondista (m.)
latinista (m.)
lazzarista (m.)
leghista (m.)
legista (m.)
legittimista (m.)
libellista (m.)
liberista (m.)
liberoscambista (m.)
librettista (m.)
liceista (m.)
linguista (m.)
linotipista (m.)
liquorista (m.)
lirista (m.)
lista (f.)
litotomista (m.)
liturgista (m.)
liutista (m.)
lunarista (m.)
macchiettista (m.)
macchinista (m.)
machiavellista (m.)
madrigalista (m.)
mandolinista (m.)
manierista (m.)
marconista (m.)
marinista (m.)
marionettista (m.)
marmista (m.)
marxista (m.)
massimalista (m.)
materialista (m.)
mechitarista (m.)
medaglista (m.)
meharista (m.)
melodista (m.)
metamorfista (m.)
meteorologista (m.)
metodista (m.)
mezzofondista (m.)
microscopista (m.)

militarista (m.)
mineralista (m.)
mineralogista (m.)
miniaturista (m.)
minimalista (m.)
miracolista (m.)
misoneista (m.)
modernista (m.)
modista (m.)
monista (m.)
monografista (m.)
monopolista (m.)
monoteista (m.)
monotipista (m.)
moralista (m.)
mosaicista (m.)
motociclista (m.)
motorista (m.)
musicista (m.)
naturalista (m.)
naturista (m.)
nazionalista (m.)
nazista (m.)
necrologista (m.)
nepotista (m.)
neutralista (m.)
nichilista (m.)
nominalista (m.)
normalista (m., f.)
novecentista (m., a.)
novellista (m.)
nudista (m.)
oboista (m.)
oculista (m.)
odorista (m.)
oltranzista (m.)
omerista (m.)
onanista (m.)
ontologista (m.)
opportunista (m.)
oracolista (m.)
organista (m.)
orientalista (m.)
ornatista (m.)
oscurantista (m.)
ostacolista (m.)
ostruzionista (m.)
ottimista (m.)
pacifista (m.)
paesista (m.)
pagnottista (m.)
palchettista (m., f.)
panciafichista (m.)
panegirista (m.)
pangermanista (m.)
panslavista (m.)
panteista (m.)
papista (m.)
paracadutista (m.)
paradossista (m.)
passatista (m.)
passionista (m.)
pastellista (m., f.)
pedagogista (m.)
penalista (m.)
pessimista (m.)
petrarchista (m.)
pianista (m.)
piazzista (m.)
pietista (m.)
pirobalista (m.)
pirronista (m.)
pista (f.)
podista (m.)
polchista (m.)
polemista (m.)
politeista (m.)
polsista (m.)
polverista (m.)
positivista (m.)
possibilista (m.)
prammatista (m.)
precettista (m.)
primatista (m.)
priorista (m.)
privatista (m.)
probabiliorista (m.)
probabilista (m.)
procedurista (m.)
professionista (m.)
progettista (m.)
progressista (m.)
proibizionista (m.)
propagandista (m.)
prosista (m.)
prospettivista (m.)
protagonista (m.)
protezionista (m.)
protocollista (m.)
provenzalista (m.)
proverbista (m.)
provvista (f.)
psicologista (m.)
pubblicista (m.)
punzonista (m.)
purista (m.)
puseista (m.)
quaresimalista (m.)
quattrocentista (m.)
quietista (m.)
rabbinista (m.)
radiotelegrafista (m.)
ranista (m.)
rapsodista (m.)
razionalista (m.)
razzista (m.)
realista (m.)
reclamista (m.)
redentorista (m.)
regionalista (m.)
regista (m.)
resecontista (m.)
rexista (m.)
rialzista (m.)
ribassista (m.)
ribechista (m.)
ribobolista (m.)
riconquista (f.)
riformista (m.)
rigorista (m.)
riservista (m.)
ritrattista (m.)
ritualista (m.)
rivista (m.)
romanista (m.)
rubricista (m.)
sacrista (m.)
saggista (m.)
sagrista (m.)
salmista (m.)
salutista (m.)
sanfedista (m.)
sanscritista (m.)
scacchista (m.)
scambista (m.)
scandalista (m.)
scenarista (m.)
schiavista (m.)
sciovinista (m.)
scontista (m.)
scopista (m.)
scritturista (m.)
secentista (m.)

secessionista (m.)
semaforista (m.)
seminarista (m.)
semplicista (m.)
sensista (m.)
sensualista (m.)
sentimentalista (m.)
separatista (m.)
settecentista (m.)
silofonista (m.)
simbolista (m.)
sindacalista (m.)
sinfonista (m.)
sionista (m.)
smaltista (m.)
socialista (m.)
sofista (m.)
soggettista (m.)
soggettivista (m.)
solista (m.)
sonettista (m.)
spadista (m.)
specialista (m.)
spiritista (m.)
spiritualista (m.)
squadrista (m.)
statista (m.)
stereotipista (m.)
stilista (m.)
suffragista (f.)
svista (f.)
talmudista (m.)
teista (m.)
telefonista (m.)
telegrafista (m.)
telemetrista (m.)
tempista (m.)
temporalista (m.)
teppista (m.)
terrorista (m.)
timpanista (m.)
tiorbista (m.)
tomista (m.)
tradizionalista (m.)
trappista (m.)
trasformista (m.)
trattatista (m.)
trecentista (m.)
trincerista (m.)
triplicista (m.)
triteista (m.)
turista (m.)
umanista (m.)
umorista (m.)
unionista (m., a.)
utilitarista (m.)
utopista (m.)
vangelista (m.)
velocipedista (m.)
velocista (m.)
violinista (m.)
violoncellista (m.)
vista (f.)
vocabolarista (m.)
+vocabolista (m.)
xilofonista (m.)
zincotipista (m.)
zootomista (m.)

iste

ciste (f.)
giste (i.)
triste (a.)
cf. *pass. rem.* 3ª; *cong. imp.* 3ª

istere

assistere (i., t.)
coesistere (i.)
consistere (i.)
desistere (i.)
esistere (i.)
insistere (i.)
persistere (i.)
preesistere (i.)
resistere (i.)
sussistere (i.)

isti

cisti (f.)
gisti (i.)
isti (i.)
lumencristi (m.)
otocisti (m.)
protisti (m., pl.)
repulisti (m.)
cf. *pass. rem.* 3ª, *m.* e *a.* in **ista**

istica

agonistica (f.)
atomistica (f.)
balistica (f.)
biblistica (f.)
caratteristica (f.)
casistica (f.)
crematistica (f.)
enigmistica (f.)
eristica (f.)
euristica (f.)
infortunistica (f.)
linguistica (f.)
logistica (f.)
mistica (f.)
novellistica (f.)
oculistica (f.)
patristica (f.)
pirobalistica (f.)
precettistica (f.)
pugilistica (f.)
sfragistica (f.)
sillogistica (f.)
sofistica (f.)
statistica (f.)
stilistica (f.)
urbanistica (f.)

istico

aforistico (a.)
agonistico (a.)
alchimistico (a.)
antiflogistico (a.)
antimilitaristico (a.)
apiristico (a.)
aprioristico (a.)
artistico (a.)
ateistico (a.)
atomistico (a.)
attivistico (a.)
automobilistico (a.)
balistico (a.)
cabalistico (a.)
calcistico (a.)
capitalistico (a.)
caratteristico (a.)
catechistico (a.)
ciclistico (a.)
cistico (a.)
combattentistico (a.)
dialogistico (a.)
distico (m.)
dualistico (a.)
edonistico (a.)
egoistico (a.)
emanatistico (a.)
enimmistico (a.)
eucaristico (a.)
euristico (a.)

filogistico (a.)
folcloristico (a.)
giansenistico (a.)
giornalistico (a.)
imperialistico (a.)
linguistico (a.)
logistico (a.)
marionettistico (a.)
materialistico (a.)
mistico (a., m.)
monistico (a.)
monoteistico (a.)
mutualistico (a.)
oculistico (a.)
ostruzionistico (a.)
panteistico (a.)
paralogistico (a.)
podistico (a.)
politeistico (a.)
pompieristico (a.)
pugilistico (a.)
realistico (a.)
reclamistico (a.)
scacchistico (a.)
sciistico (a.)
secentistico (a.)
seminaristico (a.)
sillogistico (a.)
sincronistico (a.)
sosfitico (a., m., i., t.)
spiritualistico (a.)
statistico (m.)
stilistico (a.)
teistico (a.)
terroristico (a.)
tomistico (a.)
trecentistico (a.)
turistico (a.)
umoristico (a.)
utopistico (a.)
violinistico (a.)

istilo
distilo (a.)
polistilo (a.)
sistilo (a., m.)

istimo
pristino (a.)
ripristino (t., m.)

istio
affocalistio (t.)

istite
antistite (m.)

istmico
istmico (a.)

istmo
istmo (m.)

isto
acquisto (t., m.)
anticristo (m.)
aoristo (m.)
assisto (t., i.)
attristo (t.)
avvisto (t., pps.)
coesisto (i.)
commisto (a.)
conquisto (t., +m.)
consisto (i.)
contristo (t.)
Cristo (m.)
desisto (i.)
disto (i.)
equidisto (i.)
esisto (i.)
imprevisto (a.)
improvvisto (a.)
insisto (i.)
intervisto (t.)
listo (t.)
malvisto (a.)
micaschisto (m.)
micascisto (m.)
misto (a., m.)
oligisto (m.)
persisto (i.)
preesisto (i.)
previsto (pps., a., m.)
provvisto (ps., a.)
rattristo (t., r.)
ravvisto (pps.)
resisto (i.)
riacquisto (t., r., m.)
riconquisto (t.)
rivisto (pps., a.)
rovisto (t.)
schisto (m.)
smisto (t.)
sprovvisto (pps., a.)
sussisto (i.)
tristo (a.)
visto (t., pps., m.)

istola
epistola (f.)
fistola (f.)
+pistola (f.)

istole
sistole (f.)

istolo
fistolo (m.)

istra
sinistra (f.)

istrice
istrice (m., f.)

istro
amministro (t.)
ancistro (m.)
bistro (m.)
calamistro (m.)
ministro (i., m.)
prominístro (m.)
registro (t., m.)
risomministro (t.)
salamistro (i., m.)
sinistro (a., m.)
sistro (m.)
somministro (t.)
spigolistro (m.)

istrofe
antistrofe (f.)
epistrofe (f.)

isturi
bisturi (m.)

it
eternìt (m.)
flit (m.)
negarìt (m.)

ita
abbrustolita (f.)
aita (f.)
antisemita (m.)
antropomorfita (m.)
apparita (f.)
archimandrita (m.)
areopagita (m.)
+artanita (f.)
bandita (f.)
barnabita (m.)
bastita (f.)
benuscita (f.)
bollita (f.)
bonuscita (f.)
buonuscita (f.)

calamita (f.)
+carpita (f.)
cenobita (m.)
cocorita (f.)
comparita (f.)
contropartita (f.)
cosmopolita (m.)
dipartita (f.)
dita (f. pl.)
dormita (f.)
elettrocalamita (f.)
eremita (m.)
fagocita (m.)
ferita (f.)
fiorita (f.)
geronimita (m.)
gesuita (m.)
giacobita (m.)
gita (f.)
granita (f.)
hussita (m.)
imbottita (f.)
islamita (m.)
israelita (m.)
levita (m.)
malavita (f.)
marcita (f.)
margarita (f.)
margherita (f.)
maronita (a., m.)
matita (f.)
mentita (f.)
meschita (f.)
metropolita (m.)
minorita (m.)
monofisita (m.)
moscovita (m., a.)
palamita (m.)
palestrita (m.)
parassita (m.)
partita (f.)
pastorita (f.)
pepita (f.)
pipita (f.)
preadamita (m.)
preraffaellita (m.)
pulita (f.)
+redita (f.)
+reddita (f.)
riempita (f.)
rifiorita (f.)
ripulita (f.)
riuscita (f.)
salita (f.)
scamerita (f.)
sciacquadita (f.)
selenita (m.)
semita (m.)
sentita (f.)
senussita (m.)
servita (m.)
sfuggita (f.)
sibarita (m.)
smentita (f.)
sodomita (m.)
sortita (f.)
sottovita (f.)
sparita (f.)
stampita (f.)
stilita (a., m.)
sunnita (m.)
trita (f.)
troglodita (m.)
udita (f.)
+unita (f.)
uscita (f.)
vita (f.)
zita (f.)

itala

scitala (f.)

italo

italo (a.)

itara

citara (f.)

ite

abrazite (f.)
acquavite (f.)
adenite (f.)
adenoidite (f.)
aetite (f.)
afanite (f.)
aftite (f.)
alalite (f.)
albertite (f.)
albite (f.)
alveolite (f.)
amanite (f.)
+ambelite (f.)
amigdalite (f.)
ammodite (m.)
ammonite (m.)
anancite (f.)
andalusite (f.)
angiocolite (f.)
angioite (f.)
anglesite (f.)
anortite (f.)
antigorite (f.)
antracite (f.)
aortite (f.)
apatite (f.)
apicite (f.)
appendicite (f.)
artrite (f.)
ascite (f.)
attaccalite (m.)
bachelite (f.)
balistite (f.)
barite (f.)
baussite (f.)
bauxite (f.)
bibliolite (f.)
blefarite (f.)
botrite (f.)
bronchite (f.)
broncoalveolite (f.)
broncopleurite (f.)
broncopolmonite (f.)
cacciavite (m.)
calcite (f.)
calcopirite (f.)
cardite (f.)
cassiterite (f.)
cellulite (f.)
cerussite (f.)
cheddite (f.)
cheratite (f.)
cistite (f.)
colecistite (f.)
colite (f.)
congiuntivite (f.)
cordite (f.)
coroidite (f.)
coxite (f.)
cucite (f.)
cuprite (f.)
cutite (m.)
dacriadenite (f.)
dasite (f.)
dendrite (f.)
deradenite (f.)
dermatite (f.)
difterite (f.)

dinamite (f.)
diorite (f.)
dolomite (f.)
duodenite (f.)
ebanite (f.)
eburite (f.)
ematite (f.)
encefalite (f.)
endocardite (f.)
enterite (f.)
enterocolite (f.)
epatite (f.)
esofagite (f.)
etite (f.)
faringite (f.)
filite (f.)
flebite (f.)
fluorite (f.)
folgorite (f.)
follicolite (f.)
fonolite (f.)
forcite (f.)
gaiserite (f.)
galalite (f.)
galatite (f.)
galattite (f.)
gastrite (f.)
gastroenterite (f.)
gastroenterocolite (f.)
gedanite (f.)
gengivite (f.)
giadeite (f.)
glossite (f.)
gonartrite (f.)
grafite (m.)
ialite (f.)
immite (a.)
iprite (f.)
ite (i.)
labirintite (f.)
labradorite (f.)
lanite (f.)
laringite (f.)
laterite (f.)
levisite (f.)
liddite (f.)
lignite (f.)
limonite (f.)
linfangite (f.)
liparite (f.)
lite (f.)
madrevite (f.)
magnesite (f.)
magnetite (f.)
malachite (f.)
manganite (f.)
mannite (f.)
marcassite (f.)
mastite (f.)
mastoidite (f.)
mefite (f.)
melanite (f.)
melinite (f.)
meningite (f.)
mesenterite (f.)
meteorite (f.)
metrite (f.)
mielite (f.)
miocardite (f.)
mite (a.)
molibdenite (f.)
morite (i.)
nefrite (f.)
nummolite (f.)
onfalite (f.)
oolite (f.)
oplite (m.)
ossilite (f.)
ostetite (f.)
otite (f.)
otolite (m.)
palamite (f.)
panclastite (f.)
pancreatite (f.)
parotite (f.)
pericardite (f.)
pericondrite (f.)
periostite (f.)
peritonite (f.)
pertite (f.)
pielite (f.)
pirite (f.)
pirolusite (f.)
piromorfite (f.)
pleurite (f.)
pleuropolmonite (f.)
pneumonite (f.)
podartrite (f.)
poliartrite (f.)
polipolmonite (f.)
poltronite (f.)
prostatite (f.)
quarzite (f.)
quirite (a., m.)
radicolite (f.)
radiodermite (f.)
retinite (f.)
rinchite (m.)
rinite (f.)
rinolaringite (f.)
roburite (f.)
salpingite (f.)
sannite (a., m.)
sarcite (f.)
sarcolite (f.)
sassolite (f.)
sclerite (f.)
selenite (f.)
sepiolite (f.)
siderite (f.)
siderolite (f.)
sigmoidite (f.)
silolite (f.)
sinovite (f.)
sinusite (f.)
solenite (f.)
sorite (m.)
spinite (f.)
plenite (f.)
spondilite (f.)
stalagmite (f.)
stalattite (f.)
stannite (f.)
statolite (m.)
steatite (f.)
stilite (a., m.)
stomatite (f.)
succinite (f.)
teodolite (m.)
termite (f.)
tetraedite (f.)
tiglite (f.)
timpanite (f.)
tiroidite (f.)
tonsillite (f.)
torite (f.)
tracheite (f.)
trachite (f.)
tricalcite (f.)
trilobite (m.)
udite (t.)
uranite (f.)
uscite (i.)

vaiolite (f.)
vibrite (f.)
vite (f.)
volpinite (f.)
vulcanite (f.)
xilolite (f.)
zeolite (f.)
cf. *ind. pr.* 3ª, *imp. pr.* 3ª

iteor
confiteor (m.)

itera
mitera (f.)

itero
itero (t.)
oblitero (t.)
reitero (t.)

itesi
antitesi (f.)

iteto
epiteto (i., m.)

iti
gioachimiti (m. pl.)
gioanniti (m. pl.)
giovanniti (m. pl.)
leucociti (m. pl.)
porfiriti (f. pl.)
portaferiti (m.)
ussiti (m. pl.)
ziti (m. pl.)

itia
pitia (f.)

itica
critica (f.)
enclitica (f.)
politica (f.)
proclitica (f.)

itico
adamitico (a.)
analitico (a.)
andesitico (a.)
anticritico (a.)
antinefritico (a.)
apolitico (a.)
artritico (a.)
ascitico (m.)
camitico (a.)
cenobitico (a.)
cosmopolitico (a.)
critico (t., m., a.)
dendritico (a.)
diacritico (a.)
dinamitico (a.)
dolomitico (a.)
elettrolitico (a.)
eremitico (a.)
gesuitico (a.)
glagolitico (a.)
granitico (a.)
idrolitico (a.)
impolitico (a.)
ipercritico (a.)
islamitico (a.)
israelitico (a.)
levitico (a., m.)
litico (i., t., r.)
mefitico (a.)
megalitico (a.)
metropolitico (a.)
mitico (a.)
monolitico (a.)
nefritico (a.)
neolitico (a.)
oolitico (a.)
paleolitico (a.)
paralitico (a., m.)
parassitico (a.)
piritico (a.)
pitico (a.)
pleuritico (a., m.)
poliartritico (a., m.)
politico (a., m.)
preadamitico (a.)
proclitico (a.)
protolitico (a.)
psicanalitico (a.)
rachitico (a., m.)
romitico (a.)
semitico (a.)
sibaritico (a.)
sodomitico (a.)
spiritico (a.)
spolitico (i.)
stalagmitico (a.)
stalattitico (a.)
stitico (a.)
trogloditico (a.)
uratolitico (a.)

itide
rachitide (f.)

itido
nitido (a.)

itigo
litigo (i., t., r.)
mitigo (t., r.)
rilitigo (i.)

itilo
mitilo (m.)

itimo
finitimo (a.)

itio
litio (m.)

itiso
citiso (m.)

itmica
ritmica (f.)

itmico
aritmico (a.)
euritmico (a.)
logaritmico (a.)
monoritmico (a.)
ritmico (a.)

itmo
logaritmo (m.)
monoritmo (a.)
poliritmo (a.)
ritmo (a.)

ito
abbellito (pps.)
abbrustito (pps.)
abbrustolito (pps.)
abbuzzito (pps., a.)
+abscito (m.)
accanito (pps.)
accerito (a.)
acchito (t., r., m.)
acciocchito (pps., a.)
acquisito (pps., a.)
addito (t.)
adempito (pps.)
aerolito (m.)
agguerrito (pps., a.)
+allito (t., i.)
ammalazzito (a.)
ammonito (pps., m.)
ammorito (pps., a.)
anguicrinito (a.)
appassito (pps., a.)
appetito (m.)
ardito (pps., a., m.)
areolito (m.)
assentito (pps., a.)
assistito (pps.)

assito (m.)
assonnito (a.)
assortito (pps., a.)
attrito (m., a.)
+aurito (a.)
avito (a.)
avvertito (pps., a.)
avvito (t.)
bandito (pps., a., m.)
barrito (m.)
benservito (m.)
bollito (pps., a.)
bramito (m.)
calamito (t.)
candito (pps., a., m.)
capobandito (m.)
censito (pps.)
cito (t.)
colorito (pps., a., m.)
+compedito (a.)
compito (pps., a.)
condito (pps., a., m.)
consistito (pps.)
contrito (pps., a.)
convertito (pps., m.)
convito (m.)
costituito (pps., a.)
crinito (a.)
cucito (pps., a., m.)
definito (pps., m.)
denutrito (a.)
desistito (pps.)
destituito (pps., a.)
detrito (m.)
diminuito (pps., a.)
disavvertito (a.)
disinvito (t.)
disunito (pps.)
dito (m.)
erbito (pps., a.)
ermafrodito (a., m.)
erudito (pps., a., m.)
esaurito (pps., a.)
esistito (pps.)
espedito (pps., a.)
fallito (pps., a., m.)
farcito (pps., a.)
favorito (pps., a., m.)
ferito (pps., a., m.)
finito (pps.)
fiorito (pps., a.)
fornito (pps., a.)
fosfito (m.)
fuoruscito (m.)
garrito (m.)
giradito (m.)
gito (pps.)
giurisperito (m.)
gradito (pps., a.)
graffito (m.)
granito (pps., a., m.)
gremito (pps., a.)
grugnito (m.)
guaito (m.)
gualcito (pps., a.)
ignito (a.)
imbottito (pps., a.)
imito (t.)
impedito (pps., a.)
impensierito (pps., a.)
imperito (a.)
impettito (a.)
impiantito (m.)
impratichito (pps., a.)
impulito (a.)
impuntito (pps., a.)
inadempito (a.)
inaridito (pps., a.)
inaudito (a.)
inavvertito (a.)
incarnito (pps., a.)
incaschito (a.)
incito (t.)
incollerito (pps., a.)
incustodito (a.)
indefinito (a., m.)
indolenzito (pps., a.)
inebetito (a.)
inesaudito (a.)
ineseguito (a.)
infingardito (pps.)
infinito (a., m.)
inorecchito (a.)
insatanassito (a.)
inseguito (pps., a.)
insistito (pps.)
insonnolito (a.)
intartarito (a.)
intepidito (pps., a.)
interito (a.)
intirizzito (pps., a.)
intuito (pps., a.)
invito (t., r., m.)
ipoclorito (m.)
iposfito (m.)
iposolfito (m.)
irrito (t.)
istruito (pps., a.)
ito (pps.)
lito (m.)
malgradito (a.)
marito (t., r., m.)
menadito (a —) (avv.)
mentito (pps., a.)
metafito (m.)
mito (m.)
muggito (m.)
nitrito (m.)
nutrito (pps., a.)
ordito (pps., m.)
oricrinito (a.)
pantrito (m.)
partito (pps., m.)
passito (a., m.)
patito (pps., a., m.)
pattuito (pps., a.)
perito (pps., a., m.)
persistito (pps.)
plebiscito (m.)
+polimito (a., m.)
polito (pps., a.)
pratito (a.)
preferito (pps., a., m.)
preterito (pps., a.)
proibito (pps., a.)
protofito (m.)
prurito (m.)
pulito (pps., a., m.)
punito (pps., a., m.)
quadripartito (pps., a.)
quesito (a., m.)
rammollito (pps., a.)
rannobilito (pps., a.)
rapito (pps., a.)
rattrappito (pps., a.)
recensito (pps., a.)
redimito (pps., a.)
requisito (pps., a., m.)
resistito (pps.)
restituito (pps., a., m.)
retribuito (pps., a., m.)
ribollito (pps., a.)
ricito (t.)

rifinito (pps., a.)
rifiorito (pps., a.)
rimarito (t., r.)
rimbambito (pps., a., m.)
rimpettito (pps., a.)
rimprosciuttito (pps., a.)
rimunito (pps., a.)
rinvito (t.)
risalito (pps., a., m.)
risentito (pps., a.)
rito (m.)
ritrito (pps., a.)
riuscito (pps., a.)
riverito (pps., a.)
rivestito (pps., a.)
romito (m., a.)
ruggito (m.)
salito (pps., a.)
sancito (pps., a.)
saporito (pps., a.)
saprofito (m.)
sbalordito (pps., a., m.)
sbandito (pps., a., m.)
sbiadito (pps., a.)
sbigottito (pps., a.)
sbozzacchito (pps., a.)
scaltrito (pps., a.)
scarnito (pps., a.)
scheletrito (pps., a.)
schernito (pps., a.)
scimunito (a., m.)
scipito (a.)
scolorito (pps., a.)
scolpito (pps., a.)
scomparito (pps.)
scondito (a.)
scucito (pps., a.)
sdrucito (pps., a., m.)
seguito (pps., a.)
semivestito (a.)
sentito (a.)
servito (pps., a., m.)
sfigurito (a.)
sfiorito (pps., a.)
sfornito (pps., a.)
sfuggito (pps., a.)
sgradito (ppps., a.)
sito (i., m.)
smarrito (pps., a.)
smelensito (a.)
sodomito (i.)
sortito (pps., a.)
spartito (pps., a., m.)
spaurito (pps., a.)
spedito (pps., a., avv.)
spoltronito (pps., a.)
squisito (a.)
stecchito (pps., a.)
stizzito (pps., a.)
stordito (pps., a., m.)
striminzito (pps., a.)
sussistito (pps.)
svanito (pps., a.)
svito (t.)
strodolito (m.)
tinnito (m.)
tornito (pps., a.)
torrito (a.)
tradito (pps., a.)
tramortito (pps., a.)
trasgredito (pps., a.)
travestito (pps., a.)
tripartito (pps., a.)
trito (t., a.)
turrito (a.)
ubbidito (pps., a.)
udito (pps., a., m.)
unito (pps., a.)
urilito (m.)
uscito (pps., a.)
vagito (m.)
vestito (pps., a., m.)
vito (m.)
+zito (m.)
zoolito (m.)
cf. *pps.* 3ª

itola
ditola (f.)

itolo
aggomitolo (t., r.)
capitolo (i., t., m.)
gomitolo (m.)
intitolo (t.)
raggomitolo (t., r.)
recapitolo (t.)
ricapitolo (t.)
sgomitolo (t., r.)
stritolo (t., r.)
titolo (t., m.)
tritolo (t., m.)

itono
baritono (a., m.)
ossitono (a.)
parossitono (a.)
proparossitono (a.)

itome
epitome (f.)

itomo
epitomo (t.)

itra
mitra (f.)

itreo
vitreo (a.)

itrico
critico (a.)
nitrico (a.)

itrio
arbitrio (m.)
mitrio (t.)

itro
afronitro (m.)
litro (m.)
mitro (t.)
nitro (m.)
salnitro (m.)

itrofo
limitrofo (a.)

itta
bitta (f.)
diritta (f.)
ditta (f.)
dritta (f.)
fitta (f.)
garitta (f.)
guidoslitta (f.)
mandritta (f.)
manritta (f.)
marmitta (f.)
palafitta (f.)
+quiritta (avv.)
ritta (f.)
+sagitta (f.)
sconfitta (f.)
scritta (f.)
slitta (f.)
soffitta (f.)
soprascritta (f.)
trafitta (t.)
+vitta (f.)

ittamo
dittamo (m.)

ittero
dittero (m.)
emittero (m.)
ittero (m.)
perittero (a.)
ittica
apodittica (f.)
eclittica (f.)
glittica (f.)
ittico
apocalittico (a.)
apodittico (a.)
asfittico (a.)
dittico (m.)
ellittico (a.)
epidittico (a.)
glittico (a.)
polittico (m.)
trittico (m.)
ittile
fittile (a.)
ittima
+epittima (f.)
legittima (f.)
pittima (f.)
vittima (f.)
ittimo
illegittimo (a)
legittimo (t., a.)
marittimo (a., m.)
itto
abbitto (t.)
affitto (t., m.)
afflitto (pps., a., m.)
amitto (m.)
ammitto (m.)
approfitto (i., r.)
ascritto (pps.)
azzitto (t., r.)
capofitto (a.)
citto (m.)
confitto (pps., a.)
conflitto (m.)
controdritto (m.)
convitto (m.)
coscritto (a., m.)
dattiloscritto (m.)
delitto (m.)
derelitto (m.)
descritto (pps.)
diritto (m., a.)
+dispitto (m.)
dritto (a., m., avv.)
editto (m.)
fitto (pps., a., m.)
fritto (pps., a., m.)
gambitto (m.)
gitto (t., r.)
guitto (a., m.)
inflitto pps.)
infrascritto (a.)
invitto (a.)
mandiritto (m.)
manoscritto (a., m.)
palafitto (t.)
piedritto (m.)
pitto (t.)
poscritto (m.)
prescritto (pps., m.)
profitto (i., m.)
proscritto (pps., a., m.)
puntiscritto (m.)
relitto (m.)
rescritto (m.)
retroscritto (a., m.)
riaffitto (t.)
rifritto (pps., a., m.)
+rispitto (m.)
ritto (a.)
sconfitto (pps., a.)
scritto (pps., a., m.)
sfitto (t., pps., a.)
slitto (i.)
soffitto (t., m.)
soffritto (pps., m.)
sopraggitto (t., i., m.)
soprapprofitto (m.)
soprascritto (a.)
sottoscritto (pps., a., m.)
subaffitto (t., m.)
trafitto (pps., a.)
tragitto (t., m.)
trascritto (pps., a.)
vitto (m.)
zitto (a., m.)
ittrio
ittrio (m.)
itubo
titubo (i.)
ituo
abituo (t., r.)
disabituo (t., r.)
lituo (m.)
situo (t.)
iva
affermativa (f.)
allettativa (f.)
alternativa (f.)
apprensiva (f.)
arriva (f.)
aspettativa (f.)
assertiva (f.)
attrattiva (f.)
auliva (i.)
cogitativa (f.)
comitiva (f.)
comprensiva (f.)
comunicativa (f.)
congiuntiva (f.)
controffensiva (f.)
+conviva (m.)
cooperativa (f.)
deliberativa (f.)
deriva (f.)
diapositiva (f.)
difensiva (f.)
direttiva (f.)
discretiva (f.)
diva (f., a.)
esclusiva (f.)
espressiva (f.)
estimativa (f.)
evviva (escl.)
gengiva (f.)
gingiva (f.)
giva (i.)
immaginativa (f.)
impugnativa (f.)
informativa (f.)
iniziativa (f.)
inventiva (f.)
invettiva (f.)
lisciva (f.)
locomotiva (f.)
missiva (f., a.)
narrativa (f.)
negativa (f.)
offensiva (f.)
ogiva (f.)
oliva (f., i.)
penetrativa (f.)
percettiva (f.)

persuasiva (f.)
piva (f.)
positiva (f.)
prerogativa (f.)
privativa (f.)
prospettiva (f.)
rattenitiva (f.)
recidiva (f.)
refurtiva (f.)
retentiva (f.)
ritenitiva (f.)
ritenitiva (f.)
riva (f.)
rotativa (f.)
saliva (f.)
+sciliva (f.)
sensitiva (f.)
sorgiva (f.)
sospensiva (f.)
speculativa (f.)
stimativa (f.)
stiva (f.)
trattativa (f.)
turbativa (f.)
uliva (f.)
viva (escl.)
cf. *ind. impf.* 3ª

ivago
nottivago (a.)
ondivago (a.)
solivago (a.)

ivano
aulivano (i.)
givano (i.)
olivano (i.)
cf. *ind. impf.* 3ª

ive
acclive (a.)
+cive (m.)
declive (a.)
+dive (a.)
proclive (a.)
vive (avv.)

iveo
niveo (a.)

ivere
ascrivere (t.)
circoscrivere (t.)
convivere (i.)
descrivere (t.)
iscrivere (t., r.)
prescrivere (t., i., r.)
proscrivere (t.)
riscrivere (t., i.)
rivivere (i.)
scrivere (t., r.)
sopravvivere (i.)
soscrivere (t., i.)
sottoscrivere (t., i.)
trascrivere (t.)
vivere (i., t., m.)

iveri
caroviveri (m.)

ivi
ivi (avv.)
kivi (m.)
quivi (avv.)
cf. *Ind. impf.* 3ª

ivia
indivia (f.)
lascivia (f.)
liscivia (f.)

ivico
civico (a.)

ivido
brivido (m.)
livido (a., m.)
vivido (a.)

ivio
ademprivio (m.)
archivio (t., m.)
bivio (m.)
+convivio (m.)
declivio (m.)
liscivio (t.)
quadrivio (m.)
trivio (m.)

ivo
abbreviativo (a.)
abbrivo (t., i., m.)
ablativo (m.)
abortivo (a.)
abusivo (a.)
accarezzativo(a.)
accelerativo (a.)
accomodativo (a.)
accorciativo (a., m.)
accrescitivo (a., m.)
accusativo (a., m.)
acquisitivo (a.)
acuitivo (a.)
addiettivo (m.)
addolcitivo (a., m.)
ademprivo (m.)
adesivo (a.)
adiettivo (a., m.)
adottivo (a.)
affermativo (a.)
affettivo (a.)
afflittivo (a.)
aggettivo (a., m.)
aggiudicativo (a.)
aggiuntivo (a.)
aggressivo (a.)
allettativo (a.)
allusivo (a.)
alternativo (a.)
ammaestrativo (a.)
amministrativo (a.)
ammirativo (a.)
ammollitivo (a.)
ampliativo (a.)
amplificativo (a.)
animativo (a.)
annullativo (a.)
aperitivo (a., m.)
appellativo (a., m.)
appetitivo (a.)
appositivo (a.)
apprensivo (a.)
approssimativo (a.)
approvativo (a.)
arativo (a.)
argivo (a.)
argomentativo (a.)
arrivo (i., t., m.)
assertivo (a.)
asseverativo (a.)
assimilativo (a.)
assottigliativo (a.)
assuntivo (a.)
astersivo (a.)
attivo (t., a. m.)
attrattivo (a.)
avversativo (a.)
avvilitivo (a.)
avvivo (t.)
balivo (m.)
baraggivo (a.)
blanditivo (a.)
boschivo (a.)
+captivo (m.)
caritativo (a.)

carminativo (a).
cattivo (a., m.)
circoscrivo (t.)
clivo (m.)
coagulativo (a.)
coattivo (a.)
coercitivo (a.)
cogitativo (a.)
collettivo (a.)
collusivo (a.)
coltivo (t., a.)
combattivo (a.)
commemorativo (a.)
commutativo (a.)
comparativo (a., m.)
complessivo (a.)
completivo (a.)
comprensivo (a.)
compressivo (a.)
comunicativo (a.)
concessivo (a.)
conciliativo (a.)
conclusivo (al)
concordativo (a.)
confermativo (a.)
confortativo (a.)
confutativo (a.)
congiuntivo (a.)
connettivo (a., m.)
conoscitivo (a.)
consecutivo (a.)
conservativo (a.)
consultivo (a.)
consuntivo (a., m.)
contemplativo (a., m.)
continuativo (a.)
convivo (i.)
convulsivo (a.)
cooperativo (a.)
copiativo (a.)
copulativo (a.)
corporativo (a.)
correlativo (a.)
correspettivo (a.)
correttivo (a., m.)
corrispettivo (a.)
corrivo (a.)
corroborativo (a.)
corrosivo (a., m.)
corruttivo (a.)
corsivo (a., m.)
costitutivo (a.)
costrittivo (a.)
creativo (a.)
cumulativo (a.)
curativo (a.)
dativo (a., m.)
decisivo (a.)
declivo (a.)
decorativo (a.)
deduttivo (a.)
definitivo (a.)
deliberativo (a.)
denominativo (a.)
deprecativo (a.)
depressivo (a.)
depurativo (a.)
derisivo (a.)
derivo (i.)
derivativo (a.)
derogativo (a.)
descrittivo (a.)
descrivo (t.)
desiderativo (a.)
determinativo (a.)
detersivo (a., m.)
devolutivo (a.)
dichiarativo (a.)
difensivo (a.)
difettivo (a.)
diffusivo (a.)
digestivo (a.)
digrossivo (a.)
diminutivo (a., m.)
dimostrativo (a.)
direttivo (a.)
disattivo (t.)
discensivo (a.)
discorsivo (a.)
discretivo (a.)
disgiuntivo (a.)
disoppilativo (a.)
dispensativo (a.)
dispersivo (a.)
dispositivo (a., m.)
dispregiativo (a.)
disputativo (a.)
disseccativo (a.)
dissolutivo (a.)
dissuasivo (a.)
distintivo (a., m.)
distributivo (a.)
distruttivo (a.)
diversivo (a.)
divo (a., m.)
divulgativo (a.)
donativo (a.)
dubitativo (a.)
eccessivo (a.)
eccettuativo (a.)
eccitativo (a.)
edificativo (a.)
educativo (a.)
affettivo (a., m.)
effusivo (a.)
elettivo (a.)
elettronegativo (a., m.)
elettropositivo (a., m.)
elusivo (a.)
emendativo (a.)
enunciativo (a.)
equitativo (a.)
erosivo (a.)
eruttivo (a.)
esagerativo (a.)
esclamativo (a.)
esclusivo (a.)
escogitativo (a.)
escoriativo (a.)
esecutivo (a.)
esemplificativo (a.)
esornativo (a.)
esortativo (a.)
espansivo (a.)
espletivo (a.)
esplicativo (a.)
esplosivo (a.)
espositivo (a.)
espressivo (a.)
espulsivo (a.)
essiccativo (a.)
estensivo (a.)
estenuativo (a.)
+estersivo (a.)
estimativo (a.)
estivo (a.)
estrattivo (a.)
esulcerativo (a.)
evacuativo (a.)
evasivo (a.)
fabbricativo (a.)
facoltativo (a.)
fattivo (a.)

federativo ((a.)
fermentativo (a.)
festivo (a.)
figurativo (a.)
fissativo (a.)
fittivo (a.)
flessivo (a.)
formativo (a.)
fortificativo (a.)
frequentativo (a.)
fuggitivo (a., m.)
furtivo (a.)
generativo (a.)
genitivo (m., a.)
germinativo (a.)
gerundivo (a.)
giulivo (a.)
giurativo (a.)
giustificativo (a.)
glorificativo (a.)
governativo (a.)
gualivo (a.)
gustativo (a.)
illativo (a.)
illuminativo (a.)
illusivo (a.)
illustrativo (a.)
imitativo (a.)
immaginativo (a.)
impeditivo (a.)
impegnativo (a.)
imperativo (a.)
impetrativo (a.)
imprecativo (a.)
improduttivo (a.)
impugnativo (a.)
impulsivo (a.)
inattivo (a.)
inaugurativo (a.)
incentivo (m.)
incisivo (a.)
inclusivo (a.)
incoativo (a.)
indicativo (a.)
induttivo (a.)
infettivo (a.)
infiammativo (a.)
informativo (a.)
iniziativo (a.)
innocivo (a.)
inoffensivo (a.)
inquisitivo (a.)
insalivo (t.)
insuscettivo (a.)
intellettivo (a.)
intempestivo (a.)
intensivo (a.)
interpetrativo (a.)
interpretativo (a.)
interrogativo (a.)
intransitivo (a.)
introduttivo (a.)
introspettivo (a.)
intrusivo (a.)
intuitivo (a.)
inventivo (a.)
investigativo (a.)
invocativo (a.)
irretroattivo (a.)
irriflessivo (a.)
irritativo (a.)
iscrivo (t., r.)
ispettivo (a.)
istintivo (a.)
istitutivo (a.)
istruttivo (a.)
iterativo (a.)
lascivo (a.)
lassativo (a.)
laudativo (a.)
lavativo (m.)
lavorativo (a.)
legislativo (a.)
lenitivo (a., m.)
lesivo (a.)
limitativo (a.)
locativo (a.)
locomotivo (a.)
lodativo (a.)
lubrificativo (a.)
lucrativo (a.)
mangiativo (a.)
meditativo (a.)
migliorativo (a.)
mitigativo (a.)
moderativo (a.)
modificativo (a.)
mollificativo (a.)
moltiplicativo (a.)
motivo (t., m., a.)
musivo (a.)
mutativo (a.)
narrativo (a.)
nativo (a.)
negativo (a.)
nocivo (a.)
nominativo (a., m.)
nuncupativo (a.)
nutritivo (a.)
obbiettivo (a., m.)
obiettivo (a., m.)
odorativo (a.)
offensivo (a.)
oggettivo (t., a.)
olfattivo (a.)
olivo (m.)
operativo (a.)
opinativo (a.)
opinativo (a.)
oppilativo (a.)
oppressivo (a.)
ordinativo (a., m.)
orinativo (a.)
ornativo (a.)
ortivo (a.)
ostensivo (a.)
ostruttivo (a.)
ottativo (a., m.)
palliativo (m., a.)
partitivo (a., m.)
pascolativo (a.)
passivo (a., m.)
peggiorativo (a.)
penetrativo (a.)
percettivo (a.)
perfettivo (a.)
perfezionativo (a.)
permutativo (a.)
persuasivo (a.)
petrificativo (a.)
placativo (a.)
positivo (a.)
pospositivo (a.)
possessivo (a.)
prativo (a.)
precettivo (a.)
predestinativo (a.)
pregiudicativo (a.)
prelativo (a.)
preparativo (a., m.)
prepositivo (a.)
prescrittivo (a.)
prescrivo (t., i., r.)

preservativo (a., m.)
presuntivo (a., m.)
presuppositivo (a.)
preventivo (t., m., a.)
primitivo (a., m.)
principiativo (a.)
privativo (a.)
privo (t., r., a.)
probativo (a.)
produttivo (a.)
progressivo (a.)
proibitivo (a.)
proiettivo (a.)
prolungativo (a.)
promissivo (a.)
pronunziativo (a.)
propiziativo (a.)
+prospettivo (a., m.)
protensivo (a.)
protettivo (a.)
provativo (a.)
provocativo (a.)
pullulativo (a.)
+pungitivo (a.)
punitivo (a.)
purgativo (a.)
purificativo (a.)
putativo (a.)
qualificativo (a.)
qualitativo (a.)
quantitativo (a.)
quiddilativo (a.)
rabberciativo (a.)
radioattivo (a.)
raffrenativo (a.)
ragguagliativo (a.)
ragionativo (a.)
rallegrativo (a.)
rappresentativo (a.)
rarefattivo (a.)
rassomigliativo (a.)
rattenitivo (a.)
ravvivo (t., r.)
raziocinativo (a.)
reattivo (a.)
recettivo (a.)
recidivo (i., a., m.)
recitativo (a., m.)
redivivo (a.)
refrigerativo (a.)
regressivo (a.)
reintegrativo (a.)
relativo (a.)
remissivo (a.)
repletivo (a.)
replicativo (a.)
repressivo (a.)
repulsivo (a.)
responsivo (a.)
restringitivo (a.)
restrittivo (a.)
retrivo (a., m.)
retroattivo (a.)
retrospettivo (a.)
revocativo (a.)
revulsivo (a.)
riassuntivo (a.)
riattivo (t.)
ricettivo (a.)
ricoltivo (t.)
riconoscitivo (a.)
ricordativo (a.)
ricreativo (a.)
riempitivo (a., m.)
riflessivo (a.)
riformativo (a.)
rifrattivo (a.)
rifutativo (a.)
rilassativo (a.)
rimunerativo (a.)
rinfrescativo (a., m.)
ripercussivo (a.)
riprensivo (a.)
riproduttivo (a.)
ripulsivo (a.)
ripurgativo (a.)
riscaldativo (a.)
riscrivo (t., i.)
risolutivo (a.)
risorgivo (a.)
rispettivo (a.)
risponsivo (a.)
ristorativo (a., m.)
ristrettivo (a.)
ritenitivo (a.)
ritentivo (a.)
riunitivo (a.)
rivivo (i.)
rivo (m.)
rotativo (a.)
saldativo (a.)
salivo (i.)
sanativo (a.)
santificativo (a.)
sativo (a.)
sbalorditivo (a.)
sbrigativo (a.)
scattivo (t.)
schivo (t., m., a.)
scompositivo (a.)
scorticativo (a.)
scrivo (t., r., m.)
seccativo (a.)
sedativo (a.)
selettivo (a.)
sementativo (a.)
seminativo (a.)
semivivo (a.)
semprevivo (m.)
sensitivo (a.)
separativo (a.)
significativo (a.)
soggettivo (a.)
soggiungivo (a.)
solivo (a.)
solutivo (a.)
sopravvivo (i.)
sorgivo (a.)
soscrivo (t., i.)
sospensivo (a.)
sostantivo (t., a., m.)
sostentativo (a.)
sostitutivo (a., m.)
sottoscrivo (t., i.)
sovversivo (a., m.)
spacciativo (a.)
specificativo (a.)
speculativo (a.)
speditivo (a.)
spicciativo (a.)
sportivo (a., m.)
spregiativo (a.)
stativo (a., m.)
stivo (t.)
suasivo (a.)
successivo (a.)
suggestivo (a.)
superlativo (a., m.)
suppletivo (a.)
suppositivo (a.)
suppurativo (a.)
suscettivo (a.)
sussecutivo (a.)

svagativo (a.)
tardivo (a.)
tassativo (a.)
+tattivo (a.)
teleobbiettivo (m.)
temperativo (a.)
tempestivo (a.)
tentativo (m.)
termina.ivo (a.)
transitivo (a.)
transustanziativo (a.)
trascrivo (t.)
trasformativo (a.)
trasformativo (a.)
traslativo (a.)
trasmissivo (a.)
troncativo (a.)
turbativo (a.)
uditivo (a.)
ulcerativo (a.)
ulivo (m.)
umettativo (a.)
umiliativo (a.)
unificativo (a.)
unitivo (a.)
usurpativo (a.)
vallivo (a.)
vegetativo (a.)
vendicativo (a.)
vezzeggiativo (a.)
vietativo (a.)
visivo (a.)
vituperativo (a.)
vivificativo (a.)
vivo (i., t., a., m.)
vocativo (a., m.)
volativo (a.)
volitivo (a.)
vomitativo (a.)
vomitivo (a.)
votivo (a.)
cf. *Ind. impf.* 3ª

ivoco
equivoco (i., m., a.)
univoco (a.)

ivola
scivola (f.)

ivolo
alivolo (a.)
civolo (m.)
frivolo (a.)
rivolo (m.)
scivolo (i., m.)
velivolo (m.)

ivomo
ignivomo (a.)

ivoro
carnivoro (a.)
erbivoro (a., m.)
frugivoro (a.)
fruttivoro (a.)
fumivoro (a.)
granivoro (a.)
insettivoro (a., m.)
onnivoro (a.)
sanguivoro (a.)

iza
pileoriza (f.)
piloriza (f.)

izia
amicizia (f.)
avarizia (f.)
blandizia (f.)
+carizia (f.)
commendatizia (f.)
delizia (f.)
+divizia (f.)
dovizia (f.)
edilizia (f.)
furbizia (f.)
giustizia (f.)
immondizia (f.)
imperizia (f.)
impudicizia (f.)
ingiustizia (f.)
inimicizia (f.)
itterizia (f.)
letizia (f.)
liquirizia (f.)
litotrizia (f.)
malizia (f.)
masserizia (f.)
mestizia (f.)
milizia (f.)
mollizia (f.)
mondizia (f.)
nequizia (f.)
notizia (f.)
pastorizia (f.)
perizia (f.)
pigrizia (f.)
pizia (f.)
prefettizia (f.)
primizia (f.)
pudicizia (f.)
puerizia (f.)
regolizia (f.)
servizia (f.)
sigizia (f.)
sporcizia (f.)
tristizia (f.)

izie
appendizie (f.)
calvizie (f.)
canizie (f.)
+flavizie (f.)
mollizie (f.)

izio
agnatizio (a.)
alimentizio (a.)
ammalizio (t.)
appositizio (a.)
armistizio (m.)
artifizio (m.)
ascitizio (a.)
ascrittizio (a.)
avventizio (a., m.)
avvizio (t.)
benefizio (m.)
capillizio (m.)
cardinalizio (a.)
cilizio (m.)
cinerizio (a.)
collettizio (a.)
comizio (m.)
commendatizio (a.)
deditizio (a.)
delizio (t.)
disservizio (m.)
edifizio (m.)
edilizio (a.)
egizio (a.)
escrementizio (a.)
esercizio (m.)
+esizio (m.)
fattizio (a.)
feneratizio (a.)
fittizio (a.)
fortilizio (m.)
frontespizio (m.)
generalizio (a.)
gentilizio (m.)
giudizio (m.)

giustizio (t.)
impiegatizio (a.)
indizio (m., t.)
inizio (t., m.)
interstizio (m.)
invizio (t.)
laterizio (a., m.)
letizio (t., r.)
magnetizio (a.)
malefizio (m.)
natalizio (a., m.)
novizio (m.)
obiettizio (a.)
orifizio (m.)
orrettizio (a.)
ospizio (m.)
palmizio (m.)
pastorizio (a.)
patrizio (m.)
perizio (t.)
pizio (a.)
precipizio (m.)
prefettizio (a.)
pregiudizio (m.)
prelatizio (a.)
profettizio (a.)
propizio (t., r., a.)
quotalizio (m.)
redditizio (a.)
ricettizio (a.)
sacrifizio (m.)
satellizio (m.)
scrementizio (a.)
servizio (m.)
sevizio (t.)
sizio (m.)
sodalizio (m.)
solistizio (m.)
solstizio (m.)
sposalizio (m.)
stravizio (i., m.)
supplizio (m.)
suppositizio (a.)
surrettizio (a.)
svizio (t., r.)
Tizio (m.)
torrentizio (a.)
tribunizio (a.)
uffizio (m.)
vitalizio (a., m.)
vizio (t., m.)

izza
bizza (f.)
canizza (f.)
cannizza (f.)
cavallerizza (f.)
drizza (f.)
lizza (f.)
pizza (f.)
putizza (f.)
rizza (f.)
sizza (f.)
stizza (f.)

izzero
giannizzero (m.)
svizzero (a., m.)

izzi
misirizzi (m.)

izzico
pizzico (t., i., m.)
spizzico (t., m.)

izzo
acutizzo (t., r.)
addirizzo (t., r.)
addrizzo (t., r.)
agonizzo (i.)
aizzo (t.)
alcalizzo (t.)
alchimizzo (i., t.)
alcoolizzo (t.)
allegorizzo (t.)
ammortizzo (t.)
anagrammatizzo (t.)
analizzo (t.)
anatematizzo (t.)
anatomizzo (t.)
anestetizzo (t.)
apologizzo (i.)
armonizzo (t., i.)
aromatizzo (t.)
atrofizzo (t., r.)
atticizzo (i.)
attizzo (t.)
autorizzo (t.)
barcarizzo (m.)
+bischizzo (m.)
canalizzo (t.)
capitalizzo (i., t.)
caratterizzo (t.)
carbonizzo (t., r.)
catechizzo (t.)
cauterizzo (t.)
cavallerizzo (m.)
centralizzo (t.)
cicatrizzo (t.)
civilizzo (t.)
coalizzo (t.)
colonizzo (t.)
concretizzo (t.)
cristallizzo (t.)
decatizzo (t.)
democratizzo (t.)
demoralizzo (t.)
demorfinizzo (t.)
denicotinizzo (t.)
derattizzo (t.)
detronizzo (t.)
dialogizzo (t., i.)
dirizzo (t.)
disalcalizzo (t.)
disautorizzo (t.)
disorganizzo (t., r.)
domatizzo (i.)
doricizzo (i.)
drammatizzo (t.)
drizzo (t., r.)
ebraizzo (t., i.)
economizzo (i.)
egualizzo (t.)
elettrizzo (t.)
enimmatizzo (i.)
epigrammatizzo (i.)
erborizzo (i.)
eroicizzo (t.)
esorcizzo (t.)
eterizzo (t.)
etimologizzo (i.)
europeizzo (t.)
evangelizzo (t.)
evaporizzo (i.)
familiarizzo (i.)
fanatizzo (t., i.)
fertilizzo (t.)
formalizzo (t., r.)
fossilizzo (t., r.)
fraternizzo (i.)
frizzo (i., m.)
gallicizzo (i.)
gargarizzo (t.)
generalizzo (t.)
germanizzo (t.)
ghiribizzo (i., m.)
giudaizzo (i.)

grecizzo (i., t.)
guizzo (i., m.)
herveizzo (t.)
idealizzo (t.)
idiotizzo (i.)
immobilizzo (t.)
indennizzo (t., m.)
indirizzo (t., m.)
individualizzo (t.)
intronizzo (t.)
ipnotizzo (t.)
italianizzo (t., r.)
laconizzo (i.)
laicizzo (t.)
latinizzo (t., i.)
legalizzo (t.)
localizzo (t.)
magnetizzo (t.)
marmorizzo (t.)
martirizzo (t.)
materializzo (t.)
matrizzo (i.)
metaforizzo (i.)
metallizzo (t.)
militarizzo (t.)
mineralizzo (r.)
mobilizzo (t.)
modernizzo (t.)
monopolizzo (t.)
moralizzo (t., i.)
motorizzo (t.)
municipalizzo (t.)
narcotizzo (t.)
naturalizzo (t.)
nazionalizzo (t.)
necrotizzo (t.)
neutralizzo (t.)
normalizzo (t.)
+obrizzo (a.)
opalizzo (i.)
organizzo (t.)
paganizzo (t.)
paralizzo (t.)
paralogizzo (i.)
pastorizzo (t.)
patrizzo (i.)
pizzo (m.)
plebeizzo (i.)
pluralizzo (t.)
poetizzo (i., t.)
polarizzo (t., r.)
polemizzo (i.)
polverizzo (t., r.)
popolarizzo (t., r.)
porfirizzo (t.)
preconizzo (t.)
prodigalizzo (t., i.)
profetizzo (t.)
raddirizzo (t., r.)
raddrizzo (t., r.)
ratizzo (t., m.)
rattizzo (t.)
realizzo (t., r., m.)
regolarizzo (t.)
reumatizzo (t.)
riattizzo (t.)
riorganizzo (t.)
rizzo (t., r.)
romantizzo (t.)
rubizzo (a.)
ruralizzo (t.)
scandalizzo (t., r.)
schiribizzo (m.)
schizzo (i., m.)
scugnizzo (m.)
secolarizzo (t., r.)
semplicizzo (t.)
sensibilizzo (t.)
sgargarizzo (i.)
sghiribizzo (m.)
sguizzo (i., m.)
sillogizzo (t., i.)
simpatizzo (i.)
sincronizzo (t.)
singolarizzo (t.)
sintetizzo (t.)
smagnetizzo (t.)
soavizzo (t.)
socializzo (t.)
solecizzo (i.)
solennizzo (t.)
sonorizzo (t.)
sottilizzo (i., t.)
specializzo (t., r.)
spiritualizzo (t.)
spoetizzo (t.)
spolverizzo (t., r., m.)
spolvizzo (t., r.)
sprizzo (t., r., m.)
stabilizzo (t.)
standardizzo (t.)
statizzo (t.)
sterilizzo (t.)
stigmatizzo (t.)
stilizzo (t.)
stimmatizzo (t.)
stizzo (m.)
stravizzo (m.)
strelizzo (m.)
strizzo (t.)
teologizzo (i.)
terrorizzo (t.)
tesaurizzo (i.)
tesorizzo (i.)
tizzo (m.)
toscanizzo (t., i.)
totalizzo (t.)
tranquillizzo (t.)
umanizzo (t.)
universalizzo (t.)
utilizzo (t.)
valorizzo (t.)
vangelizzo (t.)
vaporizzo (i., t.)
verbalizzo (t.)
vizzo (a.)
vocalizzo (t., i., m.)
volatilizzo (t., r.)
volgarizzo (t.)
vulcanizzo (t.)

izzola

zizzola (f.)

izzolo

scavizzolo (t., i.)
zizzolo (m.)

ò

acciò (cong.)
addò (i., r.)
anderò (i.)
andrò (i.)
assuefò (t., r.)
avrò (t.)
bersò (m.)
borderò (m.)
bordò (m.)
cadrò (i.)
calicò (m.)
ciò (pron.)
+co (m.)
co' (prep., art.)
comò (m.)

contraffò (t.)
contuttociò (avv.)
darò (t., r.)
dirò (t.)
disfò (t., r.)
do (m.)
dò (t., r., l.)
dominò (m.)
dovrò (i., r.)
falò (m.)
farò (t., i., r.)
fò (t.)
fricandò (m.)
girò (m., i.)
gioglò (m.)
go (m.)
goderò (t., i., r.)
godrò (t., i., r.)
landò (m.)
liquefò (t., r.)
lo (art., pron.)
+madenò (escl.)
mansuefò (t.)
mantò (m.)
menabò (escl.)
+mo (avv.)
mo' (m.)
morirò (i.)
morrò (i.)
no (avv., m.)
oblò (m.)
olbò (escl.)
oltracciò (avv.)
pagherò (m.)
parrò (i.)
paltò (m.)
perciò (cong.)
però (cong.)
po' (= poco e poi)
ponsò (a., m.)
porrò (t., r.)
potrò (i.)
pro (m.)
pro' (= prode)
può (i.)
putrefò (i., r.)
quiproquò (m.)
rianderò (i., t.)
riandrò (i., t.)
rimarrò (i.)
rivò (i.)
riò (t., r.)
ridò (t., r.)
rifò (t., r.)
risò (t.)
ristò (i., r.)
roccocò (a., m.)
rococò (a., m.)
rondò (m.)
saprò (t., i.)
sarò (i.)
sciò (inter.)
sdo (rifl.)
sederò (i.)
sfo (t., r.)
so (t., i.)
soddisfò (t., i., r.)
sodisfò (t., i., r.)
sopracciò (m.)
sopraffò (t.)
sottostò (i.)
starò (i.)
sto (i.)
strafò (i.)
terrò (t., r.)
to' (escl.)
trarrò (t., r.)
udirò (t.)
udrò (t.)
varrò (i., r.)
vedrò (t., i., r.)
verrò (i.)
vivrò (i.)
vo (i.)
vo' (t.)
vorrò (t.)
cf. *Ind. fut., pass. rem.* 1ª

oa
boa (m.)
cacatoa (f.)
canoa (f.)
stoa (f.)

oba
guardaroba (f., m.)
roba (f.)

obaro
obaro (a.)

obata
acrobata (m.)

obate
isobate (f. pl.)
stereobate (m.)
stilobate (m.)

obato
isobato (a.)

obba
biobba (f.)
gobba (f.)
sgobba (f.)

obbe
conobbe (t.)

obbero
conobbero (t.)

obbi
conobbi (t.)

obbia
bobbia (f.)
+giobbia (m.)
lobbia (f.)
robbia (f.)
sgobbia (f.)

obbio
aggobbio (t.)
+carrobbio (m.)
robbio (m.)

obbligo
disobbligo (t., r.)
obbligo (t., r., m.)
riobbligo (t., r.)

obbo
addobbo (t., m.)
gobbo (m., a.)
raddobbo (t., m.)
sgobbo (i., m.)

obbola
cobbola (f.)
gobbola (f.)

obe
trovarobe (m.)

obi
rizobi (m. pl.)

obice
obice (m.)

obico
anerobico (a.)

obile
aeromobile (f.)
automobile (f.)
ignobile (a.)
immobile (a., m.)
locomobile (f.)
mobile (m., a.)

nobile (a., m.)
soprammobile (m.)
obilo
strobilo (m.)
obio
aerobio (m.)
anaerobio (f.)
anerobio (m.)
anobio (m.)
cenobio (m.)
colobio (m.)
microbio (m.)
niobio (m.)
obito
+obito (m.)
obla
dobla (f.)
obo
agglobo (t., r.)
coobo (t.)
globo (m.)
lobo (m.)
microbo (m.)
pentalobo (m.)
probo (a.)
trilobo (a., m.)
oboe
oboe
obolo
discobolo (m.)
obolo (m.)
ribobolo (m.)
taurobolo (m.)
oboro
corroboro (t.)
obra
cobra (m.)
obre
ottobre (m.)
obrio
obbrobrio (m.)
sobrio (a.)
obrogo
allobrogo (a., m.)
obulo
globulo (m.)
lobulo (m.)
oc
capòc (m.)
oc (m.)
oca
carioca (f.)
coca (f.)
foca (f.)
moca (m.)
oca (f.)
tapioca (f.)
volpoca (f.)
occa
albicocca (f.)
biccicocca (f.)
bicocca (f.)
bocca (f.)
brocca (f.)
+chiocca (f.)
ciocca (f.)
cocca (f.)
filastrocca (f.)
fiocca (i., +f.)
marocca (f.)
mettibocca (m.)
nocca (f.)
retrobocca (f.)
rocca (f.)
saltimbocca (m.)
sciacquabocca (m.)
occe
contagocce (m.)
occhi
bocchi (m. pl.)
paraocchi (m.)
parocchi (m.)
occhia
calocchia (f.)
capocchia (f.)
cocchia (f.)
conocchia (f.)
crocchia (f.)
ginocchia (f. pl.)
granocchia (f.)
pannocchia (f.)
parrocchia (f.)
pastocchia (f.)
ranocchia (f.)
+sirocchia (f.)
spocchia (f.)
occhio
adocchio (t.)
aocchio (t.)
arrocchio (t., i.)
batocchio (m.)
bellocchio (m.)
cannocchio (m.)
capocchio (m.)
cavalocchio (m.)
cocchio (m.)
crocchio (i., m.)
finocchio (m.)
ginocchio (m.)
impastocchio (t.)
inconocchio (t.)
infinocchio (t.)
inginocchio (t., r.)
inocchio (t.)
malocchio (m.)
marmocchio (m.)
mazzocchio (m.)
nocchio (m.)
occhio (t., m.)
pidocchio (m.)
pinocchio (m.)
ranocchio (m.)
ringinocchio (i.)
rocchio (m.)
santocchio (m.)
scapocchio (t.)
scarabocchio (t., m.)
sconocchio (t., i.)
scrocchio (i., m.)
sgranocchio (t.)
sottocchio (avv.)
spannocchio (t.)
spidocchio (t., r.)
occia
bisboccia (f.)
boccia (f.)
capoccia (m.)
carezzoccia (f.)
chioccia (f.)
coccia (f.)
doccia (f.)
galloccia (f.)
noccia (i.)
+rimproccia (f.)
roccia (f.)
saccoccia (f.)
occiano
nocciano (i.)
occico
moccico (i.)
occida
soccida (f.)

occido
floccido (a.)
occige
coccige (m.)
occio
accartoccio (t.)
acchioccio (r.)
acquidoccio (m.)
addoccio (t.)
affantoccio (t.)
allegroccio (a.)
altoccio (a.)
approccio (m., +t.)
arroccio (r.)
assoccio (t.)
babboccio (a., m.)
bamboccio (m.)
baroccio (m.)
barroccio (m.)
belloccio (a.)
biroccio (m.)
boccio (t., m.)
+broccio (m.)
carroccio (m.)
cartoccio (m.)
chioccio (i., a.)
coccio (m.)
contrapproccio (m.)
doccio (t.)
fantoccio (m.)
figlioccio (m.)
goccio (t.)
imboccio (i.)
incartoccio (m.)
incoccio (i., t., r.)
moccio (m.)
noccio (i.)
pulitoccio (a.)
raccartoccio (t., r.)
rimproccio (t., m.)
rinfantoccio (t., r.)
sboccio (t., i., m.)
scaloccio (a., m.)
scarroccio (i., m.)
scartoccio (t., m.)
schioccio (i.)
scoccio (t.)
scoccio (m.)
sdoccio (t.)
smoccio (t.)
+tangoccio (m.)
occiola
chiocciola (f.)
gocciola (f.)
occiolo
acchiocciolo (t., r.)
gavocciolo (m.)
gocciolo (t., i., m.)
nocciolo (m.)
racchiocciolo (r.)
sgocciolo (t., i., m.)
snocciolo (t.)
occiono
nocciono (i.)
occo
abbocco (t., r.)
acciocco (a.)
albicocco (m.)
allocco (m.)
annocco (t., r.)
arrocco (t., r.)
babbalocco (a., m.)
baiocco (m.)
balocco (t., r., m.)
barbalocco (m.)
barocco (a., m.)
blocco (t., m.)
brandistocco (m.)
brocco (m.)
chiocco (i., m.)
ciocco (m.)
cocco (m.)
controfiocco (m.)
crocco (m.)
diciocco (t.)
diplococco (m.)
dirocco (t., i.)
echinococco (m.)
fiocco (i., m.)
flocco (m.)
ginfiocco (m.)
imbocco (t., m.)
imbrocco (t.)
incocco (t., r.)
infiocco (t.)
locco (a.)
marzocco (m.)
merdocco (m.)
micrococco (m.)
pitocco (i., m.)
pneumococco (m.)
rabbocco (t.)
raccocco (t.)
ribocco (i., m.)
rimbocco (m.)
rintocco (i., m.)
rinzocco (m.)
ritocco (t., r., m.)
rocco (m.)
sbaiocco (i.)
sblocco (t., i., m.)
sbocco (i., t., m.)
sbrocco (t., m.)
schiocco (t., m.)
sciocco (a., avv., m.)
scirocco (m.)
scocco (t., i., m.)
scrocco (t., m.)
sfiocco (t., r., m.)
sniafiocco (m.)
socco (m.)
sprocco (m.)
stafilococco (m.)
starocco (i.)
stocco (m.)
strabocco (i., m.)
streptococco (m.)
tarocco (i., m.)
tocco (t., i., m., a.)
trabocco (i., t., m.)
uscocco (a., m.)
zocco (m.)
occola
boccola (f.)
coccola (f.)
occoli
mangiamoccoli (m.)
occolo
accoccolo (r.)
anatroccolo (m.)
bernoccolo (m.)
binoccolo (m.)
bioccolo (m.)
broccolo (m.)
chioccolo (i., m.)
coccolo (t., m.)
dinoccolo (t.)
moccolo (m.)
roccolo (m.)
sbroccolo (t.)
scoccolo (t.)
smoccolo (t.)
zoccolo (i., m.)

occupo
disoccupo (t.)
occupo (t., r.)
preoccupo (t., r.)
rioccupo (t.)
oce
atroce (a.)
croce (f.)
cuoce (t., i., r.)
feroce (a.)
foce (f.
grancroce (m.)
noce (m., f. i.)
nuoce (i.)
pieveloce (a.)
portavoce (m.)
precoce (a.)
rosacroce (f.)
+santacroce (f.)
sottovoce (avv.)
veloce (a.)
voce (f.)
oceo
croceo (a.)
gnoceo (m.)
ocera
suocera (f.)
ocere
concuocere (t.)
cuocere (t.)
incuocere (t., r.)
nuocere (i.)
ricuocere (t.)
rincuocere (t.)
stracuocere (t.)
oceri
+proceri (m. pl.)
ocero
prosuocero (m.)
suocero (m.)
ocesi
archidiocesi (f.)
diocesi (f.)
ochero
pinzocchero (a., m.)
pizzocchero (a., m.)
ochilo
trochilo (m.)
ochio
archilochio (m.)
xenodochio (m.)

oci
cuoci (t., i., r.)
noci (i.)
nuoci (i.)
schiaccianoci (m.)
ocia
ciocia (f.)
cocia (t., r., i.)
cuocia (t., i., r.)
ferocia (f.)
ocido
crocido (i.)
ocie
ferocie (f. pl.)
ocile
docile (a.)
indocile (a.)
ocina
fiocina (f.)
ocine
fiocine (m.)
ocino
fiocino (t.)
sermocino (i.)
sfiocino (t.)
ocio
associo (t., r.)
concuocio (t.)
consocio (t., m.)
crocio (t.)
cuocio (t.)
disassocio (t.)
dissocio (t.)
incrocio (t., i., r., m.)
incuocio (t., r.)
peocio (m.)
riassocio (t., i.)
ricuocio (t.)
rincuocio (t.)
sfocio (t., i.)
socio (m.)
stracuocio (t.)
vocio (i.)
ociolo
rociolo (m.)
ociono
cuociono (t., i., r.)
ocito
velocito (t., r.)
oclea
coclea (f.)

troclea (f.)
oclito
eteroclito (a.)
oco
accendifuoco (m.)
affioco (t., i., r.)
affoco (t., +r.)
+battifuoco (m.)
capifuoco (m.)
capocuoco (m.)
coprifuoco (m.)
croco (m.)
cuoco (m.)
dappoco (a., m.)
disloco (t.)
fioco (a.)
foco (m.)
fuoco (m.)
giuoco (i., r., m.)
infoco (t., r.)
invoco (t.)
loco (m., +t.)
nuoco (i.)
parafuoco (m.)
poco (a., pron., avv., m.)
pressappoco (avv.)
proco (m.)
rigioco (t., i.)
rinfoco (t., r.)
rinnoco (i.)
roco (a.)
sfoco (t.)
subloco (t.)
tampoco (avv.)
trasloco (t., m.)
ocolo
bericuocolo (m.)
binocolo (m.)
giocolo (i.)
monocolo (m.)
panicuocolo (a., m.)
+pocolo (m.)
rinfocolo (t.)
ocope
apocope (f.)
ocopo
apocopo (t.)
ocque
+introcque (avv.)
nocque (i.)

ocquero
nocquero (i.)
ocqui
nocqui (i.)
ocra
ocra (f.)
ocrata
autocrata (m.)
ocrate
Aristocrate (m.)
burocrate (m.)
plutocrate (m.)
talassocrate (m.)
ocre
mediocre (a., m.)
ocrifo
apocrifo (m.)
ocrino
endocrino (a.)
esocrino (a.)
ocrita
ipocrita (m.)
ocrito
ipocrito (a.)
ocrono
isocrono (a.)
octono
autoctono (a.)
ocula
pocula (lat.)
oculo
inoculo (t.)
loculo (m.)
ocuo
innocuo (a.)
od
od (cong.)
oda
broda (f.)
coda (f.)
croda (f.)
fasciacoda (f.)
+froda (f.)
+loda (f.)
moda (f.)
oda (t.)
pagoda (f.)
pioda (f.)
proda (f.)
soda (f.)
sopraccoda (f.)
sottocoda (m.)
vaivoda (m.)
voivoda (m.)
odama
androdama (f.)
odano
modano (m.)
odano (t.)
odca
vodca (f.)
odda
bodda (f.)
ode
custode (m., f.)
frode (f.)
geode (m.)
lode (f.)
ode (f., t.)
prode (a., m.)
sarcode (m.)
odera
controfodera (f.)
fodera (f.)
odere
corrodere (t.)
esplodere (i., t.)
rodere (t., r.)
odero
anemodero (m.)
fodero (t., m.)
infodero (t.)
modero (t.)
rifodero (t.)
rinfodero (t.)
sfodero (t.)
smodero (i.)
odi
bengodi (m.)
nematodi (m. pl.)
odi (t.)
plasmodi (m. pl.)
portanodi (m.)
odia
custodia (f.)
odice
codice (m.)
podice (m.)
odici
dodici (num.)
odico
antispasmodico (a.)
catodico (a.)
episodico (a.)
iodico (a.)
melodico (a.)
metodico (a.)
modico (a.)
monodico (a.)
parodico (a.)
periodico (a., m.)
prosodico (a.)
rodico (a.)
salmodico (a.)
salsoiodico (a.)
sinodico (a.)
spasmodico (a.)
odigo
prodigo (a., t., r.)
odine
modine (m.)
odio
allodio (m.)
collodio (m.)
episodio (m.)
esodio (m.)
internodio (m.)
iodio (m.)
licopodio (m.)
odio (t., m.)
parodio (t.)
podio (m.)
rodio (m.)
salmodio (i.)
sodio (m.)
odo
ammodo (avv., a.)
annodo (t., r.)
approdo (i., t., m.)
assodo (t., i., r.)
biodo (m.)
brodo (m.)
cacasodo (m.)
cacciachiodo (m.)
chiodo (t., m.)
colabrodo (m.)
corrodo (t.)
dischiodo (t.)
disnodo (t.)
epodo (m.)
esplodo (i., t.)
frodo (t., m.)
godo ((t., r.)

imbrodo (t., r.)
inchiodo (t., r.)
incrodo (r.)
internodo (m.)
lodo (t., r., m.)
modo (m.)
nodo (m.)
odo (t.)
oltremodo (avv.)
pagodo (m.)
rannodo (t., r.)
rapsodo (m.)
rassodo (t., i., r.)
riannodo (t.)
rigodo (t.)
rilodo (t.)
rodo (t., r.)
sbrodo (t.)
schiodo (t.)
scodo (t.)
smodo (i.)
snodo (t., r.)
sodo (t., a., m.)
soprammodo (avv.)
stragodo (i.)
traodo (t., i.)
trasmodo (i.)

odola
allodola (f.)
lodola (f.)

odolo
codolo (m.)
improdolo (t., r.)
rimbrodolo (t., r.)
sbrodolo (t., r.)
snodolo (t., r.)

odomo
isodomo (m.)
prodomo (m.)

odono
odono (t.)

odosi
apodosi (f.)

odromo
aerodromo (m.)
autodromo (m.)
ippodromo (m.)
prodromo (m.)
velodromo (m.)

odulo
modulo (t., m.)
nodulo (m.)

oe
eroe (m.)
moloe (m.)

ofa
scrofa (f.)
strofa (f.)

ofaga
musofaga (f.)
sarcofaga (f.)

ofagi
acridofagi (m. pl.)

ofago
antropofago (a., m.)
esofago (m.)
fitofago (m.)
galattofago (m.)
ittiofago (a.)
lotofago (a.)
sarcofago (m.)
silofago (m.)
xilofago (m.)

ofana
garofana (f.)
tofana (a.)

ofano
cofano (m.)
garofano (t., m.)
+gherofano (m.)

ofe
strofe (f.)

ofele
anofele (m.)
esanofele (m.)
Mefistofele (m.)

offa
batticoffa (m.)
capocoffa (m.)
coffa (f.)
loffa (f.)
offa (f.)
poffa (f.)
premistoffa (m.)
stoffa (f.)

offia
basoffia (f.)
battisoffia (f.)
bazzoffia (f.)
scartoffia (f.)

office
boffice (a.)
soffice (a., m.)

offio
loffio (a.)
risoffio (i., t.)
soffio (i., t., r., m.)

offo
gaglioffo (m.)
goffo (a., avv., m.)
ingaglioffo (t., r.)
+ingoffo (m.)
sboffo (m.)

offoco
soffoco (t.)

offogo
soffogo (t.)

offra
offra (t., r.)
soffra (t., i.)

offrano
offrano (t., r.)
soffrano (t., i.)

offre
offre (t., r.)
soffre (t., i.)

offri
offri (t., r.)
soffri (t., i.)

offro
offro (t., r.)
soffro (t., i.)

offrono
offrono (t., r.)
soffrono (t., i.)

ofico
atrofico (a.)
catastrofico (a.)
filosofico (a.)
ipertrofico (a.)
strofico (a.)
trofico (a.)

ofige
apofige (f.)

ofila
ammofila (f.)

ofile
anemofile (f. pl.)

ofilo
bibliofilo (a., m.)
cinofilo (a.)
enofilo (a.)
georgofilo (a., m.)

germanofilo (m.)
idrofilo (a., m.)
mirmecofilo (a.)
tedescofilo (a., m.)
termitofilo (a.)
zoofilo (a.)

ofio
blefotrofio (m.)
gerotrofio (m.)
orfanotrofio (m.)

ofite
tallofite (f. pl.)
xerofite (f. pl.)

ofito
neofito (m.)
zoofito (m.)

ofo
carciofo (m.)
grofo (m.)
sofo (m.)

ofobo
eliofobo (m.)
idrofobo (m., a.)
piroconofobo (m.)
senofobo (m.)
xenofobo (m.)

ofola
pantofola (f.)
scrofola (f.)

ofono
grafofono (m.)
grammofono (m.)
idrofono (m.)
microfono (m.)
radiofono (m.)
sarrussofono (m.)
sassofono (m.)
silofono (m.)
xilofono (m.)

oforo
aeroforo (m.)
cromatoforo (m.)
elettroforo (m.)
galattoforo (a.)
idroforo (a.)
necroforo (m.)
reoforo (m.)
rincoforo (m.)
stiloforo (m.)
termoforo (m.)

ofugo
idrofugo (a.)
profugo (a., m.)

oga
boga (f.)
capovoga (m.)
doga (f.)
droga (f.)
foga (f.)
ioga (m.)
magoga (f.)
oga (f.)
piroga (f.)
sinagoga (f.)
+soga (f.)
toboga (m.)
toga (f.)
voga (f.)

ogama
crittogama (f.)
fanerogama (f.)

ogamo
monogamo (a.)

ogano
mogano (m.)

oge
arroge (t.)
doge (m.)
epagoge (f.)
isagoge (f.)
paragoge (f.)

ogene
paleogene (a.)

ogeno
allogeno (a., m.)
alogeno (m.)
autogasogeno (m.)
autogeno (a.)
cianogeno (m.)
elettrogeno (a., m.)
endogeno (a.)
esogeno (a.)
fumogeno (a.)
gassogeno (m.)
glicogeno (m.)
idrogeno (t., m.)
lacrimogeno (a.)
magnetogeno (a.)
nebbiogeno (m.)
patogeno (a.)
pirogeno (a.)
spinterogeno (m.)
termogeno (a., m.)

ogere
arrogere (t.)

oggi
oggi (avv., m.)

oggia
foggia (f.)
loggia (f.)
parapioggia (m.)
pioggia (f.)
poggia (f.)
roggia (f.)
tramoggia (f.)

oggio
alloggio (t., i., m.)
appoggio (t., r., m.)
diloggio (i.)
disloggio (t.)
foggio (t., r.)
moggio (m.)
poggio (m., t., i.)
sfoggio (i., t., m.)
roggio (a.)
sloggio (t., i.)

ogi
arrogi (t.)

ogia
cervogia (f.)
frogia (f.)

ogica
logica (f.)

ogico
anagogico (a.)
analogico (a.)
anfibologico (a.)
antologico (a.)
antropologico (a.)
archeologico (a.)
astrologico (a.)
bacologico (a.)
biologico (a.)
bromatologico (a.)
cosmologico (a.)
craniologico (a.)
cronologico (a.)
demagogico (a.)
dialogico (a.)
enologico (a.)
entomologico (a.)
epagogico (a.)

etimologico (a.)
etiologico (a.)
etnologico (a.)
filologico (a.)
fisiologico (a.)
frenologico (a.)
genealogico (a.)
geologico (a.)
glottologico (a.)
grafologico (a.)
ideologico (a.)
idrologico (a.)
illogico (a.)
isagogico (a.)
istologico (a.)
ittiologico (a.)
litologico (a.)
logico (a., m.)
meteorologico (a.)
metodologico (a.)
mineralogico (a.)
miologico (a.)
mistagogico (a.)
mitologico (a.)
morfologico (a.)
necrologico (a.)
noologico (a.)
nosologico (a.)
oftalmologico (a.)
ontologico (a.)
organologico (a.)
ornitologico (a.)
paleontologico (a.)
patologico (a.)
pedagogico (a.)
podologico (a.)
pomologico (a.)
psicagogico (a., m.)
psicologico (a.)
rabdologico (a.)
scatologico (a.)
semasiologico (a.)
sociologico (a.)
tecnologico (a.)
teleologico (a.)
teologico (a.)
termologico (a.)
tossiocologico (a.)
tropologico (a.)
urologico (a.)
zoologico (a.)

ogino
androgino (a.)
protogino (m.)

ogio
balogio (a.)
barbogio (a., m.)
elogio (t., m.)
idrorologio (m.)
martirologio (m.)
menologio (m.)
mogio (a.)
necrologio (m.)
orologio (m.)
portaorologio (m.)

ogiolo
crogiolo (t., r., m.)

ogino
misogino (a.)

ogito
escogito (t.)
rogito (m.)

ogli
calcafogli (m.)
cogli (t.)
mogli (f. pl.)
portafogli (m.)
sciogli (t.)
togli (t.)

oglia
+anvoglia (f.)
carpasfoglia (f.)
doglia (f.)
foglia (f.)
qualsivoglia (a.)
scoglia (f.)
sfoglia (f.)
soglia (f., i.)
spoglia (f.)
voglia (f., t.)

oglie
centofoglie (m.)
coglie (t.)
millefoglie (m.)
moglie (f.)
scioglie (t.)
toglie (t.)

ogliema
+mogliema (f.)

ogliere
accogliere (t.)
cogliere (t.)
disciogliere (t.)
distogliere (t.)
incogliere (i.)
prosciogliere (t.)
raccogliere (t., r.)
riaccogliere (t.)
ricogliere (t.)
risciogliere (t.)
ritogliere (t.)
sciogliere (t., r.)
+stogliere (t.)
togliere (t.)

oglieta
+moglieta (f.)

oglio
+affoglio (t.)
agrifoglio (m.)
ammoglio (t., r.)
borboglio (i.)
broglio (i., m.)
campidoglio (m.)
capidoglio (m.)
capoconvoglio (m.)
capodoglio (m.)
caprifoglio (m.)
cerfoglio (m.)
convoglio (t., m.)
cordoglio (m.)
disfoglio (t.)
dispoglio (t.)
disvoglio (t.)
doglio (i., m.)
germoglio (i., m.)
+gioglio (m.)
gorgoglio (i., m.)
imbroglio (t., r., m.)
interfoglio (t., m.)
invoglio (t., r., m.)
loglio (m.)
mettifoglio (m.)
orgoglio (m.)
portafoglio (m.)
quadrifoglio (m.)
riammoglio (r.)
rigermoglio (i.)
rigoglio (m.)
rimbroglio (t.)
rinvoglio (t.)
rispoglio (t., r.)
rivoglio (t.)
sbroglio (t., r.)

scoglio (m.)
sfoglio (t., r.)
soglio (m., i.)
soprassoglio (m.)
spoglio (t., r., m., a.)
stracciafoglio (m.)
svoglio (t., r.)
trifoglio (m.)
+troglio (a.)
voglio (t.)

ogliola
sogliola (f.)

ogliono
sogliono (i.)
vogliono (t.)

ogma
dogma (m.)

ogna
bisogna (f.)
carogna (f.)
+cianfrogna (f.)
cicogna (f.)
cotogna (f.)
fogna (f.)
gogna (f.)
melacotogna (f.)
menzogna (f.)
+ramogna (f.)
rampogna (f.)
rogna (f.)
sampogna (f.)
scalogna (f.)
vergogna (f.)
vigogna (f.)
zampogna (f.)

ogne
progne (f.)

ogni
ogni (a.)

ognita
incognita (f.)

ognito
cognito (a.)
incognito (a., m.)
precognito (a.)

ogno
abbisogno (i.)
africogno (a.)
agogno (t.)
bisogno (i., m.)
catalogno (m.)
cogno (m.)
cotogno (m.)
fabbisogno (m.)
fogno (t., m.)
infogno (r.)
rampogno (t., r.)
ribisogno (i.)
risogno (t., i.)
sbologno (t.)
scalogno (m., a.)
scarogno (i.)
sfogno (i.)
sogno (t., i., m.)
svergogno (t.)
trasogno (i.)
vergogno (r.)
zampogno (i.)

ognolo
amarognolo (a.)
azzurrognolo (a.)
bigiognolo (a.)
cenerognolo (a.)
giallognolo (a.)
nerognolo (a.)
verderognolo (a.)
verdognolo (a.)

ognomo
fisiognomo (m.)

ognosi
prognosi (f.)

ogo
abrogo (t.)
addogo (t.)
affogo (t., r.)
aggiogo (t.)
allogo (t., r.)
arrogo (t., r.)
capoluogo (m.)
demagogo (m.)
digiogo (t.)
disfogo (t.)
dislogo (t.)
dogo (t., m.)
drogo (t.)
galattagogo (a.)
giogo (m.)
gruogo (m.)
irrogo (t.)
luogo (m.)
miluogo (m.)
mistagogo (m.)
obrogo (t.)
passavogo (i.)
pedagogo (m.)
psicagogo (m.)
riaggiogo (t.)
risoggiogo (t.)
rivogo (i.)
rogo (t., r., m.)
sdogo (t.)
sfogo (t., r., i., m.)
slogo (t., r.)
soggiogo (t.)
sopralluogo (m.)
surrogo (t.)
+truogo (m.)
vogo (i.)

ogolo
arzigogolo (i., m.)
cogolo (m.)
girigogolo (m.)
introgolo (t., r.)
rigogolo (m.)
strogolo (i.)
trogolo (m.)
truogolo (m.)

ogono
isogono (a.)

ogoro
logoro (t., r., a., m.)

ogos
logos (m.)

ogrado
retrogrado (t., a.)

ografo
aerografo (m.)
agiografo (m.)
anemografo (m.)
apografo (a.)
astrografo (m.)
autografo (m.)
barografo (m.)
bibliografo (m.)
biografo (m.)
calcografo (m.)
cardiografo (m.)
cartografo (m.)
chirografo (m.)
cinematografo (m., t.)
commediografo (m.)
coreografo (m.)
corografo (m.)

cosmografo (m.)
cristallografo (m.)
crittografo (m.)
cronografo (m.)
curvografo (m.)
dattilografo (t., m.)
diafanografo (m.)
elegiografo (m.)
elettrocardiografo (m.)
eliofanografo (m.)
eliografo (m.)
elissografo (m.)
epistolografo (m.)
etnografo (m.
fonografo (m.)
fotografo (t., m.)
geografo (m.)
iconografo (m.)
idrografo (m.)
innografo (m.)
istoriografo (m.)
lessicografo (m.)
litografo (m., t.)
logografo (m.)
mareografo (m.)
meteorografo (m.)
micrografo (m.)
mimografo «m.)
miografo (m.)
mitografo (m.)
musicografo (m.)
olografo (a., m.)
oscillografo (m.)
paleografo (m.)
pantografo (m.)
pneumografo (m.)
pornografo (m.)
psicografo (m.)
reografo (m.)
salmografo (m.)
satirografo (m.)
scenografo (m.)
selenografo (m.)
sfigmografo (m.)
silografo (m.)
sismografo (m.)
staziografo (m.)
stenodattilografo (m.)
stenografo (t., m.)
stereografo (m.)
storiografo (m.)
tacheografo (m.)
talassografo (m.)
telautografo (m.)
termografo (m.)
tiflografo (m.)
tipografo (m.)
topografo (m.)
tragediografo (m.)
uranografo (m.)
xilografo (m.)
zincografo (m.)

ogrifo

logogrifo (m.)

oh

oh (escl.)
poh (inter.)
toh (escl.)

ohi

ohi (escl.)

ohm

ohm (m.)

oi

+ancoi (avv.)
buoi (m. pl.)
coi (prep. art.)
dappoi (avv.)
dermatozoi (m. pl.)
dipoi (avv.)
inferitoi (m. pl.)
noi (pron.)
poi (avv.)
protozoi (m. pl.)
puoi (i.)
scroi (m. pl.)
suoi (a., pron. pl.)
voi (pron.)
vuoi (t.)

oia

+ancroia (f.)
appianatoia (f.)
battitoia (f.)
boia (m.)
cacciatoia (f.)
caditoia (f.)
calzatoia (f.)
cavatoia (f.)
cesoia (f.)
cisoia (f.)
coia (f. pl.)
cuoia (f. pl.)
feritoia (f.)
gioia (f.)
giuntoia (f.)
imbracatoia (f.)
lanciatoia (f.)
loia (f.)
mangiatoia (f.)
metanoia (f.)
moia (f.)
muoia (i.)
natatoia (f.)
nettatoia (f.)
noia (f.)
paranoia (f.)
paratoia (f.)
passatoia (f.)
pastoia (f.)
piombatoia (f.)
salamoia (f.)
saltatoia (f.)
scappatoia (f.)
scaricatoia (f.)
+schifanoia (f.)
schizzatoia (f.)
scorciatoia (f.)
scotitoia (f.)
sequoia (f.)
soia (f.)
spannatoia (f.)
spianatoia (f.)
stoia (f.)
strettoia (f.)
stuoia (f.)
temperatoia (f.)
tettoia (f.)
troia (f.)

oica

troica (f.)

oico

allocroico (a.)
antropozoico (a.)
azoico (a.)
benzoico (a.)
cenozoico (a.)
dicroico (a.)
dioico (a.)
emottoico (a.)
eroico (a.)
mesozoico (a.)
minoico (a.)
monoico (a.)
neozoico (a.)

paleozoico (a.)
paranoico (a., m.)
polizoico (a.)
stoico (a., m.)

oide

acaroide (f.)
adenoide (a., f.)
albuminoide (m.)
allantoide (f.)
ameboide (a.)
anarcoide (m.)
aneroide (a.)
antropoide (a.)
aracnoide (f.)
aritenoide (a.)
asteroide (m.)
celluloide (f.)
cicloide (f.)
cilindroide (m.)
colloide (m.)
concoide (f.)
conoide (m.)
coroide (f.)
coronoide (a.)
cretinoide (m.)
cricoide (f.)
criminaloide (m., a.)
cristalloide (m.)
cuboide (a.)
deltoide (m.)
dermoide (f.)
elicoide (f.)
elissoide (f.)
emorroide (f.)
epilettoide (m.)
etmoide (m.)
fibroide (a.)
genialoide (a., m.)
geoide (m.)
glenoide (f.)
globoide (m.)
ialoide (m.)
ioide (m.)
litoide (a.)
mastoide (f.)
mattoide (a.)
metalloide (m.)
ovoide (a.)
paraboloide (m.)
paratiroide (f.)
pegamoide (f.)
pinacoide (a.)
pitecoide (m.)
ritmoide (m.)
romboide (m.)
saccaroide (a., m.)
scafoide (m.)
sesamoide (a.)
sfenoide (m.)
sferoide (m.)
sifoide (f.)
siloide (a.)
sinusoide (f.)
socialistoide (m.)
solenoide (m.)
tabloide (m.)
tifoide (a.)
tiroide (f.)
vaioloide (f.)
xifoide (f.)
xiloide (a.)

oidi

aloidi (m. pl.)
feldspatoidi (m. pl.)
ganoidi (m. pl.)
rizoidi (m. pl.)

oie

cesoie (f. pl.)
portagioie (m.)

oilo

zoilo (m.)

oio

abbeveratoio (m.)
abboccatoio (m.)
accannatoio (m.)
accappatoio (m.)
accecatoio (m.)
accenditoio (m.)
acchiappatoio (m.)
accoratoio (m.)
accorciatoio (m.)
addizionatoio (m.)
addoppiatoio (m.)
affumicatoio (m.)
aggottatoio (m.)
agguagliatoio (m.)
allargatoio (m.)
alliscatoio (m.)
ammazzatoio (m.)
ammostatoio (m.)
annaffiatoio (m.)
appannatoio (m.)
appianatoio (m.)
appoggiatoio (m.)
arrestatoio (m.)
arridatoio (m.)
asciugatoio (m.)
attingitoio (m.)
attizzatoio (m.)
avoltoio (m.)
avvivatoio (m.)
avvoltoio (m.)
ballatoio (m.)
battitoio (m.)
beccatoio (m.)
beveratoio (m.)
brillatoio (m.)
brunitoio (m.)
cacatoio (m.)
calcatoio (m.)
calibratoio (m.)
calzatoio (m.)
caprugginatoio (m.)
cascatoio (m.)
cassatoio (m.)
castratoio (m.)
cavigliatoio (m.)
chiaritoio (m.)
cocchiumatoio (m.)
colatoio (m.)
compositoio (m.)
copertoio (m.)
corridoio (m.)
corsoio (a.)
cottoio (a.)
crematoio (m.)
+croio (a.)
cucitoio (m.)
cuoio (m.)
dimenticatoio (m.)
dimoio (i., t., m.)
dipanatoio (m.)
dirizzatoio (m.)
distillatoio (m.)
essiccatoio (m.)
filatoio (m.)
follatoio (m.)
foratoio (m.)
frantoio (m.)
frugatoio (m.)
galoppatoio (m.)
gocciolatoio (m.)
gonfiatoio (m.)

granitoio (m.)
granulatoio (m.)
grisatoio (m.)
grondatoio (m.)
guazzatoio (m.)
imbarcatoio (m.)
impastoio (t., r.)
incannatoio (m.)
inceratoio (m.)
incuoio (i., t.)
incorsatoio (m.)
inginocchiatoio (m.)
ingioio (t.)
ingoio (t.)
innaffiatoio (m.)
innestatoio (m.)
involgitoio (m.)
inzolfatoio (m.)
lacrimatoio (m.)
laminatoio (m.)
lanciatoio (a.)
lavatoio (m.)
levatoio (a.)
lisciatoio (m.)
livellatoio (m.)
lubrificatoio (m.)
maceratoio (m.)
marcitoio (m.)
matitatoio (m.)
mattatoio (m.)
menatoio (m.)
mestatoio (m.)
montatoio (m.)
muoio (i.)
nettatoio (m.)
noio (t.)
orditoio (m.)
orinatoio (m.)
orsoio (m.)
passatoio (m.)
pelatoio (m.)
pensatoio (m.)
percotitoio (m.)
percuotitoio (m.)
pianatoio (m.)
piombatoio (m.)
pisciatoio (m.)
poppatoio (m.)
posatoio (m.)
potatoio (m.)
premuoio (i.)
pressoio (m.)
profilatoio (m.)
+proquoio (m.)
pungitoio (m.)
purgatoio (m.)
purificatoio (m.)
raffilatoio (m.)
raffinatoio (m.)
raffreddatoio (m.)
raschiatoio (m.)
rasoio (m.)
raspatoio (m.)
rattenitoio (m.)
regolatoio (m.)
ribaditoio (m.)
ricalcatoio (m.)
ricciatoio (m.)
+ricorsoio (a.)
rifenditoio (m.)
rimuoio (i.)
+rinfrescatoio (m.)
ringoio (t., r.)
riverberatoio (m.)
salamoio (i.)
salatoio (m.)
saldatoio (m.)
salitoio (m.)
sbaditoio (m.)
sbalorditoio (m.)
sbarcatoio (m.)
sboccatoio (m.)
sbracciatoio (m.)
sbuzzatoio (m.)
scalzatoio (m.)
scannatoio (m.)
scapecchiatoio (m.)
scaricatoio (m.)
scarnatoio (m.)
schiaritoio (m.)
schiumatoio (m.)
schizzatoio (m.)
sciacquatoio (m.)
sciugatoio (m.)
scoio (t.)
scolatoio (m.)
scorniciatoio (m.)
scorsoio (a.)
scorticatoio (m.)
scotensatoio (m.)
scotitoio (m.)
scrittoio (m.)
scuoio (t.)
seccatoio (m.)
segnatoio (m.)
serbatoio (m.)
sfiatatoio (m.)
sfogatoio (m.)
sfregatoio (m.)
sgocciolatoio (m.)
sgorgatoio (m.)
sgranatoio (m.)
sgranellatoio (m.)
sgrappolatoio (m.)
sgrondatoio (m.)
smaltitoio (m.)
smoccolatoio (m.)
smuoio (t.)
soffiatoio (m.)
solforatoio (m.)
spanditoio (m.)
spastoio (t., r.)
spegnitoio (m.)
spianatoio (m.)
spiccatoio (m.)
spogliatoio (m.)
spremitoio (m.)
squarquoio (a.)
squartatoio (m.)
stiratoio (m.)
stoio (t.)
straccatoio (m.)
strettoio (m.)
strozzatoio (a., m.)
succhiatoio (m.)
svecciatoio (m.)
svettatoio (m.)
tenditoio (m.)
tiratoio (m.)
torcitoio (m.)
tortoio (m.)
tracciatoio (m.)
trapiantatoio (m.)
trebbiatoio (m.)
troncatoio (m.)
uccellatoio (m.)
valicatoio (m.)
vassoio (m.)
versoio (m.),
voltoio (m.)

oiono

muoiono (i.)

oito
introito (t., m.)
coito (m.)
ol
col (prep. art.)
mogòl (m.)
pol (i.)
puol (i.)
sol (m., a., avv.)
ola
acciaiuola (f.)
aiuola (f.)
arola (f.)
aruola (f.)
asticciuola (f.)
banderuola (f.)
barcaruola (f.)
+berriuola (f.)
bondiola (f.)
+bracciaiuola (f.)
braciaiuola (f.)
braciuola (f.)
cacaiuola (f.)
caciuola (f.)
+cagiola (f.)
camiciuola (f.)
canipaiuola (f.)
cannaiuola (f.)
caposcuola (m.)
capriuola (f.)
carmagnola (f.)
carola (f.)
carriuola (f.)
casseruola (f.)
castagnuola (f.)
cavaiuola (f.)
cazzaruola (f.)
cazzeruola (f.)
cazzuola (f.)
chiesuola (f.)
cola (f.)
coppiola (f.)
corniuola (f.)
doposcuola (m.)
facciuola (f.)
faggiuola (f.)
fagiuola (f.)
farinaiuola (f.)
fasciuola (f.)
fognariuola (f.)
fola (f.)
fumaruola (f.)
gattaiuola (f.)
gola (f.)
gorgonzola (f.)
gragnuola (f.)
guardiuola (f.)
lazzeruola (f.)
lenzuola (f. pl.)
licciaiuola (f.)
licciuola (f.)
limaiuola (f.)
manaiuola (f.)
mandola (f.)
mazzuola (f.)
menaruola (f.)
migliaruola (f.)
mola (f.)
moscaiuola (f.)
museruola (f.)
nocciuola (f.)
orzuola (f.)
parola (f.)
parpagliuola (f.)
pedaruola (f.)
pepaiuola (f.)
pesciaiuola (f.)
pezzuola (f.)
pionola (f.)
piazzuola (f.)
pistola (f.)
querciuola (f.)
rannaiuola (f.)
rezzuola (f.)
risaiuola (f.)
robiola (f.)
salciaiuola (f.)
sassaiuola (f.)
savonarola (f.)
scagliuola (f.)
schiacciuola (f.)
schiumaiuola (f.)
schiumaruola (f.)
scuola (f.)
sepaiuola (f.)
sottogola (m., f.)
spadacciuola (f.)
spagnuola (f.)
spola (f.)
sponderuola (f.)
spongiuola (f.)
squarciagola (f.)
stagnuola (f.)
stola (f.)
stufaiuola (f.)
suola (f.)
tagliuola (f.)
testicciuola (f.)
tignuola (f.)
trecciaiuola (f.)
vangaiuola (v.)
ventaruola (f.)
viola (f.)
virola (f.)
+viruola (f.)
zuccaiuola (f.)
olade
folade (f.)
olaga
folaga (f.)
olago
+astrolago (m.)
strolago (t.)
olca
polca (f.)
olce
agrodolce (a.)
dolce (a., m.)
folce (t.)
molce (t.)
soffolce (t., r.)
olcere
folcere (t.)
molcere (t.)
soffolcere (t., r.)
suffolcere (t., r.)
olchico
colchico (m.)
olci
portadolci (m.)
olco
assolco (t.)
bifolco (m.)
biolco (m.)
+bobolco (m.)
diolco (m.)
dolco (a.)
insolco (t.)
raddolco (i., t.)
solco (t., m.)
olcro
sepolcro (m.)

olda
tolda (f.)
oldo
assoldo (t., r.)
bertoldo (m.)
+biroldo (m.)
coboldo (m.)
manigoldo (m.)
soldo (t., m.)
soprassoldo (m.)
ole
dole (i., r.)
duole (i., r.)
girasole (m.)
iole (f.)
mole (f.)
parasole (m.)
pole (i.)
prole (f.)
puole (i.)
sole (m.)
suole (i.)
tornasole (m.)
vuole (t.)
olere
+colere (t.)
+recolere (t.)
oleum
linoleum (m.)
olfa
solfa (f.)
olfo
golfo (m.)
ingolfo (r.)
inzolfo (t.)
ringolfo (r.)
solfo (t., m.)
zolfo (t., m.)
olforo
solforo (t.)
olga
colga (t.)
dolga (i., r.)
sciolga (t.)
tolga (t.)
olgere
avvolgere (t.)
capovolgere (t.)
disinvolgere (t.)
coinvolgere (t.)
involgere (t.)
ravvolgere (t., r.)
rivolgere (t., r.)
sconvolgere (t.)
stravolgere (t., r.)
svolgere (t., r.)
travolgere (t.)
volgere (t., r., i.)
olgia
bolgia (f.)
malabolgia (f.)
olgio
sbolgio (i.)
olgo
capovolgo (t., r.)
colgo (t.)
coinvolgo (t.)
condolgo (r.)
disciolgo (t.)
disinvolgo (t.)
distolgo (t.)
dolgo (i., r.)
incolgo (i.)
involgo (t.)
prosciolgo (t.)
raccolgo (t., r.)
ravvolgo (t., r.)
riaccolgo (t.)
ricolgo (t.)
ridolgo (i., r.)
risciolgo (t.)
ritolgo (t.)
rivolgo (t., r.)
sciolgo (t., r.)
sconvolgo (t.)
stravolgo (t., r.)
svolgo (t., r.)
tolgo (t.)
travolgo (t.)
vòlgo (t., r., i.)
volgo (m.)
olgono
colgono (t.)
dolgono (i., r.)
sciolgono (t.)
tolgono (t.)
olgore
folgore (f.)
olgoro
folgoro (i., m.)
rifolgoro (i.)
sfolgoro (i.)
oli
doli (i., r.)
duoli (i., r.)
moli (m.)
suoli (i.)
olia
magnolia (f.)
olica
accattolica (f.)
bucolica (f.)
colica (f.)
maiolica (f.)
olice
pomfolice (f.)
scolice (m.)
olico
acattolico (a., m.)
alcoolico (a.)
anticattolico (a., m.)
apostolico (a.)
bucolico (a.)
cattolico (a., m.)
colico (a.)
diabolico (a.)
eolico (a.)
iperbolico (a.)
mongolico (a.)
parabolico (a.)
simbolico (a.)
olide
apolide (a., m.)
bolide (m.)
olido
consolido (t.)
solido (a., m.)
stolido (a., m.)
olio
acrostolio (m.)
arcosolio (m.)
dolio (m.)
eolio (a.)
folio (m.)
in-folio (a.)
inolio (t.)
monopolio (m.)
olio (m.)
petrolio (m.)
rosolio (m.)
scolio (m.)
olipo
polipo (m.)

olis
polis (f.)
olisi
elettrolisi (f.)
idrolisi (f.)
olito
accolito (m.)
aerolito (m.)
crisolito (m.)
elettrolito (m.)
giolito (m.)
insolito (a.)
monolito (m.)
solito (pps., a., m.)
volito (i.)
olitro
chilolitro (m.)
ettolitro (m.)
olizza
polizza (f.)
olla
+abolla (f.)
ampolla (f.)
bolla (f., i.)
bricolla (f.)
cipolla (f.)
cocolla (f.)
colla (f.)
corolla (f.)
crisocolla (m.)
folla (f.)
lolla (f.)
midolla (f.)
molla (f., escl.)
olla (f.)
polla (f.)
satolla (f.)
tiramolla (m.)
tiremmolla (m.)
tracolla (f.)
zolla (f.)
ollabo
collabo (m.)
ollano
bollano (i.)
ollaro
dollaro (m.)
olle
alzamolle (m.)
battifolle (m.)
bemolle (m.)
bolle (i.)
colle (m.)
folle (a.)
frangizolle (m.)
molle (a., m., f. pl.)
panciolle (f. pl.)
portampolle (m.)
posamolle (m.)
volle (t.)
ollera
collera (f.)
ollere
+attollere (t.)
estollere (t., r.)
+tollere (t.)
ollero
bollero (m.)
tollero (t.)
vollero (t.)
olli
bolli (i.)
volli (t.)
ollice
pollice (m.)
olline
polline (m.)
ollino
impollino (t.)
ollo
accollo (t., r., i., m.)
affollo (t., r.)
Apollo (m.)
appanciollo (r.)
armacollo (m.)
atollo (m.)
barcollo (i.)
bollo (t., m., i.)
+brollo (a.)
capocollo (m.)
caracollo (i., m.)
+catollo (m.)
collo (m.)
controllo (t., m.)
crollo (t., m.)
decollo (t., i., m.)
dilollo (t.)
ebollo (i., t.)
estollo (t., r.)
follo (t.)
francobollo (m.)
frollo (t., i., a.)
grispollo (m.)
immollo (t., r.)
incollo (t.)
ingollo (t.)
midollo (m.)
mollo (t., a.)
pollo (m.)
protocollo (t., m.)
rampollo (i., m.)
raspollo (t., i., m.)
ribollo (i., t.)
rincollo (t., i., m.)
ringollo (t., r.)
rollo (i.)
rompicollo (m.)
satollo (t., r., a.)
sbollo (t.)
scavezzacollo (m.)
scollo (t., r., m.)
scrollo (t., m.)
sfollo (i., t.)
smidollo (t., r.)
smollo (t.)
+sollo (a.)
sopracollo (m.)
stollo (m.)
stracollo (i., r.)
subaccollo (t., m.)
torcicollo (m.)
tracollo (i., m.)
olloco
colloco (t., r.)
ricolloco (t., r.)
ollono
bollono (i.)
olman
dolman (m.)
olmen
dolmen (m.)
olmo
colmo (t., a., m.)
olmo (m.)
ricolmo (t., a.)
olo
acciaiuolo (m.)
acquaiuolo (m.)
affittaiuolo (m.)
aiuolo (m.)
allettaiuolo (a., m.)
alsolo (m.)
andriuolo (a., m.)

appiuolo (a.)
aristolo (m.)
armaiuolo (m.)
armaruolo (m.)
arruolo (t.)
arsenobenzolo (m.)
assiolo (m.)
assiuolo (m.)
assolo (t., m.)
azzeruolo (a., m.)
+azzuolo (a.)
bagnaiuolo (m.)
bagnuolo (m.)
barcaiuolo (m.)
barolo (m.)
benzolo (m.)
benzonaftolo (m.)
beriuolo (m.)
+berriuolo (m.)
biadaiuolo (m.)
biscaiuolo (m.)
bocciuolo (m.)
bolo (m.)
borsaiuolo (m.)
boscaiuolo (m.)
bracciuolo (m.)
brodaiuolo (m.)
brolo (m.)
bronchiuolo (m.)
bugliuolo (m.)
calcagnuolo (m.)
calcolaiuolo (m.)
calenzuolo (m.)
calzaiuolo (m.)
calzuolo (m.)
campagnuolo (a.)
campignuolo (m.)
cannolo (m.)
cantaiuolo (a., m.)
capriolo (m., i.)
capriuolo (m.)
carbinolo (m.)
cardaiuolo (m.)
carnaiuolo (m.)
carolo (m.)
+cavriuolo (m.)
cedriolo (m.)
cenciaiuolo (m.)
ceneracciuolo (m.)
ceraiuolo (m.)
cerracchiuolo (m.)
cetriolo (m.)
chiodaiuolo (m.)
ciccaiuolo (m.)
cignuolo (m.)
cilegiuolo (m.)
citriuolo (m.)
collargolo (m.)
colo (t., m.)
conciaiuolo (m.)
consolo (t., m.)
convolo (i.)
crodaiuolo (m.)
crogiuolo (m.)
cruscaiuolo (m.)
dentaruolo (m.)
diacciuolo (m., a.)
dolo (m.)
donnaiuolo (m.)
duolo (m.)
erbaiuolo (m.)
fagiuolo (m.)
farinaiuolo (m.)
+fazzuolo (m.)
fenolo (m.)
ferraiuolo (m.)
ferrazzuolo (m.)
festaiuolo (m.)
fienaiuolo (m.)
fieraiuolo (m.)
figliuolo (m.)
filzuolo (m.)
fittaiuolo (m.)
fognaiuolo (m.)
forcaiuolo (m.)
frasaiuolo (m.)
frugnuolo (m.)
fruttaiuolo (m.)
fumaiuolo (m.)
fusaiuolo (m.)
fusaruolo (m.)
gargiuolo (m.)
garzuolo (m.)
gassaiuolo (m.)
gessaiuolo (m.)
ghiacciuolo (m.)
giaggiuolo (m.)
gladiuolo (m.)
glicerolo (m.)
graffiuolo (m.)
gragnuolo (i.)
granaiuolo (m.)
gravacciuolo (a.)
guaiacolo (m.)
guardiuolo (m.)
guerraiuolo (m.)
guidaiuolo (m.)
immolo (t., r.)
inferraiuolo (r.)
invaiolo (i.)
involo (t., r.)
ittiolo (m.)
lacciuolo (m.)
lanaiuolo (m.)
lasagnuolo (m.)
lattaiuolo (a., m.)
lezzeruolo (m.)
legnaiuolo (m.)
legnuolo (m.)
lenzuolo (m.)
listraiuolo (m.)
linaiuolo (m.)
linaruolo (m.)
linguaiuolo (m.)
lisciaiuolo (m.)
lisolo (m.)
loghicciuolo (m.)
macchiaiuolo (a.)
maggiaiuolo (a., m.)
magliuolo (m.)
mariuolo (m.)
marzaiuolo (a.)
marzuolo (a.)
mazzuolo (t., m.)
mentolo (m.)
merciaiuolo (m.)
mezzaiuolo (m.)
molo (t., m.)
montagnuolo (a., m.)
moraiuolo (a.)
mostacciuolo (m.)
muraiuolo (a.)
muricciuolo (m.)
naftolo (m.)
nebbiolo (m.)
neracchiuolo (a.)
nocciuolo (m.)
nolo (m.)
oriuolo (m.)
orzaiuolo (m.)
ovaiuolo (m.)
paiuolo (m.)
pannaiuolo (m.)

pennaiuolo (m.)
pescaiuolo (m.)
pesciaiuolo (m.)
piazzaiuolo (m.)
picciuolo (m.)
pigaruolo (m.)
pignolo (m.)
pignuolo (m.)
pinolo (m.)
pirolo (m.)
pirrolo (m.)
piumacciuolo (m.)
piuolo (m.)
poggiaiuolo (m.)
poggiuolo (m.)
pollaiuolo (m.)
polo (m.)
polpacciuolo (m.)
potaiuolo (m.)
prataiuolo (a., m.)
pretaiuolo (a.)
protargolo (m.)
prugnuolo (m.)
pugnuolo (m.)
puntaruolo (m.)
punteruolo (m.)
quartaruolo (m.)
quartiruolo (m.)
querciuolo (m.)
ramaiolo (m.)
raveggiuolo (m.)
raviggiuolo (m.)
raviuolo (m.)
+razzuolo (m.)
refaiuolo (m.)
renaiuolo (m.)
ricolo (t.)
riconsolo (t., r.)
rinferraiolo (t., r.)
risolo (t.)
rissaiuolo (m.)
romagnuolo (a.)
romaiuolo (m.)
rosignuolo (m.)
rozzuolo (m.)
ruolo (m.)
saggiuolo (m.)
salciuolo (m.)
salolo (m.)
+scafaiuolo (m.)
schiassuolo (i.)
scolo (i., t., r.)
sconsolo (t., r.)
scudicciuolo (m.)
sediuolo (m.)
sepaiuolo (a.)
setaiuolo (m.)
sferraiuolo (t., r.)
sgolo (r.)
soggolo (m.)
solo (a., t., avv.)
soprassuolo (m.)
sorvolo (t.)
sottosuolo (m.)
spagnuolo (a., m.)
spugnuolo (m.)
squeraruolo (m.)
stabbiuolo (m.)
stracciaiuolo (m.)
stuolo (m.)
suolo (m.)
svolo (i., m.)
tagliuolo (m.)
tempaiuolo (m.)
terpinolo (m.)
terzaruolo (m.)
terzuolo (m.)
tettaiuolo (a.)
timolo (m.)
tolo (m.)
torraiuolo (a.)
tovagliuolo (m.)
transvolo (t., i.)
trasvolo (t., i.)
trinitrofenolo (m.)
trippaiuolo (m.)
tristanzuolo (a.)
tritolo (m.)
uffiziuolo (m.)
ugnuolo (m.)
unghiuolo (m.)
usignuolo (m.)
vaiuolo (i., m.)
versaiuolo (m.)
vetriolo (m., a.)
vetriuolo (m., a.)
vettaiuolo (a.)
vigliuolo (m.)
vignaiuolo (m.)
+vignuolo (m.)
vinacciuolo (m.)
vitaiuolo (m.)
vitriolo (m.)
volo (i., m.)
+zanaiuolo (m.)
zuccaiuolo (a.)

ologi

astrologi (m. pl.)
teologi (m. pl.)

ologo

apologo (m.)
archeologo (m.)
astrologo (m.)
bacologo (m.)
batteriologo (m.)
bibliologo (m.)
biologo (m.)
cardiologo (m.)
cosmologo (m.)
craniologo (m.)
cristologo (m.)
cronologo (m.)
dialettologo (m.)
egittologo (a.)
elmintologo (m.)
embriologo (m.)
enologo (m.)
entomologo (m.)
etimologo (m.)
etruscologo (m.)
filologo (m.)
fisiologo (m.)
fitologo (m.)
frenologo (m.)
geologo (m.)
ginecologo (m.)
glottologo (m.)
grafologo (m.)
ideologo (m.)
idrologo (m.)
insettologo (m.)
istologo (m.)
ittiologo (m.)
laringologo (m.)
limnologo (m.)
litologo (m.)
malariologo (m.)
melologo (m.)
meteorologo (m.)
micologo (m.)
miologo (m.)
mitologo (m.)
monologo (m.)

musicologo (m.)
neuropatologo (m.)
oftalmologo (m.)
omologo (a.)
ontologo (m.)
ornitologo (m.)
paleontologo (m.)
papirologo (m.)
patologo (m.)
prologo (m.)
psicologo (m.)
psicopatologo (m.)
radiologo (m.)
romanologo (m.)
semasiologo (m.)
sinologo (m.)
sismologo (m.)
sociologo (m.)
speleologo (m.)
strologo (t., i., m.)
teologo (i., m.)
termologo (m.)
tisiologo (m.)
tossicologo ((m.)
urologo (m.)
vulcanologo (m.)
zoologo (m.)

olon

colon (m.)

olpa

colpa (f.)
discolpa (f.)
polpa (f.)

olpe

golpe (f.)
volpe (f.)

olpo

colpo (m.)
contraccolpo (m.)
discolpo (t., r.)
dispolpo (t.)
impolpo (t., i., r.)
incolpo (t., r.)
polpo (m.)
rimpolpo (i., r., t.)
scolpo (t., r.)
spolpo (t., a.)

olse

assolse (t.)
colse (t.)
dolse (i., r.)
sciolse (t.)
tolse (t.)
volse (t., r., i.)

olsero

assolsero (t.)
colsero (t.)
dolsero (i., r.)
sciolsero (t.)
tolsero (t.)
volsero (t., r., i.)

olsi

assolsi (t.)
colsi (t.)
dolsi (i., r.)
sciolsi (t.)
tolsi (t.)
volsi (t., r., i.)

olso

bolso (a.)
polso (m.)

olta

accolta (f.)
ascolta (f.)
capovolta (f.)
colta (f.)
folta (f.)
giravolta (f.)
ogniqualvolta (cong.)
+polta (f.)
raccolta (f.)
ricolta (f.)
risvolta (f.)
rivolta (f.)
sciolta (f.)
scolta (f.)
sopravvolta (f.)
svolta (f.)
talvolta (avv.)
+tuttavolta (avv.)
volta (f., m.)

olto

accolto (pps., a.)
affolto (a.)
archivolto (m.)
ascolto (t., i., m.)
assolto (pps.)
avvolto (pps., a., t.)
capovolto (t., pps., a., avv.)
còlto (pps., a.)
colto (a., m.)
difficolto (t.)
disciolto (pps., a.)
disinvolto (pps., a.)
distolto (pps., a.)
folto (a., m.)
incolto (a., pps.)
insepolto (a.)
involto (t., pps., a., m.)
maltolto (m.)
molto (a., avv., m.)
prosciolto (pps., a.)
raccolto (pps., a., m.)
ravvolto (t., pps., a.)
ricolto (pps., a., m.)
rinvolto (t., m.)
risolto (pps., a.)
risvolto (i., m.)
ritolto (pps.)
rivolto (t., r., pps., m.)
sciolto (pps., a.)
sconvolto (pps., m.)
sepolto (pps., a., m.)
stolto (a., m.)
stravolto (pps., a.)
suffolto (pps., a.)
svolto (t., i., pps., a.)
tolto (pps., a., m.)
travolto (t., pps., a.)
vòlto (t., i., r., pps., a.)
volto (m.)

oltolo

giravoltolo (i.)
ravvoltolo (t., r.)
rivoltolo (t., r.)
svoltolo (t., r.)
voltolo (t., r.)

oltra

oltra (prep.)

oltre

coltre (f.)
inoltre (avv.)
oltre (prep., avv.)

oltrice

coltrice (f.)

oltro

coltro (m.)
inoltro (m.)
+poltro (a., m.)
spoltro (t., r.)

olucro

involucro (m.)

olume
incolume (a.)
olve
polve (f.)
olver
revolver (m.)
olvere
asciolvere (i., m.)
assolvere (t.)
baciapolvere (m.)
devolvere (t.)
dissolvere (t., r.)
evolvere (t., r.)
involvere (t.)
polvere (f.)
risolvere (t., r.)
solvere (t.)
svolvere (t.)
+volvere (t.)
olvero
battispolvero (m.)
impolvero (t., r.)
revolvero (t.)
rispolvero (t.)
spolvero (t., r., m.)
olvo
asciolvo (i.)
assolvo (t.)
devolvo (t.)
dissolvo (t., r.)
evolvo (t., r.)
involvo (t.)
risolvo (t., r.)
solvo (t.)
svolvo (t.)
olvolo
convolvolo (m.)
volvolo (m.)
olza
colza (f.)
oma
adenoma (m.)
anchilostoma (m.)
angioma (m.)
aroma (m.)
assioma (m.)
ateroma (m.)
automa (m.)
biscroma (f.)
boma (f.)
carcinoma (m.)
celoma (m.)
chioma (f.)
ciclostoma (m.)
citostoma (m.)
coma (m.)
condiloma (m.)
croma (f.)
cromosoma (m.)
diploma (m.)
distoma (m.)
droma (f.)
ematoma (m.)
epitelioma (m.)
fibroma (m.)
ganglioma (m.)
glaucoma (m.)
glioma (m.)
granuloma (m.)
groma (f.)
idioma (m.)
leucoma (m.)
linfoma (m.)
lipoma (m.)
monocroma (f.)
neuroma (m.)
osteoma (m.)
papilioma (m.)
poma (+f., f. pl.)
radicoma (m.)
ritidoma (m.)
rizoma (m.)
Roma (f.)
sarcoma (m.)
sciloma (m.)
scleroma (m.)
scotoma (m.)
semibiscroma (f.)
semicroma (f.)
soma (f.)
soprassoma (f.)
stafiloma (m.)
stoma (m.)
stroma (m.)
teobloma (m.)
toma (f.)
tracoma (m.)
tricoma (m.)
triponosoma (m.)
xantoma (m.)
omaco
controstomaco (avv.)
sfondastomaco (m.)
stomaco (m., i., t.)
omada
ebdomada (f.)
omade
nomade (a., m.)
omalo
anomalo (a.)
somalo (a., m.)
omane
bibliomane (m.)
cleptomane (a.)
cocainomane (m., f.)
dipsomane (m., a.)
eteromane (m.)
grafomane (m.)
megalomane (m.)
melomane (m.)
menomane (m.)
morfinomane (m.)
musicomane (m.)
oppiomane (m.)
omaro
omaro (m.)
omba
bomba (f.)
catacomba (f.)
colomba (f.)
fromba (f.)
oltretomba (f.)
palomba (f.)
romba (f.)
tomba (f.)
tromba (f., m.)
ombe
ecatombe (f.)
lanciabombe (m.)
ombere
incombere (i.)
procombere (i.)
soccombere (i., r.)
ombero
+bombero (m.)
sgombero (t., i., a., m.)
ombice
bombice (m.)
ombico
rombico (a.)
ombina
gombina (f.)

ombito
bombito (m.)
ombo
appiombo (avv., m.)
bombo (m., +i.)
colombo (m.)
dilombo (r.)
impiombo (t.)
incombo (i.)
intombo (t.)
lombo (m.)
palombo (m.)
piombo (i., t., m.)
procombo (i.)
rimbombo (i., m.)
rintombo (i.)
ripiombo (i., t.)
ripiombo (i., t.)
rombo (i., m.)
sbombo (t.)
slombo (t., i., r.)
soccombo (i., r.)
spiombo (t., i.)
strapiombo (i., m.)
strombo (t., m.)
trombo (t., m.)
trombo (t., m.)
zombo (t., i.)
ombola
bombola (f.)
frombola (f.)
tombola (f.)
ombolo
capitombolo (m.)
frombolo (t.)
sfrombolo (t.)
tombolo (i., m.)
ombra
mezzombra (f.)
ombra (f.)
penombra (f.)
ombro
adombro (t., r.)
aombro (t., i., r.)
ingombro (t., m.)
inombro (t.)
ombro (t., r.)
scombro (m.)
sgombro (m., a., t., i.)
ome
addome (m.)
cognome (m.)
come (avv., cong.)
eccome (avv.)
gnome (f.)
nome (m.)
percome (m.)
prenome (m.)
prestanome (m.)
pronome (m.)
siccome (avv., cong.)
soprannome (m.)
omeda
andromeda (f.)
omela
crisomela (f.)
omena
gomena (f.)
omeni
paralipomeni (m. pl.)
prolegomeni (m. pl.)
omeno
epifenomeno (m.)
fenomeno (m.)
perispomeno (a.)
properispomeno (a.)
omere
+comere (t.)
polivomere (a.)
+promere (t.)
vomere (m.)
omero
agglomero (t., r.)
cocomero (m.)
conglomero (t.)
isomero (a.)
omero (m.)
pomero (a., m.)
vomero (m.)
ometra
acantometra (m.)
geometra (m.)
idrometra (m.)
ometri
contachilometri (m.)
ometro
acetometro (m.)
admidometro (m.)
admometro (m.)
aerometro (m.)
alcoolometro (m.)
algometro (m.)
amperometro (m.)
anemometro (m.)
areometro (m.)
assiometro (m.)
asterometro (m.)
strofotometro (m.)
astrometro (m.)
barestesiometro (m.)
barometro (m.)
batometro (m.)
brontometro (m.)
chilometro (m.)
cimometro (m.)
clinometro (m.)
cremometro (m.)
cronometro (t., m.)
declinometro (m.)
derivometro (m.)
dilatometro (m.)
dinamometro (m.)
distanziometro (m.)
drometro (m.)
drosometro (m.)
elaterometro (m.)
elettrometro (m.)
eliometro (m.)
emodinamometro (m.)
emometro (m.)
enometro (m.)
ergometro (m.)
estesiometro (m.)
ettometro (m.)
eudiometro (m.)
fasometro (m.)
focometro (m.)
fonometro (m.)
fotometro (m.)
frequenziometro (m.)
galattometro (m.)
galvanometro (m.)
gassometro (m.)
girometro (m.)
glucometro (m.)
goniometro (m.)
grafometro (m.)
idrometro (m.)
igrometro (m.)
inclinometro (m.)
interferometro (m.)
ipsometro (m.)
isometro (a.)

magnetometro (m.)
manometro (m.)
micrometro (m.)
monometro (m.)
odontometro (m.)
oleometro (m.)
olfattometro (m.)
optometro (m.)
ottometro (m.)
ozometro (m.)
pedometro (m.)
picnometro (m.)
piezometro (m.)
piroeliometro (m.)
pirometro (m.)
pluviometro (m.)
podometro (m.)
potenziometro (m.)
psicrometro (m.)
radiogoniometro (m.)
reobatometro (m.)
reometro (m.)
rifrattometro (m.)
rollometro (m.)
sclerometro (m.)
sferometro (m.)
sfigmomanometro (m.)
solcometro (m.)
sonometro (m.)
spettrometro (m.)
spirometro (m.)
tacheometro (m.)
talassometro (m.)
tendometro (m.)
termestesiometro (m.)
termobarometro (m.)
termometro (m.)
tipometro (m.)
tonometro (m.)
tribometro (m.)
variometro (m.)
volumenometro (m.)

omia
dolomia (f.)
latomia (f.)

omica
fisiognomica (f.)
gnomica (f.)

omice
pomice (f.)
romice (f.)

omicio
appomicio (t.)
impomicio (t.)
pomicio (t.)
spomicio (t.)

omico
agronomico (a.)
anatomico (a.)
astronomico (a.)
atomico (a.)
capocomico (m.)
comico (a., m.)
economico (a.)
eroicomico (a.)
fisiognomico (a.)
gastronomico (a.)
gnomico (a.)
patognomonico (a.)
poliatomico ((a.)
+prodromico (a.)
tassonomico (a.)
tragicomico (a., m.)
vomico (a.)

omicron
omicron (m.)

omide
flomide (f.)
gnomide (f.)

omina
nomina (f.)

omine
visdomine (m.)

omini
angelusdomini (m.)
begliuomini (m.)
corpusdomini (m.)
uomini (m. pl.)

omino
abomino (t.)
cognomino (t., i.)
condomino (m.)
denomino (t., r.)
domino (t., m.)
nomino (t.)
predomino (i., t.)
rinomino (t.)
vicedomino (m.)

omio
binomio (m.)
deuteronomio (m.)
encomio (t., m.)
escomio (t., m.)
frenocomio (m.)
gerocomio (m.)
gerontocomio (m.)
manicomio (m.)
monomio (m.)
nosocomio (m.)
polinomio (m.)
quadrinomio (m.)
trinomio (m.)

omita
gomita (f. pl.)

omite
fomite (m.)

omito
comito (m.)
+domito (pps., a.)
gomito (m.)
indomito (a.)
vomito (t., m.)

omma
comma (m.)
domma (m.)
gomma (f.)
gromma (f.)
insomma (avv.)
somma (f.)

ommero
gliommero (m.)

ommo
aggrommo (i.)
assommo (t.)
grommo (m.)
ingommo (t.)
ingrommo (t., i.)
risommo (t.)
sgommo (t., r.)
sgrommo (t.)
sommo (t., a., m.)

ommolo
sommolo (m.)
sommommolo (m.)

omnibus
omnibus (m.)

omo
accorruomo (escl.)
amomo (m.)
+annomo (t.)
bonuomo (m.)
bromo (m.)
cinnamomo (m.)

cromo (t., m.)
domo (t., pps., a., m.)
dromo (m.)
duomo (m.)
eccehomo (m.)
+entomo (m.)
galantuomo (m.)
gentiluomo (m.)
+ghiomo (m.)
+glomo (m.)
gnomo (m.)
indomo (a.)
maggiordomo (m.)
nomo (t.)
nostromo (m.)
+omo (m.)
pomo (m.)
rinomo (t.)
schiomo (t.)
superuomo (m.)
tomo (m.)
uomo (m.)
urocromo (m.)
valentuomo (m.)

omoda
accomoda (m.)

omodo
accomodo (t., r., m.)
comodo (a., m.)
incomodo (t., m., a.)
raccomodo (t., r.)
riaccomodo (t.)
scomodo (t., r., a., m.)

omolo
tomolo (m.)

ompa
autopompa (f.)
pompa (f.)

ompago
compago (m.)

omparo
comparo (t.)

ompere
corrompere (t.)
dirompere (t., r.)
erompere (i.)
interrompere (t., r.)
irrompere (i.)
prorompere (i.)
rirompere (t., r.)
rompere (t., i., r.)
trarompere (t.)

ompero
compero (t.)
ricompero (t., r.)

ompia
compia (t.)

ompiano
compiano (t.)

ompi
compi (t.)

ompie
compie (t.)

ompiere
compiere (t.)
ricompiere (t.)

ompio
compio (t.)
ricompio (t.)

ompiono
compiono (t.)
ricompiono (t.)

ompito
compito (t., m.)

omplice
complice (m.)

omplico
complico (t.)

ompo
ciompo (m.)
corrompo (t.)
dirompo (t., r.)
erompo (i.)
interrompo (t., r.)
irrompo (i.)
pompo (t.)
prorompo (i.)
rirompo (t., r.)
rompo (t., i., r.)
trarompo (t.)
zompo (i., m.)

ompos
compos (m.)

ompra
compra (f.)
ricompra (f.)

compro
compro (t.)
ricompro (t., r.)

ompto
+compto (a.)

omputo
computo (t., m.)
ricomputo (t.)
scomputo (t., m.)

omuta
+promuta (f.)

on
con (prep.)
dindòn (m.)
don (m.)
faetòn (m.)
non (avv.)

ona
ancona (f.)
angiolona (f.)
annona (f.)
anona (f.)
bissona (f.)
burrona (f.)
carlona (alla —) (avv.)
cervona (f.)
ciaccona (f.)
corona (f.)
dragona (f.)
faraona (f.)
fiaccona (f.)
icona (f.)
leona (f.)
magona (f.)
mammona (f.)
maona (f.)
maratona (f.)
matrona (f.)
nona (f.)
olona (f.)
pasciona (f.)
poltrona (f.)
rificolona (f.)
roggiolona (f.)
schiattona (f.)
spadona (f.)
vigesimanona (f.)
zitellona (f.)
zona (f.)
cf. *accrescitivi*

onaca
capocronaca (m.)
cronaca (f.)
fotocronaca (f.)
monaca (f.)
tonaca (f.)

onaco
intonaco (t., m.)
monaco (t., r., m.)
rintonaco (t., m.)
stonaco (t.)
onade
monade (f.)
onao
pronao (m.)
onasi
appigionasi (m.)
onca
conca (f.)
ronca (f.)
spelonca (f.)
oncavo
concavo (a., m.)
once
ponce (m.)
quinconce (m.)
onchio
bofonchio (i.)
carbonchio (m.)
gronchio (a.)
+ronchio (m.)
tonchio (i., m.
oncia
bigoncia (f.)
concia (f.)
oncia (f.)
oncio
acconcio (t., r., pps., a., +m.)
bigoncio (m.)
broncio (m.)
concio (t., a., m.)
disacconcio (a.)
disconcio (t.)
imbroncio (i.)
malconcio (a.)
poncio (m.)
racconcio (t., r., pps., m.)
riacconcio (t., r.)
sbigoncio (i.)
sbroncio (i.)
sconcio (t., r., m., a.)
scoroncio (i.)
oncito
concito (t.)
onco
arronco (t.)
bronco (m.)
cionco (t., pps., a.)
inconco (t.)
monco (a., m.)
ricionco (t.)
ritronco (t.)
ronco (t., i., m.)
sbronco (t.)
sconco (t.)
stronco (t., r., a., m.)
tronco (t., a., m.)
oncola
roncola (f.)
oncolo
roncolo (t., m.)
onda
baraonda (f.)
bionda (f.)
blonda (f.)
fionda (f.)
fonda (f.)
fronda (f.)
ghironda (f.)
gironda (f.)
gronda (f.)
monda (f.)
onda (f.)
radionda (f.)
ronda (f.)
rotonda (f.)
seconda (f.)
sonda (f.)
sponda (f.)
ondaco
fondaco (m.)
onde
altronde (avv.)
d'altronde (avv.)
donde (avv.)
laonde (avv.)
onde (avv., pron., congiunzione)
ondere
ascondere (t., r.)
caponascondere (m.)
circonfondere (t.)
confondere (t.)
corrispondere (i.)
diffondere (t., r.)
+disascondere (t., r.)
effondere (t.)
fondere (t.)
infondere (t.)
nascondere (t., r.)
profondere (t., r.)
riconfondere (t.)
rifondere (t.)
rispondere (i., t., r.)
ritondere (t.)
sconfondere (t.)
soffondere (t.)
+tondere (t.)
trasfondere (t.)
ondero
pondero (t.)
prepondero (i.)
ondi
bucafondi (m.)
ondia
facondia (f.)
infacondia (f.)
inverecondia (f.)
iracondia (f.)
verecondia (f.)
ondilo
condilo (m.)
spondilo (m.)
ondina
+rondina (f.)
ondine
rondine (f.)
ondito
recondito (a., m.)
+ricondito (a.)
ondo
abbondo (i.)
affondo (t., r., i.)
aggrondo (t.)
approfondo (t.)
arrotondo (t.)
assecondo (t.)
attondo (t.)
bassofondo (m.)
battifondo (m.)
biondo (a.)
bistondo (a.)
circondo (t.)
circonfondo (t.)
cogitabondo (a.)
confondo (t.)

corrispondo (i.)
diffondo (t., r.)
disfrondo (t.)
effondo (t.)
errabondo (a.)
esondo (t.)
facondo (a.)
fecondo (a., t.)
finimondo (m.)
fondo (t., m., a.)
fremebondo (a.)
furibondo (a.)
gabbamondo (m.)
gemebondo (a.)
giocondo (t., r., a.)
giramondo (m.)
girotondo (m.)
grondo (i., t.)
immondo (a.)
infacondo (a.)
infecondo (a.)
infondo (t.)
inondo (t.)
inverecondo (a.)
iracondo (a.)
latifondo (m.)
mappamondo (m.)
meditabondo (a.)
mezzofondo (m.)
mondo (t., a., m.)
moribondo (a.)
nascondo (t., r.)
nauseabondo (a.)
ondo (i.)
pondo (m.)
profondo (i., r., t., a., m.)
putibondo (a.)
riconfondo (t.)
ridondo (i.)
rifecondo (t.)
rifondo (t.)
rimondo (t., a.)
rispondo (i., t., r.)
ritondo (t.)
rondo (t., i.)
rotondo (t., r., a.)
rubicondo (a.)
sconfondo (t.)
secondo (t., num., avverbio, prep.)
sfiondo (t., i.)
sfondo (t., i., r., m.)
sfrondo (t., r.)
sgrondo (i., t., m.)
sitibondo (a.)
soffondo (t.)
sondo (t.)
soprabbondo (i.)
sovrabbondo (i.)
sprofondo (t., i.)
sputatondo (m.)
tondo (t., a., m.)
trasfondo (t.)
tremebondo (a.)
vagabondo (i., a., m.)
verecondo (a.)

ondola

dondola (f.)
gondola (f.)
+poscondola (f.)

ondolo

ciondolo (i., m.)
dondolo (i., r., t., m.)
girondolo (i.)

ondor

condor (m.)

ondrio

ipocondrio (m.)
pericondrio (m.)

ondulo

ondulo (i., t.)

one

abbacone (m.)
abbaione (m.)
abbassagione (f.)
abbiezione (f.)
abbondone (m.)
abbordone (m.)
abborraccione (m.)
abbraccione (m.)
abbreviazione (f.)
abbrustione (f.)
abburattone (m.)
abdicazione (f.)
abduzione (f.)
aberrazione (f.)
abilitazione (f.)
abitone (m.)
abituazione (f.)
abiurazione (f.)
ablazione (f.)
abluzione (f.)
abnegazione (f.)
abolizione (f.)
abominazione (f.)
abrasione (f.)
abrogazione (f.)
abusione (f.)
accattone (m.)
accavalcione (avv.)
accelerazione (f.)
accensione (f.)
accentuazione (f.)
accessione (f.)
accettazione (f.)
accettilazione (f.)
accezione (f.)
acciabattone (m.)
acciarpone (m.)
acclamazione (f.)
acclimatazione (f.)
acclimazione (f.)
accomodazione (f.)
+accomunazione (f.)
+accone (m.)
+accorazione (f.)
accrezione (f.)
accumulazione (f.)
acetificazione (f.)
acetone (m.)
acquagione (f.)
acquazzone (m.)
+addicimazione (f.)
addizione (f.)
adduzione (f.)
adenzione (f.)
adequazione (f.)
adesione (f.)
adizione (f.)
adone (m.)
adorazione (f.)
adottazione (f.)
adozione (f.)
adulazione (f.)
adulterazione (f.)
adustione (f.)
aerazione (f.)
aerificazione (f.)
affannone (m.)
affarone (m.)
affascinazione (f.)
affatturazione (f.)

affermazione (f.)
affettazione (f.)
affezione (f.)
affigurazione (f.)
affiliazione (f.)
affissione (f.)
afflizione (f.)
affrancazione (f.)
affusione (f.)
agevolazione (f.)
aggettivazione (f.)
aggiudicazione (f.)
aggiunzione (f.)
agglomerazione (f.)
agglutinazione (f.)
aggregazione (f.)
aggressione (f.)
agitazione (f.)
agnazione (f.)
agnizione (f.)
agone (m.)
airone (m.)
alcione (m.)
alerione (m.)
alerone (m.)
alettone (m.)
aleurone (m.)
alienazione (f.)
alimentazione (f.)
allagazione (f.)
allegagione (f.)
allogazione (f.)
allegrone (a., m.)
allentagione (f.)
alligazione (f.)
allisione (f.)
allitterazione (f.)
allocazione (f.)
allocuzione (f.)
allogagione (f.)
allogazione (f.)
allucinazione (f.)
allusione (f.)
alluvione (f.)
almanaccone (m.)
alone (m.)
alterazione (f.)
altercazione (f.)
alternazione (f.)
ambizione (f.)
ambone (m.)
amicone (m.)
ammennicolone (m.)
ammestone (m.)
amministrazione(f.)
ammirazione (f.)
ammissione (f.)
+ammistione (f.)
ammonizione (f.)
amplificazione (f.)
amputazione (f.)
ancone (m.)
andone (m.)
androne (m.)
anemone (m.)
anfitrione (m.)
anfizione (f.)
angone (f.)
+animadversione (f.)
animalone (m.)
animazione (f.)
anione (m.)
anisone (m.)
annaspone (m.)
annessione (f.)
annichilazione (f.)
annominazione (f.)
annotazione (f.)
annunziazione (f.)
anteambulone (m., f.)
anteversione (f.)
anticiclone (m.)
anticipazione (f.)
antinarrazione (f.)
appaltone (m.)
apparizione (f.)
appellazione (f.)
appercezione (f.)
applicazione (f.)
appoderazione (f.)
apposizione (f.)
apprensione (f.)
appropriazione (f.)
approssimazione (f.)
approvazione (f.)
aquilone (m.)
arancione (a., m.)
arcione (m.)
ardiglione (m.)
arenazione (f.)
argentone (m.)
arginazione (f.)
argnone (m.)
argomentazione (f.)
armeggione (m.)
arnione (m.)
arpagone (m.)
arpione (m.)
arrogazione (f.)
arruffone (m.)
arsione (f.)
arsone (m.)
articolazione (f.)
artimone (m.)
arzigogolone (m.)
ascensione (f.)
ascialone (m.)
ascoltazione (f.)
aspersione (f.)
aspettazione (f.)
aspirazione (f.)
asportazione (f.)
asprone (f.)
assegnazione (f.)
asserzione (f.)
asseverazione (f.)
assicurazione (f.)
assiderazione (f.)
assillabazione (f.)
assimilazione (f.)
associazione (f.)
assoluzione (f.)
assone (m.)
assuefazione (f.)
assunzione (f.)
astensione (f.)
astersione (f.)
astrazione (f.)
attenzione (f.)
attestazione (f.)
attrazione (f.)
attribuzione (f.)
attrizione (f.)
attuazione (f.)
audizione (f.)
auscultazione (f.)
autenticazione (f.)
autodecisione (f.)
autoindicazione (f.)
autointossicazione (f.)
autolesione (f.)
autorizzazione (f.)
autosuggestione (f.)

aviazione (f.)
avocazione (f.)
avversione (f.)
azione (f.)
babbaccione (a., m.)
babbione (m.)
bacchettone (m.)
badalone (m.)
+bagaglione (m.)
baiettone (m.)
balbettone (m.)
balcone (m.)
baloccone (m.)
balzellone (m.)
bandone (m.)
baraccone (m.)
barbone (m.)
barbuglione (m.)
barcollone (m.)
bardellone (m.)
barellone (m., avv.)
bariglione (m.)
barone (m.)
bastione (m.)
bastone (m.)
battaglione (m.)
+battezzone (m.)
beatificazione (f.)
beccofrusone (m.)
+bellicone (m.)
belone (m.)
benaccione (m.)
bendone (m.)
benedizione (f.)
benone (m., avv.)
beone (m.)
bercione (m.)
bertuccione (m.)
bestemmione (m.)
beverone (m.)
bevone (m.)
biancone (a.)
biascicone (m.)
biasimone (m.)
bidone (m.)
bietolone (m.)
biforcazione (f.)
bighettone (m.)
biglione (m.)
bilione (m.)
bipartizione (f.)
birbone (m.)
birrone (m.)
bisbiglione (m.)
bisboccione (m.)
biscione (m.)
bisezione (f.)
blasone (m.)
blaterone (a., m.)
boccalone (m.)
boccione (m.)
boccone (m.)
bollizione (f.)
bollone (m.)
bolzone (m.)
bombardone (m.)
bombolone (m.)
bonaccione (m., a.)
bonificazione (f.)
bontempone (m.)
borbottone (m.)
bordiglione (m.)
bordone (m.)
borgognone (m.)
borione (m.)
borlone (m.)
bottone (m.)
bozzacchione (m.)
bracalone (m.)
brachettone (m.)
brancione (m.)
bravazzone (m.)
brezzone (m.)
briacone (m.)
briccone (m.)
brindellone (m.)
broccatellone (m.)
brodolone (m.)
broncone (m.)
brontolone (m.)
bubbone (m.)
buffone (m.)
bugione (m.)
bullone (m.)
buontempone (m.)
burlone (m.)
burrone (m.)
buzzone (m.)
cabalone (m.)
cacchione (m.)
cacciagione (f.)
cacone (m.)
cafone (m.)
cagione (f.)
calabrone (m.)
calamitazione (f.)
calcificazione (f.)
calcinazione (f.)
+calcolazione (f.)
calderone (m.)
calefazione (f.)
calzettone (m.)
calzone (m.)
cambriglione (m.)
campione (m.)
canalone (m.)
cancellazione (f.)
cannellone (m.)
cannone (m.)
canonizzazione (f.)
cantone (m.)
canzone (f.)
capannone (m.)
+capitazione (f.)
capitolazione (f.)
capitone (m.)
capodivisione (m.)
capone (m.)
caporione (m.)
caposezione (m.)
caposquadrone (m.)
capostazione (m.)
cappellone (m.)
cappone (m.)
caprone (m.)
captazione (f.)
carbone (m.)
carbonizzazione (f.)
carburazione (f.)
carcerazione (f.)
cariglione (m.)
carnagione (f.)
carnevalone (m.)
carnificazione (f.)
carpione (m.)
carpone (avv.)
carrettone (m.)
carrozzone (m.)
cartacarbone (f.)
cartellone (m.)
cartone (m.)
cassazione (f.)
cassettone (m.)

cassone (m.)
+castiglione (m.)
castone (m.)
castrametazione (f.)
castrazione (f.)
castrone (m.)
catione (m.)
catone (m.)
cauterizzazione (f.)
cauzione (f.)
cavallone (m.)
cavazione (f.)
cavillazione (f.)
cavitazione (f.)
cedrone (m.)
ceffone (m.)
celebrazione (f.)
cementazione (f.)
cempennone (m.)
cenerone (m.)
cenone (m.)
centone (m.)
centralizzazione (f.)
centrifugazione (f.)
centurione (m.)
cerchione (m.)
cercone (m.)
cerebrazione (f.)
cerone (m.)
cessazione (f.)
cessione (f.)
cestone (m.)
chiacchierone (m.)
chiarificazione (f.)
chiassone (m.)
chilificazione (f.)
chimificazione (f.)
chitone (m.)
ciabattone (m.)
cialdone (m.)
cialtrone (m.)
ciambellone (m.)
ciampicone (m.)
ciancicone (m.)
ciancione (m.)
cianfruglione (m.)
ciangottone (m.)
ciarlone (m.)
cicalone (m.)
cicatrizzazione (f.)
ciccione (m.)
cicerone (m.)
ciclone (m.)
ciglione (m.)
cignone (m.)
ciondolone (avv.)
circolazione (f.)
circoncisione (f.)
circonflessione (f.)
circonlocuzione (f.)
circonvallazione (f.)
circonvoluzione (f.)
circoscrizione (f.)
circospezione (f.)
circuizione (f.)
circumnavigazione (f.)
citazione (f.)
civettone (m.)
civilizzazione (f.)
clarone (m.)
classificazione (f.)
claudicazione (f.)
cloroformizzazione (f.)
coabitazione (f.)
coagulazione (f.)
coalizione (f.)
coartazione (f.)
coazione (f.)
codificazione (f.)
codione (m.)
codrione (m.)
coercizione (f.)
coesione (f.)
+cogitazione (f.)
cognazione (f.)
cognizione (f.)
cognominazione (f.)
colascione (m.)
colazione (f.)
collaborazione (f.)
collazione (f.)
collezione (f.)
collimazione (f.)
collisione (f.)
collocazione (f.)
collusione (f.)
colluttazione (f.)
colonizzazione (f.)
colorazione (f.)
coltivazione (f.)
coltrone (m.)
combinazione (f.)
combustione (f.)
commemorazione (f.)
commendazione (f.)
commestione (f.)
commilitone (m.)
comminazione (f.)
commiserazione (f.)
commissione (f.)
commistione (f.)
commisurazione (f.)
commozione (f.)
compagnone (m.)
comparazione (f.)
comparizione (f.)
compartecipazione (f.)
compartizione (f.)
compassione (f.)
compenetrazione (f.)
compensazione (f.)
competizione (f.)
compilazione (f.)
complessione (f.)
complicazione (f.)
composizione (f.)
comprensione (f.)
compressione (f.)
compunzione (f.)
computazione (f.)
comunicazione (f.)
comunione (f.)
concamerazione (f.)
concatenazione (f.)
concentrazione (f.)
concertazione (f.)
concessione (f.)
concezione (f.)
conciliazione (f.)
concimazione (f.)
concione (f.)
concisione (f.)
concitazione (f.)
conclusione (f.)
concozione (f.)
concrezione (f.)
conculcazione (f.)
concussione (f.)
condannazione (f.)
condensazione (f.)
condizione (f.)
condonazione (f.)
conduzione (f.)

confabulazione (f.)
confarreazione (f.)
confederazione (f.)
confermazione (f.)
confessione (f.)
confezione (f.)
configurazione (f.)
confinazione (f.)
conflagrazione (f.)
conformazione (f.)
confricazione (f.)
confusione (f.)
confutazione (f.)
congelazione (f.)
congestione (f.)
congiunzione (f.)
conglomerazione (f.)
congratulazione (f.)
congregazione (f.)
coniugazione (f.)
connessione (f.)
consacrazione (f.)
consecuzione (f.)
conservazione (f.)
considerazione (f.)
consociazione (f.)
consolazione (f.)
constatazione (f.)
consultazione (f.)
consumazione (f.)
consunzione (f.)
consustanziazione (f.)
+contagione (f.)
contaminazione (f.)
contemplazione (f.)
+contentazione (f.)
contestazione (f.)
continuazione (f.)
contorsione (f.)
contraddizione (f.)
contraffazione (f.)
contrapposizione (f.)
contrattazione (f.)
contravvenzione (f.)
contrazione (f.)
contribuzione (f.)
contrizione (f.)
controdichiarazione (f.)
controindicazione (f.)
controrivoluzione (f.)
conturbazione (f.)
contusione (f.)
convalidazione (f.)
+conventazione (f.)
convenzione (f.)
conversazione (f.)
conversione (f.)
convezione (f.)
convinzione (f.)
convocazione (f.)
convulsione (f.)
coobazione (f.)
cooperazione (f.)
coordinazione (f.)
copertone (m.)
copione (m.)
coppellazione (f.)
corbacchione (m.)
cordellone (m.)
cordialone (m.)
cordone (m.)
corindone (m.)
cornicione (m.)
coronazione (f.)
corporazione (f.)
correlazione (f.)
correntone (m.)
corresponsione (f.)
correzione (f.)
corroborazione (f.)
corrosione (f.)
corruzione (f.)
coscrizione (f.)
cospirazione (f.)
costatazione (f.)
costellazione (f.)
costernazione (f.)
costipazione (f.)
costituzione (f.)
costolone (m.)
costrizione (f.)
costruzione (f.)
cotone (m.)
covone (m.)
cozione (f.)
cozzone (m.)
crapulone (m.)
creazione (f.)
credenzone (m.)
cremazione (f.)
crescione (m.)
cristallizzazione (f.)
criticone (m.)
crivellone (m.)
crocifissione (f.)
cruscone (m.)
culminazione (f.)
cumulazione (f.)
cupone (m.)
curculione (m.)
daddolone (m.)
dannazione (f.)
darsonvalizzazione (f.)
+dazione (f.)
deambulazione (f.)
debilitazione (f.)
decalcificazione (f.)
decamerone (m.)
decantazione (f.)
decapitazione (f.)
decarburazione (f.)
+decezione (f.)
decimazione (f.)
decisione (f.)
declamazione (f.)
declinazione (f.)
decollazione (f.)
decolorazione (f.)
decomposizione (f.)
decorazione (f.)
decozione (f.)
decrepitazione (f.)
decuzione (f.)
decursione (f.)
decurtazione (f.)
dedicazione (f.)
dedizione (f.)
deduzione (f.)
defalcazione (f.)
defatigazione (f.)
defecazione (f.)
defenestrazione (f.)
defezione (f.)
definizione (f.)
deflagrazione (f.)
deflazione (f.)
deflorazione (f.)
deformazione (f.)
defosforazione (f.)
defraudazione (f.)
degenerazione (f.)
deglutizione (f.)
degnazione (f.)

degradazione (f.)
degustazione (f.)
deiezione (f.)
deificazione (f.)
delarvizzazione (f.)
delazione (f.)
delegazione (f.)
delibazione (f.)
deliberazione (f.)
delimitazione (f.)
delineazione (f.)
deltazione (f.)
delucidazione (f.)
delusione (f.)
demarcazione (f.)
demodulazione (f.)
demolizione (f.)
demoralizzazione (f.)
denegazione (f.)
denigrazione (f.)
denominazione (f.)
dentizione (f.)
denudazione (f.)
denunciazione (f.)
denunziazione (f.)
denutrizione (f.)
deperizione (f.)
depersonalizzazione (f.)
depilazione (f.)
deplezione (f.)
deplorazione (f.)
depolarizzazione (f.)
deportazione (f.)
deposizione (f.)
depravazione (f.)
deprecazione (f.)
depredazione (f.)
depressione (f.)
depurazione (f.)
deputazione (f.)
deratizzazione (f.)
derisione (f.)
derivazione (f.)
derogazione (f.)
deruralizzazione (f.)
descrizione (f.)
designazione (f.)
desolazione (f.)
+desortazione (f.)
+despezione (f.)
desquamazione (f.)
destinazione (f.)
destituzione (f.)
detenzione (f.)
deteriorazione (f.)
determinazione (f.)
detersione (f.)
detestazione (f.)
detonazione (f.)
detrazione (f.)
deturpazione (f.)
devalutazione (f.)
devastazione (f.)
deviazione (f.)
devoluzione (f.)
devozione (f.)
diavolone (m.)
dichiarazione (f.)
diffamazione (f.)
diffrazione (f.)
diffusione (f.)
digestione (f.)
digitazione (f.)
digradazione (f.)
digressione (f.)
dilapidazione (f.)
dilatazione (f.)
dilazione (f.)
dilettazione (f.)
dilezione (f.)
dilucidazione (f.)
diluizione (f.)
diluvione (m.)
diluzione (f.)
dimensione (f.)
dimenticone (m.)
diminuzione (f.)
dimissione (f.)
dimostrazione (f.)
diramazione (f.)
+direpzione (f.)
direzione (f.)
dirizzone (m.)
disaffezione (f.)
disapplicazione (f.)
disapprovazione (f.)
disarticolazione (f.)
disattenzione (f.)
discensione (f.)
+discettazione (f.)
+discorsione (f.)
discrezione (f.)
discussione (f.)
diseredazione (f.)
diserzione (f.)
disfunzione (f.)
disgiunzione (f.)
disgregazione (f.)
disidratazione (f.)
disillusione (f.)
disinfezione (f.)
disintegrazione (f.)
dislocazione (f.)
disoccupazione (f.)
disorganizzazione (f.)
disossidazione (f.)
disperazione (f.)
dispersione (f.)
disposizione (f.)
disproporzione (f.)
disputazione (f.)
disquisizione (f.)
disseminazione (f.)
dissensione (f.)
dissertazione (f.)
dissezione (f.)
dissimulazione (f.)
dissipazione (f.)
dissociazione (f.)
dissoluzione (f.)
dissuasione (f.)
distensione (f.)
distillazione (f.)
distinzione (f.)
distorsione (f.)
distrazione (f.)
distribuzione (f.)
distruzione (f.)
disumazione (f.)
disunione (f.)
divagazione (f.)
diversificazione (f.)
diversione (f.)
divinazione (f.)
divinizzazione (f.)
divisione (f.)
divozione (f.)
divulgazione (f.)
divulsione (f.)
dizione (f.)
doblone (m.)
doccione (m.)
domesticazione (f.)

domificazione (f.)
dominazione (f.)
donazione (f.)
dondolone (m.)
doppione (m.)
dormiglione (m.)
dotazione (f.)
dragone (m.)
drappellone (m.)
dromone (m.)
dubitazione (f.)
ducatone (m.)
duplicazione (f.)
durone (m.)
ebollizione (f.)
ebullizione (f.)
eburneazione (f.)
ecatombeone (m.)
eccettuazione (f.)
eccezione (f.)
eccitazione (f.)
edificazione (f.)
edizione (f.)
educazione (f.)
effettuazione (f.)
effrazione (f.)
affumazione (f.)
effusione (f.)
+eiulazione (f.)
elaborazione (f.)
elargizione (f.)
elegantone (m., a.)
elettrificazione (f.)
elettrizzazione (f.)
elettrocuzione (f.)
elettrone (m.)
elevazione (f.)
elezione (f.)
eliminazione (f.)
elisione (f.)
elocuzione (f.)
elongazione (f.)
elucubrazione (f.)
elusione (f.)
emaciazione (f.)
emanazione (f.)
emancipazione (f.)
embrione (m.)
embrocazione (f.)
emendazione (f.)
emersione (f.)
emigrazione (f.)
emissione (f.)
emozione (f.)
emulazione (f.)
emulsione (f.)
enfiagione (f.)
enucleazione (f.)
enumerazione (f.)
enunciazione (f.)
epatizzazione (f.)
epilazione (f.)
epistazione (f.)
eptamerone (m.)
epulone (m.)
epurazione (f.)
equazione (f.)
equitazione (f.)
erborazione (f.)
erborizzazione (f.)
erezione (f.)
erogazione (f.)
erosione (f.)
erudizione (f.)
eruttazione (f.)
eruzione (f.)
esacerbazione (f.)
esagerazione (f.)
esagerone (m.)
esalazione (f.)
esaltazione (f.)
esasperazione (f.)
esautorazione (f.)
esazione (f.)
escarificazione (f.)
escavazione (f.)
escisione (f.)
esclamazione (f.)
esclusione (f.)
escogitazione (f.)
escoriazione (f.)
escrezione (f.)
escursione (f.)
escussione (f.)
esecrazione (f.)
esecuzione (f.)
esemplificazione (f.)
esenzione (f.)
esercitazione (f.)
esibizione (f.)
esinanizione (f.)
esitazione (f.)
esorbitazione (f.)
esortazione (f.)
espansione (f.)
espettazione (f.)
espettorazione (f.)
espiazione (f.)
espirazione (f.)
esplicazione (f.)
esplorazione (f.)
esplosione (f.)
esportazione (f.)
esposizione (f.)
espressione (f.)
espropriazione (f.)
espugnazione (f.)
espulsione (f.)
espunzione (f.)
essiccazione (f.)
estensione (f.)
estenuazione (f.)
esteriorizzazione (f.)
esterminazione (f.)
estimazione (f.)
estinzione (f.)
estirpazione (f.)
estorsione (f.)
estradizione (f.)
estrazione (f.)
estrinsecazione (f.)
esulcerazione (f.)
esultazione (f.)
esumazione (f.)
eterificazione (f.)
eterizzazione (f.)
evacuazione (f.)
evaporazione (f.)
evaporizzazione (f.)
evasione (f.)
eversione (f.)
evezione (f.)
evizione (f.)
evocazione (f.)
evoluzione (f.)
fabbricazione (f.)
faccendone (f.)
facilitazione (f.)
facilone (m.)
falcione (m.)
falcone (m.)
falsificazione (f.)
falsobordone (m.)

fanfarone (m.)
fannullone (m.)
fanone (m.)
fantasticone (m.)
farabolone (a.)
faradizzazione (f.)
faraglione (m.)
faraone (m.)
farfallone (m.)
fascinazione (f.)
fazione (f.)
fecondazione (f.)
federazione (f.)
felicitazione (f.)
+fellone (a.)
fermentazione (f.)
festone (m.)
fibrillazione (f.)
fideiussione (f.)
fienazione (f.)
fifone (m.)
figurazione (f.)
figurone (m.)
filiazione (f.)
filone (m.)
filtrazione (f.)
finzione (f.)
fiorone (m.)
fiottone (m.)
fissazione (f.)
fittone (m.)
flacone (m.)
flagellazione (f.)
flessione (f.)
flottazione (f.)
flussione (f.)
fluttuazione (f.)
focone (m.)
folgorazione (f.)
follone (m.)
fomentazione (f.)
fondazione (f.)
+fonfone (m.)
forchettone (m.)
forcone (m.)
formazione (f.)
formentone (m.)
formicaleone (m.)
formicolazione (f.)
fornicazione (f.)
fortificazione (f.)
fossilizzazione (f.)
fotoincisione (f.)
fotone (m.)
fracassone (m.)
frammassone (m.)
francazione (f.)
francescone (m.)
fratacchione (m.)
frazione (f.)
fregazione (f.)
frequentazione (f.)
frignone (m.)
frittellone (m.)
frizione (f.)
frontone (m.)
fruizione (f.)
frullone (m.)
frumentone (m.)
frusone (m.)
futtificazione (f.)
fucilazione (f.)
fulmicotone (m.)
fulminazione (f.)
fumigazione (f.)
funzione (f.)
furgone (m.)
fusione (f.)
fustigazione (f.)
gabbione (m.)
gaettone (m.)
galcone (m.)
gallastrone (m.)
gallone (m.)
galvanizzazione (f.)
ganascione (m.)
garamone (m.)
garzone (m.)
gattomammone (m.)
gattone (m.)
gavone (m.)
gelatificazione (f.)
gelone (m.)
geminazione (f.)
gemmazione (f.)
generalizzazione (f.)
generazione (f.)
genuflessione (f.)
germinazione (f.)
gestazione (f.)
gesticolazione (f.)
gestione (f.)
gettone (m.)
gherone (m.)
ghiottone (m.)
giallone (m.)
gibbone (m.)
gigione (m.)
giglione (m.)
ginestrone (m.)
gingillone (m.)
giovialone (a., m.)
girandolone (m.)
girellone (m.)
girone (m.)
giubbilazione (m.)
giubbone (m.)
giuggiolone (m.)
giunzione (f.)
giurisdizione (f.)
giustificazione (f.)
glorificazione (f.)
gnomone (m.)
gocciolone (m.)
gonfalone (m.)
gonfiagione (f.)
gonfione (m.)
+gongone (m.)
gorgoglione (m.)
gracchione (m.)
gradazione (f.)
graduazione (f.)
graffione (m.)
grancordone (m.)
grancordone (m.)
grandiglione (m.)
granigione (m.)
granitone (m.)
granone (m.)
granulazione (f.)
grassazione (f.)
grassone (a., m.)
gratificazione (f.)
gravitazione (f.)
griffone (m.)
grifone (m.)
grillone (m.)
grondone (m.)
groppone (m.)
gruccione (m.)
grugnone (m.)
guainone (m.)
guantone (m.)

guardaportone (m.)
guardone (m.)
guarigione (f.)
guarnigione (f.)
guarnizione (f.)
guascone (m.)
guazzabuglione (m.)
guiderdone (m.)
guidone (m.)
guscione (m.)
ibernazione (f.)
ibridazione (f.)
icneumone (m.)
icone (f.)
idrazione (f.)
identificazione (f.)
idrochinone (m.)
idrogenazione (f.)
ignizione (f.)
ignorantone (a.)
illazione (f.)
illuminazione (f.)
illusione (f.)
illustrazione (f.)
illutazione (f.)
illuvione (f.)
imbalsamazione (f.)
imbandigione (f.)
imbarcazione (f.)
imbibizione (f.)
imbroglione (m.)
imitazione (f.)
immaginazione (f.)
immatricolazione (f.)
immersione (f.)
immigrazione (f.)
immissione (f.)
immistione (f.)
immobilizzazione (f.)
immolazione (f.)
immutazione (f.)
impaginazione (f.)
imperfezione (f.)
impetrazione (f.)
impiccagione (f.)
impiccione (m.)
implorazione (f.)
impollinazione (f.)
importazione (f.)
imposizione (f.)
impostazione (f.)
imprecazione (f.)
imprecisione (f.)
impremeditazione (f.)
impreparazione (f.)
impressione (f.)
improvvisazione (f.)
impugnazione (f.)
impulsione (f.)
imputazione (f.)
inabilitazione (f.)
inalazione (f.)
inalveazione (f.)
inanizione (f.)
inattenzione (f.)
inaugurazione (f.)
inazione (f.)
incamerazione (f.)
incantagione (f.)
incantazione (f.)
incardinazione (f.)
incarnazione (f.)
inciampone (m.)
incinerazione (f.)
incisione (f.)
inclinazione (f.)
inclusione (f.)
incoazione (f.)
incolpazione (f.)
incorruzione (f.)
incriminazione (f.)
incrostazione (f.)
incubazione (f.)
incursione (f.)
incurvazione (f.)
indecisione (f.)
indeterminazione (f.)
indicazione (f.)
indigestione (f.)
indignazione (f.)
indiscrezione (f.)
indisposizione (f.)
individuazione (f.)
indizione (f.)
induzione (f.)
infatuazione (f.)
infestazione (f.)
infestione (f.)
infezione (f.)
infiammazione (f.)
infiltrazione (f.)
infiorazione (f.)
inflazione (f.)
inflessione (f.)
inflizione (f.)
informazione (f.)
infrazione (f.)
infusione (f.)
ingarbuglione (m.)
ingiunzione (f.)
inibizione (f.)
iniezione (f.)
iniziazione (f.)
innervazione (f.)
innovazione (f.)
inoculazione (f.)
inondazione (f.)
inquartazione (f.)
inquinazione (f.)
inquisizione (f.)
insalivazione (f.)
inserzione (f.)
insinuazione (f.)
insolazione (f.)
inspirazione (f.)
installazione (f.)
instaurazione (f.)
insubordinazione (f.)
insufflazione (f.)
insurrezione (f.)
integrazione (f.)
intenzione (f.)
intercalazione (f.)
intercessione (f.)
intercezione (f.)
intercisione (f.)
interdizione (f.)
interiezione (f.)
interlineazione (f.)
interlocuzione (f.)
intermissione (f.)
interpetrazione (f.)
interpretazione (f.)
interpolazione (f.)
interposizione (f.)
interpunzione (f.)
interrogazione (f.)
interruzione (f.)
intersecazione (f.)
intersezione (f.)
intestazione (f.)
intimazione (f.)
intimidazione (f.)

intitolazione (f.)
intonazione (f.)
intossicazione (f.)
introduzione (f.)
introflessione (f.)
intromissione (f.)
intronizzazione (f.)
introspezione (f.)
introversione (f.)
intrusione (f.)
intuizione (f.)
inumazione (f.)
invalidazione (f.)
invasione (f.)
invenzione (f.)
inversione (f.)
investigazione (f.)
invocazione (f.)
involuzione (f.)
ione (m.)
ionizzazione (f.)
ipernutrizione (f.)
ipertensione (f.)
ipotensione (f.)
irradiazione (f.)
irreligione (f.)
irreligione (f.)
irresoluzione (f.)
irriflessione (f.)
irrigazione (f.)
irrisione (f.)
irritazione (f.)
irrogazione (f.)
irrorazione (f.)
irruzione (f.)
iscrizione (f.)
ispezione (f.)
ispirazione (f.)
istigazione (f.)
istituzione (f.)
istrione (m.)
istrumentazione (f.)
istruzione (f.)
iterazione (f.)
labbrone (m.)
lacerazione (f.)
lacrimazione (f.)
laicizzazione (f.)
lallazione (f.)
lamentazione (f.)
laminazione (f.)
lampione (m.)
lampone (m.)
lanternone (m.)
lapidazione (f.)
lardone (m.)
largizione (f.)
lasagnone (m.)
lastrone (m.)
lattone (m.)
lavorazione (f.)
lazzarone (m.)
leccone (m.)
legalizzazione (f.)
legazione (f.)
leggerone (a., m.)
legione (f.)
legislazione (f.)
legittimazione (f.)
lenone (m.)
leone (m.)
lesione (f.)
levigazione (f.)
levitazione (f.)
lezione (f.)
lezzone (m.)
libagione (f.)
libazione (f.)
liberazione (f.)
librazione (f.)
licitazione (f.)
lignificazione (f.)
limitazione (f.)
limone (m.)
linone (m.)
liquazione (f.)
liquefazione (f.)
liquidazione (f.)
lisciviazione (f.)
liticone (m.)
livellazione (f.)
localizzazione (f.)
locazione (f.)
locomozione (f.)
locuzione (f.)
loggione (m.)
longarone (m.)
lozione (f.)
lubbione (m.)
lubrificazione (f.)
luccicone (m.)
lucciolone (m.)
lucidazione (f.)
lucumone (m.)
lunazione (f.)
lungone (m.)
lussazione (f.)
lustrazione (f.)
macaone (m.)
maccherone (m.)
macchinazione (f.)
macchinificazione (f.)
macchione (m.)
macellazione (f.)
macerazione (f.)
macinazione (f.)
maggiorazione (f.)
+magione (f.)
maglione (m.)
magnetizzazione (f.)
magnetostrizione (f.)
magone (m.)
maledizione (f.)
malversazione (f.)
malvone (m.)
mammellone (m.)
mammone (a.)
maneggione (m.)
mangione (m.)
manifestazione (f.)
manipolazione (f.)
manomissione (f.)
mansione (f.)
manutenzione (f.)
marangone (m.)
margone (m.)
marrone (m.)
mascalzone (m.)
mascarpone (m.)
mascherpone (m.)
mascherone (m.)
massone (m.)
masticazione (f.)
masturbazione (f.)
matafione (m.)
materializzazione (f.)
materialone (a.)
matricolazione (f.)
mattacchione (f.)
mattaffione (m.)
mattaione (m.)
mattone (m.)
maturazione (f.)

medaglione (m.)
mediazione (f.)
medicazione (f.)
medicone (m.)
meditazione (f.)
meggione (m.)
mellificazione (f.)
mellone (m.)
melone (m.)
menomazione (f.)
menzione (f.)
mercerizzazione (f.)
merendone (m.)
meriggione (m.)
mesticcione (m.)
mestone (m.)
metallizzazione (f.)
mezzone (m.)
midollone (a., m.)
mignone (m., a.)
migrazione (f.)
milione (m.)
militarizzazione (f.)
minchione (m.)
minestrone (m.)
minorazione (f.)
mirmillone (m.)
miserione (m.)
missione (f.)
mistificazione (f.)
mistione (f.)
misurazione (f.)
mitigazione (f.)
mobilitazione (f.)
moccicone (m.)
modellazione (f.)
moderazione (f.)
modificazione (f.)
modiglione (m.)
modulazione (f.)
mollettone (m.)
mollificazione (f.)
moltiplicazione (f.)
monacazione (f.)
moncone (m.)
mondazione (f.)
monetazione (f.)
monsone (m.)
montone (m.)
moralizzazione (f.)
morione (m.)
mormone (m.)
mormorazione (f.)
mortificazione (f.)
moschettone (m.)
moscione (m.)
moscone (m.)
mostaccione (m.)
motivazione (f.)
movietone (a.)
mozione (f.)
mozzicone (m.)
mozzone (m.)
mucrone (m.)
muflone (m.)
mummificazione (f.)
municipalizzazione (f.)
munizione (f.)
muraglione (m.)
musone (m.)
mussitazione (f.)
mutazione (f.)
mutilazione (f.)
mutuazione (f.)
napoleone (m.)
narrazione (f.)
nasone (m.)
naturalizzazione (f.)
navigazione (f.)
navone (m.)
nazionalizzazione (f.)
nazione (f.)
nebbione (m.)
negazione (f.)
negoziazione (f.)
neoformazione (f.)
neurone (m.)
neutralizzazione (f.)
neutrone (m.)
nidificazione (i.)
ninnolone (a., m.)
nitrificazione (f.)
nobilitazione (f.)
none (f. pl.)
notazione (f.)
notificazione (f.)
novazione (f.)
nozione (f.)
numerazione (f.)
nutazione (f.)
nutrizione (f.)
nuvolone (m.)
obbligazione (f.)
obiezione (f.)
obiurgazione (f.)
oblazione (f.)
obliterazione (f.)
+oblivione (f.)
obnubilazione (f.)
occasione (f.)
occlusione (f.)
occultazione (f.)
occupazione (f.)
+offensione (f.)
offuscazione (f.)
omaccione (m.)
omissione (f.)
omologazione (f.)
ondazione (f.)
ondulazione (f.)
operazione (f.)
opinione (f.)
oppilazione (f.)
opposizione (f.)
oppressione (f.)
oppugnazione (f.)
opzione (f.)
orazione (f.)
orchestrazione (f.)
ordinazione (f.)
orecchione (m.)
organizzazione (f.)
orientazione (f.)
orinazione (f.)
ormone (m.)
ornamentazione (f.)
orrezione (f.)
orripilazione (f.)
oscillazione (f.)
oscurazione (f.)
ossecrazione (f.)
osservazione (f.)
ossessione (f.)
ossidazione (f.)
ossificazione (f.)
ossigenazione (f.)
ostensione (f.)
ostentazione (f.)
ostinazione (f.)
ostruzione (f.)
ottone (m.)
otturazione (f.)
ovazione (f.)

ozonizzazione (f.)
pacificazione (f.)
pacioccone (m.)
pacione (m.)
padiglione (m.)
padrone (m.)
paglione (m.)
palamidone (m.)
palchettone (m.)
palificazione (f.)
pallidone (a., m.)
pallone (m.)
palmone (m.)
palpazione (f.)
palpebrazione (f.)
palpitazione (f.)
pancone (m.)
panettone (m.)
panificazione (f.)
panione (m.)
pantalone (m.)
panzerone (m.)
pappacchione (m.)
pappone (m.)
paragone (m.)
parificazione (f.)
parruccone (m.)
partecipazione (f.)
partitone (m.)
partizione (f.)
passione (f.)
+passone (m.)
pasticcione (m.)
pastone (m.)
pastorizzazione (f.)
pataccone (m.)
pataffione (m.)
pavimentazione (f.)
pavone (m.)
pazzacchione (m.)
pazzerellone (m.)
pecchione (m.)
pecorone (m.)
pedignone (m.)
pedone (m.)
pelagione (f.)
pelandrone (a.)
pelliccione (m.)
pendone (m.)
penetrazione (f.)
pennone (m.)
pensione (f.)
peperone (m.)
peptone (m.)
percezione (f.)
percussione (f.)
perdizione (f.)
perduellione (f.)
peregrinazione (f.)
perenzione (f.)
perequazione (f.)
perfezione (f.)
perforazione (f.)
perfusione (f.)
pericolone (m.)
perlagione (f.)
perlustrazione (f.)
permissione (f.)
permutazione (f.)
perone (m.)
perorazione (f.)
perpetrazione (f.)
perpetuazione (f.)
perquisizione (f.)
persecuzione (f.)
personificazione (f.)
persuasione (f.)
perturbazione (f.)
perversione (f.)
pescagione (f.)
petizione (f.)
petrificazione (f.)
petrone (m.)
pettignone (m.)
piaccicone (a., m.)
piacevolone (a., m.)
piagnone (m.)
piagnucolone (m.)
piantagione (f.)
piantone (m.)
piastrone (m.)
piccione (m.)
piccone (m.)
pienone (m.)
pietrone (m.)
pigione (f.)
pigmentazione (f.)
pignone (m.)
pigolone (m.)
pilone (m.)
piluccone (m.)
pincione (m.)
piombone (m.)
+pippione (m.)
piramidone (m.)
piritizzazione (f.)
pirone (m.)
piscione (m.)
pisellone (m.)
pistolone (m.)
pistone (m.)
pitone (m.)
plotone (m.)
polaccone (m.)
polarizzazione (f.)
polentone (m.)
politicone (m.)
pollone (m.)
polluzione (f.)
polmone (m.)
polpettone (m.)
poltrone (a., m.)
polverizzazione (f.)
polverone (m.)
ponderazione (f.)
pone (t., r.)
pontone (m.)
popolazione (f.)
popone (m.)
poppaione (m.)
poppone (m.)
porcellone (m.)
porfirizzazione (f.)
portasapone (m.)
portone (m.)
porzione (f.)
positone (m.)
posizione (f.)
posposizione (f.)
possessione (f.)
posticipazione (f.)
postiglione (m.)
postulazione (f.)
potagione (f.)
+potazione (f.)
pozione (f.)
praticone (a., m.)
precauzione (f.)
precessione (f.)
precinzione (f.)
precipitazione (f.)
precisione (f.)
precognizione (f.)

+precone (m.)
preconizzazione (f.)
predellone (m.)
predestinazione (f.)
predeterminazione (f.)
predicazione (f.)
predigestione (f.)
predilezione (f.)
predimostrazione (f.)
predisposizione (f.)
predizione (f.)
predominazione (f.)
predone (m.)
preelezione (f.)
prefazione (f.)
prefigurazione (f.)
prefinizione (f.)
prefiorazione (f.)
prefogliazione (f.)
preformazione (f.)
pregustazione (f.)
prelazione (f.)
prelezione (f.)
prelibazione (f.)
premeditazione (f.)
premiazione (f.)
premonizione (f.)
premozione (f.)
premunizione (f.)
prenotazione (f.)
prenozione (f.)
prensione (f.)
prenunziazione (f.)
preoccupazione (f.)
preordinazione (f.)
preparazione (f.)
preponderazione (f.)
preposizione (f.)
prescrizione (f.)
presentazione (f.)
preservazione (f.)
pressione (f.)
prestazione (f.)
presunzione (f.)
presupposizione (f.)
pretacchione (m.)
pretensione (f.)
preterizione (f.)
pretermissione (f.)
prevaricazione (f.)
prevenzione (f.)
previsione (f.)
prigione (f.)
privazione (f.)
probazione (f.)
processione (f.)
proclamazione (f.)
procrastinazione (f.)
procreazione (f.)
+procuragione (f.)
+procurazione (f.)
produzione (f.)
profanazione (f.)
professione (f.)
profusione (f.)
programmazione (f.)
progressione (f.)
proibizione (f.)
proiezione (f.)
+prolazione (f.)
proliferazione (f.)
prolificazione (f.)
prolungazione (f.)
prolusione (f.)
promissione (f.)
promozione (f.)
promulgazione (f.)
pronazione (f.)
pronosticazione (f.)
+pronunziagione (f.)
pronunziazione (f.)
propagazione (f.)
propagginazione (f.)
propalazione (f.)
propensione (f.)
propiziazione (f.)
proporzione (f.)
proposizione (f.)
propugnazione (f.)
propulsione (f.)
prorogazione (f.)
proscrizione (f.)
prosecuzione (f.)
prosternazione (f.)
prostituzione (f.)
prostrazione (f.)
protestazione (f.)
protezione (f.)
protone (m.)
protrazione (f.)
+provazione (f.)
provocazione (f.)
provolone (m.)
provvigione (f.)
provvisione (f.)
pubblicazione (f.)
pulitone (a.)
pullulazione (f.),
+pulone (m.)
puntuazione (f.)
punzone (m.)
purgagione (f.)
purgazione(f.)
purificazione (f.)
putrefazione (f.)
puzzone (m.)
quadrilione (m.)
quadrone (m.)
quadruplicazione (f.)
qualificazione (f.)
quassazione (f.)
questione (f.)
quintilione (m.)
quotazione (f.)
raccomandazione (f.)
+raccomunazione (f.)
radiazione (f.)
radicazione (f.)
radicchione (m.)
radioaudizione (f.)
radiocomunicazione (f.)
radiodiffusione (f.)
radiotrasmissione (f.)
radiovisione (f.)
+radunazione (f.)
raffermazione (f.)
raffinazione (f.)
ragazzone (m.)
raggirone (m.)
ragione (f.)
ramificazione (f.)
+rammaricazione (f.)
rammemorazione (f.)
rampicone (m.)
rampone (m.)
randellone (m.)
rapaccione (m.)
rapone (m.)
rappacificazione (f.)
rappresentazione (f.)
rarefazione (f.)
rassegnazione (f.)
rassicurazione (f.)

rastremazione (f.)
rateazione (f.)
ratificazione (f.)
rattone (avv.)
ravizzone (m.)
raziocinazione (f.)
razione (f.)
realizzazione (f.)
reazione (f.)
recensione (f.)
recessione (f.)
recezione (f.)
reciprocazione (f.)
recisione (f.)
recitazione (f.)
reclamazione (f.)
reclusione (f.)
recognizione (f.)
recriminazione (f.)
redarguizione (f.)
redazione (f.)
+reddizione (f.)
redenzione (f.)
redibizione (f.)
reduplicazione (f.)
refezione (f.)
refrazione (f.)
refrigerazione (f.)
refusione (f.)
reggettone (m.)
regione (f.)
registrazione (f.)
regolarizzazione (f.)
regolazione (f.)
regressione (f.)
reiezione (f.)
reintegrazione (f.)
reiterazione (f.)
relazione (f.)
relegazione (f.)
religione (f.)
remigazione (f.)
remissione (f.)
renone (m.)
+renunziazione (f.)
+replezione (f.)
+replicazione (f.)
reprensione (f.)
repressione (f.)
repromissione (f.)
repulsione (f.)
requisizione (f.)
rescissione (f.)
resezione (f.)
respirazione (f.)
responsione (f.)
restaurazione (f.)
restituzione (f.)
restone (a., m.)
restremazione (f.)
restrizione (f.)
resurrezione (f.)
reticolazione (f.)
retone (m.)
+retrazione (f.)
retribuzione (f.)
retroazione (f.)
retrocessione (f.)
retrodatazione (f.)
retrogradazione (f.)
retrotrazione (f.)
retroversione (f.)
rettificazione (f.)
reversione (f.)
rivisione (f.)
revocazione (f.)
revulsione (f.)
riabilitazione (f.)
riammissione (f.)
riapparizione (f.)
riassicurazione (f.)
riassunzione (f.)
riazione (f.)
ribaltone (m.)
+ribellazione (f.)
ribellione (f.)
ricantazione (f.)
ricapitolazione (f.)
ricettazione (f.)
ricezione (f.)
ricognizione (f.)
+ricompensazione (f.)
ricomposizione (f.)
riconciliazione (f.)
riconduzione (f.)
riconfermazione (f.)
ricongiunzione (f.)
riconsolazione (f.)
riconvenzione (f.)
+ricordagione (f.)
ricordazione (f.)
ricostituzione (f.)
ricostruzione (f.)
ricreazione (f.)
ricuperazione (f.)
ricusazione (f.)
+riddone (m.)
riduzione (f.)
riedificazione (f.)
rieducazione (f.)
rielezione (f.)
riemersione (f.)
riepilogazione (f.)
rievocazione (f.)
rifazione (f.)
rifinizione (f.)
rifischione (m.)
riflessione (f.)
+riformagione (f.)
riformazione (f.)
rifrazione (f.)
rifusione (f.)
rifutazione (f.)
rigenerazione (f.)
rigirone (m.)
rigodone (m.)
+rilassazione (f.)
rimessione (f.)
rimissione (f.)
+rimorsione (f.)
rimozione (f.)
+rimproverazione (f.)
rimunerazione (f.)
rincarnazione (f.)
rinnegazione (f.)
rinnovazione (f.)
rintegrazione (f.)
rioccupazione (f.)
rione (m.)
riordinazione (f.)
riorganizzazione (f.)
riparazione (f.)
ripartizione (f.)
+ripensazione (f.)
ripercussione (f.)
ripetizione (f.)
riposizione (f.)
riprensione (f.)
riproduzione (f.)
ripromissione (f.)
+riprovagione (f.)
riprovazione (f.)
ripulsione (f.)

riputazione (f.)
riscossione (f.)
riscossone (m.)
risoluzione (f.)
risone (m.)
rispedizione (f.)
risponsione (f.)
ristorazione (f.)
risurrezione (f.)
ritensione (f.)
ritone (m.)
ritorsione (f.)
ritrattazione (f.)
ritrazione (f.)
riunione (r.)
rivalutazione (f.)
rivelazione (f.)
rivendicazione (f.)
riverberazione (f.)
riversione (f.)
rivoltolone (m.)
rivoluzione (f.)
rivulsione (f.)
robbone (m.)
robone (m.)
rogazione (f.)
roggiolone (a.)
rognone (m.)
rompone (m.)
ronchione (m.)
roncone (m.)
rondone (m.)
ronzone (m.)
rosone (m.)
rotazione (f.)
roteazione (f.)
rotolone (m.)
rotone (m.)
rovescione (m.)
+rubagione (f.)
rubefazione (f.)
rubiglione (f.)
ruminazione (f.)
ruspone (f.)
ruzzolone (m.)
sabbione (m.)
saccarificazione (f.)
saccone (m.)
saettone (m.)
saione (m.)
salagione (f.)
salinazione (f.)
salivazione (f.)
salmone (m.)
Salomone (m.)
salone (m.)
salsiccione (m.)
saltaleone (m.)
saltazione (f.)
saltellone (avv.)
salutazione (f.)
salvazione (f.)
sanazione (f.)
sanguificazione (f.)
Sansone (m.)
santificazione (f.)
santone (m.)
sanzione (f.)
sapientone (m.)
sapone (m.)
saponificazione (f.)
saturazione (f.)
sbaciucchione (m.)
sballone (m.)
+sbandigione (f.)
sbavone (m.)
sbilancione (m.)
sbombone (m.)
sbornione (m.)
sbracione (m., a.)
sbraitone (m.)
sbravazzone (m.)
sbrendolone (a., m.)
sbrindellone (m.)
sbrodolone (a., m.)
sbuccione (a., m.)
scaglione (m.)
scalandrone (m.)
scalcinazione (f.)
scalone (m.)
scansione (f.)
scapaccione (m.)
+scapezzone (m.)
scarabocchione (m.)
scaracchione (m.)
scarcerazione (f.)
+scarferone (m.)
scaricazione (f.)
scarificazione (f.)
scarmiglione (m.)
scarnificazione (f.)
scarpone (m.)
scatarrone (m.)
scavazione (f.)
scedone (m.)
scerpellone (m.)
schiavone (m.)
schidione (m.)
scialacquone (m.)
scialone (m.)
sciamannone (m.)
scintillazione (f.)
scioperone (a., m.)
scissione (f.)
sciupone (a., m.)
scivolone (m.)
scompaginazione (f.)
scomposizione (f.)
+scomunicazione (f.)
sconfessione (f.)
scongiurazione (f.)
sconnessione (f.)
sconsacrazione (f.)
sconsiderazione (f.)
sconsolazione (f.)
scopettone (m.)
scopone (m.)
scorificazione (f.)
scorpione (m.)
scorrezione (f.)
scorzone (m., a.)
scossone (m.)
scozzone (m.)
scritturazione (f.)
scroccone (m.)
sculaccione (m.)
sdraione (avv.)
sdrucciolone (a., avv.)
seccagione (f.)
seccaione (m.)
secessione (f.)
secolarizzazione (f.)
secrezione (f.)
sedimentazione (f.)
sedizione (f.)
seduzione (f.)
seggiolone (m.)
segmentazione (f.)
segnalazione (f.)
segregazione (f.)
selezione (f.)
seminagione (f.)

semone (m.)
semplicione (a.)
semplificazione (f.)
sensazione (f.)
separazione (f.)
sergozzone (m.)
sermone (m.)
sessione (f.)
setone (m.)
settentrione (m.)
sezione (f.)
sfarfallone (m.)
sgobbone (m.)
sifone (m.)
significazione (f.)
signorone (m.)
sillabazione (f.)
simulazione (f.)
sincronizzazione (f.)
sistemazione (f.)
situazione (f.)
smagnetizzazione (f.)
smobilitazione (f.)
smoderazione (f.)
socializzazione (f.)
soddisfazione (f.)
sodisfazione (f.)
soffione (f.)
soffocazione (f.)
sofisticazione (f.)
soggezione (f.)
solforazione (f.)
solidificazione (f.)
sollecitazione (f.)
solleone (m.)
sollevazione (f.)
sollione (m.)
soluzione (f.)
sommersione (f.)
somministrazione (f.)
sommissione (f.)
sonorizzazione (f.)
soppiattone (m., a.)
sopportazione (f.)
soppressione (f.)
sopraccornicione (m.)
sopraebollizione (f.)
sopraedificazione (f.)
sopraelevazione (f.)
sopraffazione (f.)
sopraffusione (f.)
soprammattone (m.)
soprassaturazione (f.)
sorgozzone (m.)
sornione (a., m.)
sospensione (f.)
sostentazione (f.)
sostituzione (f.)
sottocommissione (f.)
sottomissione (f.)
sottoposizione (f.)
sottoscrizione (f.)
sottrazione (f.)
sovrapposizione (f.)
sovraeccitazione (f.)
sovvenzione (f.)
sovversione (f.)
spacone (m.)
spadone (m.)
spallone (m.)
sparizione (f.)
spartizione (f.)
specializzazione (f.)
specificazione (f.)
speculazione (f.)
spedizione (f.)
spendaccione (m.)
sperequazione (f.)
sperone (m.)
spezzone (m.)
spiagione (f.)
spiegazione (f.)
spigolone (m.)
spillone (m.)
spilungone (m.)
spincione (m.)
spinone (m.)
spintone (m.)
spionc (m.)
spocchione (m.)
spogliazione (f.)
spoliazione (f.)
sporcaccione (m., a.)
sprecone (m.)
sprone (m.)
sproporzione (f.)
spropriazione (f.)
spugnone (m.)
spumone (m.)
spuntone (m.)
spunzone (m.)
squadrone (m.)
stabilizzazione (f.)
stabulazione (f.)
stagione (f.)
stampone (m.)
standardizzazione (f.)
stangone (m.)
starnutazione (f.)
stazione (f.)
+stazzone (m.)
steccone (m.)
stellone (m.)
sterilizzazione (f.)
stipulazione (f.)
stolone (m.)
storione (m.)
strabalzone (m.)
straccione (a., m.)
stradone (m.)
strafalcione (m.)
stramazzone (m.)
strangolazione (f.)
stranguglione (m.)
strapazzone (a.)
strascicone (m.)
stratificazione (f.)
strillone (m.)
strimpellone (a., m.)
strippone (m.)
striscione (m.)
strizzone (m.)
stronfione (m.)
strubbione (m.)
+strufone (m.)
strumentazione (f.)
struscione (a., m.)
stupefazione (f.)
+suasione (f.)
suberificazione (f.)
sublimazione (f.)
sublocazione (f.)
subordinazione (f.)
subornazione (f.)
successione (f.)
succhione (m.)
succisione (f.)
suddistinzione (f.)
suddivisione (f.)
suffragazione (f.)
suffumicazione (f.)
suffusione (f.)
suggestione (f.)

suggezione (f.)
superazione (f.)
supererogazione (f.)
superfetazione (f.)
superlazione (f.)
superstizione (f.)
supinazione (f.)
supplicazione (f.)
supposizione (f.)
suppurazione (f.)
+supputazione (f.)
surrogazione (f.)
suspicione (f.)
susurrone (m.)
svalutazione (f.)
svaporazione (f.)
svarione (m.)
svoltolone (m.)
tabaccone (m.)
tabellione (m.)
tabellone (m.)
taccone (m.)
tafone (m.)
taglione (m.)
tallone (m.)
tambellone (m.)
+tamburagione (f.)
tampone (m.)
targone (m.)
tartaglione (m.)
tartanone (m.)
tascone (m.)
tassazione (f.)
tastone (avv.)
tatticone (m.)
tavellone (m.)
tavolone (m.)
teatrone (m.)
televisione (f.)
telone (m.)
tempellone (m.)
tendone (m.)
tenebrone (m.)
tensione (f.)
tentazione (f.)
tentennone (m.)
tentone (avv.)
tenzone (f.)
tergiversazione (f.)
terminazione (f.)
termosifone (m.)
terzone (m.)
testificazione (f.)
testimone (m.)
testone (m.)
tifone (m.)
timone (m.)
trincone (m.)
tindalizzazione (f.)
tirone (m.)
titillazione (f.)
titolazione (f.)
titubazione (f.)
tizzone (m.)
tollerazione (f.)
tombolone (m.)
toppone (m.)
torpedone (m.)
torracchione (m.)
torrefazione (f.)
torrione (m.)
torrone (m.)
torsione (f.)
tortiglione (m.)
tortone (m.)
torzone (m.)
tosone (m.)
totalizzazione (f.)
traballone (m.)
trabalzone (m.)
trabeazione (f.)
+tradigione (f.)
tradizione (f.)
traduzione (f.)
traforazione (f.)
trasmutazione (f.)
transazione (f.)
transizione (f.)
transustanziazione (f.)
trapanazione (f.)
trapiantazione (f.)
trappolone (m.)
trascrizione (f.)
trasfigurazione (f.)
trasformazione (f.)
trasfusione (f.)
trasgressione (f.)
traslazione (f.)
trasmigrazione (f.)
trasmissione (f.)
trasmutazione (f.)
traspirazione (f.)
trasportazione (f.)
trasposizione (f.)
trastullone (a., m.)
trasudazione (f.)
trasumanazione (f.)
trattazione (f.)
traversone (m.)
trazione (f.)
treccone (m.)
trepidazione (f.)
trescone (m.)
triangolazione (f.)
tribolazione (f.)
trilione (m.)
trincerone (m.)
trincone (m.)
tripartizione (f.)
triplicazione (f.)
trippone (m.)
trisezione (f.)
tritone (m.)
triturazione (f.)
trivellazione (f.)
trogolone (m.)
trombone (m.)
troncone (m.)
tronfione (m.)
truccone (m.)
tubazione (f.)
tumefazione (f.)
tumulazione (f.)
turbazione (f.)
ubicazione (f.)
ubriacone (m.)
uccellazione (f.)
uccisione (f.)
udizione (f.)
ulecrazione (f.)
ultimazione (f.)
umanazione (f.)
umbone (m.)
umettazione (f.)
umiliazione (f.)
unghione (m.)
unificazione (f.)
uniformazione (f.)
unione (f.)
unzione (f.)
urlone (m.)
ustione (f.)
usucapione (f.)

usucarpazione (f.)
utilizzazione (f.)
vacazione (f.)
vaccinazione (f.)
vacillazione (f.)
+vacuazione (f.)
vagone (m.)
valorizzazione (f.)
valutazione (f.)
vantazione (f.)
vaporizzazione (f.)
variazione (f.)
veccione (m.)
vegetazione (f.)
veglione (m.)
vellicazione (f.)
velocitazione (f.)
+venagione (f.)
venerazione (f.)
ventilazione (f.)
verdone (a., m.)
vergone (m.)
verificazione (f.)
vermiglione (m.)
verminazione (f.)
verone (m.)
verrettone (m.)
versificazione (f.)
versione (f.)
vescicazione (f.)
vessazione (f.)
vestizione (f.)
vetrificazione (f.)
vibrazione (f.)
vibrione (m.)
vidimazione (f.)
vigliaccone (a.)
+vilipensione (f.)
villanzone (m.)
vinificazione (f.)
violazione (f.)
violone (m.)
visione (f.)
visitazione (f.)
visone (m.)
vitone (m.)
vituperazione (f.)
vivificazione (f.)
vivisezione (f.)
vocalizzazione (f.)
vocazione (f.)
vociferazione (f.)
volatilizzazione (f.)
volgarizzazione (f.)
volizione (f.)
volpone (m.)
voltone (m.)
votazione (f.)
vulcanizzazione (f.)
zabaione (m.)
zaccherone (a., m.)
zampone (m.)
zanfone (m.)
zangone (m.)
zazzerone (m.)
zelantone (a., m.)
zibaldone (m.)
zircone (m.)
zoppicone (avv.)
zuccone (m.)
zuzzerullone (m.)
zuzzurullone (m.)
cf. *accrescitivi*

oneo
erroneo (a.)
gorgoneo (a.)
idoneo (a.)
inidoneo (a.)
ultroneo (a.)

onere
+apponere (i.)
onere (m.)
+ponere (t.)
+proponere (t.)

onero
esonero (t., m.)
onero (t.)

onfa
+ronfa (f.)

onfalo
esonfalo (m.)

onfano
tonfano (m.)

onfio
gonfio (t., r., a., m.)
intronfio (i.)
rigonfio (t., i., r., a., m.)
ronfio (i., m.)
sgonfio (t., r., i., a., m.)
stragonfio (a.)
stronfio (i.)
tronfio (i., a.)

onfo
+acconfo (r.)
ronfo (i.)
tonfo (i., m.)
trionfo (i., m.)

onfuto
confuto (t.)
riconfuto (t.)

onga
gonga (f.)
ponga (t., r.)
+sponga (f.)

ongio
congio (m.)

onglobo
conglobo (t.)

ongo
antepongo (t., r.)
appongo (t., r.)
compongo (t.)
contrappongo (t.)
decompongo (t.)
depongo (t.)
discompongo (t.)
dispongo (t., r.)
dittongo (t., m.)
espongo (t., r.)
frappongo (t., r.)
grongo (m.)
impongo (t.)
indispongo (t.)
interpongo (t., r.)
oppongo (t., r.)
pongo (t., r.)
pospongo (t.)
predispongo (t., r.)
prepongo (t.)
presuppongo (t.)
propongo (t.)
ricompongo (t., r.)
ridepongo (t.)
ripongo (t., r.)
ripropongo (t., r.)
ritraspongo (t.)
scompongo (t., r.)
soppongo (t., r.)
soprappongo (t.)
sottopongo (t., r.)
sovrappongo (t., r.)
sovrimpongo (t.)
suppongo (t.)

traspongo (t., +r.)
trittongo (m.)

ongono

pongono (t., r.)

ongola

vongola (f.)

ongolo

gongolo (i.)
mongolo (a., m.)
sguazzingongolo (m.)

ongrua

congrua (f.)

ongruo

congruo (a.)
incongruo (a.)

oni

bocconi (avv.)
brancoloni (avv.)
calzoni (m. pl.)
capitomboloni (avv.)
carponi (avv.)
+catelloni (avv.)
cavalcioni (avv.)
cheloni (m.)
ciondoloni (avv.)
coccoloni (avv.)
dondoloni (avv.)
ginocchioni (avv.)
girandoloni (avv.)
gironi (avv.)
gobboni (avv.)
grondoni (avv.)
inginocchioni (avv.)
maccheroni (m. pl.)
opilioni (m. pl.)
pantaloni (m. pl.)
pendoloni (avv.)
penzoloni (avv.)
poni (t., r.)
rigatoni (m. pl.)
saltelloni (avv.)
sbalzelloni (avv.)
sdraioni (avv.)
sdrucciololoni (avv.)
spenzoloni (avv.)
spremilimoni (m.)
stiracalzoni (m.)
strabalzoni (m.)
+tagliacantoni (m.)
tastoni (avv.)
tentennoni (avv.)
tentoni (avv.)
trioni (m. pl.)
voltoloni (avv.)
zoppiconi (avv.)

onia

acrimonia (f.)
alimonia (f.)
begonia (f.)
castimonia (f.)
celidonia (f.)
cerimonia (f.)
cetonia (f.)
colofonia (f.)
colonia (f.)
fandonia (f.)
macedonia (f.)
marcantonia (f.)
parsimonia (f.)
peonia (f.)
querimonia (f.)
santimonia (f.)
sardonia (f.)

onica

areotectonica (a., f.)
armonica (f.)
betonica (f.)
bettonica (f.)
canonica (f.)
fisarmonica (f.)
gnomonica (f.)
mnemonica (f.)
sardonica (f.)
tectonica (f.)
tettonica (f.)
tonica (f.)
veronica (f.)

onice

onice (f.)

onico

acronico (a.)
anfizionico (a.)
architettonico (a.)
armonico (a.)
blasonico (a.)
borbonico (a., m.)
bubbonico (a.)
canonico (a., m.)
carbonico (a.)
cardiotonico (a.)
ciclonico (a.)
clonico (a.)
colonico (a.)
conico (a.)
cosmogonico (a.)
cronico (a., m.)
daltonico (a., m.)
decameronico (a.)
demonico (a., m.)
diafonico (a.)
diatonico (a.)
disarmonico (a.)
egemonico (a.)
elettronico (a.)
embrionico (a.)
enarmonico (a.)
eufonico (a.)
faraonico (a.)
filarmonico (a., m.)
fonico (a.)
geogonico (a.)
giunonico (a.)
gnomonico (a.)
inarmonico (a.)
ionico (a.)
ironico (a.)
isotonico (a.)
istrionico (a.)
laconico (a.)
maccaronico (a.)
maccheronico (a.)
malinconico (a., m.)
massonico (a.)
meconico (a.)
mnemonico (a.)
napoleonico (a.)
neoplatonico (a., m.)
nipponico (a.)
olimpionico (a., m.)
omeotonico (a.)
omofonico (a.)
ozonico (a.)
pirronico (a.)
pitonico (a.)
platonico (a., m.)
plutonico (a.)
pneumonico (a.)
poliarmonico (a.)
polifonico (a.)
postelegrafonico (a.)
protocanonico (a.)
protonico (a.)
radiofonico (a.)

radiotelefonico (a.)
sardonico (a., m.)
scanonico (t.)
sinfonico (a.)
sintonico (a.)
telefonico (a.)
teogonico (a.)
termoionico (a.)
teutonico (a.)
tonico (a., m.)

onide

adonide (f.)
corónide (f.)

onidi

papilionidi (m. pl.)

onie

gemonie (f. pl.)

onima

anonima (f.)

onimo

anonimo (a., m.)
eponimo (a.)
pseudonimo (m.)
sinonimo (m., a.)

onio

adonio (m.)
alcionio (a.)
amazzonio (a.)
ammonio (m.)
anfizionio (a.)
antimonio (m.)
aonio (a.)
armonio (m.)
ausonio (a.)
calcedonio (m.)
carbonio (m.)
comprendonio (m.)
conio (t., m.)
demonio (m.)
eliconio (a.)
eufonio (m.)
favonio (m.)
gliconio (m., a.)
indemonio (r.)
Ionio (m.)
matrimonio (m.)
meconio (m.)
mescimonio (m.)
nonio (m.)
pandemonio (m.)
parazonio (m.)
patrimonio (m.)
pelargonio (m.)
perigonio (m.)
pinzimonio (m.)
policronio (a., m.)
poligonio (a.)
polonio (m.)
+preconio (m.)
prestimonio (m.)
Sempronio (m.)
settizonio (m.)
siconio (m.)
stramonio (m.)
+telonio (m.)
testimonio (t., i., m.)
vadimonio (m.)
zirconio (m.)

onito

aconito (m.)
attonito (a.)
monito (m.)
sonito (m.)
+tronito (m.)

oniuge

coniuge (m.)

oniugo

coniugo (t., r.)

onium

armonium (m.)
harmonium (m.)

onna

belladonna (f.)
colonna (f.)
donna (f.)
gentildonna (f.)
gonna (f.)
madonna (f.)
+monna (f.)
semicolonna (f.)

onne

abbracciadonne (m.)
insonne (a.)
isonne (avv.)
+onne (a.)

onnia

insonnia (f.)

onnio

intercolonnio (m.)
sopracolonnio (m.)

onno

assonno (t., i., r.)
bisnonno (m.)
conno (m.)
dissonno (t., r.)
+donno (m.)
incolonno (t., r.)
nonno (m.)
sonno (m.)
tonno (m.)

onnola

donnola (f.)

ono

abbandono (t., r., m.)
abboccono (t.)
abbono (t., r.)
abbottono (t., r.)
abbuono (t., r., m.)
accagiono (t.)
accampiono (t.)
accannono (t.)
accantono (t.)
accappono (t., r.)
accarpiono (t.)
accigliono (t.)
accordono (t.)
accotono (t.)
accovono (t.)
addiziono (t.)
affazzono (t.)
affeziono (t., r.)
aggattono (t.)
ammattono (t.)
appadigliono (t., r.)
appassiono (t., r.)
appigiono (t.)
approvvigiono (t.)
approvisiono (t.)
appuntono (t.)
assuono (i.)
attaccono (t.)
aziono (t.)
bastiono (t., r.)
bastono (t., r.)
bighellono (m.)
bolzono (t.)
buono (a., m.)
cagiono (t.)
canzono (t., i.)
capono (t.)
cappono (t.)
carpiono (t.)
ceffono (t.)

chimono (m.)
collaziono (t.)
colono (m.)
commissiono (t.)
compassiono (t.)
compatrono (m.)
conciono (i.)
condiziono (t.)
condono (t., m.)
confeziono (t.)
congestiono (t.)
cono (m.)
consuono (i.)
corono (t.)
defeziono (i.)
detono (i.)
dilaziono (t.)
disaffeziono (t., r.)
dissuono (i.)
dono (t., m.)
drappellono (t.)
emulsiono (t.)
escussiono (t.)
falcono (i.)
frastuono (m.)
funziono (i.)
gallono (t.)
guiderdono (t.)
impersono (t.)
impressiono (t., r.)
imprigiono (t.)
incartono (t.)
incastono (t.)
incorono (t., r.)
infrascono (t.)
ingavono (r.)
insapono (t.)
intono (t.)
introno (t.)
intuono (t.)
ipertono (m.)
ispeziono (t.)
lesiono (t.)
mattono (t.)
menziono (t.)
minchiono (t.)
nono (num.)
occasiono (t.)
ottono (t.)
ozono (m.)
paragono (t.)
patrono (m.)
pensiono (t.)
perdono (t., i., r., m.)
perfeziono (t., r.)
piantono (t.)
piattono (t.)
piccono (t.)
preintono (t.)
processiono (i.)
prono (a.)
proporziono (t.)
provvisiono (t.)
punzono (t.)
quartabuono (m.)
questiono (i.)
raccotono (t.)
raffazono (t.)
ragiono (i., t., r.)
rammattono (t.)
rattaccono (t.)
raziono (t.)
riabbottono (t., r.)
riappassiono (r.)
riappigiono (t.)
ribastono (t.)
ricorono (t.)
ridono (t.)
+rimbuono (m.)
rintrono (t., i., m.)
rintuono (m.)
riperdono (t.)
risono (i.)
risuono (i., t.)
rivoluziono (t.)
sanziono (t.)
sbottono (t., r., i.)
sbroncono (t.)
scagiono (t., r.)
scagliono (t.)
scantono (t., r., i.)
scapacciono (t.)
scarbono (i.)
schidiono (t.)
scorono (t., r.)
scozzono (t.)
seleziono (t.)
semitono (m.)
sermono (i.)
seziono (t.)
sfocono (t.)
sfrucono (t., r.)
sgroppono (i., r.)
smattono (t.)
sono (i.)
sovvenziono (t.)
spadrono (i.)
spassiono (r.)
sperono (t.)
spigiono (r.)
spinciono (i.)
spoltrono (t., i.)
spolmono (r.)
sprigiono (t., r.)
sprono (t.)
sproporziono (t.)
spunziono (t.)
sragiono (i.)
stagiono (t., i.)
stangono (t.)
staziono (i.)
stazzono (t.)
stono (t., i.)
suggestiono (t.)
suono (t., i., m.)
taccono (t.)
tampono (t.)
tenzono (i.)
tono (m.)
trono (m.)
tuono (i., m.)
ultrasuono (m.)
zappono (t.)
zuccono (t.)

onomo

agronomo (m.)
astronomo (m.)
autonomo (a.)
economo (m., a.)
fisionomo (m.)
gastronomo (m.)
metronomo (m.)
subeconomo (m.)

onora

+donora (f. pl.)

onscio

conscio (a.)
inconscio (a.)

onso

intonso (a.)
responso (m.)
+sponso (m.)

onsole
console (m.)
proconsole (m.)
viceconsole (m.)
onsolo
arciconsolo (m.)
+consolo (m.)
proconsolo (m.)
consono
consono (a.)
onsto
consto (i.)
ont
dietrofront (m., inter.)
onta
impronta (f.)
melolonta (f.)
onta (f.)
rimonta (f.)
onte
Acheronte (m.)
arconte (m.)
automedonte (m.)
belodonte (m.)
bifronte (a.)
bisonte (m.)
camaleonte (m.)
conte (m.)
fonte (f., m.)
fronte (f., m.)
iguanodonte (m.)
interponte (m.)
labirintodonte (m.)
mastodonte (m.)
milodonte (m.)
monte (m.)
orizzonte (m.)
ponte (m.)
quadrifronte (a.)
+quinamonte (avv.)
rinoceronte (m.)
rodomonte (m.)
rubamonte (m.)
scazonte (a., m.)
simbionte (m.)
sponte (lat.)
visconte (m.)
onti
oltremonti (avv.)
trepponti (m.)
ontica
anacreontica (f.)
ontico
acherontico (a.)
anacreontico (a.)
mastodontico (a.)
onto
acconto (r., m., +t.)
adonto (t., r., i.)
affronto (t., r., m.)
ammonto (t., i., r.)
appronto (t.)
confronto (t., m.)
conto (t., m., +a.)
dismonto (t.)
impronto (t., r., a.)
monto (i., t.)
orizzonto (t., r.)
ponto (t., i., m.)
pronto (a.)
racconto (t., m.)
raffronto (t., i., r., m.)
rendiconto (m.)
resoconto (m.)
riaffronto (t.)
+riconto (m.)
rimonto (t., i.)
risconto (t., m.)
sconto (t., m.)
smonto (t., i., r.)
soprammonto (i.)
sormonto (t.)
tonto (a., m.)
tornaconto (m.)
tramonto (i., m.)
ontolo
brontolo (i.)
garontolo (m.)
ribrontolo (i.)
rimbrontolo (t.)
ontra
ontra (prep.)
+incontra (avv.)
lontra (f.)
ontro
contro (prep., avv., m.)
incontro (t., r., m., prep.)
rincontro (t., r., m.)
riscontro (t., r., m.)
scontro (t., m., +i.)
onuba
pronuba (f.)
onubo
pronubo (m.)
onuplo
nonuplo (a., m.)
onvoco
convoco (t.)
onza
bronza (f.)
lonza (f.)
onzeo
bronzeo (a.)
onzia
aconzia (f.)
onzio
stronzio (f.)
onzo
abbronzo (t., i.)
arronzo (r.)
ballonzo (i.)
bronzo (t., m.)
+chionzo (a.)
gironzo (i.)
gonzo (a., m.)
lonzo (a.)
ponzo (i.)
ronzo (i., m.)
sbronzo (t.)
zonzo (m.)
onzolo
ballonzolo (i., m.)
fronzolo (m.)
gironzolo (i.)
infronzolo (t., r.)
lattonzolo (m.)
mediconzolo (m.)
raperonzolo (m.)
raponzolo (m.)
rinfronzolo (i., r.)
sbonzolo (i., r.)
tallonzolo (m.)
cf. *dispregiativi*
oo
dipnoo (a.)
entozoo (m.)
eoo (a.)
fitozoo (m.)
zoo (m.)
opa
scopa (f.)

opace
+dropace (m.)
ope
ciclope (m.)
pope (m.)
+prope (prep.)
opera
boccadopera (f.)
capodopera (m.)
garopera (f.)
opera (f.)
opero
adopero (t., r.)
coopero (i.)
opero (i., t.)
riadopero (t., r.)
riopero (t., i.)
sciopero (i., t., m.)
opi
pteropi (m. pl.)
opia
copia (f.)
cornucopia (f.)
elitropia (f.)
inopia (f.)
ricopia (f.)
sinopia (f.)
opica
topica (f.)
opico
allotropico (a.)
antropico (a.)
ciclopico (a.)
emmetropico (a.)
etiopico (a., m.)
filantropico (a.)
giroscopico (a.)
idropico (a., m.)
igroscopico (a.)
isopico (a.)
macroscopico (a.)
microscopico (a.)
misantropico (a.)
periscopico (a.)
radioscopico (a.)
reoscopico (a.)
spettroscopico (a.)
stereoscopico (a.)
stetoscopico (a.)
telescopico (a.)
topico (a.)
tropico (m.)
ultramicroscopico (a.)
opide
glaucopide (a.)
opio
aletoscopio (m.)
anemoscopio (m.)
baroscopio (m.)
caleidoscopio (m.)
cinescopio (m.)
cistoscopio (m.)
cleptoscopio (m.)
copio (t.)
criptoscopio (m.)
cronoscopio (m.)
ebullioscopio (m.)
elettroscopio (m.)
elioscopio (m.)
eliotropio (m.)
endoscopio (m.)
episcopio (m.)
fonendoscopio (m.)
galvanoscopio (m.)
giroscopio (m.)
idroscopio (m.)
laringoscopio (m.)
lattoscopio (m.)
meteoroscopio (m.)
microscopio (m.)
nefoscopio (m.)
oftalmoscopio (m.)
otoscopio (m.)
periscopio (m.)
polariscopio (m.)
reoscopio (m.)
ricopio (t.)
scolopio (m.)
sideroscopio (m.)
spettroscopio (m.)
statoscopio (m.)
stereoscopio (m.)
stetoscopio (m.)
straboscopio (m.)
telescopio (m.)
termoscopio (m.)
ultramicroscopio (m.)
oplia
panoplia (f.)
oplite
poplite (m.)
opo
canopo (m.)
dopo (prep., avv.)
issopo (m.)
piropo (m.)
pugnitopo (m.)
pungitopo (m.)
scopo (t., m.)
topo (m.)
tropo (m.)
uopo (m.)
opodi
cefalopodi (m. pl.)
gasteropodi (m. pl.)
pteropodi (m. pl.)
saturopodi (m. pl.)
opodo
artropodo (m.)
opola
+farmacopola (m.)
manopola (f.)
scopola (f.)
opoli
acropoli (f.)
arruffapopoli (m.)
mangiapopoli (m.)
metropoli (f.)
necropoli (f.)
propoli (m.)
opolo
capopopolo (m.)
popolo (t., r., m.)
ripopolo (t.)
spopolo (t., i., r.)
oppa
cioppa (f.)
coppa (f.)
faloppa (f.)
groppa (f.)
loppa (f.)
poppa (f.)
schioppa (f.)
sottocoppa (f.)
stoppa (f.)
toppa (f.)
oppia
coppia (f.)
doppia (f.)
ristoppia (f.)
stoppia (f.)

oppico
rizoppico (i.)
zoppico (i.)
oppido
+oppido (m.)
oppilo
disoppilo (t.)
oppilo (t.)
oppio
accoppio (t., r.)
addoppio (t., m.)
alloppio (t., r., m.)
doppio (t., a., m.)
oppio (t., m.)
raddoppio (t., i., m.)
ridoppio (m.)
riscoppio (i.)
ristoppio (m., t., i.)
scoppio (i., m.)
sdoppio (t.)
semidoppio (m.)
stroppio (t., a.)
oppo
accoppo (t.)
aggroppo (t.)
appioppo (t.)
azzoppo (t., i.)
coppo (m.)
galoppo (i., m.)
groppo (m.)
impoppo (t., i., r.)
intoppo (t., i., m.)
pioppo (m.)
poppo (t., i., r.)
purtroppo (avv.)
raggroppo (t., r., m.)
rattoppo (t.)
rintoppo (t., m.)
ristoppo (t.)
schioppo (m.)
sciroppo (t., m.)
sgroppo (t., i.)
siroppo (m.)
spoppo (t.)
stoppo (t.)
stroppo (t., m.)
toppo (t., m.)
troppo (a., m.)
zoppo (t., a., m.)
oppola
scoppola (f.)

opra
copra (t., r.)
disopra (avv., m.)
opra (f.)
sopra (prep., avv., m.)
sossopra (avv.)
sottosopra (avv., m.)
oprano
coprano (t., r.)
opre
copre (t., r.)
opri
copri (t., r.)
oprio
approprio (t., r.)
esproprio (t., m.)
improprio (a.)
malproprio (a.)
motuproprio (m.)
proprio (a., m., avv.)
sproprio (t., r.)
opro
adopro (t.)
copro (t.)
discopro (t.)
+ opro (t)
ricopro (t.)
riscopro (t.)
scopro (t., r.)
oprono
coprono (t., r.)
opto
copto (a., m.)
opto (i.)
opula
copula (f.)
opulo
copulo (t.)
corampopulo (avv.)
oquio
breviloquio (m.)
colloquio (m.)
eloquio (m.)
multiloquio (m.)
soliloquio (m.)
sonniloquio (m.)
sproloquio (m.)
stoltiloquio (m.)
turpiloquio (m.)
vaniloquio (m.)
ventriloquio (m.)

or
por (= porta)
+sor (prep.)
ora
allora (avv.)
ancora (avv.)
antenora (f.)
aurora (f.)
avviatora (f.)
bora (f.)
cacciatora (f.)
candelora (f.)
cantimplora (f.)
cucitora (f.)
cuora (f.)
dimora (f.)
diversiflora (f.)
doratora (f.)
dottora (f.)
fattora (f.)
finora (avv.)
flora (f.)
gora (f.)
governatora (f.)
grandiflora (a.)
imbianchitora (f.)
lavoratora (f.)
madrepora (f.)
malora (f.)
mora (f., i.)
nuora (f.)
ognora (avv.)
ora (avv., f.)
orditora (f.)
Pandora (f.)
passiflora (f.)
pastora (f.)
piagatora (f.)
ponitora (f.)
predicatora (f.)
priora (f.)
prora (f.)
qualora (avv.)
rammendatora (f.)
rimettitora (f.)
signora (f.)
smacchiatora (f.)
+sora (f., prep.)
spora (f.)
stiratora (f.)
suora (f.)

superiora (f.)
talora (avv.)
tintora (f.)
traditora (f.)
tuttora (avv.)
oradi
sporadi (f. pl.)
orafo
orafo (m.)
orax
corax (m.)
orba
assorba (t.)
sorba (f.)
tiorba (f.)
torba (f.)
orbano
assorbano (t.)
orbe
assorbe (t.)
orbe (m.)
orbere
+assorbere (t.)
orbi
assorbi (t.)
orbia
catorbia (f.)
euforbia (f.)
gorbia (f.)
sgorbia (f.)
orbice
forbice (f.)
orbici
forbici (f. pl.)
orbicio
sforbicio (t.)
orbido
ammorbido (t.)
intorbido (t., i.)
morbido (a., m.)
rintorbido (t., r.)
torbido (a., m., +t.)
orbio
euforbio (m.)
scorbio (t., m.)
sgorbio (m., t., i.)
orbita
orbita (f.)
orbito
esorbito (i.)
orbo
ammorbo (t.)
assorbo (t.)
+corbo (m.)
intorbo (t., i.)
morbo (m.)
orbo (t., m., a.)
smorbo (t.)
sorbo (t., m.)
torbo (a.)
orbola
corbola (f.)
orbona
+corbona (f.)
orbono
assorbono (t.)
orca
+amorca (f.)
forca (f.)
orca (f.)
porca (f.)
scampaforca (m.)
orce
+force (f. pl.)
orcere
attorcere (t., r.)
contorcere (t.)
distorcere (t., r.)
estorcere (t.)
rattorcere (t.)
ritorcere (t.)
scontorcere (t., r.)
storcere (t.)
torcere (t.)
orchia
borchia (f.)
morchia (f.)
orchio
rimorchio (t., r., m.)
torchio (t., m.)
orci
castraporci (m.)
porci (m. pl.)
orcia
spilorcia (f.)
torcia (f.)
orcio
catorcio (m.)
estorcio (t.)
orcio (m.)
raccorcio (t., pps., a.)
scorcio (t., r., i., m.)
sorcio (m.)
spilorcio (a., m.)
orcipe
forcipe (m.)
orco
afforco (i., t., r., m.)
apporco (t.)
attorco (t., r.)
biforco (r.)
contorco (t., r.)
distorco (t., r.)
inforco (t.)
orco (t.)
porco (m.)
rattorco (t.)
ricorco (t., r.)
ritorco (t.)
scontorco (t., r.)
sporco (t., r., a.)
storco (t.)
torco (t.)
triforco (r.)
orcola
forcola (f.)
orcolo
sorcolo (m.)
+torcolo (m.)
ord
Nord (m.)
orda
borda (f.)
corda (f.)
guardacorda (m.)
notocorda (f.)
orda (f.)
pallacorda (f.)
portacorda (m.)
orde
concorde (a.)
discorde (a.)
milorde (m.)
misericorde (a.)
sconcorde (a.)
tricorde (a.)
ordere
mordere (t., r.)
rimordere (t.)
ordi
precordi (m. pl.)

ordia
concordia (f.)
discordia (f.)
misericordia (f.)
sconcordia (f.)
ordici
quattordici (num.)
ordico
nordico (a., m.)
ordido
sordido (a.)
ordiglio
cordiglio (m.)
ordine
contrordine (m.)
disordine (m.)
ordine (m.)
sottordine (m.)
ordini
portaordini (m.)
ordino
contrordino (t.)
coordino (t.)
disordino (t., i., r.)
ordino (t., r.)
preordino (t.)
riordino (t.)
subordino (t.)
ordio
+accordio (m.)
clavicordio (m.)
esordio (i., m.)
primordio (m.)
scordio (m.)
ordo
abbordo (t., m.)
accordo (t., r., m.)
arpicordo (m.)
assordo (t.)
bagordo (m., i.)
balordo (a., m.)
bicordo (m.)
+bigordo (m., i.)
bordo (t., m.)
concordo (t., i.)
decacordo (m.)
dicordo (m.)
disaccordo (m., t., r.)
discordo (i., +m.)
endecacordo (m.)
enneacordo (m.)
epitacordo (m.)
fiordo (m.)
fuoribordo (m.)
incordo (t., r.)
ingordo (a.)
lordo (t., a.)
monocordo (m.)
mordo (t., r.)
ottacordo (a., m.)
parabordo (m.)
pentacordo (m.)
policordo (m.)
raccordo (t., i., r., m.)
riaccordo (t., r.)
ricordo (t., r., m.)
rimordo (t.)
rincordo (t.)
sciabordo (t.)
scordo (t., r.)
sordo (a., m.)
stringibordo (m.)
tetracordo (m.)
tordo (m.)
trasbordo (t., m.)
tribordo (m.)
ore
abbagliatore (m.)
abbaiatore (m.)
abbandonatore (m.)
abbassatore (m.)
abbattitore (m.)
abbellitore (m.)
abbindolatore (m.)
abbordatore (m.)
abborracciatore (m.)
abbozzatore (m.)
abbracciatore (m.)
abbrancatore (m.)
abbreviatore (m.)
abbruciatore (m.)
abburatore (m.)
abburattatore (m.)
abduttore (a.)
abolitore (m.)
abominatore (m.)
aborritore (m.)
abusatore (m.)
accalappiatore (a., m.)
accaparratore (a., m.)
accartocciatore (m.)
accattatore (m.)
accavigliatore (m.)
accecatore (m.)
acceleratore (m.)
accenditore (m.)
accentratore (m.)
accettatore (m.)
acciabattatore (a., m.)
acciarpatore (a., m.)
acclamatore (a., m.)
accoglitore (a., m.)
accollatore (m.)
accoltellatore (m.)
accompagnatore (m.)
acconciatore (m.)
accoppiatore (a., m.)
accorciatore (a., m.)
accordatore (m.)
accostatore (a., m.)
accotonatore (m.)
accumulatore (m.)
accusatore (a., m.)
acore (m.)
acquisitore (a., m.)
+addecimatore (m.)
addestratore (m.)
addirizzatore (a., m.)
addobbatore (a., m.)
addomesticatore (m.)
addormentatore (a., m.)
adduttore (a.)
adempitore (a., m.)
adiutatore (m.)
adiutore (m.)
adoratore (a., m.)
adulatore (a., m.)
adulteratore (a., m.)
adunatore (m., a.)
affamatore (a., m.)
affascinatore (a., m.)
affastellatore (a., m.)
affatturatore (m.)
affettatore (a., m.)
affinatore (a., m.)
affocatore (a., m.)
affondatore (a., m.)
affrenatore (a., m.)
affrontatore (a., m.)
afrore (m.)
ageminatore (m.)
agevolatore (a., m.)

aggiogatore (a., m.)
aggiotatore (m.)
aggiratore (a., m.)
aggiuntatore (a., m.)
aggiustatore (a., m.)
aggomitolatore (a., m.)
aggressore (a., m.)
agguagliatore (a., m.)
agitatore (m.)
agricoltore (m.)
agrimensore (m.)
agrore (m.)
aiutatore (a., m.)
aizzatore (m.)
albergatore (m.)
albore (m.)
aleatore (m.)
algore (m.)
alidore (m.)
alimentatore (a., m.)
allenatore (m.)
allettatore (a., m.)
allevatore (m.)
allibratore (m.)
alligatore (m.)
allocutore (m.)
allogatore (m.)
alloggiatore (m.)
alluminatore (m.)
alternatore (m.)
+altore (m.)
alzatore (m.)
amarore (m.)
amatore (m.)
ambasciatore (m.)
ammaestratore (m.)
ammaliatore (a., m.)
ammazzatore (m.)
amministratore (m.)
ammiratore (m.)
ammonitore (a., m.)
ammortizzatore (m.)
ammostatore (a., m.)
amore (m.)
amplificatore (a., m.)
analizzatore (m.)
ancoratore (m.)
anfanatore (m.)
angariatore (m.)
angore (m.)
animatore (a., m.)
annaffiatore (a., m.)
annoiatore (a., m.)
annunziatore (a., m.)
antecessore (a., m.)
anteriore (a.)
anticuore (m.)
anticursore (m.)
apicultore (m.)
appaltatore (m.)
apparatore (m.)
apparecchiatore (m.)
applauditore (m.)
apportatore (m.)
appuntatore (m.)
aratore (a., m.)
+arcadore (m.)
architettore (a., m.)
ardore (m.)
argentatore (m.)
argomentatore (a., m.)
+aridore (m.)
armatore (m.)
armeggiatore (m.)
arpeggiatore (a., m.)
arrampicatore (m.)
arrappatore (a., m.)
arreggidore (m.)
arrolatore (m.)
arrotatore (m.)
ascensore (m.)
asciuttore (m.)
ascoltatore (a., m.)
aspergitore (a., m.)
aspiratore (m.)
assaggiatore (m.)
assalitore (a., m.)
assediatore (m.)
asseritore (m.)
assertore (a., m.)
assessore (m.)
+assettatore (m.)
assicuratore (a., m.)
associatore (m.)
assorbitore (a., m.)
astore (m.)
attentatore (a., m.)
attizzatore (a., m.)
attore (m.)
auditore (m.)
auguratore (a., m.)
ausiliatore (m.)
autocommutatore (m.)
automotore (m.)
autore (m.)
aviatore (m.)
avogadore (m.)
avvelenatore (a., m.)
avventore (m.)
avversatore (a., m.)
avvisatore (m.)
avvivatore (a., m.)
avvogadore (m.)
avvolgitore (m.)
bachicultore (m.)
bagliore (m.)
banditore (m.)
barattatore (a., m.)
barbitonsore (m.)
bastonatore (m.)
battezzatore (m.)
batticuore (m.)
battitore (a., m.)
beatore (a., m.)
beffatore (m.)
bellumore (m.)
benefattore (m.)
berteggiatore (a., m.)
bestemmiatore (a., m.)
biancicore (m.)
biancore (m.)
biasimatore (a., m.)
bicimotore (m.)
bicolore (a.)
bilanciatore (a., m.)
bimotore (m.)
bisbigliatore (a., m.)
bollatore (m.)
bollitore (m.)
bollore (m.)
bombardatore (a., m.)
boncuore (m.)
borbottatore (m.)
bordatore (m.)
braccatore (a., m.)
braccheggiatore (m.)
branditore (m.)
brigatore (m.)
+brividore (m.)
brucatore (a., m.)
bruciore (m.)
brunitore (m.)
buoncuore (m.)

cacciatore (m.)
calciatore (m.)
calcolatore (a., m.)
+caleffatore (m.)
calore (m.)
calpestatore (a., m.)
calunniatore (m.)
cambiatore (m.)
camminatore (a., m.)
cancellatore (a., m.)
candore (m.)
canneggiatore (m.)
cantatore (a., m.)
cantore (m.)
canzonatore (a., m.)
carburatore (m.)
cardatore (m.)
caricatore (a., m.)
carradore (m.)
castigatore (a., m.)
catalizzatore (m.)
cavalcatore (m.)
cavatore (m.)
cavillatore (a., m.)
cavolfiore (m.)
celebratore (a., m.)
censore (m.)
censuratore (a., m.)
cercatore (m., a.)
cerchiatore (m.)
cesellatore (m.)
+ceteratore (m.)
chiamatore (m.)
chiarore (m.)
chioccolatore (m.)
chiosatore (m.)
cianciatore (a., m.)
cimatore (m.)
citatore (m.)
citeriore (a.)
ciurmatore (m.)
civilizzatore (m.)
clamore (m.)
clangore (m.)
cloroformizzatore
(a., m.)
coadiutore (m.)
cociore (m.)
cocitore (m.)
coglitore (m.)
collaboratore (m.)
collatore (m., a.)
collaudatore (m.)
collettore (m.)
collimatore (m.)
collocutore (m.)
colore (m.)
coloritore (m.)
coltivatore (m.)
combattitore (m.)
combinatore (m.)
commendatore (m.)
commentatore (m.)
commettitore (m.)
commutatore (m.)
compaginatore (m.)
compartitore (m.)
compendiatore (m.)
compensatore (m.)
competitore (m.)
compilatore (a., m.)
componitore (a., m.)
compositore (m.)
compossessore (m.)
compratore (m.)
compressore (m., a.)
conceditore (a., m.)
concertatore (a., m.)
concessore (m.)
conciatore (m.)
conciliatore (a., m.)
concionatore (a., m.)
concolore (a.)
conculcatore (m.)
condebitore (m.)
condensatore (m.)
condirettore (m.)
condore (m.)
conduttore (m.)
confessore (m.)
conformatore (a., m.)
confortatore (m.)
confutatore (a., m.)
congimatore (m.)
coniatore (m.)
conoscitore (m.)
conquistatore (m.)
conservatore (a., m.)
consigliatore (a., m.)
consolatore (a., m.)
consultatore (m.)
consumatore (m.)
contaminatore (a., m.)
contatore (m.)
contemplatore (m.)
continuatore (a., m.)
contraddittore (m.)
contraffattore (m.)
contravventore (a., m.)
contributore (m.)
controllore (m.)
controvalore (m.)
convertitore (m.)
convittore (m.)
cooperatore (m.)
coordinatore (a., m.)
copiatore (a., m.)
corbellatore (m.)
correggitore (m.)
correttore (m.)
corridore (a., m.)
corroboratore (a., m.)
corrompitore (a., m.)
corruttore (a., m.)
corteggiatore (a., m.)
cospiratore (a., m.)
costipatore (m.)
costitutore (a., m.)
costrittore (a., m.)
costruttore (m., a.)
covatore (m.)
creatore (a., m.)
creditore (m.)
cremore (m.)
crepacuore (m.)
crocifissore (m.)
cruore (m.)
cucinatore (a., m.)
cucitore (m.)
cultore (m.)
cumulatore (m., a.)
cuore (m.)
curatore (m.)
cursore (m.)
danneggiatore (m.)
danzatore (m.)
datore (a., m.)
debellatore (a., m.)
debitore (m.)
decifratore (a., m.)
declamatore (m.)
declinatore (m.)
decoratore (m.)

dedicatore (m.)
deduttore (a., m.)
definitore (m.)
deflagratore (m.)
deiettore (m.)
delatore (m.)
demodulatore (m.)
demolitore (m.)
denegatore (m.)
denigratore (a., m.)
denominatore (a., m.)
denunciatore (a., m.)
denunziatore (a., m.)
depravatore (a., m.)
depredatore (a., m.)
depressore (a.)
depuratore (a., m.)
derisore (m.)
descrittore (m.)
desensibilizzatore (m.)
detentore (m.)
determinatore (a., m.)
detettore (m.)
detrattore (m.)
dettatore (m.)
deturpatore (a., m.)
devastatore (m.)
deviatore (m.)
dializzatore (m.)
dichiaratore (a., m.)
dicitore (m.)
difensore (a., m.)
diffamatore (a., m.)
diffonditore (a., m.)
diffusore (a., m.)
digestore (m.)
digrassatore (m.)
dilapidatore (m.)
dilatatore (m.)
diluviatore (m.)
dimostratore (a., m.)
dipintore (m.)
direttore (m.)
dirozzatore (a., m.)
disamore (m.)
discensore (m.)
discernitore (a., m.)
disciplinatore (a., m.)
discorritore (m.)
discussore (m.)
disegnatore (a., m.)
disertore (m.)
disfattore (m.)
disfavore (m.)
disgiuntore (m.)
disonore (m.)
dispensatore (a., m.)
disperditore (a., m.)
dispergitore (a., m.)
dispregiatore (a., m.)
disprezzatore (a., m.)
disputatore (a., m.)
dissanguatore (a., m.)
dissapore (m.)
disseminatore (a., m.)
disseppellitore (m.)
dissertatore (m.)
dissettore (m.)
dissimulatore (a., m.)
dissipatore (a., m.)
dissolutore (a., m.)
distillatore (a., m.)
distributore (a., m.)
distruggitore (m.)
distruttore (a., m.)
disturbatore (a., m.)
dittatore (m.)
divaricatore (m.)
divinatore (a., m.)
divisore (a.)
divoratore (a., m.)
divulgatore (m.)
divulsore (m.)
dolore (m.)
+dolzore (m.)
domatore (a., m.)
dominatore (a., m.)
+domitore (m.)
donatore (a., m.)
doratore (m.)
dosatore (m.)
dotatore (a., m.)
dottore (m.)
dubitatore (a., m.)
duellatore (m.)
duplicatore (a., m.)
duttore (a., m.)
eccitatore (a., m.)
edificatore (a., m.)
editore (a., m.)
educatore (a., m.)
effettore (a., m.)
effrattore (m.)
eiettore (m.)
elettore (m.)
elettromotore (m.)
elevatore (a., m.)
elogiatore (m.)
emancipatore (a., m.)
emendatore (a., m.)
emulatore (a., m.)
encomiatore (a., m.)
equatore (m.)
equilibratore (a., m.)
erborizzatore (m.)
errore (m.)
esageratore (a., m.)
esaltatore (a., m.)
esaminatore (a., m.)
esasperatore (a., m.)
esattore (m.)
escavatore (a., m.)
escogitatore (a., m.)
escretore (a.)
esecratore (a., m.)
esecutore (a., m.)
esibitore (m.)
esorcizzatore (m.)
esortatore (a., m.)
esploratore (m.)
esportatore (a., m.)
espositore (a., m.)
espromissore (m.)
espugnatore (a., m.)
espulsore (m.)
essiccatore (a., m.)
estensore (a., m.)
esteriore (a., m.)
esterminatore (a., m.)
estimatore (a., m.)
estintore (a., m.)
estirpatore (a., m.)
estrattore (a., m.)
evangelizzatore (a., m.)
evaporatore (a., m.)
eversore (m.)
evocatore (m.)
fabbricatore (m.)
facitore (m.)
falciatore (a., m.)
falsatore (a., m.)
falsificatore (a., m.)
faticatore (a., m.)

fattore (m.)
fautore (m.)
+favolatore (m.)
favoleggiatore (m.)
favore (m.)
favoreggiatore (m.)
fecondatore (a., m.)
+feditore (m.)
fenditore (a., m.)
feritore (a., m.)
fervore (m.)
festeggiatore (m.)
fetore (m.)
fiancheggiatore (a., m.)
fideiussore (m.)
figuratore (a., m.)
filatore (m.)
filettatore (a., m.)
finanziatore (m.)
fingitore (a., m.)
fiore (m.)
floricultore (m.)
fischiatore (a., m.)
fissatore (m.)
flagellatore (m.)
flessore (a.)
fluore (m.)
folclore (m.)
follatore (a., m.)
fomentatore (m.)
fondatore (a., m.)
fonditore (m.)
formatore (m.)
fornitore (a., m.)
fortificatore (a., m.)
fortore (m.)
forzatore (m.)
fossore (m.)
fracassatore (m.)
fragore (m.)
francotiratore (m.)
fraseggiatore (a., m.)
frastornatore (m.)
frecciatore (m.)
frenatore (m.)
frequentatore (m.)
friggitore (m.)
frodatore (m.)
frugatore (m.)
frustatore (a., m.)
frutticultore (m.)
fucilatore (m.)
fucinatore (m.)
fulgore (m.)
fulminatore (a., m.)
fumatore (m.)
furore (m.)
fusore (m.)
galoppatore (m.)
gareggiatore (a., m.)
garzatore (m.)
gavazzatore (a., m.)
generatore (a., m.)
genitore (m.)
gesticolatore (m.)
gestore (m.)
gettatore (a., m.)
ghermitore (a., m.)
giallore (m.)
giocatore (m.)
giudicatore (a., m.)
giuntatore (m.)
giustacuore (m.)
giustificatore (a., m.)
gladiatore (m.)
glorificatore (a., m.)
glossatore (m.)
gnore (m.)
goditore (a., m.)
gonfiatore (m.)
gonfiore (m.)
gorgheggiatore (a., m.)
governatore (m.)
gracchiatore (m.)
gracidatore (a., m.)
graffiatore (a., m.)
grafomotore (a.)
granitore (a., m.)
grassatore (m.)
grattatore (a., m.)
gridatore (a., m.)
grugnitore (a., m.)
guardatore (m.)
guarnitore (a., m.)
guastatore (a., m.)
guerreggiatore (m.)
guidatore (a., m.)
guiderdonatore (a., m.)
gustatore (a., m.)
icore (m.)
ideatore (m.)
idromotore (m.)
iettatore (m.)
illuditore (a., m.)
illuminatore (m.)
illusore (m.)
illustratore (m.)
imballatore (m.)
imbalsamatore (a., m.)
imbanditore (m.)
imbiancatore (a., m.)
imbonitore (m.)
imbozzimatore (a., m.)
imbrattatore (m.)
imitatore (m.)
immaginatore (a., m.)
immolatore (m.)
impaginatore (m.)
impagliatore (a., m.)
impastatore (m.)
imperatore (m.)
impiallacciatore (m.)
impiastratore (a., m.)
impiccatore (a., m.)
importatore (a., m.)
impostore (m.)
imprecatore (a., m.)
imprenditore (a., m.)
impressore (m.)
improvvisatore (a., m.)
impugnatore (m.)
inalatore (m.)
inauguratore (a., m.)
incannatore (m.)
incantatore (a., m.)
incensatore (a., m.)
incettatore (m.)
incisore (m.)
incollatore (a., m.)
incolonnatore (a., m.)
incolore (a.)
increspatore (m.)
incrociatore (m.)
indagatore (a., m.)
indicatore (a., m.)
indoratore (a., m.)
indovinatore (m.)
induttore (m.)
infamatore (m.)
inferiore (a., m.)
infestatore (m.)
infettatore (a., m.)
infingitore (a., m.)

informatore (a., m.)
infornatore (m.)
ingaggiatore (m.)
ingannatore (a., m.)
ingiuriatore (m.)
ingoiatore (a., m.)
ingrassatore (a., m.)
iniettore (m.)
iniziatore m., a.)
inneggiatore (m.)
innestatore (a., m.)
innovatore (a., m.)
inondatore (a., m.)
inorpellatore (m.)
inquisitore (a., m.)
insecutore (a., m.)
+insegnatore (m.)
inseguitore (m.)
insidiatore (a., m.)
insinuatore (a., m.)
inspiratore (a., m.)
instauratore (a., m.)
institore (m.)
insultatore (a., m.)
intagliatore (a., m.)
intarsiatore (m.)
intenditore (m.)
intercessore (a., m.)
interiore (a.)
interlocutore (m.)
interpetratore (a., m.)
interpretatore (m.)
interpolatore (a., m.)
interpositore (m.)
interrogatore (a., m.)
interruttore (m.)
intervistatore (a., m.)
intraprenditore (m.)
Introduttore (a., m.)
invaditore (m.)
invasore (a., m.)
inventore (a., m.)
inverniciatore (m.)
inversore (a., m.)
invertitore (a., m.)
invescatore (a., m.)
investigatore (a., m.)
invitatore (a., m.)
invocatore (a., m.)
involatore (a., m.)
ipnotizzatore (m.)
irradiatore (a., m.)
irrigatore (a., m.)
irrisore (m.)
irroratore (a., m.)
isolatore (m.)
ispettore (m.)
ispiratore (a., m.)
istigatore (a., m.)
istitutore (m.)
istrumentatore (m.)
istruttore (m.)
iuniore (a.)
+labore (m.)
laccatore (m.)
laceratore (a., m.)
lanciatore (a., m.)
languore (m.)
lapidatore (m.)
largitore (m.)
lastricatore (a., m.)
latore (m.)
laudatore (a., m.)
lavatore (a., m.)
lavoratore (m.)
leccatore (a., m.)
legatore (m.)
leggitore (a., m.)
legislatore (a., m.)
lepore (m.)
lettore (m.)
levatore (m.)
+levore (m.)
liberatore (a., m.)
licore (m.)
limatore (a., m.)
linciatore (m.)
liquidatore (a., m.)
liquore (m.)
litotritore (m.)
littore (m.)
livellatore (a., m.)
lividore (m.)
livore (m.)
locatore (m.)
locomotore (a.)
lodatore (a., m.)
lottatore (m.)
luccicore (m.)
lucidatore (m.)
+lucore (m.)
lusingatore (a., m.)
lustratore (m.)
macchinatore (m.)
macellatore (m.)
maceratore (a., m.)
macinatore (a., m.)
madore (m.)
maggiore (a., m.)
magnetizzatore (a., m.)
magnificatore (a., m.)
magnificatore (a., m.)
malfattore (m.)
malignatore (m.)
malincuore (avv.)
mallevadore (m.)
malore (m.)
malumore (m.)
malversatore (m.)
mancatore (m., a.)
mandatore (a., m.)
maneggiatore (a., m.)
manganatore (a., m.)
mangiatore (a., m.)
manifattore (m.)
manifestatore (a., m.)
manipolatore (a., m.)
manovratore (m.)
mantenitore (a., m.)
marcatore (m.)
marchiatore (a., m.)
martellatore (a., m.)
massaggiatore (m.)
masticatore (a., m.)
masturbatore (m.)
mediatore (m.)
medicatore (a., m.)
meditatore ((a., m.)
menatore (a., m.)
mentitore (a., m.)
mercatore (m.)
+merore (m.)
mescitore (m.)
mescolatore (a., m.)
+messore (m.)
mestatore (m.)
mietitore (m.)
miglioratore (a., m.)
migliore (a.)
migratore (a., m.)
millantatore (a., m.)
minacciatore (a., m.)
minatore (m.)

miniatore (m.)
minore (a., m.)
miratore (m.)
mistificatore (m.)
misuratore (a., m.)
mitigatore (a., m.)
mitragliatore (a., m.)
modellatore (a., m.)
moderatore (a., m.)
modificatore (a., m.)
modulatore (m.)
molestatore (a., m.)
moltiplicatore (a., m.)
mondatore (a., m.)
monitore (m.)
monsignore (m.)
montatore (a., m.)
morditore (m.)
mormoratore (a., m.)
mortificatore (a., m.)
motore (a., m.)
motteggiatore (a., m.)
multicolore (a.)
mungitore (m.)
muore (i.)
muratore (m.)
mutatore (a., m.)
mutilatore (a., m.)
narratore (m.)
nasconditore (m.)
navigatore (m.)
nebulizzatore (m.)
negatore (a., m.)
negoziatore (m.)
+nequiore (a.)
nettatore (a., m.)
nidore (m.)
nitore (m.)
noleggiatore (m.)
nomenclatore (m.)
nominatore (a., m.)
nossignore (avv.)
notatore (m.)
notificatore (a., m.)
novatore (a., m.)
novellatore (a., m.)
numeratore (a., m.)
nuotatore (m.)
nutritore (a., m.)
oblatore (m.)
occultatore (a., m.)
occupatore (a., m.)
oculomotore (a.)
odiatore (a., m.)
odore (m.)
offensore (a., m.)
oliatore (m.)
+olore (m.)
oltraggiatore (a., m.)
onore (m.)
operatore (a., m.)
oppositore (m.)
oppressore (a., m.)
oppugnatore (m.)
oratore (m.)
ordinatore (a., m.)
orditore (a., m.)
organizzatore (a., m.)
originatore (a., m.)
orlatore (m.)
ormatore (a.)
ornatore (a., m.)
orrore (m.)
orticultore (m.)
oscillatore (a., m.)
osservatore (a., m.)
ostensore (m.)
ostentatore (a., m.)
otturatore (a., m.)
ovopositore (m.)
pacificatore (a., m.)
pagatore (a., m.)
pallore (m.)
pappatore (m.)
paratore (m.)
pareggiatore (a., m.)
parlatore (m.)
partecipatore (m.)
parteggiatore (m.)
partitore (m.)
+pascore (m.)
passatore (m.)
passeggiatore (a., m.)
pastore (m.)
patrocinatore (m.)
patteggiatore (a., m.)
peccatore (a., m.)
peggioratore (a., m.)
peggiore (a.)
pelatore (m.)
pensatore (m.)
percettore (m.)
percotitore (a., m.)
percussore (m.)
perditore (m.)
perforatore (a., m.)
periziore (m.)
perlustratore (a., m.)
permutatore (a., m.)
perpetratore (a., m.)
perquisitore (m.)
persecutore (m.)
persuaditore (a., m.)
persuasore (m.)
perturbatore (a., m.)
pervertitore (m.)
pesatore (a., m.)
pescatore (a., m.)
pestatore (a., m.)
pettinatore (m.)
piaggiatore (a., m.)
piallatore (a., m.)
piangitore (a., m.)
piantatore (a., m.)
picchettatore (m.)
piegatore (a., m.)
pieghettatore (a., m.)
pigiatore (a., m.)
piluccatore (a., m.)
+pintore (m.)
piombatore (a., m.)
pipatore (m.)
+pistore (m.)
pittore (m.)
pizzicore (m.)
placatore (a., m.)
plasmatore (a., m.)
plasticatore (m.)
plus-valore (m.)
polarizzatore (a., m.)
pollicultore (m.)
polverizzatore (a., m.)
pomicultore (m.)
ponderatore (a., m.)
ponitore (m.)
ponzatore (a., m.)
popolatore (a., m.)
porgitore (a., m.)
portatore (a., m.)
posatore (m.)
posseditore (m.)
possessore (m.)
posteggiatore (a., m.)

posteriore (a.)
postillatore (m.)
postulatore ((m.)
potatore (a., m.)
poziore (a.)
pranzatore (m.)
+precessore (m.)
precettatore (m.)
precettore (m.)
preconizzatore (a., m.)
precorritore (a., m.)
precursore (a., m.)
predatore (a., m.)
predecessore (m.)
predicatore (a., m.)
preferitore (a., m.)
pregatore (a., m.)
pregustatore (a., m.)
premiatore (a., m.)
premonitore (a., m.)
prenditore (a., m.)
preparatore (m.)
presentatore (m.)
preservatore (a., m.)
prestatore (a., m.)
prestidigitatore (m.)
prestigiatore (m.)
pretore (m.)
prevaricatore (m.)
prezzatore (a., m.)
primogenitore (m.)
principiatore (a., m.)
priore (m.)
privatore (a., m.)
probabiliore (a.)
procacciatore (m.)
proclamatore (a., m.)
procrastinatore (a., m.)
procreatore (a., m.)
procuratore (m.)
+proditore (m.)
prodittatore (m.)
produttore (a., m.)
profanatore (a., m.)
proferitore (m.)
professore (m.)
profittatore (m.)
profonditore (a., m.)
profumatore (a., m.)
progenitore (m.)
proibitore (m.)
proiettatore (a., m.)
proiettore (m.)
prolungatore (a., m.)
promettitore (a., m.)
promissore (m.)
promotore (a., m.)
promovitore (a., m.)
promulgatore (a., m.)
pronatore (a., m.)
pronosticatore (a., m.)
pronunziatore (m.)
propagatore (a., m.)
propagginatore (a., m.)
propalatore (a., m.)
propinatore (a., m.)
propiziatore (a., m.)
proponitore (a., m.)
proporzionatore
(a., m.)
propretore (m.)
propugnatore (m.)
propulsatore (a., m.)
propulsore (a., m.)
proquestore (m.)
prosatore (m.)
proseggiatore (a., m.)
prosettore (m.)
prossimiore (a., m.)
proteggitore (a., m.)
protestatore (a., m.)
protettore (a., m.)
protutore (m.)
provatore (a., m.)
proverbiatore (a., m.)
provocatore (a., m.)
provveditore (m.)
provvisore (m.)
prudore (m.)
pubblicatore (a., m.)
pudore (m.)
pugilatore (m.)
pugnalatore (m.)
pugnatore (a., m.)
pulitore (a., m.)
pungitore (a., m.)
punitore (a., m.)
puntatore (m.)
punteggiatore (a., m.)
punzonatore (a., m.)
purgatore (a., m.)
purificatore (a., m.)
+putidore (m.)
+puzzore (m.)
quadrimotore (m.)
qualificatore (a., m.)
quarantore (f. pl.)
questore (m.)
rabberciatore (m.)
raccattatore (a., m.)
raccoglitore (a., m.)
raccomandatore
(a., m.)
raccomodatore (a., m.)
racconciatore (a., m.)
raccontatore (m.)
raccorciatore (a., m.)
raccordatore (a., m.)
racimolatore (m.)
raddensatore (a., m.)
raddirizzatore (a., m.)
raddrizzatore (a., m.)
radiatore (m.)
radioauditore (m.)
radioconduttore (m.)
radore (m.)
radunatore (a., m.)
raffazzonatore (a., m.)
raffermatore (a., m.)
raffinatore (a., m.)
raffreddatore (a., m.)
raffreddore (m.)
raffrenatore (a., m.)
raffrontatore (a., m.)
raggiratore (a., m.)
ragguagliatore (a., m.)
ragionatore (a., m.)
rallegratore (a., m.)
rallentatore (a., m.)
rammansatore (a., m.)
rammaricatore (a., m.)
rammendatore (a., m.)
rammentatore (a., m.)
rampicatore (a., m.)
+rampognatore
(a., m.)
rancore (m.)
ranghinatore (m.)
rapinatore (a., m.)
rapitore (a., m.)
+rappadore (m.)
rappezzatore (a., m.)
rapportatore (a., m.)

rappresentatore (a., m.)
raschiatore (a., m.)
rassegnatore (a., m.)
rasserenatore (a., m.)
rassettatore (a., m.)
rassicuratore (a., m.)
rassodatore (a., m.)
ratificatore (a., m.)
rattoppatore (m.)
ravagliatore (a., m.)
ravvivatore (a., m.)
ravvolgitore (a., m.)
raziocinatore (a., m.)
razziatore (m.)
razzolatore (a., m.)
recensore (m.)
recitatore (m.)
recriminatore (a., m.)
+redatore (m.)
redattore (m.)
redentore (a., m.
refrattore (a., m.)
refrigeratore (a., m.)
reggitore (a., m.)
registratore (a., m.)
regnatore (a., m.)
regolatore (a., m.)
relatore (a., m.)
rematore (m.)
remigatore (a., m.)
renditore (a., m.)
repressore (a., m.)
repulsore (m.)
respingitore (a., m.)
respiratore (m.)
restauratore (a., m.)
restitutore (a., m.)
retributore (a., m.)
rettificatore (a., m.)
rettore (m.)
revisore (m.)
riappaltatore (m.)
riassicuratore (a., m.)
ribattitore (m.)
ricamatore (m.)
ricattatore (a., m.)
ricercatore (a., m.)
ricettatore (m.)
ricettore (m.)
ricevitore (m.)
richiamatore (a., m.)
richieditore (a., m.)
ricognitore (a., m.)
ricompensatore (m.)
ricompratore (a., m.)
riconciliatore (a., m.)
riconduttore (m.)
riconoscitore (m.)
riconsolatore (a., m.)
ricopiatore (a., m.)
ricopritore (a., m.)
ricordatore (a., m.)
ricostruttore (a., m.)
ricoveratore (a., m.)
ricaratore (a., m.)
ricercatore (a., m.)
ricuperatore (a., m.)
ridicitore (a., m.)
riditore (a., m.)
ridonatore (a., m.)
riducitore (a., m.)
riduttore (a., m.)
riedificatore (a., m.)
riempitore (m.)
rientratore (m.)
rifacitore (a., m.)
riferitore (a., m.)
rifilatore (a., m.)
rifinitore (m.)
rifiutatore (a., m.)
riflettore (m.)
rifonditore (a., m.)
riformatore (m.)
rifornitore (m.)
rifrattore (a., m.)
rifriggitore (a., m.)
rifrustatore (a., m.)
rigatore (a., m.)
rigeneratore (a., m.)
rigore (m.)
riguardatore (a., m.)
rilassatore (a., m.)
rilegatore (m.)
rilevatore (m.)
rimatore (m.)
rimediatore (a., m.)
rimestatore (a., m.)
rimettitore (a., m.)
rimodernatore (a., m.)
rimorchiatore (a., m.)
rimovitore (a., m.)
rimpagliatore (m.)
rimproveratore (a., m.)
rimuneratore (a., m.)
rincalzatore (a., m.)
rinettatore (a., m.)
rinnegatore (a. ,m.)
rinnovatore (a., m.)
rinnovellatore (a., m.)
rintegratore (a., m.)
rinunziatore (a., m.)
rinvestitore (m.)
riordinatore (a., m.)
riparatore (a., m.)
ripassatore (m.)
ripetitore (m.)
riportatore (a., m.)
riprensore (m.)
riproduttore (a., m.)
riprovatore (a., m.)
ripudiatore (a., m.)
ripulitore (a., m.)
riquadratore (m.)
risanatore (a., m.)
riscaldatore (a., m.)
riscattatore (a., m.)
riscontratore (m.)
riscotitore (a., m.)
risolutore (m.)
risparmiatore (a., m.)
+risplendore (m.)
rissatore (a., m.)
ristoratore (a., m.)
risuscitatore (a., m.)
ritagliatore (a., m.)
ritardatore (a., m.)
ritenitore (a., m.)
ritoccatore (m.)
ritrovatore (a., m.)
riveditore (a., m.)
rivelatore (a., m.)
rivendicatore (a., m.)
rivenditore (a., m.)
rocciatore (m.)
roditore (a., m.)
rogatore (a., m.)
romanzatore (m.)
romore (m.)
rompitore (a., m.)
rossore (m.)
rotocompressore (m.)
rotore (m.)
rovinatore (a., m.)

rovistatore (a., m.)
rubacchiatore (a., m.)
rubatore (a., m.)
+rubore (m.)
rumore (m.)
rumoreggiatore (a., m.)
ruspatore (a., m.)
ruttore (m.)
sabotatore (a., m.)
saccheggiatore (a., m.)
sacrificatore (a., m.)
saettatore (a., m.)
saggiatore (a., m.)
saldatore (a., m.)
salinatore (m.)
salitore (a., m.)
salmeggiatore (a., m.)
saltatore (a., m.)
salutatore (a., m.)
salvatore (a., m.)
sanatore (a., m.)
sanguificatore (a., m.)
santificatore (a., m.)
sapore (m.)
sarchiatore (a., m.)
sartore (m.)
savore (m.)
sbaciucchiatore (a., m.)
sbafatore (m.)
+sbaldore (m.)
sbalzatore (m.)
sbeffatore (a., m.)
sbeffeggiatore (a., m.)
sbevazzatore (m.)
sbozzatore (m.)
sbozzolatore (m.)
scagliatore (a., m.)
scalatore (a., m.)
scalcatore (a., m.)
scalpellatore (a., m.)
scalpore (m.)
scalzatore (a., m.)
scandalizzatore (a., m.)
scannatore (a., m.)
scappatore (a., m.)
scarabocchiatore
(a., m.)
scardassatore (m.)
scaricatore (a., m.)
scarificatore (a., m.)
scavalcatore (a., m.)
scavatore (a., m.)
sceglitore (a., m.)
schermidore (m.)
schermitore (m.)
schernitore (a., m.)
scherzatore (a., m.)
schiaffeggiatore (a.,m.)
schiamazzatore (a., m.)
sciabolatore (a., m.)
scialacquatore (a., m.)
sciatore (m.)
score (m.)
scioglitore (a., m.)
scocciatore (m.)
scoltellatore (a., m.)
scombiccheratore
(a., m.)
scommettitore (a., m.)
scompartitore (a., m.)
scompositore (a., m.)
scomunicatore (a., m.)
sconciatore (a., m.)
scongiuratore (m.)
scontatore (a., m.)
sconvolgitore (a., m.)
scopatore (m.)
scopritore (a., m.)
scorgitore (a., m.)
scorritore (m.)
scorticatore (a., m.)
scotitore (a., m.)
scozzonatore (m.)
scrittore (m.)
scroccatore (m.)
scrutatore (a., m.)
scultore (m.)
seccatore (a., m.)
seccore (m.)
secretore (a., m.)
seduttore (a., m.)
segatore (a., m.)
segnalatore (a., m.)
segnatore (a., m.)
seguitatore (a., m.)
selciatore (m.)
selettore (a., m.)
selvicultore (m.)
sementatore (a., m.)
seminatore (a., m.)
senatore (m.)
seniore (a., m.)
sensibilizzatore (m.)
sentore (m.)
separatore (a., m.)
seppellitore (a., m.)
sericultore (m.)
servitore (m.)
servomotore (m.)
settatore (m.)
settore (m.)
sfatatore (a., m.)
sfavore (m.)
sfibratore (m.)
sfidatore (a., m.)
sfioratore (m.)
sfregiatore (a., m.)
sfruttatore (a., m.)
sgomberatore (a., m.)
significatore (a., m.)
signore (m.)
signoreggiatore (a., m.)
silenziatore (m.)
silvicultore (m.)
simulatore (a., m.)
sincronizzatore (m.)
sindacatore (a., m.)
sissignore (avv.)
smacchiatore (a., m.)
smaltatore (a., m.)
smelatore (a., m.)
smentitore (a., m.)
sminuzzatore (a., m.)
soccorritore (a., m.)
sodatore (m.)
soffiatore (a., m.)
soggiogatore (a., m.)
sognatore (a., m.)
solcatore (a., m.)
sollecitatore (a., m.)
sollevatore (a., m.)
somministratore
(a., m.)
sommovitore (a., m)
sommozzatore (m.)
sonatore (m.)
sopore (m.)
sopportatore (a., m.)
sopraccolore (m.)
sorgitore (m.)
sostenitore (a., m.)
sostentatore (m., a.)
sostitutore (a., m.)
sottoscrittore (a., m.)

sottrattore (a., m.)
soverchiatore (a., m.)
sovvenitore (a., m.)
sovventore (m.)
sovvertitore (a., m.)
spacciatore (m.)
spagliatore (a., m.)
spalatore (a., m.)
spalmatore (m.)
sparatore (a., m.)
spartitore (a., m.)
+sparvieratore (m.)
spaventatore (a., m.)
speculatore (a., m.)
speditore (m.)
spegnitore (a., m.)
spenditore (m.)
+spensatore (m.)
sperimentatore (a., m.)
spessore (m.)
spettatore (m., a.)
spezzatore (a., m.)
spianatore (a., m.)
spigolatore (m.)
splendore (m.)
spogliatore (a., m.)
spolveratore (a., m.)
spolverizzatore (m.)
spregiatore (a., m.)
sprezzatore (a., m.)
spruzzatore (a., m.)
spurgatore (a., m.)
squadratore (a., m.)
squallore (m.)
squarciatore (a., m.)
squartatore (a., m.)
stabilizzatore (m.)
staffilatore (a., m.)
stagionatore (a., m.)
stampatore (m., a.)
stanziatore (a., m.)
statore (m.)
stazzatore (m.)
sterilizzatore (a., m.)
sterminatore (a., m.)
stercatore (m.)
stertore (m.)
stimatore (a., m.)
stimolatore (a., m.)
stivatore (m.)
stoppatore (m.)
strangolatore (a., m.)
straziatore (a., m.)
stridore (m.)
strigiatore (a., m.)
strimpellatore (m.)
stritolatore (a., m.)
strombazzatore (a., m.)
strombettatore (a., m.)
strozzatore (a., m.)
struggicuore (m.)
struggitore (a., m.)
strumentatore (a., m.)
stuccatore (m.)
studiatore (a., m.)
stupore (m.)
stupratore (m.)
suaditore (a., m.)
subappaltatore (m.)
subissatore (a., m.)
subornatore (a., m.)
succeditore (m.)
successore (a., m.)
succhiatore (a., m.)
sudatore (a., m.)
sudore (m.)
suffragatore (a., m.)
suggeritore (a., m.)
suonatore (m.)
superiore (a., m.)
supinatore (a.)
supplicatore (a., m.)
+suscettore (m.)
suscitatore (a., m.)
susurratore (a., m.)
svaligiatore (a., m.)
svecciatore (m.)
svelatore (a., m.)
sverginatore (m.)
sviluppatore (a., m.)
svolgitore (a., m.)
tabulatore (m.)
taccheggiatore (m.)
tagliatore (m.)
taglieggiatore (a., m.)
taratore (m.)
tassatore (m.)
tastatore (a., m.)
televisore (m.)
temperatore (a., m.)
temporeggiatore (a., m.)
tenditore (a., m.)
tenebrore (m.)
tenitore (a., m.)
tenore (m.)
tentatore (a., m.)
tepore (m.)
tergiversatore (a., m.)
terrore (m.)
tessitore (m.)
testatore (m.)
timore (m.)
tintore (m.)
tiratore (m.)
toccatore (a., m.)
tolleratore (a., m.)
tondatore (m.)
tonsore (m.)
torcitore (a., m.)
toreadore (m.)
tormentatore (a., m.)
tornitore (m.)
torpore (m.)
tortore (m.)
tosatore (a., m.)
totalizzatore (m.)
tracciatore (m.)
traditore (a., m.)
traduttore (m.)
trafficatore (m.)
trafiggitore (a., m.)
traforatore (a., m.)
traghettatore (m.)
tragittatore (m.)
trangugiatore (m.)
trapanatore (a., m.)
trappolatore (a., m.)
trascrittore (a., m.)
trascuratore (a., m.)
trasformatore (a., m.)
trasgreditore (m.)
trasgressore (m.)
traslatore (a., m.)
trasmettitore (a., m.)
trasmissore (a., m.)
trasmutatore (a., m.)
trasportatore (m.)
trastullatore (a., m.)
trasvolatore (a., m.)
trattatore (m.)
trattore (m.)
travagliatore (a., m.)

travalicatore (a., m.)
traviatore (a., m.)
trebbiatore (m.)
treggiatore (m.)
tremacuore (m.)
tremore (m.)
tribolatore (a., m.)
tricolore (a.)
trimotore (m.)
trincatore (a., m.)
trinciatore (a., m.)
trinellatore (m.)
trionfatore (a., m.)
triplicatore (a., m.)
trivellatore (a., m.)
+trombatore (m.)
trottatore (a., m.)
trovatore (m.)
trucidatore (a., m.)
truffatore (m.)
tuffatore (a., m.)
tumore (m.)
turbatore (a., K.)
turbomotore (m.)
turgore (m.)
turlupinatore (a., m.)
tutore (m.)
uccellatore (m.)
ucciditore (m.)
uccisore (a., m.)
uditore (m.)
ufficiatore (a., m.)
uguagliatore (a., m.)
ulteriore (a.)
ultore (a., m.)
ultracondensatore (m.)
umidore (m.)
umidore (m.)
umiliatore (a., m.)
umore (m.)
ungitore (a., m.)
unificatore (a., m.)
unitore (a., m.)
untore (m.)
urlatore (a., m.)
urtatore (a., m.)
usurpatore (a., m.)
vagheggiatore (m.)
vagliatore (m.)
valicatore (a., m.)
valore (m.)
valvassore (m.)
vaneggiatore (a., m.)
vangatore (m.)
vantatore (m.)
vapore (m.)
vaporizzatore (m.)
variatore (a., m.)
vasomotore (a., m.)
vaticinatore (m.)
vegliatore (a., m.)
veleggiatore (a., m.)
vendemmiatore (m.)
vendicatore (a., m.)
venditore (m.)
veneratore (a., m.)
ventilatore (m.)
+verdore (m.)
verificatore (m.)
verniciatore (m.)
verseggiatore (m.)
versicolore (a.)
versificatore (m.)
vessatore (a., m.)
vettore (m.)
viaggiatore (a., m.)
viatore (m.)
vibratore (m.)
vicedirettore (m.)
vicegovernatore (m.)
viceispettore (m.)
vicepretore (m.)
viciniore (a.)
vietatore (a., m.)
vigore (m.)
+vilipensore (a., m.)
vincitore (a., m.)
violatore (a., m.)
violentatore (a., m.)
visitatore (a., m.)
viticultore (m.)
vituperatore (a., m.)
vivificatore (a., m.)
vociatore (a., m.)
vociferatore (a., m.)
vogatore (a., m.)
volatore (a., m.)
volgarizzatore (a., m.)
volteggiatore (m.)
voratore (a., m.)
votatore (m.)
zappatore (m.)
zelatore (m.)
zimbellatore (m.)
zirlatore (a., m.)
zolfatore (m.)
zufolatore (m.)

orea
borea (f.)

oreo
adoreo (a.)
arboreo (a.)
castoreo (a.)
corporeo (a.)
equoreo (a.)
floreo (a.)
incorporeo (a.)
iperboreo (a.)
marmoreo (a.)
scultoreo (a.)
stentoreo (a.)

orfana
orfana (f.)

orfano
orfano (a., m.)
scorfano (m.)

orfia
smorfia (f.)

orfico
metamorfico (a.)
morfico (a.)
orfico (a., m.)

orfido
porfido (m.)

orfido
porfido (m.)

orfiro
+porfiro (m.)

orfo
amorfo (a.)
antropomorfo (a.)
dimorfo (a.)
eteromorfo (a.)
isomorfo (a.)
polimorfo (a.)
pseudomorfo (a.)

orfora
forfora (f.)

orfosi
metamorfosi (f.)

orga
+gorga (f.)

organo
archiorgano (m.)
organo (m.)
orgere
accorgere (r.)
assorgere (i.)
insorgere (i.)
porgere (t., r.)
riporgere (t.)
risorgere (i., t.)
scorgere (t.)
sorgere (i.)
sporgere (i., t., r.)
orgia
forgia (f.)
gorgia (f.)
orgia (f.)
pappagorgia (f.)
orgica
georgica (f.)
orgico
georgico (a.)
orgio
forgio (t.)
giorgio (m.)
orgo
accorgo (r.)
borgo (m.)
gorgo (m.)
ingorgo (r., m.)
insorgo (i.)
porgo (t., i.)
rigorgo (m.)
ringorgo (i., r., m.)
riporgo (t.)
risgorgo (i.)
risorgo (i., t.)
scorgo (i., m.)
sobborgo (m.)
sorgo (i., m.)
sporgo (i., t., r.)
orgone
demogorgone (m.)
ori
accattamori (m., f.)
buttafuori (m.)
caccianfuori (m.)
fortiori (a —) (lat.)
fuori (prep., avv.)
lori (m.)
muori (i.)
portafiori (m.)
rubacuori (m., a.)
oria
alettoria (f.)
baldoria (f.)
boria (f.)
cartagloria (f.)
+celloria (f.)
cicoria (f.)
comminatoria (f.)
consolatoria (f.)
cronistoria (f.)
declaratoria (f.)
declinatoria (f.)
dedicatoria (f.)
dimissoria (f.)
galloria (f.)
gestatoria (f.)
giaculatoria (f.)
gloria (f.)
graduatoria (f.)
istruttoria (f.)
mangiatoria (f.)
memoria (f.)
moratoria (f.)
noria (f.)
oratoria (f.)
pappatoria (f.)
pispilloria (f.)
preistoria (f.)
promemoria (f., m.)
remissoria (f.)
requisitoria (f.)
rogatoria (f.)
sanatoria (f.)
scoria (f.)
sollecitatoria (f.)
sparatoria (f.)
storia (f.)
traiettoria (f.)
vanagloria (f.)
vittoria (f.)
orica
retorica (f.)
rettorica (f.)
teorica (f.)
orico
allegorico (a.)
anaforico (a.)
borico (a.)
calorico (a.)
categorico (a.)
clorico (a.)
corico (t., r.)
dorico (a.)
fantasmagorico (a.)
fosforico (a.)
madreporico (a.)
metaforico (a., m.)
pittorico (a.)
pletorico (a.)
preistorico (a.)
psorico (a.)
retorico (i., a., m.)
ricorico (t., r.)
semaforico (a.)
solforico (a.)
storico (a., m.)
teorico (a., m.)
trovadorico (a.)
oride
clitoride (f.)
orido
florido (a.)
rorido (o.)
orie
cantastorie (m.)
tesmoforie (f. pl.)
orii
oratorii (m. pl.)
orilo
+corilo (m.)
orio
abrogatorio (a.)
accessorio (a., m.)
accusatorio (a.)
+adiutorio (m.)
adulatorio (a.)
aleatorio (a.)
amatorio (a.)
ambasciatorio (a.)
ambulatorio (a.)
+antenitorio (m.)
antipurgatorio (m.)
oratorio (a., m.)
aspersorio (m.)
assertorio (a.)
assolutorio (a.)
attentatorio (a.)
auditorio (a., m.)
austorio (m.)
aviatorio (a.)

avorio (m.)
battezzatorio (m.)
borio (r.)
buccinatorio (a.)
canzonatorio (a.)
cementatorio (a.)
censorio (a.)
ciborio (m.)
circolatorio (a.)
colluttorio (m.)
comminatorio (a.)
comprensorio (a.)
compromissorio (a.)
confortatorio (a.)
confrattorio (a.)
confutatorio (a.)
congratulatorio (a.)
conservatorio (m.)
consolatorio (a.)
consultorio (a., m.)
contradditorio (a., m.)
corbellatorio (a.)
crematorio (a.)
decisorio (a.)
declamatorio (a.)
declaratorio (a.)
dedicatorio (a.)
defatigatorio (a.)
delegatorio (a.)
delusorio (a.)
depilatorio (a.)
deprecatorio (a.)
depuratorio (a., m.)
derisorio (a.)
derogatorio (a.)
desultorio (a.)
detrusorio (m.)
diffamatorio (a.)
dilatorio (a.)
direttorio (m.)
dissertatorio (a.)
dittatorio (a.)
+diversorio (m.)
divinatorio (a.)
divisorio (a., m.)
domentorio (m.)
dormitorio (m.)
edificatorio (a.)
educatorio (m.)
eliminatorio (a.)
emporio (m.)
emuntorio (a.)
epilatorio (a.)
esclusorio (a.)
escorio (t.)
escretorio (a.)
esecutorio (a.)
esortatorio (a.)
espiatorio (a.)
esploratorio (a.)
faldistorio (m.)
ferruminatorio (a.)
friggitorio (m.)
fulminatorio (a.)
fusorio (a.)
gallorio (i.)
genuflessorio (m.)
gestatorio (a.)
giudicatorio (a.)
giuratorio (a.)
giustificatorio (a.)
gladiatorio (a.)
glorio (r.)
graduatorio (a.)
gratulatorio (a.)
illusorio (a.)
imperatorio (a.)
impetratorio (a.)
imprecatorio (a.)
inalatorio (m.)
incisorio (a.)
infanatorio (a.)
infiammatorio (a.)
infusorio (a., m.)
inibitorio (a.)
inquisitorio (a.)
institorio (a.)
interdittorio (a.)
interlocutorio (a.)
interrogatorio (a., m.)
introduttorio (a.)
invitatorio (a., m.)
irrigatorio (a.)
irrisorio (a.)
istorio (t.)
istruttorio (a.)
iugulatorio (a.)
laboratorio (m.)
lacrimatorio (a.)
laudatorio (a.)
libatorio (a., m.)
littorio (a., m.)
locutorio (m.)
lusorio (a.)
martorio (t.)
masticatorio (a.)
meritorio (a.)
messorio (a.)
migratorio (a.)
minatorio (a.)
minchionatorio (a.)
monitorio (a.)
mortorio (m.)
motorio (a.)
muratorio (a.)
natatorio (a.)
notorio (a.)
obbligatorio (a.)
olitorio (m.)
offertorio (m.)
olfattorio (a.)
ondulatorio (a.)
operatorio (a.)
oratorio (a.)
oscillatorio (a.)
osservatorio (m.)
ostensorio (m.)
otturatorio (a.)
parlatorio (m.)
perentorio (a.)
pescatorio (a.)
petitorio (a.)
piscatorio (a.)
possessorio (a.)
predatorio (a.)
predicatorio (a.)
premonitorio (a.)
preparatorio (a.)
pretorio (a., m.)
probatorio (a., m.)
procuratorio (a.)
proditorio (a.)
professorio (a.)
proibitorio (a.)
promissorio (a.)
promontorio (m.)
propiziatorio (a., m.)
propulsorio (a.)
protestatorio (a.)
provocatorio (a.)
provisorio (a.)
purgatorio (a., m.)
questorio (a.)

reclusorio (m.)
reconditorio (m.)
recuperatorio (a.)
redibitorio (a.)
refettorio (m.)
refrigeratorio (a.)
remontorio (m.)
repertorio (m.)
rescissorio (a.)
respiratorio (a.)
responsorio (m.)
restitutorio (a.)
ricattatorio (a.)
ricreatorio (a., m.)
rimuneratorio (a.)
+ripositorio (m.)
riprensorio (a.)
rogatorio (a.)
romitorio (m.)
rotatorio (a.)
rottorio (m.)
salivatorio (a., m.)
salutatorio (a., +m.)
sanatorio (a., m.)
sartorio (a.)
sbaldorio (i.)
sbisorio (i.)
scultorio (a.)
secretorio (a.)
senatorio (a.)
sensorio (m., a.)
simillatorio (a.)
sminchionatorio (a.)
sospensorio (a., m.)
starnutatorio (a.)
storio (t.)
strangolatorio (a.)
suasorio (a.)
sublimatorio (a.)
successorio (a.)
succintorio (m.)
sudatorio (a., m.)
supererogatorio (a.)
suppletorio (a.)
supplicatorio (a.)
sussultorio (a.)
+tenitorio (m.)
territorio (m.)
tintorio (a.)
torio (m.)
transitorio (a.)
traslatorio (a.)
triforio (m.)
tutorio (a.)
uditorio (m.)
vessatorio (a.)
viatorio (a.)
vibratorio (a.)
visorio (a.)
vomitatorio (a., m.)
vomitorio (m.)

orizza

corizza (f.)

orlo

disorlo (t.)
orlo (t., m.)
torlo (m.)
tuorlo (m.)

orma

controriforma (f.)
dorma (i., t.)
forma (f.)
norma (f.)
orma (f.)
piattaforma (f.)
riforma (f.)
torma (f.)

ormano

dormano (i., t.)

orme

abnorme (a.)
aeriforme (a.)
agliforme (a.)
biforme (a.)
bulbiforme (a.)
campaniforme (a.)
conforme (a.)
cruciforme (a.)
cuneiforme (a.)
cuoriforme (a.)
deforme (a.)
deiforme (a.)
difforme (a.)
disforme (a.)
dorme (i., t.)
fungiforme (a.)
fusiforme (a.)
granitiforme (a.)
imbutiforme (a.)
informe (a.)
linguiforme (a.)
multiforme (a.)
oviforme (a.)
proteiforme (a.)
quadriforme (a.)
radiciforme (a.)
reniforme (a.)
retiforme (a.)
settiforme (a.)
stratiforme (a.)
tiraforme (m.)
triforme (a.)
uniforme (a., f.)
vermiforme (a.)

ormi

dormi (i., t.)

ormico

formico (a.)

ormio

cloroformio (m.)
iodiformio (m.)
lisoformio (m.)
tannoformio (m.)
vioformio (m.)
xeroformio (m.)

ormo

addormo (r.)
conformo (t., r.)
cormo (m.)
deformo (t.)
disformo (t.)
dormo (i., t.)
formo (t., r.)
informo (t., r.)
ormo (t.)
preformo (t.)
ridormo (i.)
riformo (t., r.)
rinformo (t.)
ritrasformo (t.)
sformo (t.)
+signormo (m.)
stormo (m.)
trasformo (t., r.)
uniformo (t., r.)

ormola

formola (f.)

ormono

dormono (t., i.)

ormoro

mormoro (t., i.)
rimormoro (t.)

ormula
formula (f.)
ormulo
formulo (t.)
orna
calorna (f.)
corna (f. pl.)
orne
bicorne (a.)
tricorne (a.)
ornea
cornea (f.)
orneo
corneo (a.)
orni
borni (m. pl.)
ornia
bicornia (f.)
+bornia (f.)
cornia (f.)
sbornia (f.)
ornice
fornice (f., m.)
ornico
fornico (i.)
ornio
attornio (t., r.)
+bornio (a.)
intornio (t.)
sbornio (t., i.)
tornio (m.)
orniola
corniola (f.)
orniolo
corniolo (m.)
orno
adorno (t., r., pps., a.)
aggiorno (t., i., r.)
alicorno (m.)
altoforno (m.)
attorno (avv., prep.)
avorno (m.)
bicorno (m.)
bongiorno (m.)
buongiorno (m.)
capostorno (m.)
capricorno (m.)
contorno (t., m.)
controcorno (m.)
corno (i., m.)
dattorno (prep., avv.)
dintorno (prep., avv., m.)
disadorno (t., a.)
flicorno (m.)
fliscorno (m.)
forno (m.)
frastorno (t., m.)
giorno (m.)
incorno (t.)
inforno (t.)
intorno (prep., avv.)
liocorno (m.)
maladorno (a.)
mezzogiorno (m.)
musorno (a.)
oggigiorno (avv.)
orno (t., m.)
perdigiorno (m.)
+piorno (a.)
piovorno (a.)
raggiorno (i.)
rinforno (t.)
ristorno (i., m.)
ritorno (i., r., m.)
scorno (t., r., m.)
sforno (t.)
soggiorno (i., m.)
spazzaforno (m.)
storno (t., m.)
suborno (t.)
torno (m., i., +t.)
tricorno (m.)
unicorno (a., m.)
oro
accaloro (t., r.)
accoro (t., r.)
accuoro (t., r.)
acrocoro (m.)
addottoro (t., r.)
adoro (t.)
affioro (t., i.)
alloro (m.)
assaporo (t.)
avvaloro (t., r.)
barbassoro (m.)
battiloro (m.)
boccadoro (a., m.)
boro (m.)
bucintoro (m.)
capolavoro (m.)
castoro (m.)
cerzioro (t., r.)
cloro (m.)
coloro (t., pron.)
commodoro (m.)
concistoro (m.)
+consistoro (m.)
coro (m.)
costoro (pron.)
decoloro (t.)
decoro (t., m.)
defloro (t.)
deploro (t.)
deterioro (t.)
dimoro (i.)
disamoro (t., r.)
discoloro (t., r.)
disdoro (m.)
disfioro (t.)
disinnamoro (t., r.)
disonoro (t., r.)
divoro (t., r.)
doloro (i., t., r.)
dopolavoro (m.)
doro (t.)
erboro (i.)
esploro (t.)
evaporo (i., r.)
filaloro (m.)
fioro (i.)
fluoro (m.)
foro (t.)
fruttidoro (m.)
ghirigoro (m.)
ignoro (t.)
imploro (t.)
incoloro (a.)
incoro (t.)
indoro (t., r.)
infervoro (t., r.)
innamoro (t., r.)
inodoro (a.)
inoro (t.)
insaporo (t., i., r.)
irroro (t.)
lavoro (i., r., t., m.)
loro (pron.)
maggioro (t.)
martoro (m.)
messidoro (m.)
miglioro (t.)
minoro (t.)

moro (a., m., i.)
odoro (t., i.)
onoro (t., r.)
oro (t., m.)
pandoro (m.)
peggioro (t., i.)
perforo (t.)
peroro (t.)
pianoro (m.)
pignoro (t.)
piloro (m.)
ploro (i., +m.)
pomidoro (m.)
pomodoro (m.)
poro (m.)
+purgatoro (m.)
ravvaloro (t.)
riaddoloro (t., r.)
riassaporo (t.)
ricoloro (t., r.)
riesploro (t.)
riforo (t.)
rilavoro (t.)
rincoro (t., r.)
rinfervoro (t., r.)
rinfioro (t., i., r.)
rinnamoro (t., r.)
rionoro (t.)
ripeggioro (t.)
ristoro (t., r., m.)
samoro (m.)
scoloro (t., r.)
scoro (t.)
sdoro (t.)
sdottoro (t., r.)
sfioro (t.)
sicomoro (m.)
similoro (m.)
smuoro (t.)
sonoro (a.)
spignoro (t.)
straforo (m.)
subodoro (t.)
svaporo (i.)
+tenitoro (m.)
termidoro (m.)
tesoro (m.)
tiraloro (m.)
toro (m.)
traforo (t., m.)
trascoloro (i., r.)
vaporo (i.)

oroga

proroga (f.)

orogo

prorogo (t.)

orpena

scorpena (f.)

orpere

+torpere (i.)

orpido

torpido (a.)

orpio

storpio (t., a., m.)

orpo

anticorpo (m.)
avancorpo (m.)
corpo (m.)
guardacorpo (m.)

orpora

porpora (f.)

orporo

imporporo (t., r.)
incorporo (t., r.)
rincorporo (t., r.)
scorporo (t., r., m.)

orpus

corpus (lat.)

orra

aborra (t., i.)
borra (f.)
camorra (f.)
forra (f.)
morra (f.)
sorra (f.)
zavorra (f.)

orrano

aborrano (t., i.)

orre

aborre (t., i.)
accorre (t.)
anteporre (t., r.)
apporre (t., r.)
comporre (t., r.)
contrapporre (t., r.)
corre (t.)
decomporre (t.)
deporre (t.)
discomporre (t.)
disporre (t., r.)
distorre (t., r.)
esporre (t., r.)
frapporre (t., r.)
imporre (t.)
incorre (i.)
indisporre (t.)
interporre (t., r.)
nasorre (m.)
opporre (t., r.)
porre (t., r.)
posporre (t.)
predisporre (t., r.)
preporre (t.)
presupporre (t.)
proporre (t.)
raccorre (t.)
ricomporre (t., r.)
ricorre (t.)
rideporre (t.)
riporre (t., r.)
riproporre (t., r.)
+risciorre (t.)
+ritorre (t.)
ritrasporre (t.)
sciorre (t.)
scomporre (t., r.)
sopporre (t., r.)
sopraporre (t.)
sottoporre (t., r.)
sovrapporre (t., r.)
sovrimporre (t.)
supporre (t.)
tòrre (t.)
torre (f.)
+traporre (t., r.)
trasporre (t., +r.)

orrere

accorrere (i.)
concorrere (i.)
correre (i.)
decorrere (i.)
discorrere (i.)
incorrere (i.)
intercorrere (i.)
occorrere (i.)
percorrere (t.)
precorrere (i., t.)
ricorrere (i., t.)
ridiscorrere (i.)
rincorrere (t., r.)
ripercorrere (t.)
riscorrere (t., i.)
scorrere (i., t.)

soccorrere (t., i., r.)
tracorrere (i.)
transcorrere (t., i.)
trascorrere (t., i.)

orri
aborri (t., i.)
gnorri (m.)

orrido
orrido (a., m.)
torrido (a.)

orrige
corrige (lat.)

orro
aborro (t., i.)
accorro (i.)
borro (m.)
camorro (m.)
concorro (i.)
corro (i.)
decorro (i.)
discorro (i.)
granciporro (m.)
imporro (i.)
incorro (i.)
intercorro (i.)
inzavorro (t.)
occorro (i.)
percorro (t.)
porro (m.)
precorro (i., t.)
ricorro (i., t.)
ridiscorro (i.)
rincorro (t., r.)
ripercorro (t.)
riscorro (t., i.)
scorro (i., t.)
soccorro (t., r., i.)
stracorro (i.)
transcorro (t., i.)
trascorro (t., i.)
zavorro (t.)

orrono
aborrono (t., i.)

orsa
biliorsa (f.)
borsa (f.)
corsa (f.)
discorsa (f.)
morsa (f.)
orsa (f.)
ricorsa (f.)
rincorsa (f.)
risorsa (f.)
scorsa (f.)

orse
corse (i., t.)
forse (avv.)
morse (t., r.)
porse (t., r.)
scorse (t.)
sporse (i., t., r.)
tagliaborse (m.)
torse (i., t.)

orsero
corsero (i., t.)
morsero (t., r.)
porsero (t., r.)
scorsero (t.)
sporsero (i., t., r.)
torsero (t.)

orsi
corsi (i., t.)
morsi (t., r.)
porsi (t., r.)
scorsi (t.)
sporsi (i., t., r.)
torsi (t.)

orso
ammorso (t.)
concorso (pps., m.)
corso (pps., a., m.)
decorso (pps., a., m.)
destrorso (a., avv.)
disborso (m.)
discorso (m., pps., a.)
dorso (m.)
esborso (t., m.)
imborso (t.)
immorso (t.)
incorso (pps.)
incorso (pps.)
morso (pps., m.)
orso (m.)
percorso (pps., m.)
portamorso (m.)
precorso (pps., a.)
+retrorso (avv.)
ricorso (pps., a., m.)
rimborso (t., m.)
rimorso (m., pps., a.)
sborso (t., m.)
scorso (pps., a., m.)
+signorso (m.)
sinistrorso (a.)
soccorso (m.)
sorso (t., m.)
torso (m.)
trascorso (pps., a., m.)

orsolo
torsolo (m.)

ort
sport (m.)

orta
antiporta (f.)
aorta (f.)
contraporta (f.)
falsaporta (f.)
gambacorta (m.)
gattamorta (f.)
manomorta (f.)
porta (f.)
ritorta (f.)
scorta (f.)
sorta (f.)
sporta (f.)
storta (f.)
torta (f.)

orte
acquaforte (f.)
anticorte (f.)
cassaforte (f.)
consorte (m., f.)
contrafforte (m.)
coorte (f.)
corte (f.)
forte (a., m., avv.)
manforte (f.)
morte (f.)
panforte (m.)
sorte (f.)

orti
beccamorti (m.)

ortice
cortice (m.)
vortice (m.)

ortico
criptoportico (m.)
portico (m.)
scortico (t.)

ortile
tortile (a.)

orto
aborto (m.)

accorto (pps., a.)
aeroporto (m.)
angiporto (m.)
antiporto (m.)
apporto (t., m.)
asporto (t.)
assorto (pps., a.)
attorto (pps.)
bistorto (a.)
boccaporto (m.)
capomorto (m.)
cascamorto (m.)
collotorto (m.)
comporto (t., r., m.)
conforto (t., m.)
+consorto (m.)
contorto (pps., a.)
corpomorto (m.)
corto (a.)
deporto (t., m.)
diporto (r., m.)
distorto (pps., a.)
esorto (t., +m.)
esporto (t.)
estorto (pps., a.)
guardaporto (m.)
idroporto (m.)
importo (t., m.)
insorto (pps., a., m.)
+intorto (a.)
+iscorto (pps., a.)
malaccorto (a.)
morto (pps., a., m.)
orto (m.)
passaporto (m.)
porto (t., r., m., pps., a.)
premorto (pps., a.)
rammorto (t., m.)
rapporto (t., r., m.)
rattorto (pps., a.)
riconforto (t., r., m.)
riporto (t., r., m.)
risorto (pps., a.)
ritorto (pps., a., m.)
sconforto (t., r., m.)
scontorto (pps., a.)
scorto (t., pps., a., m.)
semimorto (a.)
+signorto (m.)
smorto (pps., a.)
sopporto (t., m.)
soprapporto (m.)
sorto (pps., a.)
sporto (pps., a., m.)
storto (pps., a.)
supporto (m.)
torto (pps., a., m.)

ortola

ritortola (f.)

ortora

tortora (f.)

ortore

+tortore (m.)

ortula

sportula (f.)

orva

morva (f.)

orvo

corvo (m.)
torvo (a.)

orza

forza (f.)
giocoforza (m.)
orza (f.)
scorza (f.)

orzio

consorzio (m.)
divorzio (i., m.)

orzo

afforzo (t., r.)
ammorzo (t.)
forzo (t.)
orzo (i., m.)
rafforzo (t., r.)
rinforzo (t., i., r., m.)
scorzo (t., r.)
sforzo (t., r., m.)
smorzo (t., r., m.)

orzolo

bitorzolo (m.)
catorzolo (m.)
rintorzolo (t., i.)

osa

acetosa (f.)
acquarosa (f.)
alosa (f.)
baldosa (f.)
cellulosa (f.)
certosa (f.)
chiosa (f.)
cimosa (f.)
cosa (f.)
gassosa (f.)
gazosa (f.)
iosa (f.)
linosa (f.)
mimosa (f.)
mucosa (f.)
nebulosa (f.)
nitrocellulosa (f.)
pasquarosa (f.)
perniciosa (f.)
posa (f.)
prosa (f.)
qualcosa (f.)
+riposa (f.)
ritrosa (f.)
rosa (f.)
sabbiosa (f.)
sinforosa (f.)
sposa (f.)
tosa (f.)
tuberosa (f.)
uosa (f.)
ventosa (f.)
viscosa (f.)

osca

losca (f.)
mosca (f.)
+posca (f.)

oscafo

piroscafo (m.)

oscele

isoscele (a.)

oscere

anticonoscere (t.)
conoscere (t.)
disconoscere (t.)
misconoscere (t.)
preconoscere (t.)
+ricognoscere (t.)
riconoscere (t., r.)
sconoscere (t., i.)

osche

chiappamosche (m.)
paramosche (m.)
pigliamosche (m.)
scacciamosche (m.)

oschi

guardaboschi (m.)
tagliaboschi (m.)

oscia
angoscia (f.)
bioscia (f.)
broscia (f.)
caloscia (f.)
coscia (f.)
deboscia (f.)
galoscia (f.)
poscia (avv.)
sbroscia (f.)
stroscia (f.)
troscia (f.)
oscide
proboscide (f.)
oscido
+roscido (a.)
oscio
abbioscio (t., r.)
accoscio (r.)
affloscio (i., r.)
ammoscio (i.)
angoscio (t., r.)
bioscio (a.)
+caloscio (a.)
camoscio (m.)
coscio (a., m.)
croscio (i., m.)
floscio (a.)
moscio (a.)
paloscio (m.)
raccoscio (r.)
scamoscio (t., a.)
scataroscio (m.)
scoscio (t., r., m.)
scroscio (i., m.)
soccoscio (m.)
strangoscio (i.)
stroscio (i., m.)
trangoscio (i.)
osco
abbracciabosco (m.)
abelmosco (m.)
affosco (t.)
anticonosco (t.)
bosco (m.)
chiosco (m.)
conosco (t.)
dibosco (t.)
disbosco (t.)
disconosco (t.)
fosco (a.)
imbosco (t., i., r.)
infosco (t., i., r.)
losco (a.)
misconosco (t.)
mosco (m.)
+nosco (pron.)
preconosco (t.)
riconosco (t., r.)
rimbosco (t.)
rinfosco (i.)
sbosco (t.)
sconosco (t., i.)
sottobosco (m.)
tosco (a., m.)
+vosco (pron.)
oscopo
aeroscopo (m.)
oroscopo (m.)
ose
dose (f.)
esplose (i., t.)
nascose (t., r.)
pose (t., r.)
rispose (i., t., t.)
rose (t., r.)
oseo
roseo (a.)
osero
esplosero (i., t.)
nascosero (t., r.)
posero (t., r.)
risposero (i., r., t.)
rosero (t., r.)
osforo
bosforo (m.)
fosforo (m.)
osi
amaurosi (f.)
anabrosi (f.)
anacenosi (f.)
anadiplosi (f.)
anamorfosi (f.)
anastomosi (f.)
anchilosi (f.)
anfiartrosi (f.)
antiflogosi (f.)
aponeurosi (f.)
apoteosi (f.)
arteriosclerosi (f.)
autoipnosi (f.)
avitaminosi (f.)
blefarofimosi (f.)
blefaroncosi (f.)
blefaroptosi (f.)
broncostenosi (f.)
calcinosi (f.)
calcolosi (f.)
cardiosclerosi (f.)
cardiostenosi (f.)
carosi (f.)
chimosi (f.)
cianosi (f.)
cifosi (f.)
cirrosi (f.)
cisticercosi (f.)
clorosi (f.)
dermatosi (f.)
diartrosi (f.)
emartrosi (f.)
ematosi (f.)
eritrosi (f.)
esplosi (i., t.)
eubiosi (f.)
fagocitosi (f.)
filariosi (f.)
flebosclerosi (f.)
flogosi (f.)
foruncolosi (f.)
gastroptosi (f.)
gastrosi (f.)
gnosi (f.)
gommosi (f.)
iperidrosi (f.)
ipertriosi (f.)
ipnosi (f.)
ipotiposi (f.)
leucocitosi (f.)
lordosi (f.)
metempsicosi (f.)
micosi (f.)
miosi (f.)
narcosi (f.)
nascosi (t., r.)
necrobiosi (f.)
necrosi (f.)
nefroptosi (f.)
nevrosi (f.)
ninfosi (f.)
ocronosi (f.)
osteoporosi (f.)
osteosclerosi (f.)
pirosi (f.)

posi (t., r.)
psatirosi (f.)
pseudomorfosi (f.)
psicosi (f.)
psilosi (f.)
psittacosi (f.)
ptilosi (f.)
ptosi (f.)
riposi (i., t., r.)
rosi (t., r.)
sarcomatosi (f.)
sclerosi (f.)
scoliosi (f.)
sicosi (f.)
simbiosi (f.)
sinartrosi (f.)
stenosi (f.)
tabacosi (f.)
trichinosi (f.)
tricoptilosi (f.)
tricosi (f.)
trombosi (f.)
tubercolosi (f.)

osia

ambrosia (f).
austosia (f.)
farmacognosia (f.)
sosia (m.)

osico

rosico (t.)

osimo

cosimo (a.)

osina

elemosina (t.,
lemosina (f.)
limosina (f.)

osino

elemosino (t., i.)

osio

ambrosio (a.)
cellulosio (m.)
destrosio (m.)
glucosio (m.)
lattosio (m.)
maltosio (m.)
ortosio (m.)
pentosio (m.)
saccarosio (m.)
simposio (m.)

osito

apposito (a.)
capodeposito (m.)
composito (a.)
deposito (t., m.)
+opposito (pps.)
proposito (m.)
sproposito (i., m.)
+supposito (pps., a., m.)

osmico

cosmico (a.)
microcosmico (a.)

osmio

osmio (m.)

osmo

cosmo (m.)
macrocosmo (m.)
microcosmo (m.)

osmosi

diosmosi (f.)
endosmosi (f.)
esosmosi (f.)
osmosi (f.)

oso

acciaccoso (a.)
accidentoso (a.)
accidioso (a.)
acetoso (a.)
acinoso (a.)
acquidoso (a.)
acquitrinoso (a.)
acquoso (a.)
acrimonioso (a.)
adenoso (a.)
adiposo (a.)
+adontoso (a.)
aeroso (a.)
affannoso (a.)
affettuoso (a.)
afoso (a.)
afroroso (a.)
afroso (a.)
agrestoso (a.)
albagioso (a.)
albuginoso (a.)
algoso (a.)
alluminoso (a.)
altezzoso (a.)
ambizioso (a.)
amoroso (a.)
ampolloso (a.)
anelloso (a.)
anfrattuoso (a.)
anginoso (a.)
angoloso (a.)
angoscioso (a.)
animoso (a.)
annoso (a.)
ansioso (a.)
antibilioso (a.)
anticanceroso (a.)
appetitoso (a.)
appiccicoso (a.)
ardimentoso (a.)
areligioso (a.)
arenoso (a.)
argilloso (a.)
arioso (a.)
armonioso (a.)
arroso (t.)
arterioso (a.)
artificioso (a.)
artifizioso (a.)
ascoso (a.)
astioso (a.)
+attoso (a.)
attuoso (a.)
auguroso (a.)
+auloroso (a.)
avventuroso ((a.)
azzardoso (a.)
baldanzoso (a.)
balioso (a.)
bambagioso (a.)
bavoso (a.)
bellicoso (a.)
bilioso (a.)
bisognoso (a.)
bituminoso (a.)
bizzoso (a.)
bolloso (a.)
borioso (a.)
boscoso (a.)
bozzoloso (a.)
bramoso (a.)
brancoso (a.)
breccioso (a.)
brioso (a.)
brodoso (a.)
+brozzoloso (a.)
bulboso (a.)
burbanzoso (a.)
burrascoso (a.)

burroso (a.)
butirroso (a.)
cacheroso (a.)
cacioso (a.)
cagionoso (a.)
calamitoso (a.)
calcinoso (a.)
calcoloso (a.)
caliginoso (a.)
calloso (a.)
caloroso (a.)
calunnioso (a.)
canceroso (a.)
cancrenoso (a.)
+capitoso (a.)
capriccioso (a.)
capzioso (a.)
carbonchioso (a.)
carcinomatoso (a.)
carestoso (a.)
carnoso (a.)
cartilaginoso (a.)
casoso (a.)
catarroso (a.)
cavernoso (a.)
cavilloso (a.)
celluloso (a.)
cencioso (a.)
ceneroso (a.)
cerimonioso (a.)
ceroso (a.)
ceruminoso (a.)
cespuglioso (a.)
chiassoso (a.)
chiomoso (a.)
chioso (t.)
chiragroso (a.)
ciccioso (a.)
ciottoloso (a.)
cisposo (a.)
clamoroso (a.)
coleroso (a.)
collinoso (a.)
colloso (a.)
colposo (a.)
comatoso (a.)
compendioso (a.)
complimentoso (a.)
concettoso (a.)
contagioso (a.)
contegnoso (a.)
contenzioso (a.)
contumelioso (a.)
copioso (a.)
coraggioso (a.)
corposo (a.)
corroso (pps., a.)
coscienzioso (a.)
coso (t., m.)
costoso (a.)
cotennoso (a.)
cotonoso (a.)
cresposo (a.)
criminoso (a., m.)
crostoso (a.)
cruccioso (a.)
cruscoso (a.)
curioso (a., i.)
danaroso (a.)
dannoso (a.)
decoroso (a.)
delittuoso (a.)
delizioso (a.)
denaroso (a.)
desideroso (a.)
desioso (a.)
difettoso (a.)
difficoltoso (a.)
dignitoso (a.)
dilettoso (a.)
disagioso (a.)
disastroso (a.)
disdegnoso (a.)
disgustoso (a.)
dispendioso (a.)
dispettoso (a.)
doglioso (a.)
doloroso (a.)
doloso (a.)
dormiglioso (a.)
doso (t.)
doveroso (a.)
dovizioso (a.)
dubbioso (a.)
dubitoso (a.)
dumoso (a.)
edematoso (a.)
endovenoso (a.)
enfisematoso (a.)
erboso (a.)
ernioso (a., m.)
eroso (a.)
esoso (a.)
esploso (pps.)
estroso (a.)
estuoso (a.)
facinoroso (a.)
facoltoso (a.)
faldoso (a.)
famoso (a.)
fangoso (a.)
fantasioso (a.)
farinoso (a.)
farraginoso (a.)
fastidioso (a.)
fastoso (a., m.)
faticoso (a.)
favoloso (a.)
fazioso (a., m.)
febbricoso (a., m.)
febbroso (a.)
feccioso (a.)
fegatoso (a., m.)
ferruginoso (a.)
fervoroso (a.)
festoso (a.)
fibrinoso (a.)
fibroso (a.)
fiducioso (a.)
fienoso (a.)
fignoloso (a.)
filaccicoso (a.)
filaccioso (a.)
filamentoso (a.)
fioccoso (a.)
fistoloso (a.)
+flagizioso (a.)
flemmonoso (a.)
flessuoso (a.)
focoso (a.)
foglioso (a.)
forforoso (a.)
formoso (a.)
fortunoso (a.)
forzoso (a.)
fosforoso (m.)
fragoroso (a.)
+francioso (a., m.)
franoso (a.)
freddoloso (a.)
freddoso (a.)
frettoloso (a.)
fritelloso (a.)

frondoso (a.)
fruticoso (a.)
fruttuoso (a.)
fuliginoso (a.)
fulminoso (a.)
fumoso (a.)
fungoso (a.)
furioso (a.)
galestroso (a.)
gangoloso (a.)
+garoso (a.)
gassoso (a.)
gaudioso (a.)
gelatinoso (a.)
geloso (a.)
gemmoso (a.)
generoso (a.)
gessoso (a.)
ghiaccioso (a.)
ghiaioso (a.)
ghignoso (a.)
ghiribizzoso (a.)
gibboso (a.)
giocoso (a.)
gioioso (a.)
giudizioso (a.)
glanduloso (a.)
gleboso (a.)
globoso (a.)
globoso (a.)
glorioso (a.)
glutinoso (a.)
gocciologo (a.)
goloso (a., m.)
gommoso (a.)
gottoso (a.)
grandezzoso (a.)
grandioso (a.)
granelloso (a.)
granoso (a.)
granuloso (a.)
gravoso (a.)
grazioso (a.)
grinzoso (a.)
grommoso (a.)
gropposo (a.)
grumoso (a.)
guadoso (a.)
guazzoso (a.)
gustoso (a.)
ignominioso (a.)
immaginoso (a.)
impaccioso (a.)
impegnoso (a.)
imperioso (a.)
impetuoso (a.)
importuoso (a.)
incestuoso (a.)
increscioso (a.)
incurioso (a.)
indecoroso (a.)
industrioso (a.)
infrancioso (t.)
infruttuoso (a.)
ingegnoso (a.)
ingeneroso (a.)
ingiurioso (a.)
inglorioso (a.)
inofficioso (a.)
inoperoso (a.)
insidioso (a.)
interessoso (a.)
invidioso (a.)
ipocloroso (a.)
iroso (a.)
irreligioso (a.)
laborioso (a.)
lacrimoso (a.)
lavunoso (a.)
lagoso (a.)
lamentoso (a.)
laminoso (a.)
lanoso (a.)
lanuginoso (a.)
lapidoso (a.)
lardoso (a.)
lattiginoso (a.)
lebbroso (a., m.)
legnoso (a.)
leguminoso (a.)
lendinoso (a.)
lentiginoso (a.)
lercioso (a.)
lezioso (a.)
libidinoso (a., m.)
licenzioso (a.)
limaccioso (a.)
limoso (a.)
liscoso (a.)
litigioso (a.)
lotoso (a.)
lucroso (a.)
luminoso (a.)
lussuoso (a.)
lussurioso (a.)
luttuoso (a.)
macchinoso (a.)
madroso (a.)
maestoso (a.)
mafioso (a.)
malauguroso (a.)
malavventuroso (a.)
malinconoso (a.)
malioso (a.)
malizioso (a.)
manieroso (a.)
manoso (a.)
maraviglioso (a.)
marcioso (a.)
marginoso (a.)
maroso (m.)
massoso (a.)
medicamentoso (a.)
melmoso (a.)
melodioso (a.)
membranoso (a.)
merdoso (a.)
meticoloso (a.)
midolloso (a.)
minaccioso (a.)
minuzioso (a.)
miracoloso (a.)
misericordioso (a.)
misterioso (a.)
moccicoso (a.)
moccioso (a., m.)
montagnoso (a.)
montuoso (a.)
morboso (a.)
morchioso (a.)
moroso (a.)
mostoso (a.)
mostruoso (a.)
motoso (a.)
mucillaginoso (a.)
mucoso (a.)
muffoso (a.)
muscoloso (a.)
muscoso (a.)
nascoso (a.)
nauseoso (a.)
nebbioso (a.)
nebuloso (a.)

neghittoso (a.)
nequitoso (a.)
nervoso (a.)
nevoso (a., m.)
nitroso (a.)
nocchioso (a.)
noderoso (a.)
nodoso (a.)
noioso (a.)
+notoso (a.)
+nubiloso (a.)
numeroso (a.)
nuvoloso (a.)
obbrobrioso (a.)
oblioso (a.)
odioso (a.)
odoroso (a.)
officioso (a.)
oleaginoso (a.)
oleoso (a.)
olioso (a.)
oltraggioso (a.)
ondoso (a.)
oneroso (a.)
+ontoso (a.)
operoso (a.)
orgoglioso (a.)
oso (a., t., i., pps.)
ossequioso (a.)
ostentoso (a.)
ozioso (a., m.)
pacioso (a.)
paludoso (a.)
pampanoso (a.)
pampinoso (a.)
pantanoso (a.)
papilloso (a.)
papposo (a.)
parenchimatoso (a.)
pastoso (a.)
pauroso (a.)
paventoso (a.)
peccaminoso (a.)
pecioso (a.)
pellagroso (a., m.)
peloso (a.)
penoso (a.)
pensieroso (a.)
pensoso (a.)
perfidioso (a.)
pericoloso (a.)
periglioso (a.)
peritoso (a.)
permaloso (a.)
pernicioso (a.)
pescoso (a.)
petroso (a.)
piaccicoso (a.)
piagnucoloso (a.)
piagoso (a.)
piccoso (a., m.)
pidocchioso (a., m.)
piegoso (a.)
pietoso (a.)
pietroso (a.)
pillaccheroso (a.)
piovigginoso (a.)
piovoso (a., m.)
piscioso (a., m.)
piumoso (a.)
pluvioso (a.)
podagroso (a., m.)
poderoso (a.)
poggioso (a.)
poliposo (a.)
polposo (a.)
polveroso (a.)
pomicioso (a.)
pomoso (a.)
pomposo (a.)
ponderoso (a.)
ponderoso (a.)
popoloso (a.)
poroso (a.)
porroso (a.)
portentoso (a.)
portuoso (a.)
poso (t., i., r.)
postemoso (a.)
pratoso (a.)
precipitoso (a.)
premuroso (a.)
prestigioso (a.)
presuntuoso (a., m.)
pretenzioso (a.)
prezioso (a.)
procelloso (a.)
prodigioso (a.)
prosperoso (a.)
prosuntuoso (a.)
proverbioso (a.)
pruinoso (a.)
prunoso (a.)
pruriginoso (a.)
pulcioso (a.)
+pungiglioso (a.)
puntiglioso (a.)
pustoloso (a.)
putredinoso (a.
putrilaginoso (a.)
+puzzoso (a.)
quarzoso (a.)
+queruloso (a.)
rabbioso (a.)
racemoso (a.)
rachidinoso (a.)
radioso (a.)
+raggioso (a.)
ragioso (a.)
ramoso (a.)
+rampognoso (a.)
rancicoso (a.)
rannoso (a.)
rantoloso (a.)
rapinoso (a.)
rasposo (a.)
religioso (a., m.)
renoso (a.)
resinoso (a.)
restoso (a.)
+ridicoloso (a.)
+ridiculoso (a.)
riffoso (a.)
rignoso (a.)
rigoglioso (a.)
rigoroso (a.)
riguardoso (a.)
rimbrencioloso (a.)
+rimoso (a.)
riposo (t., i., r., m.)
rischioso (a.)
risicoso (a.)
risipoloso (a., m.)
rispettoso (a.)
risposo (t.)
rissoso (a.)
ritoso (t.)
ritroso (a.)
rivoltoso (a., m.)
rizomatoso (a.)
roccioso (a.)
rognoso (a.)
ronchioso (a.)

roso (pps., a., m.)
rovinoso (a.)
rugginoso (a.)
rugiadoso (a.)
rugoso (a.)
rumoroso (a.)
sabbioso (a.)
+salavoso (a.)
salmastroso (a.)
salnitroso (a.)
salsedioso (a.)
salsegginoso (a.)
sanguinoso (a.)
saponoso (a.)
saporoso (a.)
sarmentoso (a.)
sassoso (a.)
scabbioso (a.)
scabroso (a.)
scaglioso (a.)
scandaloso (a.)
+scarcaglioso (a.)
scheggioso (a.)
scherzoso (a.)
schifiltoso (a.)
schifoso (a.)
schiribizzoso (a.)
schistoso (a.)
schiumoso (a.)
schizzinoso (a.)
sciroppposo (a.)
scirroso (a.)
scoglioso (a.)
scontroso (a., m.)
scorzoso (a.)
scrofoloso (a.)
scrupoloso (a.)
scurioso (i.)
sdegnoso (a.)
sdruccioloso (a.)
sedimentoso (a.)
sedizioso (a., m.)
segoso (a.)
selcioso (a.)
selvoso (a.)
semoloso (a.)
sentenzioso (a.)
serpentoso (a.)
serpiginoso (a.)
setoloso (a.)
+setoso (a.)
sfarzoso (a.)
sghiribizzoso (a.)
sieroso (a.)
silenzioso (a.)
singhiozzoso (a.)
sinuoso (a.)
smanceroso (a.)
smanioso (a.)
smorfioso (a.)
solforoso (a.)
sospiroso (a.)
sostanzioso (a.)
spasimoso (a.)
spassoso (a.)
spaventoso (a.)
spazioso (a.)
specioso (a.)
speranzoso (a.)
spettacoloso (a.)
spinoso (a., m.)
spiritoso (a.)
spocchioso (a.)
spongioso (a.)
sposo (t., r., m.)
spugnoso (a.)
spumoso (a.)
squamoso (a.)
sterposo (a.)
stertoroso (a.)
stizzoso (a.)
stomacoso (a.)
stoppaccioso (a.)
stopposo (a.)
strapazzoso (a.)
strepitoso (a.)
sticcoso (a.)
studioso (a., m.)
succoso (a.)
sugheroso (a.)
sugnoso (a.)
sugoso (a.)
suntuoso (a.)
superbioso (a.)
superstizioso (a.)
svantaggioso (a.)
tabaccoso (a.)
talcoso (a.)
+talentoso (a.)
tedioso (a.)
tempestoso (a.)
tendenzioso (a.)
tendinoso (a.)
tenebroso (a.)
terroso (a.)
tifoso (a.)
tiglioso (a.)
tignoso (a., m.)
timoroso (a.)
tonchioso (a.)
torboso (a.)
tormentoso (a.)
toroso (a.)
tortiglioso (a.)
tortuoso (a.)
toso (t.)
tossicoloso (a.)
tracomatoso (a.)
travaglioso (a.)
tubercoloso (a., m.)
tuberoso (a.)
turbinoso (a.)
ubbioso (a.)
ubertoso (a.)
ufficioso (a.)
uggioso (a.)
ulceroso (a.)
uliginoso (a.)
+ulimoso (a.)
umoroso (a.)
untuoso (a.)
uvoso (a.)
vaioloso (a.)
valoroso (a.)
vanaglorioso (a.)
vanitoso (a.)
vantaggioso (a.)
vaporoso (a.)
varicoso (a.)
veccioso (a.)
velenoso (a.)
velloso (a.)
verboso (a.)
vergognoso (a.)
verminoso (a.)
verrucoso (a.)
vertiginoso (a.)
+vertudioso (a.)
vescicoso (a.)
vetroso (a.)
vezzoso (a., m.)
vigoroso (a.)
villoso (a.)

vilupposo (a.)
vinoso (a.)
virtuoso (a., m.)
vischioso (a.)
viscoso (a.)
vistoso (a.)
vittorioso (a.)
vituperoso (a.)
vizioso (a., m.)
voglioloso (a.)
voglioso (a.)
volenteroso (a.)
volonteroso (a.)
voluminoso (a.)
voluttuoso (a.)
voraginoso (a.)
vorticoso (a.)
zaccheroso (a.)
zeloso (a.)
zolloso (a.)
zuccheroso (a.)

osòfo

filosofo (i., m.)
semilfilosofo (m.)
sfilosofo (i.)
teosofo (m.)

osola

posola (f.)

osolo

rosolo (t., m.)

ospero

prospero (i., t., a.)

ospite

inospite ((a.)
ospite (m.)

ospito

inospito (a.)
ospito (t.)

ospo

rospo (m.)

ospora

peronospora (f.)

ossa

canossa (f.)
fossa (f.)
glossa (f.)
grossa (f.)
macroglossa (f.)
mossa (f.)
negossa (f.)
ossa (f. pl.)
paraglossa (f.)
pellirossa (m.)
percossa (f.)
possa (f., i.)
ripercossa (f.)
riscossa (f.)
scossa (f.)
sommossa (f.)
tossa (i.)

ossano

possano (i.)
tossano (i.)

osse

cosse (t., i., r.)
fosse (i.)
minosse (m.)
mosse (t.)
percosse (t.)
pertosse (f.)
tosse (f., i.)

osseno

pirosseno (m.)

osseo

osseo (a.)

ossera

fillossera (f.)
filossera (f.)

ossero

cossero (t., i., r.)
fossero (i.)
mossero (t.)
percossero (t.)

ossi

cossi (t., i., r.)
fossi (i.)
mossi (t.)
percossi (t.)
sinossi (f.)
tossi (i.)

ossico

attossico (t.)
glossico (a.)
intossico (t.)
tossico (a., m.)

osside

cariosside (f.)

ossido

biossido (m.)
disossido (t.)
ossido (t., r., m.)
perossido (m.)
protossido (m.)

ossile

fossile ((a., m.)

ossimo

approssimo (a., r.)
fossimo (i.)
prossimo (a., m.)
rapprossimo (t., r.)

osso

addosso (prep., avv.)
affosso (t., r.)
aliosso (m.)
arrosso (t., i., r.)
bardosso (a—) (avv.)
bisdosso (a—) (avv.)
bosso (m.)
capifosso (m.)
catriosso (m.)
colosso (m.)
commosso (pps., a.)
+confosso (m.)
controfosso (m.)
digrosso (t.)
disgrosso (t.)
disosso (t.)
dosso (m.)
estradosso (m.)
eterodosso (a., m.)
fiosso (m.)
fosso (m.)
glosso (t.)
grosso (a., m.)
indosso (t., avv.)
infosso (t., r.)
infrarosso (a., m.)
ingrosso (t., i., r., avv.)
inosso (i.)
intradosso (m.)
ipoglosso (m.)
molosso (m.)
mosso (pps., a., m.)
oltrerosso (a.)
ortodosso (a., m.)
osso (m.)
paradosso (i., m.)
percosso (pps.)
pettirosso (m.)
posso (i.)
profosso (m.)
promosso (pps., a., m.)
raddosso (t.)

ridosso (m.)
rifosso (m.)
rimosso (pps., a.)
rindosso (t.)
ringrosso (t., i., r., m.)
ripercosso (pps., a.)
riscosso (pps., a.)
rosso (a.)
saltamindosso (m.)
scannafosso (m.)
scosso (pps., a.)
sdosso (t., r.)
sfiosso (t.)
sfosso (t.)
sgrosso (t.)
smosso (pps., a.)
sommosso (pps., a.)
soprosso (m.)
sposso (t., r.)
tosso (i.)

ossola
rossola (f.)

ossolo
bossolo (m.)

ossono
possono (i.)
tossono (i.)

ossopo
crossopo (m.)

ossum
opossum (m.)

osta
apposta (avv.)
aragosta (f.)
batosta (f.)
composta (f.)
controproposta (f.)
corrisposta (f.)
costa (f.)
crosta (f.)
imposta (f.)
mangosta (f.)
nullaosta (m.)
posta (f.)
proposta (f.)
riposta (f.)
risposta (f.)
rosta (f.)
scosta (escl.)
sosta (f.)
sovrimposta (f.)
starosta (m.)
supposta (f.)

ostasi
ipostasi (f.)

ostata
apostata (m.)
prostata (f.)

ostato
aerostato (m.)
apostato (i.)
areostato (m.)
blefarostato (m.)
girostato (m.)
pantostato (m.)
reostato (m.)
termostato (m.)

oste
anagnoste (m.)
foste (i.)
guardacoste (m.)
oste (m.)
pentecoste (f.)

osteri
posteri (m. pl.)

ostero
postero (m.)
+propostero (a.)

ostesi
protesi (f.)

osti
fosti (i.)

ostia
ostia (f.)

ostica
diagnostica (f.)

ostico
acrostico (m.)
agnostico (a., m.)
diagnostico (t., a., m.)
gnostico (a., m.)
ostico (a.)
prognostico (t., m.)
pronostico (t., m.)

ostide
agrostide (f.)

ostilo
areostilo (m.)
ipostilo (a.)
prostilo (a., m.)

ostine
abrostine (m.)

ostio
perostio (m.)

osto
accosto (t., i., r., prep., avv., m.)
agosto (m.)
ammosto (t., i.)
anteposto (pps.)
apposto (t., r., pps.)
arrosto (t., r., m., pps., a., avv.)
avamposto (m.)
caldarrosto (f.)
capoposto (m.)
composto (pps., a., m.)
contrapposto (pps., a.)
corrisposto (pps., a.)
costo (i., m.)
decomposto (pps., a.)
deposto (pps., m.)
discosto (t., a., prep., avv.)
disposto (pps., a., m.)
esposto (pps., m.)
ferragosto (m.)
frapposto (pps.)
girrarosto (m.)
imposto (t., r., pps., m.)
incomposto (a.)
incrosto (t.)
indecomposto (a.)
indisposto (pps., a.)
interposto (pps., a.)
malcomposto (a.)
maldisposto (a.)
mosto (m.)
nascosto (a.)
opposto (pps., a., m.)
osto (i.)
piuttosto (avv.)
posposto (pps., a.)
posto (t., r., m., pps.)
preposto (pps., a.)
presupposto (pps., a., m.)
prevosto (m.)
proposto (pps., a., m.)
+provosto (m.)
raccosto (t.)
riaccosto (t., r.)
riposto (pps., a.)

risposto (pps.)
scomposto (pps., a.)
scosto (t., r., i.)
scrosto (t.)
sosto (i., r.)
sottoposto (pps., a., m.)
sposto (t., r.)
supposto (pps., a., m.)
tantosto (avv.)
tosto (avv., t., a.)
trasposto (pps., a.)

ostola
costola (f.)

ostolo
accostolo (t.)
apostolo (m.)
scostolo (t., r.)

ostosi
esostosi (f.)
flogostosi (f.)

ostra
chiostra (f.)
giostra (f.)
mostra (f.)

ostri
biascicapaternostri (m.)
lamellirostri (m. pl.)
levirostri (m. pl.)
tenuirostri (m. pl.)

ostrica
ostrica (f.)

ostro
addimostro (t., r., i.)
chiostro (m.)
colostro (m.)
conirostro (m., a.)
dimostro (t., r., i.)
giostro (i.)
inchiostro (t., r., m.)
mostro (t., r., m.)
nostro (a., pron., m.)
ostro (m.)
paternostro (m.)
prostro (t., r., +pps., +s.)
ridimostro (t.)
rimostro (t.)
rostro (m.)
vostro (a., pron.)

ostrofe
apostrofe (f.)

ostrofo
apostrofo (t., i., m.)

ostulo
postulo (t.)

ostumo
postumo (a., m.)

ota
banconota (f.)
brota (f.)
+bota (f.)
carota (f.)
contronota (f.)
controruota (f.)
crocota (f.)
+dota (f.)
giropilota (m.)
gota (f.)
idiota (m.)
ilota (m.)
iota (m., f.)
italiota (m.)
mota (f.)
nota (f.)
patriota (m.)
pelota (f.)
peota (f.)
pilota (m.)
piota (f.)
quota (f.)
rota (f.)
ruota (f.)
trota (f.)

otalo
crotalo (m.)

otamo
ippopotamo (m.)

otano
abrotano (m.)
scotano (m.)
totano (m.)

otasi
protasi (f.)

ote
bisnipote (m., f.)
contraddote (f.)
cote (f.)
dote (f.)
litote (f.)
nepote (m., f.)
nipote (m., f.)
pronipote (m., f.)
sacerdote (m.)
scansaruote (m.)
sopraddote (f.)

oteo
proteo (m.)
roteo (i.)

otere
isotere (f. pl.)
percuotere (t., r.)
ripercuotere (t., r., i.)
riscuotere (t., r.)
scuotere (t., r.)

otero
esotero (a.)

otesi
ipotesi (f.)
protesi (f.)

oti
rincoti (m. pl.)

otica
cotica (f.)
sclerotica (f.)
semeiotica (f.)

otico
amaurotico (a.)
anchilotico (a.)
aneddotico (a.)
anterotico (a.)
antineurotico (a.)
asintotico (a.)
azotico (a.)
caotico (a.)
cervellotico (a.)
cianotico (a.)
clorotico (a.)
demotico (a.)
dispotico (a.)
epizootico (a.)
erotico (a.)
escarotico (a.)
esotico (a.)
+falotico (a.)
gotico (a.)
ipnotico (a., m.)
narcotico (a., m.)
necrotico (a.)
nevrotico (a.)
osmotico (a.)
sarcotico (a.)

sclerotico (a.)
semigotico (a.)
tubercolotico (a., m.)
zotico (a.)
otide
carotide (f.)
epotide (f.)
miosotide (f.)
parotide (f.)
otile
cotile (m.)
otino
+protino (m.)
serotino (a.)
otipo
dagherrotipo (m.)
prototipo (m.)
stereotipo (t., a.)
otiro
protiro (m.)
otnia
sotnia (f.)
oto
aeremoto (m.)
aeromoto (m.)
annoto (m.)
azoto (m.)
+boto (m.)
capoto (i.)
creosoto (m.)
denoto (t.)
devoto (a., m.)
dinoto (t.)
disazoto (t.)
divoto (a., m.)
doto (t.)
ex voto (lat.)
gimnoto (m.)
ginnoto (m.)
ignoto (a.)
immoto (a.)
indevoto (a.)
indoto (t.)
loto (m.)
malnoto (a.)
maremoto (m.)
moto (m., f.)
noto (t., a., m.)
nuoto (i., m.)
ostrogoto (a., m.)
percuoto (t., r.)
piloto (m., t.)
pioto (t.)
poto (t., +m.)
prenoto (t., r.)
proto (m.)
quoto (t.)
remoto (a.)
ridoto (t.)
rimoto (a.)
ripercuoto (t., r., i.)
ripoto (t.)
riscuoto (t., r.)
ruoto (t., i.)
saboto (t.)
scuoto (t., r.)
svuoto (t.)
terremoto (m.)
tremoto (m.)
vòto (a., m.)
voto (i., t., r., m.)
vuoto (t., a., m.)
otola
botola (f.)
ciotola (f.)
scotola (f.)
otolo
arrotolo (t.)
botolo (m.)
rotolo (t., i., r., m.)
scotolo (t.)
otomo
adenotomo (m.)
craniotomo (m.)
encotrotomo (m.)
blebotomo (m.)
microtomo (m.)
osteotomo (m.)
rachiotomo (m.)
reotomo (m.)
tonsillotomo (m.)
otono
monotono (a.)
opistotono (m.)
otopo
isotopo (a.)
otre
otre (m.)
otribo
angiotribo (m.)
otro
botro (m.)
otropo
allotropo (a.)
anisotropo (a.)
isotropo (a.)
otta
agriotta (f.)
alloglotta (a., m.)
+allotta (avv.)
amadotta (f.)
ballotta (f.)
bancarotta (f.)
barbotta (f.)
bergamotta (f.)
bigotta (f.)
+borgognotta (f.)
botta (f.)
caciotta (f.)
cagnotta (f.)
callotta (f.)
calotta (f.)
capotta (f.)
cappotta (f.)
cazzascotta (f.)
chiozzotta (f.)
ciarlotta (f.)
compatriotta (m.)
condotta (f.)
cotta (f.)
+dotta (f.)
flotta (f.)
frotta (f.)
galeotta (f.)
gargotta (f.)
gavotta (f.)
ghiotta (f.)
giovanotta (f.)
gotta (f.)
grotta (f.)
inghiotta (t.)
lotta (f.)
margherotta (f.)
margotta (f.)
marmotta (f.)
+motta (f.)
+otta (f.)
pagnotta (f.)
patriotta (m.)
pillotta (f.)
poliglotta (m.)
quadrotta (f.)
reginotta (f.)

ribotta (f.)
ricondotta (f.)
ricotta (f.)
ridotta (f.)
+riotta (f.)
rotta (f.)
scotta (f.)
smotta (f.)
+talotta (avv.)
terracotta (f.)
tradotta (f.)
villotta (f.)

ottabo

bottabo (m.)

ottano

inghiottano (t.)

otte

botte (f.)
cacciabotte (m.)
imbotte (f.)
inghiotte (t.)
mezzanotte (f.)
notte (f.)
scannapagnotte (m.)
sceviotte (m.)
sopraimbotte (f.)
stanotte (avv.)

ottera

balenottera (f.)

otteri

acantotteri (m. pl.)
neurotteri (m. pl.)

ottero

chirottero (m.)
coleottero (m.)
dattilottero (m.)
elicottero (m.)
fenicottero (m.)
imenottero (m.)
lepidottero (m.)
ortottero (m.)
protottero (m.)

otti

alzabotti (m.)
inghiotti (t.)

ottica

ottica (f.)

ottico

ottico (a., m.)
patriottico (a.)
sinottico (a.)

ottide

epiglottide (f.)
glottide (f.)
paglottide (f.)

ottile

cottile (a.)

ottimo

accottimo (t.)
cottimo (m.)
ottimo (a., m.)

otto

abballotto (t.)
abbotto (t., r.)
acquedotto (m.)
addotto (pps.)
affagotto (t., r.)
aggotto (t.)
aggrotto (t.)
agnellotto (m.)
agnolotto (m.)
agugliotto (m.)
+alborotto (r.)
allotto (t.)
+ammotto (i.)
anatrotto (m.)
ancorotto (m.)
angelotto (m.)
annotto (i.)
anzianotto (a.)
appallotto (t.)
aquilotto (m.)
arlotto (m.)
arsenalotto (m.)
avannotto (m.)
balenotto (m.)
ballotto (t., m.)
bardotto (m.)
barilotto (m.)
bassotto (a., m.)
bazzicotto (m.)
bazzotto (a.)
bergamotto (m.)
bertolotto (a—) (avv.)
biscicotto (m.)
biasciotto (m.)
bigotto (m.)
biotto (a.)
biscotto (t., m.)
boicotto (t.)
borbotto (i.)
borlotto (a.)
borsotto (m.)
bossolotto (m.)
botto (m.)
bracotto (m.)
brogiotto (a.)
brulotto (m.)
bussolotto (m.)
cagnotto (m.)
calderotto (m.)
calzerotto (m.)
cambellotto (m.)
camerotto (m.)
camiciotto (m.)
cammellotto (m.)
candelotto (m.)
canotto (m.)
cappellotto (m.)
cappotto (m.)
casciotto (m.)
casotto (m.)
cazzotto (m., t., r.)
cerotto (m.)
chinotto (m.)
chiotto (a.)
ciambellotto (m.)
ciangotto (i.)
ciotto (a., m.)
ciuffolotto (m.)
complotto (t., i., m.)
condotto (pps., a., m.)
controfagotto (m.)
corrotto (pps., a., m.)
cotto (pps., a.)
cruscotto (m.)
cubilotto (m.)
decotto (avv., m.)
diciotto (num.)
dirotto (pps., a.)
+disdotto (m.)
disotto (avv., m.)
dotto (a., m.)
edotto (a., pps.)
fagianotto (m.)
fagotto (m.)
farlotto (m.)
filotto (m.)
fiotto (i., m.)
flibotto (m.)
fratacchiotto (m.)
furbacchiotto (a.)
gabellotto (m.)

galeotto (m.)
ghiotto (a.)
gianduiotto (m.)
giavellotto (m.)
giotto (m.)
giovanotto (m.)
glogllotto (i.)
gocciolotto (m.)
gotto (m.)
grandotto (a.)
grassotto (a.)
grillotto (m.)
grotto (m.)
+guascotto (a.)
imbarbotto (t.)
imbigotto (t.)
imbotto (t.)
incappotto (t., r.)
incorrotto (a.)
incotto (pps., a.)
indotto (a., pps.)
infagotto (t., r.)
inghiotto (t.)
ingrotto (t.)
interrotto (pps., a.)
introdotto (pps., a.)
lampredotto (m.)
lanciotto (m.)
leprotto (m.)
lingotto (m.)
lotto (i., m.)
lupacchiotto (m.)
manicotto (m.)
marabotto (m.)
margotto (t., m.)
marmotto (m.)
maschiotto (a., m.)
merlotto (m.)
minotto (m.)
motto (m.)
orsacchiotto (m.)
otto (num.)
pacchebotto (m.)
+pacchierotto (m.)
padellotto (m.)
paliotto (m.)
panciotto (m.)
pancotto (m.)
paolotto (a., m.)
parlotto (i.)
passatotto (a.)
passerotto (m.)
pernotto (i.)
piaccicotto (m.)
picchiotto (m.)
picciotto (m.)
pienotto (a.)
pillotto (t., m.)
pistolotto (m.)
pizzicotto (t., m.)
poliglotto (a.)
poliziotto (m.)
prodotto (pps., a., m.)
pulcinellotto (m.)
quarantotto (num., m.)
raddotto (pps., m.)
raffagotto (t.)
raggrotto (t.)
rappiccicotto (t.)
reciotto (m.)
recotto (m.)
ricciotto (a., m.)
ricotto (pps., a.)
ridotto (m., pps., a.)
rimbotto (t.)
rimbrotto (t., m.)
rimpiaccicotto (t., i.)
+rimprotto (m.)
rinfagotto (t., r.)
risotto (m.)
rondinotto (m.)
rotto (pps., a., m.)
salotto (m.)
salsicciotto (m.)
salvacondotto (m.)
sanculotto (m.)
sballotto (t.)
sbotto (i., m.)
scalfarotto (m.)
scalmotto (m.)
scappellotto (t., m.)
scappotto (i.)
scazzotto (t.)
scimmiotto (t., m.)
scotto (t., r., a., m.)
semidotto (a., m.)
sempliciotto (m.)
sgonfiotto (m.)
sgotto (t.)
signorotto (m.)
silurotto (m.)
smargotto (t.)
smorto (pps., a.)
smotto (i.)
sorbotto (t.)
sorcotto (m.)
sotto (prep., avv.)
starnotto (m.)
stracotto (pps., a., m.)
stradiotto (m.)
strambotto (m.)
tacchinotto (m.)
tigrotto (m.)
tombolotto (m.)
tonnarotto (m.)
tozzotto (a.)
tracagnotto (a., m.)
traccagnotto (m.)
tradotto (pps., a.)
trotto (i., m.)
ugonotto (m.)
verzotto (a.)
viadotto (m.)
volpacchiotto (m.)
zerbinotto (m.)

ottola

collottola (f.)
frottola (f.)
nottola (f.)
pallottola (f.)
trottola (f.)
viottola (f.)

ottole

vendifrottole (m.)

ottolo

acciottolo (t.)
annottolo (t.)
appallottolo (t., r.)
bamberottolo (m.)
ciottolo (m.)
manicottolo (m.)
pianerottolo (m.)
rappallottolo (t.)
+riottolo (m.)
sfrottolo (i.)
strambottolo (m.)
trottolo (i.)
viottolo (m.)

ottono

inghiottono (t.)

ottra

diottra (f.)

ottrica
calottrica (f.)
diottrica (f.)
ottrico
calottrico (a.)
diottrico (a.)
ottua
nottua (f.)
otula
rotula (f.)
otum
factotum (m.)
ova
alcova (f.)
controprova (f.)
cova (f.)
nuova (f.)
ova (f. pl.)
piova (f.)
prova (f.)
+pruova (f.)
riprova (f.)
terranova (m.)
uova (f. pl.)
ovago
girovago (a., i.)
ovane
giovane (m., f., a.)
ove
altrove (avv.)
bove (m.)
diciannove (num.)
dove (avv.)
laddove (avv., cong.)
nove (num., m.)
ove (avv.)
overe
commuovere (t., r.)
muovere (t., r.)
piovere (i., t.)
promuovere (t.)
rimuovere (t.)
rovere (m., f.)
scommuovere (t.)
smuovere (t., r.)
sommuovere (t.)
spiovere (i.)
overo
annovero (t.)
novero (t., m.)
povero (a., m.)
ricovero (t., r., m.)
rimprovero (t., r., m.)
sovero (m.)
+zenzovero (m.)
ovest
ovest (m.)
ovia
segovia (f.)
sinovia (f.)
ovine
giovine (m., f.)
ovo
approvo (t.)
+chiovo (m.)
comprovo (t.)
covo (t., m.)
disapprovo (t.)
gengiovo (m.)
giovo (i., t., r.)
innovo (t., r.)
muovo (t., r.)
nuovo (a., m.)
ovo (m.)
piovo (i., t.)
portaovo (m.)
portauovo (m.)
promuovo (t.)
provo (t., i., r.)
+pruovo (a—) (avv.)
rimuovo (t.)
rinnovo (t., r.)
rinnuovo (m.)
riprovo (t., r.)
ritrovo (t., r., m.)
rovo (m.)
scommuovo (t.)
scovo (t.)
smuovo (t., r.)
sommuovo (t.)
spiovo (i.)
trovo (t., r., pps.)
uovo (m.)
ovoco
provoco (t.)
ovola
provola (f.)
ovolo
bovolo (m.)
ovolo (m.)
scovolo (m.)
uovolo (m.)
ovoro
idrovoro (a.)
ovra
manovra (f.)
piovra (f.)
sovra (prep., avv., m.)
ovro
manovro (t.)
ricovro (t., r.)
ovve
piovve (i., t.)
ovvero
piovvero (i., t.)
ovvi
piovvi (i., t.)
ovvido
improvvido (a.)
provvido (a.)
ovvio
ovvio (i., a.)
ozia
scozia (f.)
ozio
equinozio (m.)
negozio (i., t., m.)
ozio (i., m.)
sacerdozio (m.)
sclerozio (m.)
+sozio (m.)
ozza
barbozza (f.)
+berlingozza (f.)
bozza (f.)
+brozza (f.)
camozza (f.)
capitozza (f.)
carrozza (f.)
cozza (f.)
gallozza (f.)
gavozza (f.)
+gorgozza (f.)
piccozza (f.)
pozza (f.)
rozza (f.)
scamozza (f.)
strozza (f.)
tavolozza (f.)
tinozza (f.)
strozza (f.)
zozza (f.)

ozze
nozze (f. pl.)
serrabozze (m.)
tirabozze (m.)
ozzi
accattatozzi (m.)
ozzico
mozzico (t.)
smozzico (t.)
ozzima
bozzima (f.)
ozzimo
imbozzimo (t., r.)
sbozzimo (t.)
ozzo
abbozzo (t., m.)
accozzo (t., r., m.)
appozzo (t., r.)
attrozzo (t.)
bacherozzo (m.)
barilozzo (m.)
berlingozzo (m.)
bozzo (m.)
bragozzo (m.)
capitozzo (t.)
cozzo (t., i., m.)
dimozzo (t.)
dirozzo (t., r.)
gargarozzo (m.)
ghiozzo (m.)
gozzo (m.)
imbozzo (t., r.)
ingozzo (t.)
insozzo (t.)
intozzo (i., r.)
maritozzo (m.)
mozzo (t., a., m.)
picozzo (m.)
pozzo (m.)
predicozzo (m.)
raccozzo (t., r.)
rappozzo (i.)
riaccozzo (t.)
rozzo (a.)
sbozzo (t., m.)
scagnozzo (a., m.)
scamozzo (t.)
scapitozzo (t.)
scarrozzo (t., i.)
scozzo (t., i., m.)
sgozzo (t.)
singhiozzo (i., m.)
smozzo (t.)
sozzo (t., r., a.)
stozzo (t., m.)
strillozzo (m.)
strozzo (t.)
tarozzo (m.)
tozzo (m., a.)
ozzola
gollozzola (f.)
ozzolo
abbozzolo (r.)
bacherozzolo (m.)
bozzolo (m.)
+caperozzolo (m.)
materozzolo (m.)
+riozzolo (m.)
sbozzolo (i.)
tallozzolo (m.)

ù

acagiù (m.)
bambù (m.)
belzebù (m.)
blu (a.)
cacciù (m.)
catecù (m.)
catù (m.)
caucciù (m.)
chiù (m.)
colaggiù (avv.)
colassù (avv.)
cucù (m.)
cudù (m.)
cuscussiù (m.)
dappiù (a.)
fisciù (m.)
frufrù (m.)
fu (i.)
Gesù (m.)
gioventù (f.)
giù (avv.)
gnu (m.)
grisù (m.)
gru (f.)
ingiù (avv.)
insù (avv.)
laggiù (avv.)
lassù (avv.)
marabù (m.)
nandù (m.)
orsù (escl.)
Perù (m.)
più (avv., m.)
quaggiù (avv.)
quassù (avv.)
ragù (m.)
sagù (m.)
schiavitù (f.)
servitù (f.)
soprappiù (m., avv.)
sottinsù (avv.)
su (avv., prep.)
suppergiù (avv.)
tabù (m.)
tribù (f.)
tu (pron.)
+u' (cong.)
virtù (f.)
zebù (m.)
zulù (m.)
ua
bua (f.)
cacatua (f.)
+dua (num.)
grua (f.)
prua (f.)
tambua (m.)
uba
carruba (f.)
catuba (f.)
macuba (f.)
ruba (f.)
tuba (f.)
ubba
giubba (f.)
ubbi
cacadubbi (m.)
ubbia
sgubbia (f.)
subbia (f.)
ubbilo
giubbilo (t.)
ubbio
dubbio (a., m.)
indubbio (a.)
rubbio (m.)
strubbio (t.)
subbio (t., m.)

ubblica
pubblica (f.)
repubblica (f.)
ubblico
pubblico (t., m., a.)
ripubblico (t.)
semipubblico (a.)
ubbola
bubbola (f.)
ubbolo
imbubbolo (t., r.)
ubdolo
subdolo (a.)
ube
impube (a.)
nube (f.)
pube (m., f.)
ubere
impubere (a.)
pubere (a., m.)
ubere (a.)
ubero
tubero (m.)
+ubero (m.)
ubi
ubi (lat.)
ubia
+escubia (f.)
ubico
cherubico (a.)
cubico (a.)
pubico (a.)
ubile
dissolubile (a.)
indissolubile (a.)
insolubile (a.)
nubile (a.)
risolubile (a.)
solubile (a.)
volubile (a.)
ubili
nubili (f. pl.)
ubilo
annubilo (t.)
giubilo (i., m.)
+nubilo (a.)
ubio
connubio (m.)
marrubio (m.)
ubito
accubito (m.)
cubito (m.)
decubito (m.)
dubito (i., m.)
recubito (m.)
ridubito (i.)
subito (a., m., avv.)
ublo
rublo (m.)
ubo
carrubo (m.)
+cherubo (m.)
cubo (t., m.)
derubo (t.)
rubo (t., +m.)
tubo (i., m.)
ubre
insalubre (a.)
salubre (a.)
ubrico
lubrico (a.)
ubrio
manubrio (m.)
ubro
colubro (m.)
delubro (m.)
+rubro (m., a.)
ubulo
tubulo (m.)
uca
arciduca (m.)
buca (f.)
duca (m.)
fanfaluca (f.)
feluca (f.)
festuca (f.)
granduca (m.)
luca (i.)
marruca (f.)
nuca (f.)
pagliuca (f.)
ruca (f.)
sambuca (f.)
verruca (f.)
ucano
lucano (i.)
ucca
gnucca (f.)
mastrucca (f.)
mucca (f.)
parrucca (f.)
stucca (f.)
zucca (f.)
ucchero
bucchero (m.)
inzucchero (t.)
zucchero (t., m.)
ucchia
agucchia (f.)
ucchio
abbracciucchio (t.)
affattucchio (t.)
agucchio (i.)
ammucchio (t., r.)
baciucchio (t., r.)
beccucchio (t.)
cantucchio (t., i.
gemucchio (i.)
giocucchio (i.)
guadagnucchio (t.)
ingrassucchio (i.)
lavorucchio (i.)
leggiucchio (t.)
mangiucchio (t., i.)
mucchio (m.)
piangiucchio (i.)
preparucchio (t.)
ricamucchio (i.)
riducchio (i.)
risucchio (t., m.)
sbaciucchio (t.)
sbevucchio (i.)
scrivucchio (t., r.)
spenducchio (t., i.)
stentucchio (t., i.)
succhio (t., m.)
vilucchio (m.)
vivucchio (i.)
uccia
accademuccia (f.)
bertuccia (f.)
boccuccia (f.)
buccia (f.)
cannuccia (f.)
+capperuccia (f.)
cartuccia (f.)
casuccia (f.)
cuccia (f.)
fettuccia (f.)
gruccia (f.)
mentuccia (f.)
pappuccia (f.)
predelluccia (f.)

Roccacannuccia (f.)
scaramuccia (f.)
spalluccia (f.)
uccico
luccico (i.)
riluccico (i.)
uccina
buccina (f.)
uccino
buccino (t., i.)
uccio
abituccio (m.)
accappuccio (t., r.)
accuccio (r.)
amoruccio (m.)
arcuccio (m.)
astuccio (m.)
attuccio (m.)
balestruccio (m.)
beccuccio (m.)
buccio (m.)
cantuccio (m.)
cappuccio (m.)
carduccio (m.)
carruccio (m.)
cavalluccio (m.)
corruccio (r., m.)
cruccio (t., m.)
cuccio (i.)
dibuccio (t.)
gattuccio (m.)
gruccio (t.)
incannuccio (t.)
incantuccio (r., t.)
incappuccio (t., r.)
inteluccio (t.)
latinuccio (m.)
luccio (m.)
maluccio (m., avv.)
mezzuccio (m.)
palliduccio (a.)
peduccio (m.)
quartuccio (m.)
rimpannuccio (t., r.)
rincantuccio (t., r.)
risuccio (t.)
sbeccuccio (t.)
sbertuccio (t.)
sbuccio (t., r.)
scalduccio (t., r.)
scantuccio (t.)
scappuccio (t., i., r., m.)
scaramuccio (i.)
scorruccio (r., m.)
stalluccio (m.)
stomacuccio (m.)
succio (t., r., m.)
uccio (a.)
ucciola
lucciola (f.)
succiola (f.)
ucciolo
accucciolo (r.)
bisdrucciolo (a.)
cucciolo (m.)
lucciolo (i.)
sdrucciolo (i., m., a.)
ucco
assucco (t.)
+bacucco (m.)
badalucco (m.)
cacciucco (m.)
calmucco (m.)
cucco (t., m.)
fernambucco (m.)
giamberlucco (m.)
giucco (a., m.)
imbacucco (t., r.)
imparrucco (t.)
lucco (m.)
mammalucco (m.)
mucco (m.)
pilucco (t.)
rimbacucco (t., r.)
ristucco (t., pps., a.)
stucco (t., r., m.)
succo (m.)
trabucco (m.)
trucco (t., r., m.)
zamberlucco (m.)
uccola
buccola (f.)
uccolo
buccolo (m.)
uccubo
succubo (a.)
uccuma
cuccuma (f.)
uce
controluce (f., avv.)
cuce (t.)
duce (m.)
luce (f., i.)
traluce (i.)
truce (a.)
ucere
lucere (i.)
+radducere (t.)
+relucere (i.)
+riconducere (t.)
+riducere (t.)
rilucero (i.)
tralucere (i.)
uchero
buchero (t.)
solluchero (t., m.)
uchi
turabuchi (m.)
uci
cuci (t.)
ucia
cucia (t.)
fiducia (f.)
sfiducia (f.)
trucia (f.)
uciano
cuciano (t.)
ucida
alucida (f.)
ucido
allucido (t.)
dilucido (t.)
lucido (t., a., m.)
mucido (a.)
pellucido (a.)
sucido (a.)
translucido (a.)
traslucido (a.)
trucido (t.)
ucie
fiducie (f. pl.)
ucine
bucine (m.)
ucino
allucino (t., r.)
bucino (t., r.)
ucio
abbrucio (t., r., i.)
allucio (t.)
brucio (t., r., i.)
ciucio (i.)
crucio (t.)
cucio (t.)

ribrucio (t.)
ricucio (t.)
sbilucio (i.)
scucio (t.)
sdrucio (m., t.)

uciolo
truciolo (m., t., i.)

uciono
cuciono (t.)

ucleo
nucleo (m.)

uco
adduco (t., r.)
aiduco (m.)
autobruco (m.)
bruco (t., m.)
buco (t., r., m.)
caduco (a.)
circonduco (t.)
ciuco (m.)
conduco (t.)
deduco (t.)
dibruco (t.)
eunuco (m.)
+fistuco (m.)
friggibuco (m.)
fruco (t., i.)
fuco (m.)
imbuco (t., r.)
induco (t., r.)
introduco (t., r.)
+luco (m.)
malcaduco (m.)
muco (m.)
ossobuco (m.)
produco (t., r.)
radduco (t., r.)
ribuco (t.)
riconduco (t., r.)
riduco (t., r.)
riluco (i.)
rimbuco (t., r., i.)
rintroduco (t.)
riproduco (t., r.)
ritraduco (t.)
sambuco (m.)
sbuco (i., t.)
seduco (t.)
struggibuco (m.)
trabuco (m.)
traduco (t.)
verduco (m.)

ucola
carrucola (f.)
rucola (f.)

ucolo
affarucolo (m.)
carrucolo (t.)
dilucolo (m.)
dottorucolo (m.)
incarrucolo (t., r.)
maestrucolo (m.)
piagnucolo (i.)
scarrucolo (i., t.)
verucolo (m.)

ucono
lucono (i.)

ucro
lucro (t., m.)

ucsia
fucsia (f.)

ucubro
elucubro (t.)

uculo
cuculo (m.)
diluculo (m.)

ud
Sud (m.)
talmùd (m.)

uda
alluda (f.)
druda (f.)
duda (f.)
giuda (m.)
muda (f.)

uddito
suddito (a., m.)

uddo
+ruddo (a.)

ude
ancude (f.)
palude (f.)
rude (a.)

udere
acchiudere (t.)
accludere (t.)
alludere (i.)
chiudere (t., r.)
colludere (i.)
conchiudere (t.)
concludere (t.)
deludere (t.)
+detrudere (t.)
dischiudere (t.)
disilludere (t.)
eludere (t.)
escludere (t.)
+estrudere (t.)
illudere (t., r.)
includere (t.)
intercludere (t.)
intrudere (t., r.)
occludere (t.)
precludere (t.)
preludere (i.)
proludere (i.)
prudere (i.)
racchiudere (t.)
+recludere (t.)
richiudere (t., r.)
rinchiudere (t., r.)
rudere (m.)
schiudere (t., r.)
sconcludere (t.)
socchiudere (t.)

udero
rudero (m.)

udice
giudice (m.)

udicio
insudicio (t.)
rinsudicio (t., r.)
sudicio (a., m.)

udico
aggiudico (t.)
giudico (t.)
pregiudico (t., r.)
rigiudico (t.)
spregiudico (t., r.)
talmudico (a.)

udine
abitudine (f.)
altitudine (f.)
amaritudine (f.)
amplitudine (f.)
ancudine (f.)
attitudine (f.)
beatitudine (f.)
+capitudine (f.)
+celsitudine (f.)
+certitudine (f.)
consuetudine (f.)
desuetudine (f.)

dissimilitudine (f.)
dissuetudine (f.)
dolcitudine (f.)
ebetudine (f.)
fortitudine (f.)
gratitudine (f.)
improntitudine (f.)
incudine (f.)
inettitudine (f.)
ingratitudine (f.)
inquietudine (f.)
irrequietudine (f.)
lassitudine (f.)
latitudine (f.)
longitudine (f.)
mansuetudine (f.)
moltitudine (f.)
+plenitudine (f.)
+quietitudine (f.)
+quietudine (f.)
rettitudine (f.)
similitudine (f.)
solitudine (f.)
sollecitudine (f.)
turpitudine (f.)
valetudine (f.)
vicissitudine (f.)

udio

interludio (m.)
+invertudio (m.)
posludio (m.)
postludio (m.)
preludio (m., i.)
repudio (t.)
ripudio (t., m.)
ristudio (t.)
studio (t., r., m.)
tripudio (i., m.)

udo

acchiudo (t.)
alludo (i.)
chiudo (t., r.)
colludo (i.)
conchiudo (t.)
concludo (t.)
crudo (a.)
deludo (t.)
denudo (t.)
+detrudo (t.)
dischiudo (t.)
disilludo (t.)
disnudo (t.)
drudo (m., a.)
eludo (t.)
escludo (t.)
ignudo (t., r., a.)
illudo (t., r.)
impaludo (t., r.)
includo (t.)
intercludo (t.)
intrudo (t., r.)
ludo (m.)
nudo (t., a., m.)
occludo (t.)
precludo (t.)
preludo (i.)
proludo (i.)
prudo (i.)
racchiudo (t.)
richiudo (t., r.)
rinchiudo (t., r.)
+rudo (a.)
schiudo (t., r.)
sconcludo (t.)
scudo (m.)
seminudo (a.)
snudo (t.)
socchiudo (t.)
sudo (i., t.)
trasudo (i., t.)

udrico

+ludrico (a.)

ue

ambedue (a., pron.)
bue (m.)
due (num.)
grue (f.)
lue (f.)
+tramendue (pron.)
trentadue (num.)

uere

+estruere (t.)

uf

puf (m.)

ufa

stufa (f.)

ufalo

bufalo (m.)

uff

uff (escl.)

uffa

+barabuffa (f.)
baruffa (f.)
buffa (f.)
+cataluffa (f.)
+gramuffa (f.)
laccamuffa (f.)
muffa (f.)
ruffa (f.)
truffa (f.)
zuffa (f.)

uffi

ruffi (di—) (avv.)

uffia

cuffia (f.)
scuffia (f.)

uffido

muffido (a.)

uffio

scuffio (t., i.)

ufflo

insufflo (t.)

uffo

abbaruffo (t., r.)
acciuffo (t.)
ammuffo (i.)
arruffo (t., r.)
attuffo (t., r.)
azzuffo (r.)
buffo (a.)
camuffo (t., r.)
ciuffo (t., m.)
+luffo (m.)
+magaluffo (m.)
muffo (i.)
rabbaruffo (r., t.)
rabbuffo (t., r., m.)
rintuffo (t.)
rituffo (t.)
sbruffo (t., m.)
sbuffo (i., t., m.)
scarduffo (t., r.)
scarruffo (t.)
stantuffo (m.)
+struffo (t.)
truffo (t.)
tuffo (t., r., m.)

uffola

muffola (f.)

uffolo

abbatuffolo (t., r.)
batuffolo (m.)
rabbatuffolo (t.)

+struffolo (m.)
tuffolo (m.)
zuffolo (m.)

ufico
cufico (a.)

ufo
bufo (i.)
gufo (i., m.)
sgufo (t., i.)
stufo (t., a.)
tartufo (t., m.)
tritatartufo (m.)
tufo (i., r., m.)
ufo (m.)

ufola
mufola (f.)

ufolo
batufolo (m.)
grufolo (i.)
intrufolo (r.)
rinzufolo (t.)
trufolo (i.)
zufolo (i., t., m.)

uga
acciuga (f.)
bagnasciuga (m.)
controfuga (f.)
fuga (f.)
lattuga (f.)
ruga (f.)
sanguisuga (f.)
suga (a.)
tartaruga (f.)
tuga (f.)

ugero
iugero (m.)

ugga
fugga (i., t.)

uggano
fuggano (i., t.)

ugge
fugge (i., t.)
mugge (i.)
rugge (i.)

uggere
distruggere (t., r.)
struggere (t., r.)
suggere (t.)

ugghia
mugghia (i.)

ugghiano
mugghiano (i.)

ugghio
mugghio (i., m.)
sugghio (i., m.)

uggi
fuggi (i., t.)
fuggifuggi (m.)

uggia
uggia (f.)

uggine
caluggine (f.)
capruggine (f.)
lanuggine (f.)
muggine (m.)
ruggine (f.)
salsuggine (f.)
testuggine (f.)

uggino
capruggino (t.)
diruggino (t.)
scapruggino (t., r.)

uggio
aduggio (t.)
auggio (t.)

uggiola
giuggiola (f.)

uggiolo
giuggiolo (m.)
uggiolo (i.)

uggo
distruggo (t., r.)
fuggo (i., t.)
rifuggo (i.)
sfuggo (t., i.)
struggo (t., r.)
suggo (t.)

uggono
fuggono (i., t.)
ruggono (i., t.)

ughera
sughera (f.)

ughero
sughero (t., m.)

ugia
grattabugia (f.)
grattapugia (f.)
grattugia (f.)
minugia (f.)

ugile
pugile (m.)

ugine
albugine (f.)
calugine (f.)
lanugine (f.)

ugino
balugino (i.)
rimugino (t.)
sbalugino (i.)

ugio
archibugio (m.)
+bugio (a.)
capobugio (m.)
coniugio (m.)
+gambugio (m.)
grattapugio (t.)
grattugio (t.)
indugio (m., i., r., t.)
mantrugio (t.)
pertugio (m., t.)
pugio (m.)
refugio (m.)
rifugio (r., m.)
segugio (m.)
sotterfugio (m.)
stambugio (m.)
trangugio (t.)

ugiola
acquerugiola (f.)

ugiolo
matterugiolo (m.)

ugli
azzeccagarbugli (m.)
sugli (prep. art.)

uglia
aguglia (f.)
duglia (f.)
guglia (f.)
pattuglia (f.)
puglia (f.)

uglio
adduglio (t.)
barbuglio (i.)
cerfuglio (m.)
cespuglio (m.)
farfuglio (i.)
garbuglio (m.)
guazzabuglio (i., m.)
gurguglio (i.)
ingarbuglio (t.)
intruglio (t., r., m.)
luglio (m.)

miscuglio (i.)
muglio (i.)
pattuglio (i.)
rimasuglio (m.)
ruglio (i., m.)
scombuglio (m.)
sobbuglio (m.)
subbuglio (m.)
tafferuglio (m.)
truglio (m.)

ugliolo
lugliolo (a.)
rimasugliolo (m.)
rivendugliolo (m.)

ugna
bugna (f.)
prugna (f.)
pugna (f., f. pl.)
spugna (f.)
sugna (f.)
ugna (f.)

ugnere
aggiungere (t., r., +i.)
+congiugnere (t.)
+giugnere (i.)
+pugnere (t.)
+ugnere (t.)

ugno
adugno (t.)
augno (t.)
bugno (m.)
cspugno (t.)
giugno (m., +i.)
grugno (m.)
impugno (t.)
ingrugno (i.)
oppugno (t.)
propugno (t.)
prugno (m.)
pugno (i., m.)
repugno (i.)
riespugno (t.)
ripugno (i.)
sgrugno (t., r., m.)
ugno (t.)

ugnola
bugnola (f.)
prugnola (f.)
spugnola (f.)

ugnolo
bugnolo (m.)
frugnolo (i.)
giugnolo (a.)
prugnolo (m.)

ugo
asciugo (t., r., i.)
corrugo (t., t.)
frugo (t., i.)
fugo (t.)
grugo (i.)
prosciugo (t.)
rasciugo (t., r., m.)
rifrugo (t.)
rugo (t.)
sugo (t., m.)
trafugo (t., r., m.)
zugo (m.)

ugola
ugola (f.)

ugoli
+squartanugoli (m.)

ugolo
annugolo (t.)
frugolo (i.i m.)
mugolo (i., m.)
nugolo (m.)

ugubre
lugubre (a.)

ugulo
giugulo (t.)
iugulo (t.)

uh
uh (escl.)

uhm
uhm (escl.)

ui
altrui (pron.)
colui (pron.)
costui (pron.)
cui (pron.)
fui (i.)
lui (pron.)
sui (prep. art.)
+vui (pron.)

uia
alleluia (f.)
gattabuia (f.)
gianduia (m., a.)
tuia (f.)

uido
druido (m.)
fluido (a., m.)

uio
abbuio (t., r.)
alleluio (i.)
buio (m.)
+fuio (m., a.)
rabbuio (i., r.)
scombuio (t., r.)

uita
pituita

uito
circuito (m.)
fortuito (a.)
gratuito (a.)
intuito (m.)
semigratuito (a.)

uk
volapùk (m.)

ul
caracùl (m.)
sul (prep. art.)
tucùl (m.)

ula
pedula (f.)
pula (f.)

ulbo
bulbo (m.)

ulce
pulce (f.)

ulcera
ulcera (f.)

ulcero
ulcero (t., r.)

ulcio
spulcio (t.)

ulco
bisulco (a.)
conculco (t.)
inculco (t.)
quadrifulco (a.)
trisulco (a.)

ulcoro
edulcoro (t.)

ulcro
fulcro (m.)
+pulcro (a.)

ule
baule (m.)
curule (a.)
edule (a.)
favule (m.)
gorgozzule (m.)

grembiule (m.)
mezzule (m.)
padule (m.)
pedule (m.)
vecciule (m.)
uleo
ceruleo (a.)
eculeo (m.)
erculeo (a.)
populeo (a.)
romuleo (a.)
rotuleo (a.)
ulfure
sulfure (m.)
ulgaro
bulgaro (a., m.)
ulgere
fulgere (i.)
indulgere (t., i.)
+refulgere (i.)
rifulgere (i.)
ulgido
fulgido (a.)
ulgo
caprimulgo (m.)
divulgo (t., r.)
fulgo (i.)
indulgo (t., i.)
promulgo (t.)
rifulgo (i.)
vulgo (avv.)
ulgure
+fulgure (m.)
ulica
pulica (f.)
ulico
abulico (a.)
brulico (i.)
bulico (i.)
ulide
romulide (m.)
uliga
puliga (f.)
ulio
cuculio (t.)
giulio (m., a.)
peculio (m.)
ulla
barulla (f.)
basculla (f.)
betulla (f.)
bulla (f.)
culla (f.)
fanciulla (f.)
lulla (f.)
maciulla (f.)
nonnulla (m.)
nulla (pron., m.)
sulla (a., f., prep. art.)
trastulla (a.)
ulle
sulle (prep. art.)
tulle (m.)
ullio
tullio (m.)
ullo
annullo (t., r.)
brullo (a.)
citrullo (a., m.)
cullo (t.)
fanciullo (m.)
frullo (i., t., m.)
grullo (a., m., +i.)
maciullo (t.)
nullo (a.)
patullo (r., t.)
rullo (i., t., m.)
sbarullo (t., i.)
sfrullo (t.)
strullo (a., m.)
sullo (prep. art.)
tarullo (a.)
trastullo (t., r., m.)
trullo (m., +i.)
+ullo (a.)
ullulo
pullulo (i.)
ripullulo (i.)
ulmico
ulmico (a.)
ulmine
culmine (m.)
fulmine (m.)
parafulmine (m.)
ulmino
culmino (i.)
fulmino (t., i.)
ulmo
culmo (m.)
ulna
ulna (f.)
ulneo
ficulneo (a.)
ulnero
vulnero (t.)
ulno
ficulno (a.)
ulo
acculo (t., r.)
adulo (t.)
batticulo (m.)
cucculo (m.)
culo (m.)
imbaulo (t.)
mulo (m.)
rinculo (i., m.)
sbaulo (t., i.)
spulo (t.)
ulpa
meaculpa (m.)
ulpito
pulpito (m.)
ulsa
repulsa (f.)
ripulsa (f.)
ulse
espulse (t.)
indulse (t., i.)
rifulse (i.)
sculse (t.)
ulsero
espulsero (t.)
indulsero (t., i.)
rifulsero (i.)
sculsero (t.)
ulsi
espulsi (t.)
indulsi (t., i.)
rifulsi (i.)
sculsi (t.)
ulso
appulso (m.)
avulso (pps.)
compulso (t.)
convulso (a., m.)
divulso (pps., a.)
espulso (pps., a.)
evulso (pps., a.)
impulso (pps., a., m.)
insulso (a.)
propulso (t.)
pulso (i., t., +a.)

rifulso (p. pr.)
ripulso (t.)
ulta
catapulta (f.)
consulta (f.)
multa (f.)
ultero
adultero (t., +i., a., m.)
ultimo
antipenultimo (a.)
penultimo (a.)
quartultimo (a.)
quintultimo (a.)
sestultimo (a.)
terzultimo (a.)
ultimo (a., m., t.)
ultiplo
multiplo (a., m.)
sottomultiplo (a., m.)
summultiplo (m.)
ulto
adulto (a., m.)
ausculto (t., i.)
catapulto (t.)
consulto (t., r., m.)
culto (a., m.)
+esculto (i.)
esulto (i.)
giureconsulto (m.)
inconsulto (m.)
inculto (a.)
indulto (pps., m.)
+insculto (a.)
insulto (t., i., m.)
inulto (a.)
multo (t.)
occulto (t., a.)
resulto (i.)
riconsulto (t.)
risulto (i.)
sculto (pps., a.)
senatoconsulto (m.)
singulto (m.)
sussulto (i., m.)
tumulto (m.)
ulto (a.)
virgulto (m.)
ultra
nonplusultra (m.)
ultra (avv.)
ultro
cultro (m.)
ultuo
tumultuo (i.)
ulture
+vulture (m.)
ululo
ululo (i., m.)
ulva
ulva (f.)
vulva (f.)
ulvido
fulvido (a.)
ulvo
fulvo (a.)
um
dum (f.)
dum-dum (a.)
rum (m.)
uma
bruma (f.)
duma (f.)
gluma (f.)
gruma (f.)
piuma (f.)
puma (m.)
schiuma (f.)
spuma (f.)
stiuma (f.)
umane
quadrumane (a., m.)
umba
rumba (f.)
umbeo
plumbeo (a.)
umbere
+decumbere (i.)
umbo
umbo (m.)
ume
accendilume (m.)
acetume (m.)
acidume (m.)
acume (m.)
agrestume (m.)
agrume (m.)
allume (m.)
albume (m.)
amarume (m.)
asprume (m.)
avanzume (m.)
bagagliume (m.)
barlume (m.)
baroccume (m.)
bastardume (m.)
becerume (m.)
biancume (m.)
bitume (m.)
cacume (m.)
canagliume (m.)
carnume (m.)
cenerume (m.)
cerume (m.)
cocchiume (m.)
controlume (m.)
costume (m.)
dolciume (m.)
fecciume (m.)
fetidume (m.)
filosofume (m.)
fiorume (m.)
fiume (m.)
flosciume (m.)
forestume (m.)
fortume (m.)
fradiciume (m.)
francesume (m.)
frantume (m.)
frascume (m.)
ghiottume (m.)
giallume (m.)
giornalume (m.)
grassume (m.)
grinzume (m.)
guazzume (m.)
implume (a.)
laidume (m.)
legume (m.)
lerciume (m.)
lezzume (m.)
lividume (m.)
lordume (m.)
lume (m.)
lungofiume (m.)
malcostume (m.)
marciume (m.)
marmagliume (m.)
mollume (m.)
morbidume (m.)
nerume (m.)
nobilume (m.)
nume (m.)

pagliume (m.)
paralume (m.)
pastume (m.)
pattume (m.)
pecorume (m.)
pettegolume (m.)
polverume (m.)
porcume (m.)
putridume (m.)
radume (m.)
ragazzume (m.)
rancidume (m.)
reggilume (m.)
retoricume (m.)
rifrittume (m.)
romanticume (m.)
rossume (m.)
rosume (m.)
rozzume (m.)
salsume (m.)
salume (m.)
sceltume (m.)
scompigliume (m.)
seccume (m.)
segretume (m.)
selvaticume (m.)
sfasciume (m.)
sottigliume (m.)
sottolume (m.)
sozzume (m.)
stentume (m.)
sudiciume (m.)
tedescume (m.)
tenerume (m.)
tisicume (m.)
torbidume (m.)
tritume (m.)
untume (m.)
vanume (m.)
vecchiume (m.)
verdume (m.)
vietume (m.)
vilume (m.)
viscidume (m.)
volume (m.)

umen
lumen (m.)

umeno
catecumeno (a., m.)
categorumeno (m.)
energumeno (m.)
noumeno (m.)
numeno (m.)

umeo
fumeo (a.)

umere
assumere (t., r.)
consumere (t.)
desumere (t.)
presumere (t.)
riassumere (t.)
+transumere (t.)

umero
annumero (t.)
connumero (t.)
enumero (t.)
innumero (a.)
numero (t., m.)
soprannumero (a., m.)

umetro
acumetro (m.)
volumetro (m.)

umico
affumico (t.)
fumico (i.)
soffumico (t.)
suffumico (t.)

umido
fumido (a.)
tumido (a.)
umido (a., m.)

umigo
fumigo (i.)

umile
umile (a., m.)

umina
agumina (f.)

umine
rumine (m.)

umino
acumino (t.)
allumino (t.)
bitumino (t.)
illumino (t.)
lumino (t., i.)
rallumino (t., i., r.)
rumino (t.)

umme
rumme (m.)

ummel
kummel (m.)

ummia
mummia (f.)

ummo
fummo (i., +m.)
+nummo (m.)

umma
+erumma (f.)

umo
abbrumo (i.)
accostumo (t., r.)
affumo (t., r.)
aggrumo (i., r.)
allumo (t.)
assumo (t., r.)
calumo (t., r.)
consumo (t., r., m.)
costumo (i.)
desumo (t.)
digrumo (t.)
disumo (t.)
dumo (m.)
frantumo (t.)
fumo (i., t., m.)
grumo (m.)
imbitumo (t.)
impiumo (t., m.)
inumo (t.)
negrofumo (m.)
nerofumo (m.)
presumo (i., t.)
profumo (t., r., m.)
raggrumo (t., r., i.)
riassumo (t.)
rifumo (t., i.)
rimpiumo (r.)
scacciafumo (m.)
schiumo (t., i.)
sfumo (i., t.)
sgrumo (t.)
spiumo (t., r.)
spumo (i.)
umo (m.)

umolo
aggrumolo (r., i.)
altocumolo (m.)
grumolo (m.)
raggrumolo (r., t.)
tumolo (m.)

umulo
accumulo (t., r.)
cirrocumulo (m.)

umulo
cumulo (t., m.)
tumulo (t., m.)
umus
humus (lat.)
umviro
centumviro (m.)
duumviro (m.)
quadrumviro (m.)
triumviro (m.)
un
simùn (m.)
un (art.)
una
abuna (m.)
bruna (f.)
+comuna (f.)
cruna (f.)
cuna (f.)
duna (f.)
fortuna (f.)
lacuna (f.)
laguna (f.)
luna (f.)
macruna (f.)
mezzaluna (f.)
portafortuna (m.)
runa (f.)
sfortuna (f.)
tribuna (f.)
una (art.)
unca
giunca (f.)
+spilunca (f.)
uncia
denuncia (f.)
pronuncia (f.)
rinuncia (f.)
uncio
annuncio (t.)
denuncio (t.)
enuncio (t.)
nuncio (m.)
pronuncio (t.)
puncio (m.)
unco
adunco (a.)
giunco (t., m.)
ingiunco (t.)
uncola
aruncola (f.)
uncolo
carbuncolo (m.)
foruncolo (m.)
omuncolo (m.)
peduncolo (m.)
ranuncolo (m.)
undere
contundere (t.)
ottundere (t.)
undici
undici (num.)
undine
nundine (f. pl.)
undio
gerundio (m.)
undo
bersgrundo (m.)
contundo (t.)
oriundo (a.)
ottundo (t.)
undra
tundra (f.)
unduco
+arunduco (m.)
une
clune (m., f.)
comune (a., m.)
fune (f.)
illune (a.)
immune (a.)
impune (a.)
unebre
funebre (a.)
uneo
cuneo (t., m.)
incuneo (t., r.)
unero
remunero (t.)
rimunero (t.)
unga
funga (f.)
lunga (f.)
prolunga (f.)
ungaro
ungaro (a., m.)
unge
lunge (avv.)
ungere
compungere (t., r.)
congiungere (t.)
disgiungere (t.)
disungere (t.)
+emungere (t.)
espungere (t.)
fungere (i.)
giungere (i., t.)
ingiungere (t.)
interpungere (t.)
mungere (t.)
pungere (t., r.)
raggiungere (t.)
ricongiungere (t., r.)
ripungere (t.)
riungere (t., r.)
scongiungere (t.)
smungere (t.)
soggiungere (t.)
sopraggiungere (i.)
trapungere (t.)
ungere (t., r.)
unghero
puntunghero (m.)
unghia
unghia (f.)
unghio
adunghio (t.)
aunghio (t.)
ungi
+dilungi (avv.)
lungi (avv.)
ungla
giungla (f.)
jungla (f.)
ungo
allungo (t., r., m.)
bislungo (a.)
compungo (t., r.)
congiungo (t.)
dilungo (t., r., avv.)
disgiungo (t.)
disungo (t.)
drungo (m.)
espungo (t.)
fungo (i., m.)
giungo (i., t.)
ingiungo (t.)
interpungo (t.)
lungo (a., m., avv.)
mungo (t.)
oblungo (a.)
prolungo (t.)
pungo (t., r.)

quadrilungo (a., m.)
raggiungo (t.)
rallungo (t.)
riallungo (t., r.)
ricongiungo (t., r.)
ripungo (t.)
riungo (t., r.)
scongiungo (t.)
slungo (t.)
smungo (t.)
soggiungo (t.)
solidungo (a.)
sopraggiungo (i.)
stralungo (a.)
trapungo (t.)
ungo (t., r.)

ungolo
pungolo (t., m.)

ungue
ungue (lat.)

ungulo
solidungulo (a.)

unia
pecunia (f.)
petunia (f.)

unica
+ricomunica (f.)
scomunica (f.)
tunica (f.)

unico
comunico (t., i., r.)
punico (a.)
ricomunico (t., r.)
riscomunico (t.)
runico (a.)
scomunico (t.)
unico (a.)

unio
communio (m.)
infortumio (m.)
interlunio (m.)
nettunio (a.)
novilunio (m.)
plenilunio (m.)
postcommunio (m.)
semilunio (m.)
sfortunio (m.)

unna
+erunna (f.)
sunna (f.)

unnia
calunnia (f.)

unnico
unnico (a.)

unnio
intercolunnio (m.)

unno
alunno (m.)
autunno (m.)

uno
abbruno (t., r.)
accomuno (t., r.)
aduno (t., r.)
alcuno (a., pron.)
bruno (a.)
cadauno (pron.)
+catuno (a., pron.)
certuno (pron.)
ciascheduno (pron.)
ciascuno (a., pron.)
digiuno (i., m., a.)
imbruno (i.)
importuno (t., a.)
impruno (t.)
incruno (t.)
infuno (t.)
inopportuno (a.)
nessuno (a., pron.)
niuno (a.)
ognuno (pron.)
opportuno (a.)
pruno (m.)
qualcheduno (pron.)
qualcuno (pron.)
rabbruno (t., r.)
raccomuno (t., r.)
raduno (t., r., m.)
raguno (t.)
rincruno (i.)
scruno (t., r.)
sdigiuno (t., r.)
straluno (t.)
taluno (a., pron.)
trentuno (num.)
tribuno (m.)
uno (num., pron., art.)
ventuno (num.)
veruno (a.)

unqua
+unqua (avv.)

unque
adunque (cong.)
chiunque (pron.)
comunque (avv.)
dovunque (avv.)
dunque (cong.)
ovunque (avv.)
qualunque (a.)
+quandunque (avv.)
quantunque (cong.)

unse
assunse (t.)
consunse (t.)
giunse (i., t.)
munse (t.)
presunse (i., t.)
punse (t., r.)
unse (t., r.)

unsero
assunsero (t.)
consunsero (t.)
giunsero (i., t.)
munsero (t.)
presunsero (i., t.)
punsero (t., r.)
unsero (t., r.)

unsi
assunsi (t.)
consunsi (t.)
giunsi (i., t.)
munsi (i.)
presunsi (i., t.)
punsi (t., r.)
unsi (t., r.)

unta
aggiunta (f.)
Assunta (f.)
+cunta (f.)
giunta (f.)
punta (f.)
sopragiunta (f.)
trapunta (f.)

unte
transeunte (a.)
treppunte (m.)

unto
aggiunto (a., pps., m.)
appunto (m., avv., t., r.)
assunto (pps., m.)
bisunto (a.)

compunto (pps.)
congiunto (pps.)
consunto (a.)
contrappunto (m.)
copripunto (m.)
defunto (a., m.)
desunto (pps., a.)
disappunto (m.)
disgiunto (pps., a.)
disunto (pps.)
espunto (pps., a.)
giunto (t., pps., m.)
impunto (i., r.)
munto (pps.)
presunto (pps., a.)
punto (i., t., r., m., pps., a.)
raggiunto (t., pps.)
riassunto (pps., a., m.)
ripunto (t.)
rispunto (i.)
riunto (pps., a.)
smunto (pps., a.)
soppunto (m.)
sopraggiunto (pps., a.)
spunto (t., r., m., a.)
sunto (m.)
transunto (m.)
trapunto (m.)
trapunto (t., pps., m.)
unto (pps., a., m.)

unula
lunula (f.)

unzia
denunzia (f.)
pronunzia (f.)
renunzia (f.)
rinunzia (f.)

unzio
annunzio (t., m.)
denunzio (t.)
enunzio (t.)
internunzio (m.)
nunzio (m., +t.)
preannunzio (t., m.)
prenunzio (t., m.)
pronunzio (t.)
riannunzio (t.)
rinunzio (t., i.)

uo
duo (m.)
suo (a., pron.)
tuo (a., pron.)

upa
catadupa (f.)
drupa (f.)
lupa (f.)
pupa (f.)

upe
rupe (f.)

upede
quadrupede (a., m.)

upera
ricupera (f.)

upero
recupero (t.)
ricupero (t., m.)
supero (t., a., m.)
vitupero (t.)

upia
rupia (f.)

upidi
upupidi (m. pl.)

upido
cupido (a.)
stupido (a., m.)

upino
turlupino (t.)

upio
aucupio (m.)
marsupio (m.)
semicupio (m.)

uplice
duplice (a.)
quadruplice (a.)
quintuplice (a.)

uplico
centuplico (t.)
decuplico (t.)
duplico (t.)
ottuplico (t.)
quadruplico (t.)
quintuplico (t.)
reduplico (t.)
settuplico (t., r.)

uplo
duplo (a., m.)

upo
accupo (r.)
allupo (i.)
boccadilupo (m.)
cupo (a.)
dirupo (i., r., m.)
lupo (m.)
pupo (m.)
sciupo (t., r., m.)

upola
casupola (f.)
cupola (f.)

upolo
scrupolo (m.)

uppa
scialuppa (f.)
truppa (f.)
zuppa (f.)

uppe
cruppe (m.)
gruppe (m.)
ruppe (t., i., r.)

uppero
ruppero (t., i., r.)

uppi
ruppi (t., i., r.)

upplica
supplica (f.)

upplice
supplice (a., m.)

upplico
supplico (t.)

uppo
aggruppo (t., r.)
attruppo (r.)
avviluppo (t., r.)
+galuppo (m.)
gruppo (m.)
interuppo (r.)
inviluppo (t., r., m.)
inzuppo (t.)
raggruppo (t., r., m.)
ravviluppo (t., r.)
rinviluppo (t.)
sgruppo (t.)
sviluppo (t., i., r., m.)
viluppo (m.)
zuppo (t., a.)

uppola
puppola (f.)

uppolo
luppolo (m.)

upreo
cupreo (a.)

uprico
cuprico (a.)

upro
stupro (t., m.)
upupa
upupa (f.)
upus
lupus (m.)
ur
sur (prep.)
ura
abbacchiatura (f.)
abbaiatura (f.)
abbarcatura (f.)
abbellitura (f.)
abbigliatura (f.)
abbindolatura (f.)
abboccatura (f.)
abborracciatura (f.)
abbottonatura (f.)
abbozzatura (f.)
abbracciatura (f.)
abbreviatura (f.)
abbronzatura (f.)
abbruciatura (f.)
abburattatura (f.)
abbrustitura (f.)
abiura (f.)
accagliatura (f.)
accapacciatura (f.)
accapigliatura (f.)
accappiatura (f.)
accapponatura (f.)
accartocciatura (f.)
accatarratura)f.)
+accattatura (f.)
accavallatura (f.)
accecatura (f.)
accennatura (f.)
accentatura (f.)
acchiocciolatura (f.)
acciabattatura (f.)
acciaccatura (f.)
acciaiatura (f.)
accigliatura (f.)
acciottolatura (f.)
accodatura (f.)
accollatura (f.)
accomodatura (f.)
accompagnatura (f.)
acconciatura (f.)
accoppiatura (f.)
accorciatura (f.)
accordatura (f.)
accostatura (f.)
accostolatura (f.)
accotonatura (f.)
accrespatura (f.)
acquidernatura (f.)
adacquatura (f.)
addentatura (f.)
addentellatura (f.)
addirittura (avv.)
addirizzatura (f.)
addomesticatura (f.)
addoppiatura (f.)
addotrinatura (f.)
affettatura (f.)
affibbiatura (f.)
affinatura (f.)
affilatura (f.)
affilettatura (f.)
affinatura (f.)
affondatura (f.)
afforcatura (f.)
affossatura (f.)
affrancatura (f.)
affrontatura (f.)
affumicatura (f.)
ageminatura (f.)
aggiuntatura (f.)
aggiustatura (f.)
aggomitolatura (f.)
aggottatura (f.)
aggrondatura (f.)
aggroppatura (f.)
aggrovigliatura (f.)
agnellatura (f.)
agopuntura (f.)
agricoltura (f.)
agrimensura (f.)
aguzzatura (f.)
alberatura (f.)
albuminatura (f.)
allacciatura (f.)
allargatura (f.)
allattatura (f.)
allentatura (f.)
allevatura (f.)
allicciatura (f.)
allindatura (f.)
allumacatura (f.)
allumatura (f.)
allungatura (f.)
allupatura (f.)
altura (f.)
ambiatura (f.)
ammaccatura (f.)
ammagliatura (f.)
ammannitura (f.)
ammantatura (f.)
ammarezzatura (f.)
ammattonatura (f.)
ammazzatura (f.)
ammodernatura (f.)
ammostatura (f.)
andatura (f.)
anellatura (f.)
angustura (f).
annaffiatura (f.)
annegatura (f.)
anneritura (f.)
annodatura (f.)
apertura (f.)
apicultura (f.)
appaiatura (f.)
appannatura (f.)
apparecchiatura (f.)
appassitura (f.)
appezzatura (f.)
appiastratura (f.)
appiccatura (f.)
appicciatura (f.)
appiccicatura (f.)
appinzatura (f.)
appoggiatura (f.)
apprettatura (f.)
appuntatura (f.)
appuntellatura (f.)
aratura (f.)
architettura (f.)
architravatura (f.)
arcipretura (f.)
argentatura (f.)
arginatura (f.)
armatura (f.)
arrabbiatura (f.)
arrembatura (f.)
arricciatura (f.)
arrostitura (f.)
arrotatura (f.)
arroventatura (f.)
arrovesciatura (f.)
arsura (f.)
asciugatura (f.)

asprura (f.)
assaggiatura (f.)
assaoritura (f.)
assettatura (f.)
assottigliatura (f.)
asteggiatura (f.)
attaccatura (f.)
attestatura (f.)
attillatura (f.)
attrezzatura (f.)
augnatura (f.)
avicoltura (f.)
avvallatura (f.)
avventura (f.)
avviatura (f.)
avvocatura (f.)
avvoltatura (f.)
azzannatura (f.)
bacchiatura (f.)
bachicoltura (f.)
bagnatura (f.)
bardatura (f.)
bassura (f.)
bastonatura (f.)
battitura (f.)
beccatura (f.)
bendatura (f.)
bezzicatura (f.)
biascicatura (f.)
biforcatura (f.)
blindatura (f.)
bollatura (f.)
bolleratura (f.)
bollitura (f.)
bordatura (f.)
bordura (f.)
bracciatura (f.)
brancicatura (f.)
bravura (f.)
brillatura (f.)
brizzolatura (f.)
bronzatura (f.)
brossura (f.)
brucatura (f.)
bruciatura (f.)
brunitura (f.)
bruttura (f.)
bucatura (f.)
cacatura (f.)
calandratura (f.)
calcatura (f.)
calcinatura (f.)
caldatura (f.)
caldura (f.)
calettatura (f.)
calpestatura (f.)
calura (f.)
calzatura (f.)
cambiatura (f.)
camminatura (f.)
camosciatura (f.)
canalatura (f.)
cancellatura (f.)
candidatura (f.)
canzonatura (f.)
capellatura (f.)
capigliatura (f.)
caratura (f.)
cardatura (f.)
caricatura (f.)
cassatura (f.)
castagnatura (f.)
castratura (f.)
cattura (f.)
cavalcatura (f.)
cavatura (f.)
censura (f.)
centinatura (f.)
cerchiatura (f.)
cernitura (f.)
cesatura (f.)
cesellatura (f.)
cesura (f.)
chiaritura (f.)
chinatura (f.)
chiusura (f.)
cicisbeatura (f.)
cilindratura (f.)
cimatura (f.)
cinghiatura (f.)
cintura (f.)
clausura (f.)
coglitura (f.)
colatura (f.)
collegatura (f.)
colmatura (f.)
coltura (f.)
commessura (f.)
commettitura (f.)
compartitura (f.)
conciatura (f.)
concimatura (f.)
condizionatura (f.)
conduttura (f.)
confettura (f.)
congegnatura (f.)
congettura (f.)
+conghiettura (f.)
congiuntura (f.)
congiura (f.)
coniatura (f.)
coniglicoltura (f.)
contentatura (f.)
contrattura (f.)
copertura (f.)
copiatura (f.)
copritura (f.)
corazzatura (f.)
corbellatura (f.)
corniciatura (f.)
corporatura (f.)
costolatura (f.)
costura (f.)
cottura (f.)
covatura (f.)
creatura (f.)
crepatura (f.)
cromatura (f.)
cubatura (f.)
cucinatura (f.)
cucitura (f.)
cultura (f.)
cura (f.)
curatura (f.)
curvatura (f.)
damascatura (f.)
damaschinatura (f.)
datura (f.)
delicatura (f.)
dentatura (f.)
dentellatura (f.)
dettatura (f.)
diacciatura (f.)
dibrucatura (f.)
dicitura (f.)
dilombatura (f.)
dipanatura (f.)
dipintura (f.)
dirittura (f.)
dirizzatura (f.)
disavventura (f.)
discriminatura (f.)
disfacitura (f.)

disinvoltura (f.)
dismisura (f.)
dittatura (f.)
docciatura (f.)
dolciura (f.)
domatura (f.)
doppiatura (f.)
doppieggiatura (f.)
doratura (f.)
dormitura (f.)
dosatura (f.)
drittura (f.)
duplicatura (f.)
dura (f.)
empitura (f.)
enfiatura (f.)
entratura (f.)
erbatura (f.)
erpicatura (f.)
falciatura (f.)
falsatura (f.)
fangatura (f.)
fasciatura (f.)
fatatura (f.)
fattura (f.)
feltratura (f.)
fenditura (f.)
fermatura (f.)
ferratura (f.)
fessura (f.)
figliatura (f.)
figura (f.)
filatura (f.)
filettatura (f.)
finitura (f.)
fiorettatura (f.)
fioricoltura (f.)
fioritura (f.)
floricultura (f.)
fognatura (f.)
follatura (f.)
fonditura (f.)
foracchiatura (f.)
foratura (f.)
forgiatura (f.)
formatura (f.)
fornitura (f.)
fotoscultura (f.)
francatura (f.)
frangiatura (f.)
frangitura (f.)
frattura (f.)
freddura (f.)
fregiatura (f.)
fresatura (f.)
frescura (f.)
frittura (f.)
frollatura (f.)
frustolatura (f.)
frutticoltura (f.)
frutticultura (f.)
fucinatura (f.)
+fultura (f.)
gangheratura (f.)
garzatura (f.)
geminatura (f.)
genitura (f.)
gessatura (f.)
giacitura (f.)
giudicatura (f.)
giuntura (f.)
gocciolatura (f.)
goffrattura (f.)
gonfiatura (f.)
governatura (f.)
gradinata (f.)
graffiatura (f.)
grammatura (f.)
gramolatura (f.)
granitura (f.)
grattatura (f.)
grondatura (f.)
guardatura (f.)
guarnitura (f.)
iattura (f.)
iettatura (f.)
ignipuntura (f.)
imballatura (f.)
imbalsamatura (f.)
imbastitura (f.)
imbiancatura (f.)
imboccatura (f.)
imbottatura (f.)
imbottitura (f.)
imbracatura (f.)
imbracciatura (f.)
imbreviatura (f.)
imbriacatura (f.)
imbrigliatura (f.)
immascheratura (f.)
impaginatura (f.)
impagliatura (f.)
impalatura (f.)
impalcatura (f.)
impalmatura (f.)
impanatura (f.)
impastatura (f.)
impeciatura (f.)
impellicciatura (f.)
imperniatura (f.)
impiallacciatura (f.)
impiccatura (f.)
impiombatura (f.)
impiumatura (f.)
impostatura (f.)
impostura (f.)
imprimitura (f.)
impugnatura (f.)
impuntatura (f.)
impuntitura (f.)
impuntura (f.)
inamidatura (f.)
inargentatura (f.)
incalciatura (f.)
incamiciatura (f.)
incanalatura (f.)
incannatura (f.)
incannucciatura (f.)
incapatura (f.)
incapestratura (f.)
incassatura (f.)
incastellatura (f.)
incastonatura (f.)
incastratura (f.)
incavalcatura (f.)
incavatura (f.)
incavicchiatura (f.)
incensatura (f.)
inceratura (f.)
inchiodatura (f.)
incipollatura (f.)
incocciatura (f.)
incollatura (f.)
inconcatura (f.)
incordatura (f.)
incorniciatura (f.)
increaspatura (f.)
incrinatura (f.)
incrociatura (f.)
incrostatura (f.)
incrunatura (f.)
incurvatura (f.)
indettatura (f.)

indoratura (f.)
infarinatura (f.)
inferitura (f.)
infiascatura (f.)
infilatura (f.)
infilzatura (f.)
infinestratura (f.)
inforcatura (f.)
infradiciatura (f.)
infreddatura (f.)
ingessatura (i.)
inghiaiatura (f.)
inginocchiatura (f.)
ingozzatura (f.)
ingrossatura (f.)
ingrugnatura (f.)
innestatura (f.)
inorpellatura (f.)
inquadratura (f.)
insaldatura (f.)
insaponatura (f.)
insellatura (f.)
insenatura (f.)
intaccatura (f.)
intarlatura (f.)
intarsiatura (f.)
intasatura (f.)
intavolatura (f.)
intelaiatura (f.)
interfogliatura (f.)
interlineatura (f.)
internunziatura (f.)
intestatura (f.)
intrecciatura (f.)
invasatura (f.)
invergatura (f.)
inverniciatura (f.)
investitura (f.)
invetriatura (f.)
invitatura (f.)
inzeppatura (f.)
inzolfatura (f.)
istrumentatura (f.)
laccatura (f.)
laminatura (f.)
largura (f.)
lasciatura (f.)
lastricatura (f.)
lavatura (f.)
lavoratura (f.)
leccatura (f.)
legatura (f.)
legislatura (f.)
legnatura (f.)
lessatura (f.)
letteratura (f.)
lettura (f.)
levatura (f.)
limatura (f.)
lindurra (f.)
lisciatura (f.)
livellatura (f.)
lividura (f.)
lordura (f.)
lucidatura (f.)
lumacatura (f.)
lustratura (f.)
macinatura (f.)
magagnatura (f.)
magistratura (f.)
maialatura (f.)
manganatura (f.)
mangiatura (f.)
manifattura (f.)
marcatura (f.)
marchiatura (f.)
marcitura (f.)
marezzatura (f.)
marginatura (f.)
marinatura (f.)
marnatura (f.)
martellatura (f.)
maschiettatura (f.)
massellatura (f.)
masticatura (f.)
medicatura (f.)
membratura (f.)
mercatura (f.)
merlatura (f.)
metratura (f.)
mettitura (f.)
mietitura (f.)
mignolatura (f.)
minchionatura (f.)
miniatura (f.)
mistura (f.)
misura (f.)
misuratura (f.)
mobiliatura (f.)
modanatura (f.)
modellatura (f.)
modinatura (f.)
mondatura (f.)
montatura (f.)
montura (f.)
morsicatura (f.)
morsura (f.)
mostreggiatura (f.)
motoaratura (f.)
motocultura (f.)
mozzatura (f.)
mungitura (f.)
mura (f., pl.)
muratura (f.)
muscolatura (f.)
mutatura (f.)
natura (f.)
nerbatura (f.)
nervatura (f.)
nettatura (f.)
nichelatura (f.)
nichellatura (f.)
niellatura (f.)
nomenclatura (f.)
nunziatura (f.)
occhiellatura (f.)
oltremisura (avv.)
ombratura (f.)
ombreggiatura (f.)
oppressura (f.)
orditura (f.)
orlatura (f.)
ornatura (f.)
orpellatura (f.)
orticultura (f.)
ossatura (f.)
ostricultura (f.)
ottonatura (f.)
paginatura (f.)
panicatura (f.)
parafatura (f.)
paratura (f.)
parlatura (f.)
partitura (f.)
passatura (f.)
pastura (f.)
patinatura (f.)
paura (f.)
pelatura (f.)
pennellatura (f.)
pesatura (f.)
pescicoltura (f.)
pescicultura (f.)

pestatura (f.)
pettinatura (f.)
pezzatura (f.)
piallatura (f.)
pianura (f.)
picchettatura (f.)
picchiettatura (f.)
piegatura (f.)
pieghettatura (f.)
pigiatura (f.)
pilatura (f.)
+pintura (f.)
piombatura (f.)
piovitura (f.)
piscicoltura (f.)
pittura (f.)
placcatura (f.)
platinatura (f.)
pollicultura (f.)
pomiciatura (f.)
pomicultura (f.)
pompatura (f.)
ponzatura (f.)
portatura (f.)
posatura (f.)
positura (f.)
postillatura (f.)
postura (f.)
potatura (f.)
prefettura (f.)
prelatura (f.)
premitura (f.)
premura (f.)
prepositura (f.)
pressatura (f.)
pressura (f.)
+presura (f.)
pretura (f.)
primogenitura (f.)
principiatura (f.)
procedura (f.)
procura (f.)
prodittatura (f.)
profilatura (f.)
+proiettura (f.)
propositura (f.)
provatura (f.)
provveditura (f.)
puddellatura (f.)
puericultura (f.)
+pugnitura (f.)
pulitura (f.)
+pungitura (f.)
puntatura (f.)
punteggiatura (f.)
puntellatura (f.)
puntura (f.)
punzecchiatura (f.)
punzonatura (f.)
purgatura (f.)
+puzzura (f.)
quadratura (f.)
questura (f.)
rabberciatura (f.)
rabboccatura (f.)
rabescatura (f.)
raccattatura (f.)
raccomodatura (f.)
racconciatura (f.)
racimolatura (f.)
radatura (f.)
raddirizzatura (f.)
raddoppiatura (f.)
radicatura (f.)
raditura (f.)
radura (f.)
raffazzonatura (f.)
raffilatura (f.)
raffinatura (f.)
raffreddatura (f.)
ragnatura (f.)
rallegratura (f.)
ramatura (f.)
rammagliatura (f.)
rammendatura (f.)
rancura (f.)
rappezzatura (f.)
rasatura (f.)
raschiatura (f.)
rasciugatura (f.)
raspatura (f.)
raspollatura (f.)
rassettatura (f.)
rastrellatura (f.)
rasura (f.)
rattinatura (f.)
rattoppatura (f.)
rattralciatura (f.)
ravagliatura (f.)
ravvolgitura (f.)
razzatura (f.)
razzolatura (f.)
recisura (f.)
registratura (f.)
reinvestitura (f.)
renatura (f.)
+responsura (f.)
retatura (f.)
riapertura (f.)
riarmatura (f.)
ribaditura (f.)
ribaltatura (f.)
ribattitura (f.)
ribollitura (f.)
ricalcatura (f.)
ricamatura (f.)
richiusura (f.)
ricocitura (f.)
ricoglitura (f.)
ricolmatura (f.)
ricommettitura (f.)
ricopertura (f.)
ricopiatura (f.)
ricopritura (f.)
ricottura (f.)
ricucitura (f.)
ricuocitura (f.)
riempitura (f.)
rifattura (f.)
rifilatura (f.)
rifinitura (f.)
rifioritura (f.)
rifornitura (f.)
rifrittura (f.)
rigatura (f.)
rigorvernatura (f.)
rilegatura (f.)
rilevatura (f.)
rimboccatura (f.)
rimestatura (f.)
rimettitura (f.)
rimodernatura (f.)
rimondatura (f.)
rimontatura (f.)
rimpaginatura (f.)
rimpagliatura (f.)
rimpanatura (f.)
rimpiallacciatura (f.)
rimpiastricciatura (f.)
rincalzatura (f.)
rinettatura (f.)
ringrossatura (f.)
rinquadratura (f.)

rinvestitura (f.)
rinvoltura (f.)
rinzaffatura (f.)
rinzeppatura (f.)
ripiegatura (f.)
ripigliatura (f.)
riportatura (f.)
ripulitura (f.)
ripurgatura (f.)
riquadratura (f.)
risaldatura (f.)
riscaltura (f.)
risciacquatura (f.)
risicoltura (f.)
risolatura (f.)
ristagnatura (f.)
ristuccatura (f.)
ritessitura (f.)
ritoccatura (f.)
ritorcitura (f.)
+riveditura (f.)
ricoltatura (f.)
+rivoltura (f.)
rompitura (f.)
roncatura (f.)
rosellitura (f.)
rosicatura (f.)
rosolatura (f.)
+rosura (f.)
rottura (f.)
sabbiatura (f.)
saggiatura (f.)
salassatura (f.)
salatura (f.)
saldatura (f.)
salinatura (f.)
sarchiatura (f.)
sbaccellatura (f.)
sbacchettatura (f.)
sballatura (f.)
sbarbatura (f.)
sbardellatura (f.)
sbattentatura (f.)
sbattitura (f.)
sbavatura (f.)
sbiascicatura (f.)
sbiettatura (f.)
sboccatura (f.)
sbocconcellatura (f.)
sbottonatura (f.)
sbozzatura (f.)

sbozzolatura (f.)
sbriciolatura (f.)
sbroccatura (f.)
sbrosciatura (f.)
sbucciatura (f.)
sbullettatura (f.)
scacchiatura (f.)
scaffalatura (f.)
scalcinatura (f.)
scalfitura (f.)
scalmanatura (f.)
scalpellatura (f.)
scalzatura (f.)
scamozzatura (f.)
scanalatura (f.)
scannatura (f.)
scannellatura (f.)
scantonatura (f.)
scapigliatura (f.)
scappellatura (f.)
scarabocchiatura (f.)
scarbonatura (f.)
scardassatura (f.)
scaricatura (f.)
scarificatura (f.)
scarmigliatura (f.)
scarnitura (f.)
scartocciatura (f.)
scassatura (f.)
scassinatura (f.)
scavatura (f.)
scavezzatura (f.)
sceneggiatura (f.)
scheggiatura (f.)
schiacciatura (f.)
schiantatura (f.)
schiccheratura (f.)
schiodatura (f.)
schizzettatura (f.)
sciacquatura (f.)
sciagura (f.)
scialbatura (f.)
sciamatura (f.)
scilinguatura (f.)
scimmiottatura (f.)
scioltura (f.)
scissura (f.)
scocciatura (f.)
scolatura (f.)
scollacciatura (f.)
scollatura (f.)

scolpitura (f.)
scommessura (f.)
scommettitura (f.)
scompaginatura (f.)
scompagnatura (f.)
sconciatura (f.)
sconocchiatura (f.)
scopatura (f.)
scoperchiatura (f.)
scoppiatura (f.)
scopritura (f.)
scorbacchiatura (f.)
scorciatura (f.)
scordatura (f.)
scornatura (f.)
scorniciatura (f.)
scortecciatura (f.)
scorticatura (f.)
scorzatura (f.)
scotolatura (f.)
scottatura (f.)
scozzonatura (f.)
screpolatura (f.)
screziatura (f.)
scriminatura (f.)
scrittura (f.)
scrollatura (f.)
scrostatura (f.)
scucitura (f.)
scultura (f.)
sdolcinatura (f.)
sdrucitura (f.)
seccatura (f.)
secondogenitura (f.)
segatura (f.)
segnatura (f.)
selciatura (f.)
selvicultura (f.)
seminatura (f.)
sepoltura (f.)
sericultura (f.)
serratura (f.)
sessitura (f.)
sfaccettatura (f.)
sfaldatura (f.)
sfarfallatura (f.)
sfasciatura (f.)
sferratura (f.)
sfiatatura (f.)
sfilacciatura (f.)
sfilatura (f.)

sfiorettatura (f.)
sfioritura (f.)
sfiossatura (f.)
sfociatura (f.)
sfogliatura (f.)
sfondatura (f.)
sforzatura (f.)
sfossatura (f.)
sfrangiatura (f.)
sfregatura (f.)
sfumatura (f.)
sgaidatura (f.)
sgocciolatura (f.)
sbomberatura (f.)
sgommatura (f.)
sgonfiatura (f.)
sgorbiatura (f.)
sgozzatura (f.)
sgraffiatura (f.)
sgrammaticatura (f.)
sgranatura (f.)
sgranellatura (f.)
sgrommatura (f.)
sgrondatura (f.)
sgrossatura (f.)
sgusciatura (f.)
sicura (f.)
sigillatura (f.)
silvicoltura (f.)
silvicultura (f.)
sinecura (f.)
siringatura (f.)
sissitura (f.)
slabbratura (f.)
slargatura (f.)
slattatura (f.)
slegatura (f.)
slentatura (f.)
slogatura (f.)
slumacatura (f.)
smacchiatura (f.)
smagliatura (f.)
smaltatura (f.)
smattonatura (f.)
smelatura (f.)
smerigliatura (f.)
smerlatura (f.)
smoccolatura (f.)
smontatura (f.)
smorzatura (f.)
smottatura (f.)
smozzicatura (f.)
smussatura (f.)
snodatura (f.)
sodatura (f.)
soffiatura (f.)
solatura (f.)
solcatura (f.)
solettatura (f.)
solfatura (f.)
soppressatura (f.)
sovrastruttura (f.)
sottolineatura (f.)
sottoprefettura (f.)
sozzura (f.)
spaccatura (f.)
spaginatura (f.)
spagliatura (f.)
spalatura (f.)
spalmatura (f.)
spampanatura (f.)
spazieggiatura (f.)
spazzatura (f.)
spegnitura (f.)
spelatura (f.)
spellatura (f.)
spellicciatura (f.)
spennellatura (f.)
speratura (f.)
spezzatura (f.)
spezzettatura (f.)
spianatura (f.)
spiegatura (f.)
spigatura (f.)
spigolatura (f.)
spillatura (f.)
spogliatura (f.)
spollonatura (f.)
spolveratura (f.)
spostatura (f.)
sprangatura (f.)
spremitura (f.)
sprezzatura (f.)
spruzzatura (f.)
spugnatura (f.)
spulatura (f.)
spulciatura (f.)
spuntatura (f.)
squadratura (f.)
squartatura (f.)
stacciatura (f.)
stagionatura (f.)
stagnatura (f.)
stampigliatura (f.)
stampinatura (f.)
statura (f.)
stazzatura (f.)
stemperatura (f.)
sterlineatura (f.)
sterzatura (f.)
stesura (f.)
stigliatura (f.)
stincatura (f.)
stipatura (f.)
stiracchiatura (f.)
stiratura (f.)
stonatura (f.)
storpiatura (f.)
stortura (f.)
stozzatura (f.)
stracannatura (f.)
straccatura (f.)
stracciatura (f.)
strappatura (f.)
strettura (f.)
striatura (f.)
strigliatura (f.)
strimpellatura (f.)
stringitura (f.)
strisciatura (f.)
stritolatura (f.)
strizzatura (f.)
strombatura (f.)
stroncatura (f.)
stropicciatura (f.)
strozzatura (f.)
strumentatura (f.)
struttura (f.)
stuccatura (f.)
stufatura (f.)
stura (f.)
sura (f.)
sutura (f.)
svasatura (f.)
sventura (f.)
svescicatura (f.)
svettatura (f.)
svinatura (f.)
svogliatura (f.)
svoltatura (f.)
tagliatura (f.)
tamponatura (f.)
targatura (f.)

tarlatura (f.)
tarpatura (f.)
tartuficultura (f.)
tassellatura (f.)
tastatura (f.)
temperatura (f.)
tessitura (f.)
testura (f.)
tingitura (f.)
tinteggiatura (f.)
tintura (f.)
tiratura (f.)
tondatura (f.)
+tonditura (f.)
tonsura (f.)
torchiatura (f.)
torcitura (f.)
tornatura (f.)
tornitura (f.)
tortura (f.)
tosatura (f.)
tostatura (f.)
tracciatura (f.)
trafittura (f.)
trapanatura (f.)
tratteggiatura (f.)
trattura (f.)
travatura (f.)
travestitura (f.)
trebbiatura (f.)
trincatura (f.)
trinciatura (f.)
tritatura (f.)
+tritura (f.)
trivellatura (f.)
trombatura (f.)
troncatura (f.)
truccatura (f.)
tubatura (f.)
tubolatura (f.)
tuffatura (f.)
tura (f.)
turlupinatura (f.)
ubriacatura (f.)
uccellatura (f.)
ufficiatura (f.)
ugnatura (f.)
unghiatura (f.)
ungitura (f.)
untatura (f.)
usura (f.)
vagliatura (f.)
vallicultura (f.)
vangatura (f.)
velatura (f.)
venatura (f.)
ventura (f.)
verdura (f.)
verniciatura (f.)
verseggiatura (f.)
verzura (f.)
vestitura (f.)
vettura (f.)
vigliatura (f.)
villeggiatura (f.)
virgolatura (f.)
viticultura (f.)
viziatura (f.)
voltura (f.)
votatura (f.)
zaffatura (f.)
zappettatura (f.)
zapponatura (f.)
zimbellatura (f.)
zincatura (f.)
zolfatura (f.)
zoppicatura (f.)

urba
turba (f.)

urbe
urbe (f.)

urbera
burbera (f.)

urbero
burbero (a.)

urbine
turbine (m.)

urbino
turbino (i.)

urbio
suburbio (m.)

urbita
cucurbita (f.)

urbo
conturbo (t., r.)
disturbo (t., r., m.)
furbo (a.)
masturbo (t., r.)
perturbo (t.)
sconturbo (t., r.)
sturbo (t., m.)
turbo (t., r., +m.)

urca
mazurca (f.)
+turca (f.)

urchia
+burchia (f.)

urchio
burchio (m.)

urco
granoturco (m.)
lurco (a.)
turco (a., m.)

urcuma
curcuma (f.)

urdo
assurdo (a., m.)

ure
bure (f.)
eppure (avv.)
giure (m.)
manicure (m., f.)
neppure (cong.)
oppure (cong.)
pedicure (m.)
pure (cong.)
scure (f.)
seppure (cong.)

ureo
purpureo (a.)
sulfureo (a.)

urere
+comburere (t.)

urga
burga (f.)
purga (f.)

urge
+gurge (m.)

urgere
assurgere (i.)
resurgere (i.)
+turgere (i.)
urgere (t., i.)

urgica
liturgica (f.)
teurgica (f.)

urgico
chirurgico (a.)
litugico (a.)
medicochirurgico (a.)
metallurgico (a., m.)
siderurgico (a., m.)
taumaturgico (a.)

teurgico (a.)
urgido
turgido (a.)
urgite
+gurgite (m.)
urgito
ingurgito (t.)
rigurgito (i., m.)
urgo
chirurgo (m.)
demiurgo (m.)
drammaturgo (m.)
espurgo (t.)
metallurgo (m.)
purgo (t., r., m.)
resurgo (i.)
ripurgo (t., r.)
spurgo (t., i., r., m.)
taumaturgo (m.)
teurgo (m.)
urgo (t., i.)
uri
anopluri (m. pl.)
anuri (m. pl.)
guidasiluri (m.)
imbrattamuri (m.)
lanciasiluri (m.)
uri (f.)
uria
anguria (f.)
belluria (f.)
capocenturia (m.)
centuria (f.)
curia (f.)
decuria (f.)
furia (f.)
gialluria (f.)
incuria (f.)
ingiuria (f.)
iniuria (lat.)
lussuria (f.)
oloturia (f.)
peluria (f.)
penuria (f.)
stranguria (f.)
urice
murice (m.)
urico
poliurico (a., m.)
tellurico (a.)
urico (a.)
urido
lurido (a.)
urimo
plurimo (a.)
urio
augurio (m.)
+decurio (m.)
furio (i.)
infurio (i., r.)
ingiurio (t.)
malaugurio (m.)
mercurio (m.)
sfurio (i., r., t.)
spurio (a.)
tellurio (m.)
tiburio (m.)
tugurio (m.)
urla
burla (f.)
urlo
burlo (t., i., r.)
chiurlo (i., m.)
ciurlo (i.)
urlo (i., t., m.)
urma
ciurma (f.)
urmo
ciurmo (t.)
urmure
murmure (m.)
urna
liburna (f.)
paturna (f.)
urna (f.)
urneo
eburneo (a.)
urnia
paturnia (f.)
saturnia (f.)
urnio
saturnio (a.)
urno
alburno (a.)
coturno (m.)
diurno (a., m.)
diuturno (a.)
eburno (a.)
notturno (a., m.)
saturno (m.)
taciturno (a.)
turno (m.)
viburno (m.)
uro
abituro (m.)
abiuro (t.)
acanturo (m.)
affatturo (t.)
affiguro (t.)
appuro (t.)
assicuro (t., r.)
avventuro (t., r.)
battimuro (m.)
bicloruro (m.)
bisolfuro (m.)
bromuro (m.)
buro (t.)
canguro (m.)
capotamburo (m.)
carburo (t., m.)
catturo (t.)
censuro (t.)
chiaroscuro (t., m.)
cianuro (m.)
cloruro (m.)
coluro (m.)
commensuro (t.)
commisuro (t.)
configuro (t.)
congetturo (t.)
congiuro (i.)
connaturo (t.)
contrammuro (m.)
curo (t.)
decarburo (t.)
denaturo (t.)
depuro (t.)
disfiguro (t.)
disnaturo (t.)
duro (i., a.)
duraturo (a.)
epuro (t.)
fatturo (t.)
figuro (t., m.)
fluoruro (m.)
fratturo (t.)
+furo (m.)
futuro (a., m.)
giuro (i., t., m.)
idrocarburo (m.)
immaturo (a.)
imperituro (a.)
imposturo (t.)

impuro (a.)
induro (t.)
infuturo (t., r.)
ioduro (m.)
malsicuro (a.)
maturo (t., i., a.)
misuro (t., r.)
morituro (a.)
muro (t., m.)
nascituro (a., m.)
naturo (t., i.)
oscuro (t., i., a., m.)
otturo (t., r.)
paguro (m.)
pasturo (t.)
perduro (i.)
perituro (a.)
persolfuro (m.)
pitturo (t., r.)
prefiguro (t.)
prematuro (a.)
procuro (t., r.)
puro (a.)
radduro (i., r.)
raffiguro (t., r.)
rassicuro (t., r.)
riassicuro (t., r.)
ricongiuro (i.)
rifiguro (t.)
rigiuro (i.)
rimuro (t.)
scongiuro (t., m.)
scritturo (t.)
scuro (a., m.)
securo (a.)
sfiguro (t., i.)
sicuro (a., avv., m.)
siluro (t., m.)
smuro (t.)
snaturo (t., r.)
solfuro (m.)
spauro (t.)
spergiuro (i., t., m.)
stamburo (i., t.)
stramaturo (a.)
sturo (t.)
suppuro (i.)
tamburo (t., m.)
tonsuro (t.)
topinamburo (m.)
torturo (t., r.)
trascuro (t.)
trasfiguro (t., r.)
tratturo (m.)
trituro (t.)
turo (t., r., m.)
uro (m.)
venturo (a.)
volturo (t.)

urono
furono (i.)

urpe
turpe (a.)

urpo
deturpo (t.)
usurpo (t.)

urra
+gamurra (f.)
murra (f.)
suburra (f.)

urre
addurre (t., r.)
circondurre (t.)
condurre (t.)
dedurre (t.)
+estrurre (t.)
indurre (t., r.)
introdurre (t., r.)
produrre (t., r.)
raddurre (t., r.)
ricondurre (t., r.)
ridurre (t., r.)
rintrodurre (t.)
riprodurre (t., r.)
ritradurre (t.)
sedurre (t.)
tradurre (t.)

urro
arricciaburro (m.)
azzurro (a.)
burro (m.)
buzzurro (m.)
cimurro (m.)
curro (m.)
giaurro (m.)
imburro (t.)
inazzurro (t., r.)
occhiazzurro (a.)
sburro (t.)
sussurro (t.)
susurro (t., m.)

urroga
surroga (f.)

ursus
excursus (lat.)

urta
urta (f.)

urti
paraurti (m.)
trimurti (f.)

urto
assurto (pps.)
decurto (t.)
furto (m.)
urto (t., i., r., m.)

urva
curva (f.)

urvo
curvo (t., r., a.)
incurco (t., r., a.)
ricurvo (a.)

urzio
nasturzio (m.)

us
burnùs (m.)
pus (m.)

usa
acclusa (f.)
accusa (f.)
ancusa (f.)
blusa (f.)
cambusa (f.)
chiusa (f.)
contraccusa (f.)
cornamusa (f.)
drusa (f.)
fusa (f. pl.)
idromedusa (f.)
incusa (a.)
ipotenusa (f.)
medusa (f.)
musa (f.)
ricusa (f.)
rinfusa (f.)
scusa (f.)
sopracchiusa (f.)

usca
brusca (f.)
busca (f.)
crusca (f.)
labrusca (f.)
lambrusca (f.)

uschero
buschero (t.)
imbuschero (r.)
uschio
muschio (m.)
raveruschio (m.)
uscia
+druscia (f.)
uscio
+cantalluscio (m.)
druscio (t.)
fruscio (i.)
guscio (m.)
sguscio (t., i., m.)
struscio (t.)
uscio (m.)
usciolo
usciolo (i.)
uscito
risuscito (t., i.)
suscito (t.)
usco
brusco (a.)
busco (t.)
corrusco (i., a.)
dibrusco (t.)
etrusco (a., m.)
incrusco (t., r.)
lambrusco (m.)
lusco (a.)
mollusco (m.)
musco (m.)
offusco (t.)
rabbrusco (i.)
rusco (m.)
uscola
cianciafruscola (f.)
ribruscola (f.)
uscolo
bruscolo (m.)
corpuscolo (m.)
crepuscolo (m.)
+cruscolo (a.)
fruscolo (m.)
maiuscolo (a., m.)
minuscolo (a., m.)
muscolo (m.)
opuscolo (m.)
rabbruscolo (t.)
ribruscolo (t.)
tempuscolo (m.)
uscuta
cuscuta (f.)
use
alluse (i.)
chiuse (t., i., r.)
contuse (t.)
fuse (t., r.)
intruse (t., r.)
usero
allusero (i.)
chiusero (t., i., r.)
contusero (t.)
fusero (t., r.)
intrusero (t., r.)
usi
allusi (i.)
anacrusi (f.)
chiusi (t., i., r.)
contusi (t.)
disacusi (f.)
fusi (t., r.)
intrusi (t., r.)
presbiacusi (f.)
usica
musica (f.)
portamusica (m.)
usico
cerusico (m.)
musico (m., t.)
smusico (i.)
usma
acusma (f.)
uso
abuso (i., r., m.)
accluso (pps., a.)
accuso (t., r., m.)
aduso (t., r.)
affuso (t.)
alluso (pps.)
ammuso (i., t.)
annuso (t., r.)
archibuso (m.)
astruso (a., m.)
camuso (a.)
caruso (m.)
chiuso (pps., m.)
circonfuso (pps., a.)
concluso (pps., a.)
confuso (pps., a.)
couso (m.)
deluso (pps., a.)
diffuso (pps., a.)
dischiuso (pps.)
disilluso (a.)
disuso (t., m.)
effuso (pps., a.)
eluso (pps.)
escluso (pps., a.)
fuso (pps., a., m.)
+giuso (avv.)
illuso (pps., a., m.)
incluso (pps., m.)
infuso (pps., m.)
intercluso (pps.)
intruso (pps. a.)
muso (i., m.)
occluso (pps., a.)
ottuso (pps., a.)
perfuso (a.)
preaccuso (t.)
precluso (pps.)
profuso (pps., a.)
+quaggiuso (avv.)
+quassuso (avv.)
racchiuso (pps.)
recluso (pps., a., m.)
refuso (t., m.)
richiuso (pps., a.)
ricuso (t., +m.)
rifuso (pps., a., avv.)
rinchiuso (pps., a., m.)
riuso (t., i.)
schiuso (pps., a.)
scuso (t., r.)
semichiuso (a.)
smuso (t., i.)
socchiuso (pps., a.)
soffuso (pps., a.)
sopruso (m.)
soffuso (pps., a.)
+suso (avv., prep.)
uso (i., t., a., m.)
usola
trafusola (f.)
usolo
affusolo (t.)
fusolo (m.)
raffusolo (t., i., r.)
trafusolo (m.)
usolo (i.)
uspa
ruspa (f.)

uspice
aruspice (m.)
uspico
aruspico (i.«
uspide
bicuspide (a.)
cuspide (f.)
tricuspide (a.)
uspo
ruspo (i., a.)
ussa
bussa (f.)
cerussa (f.)
ussaro
ussaro (m.)
usse
busse (f. pl.)
condusse (t., i., r.)
costrusse (t.)
decusse (f.)
discusse (t.)
incusse (t.)
rilusse (i.)
strusse (t., r.)
ussero
condussero (t., i., r.)
costrussero (t.)
discussero (t.)
incussero (t.)
rilussero (i.)
strussero (t., r.)
ussi
condussi (t., i., r.)
costrussi (t.)
discussi (t.)
+frussi (m.)
incussi (t.)
rilussi (i.)
strussi (t., r.)
sussi (m.)
ussico
prussico (a.)
usso
afflusso (m.)
busso (t., i., m.)
deflusso (m.)
discusso (pps.)
efflusso (m.)
escusso (pps., a.)
flusso (m.)
inconcusso (a.)
incusso (pps.)
indiscusso (a.)
influsso (m.)
lusso (t., r., m.)
+malfusso (a., m.)
musso (i.)
reflusso (m.)
ribusso (t.)
riflusso (m.)
russo (i., a., m.)
scusso (a.)
senusso (m.)
smusso (t., pps., m.)
ussola
bussola (f.)
girobussola (f.)
mussola (f.)
ussolo
+bussolo (m.)
imbussolo (t.)
mussolo (m.)
rimbussolo (t.)
scombussolo (t.)
usta
+aligusta (f.)
augusta (f.)
busta (f.)
frusta (f.)
fusta (f.)
giusta (prep.)
+ligusta (f.)
locusta (f.)
mangusta (f.)
pusta (f.)
rifrusta (f.)
susta (f.)
usta (f.)
ustica
acustica (f.)
catacustica (f.)
ustico
abbrutisco (t.)
acustico (a.)
ustia
angustia (f.)
ustico
rustico (a., m.)
ustigo
fustigo (t.)
ustio
abbrustio (t.)
angustio (t., r.)
usto
abbracciafusto (a.)
adusto (a.)
affusto (m.)
aggiusto (t., r.)
angusto (a.)
arbusto (m.)
augusto (a.)
bellimbusto (m.)
busto (m.)
combusto (pps., a.)
copribusto (m.)
degusto (t.)
disgusto (t., r., m.)
frusto (t., a., m.)
fusto (m.)
giusto (a., m., avv.)
gusto (t., m.)
incombusto (a.)
ingiusto (a.)
invenusto (a.)
mazzafrusto (m.)
mezzobusto (m.)
onusto (a.)
+perusto (a.)
pregusto (t., +m.)
raggiusto (t., r.)
riaggiunto (t.)
rifrusto (t., +m.)
rigusto (t.)
robusto (a.)
semibusto (m.)
tornagusto (m.)
trambusto (m.)
usto (a., +m.)
venusto (a.)
vetusto (a.)
ustola
pustola (f.)
ustolo
abbrustolo (t.)
brustolo (t.)
ustolo (i.)
ustra
lustra (f.)
ustre
aplustre (a.)
bilustre (a.)

illustre (a.)
industre (a.)
lacustre (a.)
palustre (a.)
quadrilustre (a.)
trilustre (a.)

ustria
industria (f.)

ustro
aplustro (a.)
balaustro (m.)
frustro (t.)
illustro (t.)
ligustro (m.)
lustro (t., i., a., m.)
perlustro (t.)
rilustro (t.)

ut
mammùt (m.)
ut (m.)

uta
abbattuta (f.)
avuta (f.)
barbuta (f.)
battuta (f.)
bevuta (f.)
biuta (f.)
caduta (f.)
cicuta (f.)
cornuta (f.)
cresciuta (f.)
+feruta (f.)
fonduta (f.)
futa (m., +f.)
goduta (f.)
insaputa (f.)
iuta (f.)
minuta (f.)
muta (f.)
prostituta (f.)
rattenuta (f.)
recluta (f.)
riavuta (f.)
ribattuta (f.)
ricaduta (f.)
ricevuta (f.)
ritenuta (f.)
riveduta (f.)
ruta (f.)
saputa (f.)
sbattuta (f.)
seduta (f.)
sopravvenuta (f.)
spremuta (f.)
tenuta (f.)
tramuta (f.)
trattenuta (f.)
tuta (f.)
valuta (f.)
veduta (f.)
venuta (f.)
voluta (f.)

ute
cambiavalute (m.)
cute (f.)
paracadute (m.)
salute (f.)

uteo
gluteo (m.)
luteo (a.)
pluteo (m.)

utere
discutere (t.)
escutere (t.)
incutere (t.)

utero
utero (m.)

utica
scutica (f.)

utice
frutice (m.)
suffrutice (m.)

utico
mutico (a.)
scorbutico (a.)

utido
putido (a.)
riputido (m.)

utile
disutile (a., m.)
futile (a.)
inconsutile (a.)
inutile (a.)
utile (a., m.)

utilo
mutilo (t., a.)
rutilo (i , a., m.)

utina
+trutina (f.)

utine
glutine (m.)

utino
conglutino (t.)
glutino (t.)
ragglutino (t.)

uto
abbattuto (pps.)
accaduto (pps., m.)
accresciuto (pps.)
acuto (a., m.)
adempiuto (pps.)
aiuto (t., r., m.)
+amminuto (t.)
anacoluto (m.)
ancacciuto (a.)
archiacuto (a.)
arguto (a., m.)
assoluto (a., m.)
astuto (a.)
+attuto (t., r.)
avuto (pps.)
avveduto (pps., a.)
baffuto (a.)
barbuto (a.)
bargigliuto (a.)
battuto (pps., a.)
beccuto (a.)
benavveduto (a.)
benveduto (a.)
benvenuto (a., m.)
benvoluto (a.)
bernoccoluto (a.)
bevuto (pps.)
bicciacuto (m.)
bicornuto (a.)
biforcuto (a.)
bioccoluto (a.)
bismuto (m.)
bitorzoluto (a.)
bozzacchiuto (a.)
bozzoluto (a.)
broccuto (a.)
bruto (m.)
caduto (pps., m.)
calluto (a.)
canuto (a.)
capacciuto (a.)
capelluto (a.)
capocchiuto (a.)
cappelluto (a.)
carnacciuto (a.)
carnuto (a.)

catorzoluto (a.)
cervelluto (a.)
chiercuto (a.)
chiericuto (a.)
cicciuto (a.)
cigliuto (a.)
cocciuto (a.)
cociuto (pps.)
commuto (t.)
compiuto (a., pps.)
conosciuto (pps., a.)
consaputo (a.)
contenuto (pps., m.)
contributo (m.)
convenuto (pps., m.)
cornuto (a.)
corpacciuto (a.)
costituto (m.)
cresciuto (pps., m.)
decaduto (pps., a.)
deceduto (m., pps., a.)
detenuto (pps., a., m.)
devoluto (pps.)
+diminuto (pps., a.)
disavveduto (a.)
discuto (t.)
dissoluto (pps., a.)
doluto (pps.)
dovuto (pps., a., m.)
escuto (t.)
evoluto (pps., a.)
fioccuto (a.)
fiuto (t., m.)
fogliuto (a.)
forcuto (a.)
forzuto (a.)
fronzuto (a.)
galluto (a.)
gambuto (a.)
gemuto (pps.)
giaciuto (pps.)
gibbuto (a.)
gozzuto (a.)
grinzuto (a.)
imbiuto (t.)
imbuto (m.)
immuto (t.)
impreveduto (a.)
imputo (t.)
inadempiuto (a.)
inavveduto (a.)
incompiuto (a.)
incuto (t.)
indovuto (a.)
insoluto (a.)
interceduto (pps.)
intervenuto (pps., a.)
intessuto (pps., a.)
involuto (a.)
irresoluto (a.)
irsuto (a.)
istituto (m.)
lanuto (a.)
linguacciuto (a., m.)
liuto (m.)
malavveduto (a.)
malprovveduto (a.)
maltenuto (a.)
malveduto (a.)
malvissuto (a.)
mantenuto (pps., a.)
membruto (a.)
mesciuto (pps.)
minuto (t., m., a.)
muto (t., r., a., m.)
nasuto (a.)
nerboruto (a.)
nerbuto (a.)
nocchieruto (a.)
nocchiuto (a.)
noccoluto (a.)
nociuto (pps.)
+nuto (m., i.)
occhialuto (a.)
occhiuto (a.)
orecchiuto (a.)
ossuto (a.)
paffuto (a.)
pampanuto (a.)
panciuto (a.)
pannocchiuto (a.)
+paruto (pps.)
pasciuto (a.)
peluto (a.)
pennacchiuto (a.)
pennuto (a., m.)
perduto (pps., a.)
perscruto (t.)
pettoruto (a.)
piaciuto (pps., a.)
piovuto (pps.)
polluto (a.)
polpacciuto (a.)
polputo (a.)
popputo (a.)
posseduto (pps., a., m.)
+possuto (pps.)
potuto (pps.)
premuto (pps., a.)
prevenuto (pps., a., m.)
previssuto (a.)
proceduto (pps., a.)
provenuto (pps., a.)
provveduto (pps., a.)
puntuto (a.)
ramuto (a.)
ravveduto (pps., a.)
reciuto (pps.)
recluto (t.)
resoluto (pps., a.)
revoluto (a.)
riavuto (pps., a.)
ribattuto (pps., a.)
ricaduto (pps., a.)
riccioluto (a.)
ricciuto (a.)
ricevuto (pps., a., m.)
riconosciuto (pps., a.)
riconvenuto (pps., a.)
ricreduto (pps., a.)
rifiuto (t., m.)
riflettuto (pps., a.)
rimuto (t., r.)
rinvenuto (pps., a.)
risaluto (t.)
risaputo (pps.)
risoluto (pps., a.)
ritenuto (pps., a.)
rivaluto (t.)
riveduto (pps., a.)
+sacciuto (a.)
saluto (t., m.)
saputo (pps., a., m.)
sbattuto (pps., a.)
scaduto (pps., a.)
schienuto (a.)
sconosciuto (pps., a.)
scorbuto (m.)
+scrignuto (a., m.)
scruto (t.)
+sentuto (pps.)
setoluto (a.)
soluto (pps., a., m.)

sopracuto (a.)
sopravvissuto (pps., a., m.)
sordomuto (m.)
sostenuto (pps., a., m.)
sostituto (m.)
sparuto (a.)
sperduto (pps., a.)
spremuto (pps., a.)
sprovveduto (pps., a.)
sputo (i., t., m.)
starnuto (i., m.)
statuto (m.)
sternuto (i.)
+suto (pps.)
svaluto (t.)
svenuto (pps., a.)
taciuto (pps.)
temuto (pps., a.)
tenuto (pps., a.)
tessuto (pps., a., m.)
+tonduto (pps.)
tramuto (t.)
trasmuto (t., r.)
trattenuto (pps., a.)
tributo (t., m.)
triforcuto (a.)
tubercoluto (a.)
+tuto (a.)
uncinuto (a.)
unghiuto (m.)
valuto (t., pps.)
veduto (pps., a., m.)
velluto (m., a.)
venduto (pps., a.)
venuto (pps., a., m.)
vissuto (pps., a.)
voluto (pps.)
zannuto (a.)
zazzeruto (a.)
cf. *pps.* 2ª

utolo
mutolo (a.)
tutolo (m.)

utra
nutra (t., i., r.)

utrano
nutrano (t., i., r.)

utre
nutre (t., i., r.)
putre (a.)

utri
nutri (t., i., r.)

utria
mutria (f.)

utrido
putrido (a., m.)

utro
nutro (t., i., r.)

utrono
nutrono (t., i., r.)

utta
bautta (f.)
bigutta (f.)
combutta (f.)
frutta (f., f. pl.)
gommagutta (f.)
+gutta (f.)
+lutta (f.)
pastasciutta (f.)
+putta (f.)

utte
+gammautte (m.)
vermutte (m.)

uttero
buttero (t., m.)

utti
frangiflutti (m.)

uttile
duttile (a.)

utto
abbracciatutto (m.)
asciutto (a., m.)
brutto (t., a., m.)
butto (t., i., r.)
collutto (i.)
costrutto (pps., m.)
dappertutto (avv.)
debutto (i., m.)
+dedutto (pps.)
distrutto (pps., a.)
dutto (m.)
erutto (t., i.)
farabutto (m.)
flutto (m.)
frutto (i., t., m.)
instrutto (a.)
istrutto (pps., a.)
lutto (m.)
mangiatutto (m.)
marabutto (m.)
ovidutto (m.)
panfrutto (m.)
postutto (al —) (avv.)
presciutto (m.)
prosciutto (m.)
putto (m.)
rasciutto (pps., a.)
relutto (i.)
ributto (t.)
rifrutto (m.)
rilutto (i.)
rutto (i., m.)
sdutto (a.)
sfrutto (t.)
soprattutto (avv.)
strutto (pps., m.)
toccatutto (m.)
tritatutto (m.)
tutto (a., m.)
usofrutto (m.)
usufrutto (m.)

uttuo
fluttuo (i.)
usufruttuo (t.)

utulo
scutulo (m.)

utuo
mutuo (t., a., m.)

uva
uva (f.)

uvea
uvea (f.)

uveo
uveo (a.)

uvia
+pluvia (f.)

uvido
ruvido (a.)

uvie
colluvie (f.)
illuvie (f.)
ingluvie (f.)
proluvie (f.)

uvila
+nuvila (f.)

uvio
+alluvio (t.)
compluvio (m.)
diluvio (i., m.)
displuvio (m.)
effluvio (m.)
impluvio (m.)

maniluvio (m.)
pediluvio (m.)
pluvio (a.)
profluvio (m.)

uvola
nuvola (f.)

uvoli
chiappanuvoli (m.)
gonfianuvoli (m.)

uvolo
annuvolo (t., r.)
nuvolo (m.)
rannuvolo (i., r.)
riannuvolo (r.)

uzia
almuzia (f.)
arguzia (f.)
astuzia (f.)
minuzia (f.)
trinuzia (f.)

uzie
acuzie (f.)
balbuzie (f.)

uzio
salapuzio (m.)

uzla
guzla (f.)

uzza
cocuzza (f.)
pagliuzza (f.)
paniuzza (f.)
puzza (f.)
ruzza (f.)
saetuzza (f.)
uzza (f.)
viuzza (f.)

uzzico
bruzzico (m.)
ristuzzico (t.)
spelluzzico (t.)
spilluzzico (t., m.)
stuzzico (t.)

uzzo
aguzzo (t., a.)
appuzzo (t.)
auzzo (t.)
buzzo (m.)
cancestruzzo (m.)
ferraiuzzo (m.)
imbuzzo (t.)
impuzzo (i.)
merluzzo (m.)
puntaguzzo (a.)
puzzo (i., m.)
ribuzzo (t., m.)
rimbuzzo (t., r.)
ringalluzzo (i., r., t.)
rintuzzo (t.)
ritagliuzzo (t.)
ruzzo (i., m.)
sbuzzo (t., r.)
scompuzzo (i.)
sferruzzo (i.)
smerluzzo (t.)
sminuzzo (t.)
spruzzo (t., i., m.)
strabuzzo (t.)
struzzo (m.)
tagliuzzo (t.)
uzzo (m.)

uzzola
baruzzola (f.)
puzzola (f.)
ruzzola (f.)

uzzolo
aggruzzolo (t.)
bruzzolo (m.)
cocuzzolo (m.)
gruzzolo (m.)
minuzzolo (m.)
raggruzzolo (t.)
+scamuzzolo (m.)
scocuzzolo (t.)
scomuzzolo (m.)
sminuzzolo (t., r.)
spruzzolo (t.)
uzzolo (m.)

Finito di stampare nel mese di marzo 2021
presso LegoDigit S.r.l., Lavis (Trento)